Grundlagen der Statistik und ihre Anwendungen

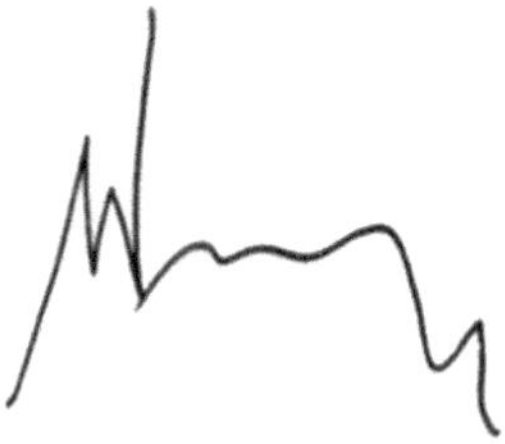

Horst Rinne, Bernhard Rüger
Heinrich Strecker
(Hrsg.)

Grundlagen der Statistik und ihre Anwendungen

Festschrift
für
Kurt Weichselberger

Mit 24 Abbildungen

Physica-Verlag
Ein Unternehmen
des Springer-Verlags

Professor Dr. Horst Rinne
Lehrstuhl für Statistik und Ökonometrie
Universität Gießen
Licher Straße 64
D-35394 Gießen

Professor Dr. Bernhard Rüger
em. Professor Dr. Heinrich Strecker
Institut für Statistik
Universität München
Ludwigstraße 33
D-80539 München

Die Deutsche Bibliothek - CIP-Einheitsaufnahme

Grundlagen der Statistik und ihre Anwendungen : Festschrift für Kurt Weichselberger / Horst Rinne ... (Hrsg.). - Heidelberg : Physica-Verl., 1995
ISBN-13: 978-3-642-93637-1 e-ISBN-13: 978-3-642-93636-4
DOI: 10.1007/978-3-642-93636-4
NE: Rinne, Horst [Hrsg.]; Weichselberger, Kurt: Festschrift

ISBN-13: 978-3-642-93637-1

Softcover reprint of the hardcover 1st edition 1995

88/2202-5 4 3 2 1 0 – Gedruckt auf säurefreiem Papier

Inhaltsverzeichnis

TEIL C: Anwendungen der Statistik

Vorwort der Herausgeber

Die Autoren dieses Sammelbandes haben ihre Beiträge geschrieben, um Kurt Weichselberger zu seinem 65. Geburtstag zu ehren und ihm aus den verschiedensten Gründen Dank zu sagen. Einige der Autoren sind seine Schüler, die ihm Fundament und Förderung ihrer Entwicklung als Wissenschaftler verdanken, andere sind Freunde und Kollegen an früheren und jetzigen Wirkungsstätten des Jubilars und haben für ihre Arbeit aus Diskussionen und Gesprächen mit ihm vielfältige Anregung bezogen, wieder andere sind ihm aus gemeinsamen Veranstaltungen im akademischen Bereich verbunden.

Angesichts der persönlichen Wertschätzung, die Kurt Weichselberger im Kreis der deutschsprachigen Statistiker genießt, war es nicht besonders schwer, Autoren für die Mitarbeit an dieser Festschrift zu gewinnen. Überrascht hat uns die Vielfalt der Themen und die Tiefe, in der sie behandelt worden sind. Wir betrachten dies als Zeichen dafür, daß das Wirken von Kurt Weichselberger nicht nur weite Anerkennung gefunden hat, sondern daß sich ihm Statistiker aus ganz unterschiedlichen Arbeitsbereichen verbunden fühlen. Leider waren einige wenige der von den Herausgebern zur Mitarbeit an dieser Festschrift eingeladenen Personen aus gesundheitlichen Gründen verhindert, der Bitte zu folgen.

Ein Verleger sagte uns einmal, Festschriften seien wie bunte Feldblumensträuße, und wollte damit dezent die Schwierigkeiten des Marketings derartig heterogener Sammelwerke ansprechen. Natürlich sind Festschriften wegen der Freiheit, die die Herausgeber den Autoren in der Wahl der behandelten Themen einräumen (müssen?), eine Publikationsgattung sui generis, die sich in dieser Form – im Deutschland des 19. Jahrhunderts entstanden – in der Community der Wissenschaftler verbreitet hat und trotz der heutigen Vorherrschaft der englischen Sprache weltweit den deutschen Namen trägt.

Kurt Weichselberger hat sich in seiner wissenschaftlichen Laufbahn sowohl erfolgreich mit den Grundlagen seines Faches auseinandergesetzt als auch wesentliche Beiträge zur Anwendung der Statistik geliefert. Daher lag es nahe, dieser Festschrift den Titel *Grundlagen der Statistik und ihre Anwendungen* zu geben. Wir haben nun die 26 eingereichten wissenschaftlichen Beiträge, die Blumen im Strauß, arrangiert. Ein erstes Teilgebinde haben wir in Teil A unter die Überschrift „Geschichte, Wahrscheinlichkeit, Grundlagen“ gestellt. Dort betreffen die Texte von Ferschl, Huber und Schneider Grundprobleme der Wahrscheinlichkeitstheorie, während jene von Deistler, Kockelkorn und Rinne auf historische Aspekte der Wahrscheinlichkeitstheorie, Statistik und Ökonometrie eingehen. Ein zweites Teilgebinde (Teil B) faßt mit den Arbeiten von Beckmann, Fahrmeir, Heiler, Mosler, Müller–Funk/Witting, Rieder, Schneeweiß, Toutenburg/Loch und Viertl jene Aufsätze zusammen, die der mathematischen oder theoretischen Statistik zuzuordnen sind. Im dritten und umfangreichsten Teil C stehen die anwendungsbezogenen Beiträge.

Sie betreffen die Entscheidungsfindung (Bamberg/Trost), Planung und Auswertung von Stichproben (Huschens, Schneeberger, Strecker, Wiegert), die Qualitätssicherung (Pöhlmann) sowie Wirtschaft und Bevölkerung (Frohn, Grohmann, Hamerle, Krug, Neurath).

Die Herausgeber danken allen Autoren für ihre Beteiligung an diesem Werk und ferner all jenen, die zum Entstehen dieser Festschrift beigetragen haben: Herrn Dr. Müller vom Springer–Verlag für die spontane Aufnahme der Festschrift in das Programm des Physica–Verlages; unseren Sekretärinnen, Frau Brigitte Maxa, München, und Frau Inge Bojara, Gießen, für die Abwicklung der umfangreichen Korrespondenz und die oft schwierige Texterfassung; den wissenschaftlichen und studentischen Mitarbeitern an der Gießener Professur für Statistik und Ökonometrie, die für die Umsetzung aller gelieferten Textdateien in TEX sorgten.

Die Autoren dieser Festschrift wünschen Kurt Weichselberger noch viele Jahre fruchtbarer Arbeit in Forschung und Lehre.

Gießen und München, im April 1995

Horst Rinne Bernhard Rüger Heinrich Strecker

Kurt Weichselberger

Von BERNHARD RÜGER*, München

„Der Völkerbund tagt wieder“ – mit dieser Schlagzeile der Wiener „Volkszeitung“ aus dem Jahr 1933 überraschte der vierjährige Kurt Weichselberger seine Eltern, den Bankbeamten Franz Weichselberger und seine Ehefrau Paula, früher ebenfalls Bankbeamtin und Klavierlehrerin. Die Schlagzeile beleuchtet stichwortartig, in welche Zeit hinein Kurt Weichselberger am 13. April 1929 in Wien geboren wurde: Wirtschaftskrisen, politische Umwälzungen, Machtergreifungen, Kriege und die von Hilflosigkeit und Unvermögen gezeichneten Bemühungen um Frieden und Menschlichkeit.

Die Stadt Wien war ihm nicht nur Geburts- sondern auch Heimatstadt: Hier wuchs er auf, ging zur Schule, wurde als noch nicht ganz Sechzehnjähriger im März 1945 zum Volkssturm „zur Verteidigung Wiens“ eingezogen, geriet fast zufällig und für kurze Zeit in amerikanische Gefangenschaft mit anschließender, ebenso zufälliger und kurzer Lehrlingstätigkeit als Elektriker, setzte danach seine Gymnasialzeit fort und bestand im Frühjahr 1947 die Matura.

Kurt Weichselberger studierte darauf zunächst an der Technischen Hochschule, ab dem dritten Semester an der Universität Wien Mathematik als Hauptfach, Physik als Nebenfach und später innerhalb des für den Dr. phil. vorgeschriebenen Philosophikums auch Philosophie und Psychologie. Besonders wichtig unter seinen Lehrern waren ihm J. Radon, E. Hlawka und L. Schmetterer. Er wurde im Mai 1953 zum Dr. phil. promoviert; seine Dissertation mit dem Thema „Die Bernstein'sche Polynomapproximation in höheren Räumen“ verfaßte er bei Radon.

Von 1951 bis 1953 arbeitete Weichselberger als wissenschaftliche Hilfskraft am Institut für Statistik bei W. Winkler – aufmerksam geworden auf diese Möglichkeit durch einen Aushang am schwarzen Brett mit der motivierenden Überschrift „Statistiker – ein Beruf der Zukunft“. Dieses Institut an der Rechts- und Staatswirtschaftlichen Fakultät der Universität Wien führte ab 1951 erstmalig an deutschsprachigen Universitäten einen als Aufbaustudium organisierten „Lehrgang für Statistik“ durch, der 1966 zu einem vollen Studiengang „Statistik“ ausgebaut wurde und ein Vorläufer war für die 1974 an der Universität Dortmund und 1979 an der Universität München eingerichteten Diplomstudiengänge Statistik. Die Vorlesungen über Statistik hielt damals Winkler, die über Mathematische Statistik Schmetterer, dem Weichselberger zeitweise als Hilfskraft zugeordnet war. Statistische Beratungen für Mediziner und Ingenieure sowie Vorträge innerhalb eines Kurses über

* Prof. Dr. Bernhard Rüger, Institut für Statistik, Ludwig-Maximilians-Universität München, Ludwigstr. 33, D-80539 München

Qualitätskontrolle boten Weichselberger eine willkommene Erweiterung seines Studiums in praktischer Hinsicht. In dieser Zeit traf Weichselberger nicht nur die Entscheidung für sein künftiges Arbeitsgebiet, sondern formte auch die Grundsätze der wissenschaftlichen Vorgangsweise dieses Gebietes in sich heran, denen er in Zukunft treu sein würde: Mathematisch exakt in Theorie und Methodik, inhaltlich bestimmt durch Aufgaben und Probleme der Praxis.

Nach einem Aufenthalt in England (Kurs in Sozialstatistik und Studium der Praxis der Qualitätskontrolle) führte Weichselberger die erste Stelle, die er als Wissenschaftler innehatte, in die Praxis: Von 1953 bis 1960 war er an der Sozialforschungsstelle der Universität Münster in Dortmund tätig, einem Institut, das nur formal der Universität Münster eingegliedert und dem dortigen Ordinarius für Volkswirtschaftslehre, Prof. W. G. Hoffmann unterstellt war, praktisch aber Aufträge und Anfragen öffentlicher Stellen bearbeitete – darunter auch solche des Statistischen Bundesamtes – und eigenverantwortlich forschte. Die enge Zusammenarbeit mit dem Statistischen Bundesamt kam auch dadurch zum Ausdruck, daß Weichselberger mehrere Jahre hindurch die Arbeitsgemeinschaft Sozialwissenschaftlicher Forschungsinstitute im Fachausschuß für Bevölkerungsstatistik am Bundesamt vertrat. Hier legte er den Grundstein seiner engen Kontakte mit der amtlichen Statistik. Im Mittelpunkt seiner Arbeiten an der Sozialforschungsstelle in Dortmund standen Probleme der Bevölkerungs- und Sozialstatistik (Flüchtlings- und Vertriebenenbewegungen, Messung der Sozialschichtung) und Kontrollen von Volkszählungen. Dem letzten Problem wird auch seine spätere Habilitationsschrift gewidmet sein. Daneben befaßte sich Weichselberger auch mit stärker mathematisch theoretischen Fragen der Statistik; so entstand 1959 die Arbeit „Über die Parameterschätzung bei Kontingenztafeln, deren Randsummen vorgegeben sind“, in der Maximum–Likelihood–Schätzungen unter Nebenbedingungen im Mittelpunkt stehen. Im Jahre 1960 wurde Weichselberger Assistent bei J. Pfanzagl am Institut für Wirtschafts- und Sozialstatistik an der Universität zu Köln, wo er sich 1962 mit der Schrift „Kontrollen der Ergebnisse von Volkszählungen“ für das Fach Statistik habilitierte. In dieser Arbeit entwickelt Weichselberger eine Methodologie der Kontrolle und Bereinigung von Fehlern in Volkszählungen mit zahlreichen Anwendungsbeispielen aus der amtlichen Statistik (z.B. Intercensus–Kontrollen).

Noch in die Dortmunder Zeit fällt ein Ereignis, das Weichselbergers Leben mindestens so stark prägte und beeinflußte wie seine beruflich–wissenschaftliche Laufbahn: die Familiengründung. Im Jahr 1955 heiraten Kurt und Ingeborg Weichselberger, geborene Bischoff. Frau Weichselberger stammt aus dem ehemaligen Ostpreußen, hat durch den Krieg ihre Heimat verloren und zusammen mit ihrem Mann eine Familie aufgebaut, in der menschliche Beziehungen und Lebendigkeit im Mittelpunkt stehen, eine „innere Heimat“, die keiner Politik zum Opfer fallen kann. In Dortmund werden die Kinder Annette, Andreas und Eugen geboren, in Köln Charlotte und später in Berlin Bettina. Wer Kurt Weichselberger kennt, weiß, wie sehr er mit Fürsorge und

Freude in seiner Familie lebt. Und wer einmal zu Besuch war bei Weichselbergers in Berlin in der Griegstraße oder dann ab 1971 in Neu Dichau bei München, schwärmt von der außergewöhnlichen Gastfreundschaft dieser Familie und der Toleranz und Offenheit, mit der Herr und Frau Weichselberger Menschen aus den verschiedensten Ländern der Welt mit den unterschiedlichsten weltanschaulich-politischen Prägungen begegnen.

Nach seiner Habilitation ist Weichselberger bis 1963 als Privatdozent am Institut für Wirtschafts- und Sozialstatistik in Köln tätig, wo er seit 1960 in den Massenbetrieb der statistischen Vorlesungen und Übungen an einer wirtschaftswissenschaftlichen Fakultät integriert ist, damals der größten an einer deutschsprachigen Universität. Im Sommersemester 1963 vertritt Weichselberger den Lehrstuhl für Statistik in Göttingen und nimmt dann im Herbst 1963 einen Ruf auf den Lehrstuhl von K. Stange an die Technische Universität Berlin an. Dort ist er bis 1969 Ordinarius für Statistik und Direktor des Instituts für Statistik und Wirtschaftsmathematik.

Die Berliner Zeit Kurt Weichselbergers ist erfüllt von seinem bedingungslosen Einsatz in allen drei Bereichen einer Universität, Forschung, Lehre und akademischer Selbstverwaltung, mit einem beispielhaften und schier unbegrenzten Energieaufwand. Er wird 1964 zum Dekan der Fakultät für Wirtschaftswissenschaften gewählt und hat dieses Dekanat nach seiner Wiederwahl bis 1966 inne. (Damals wurden akademische Ämter nur für ein akademisches Jahr vergeben.) Neben den damit verbundenen und normalerweise schon ausreichend belastenden Aufgaben werden unter Weichselbergers Dekanat der Studiengang Volkswirtschaftslehre neu eingerichtet, die dazugehörigen Lehrstühle und Institute geschaffen und die damit verbundenen Berufungen durchgeführt. Nur ein Jahr später wird Weichselberger dann im Herbst 1967 zum Rektor der Technischen Universität gewählt – mit 38 Jahren einer der jüngsten Rektoren einer deutschen Universität – und hat dieses Rektorat vom 1. Oktober 1967 bis zum 1. Oktober 1968 inne.

Das Amt eines Rektors hat immer zwei Seiten, eine akademische und eine politische, die sich unter gelegentlichen Spannungen und Konflikten gegenseitig ergänzen und befruchten sollen. Diese beiden Seiten konnten aber in der damaligen Zeit der Studentenunruhen und außerparlamentarischen Opposition leicht zu Zerreißproben führen, zumal in Berlin: Nach dem Juni 1967, als bei einer Demonstration gegen den Staatsbesuch des Schahs aus Iran der Student Benno Ohnesorg durch eine Polizeikugel starb, und besonders nach dem Attentat auf Rudi Dutschke am 11. April 1968 bewegten sich die Unruhen Höhepunkten zu mit (zum Teil blutigen) Straßenschlachten und (teilweise gewaltsamen) Sit-In's und Go-In's und Vollversammlungen an den beiden Universitäten Westberlins. Ich selbst war in dieser Zeit Assistent am Mathematischen Institut der Freien Universität Berlin und habe die Aktionen und Entwicklungen an der Technischen Universität und die Stellungnahmen, Reden und Entscheidungen ihres Rektors unmittelbar oder aus den zahlreichen, oft täglichen Presseberichten miterlebt. Im Vergleich zu der eher abseits gelegenen Freien Universität war die Situation an der Technischen Universität auf Grund ihrer zentralen Lage viel konfliktgeladener, politischer und öffentlichkeitswirksamer, vor allem aber auch brisanter im Spannungsfeld zwischen der Leitung der Technischen Universität, der Regierung des Landes Berlin und dem Hochkommissariat der ausländischen Schutzmächte (Vier–Mächte–Status). Als Rektor der Technischen Universität stand Weichselberger im Zentrum dieses Spannungsfeldes. Mutig und klug stellte er sich den Problemen und Auseinandersetzungen, sprach mit den Studenten, war aufgeschlossen gegenüber ihren protestierenden Fragen, beließ ihnen wohldefinierte und strikt abgegrenzte Freiräume, suchte den Ausgleich, wo es möglich war, bezog aber klare Positionen mit scharf gezogenen, erkennbaren Grenzen, wo der Ausgleich nicht möglich war.

In besonders verdienstvoller Weise bewies Weichselberger diese Haltung während der Osterunruhen 1968. Die Genehmigung von Veranstaltungen in den Räumen der Technischen Universität hatte er in den Monaten vorher stets davon abhängig gemacht, daß von diesen Versammlungen keinerlei gesetzeswidrige Aktionen ausgehen dürften. Daher verweigerte er nach den Krawallen und Ausschreitungen rings um das Springer–Hochhaus am Karfreitag, den 12. April 1968 – die zum Teil von Versammlungen in der Technischen Universität ihren Ausgang genommen hatten – am 13. April die Genehmigung für eine Veranstaltung im Auditorium Maximum. Infolge eines technischen Defektes gelang es jedoch einer großen Menge von Demonstranten und Kundgebungsteilnehmern unter Führung der gesamten Berliner Prominenz der „Außerparlamentarischen Opposition“ in das Auditorium Maximum einzudringen. In dieser Situation entschied Weichselberger, auf einen Polizeieinsatz zur Räumung des Saales zu verzichten und statt dessen gegen die Anführer der Aktion Anzeigen wegen Hausfriedensbruchs zu erstatten – die allerdings später aufgrund einer Amnestie niedergeschlagen wurden. Diese moderate Vorgangsweise bewirkte, daß während der Ostertage des Jahres 1968 zwar in der Technischen Universität nicht vom Rektor genehmigte Versammlungen stattfanden, aber eine Eskalation der Unruhen verhindert wurde, die anderenorts Verletzte und sogar Todesopfer forderten. Sie bewirkte übrigens auch, daß (nach einer „Säuberung“ der Räume durch die Versammlungsteilnehmer selbst) der Lehrbetrieb nach Ostern relativ ungestört beginnen konnte.

Weichselberger bezog auch immer wieder Stellung zu den verschiedenen Ursachenkomplexen der Studentenbewegung der 60er Jahre. Zwei besonders wichtige und weitsichtige Analysen mit teilweise radikalen Schlußfolgerungen hat er in den „Nachrichten des Rektors“ veröffentlicht; die eine stellt eine Rede dar, die er im Rahmen einer Diskussionsveranstaltung mit Studenten und Gästen im Januar 1968 im Auditorium Maximum gehalten hat, die andere ist ein zum Abschluß seines Rektorats abgefaßter Beitrag, der 1968 unter dem Titel „Gegenwart und Zukunft der Universität“ in der Zeitschrift „Soziale Verantwortung“ erschienen ist. Um einen Einblick in diese Gedanken zu geben, zitiere ich hier einige Passagen aus den beiden Aufsätzen; sie haben auch heute noch eine betroffen machende Aktualität.

Bevor man von der „Leistungsschwäche" der Universität spricht, müßte geklärt werden, was für eine Leistung man von ihr erwartet. Derzeit erwartet man von ihr einerseits, daß sie mit der internationalen Entwicklung der modernen Wissenschaft mithält und dazu eigene Beiträge liefert; andererseits erwartet man aber von ihr, daß sie für eine große Anzahl von Studienanfängern eine praktische Berufsausbildung bietet. Man erwartet von ihr, daß sie diese praktische Berufsausbildung in möglichst kurzer Zeit leistet, um auf diese Weise die zeitlichen Verluste, die durch das überkommene Bildungssystem **vor** *der Universität verursacht werden, wenigstens annähernd auszugleichen; dabei erwartet man andererseits von ihr, daß die Absolventen eines Universitätsstudiums in die Lage versetzt werden sollen, während der kommenden 35 bis 40 Jahre der wissenschaftlichen Entwicklung auf einem bestimmten Gebiet wenigstens Folge leisten zu können. Man erwartet von der Universität, daß sie aus den Studenten gute Staatsbürger macht, und zieht sie zur Rechenschaft, wenn eine Studentengeneration gegen die Gesellschaftsordnung rebelliert. Doch gleichzeitig nimmt man es als natürlich hin, daß die Berufsausbildung an der Universität im Alter von im Durchschnitt 22 Jahren beginnt, d.h. in einem Alter, in dem die meisten Nichtakademiker bereits eine gut bezahlte Stelle haben. Man nimmt es also als selbstverständlich hin, daß die 22- bis 27jährigen in einem wirtschaftlichen Abhängigkeitsverhältnis gehalten werden.*

Ein Land wie Deutschland kann es sich meines Erachtens nicht leisten, etwa eineinhalb Jahre später als andere Industrieländer mit der Schulausbildung zu beginnen. Deutschland kann sich weiterhin auch nicht den Luxus der Halbtagsschulen leisten, der das Arbeitstempo in der Schule entscheidend mindert, der außerdem vor allem in der Grundschule den Eltern sehr wesentliche Aufgaben im Rahmen der Ergänzung des Unterrichts zuweist und so zu einem wichtigen Faktor der sozialen Desintegration wird. Hier müßte angesetzt werden, wenn man die Zahl der Arbeiterkinder an den Universitäten erhöhen will. In allen anderen Ländern wie in Amerika, der Sowjetunion und England ist es möglich, daß das Hochschulstudium mit etwa 18 Jahren begonnen wird, bei uns ist das Durchschnittsalter der männlichen Studienanfänger aus Westdeutschland 22 Jahre. Zugleich sollte man sich darum bemühen, die Höhere Schule so auszubauen, daß sie wirklich eine Schule wird, die für das Leben in der heutigen Zeit vorbereitet. Viele Elemente der reinen Berufsausbildung könnten in die Höhere Schule übernommen werden. Damit würde einerseits die Chance einer vernünftigen und rechtzeitigen Berufswahl verbessert, zum zweiten die Universität von propädeutischen Veranstaltungen entlastet werden, die oft für den Zweiundzwanzigjährigen viel zu spät kommen und von ihm als Zumutung empfunden werden. Eine solche Lösung würde drittens gewährleisten, daß der Abiturient vor einer echten Wahl steht und daß er nur dann ein Studium beginnt, wenn er sich wirklich aus freien Stücken dazu entscheidet, und nicht weil er vielleicht mit dem Abitur allein keine vernünftigen Berufschancen hätte.

Für alle Studenten jedoch muß die Universität als diejenige Instanz erscheinen, die darüber entscheidet, ob der geplante Weg zum sozialen Aufstieg erfolgreich war oder nicht. Sichtbar wird dies daran, daß es vom Ergebnis einer Prüfung in der Universität abhängt, ob man einen akademischen Titel führen und sich als „Akademiker" bezeichnen darf. Im Bewußtsein weiter Kreise besteht hier eine „Prestigeschwelle", deren Überwindung nicht nur zu wesentlich verbesserten Verdiensterwartungen berechtigt, sondern auch für die engere und weitere Umgebung deutlich den Erfolg des sozialen Aufstiegs manifestiert. Die Universitätsprofessoren sind es jedoch, die letztlich entscheiden, ob man diese Schwelle überwindet, und zwar nach weitgehend selbst gesteckten Normen, deren Berechtigung für den Studenten und meistens auch für seine Angehörigen nicht überprüfbar ist. Noch dazu fallen diese Entscheidungen meistens zu einem Zeitpunkt, an dem der Student eigentlich schon im Berufsleben stehen sollte; er ist nämlich 26 bis 28 Jahre alt oder noch älter. Aus diesem Grund ist das Prüfungsergebnis praktisch irreparabel. Es hängt also das weitere soziale Schicksal des Prüflings und zu einem hohen Grade auch das soziale Ansehen seiner Familie vom Erfolg dieser Prüfung ab.

Es wirkt sich hier aus, daß die Universitäten heute weitgehend in eine Monopolstellung für die Verleihung von Sozialprestige durch die Vergabe von akademischen Titeln und Graden hineingewachsen sind. Es ist bekannt, daß viele Unternehmen Akademiker für Positionen einstellen, in denen zwar nicht die akademische Ausbildung benötigt wird, der Titel sich aber als sehr nützlich erweist. Seitdem es keine Nobilitierungen mehr gibt und die Verwendung von Berufstiteln immer mehr an Bedeutung verliert, sind es fast nur noch akademische Titel, die einem erlauben, Sozialprestige, jedermann erkennbar, für die ganze Lebenszeit aufzuspeichern. Im Zuge der Verwissenschaftlichung der Umwelt und der politischen Ereignisse seit dem 19. Jahrhundert sind andere Institutionen, die Sozialprestige vermitteln, wie Kaiserhof, Adel, Militär, Klerus, Beamtenhierarchie etc., entweder überhaupt verschwunden oder in ihrer Möglichkeit, sichtbares Prestige zu vermitteln, stark beeinträchtigt. Nur so ist es zu verstehen, daß der Universitätsprofessor, der im 19. Jahrhundert keineswegs eine soziale

Sonderstellung eingenommen hatte, heute jenen Beruf inne hat, der als am meisten begehrt und am höchsten angesehen bezeichnet wird. .... Wenn man bedenkt, daß akademische Titel zwar sicher zweckmäßig waren als Gegengewicht zu den Adelstiteln im Feudalsystem, heute aber diese Funktion nicht mehr auszuüben brauchen, so liegt die radikale Forderung nahe: Abschaffung aller akademischen Titel und Grade. Der erfolgreiche Besuch der Universität wird durch die vermittelten Kenntnisse und Fähigkeiten in genügender Weise belohnt, eine zusätzliche Prämiierung durch Verleihung eines Statussymbols ist heute nicht mehr zu vertreten. Wenn die Gesellschaft der Meinung ist, daß einem Differenzierungs- und Schmuckbedürfnis der Bevölkerung nachgegeben werden solle, dann muß sie dafür geeignete Institutionen neu schaffen, die diesem Bedürfnis entsprechen. Diese Statussymbole jedoch mit der Ausbildung zu kombinieren anstatt mit dem irgendwie festgestellten Verdienst, ist eine langjährige Gepflogenheit, die sich unter den derzeitigen Umständen nicht mehr bewährt und daher fallengelassen werden muß.

Man sollte jedoch noch weiter gehen: Das derzeitige System der Universitäten sieht Abschlußprüfungen vor, die von den Lehrern an der Universität abgenommen werden. Als ein wesentlicher Nachteil dieses Systems wurde bereits angeführt, daß es im Grunde ein kontinuierliches Spektrum der Verteilung von Fähigkeiten unter der studierenden Jugend auf Grund von relativ bescheidenen Informationen in zwei Teile mit völlig verschiedenem Schicksal der Betroffenen zerschneidet. Es muß sich daraus ein sozialer Druck in Richtung auf leichtere Prüfungen und kleinere Durchfallquoten ergeben. Da in Deutschland mit seinem System staatlicher Universitäten, anders als etwa in den USA, eine Hierarchie von Universitäten mit verschiedenen Ansprüchen nicht durchsetzbar ist, kann dies nur zu einer Entwertung des Universitätsstudiums überhaupt führen. .... Ein weiterer Nachteil des bisherigen Systems besteht darin, daß es zu einem Studium verleitet, das auf die Prüfungen zugeschnitten ist. Dies gilt sowohl für die Art, in der gelehrt wird, als auch für die Art des Lernens. Ein erforderlicher Abschluß des Studiums wird oft mit einer erfolgreichen Ablegung der Prüfungen identifiziert, was nicht einmal dann zutreffend wäre, wenn über Inhalt und Niveau der Ausbildung an der Universität noch allgemeine Übereinstimmung bestünde. .... Aus all diesen Gründen sollte man über die Abschaffung der akademischen Titel und Grade noch einen Schritt hinausgehen und alle akademischen Abschlußprüfungen in der Universität abschaffen. Die Universität sollte sich auf ihre Rolle als Lehr- und Forschungsinstitution beschränken und darauf verzichten, ihre Hörer in Güteklassen einzuteilen. Damit würde sie die Beratung der

Arbeitgeber, ob ein Stellenbewerber die nötigen Voraussetzungen mitbringt, anderen Instanzen überlassen.

In die zweite Hälfte seiner Amtszeit als Rektor mitten hinein in die Diskussion mit den politischen Parteien und dem Abgeordnetenhaus von Berlin um ein neues Universitätsgesetz, zu dem auch das Rektorat einen eigenen Entwurf ausarbeitet, fällt ein Ereignis, das Weichselberger von seinem Amt als Rektor zurücktreten läßt, die Sprengung der Queen's Lecture im Mai 1968; ich zitiere aus seiner Rücktrittserklärung:

> *Die für den gestrigen Tag angesetzte Queen's Lecture, die in der Technischen Universität stattfinden sollte, mußte abgesagt werden, nachdem die Gäste und der Vortragende, darunter der Britische Botschafter und Hochkommissar sowie die drei Stadtkommandanten und der Regierende Bürgermeister auf der Straße des 17. Juni feststellen mußten, daß der Rektor sein Hausrecht nicht wahren konnte. Der Senat von Berlin hat sich für diesen Vorfall bei dem Britischen Botschafter entschuldigt. Ich möchte durch die persönliche Konsequenz klarstellen, daß den Regierenden Bürgermeister und den Senat von Berlin an den Ereignissen des gestrigen Abends keine Verantwortung trifft. Ich hatte als Hausherr den zuständigen Stellen des Landes Berlin versichert, daß ich davon ausginge, die Veranstaltung könne in der Technischen Universität durchgeführt werden. Für diese Fehleinschätzung und für vorgekommene Organisationsfehler kann ich die Verantwortung nicht abschieben. .... Das Verhalten der Studentenvertretung am 27. Mai 1968 hat es für mich unmöglich gemacht, mit Angehörigen der derzeitigen Studentenvertretung weiter zusammenzuarbeiten.*

Weichselberger wird dann zwar unmittelbar darauf für den Rest seiner Amtszeit bis Ende September wiedergewählt, erklärt aber gleich bei der Annahme der Wahl, daß er für das nächste Amtsjahr nicht mehr kandidieren könne, weil er sich dann als „nicht wählbar" betrachte. Der Grund dafür ist ein ebenso ehrenvoller wie der im obigen Zitat angegebene: Weichselberger hatte als amtierender Rektor auf die Gestaltung zukünftiger Rektorwahlen entscheidend eingewirkt zugunsten einer deutlichen Erweiterung der Wahlversammlung um Assistenten- und Studentenvertreter und möchte nun von vorneherein ausschließen, daß jemand, der die Zusammensetzung des Wahlgremiums maßgeblich beeinflußt hat, selbst als Kandidat auftritt.

Es ist erstaunlich, daß Weichselberger unter diesen ungemein starken Belastungen als Dekan und Rektor in der Leitung der Universität die Forschung und Lehre seines Faches gleichermaßen verantwortungsvoll wahrnimmt. Es entstehen eine ganze Reihe bedeutsamer Arbeiten auf dem Gebiet der Statistik – eine davon möchte ich besonders hervorheben: Die 1964 in der Zeitschrift Metrika erschienene Arbeit „Über eine Theorie der gleitenden Durchschnitte und verschiedene Anwendungen dieser Theorie".

Weichselberger geht in dieser Arbeit von einer bisher verwendeten und intuitiv begründeten Formel zur Schätzung der glatten Komponente einer Zeitreihe mit Saisonfigur aus – dem sogenannten ungewogenen p-gliedrigen gleitenden Durchschnitt (p = Periodenlänge) – und stellt die Frage, unter welchen Annahmen diese Schätzformel optimal ist. Er bettet die Frage in ein größeres Problem ein: Er betrachtet ein allgemeines Zeitreihenmodell (das additive Komponentenmodell) mit Voraussetzungen (darunter die Konstanz der Saisonfigur), unter denen überhaupt gleitende Durchschnitte allgemeiner Bauart als optimale Schätzungen der glatten Komponente resultieren (optimal im Sinne von linearen erwartungstreuen Schätzungen kleinster Varianz). Weichselberger gewinnt auf diese Weise nicht nur viele verschiedene, für betreffende Situationen optimale Schätzformeln – unter denen die bisher benutzte Formel ein Spezialfall ist – sondern auch Ansätze zur Analyse von Zeitreihen mit variabler Saisonkomponente. Diese Ansätze werden in späteren Arbeiten, teilweise auch in seinen Vorlesungen zu einem Verfahren der Zeitreihenanalyse ausgebaut, das Eingang in die amtliche Statistik gefunden hat.

In dieser Arbeit wird auch ein methodischer Grundsatz Weichselbergers als Forscher deutlich: Mit einem „harten" Modell ist zu begründen, welches statistische Verfahren als das optimale zu verwenden ist, und anschließend zu untersuchen, wie das Verfahren zu modifizieren ist, wenn das Modell nicht exakt, sondern nur mit gewissen Verletzungen Gültigkeit hat.

Berufungen an die Universitäten Köln und Hamburg lehnt Weichselberger 1965 bzw. 1967 ab; eine Berufung an die Staatswirtschaftliche Fakultät der Universität München nimmt er 1969 an; kurz danach lehnt er einen Ruf an die Universität Wien ab. Seit April 1969 lehrt und forscht Weichselberger an der Universität München.

Auch hier wird – vor allem in den ersten Jahren – seine Schaffenskraft durch Aufgaben der akademischen Selbstverwaltung erheblich beansprucht, anfangs begleitet durch Studentenunruhen (mit Sprengungen von Fakultätssitzungen und Rektorwahlversammlungen): Zwei Lehrstühle für Statistik werden wiederbesetzt (berufen werden Oskar Anderson jun. und Hans Schneeweiß), ein Lehrstuhl für Statistik wird neu eingerichtet und besetzt (berufen wird Franz Ferschl), die Fakultäten werden aufgrund des neuen Bayerischen Hochschulgesetzes verändert (die Staatswirtschaftliche Fakultät wird aufgelöst, veranlaßt durch die Trennung von Volks- und Betriebswirten in zwei Fakultäten bilden die Statistiker zusammen mit den Philosophen und Wissenschaftstheoretikern eine eigene Fakultät, auch als programmatisches Zeichen ihrer Eigenständigkeit als wissenschaftliche Disziplin), Weichselberger ist zeitweise Dekan und Mitglied des Senats der Universität. Von Herbst 1979 bis Herbst 1981 ist Weichselberger Vorsitzender des Wirtschafts- und Sozialwissenschaftlichen Fakultätentages, anschließend für zwei weitere Jahre stellvertretender Vorsitzender. Unter seiner Federführung entsteht die Denkschrift „Grundsätzliche Empfehlungen des Wirtschafts- und Sozialwissenschaftlichen Fakultätentages zum Universitätsstudium der Wirtschaftswissenschaften", die im Januar 1980 vom Fakultätentag verabschiedet wird (Kernforderungen: Konkurrenz und Transparenz zwischen den Fakultäten, Garantien eines wissenschaftlichen Mindestniveaus, Wettbewerb in den Studieninhalten und -bedingungen, Einrichtung einer zentralen Informationsstelle).

Als besonders aufreibende und zeitintensive Aufgabe erweist sich die Einrichtung des Diplom–Studiengangs Statistik, als dessen Initiator und maßgeblich gestaltende Kraft Weichselberger gelten kann; er hat damit wesentliche Impulse für die Entwicklung und das Niveau der Statistikausbildung in Deutschland gegeben.

Mehr als ein Jahrzehnt lang, von 1969 bis 1981 leitet Weichselberger den Ausbildungsausschuß der Deutschen Statistischen Gesellschaft und ist während dieser Zeit auch Vorstandsmitglied dieser Gesellschaft.

Die Forschungsarbeiten Weichselbergers bewegen sich auf so breit gestreuten Gebieten der Statistik wie der Test- und Schätztheorie, der Demographie, der Konstruktion von Preisindices, u.a. Die zusammen mit A.-R. Wulsten erstellte umfangreiche Arbeit „Preisindices für nichtkommerzielle Forschung", in der erstmals für dieses Gebiet ein Preisindex konstruiert wird, findet nationale und internationale Anerkennung. In letzter Zeit entstand (in Zusammenarbeit mit S. Pöhlmann) die stark beachtete Monographie „A Methodology for Uncertainty in Knowledge–Based–Systems", in der bisher weit verbreitete Regeln zur Kombination von Informationen (z.B. die Dempster–Shafer–Regel) als ungeeignet (weil zu unsinnigen Ergebnissen führend) nachgewiesen werden und neue, auf Wahrscheinlichkeitsintervalle gegründete Kombinationsregeln erarbeitet werden; diese sind zwar „unbequemer" und erlauben oft nur sehr grobe Abschätzungen, täuschen dafür aber keine „falschen" Ergebnisse oder Genauigkeiten vor, sind eben „redlicher".

Wenn man neben diesem weiten Feld verschiedener Forschungstätigkeiten ein Gebiet nennen soll, dem sich Weichselberger besonders verbunden und verpflichtet fühlt, so ist dies die Grundlagenforschung: Die Fragen, was man unter den Begriffen Wahrscheinlichkeit, Zufall und Unabhängigkeit verstehen soll, wie sie formalisierbar sind und welchen „Rechen"–Regeln sie gehorchen, haben ihn während seines ganzen bisherigen Forscherlebens nicht losgelassen und werden es auch in Zukunft nicht tun. Mit der Problematik des Wahrscheinlichkeitsbegriffes hat Weichselberger sich schon in seiner Dortmunder Zeit befaßt; erstmals der Öffentlichkeit vorgestellt hat er seine Ideen von einem umfassenderen Begriff der Wahrscheinlichkeit als dem Kolmogoroffschen in seinem Antrittsvortrag als Rektor der Technischen Universität Berlin, erschienen unter dem Titel „Einige Grundprobleme der Statistik und Wahrscheinlichkeitstheorie"; darin wird das Konzept einer „symmetrischen" Wahrscheinlichkeit entworfen, das sowohl die Kolmogoroffsche Wahrscheinlichkeit als auch die daneben existierenden Auffassungen von Wahrscheinlichkeit (Fiduzial–Wahrscheinlichkeit, inverse Wahrscheinlichkeit) enthalten, und es ermöglichen soll, sowohl deduktiven als auch induktiven Schlüssen in der Statistik eine Wahrscheinlichkeit zuzuordnen. Seitdem befaßt sich Weichselberger immer wieder in Seminaren, (bisher unveröffentlichten) Arbeiten und Vorträgen mit Grundlagenproblemen der Wahrscheinlichkeitsrechnung.

Im vergangenen Jahr sind seine Arbeiten „Axiomatic Foundations of the Theory of Interval-Probability“ und „Interval-Probability on Finite Sample-Spaces“ entstanden; heuer erscheint seine umfangreiche Monographie „Elementare Grundbegriffe einer allgemeineren Wahrscheinlichkeitsrechnung“. In diesem Werk entwickelt Weichselberger die Theorie der Intervallwahrscheinlichkeit, in der systematisch die Folgerungen aus einer Erweiterung des Bildraumes der Wahrscheinlichkeit von Zahlen auf Intervalle des Einheitsintervalles gezogen werden. Dabei stellt sich eine Vielzahl neuer Begriffe ein, die zusammen mit grundlegenden Theoremen eine reichhaltige Theorie ergeben. Weichselbergers Theorie eröffnet dem Umgang mit Wahrscheinlichkeiten eine neue, allgemeinere und sehr differenzierte Begriffswelt, in welcher die klassische Wahrscheinlichkeitstheorie als ein extrem einfacher Spezialfall erscheint, in dem ein Großteil der Probleme und Differenzierungen erst gar nicht auftreten können. Auch die meisten der bisher entwickelten rudimentären oder sehr speziellen Konzepte zur Intervallwahrscheinlichkeit sind in ihr enthalten. Wenn diese Theorie Weichselbergers von der wissenschaftlichen Welt zur Kenntnis genommen wird, muß sie einen radikalen Umbau des Kanons der Wahrscheinlichkeitstheorie bewirken.

Die Vorliebe Weichselbergers für die Grundlagenforschung hat eine ihrer Wurzeln in seinem stark ausgeprägten Interesse an wissenschaftstheoretischen und allgemein philosophischen Fragen. Seine fundierten Kenntnisse auf diesen „Neben“-Gebieten finden auch bei professionellen Vertretern dieser Fächer Anerkennung; mehrmals wird er von Seiten der Wissenschaftstheoretiker seiner Fakultät als Gutachter herangezogen, wenn es sich um Arbeiten über Wahrscheinlichkeit und Induktion, Zufall und Kausalität handelt. Darüber hinaus gibt es noch ein weiteres Fach neben der Statistik, in dem Weichselberger „zu Hause“ ist, die Geschichte. In Diskussionen und Vorträgen überrascht er mit einer Fülle von Kenntnissen aus der Geschichte und einer erstaunlichen Fähigkeit in der Aufdeckung historischer Zusammenhänge. In seinen Seminaren und Vorlesungen wird der eigentliche Lehrstoff aus der Wahrscheinlichkeitsrechnung und Statistik immer wieder angereichert und belebt mit Bezügen zu Philosophie und Geschichte.

Weichselberger ist ein Professor alter Schule, den man sich vorstellt, wenn man die heute kaum noch übliche Bezeichnung Ordinarius verwendet: Ein hochgelehrter und auch eigenwilliger Wissenschaftler mit breiter Bildung und fächerübergreifenden Interessen, geprägt von wissenschaftlicher Ehrlichkeit und der Verpflichtung nicht nur gegenüber seinem Fach, sondern auch der Universität als Ganzer, ein anregender und auch unbequemer Lehrer und verantwortungsvoller Kollege. Daß auch noch eine weitere Seite in ihm steckt, wird offenbar durch die folgenden Zeilen, die Weichselberger zu Weihnachten 1993 verfaßt und an Freunde und Kollegen geschickt hat:

Sarajewo etc., 1993

Ihr habt die Unschuld lange schon verloren,
Doch heuchelt Ihr sie frech im weißen Kleid.
Ihr spielt das Spiel der Unparteilichkeit
Und arrangiert wie Zirkusdirektoren.

Verträge brecht Ihr oft und unverfroren,
Zu üblem Handel seid Ihr schnell bereit:
Ihr habt durch Tun und Lassen großes Leid
Für viele Menschen mit heraufbeschworen.

Die Opfer zählt Ihr so, als wär' es Beute,
Und trefft Euch mit den Tätern beim Bankett.
Uns graut vor dieser kommandierten Meute,

Doch fast noch mehr vor Euren Rede–Fetzen:
Ihr redet eine Landschaft zum Skelett,
Laßt ganze Völker in den Abgrund hetzen –

Und fangt doch nur Euch selbst in Euren Netzen.

Teil A:

Geschichte, Wahrscheinlichkeit, Grundlagen

Zum Zustand der Ökonometrie: Einige Bemerkungen

Von MANFRED DEISTLER*, Wien

Zusammenfassung: Ausgehend von einer Dreiteilung der Geschichte der Ökonometrie (Vor-Cowles-Commission-Zeit, Zeit der Prägung durch die Cowles-Commission und die ca. 1970 beginnende Neuzeit) findet eine kritische Auseinandersetzung mit der Entwicklung dieser Wissenschaft statt. Gezeigt wird auch, wie die Ökonometrie auf viele Herausforderungen mit sinnvollen methodischen Neuentwicklungen reagiert hat. Wenn sich auch die ursprünglich in die Ökonometrie gesetzten Hoffnungen bei weitem nicht erfüllt haben, so bietet sie heute doch ein umfangreiches Instrumentarium für die empirische Ökonomie.

1. Einführung

Der Beginn der Ökonometrie als eigenständige Wissenschaft ist sinnvollerweise auf den Anfang der dreißiger Jahre unseres Jahrhunderts zu datieren. Die Econometric Society wurde 1930 gegründet, die Cowles Commission 1932, und 1933 erschien der erste Band der Econometrica. Dieser Beitrag ist als Versuch zu sehen, einige mir wesentlich erscheinende Punkte von Entwicklung und Zustand dieses Wissenschaftszweiges herauszustellen.

Die Ökonometrie beschäftigt sich mit der Extraktion von Information aus ökonomischen Daten. Würde man „ökonomische Daten" durch „Daten" schlechthin ersetzen, so erhielte man eine Definition der Statistik. In gewissem Sinne ist also die Ökonometrie ein Teilgebiet der Statistik. Was die Eigenständigkeit der Ökonometrie begründet, sind die Besonderheiten ökonomischer Daten und Modelle. Obwohl Problemkreise wie etwa Saisonbereinigung oder Konstruktion von „stylized facts" in der Ökonometrie durchaus eine Rolle spielen, beschäftigt sich die Ökonometrie schwergewichtig mit Problemen der Ermittlung von den Daten (hypothetisch) zugrunde gelegten mathematischen Modellen. Meist – seit HAAVELMO – sind diese Modelle stochastisch, was die Ökonometrie zur schließenden Statistik führt. Die wichtigsten Probleme sind dann zum einen die Parameterschätzung in bereits durch Prior-Information aus der ökonomischen Theorie spezifizierten Modellklassen und zum anderen die datengetriebene Spezifikation bzw. die empirische „Verifikation" von ökonomischen Theorien. Die beiden Hauptziele für die Ökonometrie waren ursprünglich die Erstellung quantitativer Modelle als Instrument für Prognosen und für quantitative Wirtschaftspolitik einerseits und die empirische „Verifikation" ökonomischer Theorien andererseits. Heute muß gesagt werden, daß man von diesen Zielen noch immer weit entfernt ist: Ökonometrische Modelle sind heute weder ein unverzichtbares Instrument der Wirtschaftspolitik, noch haben ökonometrische Analysen und Ergebnisse entscheidenden und durchgehenden Einfluß auf die Wirtschaftstheorie. Hält

* Prof. Dr. Manfred Deistler, Institut für Ökonometrie, Operations Research und Systemtheorie, TU Wien, Argentinierstraße 8, A-1040 Wien

man sich den anfänglichen Optimismus insbesondere in der Makroökonometrie vor Augen, kann man, was die obigen, sehr ehrgeizigen Ziele betrifft, von einem ständig weiter zurückweichenden Horizont sprechen.

Auf der anderen Seite gab es, speziell unter Ökonomen und Wirtschaftsstatistikern im deutschen Sprachraum noch bis hin in die sechziger Jahre eine sehr weit verbreitete grundsätzliche Ablehnung der Ökonometrie. Die Ökonometrie entstand ja vor allem (aber nicht nur) im angelsächsischen Sprachraum und wurde im deutschen Sprachraum nur zögernd aufgenommen. Die Argumente der „Ökonometriegegner" reichten von einer ideologischen Ablehnung der Ökonometrie, die als mit den Prinzipien der Marktwirtschaft nicht kompatibel empfunden wurde, bis zu einer grundsätzlichen Ablehnung mathematischer Methodik in den Wirtschaftswissenschaften. Hierzu kam in nicht wenigen Fällen eine methodischen Innovationen grundsätzlich negativ gegenüberstehende Haltung an vielen deutschen Wirtschaftsfakultäten. Heute sind diese extremen Gegenpositionen zur Ökonometrie weitgehend abgeschwächt. Im speziellen hat die ökonometrische Forschung im deutschen Sprachraum an die internationale Entwicklung vollen Anschluß gefunden, wenn es auch „Ideenführerschaft" nur in wenigen Fällen gibt.

2. Zur Geschichte der Ökonometrie: Die Zeit der Cowles Commission

Es soll hier nur versucht werden, einige Punkte aus der Geschichte des Faches herauszugreifen, die für die weitere Argumentation interessant sind; die Geschichte ist eben generell auch deshalb interessant, weil uns die Kenntnis der Vergangenheit die Gegenwart und die Zukunft besser einschätzen läßt. Zudem zeigt sich, daß Debatten und Kritiken aus der Vergangenheit noch immer eine erstaunlich große Aktualität besitzen. So gesehen ist es, so glaube ich, kein Zufall, daß in der letzten Zeit, auch im Lichte der aktuellen Probleme, der Ideengeschichte der Ökonometrie vermehrte Aufmerksamkeit zukommt und daß erstmals zwei Bücher zur Geschichte des Faches erschienen sind (EPSTEIN 1987 und MORGAN 1990, siehe auch die Besprechung von HECKMAN 1992 zu MORGANS's Buch).

Ich würde die Geschichte der Ökonometrie in drei große Perioden unterteilen: Die „Vor-Cowles-Commission-Zeit", die Zeit, in der die Cowles Commission (bzw. Foundation) prägend war, und schließlich die „Neuzeit" der Ökonometrie, die ungefähr um 1970 begann. Auf die „Vor-Cowles-Commission-Zeit", in der von der Ökonometrie als eigenständigem Fach kaum gesprochen werden kann, in der es aber eine Reihe interessanter und fundamentaler Analysen gab, gehe ich hier nicht ein.

Den Begriff der *Cowles-Commission-Zeit* verwende ich hier in einem sehr umfassenden Sinne. Das Entstehen der Ökonometrie als eigenständiges Fach ist sehr eng verbunden mit dem Entstehen der Keynes'schen Theorie und der daraus abgeleiteten Wirtschaftspolitik und dem Entstehen der volkswirtschaftlichen Gesamtrechnung, beides in den dreißiger Jahren (siehe z.B.

PATINKIN 1976). Mathematische Ökonomen wie FRISCH, KALECKI und SAMUELSON verwendeten lineare Differenzen- bzw. Differentialgleichungen zur Erklärung der „Makrodynamik", und insbesondere FRISCH und TINBERGEN beschäftigten sich mit der Schätzung von Parametern in solchen Modellen, unter Verwendung von Methoden der Korrelationsanalyse oder der gewöhnlichen kleinsten Quadrate. TINBERGEN's Modelle für die Niederlande und die USA stellten einen ersten Höhepunkt dieser Entwicklung dar. Die auf den Ergebnissen von FRISCH und TINBERGEN aufbauenden Arbeiten der an der University of Chicago angesiedelten Cowles Commission (1939 – 1955) haben dann eine intellektuelle Revolution ausgelöst. Die wesentlichen Komponenten auf der methodischen Ebene sind die Verwendung stochastischer Modelle (durch stochastische Annahmen für die Fehler) und die Analyse von simultanen Systemen, also von Mehrgleichungssystemen in struktureller (das heißt, in durch ökonomische Theorie gegebener) Form, bei denen es instantane Rückkoppelung zwischen Outputkomponenten geben kann. Besonders hervorzuheben sind dabei die sorgfältige Analyse des Identifizierbarkeitsproblems und die Quasimaximum-Likelihoodschätzung sowie davon ableitbaren Schätzverfahren, wie etwa die zweistufige Methode der kleinsten Quadrate und schließlich die einschlägigen Tests. Diese Pionierleistungen sind insbesondere mit den Namen HAAVELMO und KOOPMANS verbunden und sind über die Ökonometrie hinaus für die Statistik und die Systemtheorie bedeutend gewesen. Das erste ökonometrische Modell, das mit der Cowles-Commission-Methodik geschätzt wurde, war das Klein-I-Modell für die USA. Die Theorie der simultanen Systeme fand dann bald in Textbüchern Aufnahme.

Das Schwergewicht der methodischen Arbeit der Cowles Commission lag in der Schätzung von Parametern in als (durch die ökonomische Theorie) richtig spezifiziert angenommenen Modellklassen. Fragen der datengetriebenen Spezifikation (z.B. Selektion von Variablen, Bestimmung von maximalen Lags, Bestimmung der Korrelationsstrukturen der Fehler, Bestimmung der Form der funktionalen Zusammenhänge) wurde wenig Aufmerksamkeit geschenkt; dies entsprach auch der Vorstellung, daß die Makroökonomie in der Lage sei, ein „wahres" Modell zu formulieren, bei dem nur die Parameter unbekannt seien.

Eine der zentralen Motivationen der Arbeiten der Cowles Commission war der Glaube, daß die TINBERGEN'schen Makromodelle grundsätzlich richtig seien und daß es nur einer „technologischen Innovation" – der Entwicklung von Schätzverfahren für simultane Systeme – für den endgültigen Durchbruch zur praktischen Relevanz bedürfe. Daß dies allerdings auch zur damaligen Zeit keineswegs unwidersprochen blieb, zeigt u.a. die berühmte und in vielem heute noch aktuelle KEYNES-TINBERGEN-Debatte.

Insgesamt ist es sehr interessant zu sehen, wie einerseits die methodischen Arbeiten der Cowles Commission heute noch gültige Pionierleistungen darstellen, wie aber andererseits sowohl die praktische Relevanz der Methodik bei weitem überschätzt wurde, also auch das dahinterliegende Weltbild sich heute als bei weitem zu wissenschaftsoptimistisch herausstellt.

3. Die „Neuzeit" der Ökonometrie

Ende der sechziger Jahre und Anfang der siebziger Jahre hatte sich die Ökonometrie auch außerhalb ihrer „Stammlande" (wie die angelsächsischen Länder oder die Niederlande) z.T. trotz vieler Widerstände international etabliert. In vielen Ländern, so auch im deutschen Sprachraum, waren Ökonometrielehrstühle errichtet worden, und für eine Reihe von Volkswirtschaften waren ökonometrische Modelle erstellt worden, die z.T. aus mehr als hundert Gleichungen bestanden. Der Ökonometrie wurde zunehmend größere Bedeutung zugemessen und die Zahl der Ökonometriker war im Anwachsen begriffen.

Anfang der siebziger Jahre jedoch wurde auch die Kritik am konventionellen makroökonometrischen Modellbau stärker. So zeigte z.B. ein Vergleich des Prognoseverhaltens von großen Modellen mit ganz einfachen Eingleichungsmodellen, die nach der damals gerade entwickelten Box–Jenkins–Methodik identifiziert wurden, die Überlegenheit der letzteren Modelle zumindest für kurzfristige Prognosen. Die erste Ölkrise mit den durch sie hervorgerufenen deutlichen Instationaritäten der Daten und den gravierenden Fehlprognosen vieler großer Modelle führte endgültig zu einem weitgehenden Umdenken auf mehreren Ebenen; insbesondere wurde diesen Kritikpunkten und Herausforderungen durch methodische Innovationen begegnet. Dabei sind vor allem drei Stoßrichtungen zu unterscheiden:

Zum ersten wurde dem *Spezifikationsproblem* große Aufmerksamkeit gewidmet. Die nun deutlich sichtbaren Defizite der großen Makromodelle, etwa bei den Prognosen, wurden auf einen zu sorglosen Umgang mit „ungedeckten" a priori Annahmen zurückgeführt. Methoden der datengetriebenen Spezifikation wurden zunächst „innerökonometrisch" auf Testbasis (diagnostic checks) stark forciert, wobei der Natur der Sache nach vielfach, etwa bei der Bestimmung von maximalen Lags oder bei der Selektion von Variablen, multiple Tests oder Testsequenzen mit allen ihren Problemen erforderlich waren. Auf diese Weise wurde in den siebziger Jahren ein beachtliches Instrumentarium für Spezifikationsprobleme entwickelt. Noch dazu wurden zur gleichen Zeit dem gleichen Problemkreis in der Statistik und der Systemtheorie große Bedeutung zugemessen, was wieder Auswirkungen auf die Ökonometrie hatte. Besonders hervorzuheben sind in diesem Zusammenhang die Entwicklung und Analyse von *Informationskriterien* insbesondere durch AKAIKE, HANNAN und RISSANEN. Während die Grundintention bei den Informationskriterien die weitgehende Automatisierung von Identifikationsprozeduren war, bestand die Idee der vor allem von TUKEY propagierten explorativen Datenanalyse im interaktiven Lernen des Wissenschaftlers aus den Daten.

Die Analysen zur Sensitivität von Ergebnissen bezüglich der zugrundeliegenden Annahmen, die in der Ökonometrie vor allem durch die Arbeiten von LEAMER bekannt wurden und ebenso der Problemkreis der Robustheit von Schätzern oder Tests, sind auch in diesen Bereich einzuordnen.

Die zweite große Entwicklung betraf die *Zeitreihenökonometrie*. Hier sind etwa die zuerst von GRANGER und SIMS vorgeschlagenen Kausalitätstests zur empirischen Bestimmung von Kausalrichtungen (die in der makroökonomischen Debatte wichtig waren) und die vektorautoregressiven (VAR) Modelle von SIMS zu nennen. Eine zentrale Idee der VAR Modellierung war es, nicht a priori zwischen Inputs und Outputs zu unterscheiden und auch strukturelle Restriktionen für die Parameter nicht a priori zu postulieren.

Die Theorie der rationalen Erwartungen löste eine fundamentale (und eigentlich alte) Debatte zum Selbstverständnis der Ökonometrie aus. Gegenwärtig wird die Zeitreihenökonometrie in besonderem Ausmaß durch die Analyse nichtstationärer Prozesse und nichtlinearer Modelle geprägt. Die von ENGLE und GRANGER initiierte Analyse integrierter und kointegrierter Prozesse nimmt dabei eine zentrale Rolle ein; speziell für die ökonometrische Analyse von Finanzdaten mit ihren zeitlich unterschiedlichen Volatilitäten wurden neue Modelle, wie etwa die von ENGLE vorgeschlagenen ARCH–Modelle und ihre Erweiterungen entwickelt. Verschiedene Formen von nichtlinearen Modellen, wie etwa neuronale Netze, werden intensiv erprobt.

Die dritte große Entwicklung fand in der *Mikroökonometrie* statt. Spezielle Fragestellungen, wie z.B. die Erklärung von qualitativen oder zensurierten Variablen erforderten genuine Modelle und statistische Prozeduren. Das gleiche gilt für spezielle Datenstrukturen, wie etwa Panel–Daten. Zudem ermöglichen die oft großen Stichproben, etwa in Querschnitten, auch aufwendigere, wie z.B. nichtparametrische Verfahren. Die Methodenentwicklung in der Mikroökonometrie ist insoferne besonders interessant, als sie in vielen Fällen viel mehr durch die Nachfrage aus den Anwendungen als durch die inhärente Dynamik der formalen Theorie ausgelöst wurde.

4. Wo stehen wir heute?

Was die Einschätzung des Wertes der Ökonometrie anlangt, so gehen die Meinungen noch immer auseinander; das Meinungsspektrum hat sich aber von beiden Rändern her eingeengt: Sowohl der extreme Optimismus als auch die absolute Ablehnung sind zurückgegangen. Die extremste Form des Optimismus, nämlich der Glaube, die Ökonometrie könne ohne die Analyse und die abwägende Einschätzung von Ökonomen, gewissermaßen vollautomatisiert, aus Daten mittels Formeln und elektronischen Rechnern aussagekräftige Modelle und Theorien gewinnen, hat sich als nicht realistisch erwiesen. Aus einer Reihe von Gründen ist Bescheidenheit, aber nicht Resignation angebracht: Einmal ist zu sehen, daß in vielen Bereichen der Ökonomie das qualitative Verständnis der wichtigsten Zusammenhänge noch immer das primäre Erkenntnisziel ist. Auf der anderen Seite sind in Bereichen wie der Erfassung von ökonomischen Daten, der Erhöhung der „Meßgenauigkeit" sowie der intelligenten Interpretation mit „freiem Auge" oder mit einfachen Datentransformationen noch bei weitem nicht alle Möglichkeiten ausgenutzt. Ökonometrische Modelle zur mathematisch–quantitativen Beschreibung von ökonomischen Zusammenhängen sind für eine Reihe von Problemstellungen angebracht. Die Grenzen der Aussagekraft sollten dabei jedoch immer klar gesehen werden; Grenzen, die vor allem durch die geringe zeitliche Stabilität ökonomischer Zusammenhänge und durch ungedeckte a apriori Annahmen gezogen sind. Die Gefahr der Einengung des Blickwinkels durch das mathematische Instrumentarium ist gegeben. Ökonometrische Analysen sind stets mit „common sense" und intellektueller Redlichkeit kritisch abzuwägen und auf ihre Aussageweite hin zu prüfen. Mangelnde Erfahrung, mangelnde Reflexionsbereitschaft oder gar „ökonometrischer Fundamentalismus" ziehen stets die Gefahr fehlerhafter Schlüsse nach sich, und so gesehen ist eben Ökonometrie mehr Kunst als Wissenschaft, da zwar die ökonometrische Methodenlehre „Regeln" für die Auswertung von Daten bereithält, deren Vernünftigkeit oder gar Optimalität jedoch nur unter relativ restriktiven Annahmen gewährleistet ist, so daß die Anwender oft mit ihren Entscheidungen allein gelassen werden. Die Ökonometrie hat sich *auch* als Hilfswissenschaft zu verstehen; sie ist nur soweit gerechtfertigt, als sie, zumindest langfristig, Beiträge zur empirischen Analyse liefern kann, und sie ist gefordert, von den Nöten und Erfahrungen der Anwender zu lernen.

Zur Resignation besteht kein Anlaß. Die Ökonometrie zeigt zwar, wie andere Wissenschaften auch, Redundanzen, Eigengesetzlichkeiten und modische Trends im Wissenschaftsprozeß, sie hat aber auf der anderen Seite auf viele Herausforderungen mit sinnvollen methodischen Neuentwicklungen reagiert und sie hat eine Reihe von Erfolgen aufzuweisen, auch wenn diese nicht so spektakulär sind wie man vor ca. fünfzig Jahren gehofft hat.

Durch die heute verfügbaren Rechenkapazitäten und Rechengeschwindigkeiten, durch Daten- und Methodenbanken, hat sich der Komfort ökonometrischer Analysen gravierend erhöht. Das erleichtert auch weniger formal geschulten Ökonomen den Zugang und erhöht die Zahl der Anwendungen beträchtlich. Die meisten wirklichen „Erfolgsstories" sind im Bereich der Mikroökonometrie angesiedelt. Die Ökonometrie von Finanzdaten ist heute ein großes Hoffnungsgebiet, eine endgültige Beurteilung ihrer Leistungsfähigkeit ist noch ausständig. Die ursprünglichen Hoffnungen in die Makroökonometrie haben sich als bei weitem überzogen erwiesen (siehe z.B. SUMMERS 1991), dennoch sind ökonometrische Analysen auch hier sinnvoll. Die Ökonometrie ist heute ein – im besten Sinne des Wortes – Gebiet von mittlerer Bedeutung, und wird dies meines Erachtens auch in der nächsten Zeit bleiben. Natürlich ist wissenschaftlicher Optimismus eine Voraussetzung für den wissenschaftlichen Erfolg, letzterer wird sich aber meines Erachtens nach eher durch kontinuierliche Verbesserungen in vielen kleinen Schritten, Bereitschaft zum Lernen aus den Anwendungen und intellektuelle Redlichkeit als durch große methodische Durchbrüche einstellen. Gerade wegen der Mühsamkeit des Fortschrittes ist die Gefahr des Abgleitens in Extrempositionen, nämlich der Überschätzung des mathematischen Apparates bis hin zu mathematischen Omnipotenzphantasien auf der einen Seite und der unreflektierten, intellektuelle Mühe scheuenden Ablehnung auf der anderen Seite, nicht gebannt.

Literatur

EPSTEIN, R. J. (1987): A History of Econometrics; North Holland, Amsterdam, New York.

HECKMAN, J. J. (1992): Haavelmo and the Birth of Modern Econometrics: A Review of The History of Econometric Ideas by Mary Morgan; Journal of Economic Literature, Vol. XXX, 876-886.

MORGAN, M. S. (1990): The History of Econometric Ideas, Historical Perspectives on Modern Economics; Cambridge University Press, Cambridge.

PATINKIN, D. (1976): Keynes and Econometrics: On the Interaction Between the Macroeconomic Revolutions of the Interwar Period; Econometrica, Vol. 44, No. 6, 1091-1123.

SUMMERS, L. H. (1991): The Scientific Illusion in Empirical Macroeconomics; Scand. J. of Econometrics 92 (2), 129-148.

Einige Bemerkungen zur Bellschen Ungleichung

Von FRANZ FERSCHL*, München

Zusammenfassung: Die Bellsche Ungleichung erlaubt es, ein von Albert Einstein stammendes Gedankenexperiment zur Deutung der Quantenmechanik in recht durchsichtiger Weise zu analysieren. D'Espagnat hat der Ungleichung eine Fassung gegeben, die mit einem elementaren Wahrscheinlichkeitsraum auskommt. Aufgrund dieser Darstellung können die Konsequenzen einer neuerdings in Experimenten beobachteten Verletzung der Bellschen Ungleichung besonders deutlich sichtbar gemacht werden.

In diesem Beitrag wird zunächst der historische Hintergrund der Debatte skizziert. Sodann wird die d'Espagnatsche Fassung weiter ausgebaut, um die Rolle der einzelnen Komponenten der experimentellen Anordnung besser sehen zu können. Schließlich wird eine wesentliche, aber immer noch elementare Erweiterung des Modells angegeben. Nunmehr kann gezeigt werden, daß die beobachteten Resultate nur durch eine Unsymmetrie der experimentellen Anordnung, nicht aber durch einen bisher vorgeschlagenen Verzicht auf ein gewisses Lokalitätspostulat erklärt werden können.

Summary: Bell's inequality admits a fairly simple analysis of a thought experiment from Albert Einstein on the interpretation of quantum mechanics. D'Espagnat provided a version of this inequality which uses only an elementary probability space. Following his presentation, the consequences of recently observed violations of this inequality can be made especially transparent.

In the present contribution at first an outline of the historical background of the discussion will be given. Then d'Espagnat's version will be extended in order to see more clearly the role of the different components of the experimental design. At last an essential, but still elementary enlargement of the model is presented. Now it can be shown that the observed results can be explained only by a violation of symmetry in the experimental design, but not by the up to now proposed abandonment of a certain locality postulate.

1. Einleitung

In den letzten Jahren hat sich das Interesse von Vertretern der klassischen Wahrscheinlichkeitstheorie – wir sprechen kurz vom „Kolmogorov-Modell“ – verstärkt der Erkundung des quantentheoretischen Wahrscheinlichkeitsmodells – kurz: „v. Neumann-Modell“ – zugewandt. Stellvertretend für diese Tendenz kann eine Veröffentlichungsreihe eines herausragenden Vertreters der Straßburger Schule der Wahrscheinlichkeitstheorie, nämlich P. Meyers, stehen. Siehe dazu etwa MEYER (1986) und MEYER (1993). Zu nennen wäre auch die Monographie PARTHASARATY (1992), die mit der Absicht geschrieben ist, einen zusammenfassenden Überblick über den derzeitigen „state of art“ betreffend das Zusammenspiel der beiden genannten Wahrscheinlichkeitsmodelle zu geben. Die hauptsächliche Zielsetzung dieser Art von Tätigkeit kann wohl am besten durch ein Zitat aus dem Buch GUDDER (1979) beschrieben werden:

> "Although quantum mechanics has long been recognized as a stochastic subject, only recently have some of the deeper techniques and results of

* Prof. Dr. Franz Ferschl, Institut für Statistik, Ludwig-Maximilians-Universität München, Akademiestraße 1/IV, D-80799 München

> probability theory been substantially utilized ... probability has not only been applied to clarifying the foundation of quantum mechanics, it has been used in the frontiers of constructive quantum field theory and applied to the practical problems of communication engineering and laser technology" (p. IX).

Unter den „deeper techniques" sind heute vor allem ausgefeilte Techniken aus der Theorie der stochastischen Prozesse zu verstehen, wie etwa stochastische Integration oder Gaußsche Zufallsfelder. Solche Übertragungen aus dem Kolmogorov-Modell sind keineswegs trivialer Natur. Es ist nämlich zu beachten, daß das v. Neumann-Modell eine viel reichere Struktur als das Kolmogorov-Modell besitzt.

Angesichts dieser Entwicklungen ist es überraschend, daß auch mit den Mitteln der elementaren Wahrscheinlichkeitsrechnung tiefliegende Probleme der Interpretation quantenphysikalischer Phänomene diskutiert werden können. Solche Diskussionen sind – rückwirkend – auch für die Wahrscheinlichkeitstheorie selbst relevant, weil sie auf eine Reihe von grundlegenden Voraussetzungen hinweisen, die bei der Abbildung der Realität auf Wahrscheinlichkeitsmodelle, meist unbewußt, verwendet werden. Es ist unter anderem Ziel der vorliegenden Arbeit zu zeigen, wie eine dieser Voraussetzungen, nämlich die Separabilität räumlich getrennter Ereignisse, den Bau von Wahrscheinlichkeitsmodellen beeinflußt.

Die in diesem Beitrag angestellten Überlegungen lassen sich letztlich auf zwei gedankliche Ausgangspunkte zurückführen. Den einen bildet ein Gedankenexperiment von Albert Einstein, das sich gegen die Annahme richtete, die Heisenbergsche Unschärferelation sei ein nicht mehr hintergehbares physikalisches Prinzip. Dieses Gedankenexperiment konnte unter Beibehaltung seiner wesentlichen Züge im Laufe der Zeit so stark vereinfacht werden, daß es kürzlich auch der experimentellen Überprüfung unterzogen werden konnte. Diese Überprüfung stützt sich nun auf einen Satz der elementaren Wahrscheinlichkeitsrechnung, nämlich die sogenannte Bellsche Ungleichung. Die bisherigen experimentellen Ergebnisse deuten – entgegen Einstein – auf eine Bestätigung der Quantentheorie hin, indem sie eine Verletzung der Bellschen Ungleichung zeigen. Dieses Resultat wurde aber andererseits als paradox empfunden (siehe dazu auch KÖGERLER (1986)), weil die Bellsche Ungleichung fundamentale Voraussetzungen der üblichen Interpretation von physikalischer Realität widerspiegelt.

Es war das Verdienst des französischen Physikers Bernard d'Espagnat, den philosophisch relevanten Hintergrund dieser Experimente klar herausgearbeitet zu haben. Siehe dazu etwa D'ESPAGNAT (1979) und D'ESPAGNAT (1983). Dort wird überdies auf eine Reihe von Parallelen hingewiesen, die sich in der Alltagsarbeit eines ganz normalen Statistikers auffinden lassen. Gerade diese Verbindungen machen es für den Statistiker lohnend und interessant, sich mit grundlegenden Interpretationsproblemen der Quantentheorie auseinanderzusetzen.

In der vorliegenden Arbeit werden Gedankenstränge aus verschiedenen Sachbereichen verwendet: Verweise auf die Entwicklungsgeschichte von Gedankenexperimenten; die Beschreibung konkreter physikalischer Experimente; grundsätzliche Überlegungen über die Realitätsdeutungen, auf denen letztlich jedes statistische Arbeiten beruht, sofern sie schließlich zur Konstruktion und Interpretation von endlichen Wahrscheinlichkeitsmodellen führen sollen. Es ist nun nicht möglich, hier alles auf breiter Front systematisch zu entwickeln, sondern es wird hier nur eine einzige Gedankenkette entwickelt, die sich aber „schlangenförmig" bewegt, um möglichst viel aus den verschiedenen besuchten Bereichen mitnehmen zu können. Wir beginnen mit einigen historischen Reminiszensen aus den Anfängen der Quantentheorie und berichten über deren Wirkungsgeschichte.[1] Dann springen wir zu einem rein statistischen Gedankenexperiment, welches das zu betrachtende quantenphysikalische Experiment nachahmt. Anschließend wird dieses Experiment genauer beschrieben; schließlich entwickeln wir, auf dieser Beschreibung aufbauend, Wahrscheinlichkeitsmodelle, die eine vergleichende Diskussion von grundlegenden Annahmen der klassischen Statistik und der Quantentheorie ermöglicht.

2. Gedankenexperimente

Zu den bekanntesten Herausforderungen, welche die quantentheoretische Beschreibung der Mikrowelt für die traditionelle Weltsicht darstellt, zählt ihr prinzipieller Indeterminismus. Zwar stellen indeterministische Phänomene – genauer gesagt: Phänomene, die man als indeterministisch oder als zufällig *interpretiert* – heute auch für den Alltagsverstand keine gedankliche Schwierigkeit mehr dar. Man hat gelernt, die zufallsgesteuerte Abfolge von Münzwürfen, Lottoergebnissen, von Wetterlagen, Börsenkursen und Unglücksfällen einigermaßen korrekt zu handhaben. Aber man erlaubt sich bei diesen Phänomen die Vorstellung, daß hinter all diesen Erscheinungen letztlich ein deterministischer Mechanismus steckt; man kennt ihn zwar nicht, würde man ihn aber kennen, wäre der Indeterminismus verschwunden. Das heißt, anders ausgedrückt, kennte man die Anfangsbedingungen genügend genau,[2] könnte man die Ergebnisse jedes „Zufallsexperiments" richtig vorausberechnen; Zufälligkeit war dann nur eine Art Hilfsvorstellung. Dieser Standpunkt wurde lange Zeit auch von prominenten Physikern vertreten; weithin bekannt ist Albert Einsteins Einwurf: „Gott würfelt nicht."[3] Die derzeit fast allgemein akzeptierte Form der Quantentheorie schließt jedoch derlei Vorstellungen strikt aus.

[1] Das Deutungsproblem der Quantentheorie, insbesondere auch seine historische Entwicklung, wird recht übersichtlich in V. WEIZSÄCKER (1985, Kap. 11) dargestellt.

[2] Die neuerdings entwickelten Ideen der Chaostheorie brauchen wir nicht in die Debatte einzubeziehen. Die Chaostheorie besagt nämlich nur, daß man im allgemeinen die Anfangsbedingungen „sehr genau" kennen müßte; und zwar zu genau, um sie praktisch gewinnen zu können.

[3] Weniger bekannt ist, daß seinerzeit auch der Begründer der Wellenmechanik, Erwin Schrödinger, ebenfalls zu diesem Lager zählte: „Wenn es bei diesen verdammten Quantensprüngen bleiben soll, so bedauere ich, mich mit der Quantentheorie überhaupt beschäftigt zu haben." Zitiert nach SCHWABL (1993, p. 368). Hintergrundinformation dazu findet man in V. WEIZSÄCKER (1985, Kap. 11, 1.b).

Sehen wir uns aber das Original von „Gott würfelt nicht." noch etwas genauer an. In einem Brief an Max Born schrieb Einstein[4]: „Die Quantentheorie ist sehr achtungsgebietend. Aber eine innere Stimme sagt mir, daß das doch nicht der wahre Jakob ist. Die Theorie liefert viel. Aber, dem Geheimnis des großen Alten bringt sie uns nicht näher. Jedenfalls bin ich überzeugt, daß der nicht würfelt." Einstein wollte damit sagen, daß er die Quantentheorie als unvollständig ansehe. Unter der Vollständigkeit einer physikalischen Theorie verstehen wir die Erfüllung der Bedingung, daß jedes Element der physikalischen Realität ein Gegenstück innerhalb der Theorie besitzt.[5] Postuliert man also wie Einstein den Determinismus als grundlegenden Zug der Realität, so ist die Quantentheorie in dem Sinn unvollständig, als sie keine Elemente enthält, die ein wie auch immer beschaffenes deterministisches Fundament mit den beobachteten Erscheinungen verbinden.

Wohl aber gibt es Erweiterungen der Quantentheorie, wie etwa David J. Bohms Theorie der verborgenen Parameter, die genau den obigen Forderungen entspricht.[6] Wir werden jedoch später sehen, daß die Annahme verborgener Parameter wesentlich tiefere Schichten unseres Weltverständnisses berührt als die bloße Determinismus-Indeterminismus-Debatte.

Albert Einstein beließ es nicht beim bloßen Protest gegen eine bestimmte Interpretation der Realität; er stellte eine Reihe von Gedankenexperimenten an, die zunächst zeigen sollten, daß die Quantentheorie nicht widerspruchsfrei sei. Die meisten dieser Einwände konnten relativ rasch entkräftet werden. Als folgenreicher erwies sich jedoch ein Gedankenexperiment, das nach den beiden Mitautoren Boris Podolky und Nathan Rosen das „ERP-Argument" genannt wird. Es wurde 1935 publiziert.[7] Zunächst gab diese Veröffentlichung Anlaß zu einer Antwort von Niels Bohr und damit auch zu einer weiteren Ausgestaltung der sogenannten „Kopenhagener Deutung" der Quantenmechanik, welche deren Besonderheiten sehr pointiert herausarbeitete. Das ERP-Argument erwies sich aber auch fernerhin als bedeutsam, weil es nicht beim Gedankenexperiment blieb. Vielmehr konnte es – unter Beibehaltung seiner wesentlichen Züge – soweit modifiziert und vereinfacht werden, daß es einer realen experimentellen Erprobung zugänglich wurde. Von 1972 an wurde diese in verschiedenen Laboratorien tatsächlich vorgenommen. Jedoch: Die Experimente lieferten Ergebnisse, die das ERP-Argument nicht stützten, wohl aber die Voraussagen der Quantentheorie in der bisher gegebenen Form bestätigten.

Im folgenden will ich versuchen, die erkenntnistheoretische Bedeutung der genannten Experimente zu erläutern. Dazu ist es natürlich erforderlich, auch eine – skizzenhafte – Beschreibung der zugrundeliegenden physikalischen Versuchsanordnungen zu geben. Doch zunächst möchte ich eine weitgehend

[4] Zitiert nach PENROSE (1991, p. 273).
[5] Siehe dazu etwa KÖGERLER (1986, p. 6).
[6] Einen ersten Einblick in diese Theorie kann etwa ALBERT (1994) vermitteln.
[7] Phys. Rev. 47, 1935, 777; in: KÖGERLER (1986, p. 26).

strukturanaloge Situation diskutieren, die nicht im subatomaren Bereich, sondern in der Makrowelt angesiedelt ist, und die mit den gewohnten Mitteln der Statistik beschrieben werden kann. Die Einführung solcher Analogien verdankt man Bernard d'Espagnat, der sie zu ausgiebigen philosophischen Erörterungen benutzte.[8] Die nachstehenden qualitativen Überlegungen stützen sich weitgehend auf die beiden Beiträge von d'Espagnat.

3. Eigenschaften und Individuen

Wir setzen nun die Betrachtung von Gedankenexperimenten fort und begeben uns dazu auf die Gebiete des psychologischen Testens und der Schulprüfungen. Es sei zunächst angenommen, ein Psychologe hätte einen völlig neuartigen Test entwickelt, den er nun an einer Reihe von zufällig ausgewählten Versuchspersonen ausprobiert. Der Test liefere nur die beiden Ergebnisse

$$\begin{aligned} + &:= \text{bestehen} \\ - &:= \text{nicht bestehen.} \end{aligned}$$

Eine Testsequenz liefere unter diesen Voraussetzungen eine zufällige Folge mit Realisierungen der Form

$$++---+-+++-++\dots.$$

Ein außenstehender Beobachter kann nun fragen, ob dieser Test tatsächlich eine „Eigenschaft" bzw. eine „Fähigkeit" beschreibt. Der Psychologe, der den Test entwickelte, wird das vermutlich bejahen wollen; er wird möglicherweise sogar so weit gehen zu behaupten, daß durch seinen Test eine *neue* Eigenschaft *definiert* werde, nämlich eben die Eigenschaft, seinen Test zu bestehen. Diese Haltung kann man kritisieren. Man kann einwenden, daß das Testergebnis jeweils nur das *Zusammenwirken* zwischen Testperson und Testvorrichtung beschreibt und keine isolierte Eigenschaft der Testperson selbst. Diese Deutung wird insbesondere dann naheliegen, wenn der Test in der Form einer mündlichen Exploration geschieht, bei der ja nun tatsächlich die momentane Befindlichkeit des Prüfers in das jeweilige Testergebnis (= Meßergebnis) einfließen kann. Es sei übrigens auch vorausgesetzt, daß die Versuchsanordnung keine „repeated trials" zuläßt.

> Genau diese Situation finden wir in der Quantenmechanik vor. Die Kopenhagener Deutung versteht ein Meßergebnis allein als das Ergebnis einer Reaktion von Teilchen *und* Meßapparat. An einem Teilchen kann eine Messung grundsätzlich nicht wiederholt werden.

Andererseits wird man in einer Weltdeutung, welche ich die „realistische" nennen möchte, an der Vorstellung festhalten wollen, daß Tests, Prüfungen oder auch z.B. Gerichtsverfahren es in der Tat ermöglichen, wohlbestimmten Individuen Eigenschaften zuzuschreiben. Das heißt, anders ausgedrückt, daß

---

[8] Sehr ausführliche Reflexionen unter weitestgehender Vermeidung formaler Werkzeuge findet man in der Monographie D'ESPAGNAT (1983). Eine knappere, mehr auf physikalische Details eingehende Darstellung ist D'ESPAGNAT (1979).

man die Welt durch Zustandsbeschreibungen abbilden kann, welche wohldefinierten Entitäten jeweils zu einem bestimmten Zeitpunkt eine bestimmte Merkmalsausprägung zuordnen.

Jemand, der etwa Studenten in einer Diplomprüfung mündlich zu prüfen hat, würde vielleicht zugestehen, daß gewisse „zufällige Einflüsse", von ihm selbst verursacht, das Ergebnis beeinflussen können. Er würde aber auf jeden Fall annehmen wollen, daß die Ergebnisse seiner Prüfungen im wesentlichen doch Fähigkeiten des Studenten widerspiegeln, die sich im Rahmen der Prüfung eben offenbaren. Ebenso würde sich ein Strafrichter gegen die Behauptungen verwahren, der einzige Unterschied zwischen den von ihm Verurteilten und den von ihm Freigesprochenen bestünde in nichts anderem als der Tatsache, daß sie aus dem Verfahren als Verurteilte bzw. Freigesprochene hervorgingen.

Es gibt jedoch durchaus Konstellationen, die es dem oben eingeführten Psychologen ermöglichen, seine „realistische" Deutung der Testergebnisse zu erhärten. Stellen wir uns vor, er teste Ehepaare[9] und stelle dabei fest, daß eine strenge Korrelation zwischen den Testergebnissen besteht, dergestalt, daß beide Ehepartner immer dasselbe Testergebnis zeigen, also:

m	w
$+$	$+$

oder

m	w
$-$	$-$

In einem solchen Fall erschiene die Annahme einer Eigenschaft, die „vor" dem Test den Personen anhaftet und die durch den Test gemessen wird, fast zwingend. Denn wie könnten sonst solche Testergebnisse erklärt werden? Aber auch schon eine signifikante Korrelation der Ergebnisse würde als sehr starke Stütze der Vorstellung vom objektiven Vorhandensein von Eigenschaften gelten können.

Allerdings gäbe es noch eine andere – externe – Erklärungsmöglichkeit für das Auftreten von Korrelationen in solchen Paar-Prüfsituationen, nämlich Kommunikation. Das heißt, ein Partner wäre in der Lage, dem anderen mitzuteilen, wie er in seiner Prüfungssituation reagiert bzw. die Prüfungsfragen beantwortet hat und der andere hätte ihn schlicht nachgeahmt. Die Korrelation zwischen den Testergebnissen wird also nur dann die realistische Deutung wirklich stützen können, wenn eine gegenseitige Beeinflussung ausgeschlossen ist.

Im allgemeinen nimmt man aber an, daß eine Trennung von Prüfungsvorgängen im Prinzip immer möglich ist, etwa so, daß man die beiden Tests gleichzeitig ausführt und sie in genügender Entfernung voneinander stattfinden läßt.

Die spezielle Relativitätstheorie behauptet solches explizit. Nach ihr kann keine Signalübertragung, das heißt, kein Energietransport, schneller als die Lichtgeschwindigkeit im Vakuum erfolgen. Daraus folgt etwa:

[9] Man kann sich, wie in D'ESPAGNAT (1983), auch Zwillingspaare vorstellen, die in bestimmten Fächern geprüft werden.

Für zwei Prüfungen von einer halben Stunde Dauer, eine auf der Erde, eine auf einem Jupitermond angestellt und zur gleichen Zeit begonnen, ist jede prüfungsbeeinflussende Kommunikation ausgeschlossen. Auch im günstigsten Fall, der Konjunktion von Jupiter und Erde, benötigt nämlich das Licht ca. 35 Minuten zur Überbrückung der Entfernung zwischen den beiden Prüfungsplätzen.

Wir halten also fest, daß Versuchsanordnungen, die man als aussagekräftig ansieht, zwei fundamentale Voraussetzungen zugrundeliegen:

a) Der Realismus. Man kann die Welt durch die Einführung von Individuen (auch: geschlossenen Systemen, Entitäten), denen objektive Eigenschaften anhaften, beschreiben. „Objektiv“ heißt, daß Eigenschaften auch dann existieren, wenn man sie gerade nicht beobachtet oder testet. Albert Einstein drückte das recht radikal so aus: „Der Mond existiert auch dann, wenn ich ihn nicht anschaue.“

b) Die Separabilität. Es ist immer möglich, zwei Versuchsanordnungen zeitlich und räumlich so zu isolieren, daß eine Wechselwirkung zwischen ihnen nicht stattfinden kann.

Eine Haltung, die das Zutreffen dieser Voraussetzungen annimmt, bezeichnet man als lokalen Realismus. Diese Haltung wird – unausgesprochen – bei jedweder statistischen Arbeit, sei sie deskriptiv oder induktiv, eingenommen. Wie wir im folgenden sehen werden, sieht sie sich aber durch gewisse neuerdings durchgeführte physikalische Experimente in Frage gestellt.

4. Die experimentelle Überprüfung des ERP-Arguments

Die ursprüngliche Fassung des ERP-Arguments bezog sich auf die klassische Version der Heisenbergschen Unschärferelation, welche die gleichzeitige scharfe Messung von Ort und Impuls eines Teilchens für unmöglich erklärt. Eine Überprüfung dieser Fassung ist heute experimentell noch nicht möglich; man hat aber einfachere, experimentell zugängliche Modifikationen entwickelt.

Die praktische Ausgestaltung dieser Versuchsanordnungen ist recht unterschiedlich. Sie haben aber alle eine gemeinsame Struktur, so daß sie sich als physikalisches Analogon des oben beschriebenen Ehepaar-Testens auffassen lassen. Nur ein unwesentlicher Unterschied besteht: Die strenge positive Korrelation wird durch eine strenge negative Korrelation ersetzt.

Im Falle von Ehepaaren wäre ein solches Ergebnis höchst ungewöhnlich. Es bedeutete: Wenn der Ehemann den Test besteht, fällt seine Frau durch – und umgekehrt.

Nun ist es in der Mikrophysik durchaus möglich, auch so etwas wie „Ehepaare“ herzustellen. Dabei handelt es sich um Teilchenpaare im sogenannten Singulett-Zustand. Abgefragt bzw. getestet werden die Paarkomponenten in Bezug auf die Richtung einer Art „Kreiselachse“; der Pysiker spricht von der

Richtung ihres *Spins*. Die Spinrichtung hat bei den betrachteten Teilchen[10] zwei Ausprägungen, die man in mehrfacher Weise bezeichnet; etwa durch das Paar „up" und „down" oder „↑" und „↓". Wir wählen hier die Bezeichnungen

„+" und „−".

Im Singulett-Zustand sind zwei Teilchen vereint, die entgegengesetzte Spinrichtung aufweisen müssen. Man kann sich ein ganzes Kollektiv von solchen Paaren im Singulett-Zustand verschaffen, die dann der Reihe nach abgeprüft werden, das heißt, bei denen die Spinrichtung jeder ihrer Komponenten gemessen wird.

Konkret sieht ein solches Experiment etwa so aus: Zwei Protonen sehr niedriger Energie werden zum Zusammenstoß gebracht und kommen dadurch in den Singulett-Zustand, in dem sie entgegengesetzte Spinrichtung aufweisen. Sie fliegen dann in entgegengesetzter Richtung auseinander – und bleiben dabei weiter im Singulett-Zustand. Zwei Instrumente, die in gleicher Entfernung aufgestellt werden, messen getrennt, aber zur gleichen Zeit, die Spinrichtung je eines Teilchens. Da sich die Paare nach wie vor im Singulett-Zustand befinden, sind nur zwei Ergebnisse möglich: Links wird „+" gemessen, dann muß rechts „−" erscheinen; mißt man links „−", erscheint rechts „+".

Abb. 1: Schema eines ERP-Experiments

Meßergebnis links	Singulett-Zustand	Meßergebnis rechts
+	⟵ +, − ⟶	−
	oder	
−	⟵ −, + ⟶	+

Genau dieses Schema, nämlich die Möglichkeit streng gekoppelter, weit entfernt angestellter, exakter Messungen ist die gemeinsame Struktur, die allen Versionen des ERP-Arguments zugrundeliegt.

Betrachtet man nur die Meßergebnisse links, so beobachtet man eine perfekt zufällige Abfolge der möglichen Spinrichtungen, wie etwa

$$+ - - + + - - - + \dots \qquad (1)$$

Die Beobachtungen an einer Meßstelle allein lassen nun in genauer Analogie zur Testsituation des vorhergehenden Abschnitts zwei Deutungen zu.

a) Die quantenmechanische Deutung. Es hat keinen Sinn, von einer wohlbestimmten Spinrichtung des Teilchens *vor* der Beobachtung zu sprechen. Seine Spinrichtung ist prinzipiell „unbestimmt". Man darf sich also nicht vorstellen, daß ein „+ Kreiselchen" durch den Raum fliegt, bis es auf den Meßapparat trifft und dort seine Visitenkarte namens „+" abgibt.

[10] Es handelt sich bei unserer Beschreibung um Fermionen, zu denen unter anderen Elektronen, Protonen und Neutronen zählen. Es wurden auch Experimente mit Photonen angestellt, bei denen man dann die Richtung ihrer Polarisation betrachtet. Das entspricht der Vorstellung einer Kreiselachsenrichtung, die in die Bewegungsrichtung zeigt.

b) Die realistische Deutung. Das Teilchen trägt irgendeine, wie auch immer geartete *Eigenschaft*, die bewirkt, daß der Meßapparat bei seinem Auftreffen „+" anzeigt.

Wie beim Testexperiment des Psychologen ist klar, daß man nicht zwischen diesen beiden Deutungen entscheiden kann, solange man nur an einer Seite die zufällige Abfolge der Richtungen „+" und „−" registriert.

Nun lassen wir aber beide Meßapparate sprechen. Man registriert nun eine streng spiegelbildlich aufgebaute Paarfolge

$$\begin{aligned} &\text{links:} \quad + - - - + + - - - - + \ldots \\ &\text{rechts:} \quad - + + + - - + + + + - \ldots \end{aligned} \tag{2}$$

Das spricht nun wie in der weiter oben beschriebenen Prüfungssituation für eine realistische Deutung. Wie sollte man sonst das Auftreten der streng negativen Korrelation erklären? Angenommen, die Entscheidung für „+" bzw. „−" fiele erst im Augenblick der Messung, dann müßte der linke Apparat „wissen", was der rechte Apparat im genau gleichen Zeitpunkt tut. Dieses Argument gilt unabhängig von der Entfernung der Meßapparate; indem man sie genügend groß macht, kann man erreichen, daß eine Wirkungsübertragung mit Überlichtgeschwindigkeit erfolgen müßte. Das ist genau der Punkt, den Einstein bei der Konstruktion des ERP-Argumentes im Auge hatte.

Ist hingegen die realistische Deutung zutreffend, so läßt sich die Korrelation leicht erklären. Dann ist es mit dem Singulett-Paar wie mit einer Schachtel,[11] von der man weiß, daß sie eine schwarze und eine weiße Kugel enthält. Aus der Schachtel wird eine Kugel entnommen und beliebig weit entfernt. Beobachtet dann ein Experimentator die Farbe schwarz, so weiß er, daß ein anderer Beobachter, der sich zur gleichen Zeit die andere Kugel ansieht, die Farbe Weiß melden wird.

Die Frage ist nun, ob man dieses „Schachtel-Bild" wirklich auf ein Teilchenpaar im Singulett-Zustand anwenden darf. Dazu reichen die bisher betrachteten Versuchsanordnungen noch nicht aus. Erst eine Erweiterung macht eine experimentelle Entscheidung möglich.

5. Eine Klassifikation in der Mikrowelt

Um die angekündigte Erweiterung zu veranschaulichen, kehren wir noch einmal zum Bild der Prüfungssituation des Abschnitts 3 zurück. Wir stellen uns vor, daß Personenpaare, etwa Zwillinge, in *drei* Fächern geprüft werden, z.B. in den Sprachen Latein, Griechisch und Hebräisch.[12] Ganz analog kann man auch die Spinrichtung bezüglich dreier räumlich unabhängiger Richtungen bzw. Koordinatenachsen abfragen. Bezeichnen wir diese der Kürze halber mit A, B, C. Man kann nun jeden der beiden Meßapparate so einstellen,

[11] Dieses Bild findet sich bei PENROSE (1991, p. 274).
[12] So in D'ESPAGNAT (1983).

daß er genau eine der drei Spinrichtungen abfragt. Das heißt: Wird der Apparat auf „A" eingestellt, so gibt es zwei Anzeigen der Spinrichtung, die wir nun mit

$$A^+ \quad \text{oder} \quad A^-$$

bezeichnen. Analog verfahren wir mit den beiden anderen räumlichen Richtungen. Stellt man nun beide Apparate auf die Abfrage in bezug auf die *gleiche* räumliche Richtung ein, so ergeben sich streng negative Korrelationen in jedem „Prüfungsfach". Man beobachtet dann also nur die sechs Konstellationen

links	rechts
A^+	A^-
A^-	A^+
B^+	B^-
B^-	B^+
C^+	C^-
C^-	C^+

Es ist jedoch durchaus möglich, die Apparate rechts und links *verschieden* einzustellen, also verschiedene „Prüfungsfächer" abzufragen. Dann muß die Spinrichtung nicht mehr entgegengesetzt ausfallen und man beobachtet Ergebnisse, wie etwa

links		rechts
B^+		C^+
	oder	
C^+		A^-

Was man allerdings nicht kann, ist, bei einem Teilchen mehrere räumliche Richtungen zugleich zu messen. Ein einmal gemessenes bzw. abgefragtes Teilchen ist durch die Messung grundsätzlich verändert worden. Man muß sich also mit maximal zwei Messungen, einmal links und einmal rechts, begnügen.

Wir geben nun ein Modell an, das alle wesentlichen Strukturmerkmale trägt, so daß es eine – eventuelle – realistische Deutung von Experimenten des gerade beschriebenen Typs ermöglicht.

Unterscheidet man die Seiten links und rechts, so gibt es, wie man sich leicht überlegt, dreißig verschiedene Meßergebnisse für Paare von Messungen; acht solcher Möglichkeiten wurden in den beiden vorangehenden Beispielen bereits angegeben. Wie müßte ein realistisches Modell aussehen, das alle dreißig verschiedenen Meßergebnisse erklären könnte? Eine realistische Interpretation geht davon aus, daß ein Teilchenpaar im Singulett-Zustand Eigenschaften in sich trägt, welche es befähigen, mit seinen Komponenten auf die potentielle Abfrage der räumlichen Richtungen A, B oder C in ganz bestimmter Weise bei den beiden Meßapparaten zu reagieren. Der Vorstellung von Penrose[13] folgend stellen wir uns das Singulett-Paar als kleines „Maschinchen" vor, das

[13] PENROSE (1991, p. 277)

in zwei Teile auseinanderbricht, welche auf die beiden Meßapparate zufliegen. Die Struktur der Bruchteile ist durch die Struktur des zunächst gebildeten Paar-Typs vorgegeben.

Den inneren Aufbau eines Singulett-Paares kann man sich nun in Form eines Schemas vorstellen, und zwar so, daß jedem Teilchenpaartyp genau ein Schema entspricht. Betrachten wir dazu etwa das folgende Beispiel:

		Abgefragte räumliche Richtung		
		A	B	C
Testergebnis	links	A^+	B^-	C^-
	rechts	A^-	B^+	C^+

(3)

Die Beschreibung durch das Schema (3) bedeutet: Wird dieser Typ etwa links bezüglich B, rechts bezüglich C abgefragt, so erscheint das Meßergebnis „links B^-, rechts C^+“ (kurz: B^-C^+). Wird das Paar links und rechts bezüglich A abgefragt, so lautet das Ergebnis „links A^+, rechts A^-“ (kurz: A^+A^-).

Die strenge negative Korrelation bei der Abfrage der gleichen räumlichen Richtung bewirkt, daß es insgesamt nur *acht* Typen von „Maschinchen“ geben kann. Die zugehörigen Schemata seien in einer Tabelle zusammengefaßt, wobei wir uns gegenüber der ausführlichen Version (3) naheliegender Vereinfachungen bedienen.

Nummer	relative Häufigkeit		Typ		
1	p_1	L	A^+	B^+	C^+
		R	A^-	B^-	C^-
2	p_2	L	A^+	B^+	C^-
		R	A^-	B^-	C^+
3	p_3	L	A^+	B^-	C^+
		R	A^-	B^+	C^-
4	p_4	L	A^-	B^+	C^+
		R	A^+	B^-	C^-
5	p_5	L	A^+	B^-	C^-
		R	A^-	B^+	C^+
6	p_6	L	A^-	B^+	C^-
		R	A^+	B^-	C^+
7	p_7	L	A^-	B^-	C^+
		R	A^+	B^+	C^-
8	p_8	L	A^-	B^-	C^-
		R	A^+	B^+	C^+

(4)

Es muß also keineswegs angenommen werden, daß alle Typen von „Maschinchen“ mit der gleichen relativen Häufigkeit bzw. Wahrscheinlichkeit erzeugt werden. Vielmehr können in das realistische Modell noch die Parameter

$$p_i := \text{Wahrscheinlichkeit, daß Typ } i \text{ erzeugt wird}$$

aufgenommen werden, wobei

$$p_i \geq 0\,, \quad \sum_{i=1}^{8} p_i = 1$$

gilt.

Um die Erzeugung aller dreißig möglichen Meßergebnisse tatsächlich zu gewährleisten, muß nun noch eine weitere experimentelle Maßnahme getroffen werden, nämlich eine Randomisierung der Richtungseinstellung bei beiden Meßapparaten. Im Idealfall können wir uns vorstellen, daß für jede einzelne Messung eine neue Einstellung der Meßapparate vorgenommen wird. Es gibt insgesamt neun mögliche Einstellungen, die mit den nachstehend angegebenen Wahrscheinlichkeiten

$$\begin{array}{ccc} \pi_{AA} & \pi_{AB} & \pi_{AC} \\ \pi_{BA} & \pi_{BB} & \pi_{BC} \\ \pi_{CA} & \pi_{CB} & \pi_{CC} \end{array}$$

erfolgen mögen. Dabei bedeute π_{IJ}, I, $J \in \{A, B, C\}$ die Wahrscheinlichkeit, daß der linke Apparat bezüglich der Richtung I, der rechte Apparat bezüglich der Richtung J eingestellt wird. Es werden also zunächst weder Symmetrie noch Unabhängigkeit der Einstellungsrichtungen links und rechts angenommen. Für die Einstellung bei *aufeinanderfolgenden* Messungen sei jedoch Unabhängigkeit angenommen.[14] Ferner wird verlangt, daß die Richtungseinstellung unabhängig vom Erzeugungsprozeß der Singulett-Paare erfolgt.

6. Die Bellsche Ungleichung

Unter den Annahmen des vorausgehenden Abschnitts ist es nun möglich, die Wahrscheinlichkeit für das Auftreten jedes der dreißig Ergebnistypen zu berechnen. Sei etwa

$p(B^+C^-) :=$ Wahrscheinlichkeit, daß links B^+, rechts C^- registriert wird.

Um das Ergebnis B^+C^- erhalten zu können, muß zunächst die Richtungseinstellung

„links B, rechts C"

erfolgen. Dies geschieht mit der Wahrscheinlichkeit π_{BC}. Es gibt zwei Maschinchen-Typen, nämlich die Typen 1 und 4 in (4), die unter dieser Voraussetzung das Ergebnis B^+C^- liefern. Somit gilt

$$p(B^+C^-) \;=\; \pi_{BC}\,(p_1 + p_4). \tag{5}$$

In die Bellschen Ungleichungen werden nun die relativen Häufigkeiten bestimmter „ausgelesener" Ergebnisse einbezogen. So werden wegen der nichtinformativen streng negativen Korrelation alle Ergebnistypen, die von einer gleichen Richtungseinstellung in beiden Apparaten hervorgerufen werden, nicht berücksichtigt.

[14] Diese Unabhängigkeit ist experimentell nicht leicht zu realisieren. In der Praxis läßt man gewisse Formen der Abhängigkeit in der Folge der Einstellungen zu.

Weiterhin werden nur Ergebnistypen einbezogen, die bei beiden Meßapparaten die *gleiche Spinrichtung*, also beide „+" oder beide „−" aufweisen. O.B.d.A. beschränken wir uns auf die Betrachtung der sechs „positiven" Ergebnistypen

$$A^+B^+, \quad B^+A^+, \quad A^+C^+, \quad C^+A^+, \quad B^+C^+, \quad C^+B^+.$$

Nun werden spiegelbildlich gebaute Ergebnishäufigkeiten zu einer neuen Größe zusammengefaßt; das heißt, man definiert

$$P(A^+,B^+) := p(A^+B^+) + p(B^+A^+). \tag{6}$$

Analog werden $P(A^+,C^+)$ und $P(B^+,C^+)$ gebildet.

Für die gemäß (6) gebildeten Größen betrachten wir nun die **Bellsche Ungleichung**[15]

$$P(A^+,B^+) \leq P(A^+,C^+) + P(B^+,C^+). \tag{7}$$

Im folgenden soll nun die Gültigkeit dieser zentralen Ungleichung diskutiert werden.

Zunächst seien die Wahrscheinlichkeiten π_{IJ} noch keinen Einschränkungen unterworfen. Dann erhalten wir – analog zur Herleitung der Relation (5):

$$\begin{aligned} P(A^+,B^+) &= p(A^+B^+) + p(B^+A^+) \\ &= \pi_{AB}\,(p_3+p_5) + \pi_{BA}\,(p_4+p_6) \end{aligned} \tag{8}$$

sowie

$$P(A^+,C^+) = \pi_{AC}\,(p_2+p_5) + \pi_{CA}\,(p_4+p_7) \tag{9}$$

$$P(B^+,C^+) = \pi_{BC}\,(p_2+p_6) + \pi_{CB}\,(p_3+p_7). \tag{10}$$

Setzt man dies in (7) ein, so zeigt sich, daß unter ganz allgemeinen Voraussetzungen über die Wahrscheinlichkeiten der Richtungseinstellung die Bellsche Ungleichung *nicht* erfüllt sein muß. Anders ausgedrückt: Bei gegebenen Wahrscheinlichkeiten p_i, welche der Experimentator ja nicht beeinflussen kann, ist die Bellsche Ungleichung durch geeignete Wahl der Wahrscheinlichkeiten π_{IJ} verletzbar. Man kann jedoch zeigen, daß die Bedingungen

$$\begin{aligned} \pi_{AB} &\leq \pi_{AC},\ \pi_{CB} \\ \pi_{BA} &\leq \pi_{CA},\ \pi_{BC} \end{aligned} \tag{11}$$

hinreichend für das Bestehen von (7) sind.

Im allgemeinen Fall sind Abhängigkeiten der Richtungseinstellung zwischen beiden Meßapparaten zugelassen. Es ist jedoch naheliegend, die Unabhängigkeit der Einstellungen zu gewährleisten. Aber auch unter dieser Voraussetzung muß die Bellsche Ungleichung nicht zutreffen. Auch dann, wenn man

[15] Dazu BELL (1964): „On the Einstein Podolsky Rosen Experiment". Physics 1, 195 f., in SCHWABL (1993, p. 373).

zusätzlich die Gleichheit der Randverteilungen fordert, kann (7) noch verletzt werden. Man sieht dies etwa in folgender Weise. Wegen der Unabhängigkeit und der angenommenen Symmetrie genügen nun schon drei Parameter zur Beschreibung der Richtungswahl, nämlich

$\pi_A,\ \pi_B,\ \pi_C$:= Wahrscheinlichkeit, daß bei einem Meßapparat die Einstellung A, B, C gewählt wird.

Dann geht (7) unter Benutzung der Gleichungen (8), (9) und (10) in die Ungleichung

$$0 \le \pi_C\,(1-\pi_C)\,(p_2+p_7)+(\pi_C-\pi_A)\,\pi_B\,(p_3+p_6)+(\pi_C-\pi_B)\,\pi_A\,(p_4+p_5) \quad (12)$$

über. Durch die Wahl genügend kleiner π_C, p_2 und p_7 kann (12) verletzt werden.

Setzt man aber weiter noch die gleiche Wahrscheinlichkeit für die Wahl der Richtungen A, B, C voraus, also

$$\pi_A = \pi_B = \pi_C = \frac{1}{3}, \quad (13)$$

dann ist die Bellsche Ungleichung bei **jeder** Annahme über die Wahrscheinlichkeiten p_i, $i = 1, \ldots, 8$, **erfüllt**. Sie ist dann nämlich *äquivalent* der einfachen Beziehung

$$0 \le \frac{2}{9}\,(p_2 + p_7)\,. \quad (14)$$

Alle experimentellen Anordnungen zur Überprüfung der Bellschen Ungleichung (7) wurden unter Benützung von (13) bei vollständiger Unabhängigkeit der Richtungseinstellungen durchgeführt. Mit Ausnahme von zwei früheren Experimenten wurde bei realer Messung der Häufigkeiten $P(A^+, B^+)$, $P(A^+, C^+)$ und $P(B^+, C^+)$ die Bellsche Ungleichung *verletzt*. Obwohl die praktische Durchführung solcher Messungen sehr schwierig ist, muß man annehmen, daß in der Mikrowelt der Teilchen mit einfachem Spin diese Verletzung Tatsache ist. Daraus folgt, daß das von uns benutzte „realistische" Modell nicht der Wirklichkeit entsprechen kann. Die Konsequenzen aus den experimentellen Befunden sind also weitreichend.

Um diese Konsequenzen möglichst scharf herauszuarbeiten, ordnen wir dem Prozeß der Singulett-Paar-Erzeugung einen elementaren Wahrscheinlichkeitsraum $(\Omega, \mathcal{F}, P)$ zu, der von den drei Ereignissen A, B, C erzeugt wird.

Wir haben die Situation als die Erzeugung eines Kollektivs von „Maschinchen" gedeutet, die in acht Typen eingeteilt wurden. Die Typeneinteilung wird bereits durch die erste Zeile der in (4) angegebenen Schemata vorgegeben; die zweite Zeile ist genau genommen redundant und wurde nur aus Gründen der leichteren Beschreibung hinzugefügt.

Nun interpretieren wir das Ereignis A bzw. sein Komplement in folgender Weise:

A := ein Singulett-Paar wird erzeugt, das in der ersten Zeile A^+ aufweist;

$\overline{A}$:= ein Singulett-Paar wird erzeugt, das in der ersten Zeile A^- aufweist.

Analog werden B und $\overline{B}$ sowie C und $\overline{C}$ erklärt. Dann gilt:

$$p_3 = P(A\overline{B}C)\,, \qquad p_4 = P(\overline{A}BC)\,,$$
$$p_5 = P(A\overline{B}\,\overline{C})\,, \qquad p_6 = P(\overline{A}B\overline{C})\,,$$

somit

$$p_3 + p_5 = P(A\overline{B})\,, \qquad p_4 + p_6 = P(\overline{A}B)\,.$$

Gemäß (8) erhalten wir

$$P(A^+, B^+) = \pi_{AB}\, P(A\overline{B}) + \pi_{BA}\, P(\overline{A}B)\,.$$

Sei $A \triangle B = A\overline{B} + \overline{A}B$ die symmetrische Differenz der Ereignisse A und B. Unter den beschriebenen Voraussetzungen haben wir dann

$$P(A^+, B^+) = \frac{1}{9}\,[P(A\overline{B}) + P(\overline{A}B)] = \frac{1}{9}\,P(A \triangle B)\,.$$

Analoge Resultate erhalten wir für $P(A^+, C^+)$ und $P(B^+, C^+)$. Die Bellsche Ungleichung bekommt dann die Form

$$P(A \triangle B) \leq P(A \triangle C) + P(B \triangle C). \tag{15}$$

Diese Version ist also nichts anderes als die bekannte Dreiecksungleichung für die symmetrische Differenz von Ereignissen.

Unter den gegebenen experimentellen Voraussetzungen kann man also die Bellsche Ungleichung in eine Beziehung über die relativen Häufigkeiten von Singulett-Paartypen übersetzen, die man allein mit den Mitteln der Aussagenlogik ableiten kann. Eine Verletzung der Bellschen Ungleichung scheint also letztlich folgender Annahme zu widersprechen: Es ist möglich, die Teilchen so in Typen einzuteilen, daß jeder Typ durch seine spezifische Reaktion mit einer Anordnung von Meßapparaten charakterisiert ist; anders ausgedrückt: Jeder Typ trage schon vor der Messung eine Eigenschaft mit sich, die ihn befähigt, mit dem Meßinstrument das bei der Messung beobachtete Resultat zu erzeugen. Genau das ist die „realistische“ Annahme, die durch das Experiment widerlegt scheint.

Eine genauere Analyse der getroffenen Voraussetzungen zeigt nun aber, daß in dem beschriebenen Modell noch eine Voraussetzung steckte, nämlich die intuitiv ganz naheliegende Trennbarkeitseigenschaft von räumlich genügend weit voneinander entfernten Meßapparaten. Könnte man die Verletzung der Bellschen Ungleichung durch das Aufgeben dieser Annahme erklären und vielleicht dadurch das Realitätspostulat retten? Das soll im nächsten Abschnitt untersucht werden.

7. Nichtlokale Deutung der Bellschen Ungleichung

Wir haben es bisher als ausreichend angesehen, die erzeugten Singulett-Paare nach acht Typen zu klassifizieren. Diese Typen schienen geeignet, alle potentiellen Reaktionsmöglichkeiten an den beiden Meßstellen, links und rechts, zu erfassen. Hinter dieser Typeneinteilung liegt aber noch eine versteckte Unabhängigkeitsannahme. Um dies zu verdeutlichen, betrachten wir noch einmal einen bestimmten Typ, sagen wir den Typ 3:

L	A^+	B^-	C^+
R	A^-	B^+	C^-

Wurde dieser Singulett-Typ produziert, so ergibt sich gemäß der Konstruktion des vorhergehenden Abschnitts folgende Zuordnung zwischen den Einstellungen der Meßapparate und den Meßergebnissen:

Einstellung	Meßergebnis
links A, rechts B	A^+B^+
links A, rechts C	A^+C^-

(16)

Das heißt aber: Unabhängig von der Einstellung rechts ergibt sich links in bezug auf A immer das Ergebnis „+".

Es wäre aber denkbar, daß das Eintreten der Alternativen „+" oder „−" links auch von der *Einstellung* rechts beeinflußt sein könnte, also davon, ob der Meßapparat rechts auf die Messung von B oder auf die Messung von C eingestellt wurde.

Eine solche Vorstellung erscheint auf den ersten Blick recht seltsam. Wie sollte die *Einstellung* eines der Meßapparate das Meßergebnis beim anderen Apparat beeinflussen können? Man kann nämlich die Einstellung experimentell tatsächlich so schnell vornehmen, daß sie erst dann geschieht, wenn die beiden Hälften des Singulett-Paares sich bereits getrennt haben und sich auf dem Weg zu ihren jeweiligen Meßapparaten befinden.

Daß diese Vorstellung dennoch nicht ganz abwegig ist, läßt sich durch einen Rückgriff auf das in Abschnitt 3 eingeführte Beispiel einer Prüfungssituation erkennen. Seien A, B, C als die drei Prüfungsfächer Latein, Griechisch, Hebräisch gedeutet. Ein Prüfling habe nun an einem Prüfungstermin eine Prüfung in zwei Sprachen *zugleich* abzulegen; er hat sich zwar in allen drei Fächern vorbereitet, die zwei tatsächlich geprüften Sprachen werden ihm jedoch zufällig zugeteilt. Die Einstellung *eines* Meßapparates entspricht also der Zuteilung eines Prüfungsfaches. Verwendet man nun die Typeneinteilung des vorhergehenden Abschnitts, so kann man etwa einen Prüfling vom „Typ 3" dadurch beschreiben, daß er, falls er Latein zugeteilt bekommt, in diesem Fach besteht; analog in Griechisch durchfällt und bei der Zuteilung von Hebräisch dieses Fach besteht. Diese Art der Beschreibung ist aber zur Charakterisierung *dieser* Prüfungssituation offensichtlich nicht ausreichend. Es ist nämlich durchaus denkbar, daß der Prüfling auf eine Zweierkombination von Fächern als Ganzes reagiert, dergestalt, daß die Zuteilung von Griechisch oder Hebräisch als Prüfungsgegenstand sich auf seine Leistung in Latein auswirkt.

Der Unterschied zu der in Abschnitt 3 betrachteten Prüfungssituation ist deutlich. Dort wurden getrennt zu prüfende Ehepaare betrachtet. Dann ist natürlich eine Wirkung der Tatsache, daß ein Partner das Fach Hebräisch zugewiesen bekommt, auf die Leistung des anderen in Latein sicher nicht gegeben; auch dann nicht, wenn die angenommene strenge Korrelation zwischen Leistungen im *gleichen* Fach bestünde.

Um die Verletzung der Bellschen Ungleichung zu erklären, könnte man sich nun dazu entschließen, das ERP-Experiment in Analogie zur Prüfung *eines* Prüflings in *zwei* Fächern zu sehen. Das Singulett-Paar reagiere also jetzt auf ein Einstellungspaar als Ganzes.

Die Beschreibung der möglichen Typen wird nun aber wesentlich aufwendiger. Man muß nämlich festlegen, wie das Singulett-Paar auf jedes der neun möglichen Einstellungs*paare* reagiert. Diese Reaktionsmöglichkeiten seien in folgender Tabelle aufgeschrieben:

Einstellung links	Einstellung rechts	Mögliche Reaktionen	Anzahl der Möglichkeiten
A	A	A^+A^-, A^-A^+	2
A	B	A^+B^+, A^+B^-, A^-B^+, A^-B^-	4
A	C	A^+C^+, A^+C^-, A^-C^+, A^-C^-	4
B	A	B^+A^+, B^+A^-, B^-A^+, B^-A^-	4
B	B	B^+B^-, B^-B^+	2
B	C	B^+C^+, B^+C^-, B^-C^+, B^-C^-	4
C	A	C^+A^+, C^+A^-, C^-A^+, C^-A^-	4
C	B	C^+B^+, C^+B^-, C^-B^+, C^-B^-	4
C	C	C^+C^-, C^-C^+	2

Ein Typ muß nun als eine *Abbildung* der Menge der neun möglichen Einstellungspaare in die Menge der 30 möglichen Ergebnispaare dargestellt werden. Es gibt 30^9 solcher Abbildungen; glücklicherweise ist die tatsächliche Anzahl der Typen, wie aus der Tabelle ersichtlich, stark eingeschränkt. Es gibt nur $2^{15} = 32\,768$ Typen von Singulett-Paaren. Ein Beispiel für einen solchen Typ ist etwa die Abbildung

$$\begin{array}{ccccccccc} AA & AB & AC & BA & BB & BC & CA & CB & CC \\ \downarrow & \downarrow & \downarrow & \downarrow & \downarrow & \downarrow & \downarrow & \downarrow & \downarrow \\ A^+A^- & A^+B^- & A^-C^- & B^+A^+ & B^+B^- & B^+C^+ & C^-A^+ & C^-B^- & C^-C^+ \end{array}$$

Die Typen des vorhergehenden Abschnitts lassen sich auch als *spezielle* Typen im neuen Sinn auffassen; etwa

Typ 3 (alt) als

$$\begin{array}{ccccccccc} AA & AB & AC & BA & BB & BC & CA & CB & CC \\ \downarrow & \downarrow & \downarrow & \downarrow & \downarrow & \downarrow & \downarrow & \downarrow & \downarrow \\ A^+A^- & A^+B^+ & A^+C^- & B^-A^- & B^-B^+ & B^-C^- & C^+A^- & C^+B^+ & C^+C^- \end{array}$$

Man sieht: Es gibt genau acht Abbildungen einer leicht erkennbaren Bauart, welche den acht Typen unter der Voraussetzung der Trennbarkeit entsprechen.

Für die Wahl von Wahrscheinlichkeitsverteilungen auf der neuen Typenmenge gibt es $2^{15} - 1$ mögliche Freiheitsgrade.

Im allgemeinen Ansatz des vorhergehenden Beispiels waren sowohl die Wahrscheinlichkeiten der Einstellungen π_{IJ} als auch die Wahrscheinlichkeiten p_i der acht Typen frei wählbar. Nur durch geeignete Wahl der π_{IJ} konnte in diesem Modell eine Verletzung der Bellschen Ungleichung erklärt werden. Die Gleichverteilung der Einstellungen erzwang bei beliebigen p_i die Gültigkeit der Bellschen Ungleichung.

Nun ist jedoch sofort zu sehen, daß auch bei einer Gleichverteilung der Einstellungen durch eine geeignete Wahl der Wahrscheinlichkeitsverteilung auf der „großen" Typenmenge die Verletzung der Bellschen Ungleichung erklärt werden könnte. Im nächsten Abschnitt wird diskutiert, unter welchen Umständen das gelingt. Im Experiment wurde die Gleichverteilung auf den Einstellungen benutzt. Die beobachtete Verletzung müßte also zumindest durch ein Modell erklärt werden, in dem eine Art „Fernwirkung" stattfindet.

8. Schlußfolgerung: Die Möglichkeit realistischer und lokaler Theorien

Theorien, die mit Objekten (Individuen, Entitäten) arbeiten, denen man Eigenschaften zuschreibt, welche existieren, auch dann wenn sie nicht gemessen (beobachtet) werden, nennt man „realistische" Theorien; sie erfüllen das „Realitätspostulat". Der Statistiker arbeitet fast durchwegs mit realistischen Theorien: Das Konzept der Grundgesamtheit mit Einheiten, welche Merkmalsausprägungen tragen, entspricht genau diesem Realitätspostulat.

Theorien, die voraussetzen, es sei immer möglich, zwei Versuchsanordnungen so aufzubauen, daß deren Ergebnisse einander nicht beeinflussen, nennt man „lokale Theorien"; sie benutzen die „Lokalitätsannahme". Beide Forderungen wurden in den Naturwissenschaften „vor der Quantentheorie" als erfüllbar angesehen.

Im Abschnitt 6 hatten wir nun eine Versuchsanordnung beschrieben, welche gestattet zu überprüfen, ob Realitätspostulat und Lokalitätsannahme immer zugleich haltbar sind. Aus dem Zusammenwirken beider Voraussetzungen folgte die Bellsche Ungleichung. Da das Experiment deren Verletzung zeigt, kann die Konjunktion von Realitätspostulat und Lokalitätsannahme nicht wahr sein. Aus der Verneinung einer Konjunktion folgt, daß mindestens eines der beiden Konjunktionsglieder verneint werden muß. In der Situation der Quantentheorie entschließt man sich, um das Realitätspostulat zu retten, eher zur Aufgabe der Lokalitätsannahme. In diese Richtung gehen z.B. die Schlußfolgerungen in KÖGERLER (1986). Es wird also im allgemeinen die Nichtlokalität der Quantentheorie akzeptiert. Allerdings läßt die Kopenhagener Deutung der Quantentheorie *auch* das Realitätspostulat nicht zu. Hingegen ist die Theorie der verborgenen Parameter von David J. Bohm eine nichtlokale, realistische Theorie.

In Abschnitt 7 wurde daraufhin ein elementares realistisches, aber nichtlokales Modell betrachtet. Es genügte dem Realitätspostulat insofern, als dort eine Grundgesamtheit von Singulett-Paaren als durch ein Merkmal mit

2^{15} Merkmalsausprägungen beschrieben angesehen wurde. Die Verletzung der Bellschen Ungleichung konnte dort mit dem Realitätspostulat als vereinbar erwiesen werden. Dennoch begegnet man auch in diesem Modell einer Irritation des Realitätspostulats. Sie wird durch Symmetrieüberlegungen verursacht.

Sei

$$\{A^+;B^+\} := \qquad AB \longrightarrow A^+B^+ \tag{17}$$

Die Menge der Abbildungen mit

$$\{B^+;A^+\} := \qquad BA \longrightarrow B^+A^+ \tag{18}$$

Seien ferner $P(\{A^+;B^+\})$ bzw. $P(\{B^+;A^+\})$ die relativen Häufigkeiten der Singulett-Paare, welche die durch (17) bzw. (18) gegebenen Zuordnungen mit sich tragen. Analoge Definitionen denke man sich bezüglich der Richtungskombinationen A, C und B, C getroffen. Weiter seien die Wahrscheinlichkeiten $p(\cdot)$ und $P(\cdot,\cdot)$ wie in Abschnitt 6 definiert.

Zunächst gilt bei allgemeiner Richtungseinstellung auch im nichtlokalen Modell

$$p(A^+B^+) = \pi_{AB}\, P(\{A^+;B^+\})$$

und somit bei Gleichverteilung der Einstellungen

$$p(A^+B^+) = \frac{1}{9}\, P(\{A^+;B^+\})\,.$$

Die Größen, welche in die Bellsche Ungleichung eingehen, werden sodann

$$P(A^+,B^+) = \frac{1}{9}\left[P(\{A^+;B^+\}) + P(\{B^+;A^+\})\right]; \tag{19}$$

analog werden $P(A^+,C^+)$ und $P(B^+,C^+)$ gewonnen.

Bisher wurden außer der linearen Unabhängigkeit keine speziellen Annahmen betreffend die räumliche Konstellation der drei abgefragten Richtungen A, B, C eingebracht. Würde man jedoch räumliche Symmetrie[16] voraussetzen, dann müßte gelten

$$P(A^+,B^+) = P(A^+,C^+) = P(B^+,C^+). \tag{20}$$

Gilt jedoch (20), ist die Bellsche Ungleichung erfüllt. Diese Tatsache läßt zwei mögliche Schlußfolgerungen zu:

- Eine realistische Deutung wird auch durch das Zugeständnis der Nichtlokalität nicht ermöglicht.
- Die Verletzung der Bellschen Ungleichung muß in irgendeiner Form durch Unsymmetrien der Versuchsanordnung erklärt werden, oder aber, bei Symmetrie der Versuchsanordnung, dadurch daß schon bei der Bildung der Singulett-Paare gewisse *feste* Richtungen im Raum ausgezeichnet sind, dergestalt, daß die Gleichungen (20) verletzt sind.

---

[16] Etwa so, daß der auf den Meßapparat auftreffende Teilchenstrahl mit den Richtungen A, B, C gleiche Winkel einschließt und ebenso die Richtungen A, B, C untereinander.

Da in der Literatur bisher keine explizite Stellungnahme zur zweiten Möglichkeit vorliegt, bleibt sie derzeit noch als ein Weg zur Rettung einer realistischen Theorie.

Wir fassen nun die Ergebnisse dieses Beitrags in folgender Weise zusammen. Es gibt verschiedene Versionen der Bellschen Ungleichung.[17] Hier wurde der Ansatz von d'Espagnat gewählt, weil er

- der elementaren Wahrscheinlichkeitsrechnung am nächsten steht und damit die Zusammenhänge zwischen dem Realitätspostulat und der Statistik am besten sichtbar macht;
- vom Autor in einen Kontext von sehr ausführlichen erkenntnistheoretischen Reflexionen gestellt wurde.[18]

Die Beschreibung der Singulett-Paare durch die Tabellen der Form (4) entspricht den Mintermen der durch A, B, C erzeugten Algebra und kann als sehr einfaches Modell mit verborgenen Parametern aufgefaßt werden. Es ist jedoch unter *allen* Umständen mit der beobachteten Verletzung der Bellschen Ungleichung inkompatibel.

Dieses einfache Modell wurde dann zu einem nichtlokalen Modell weiterentwickelt. Auch das erweiterte Modell, das man als eine genauere Beschreibung durch verborgene Parameter auffassen kann, ist nicht ohne weiteres imstande, die Beobachtungen in einer realistischen Weise zu erklären. Eine solche Erklärung ist nur unter der Zusatzvoraussetzung von Symmetriebrechungen zu erreichen. Weitere Experimente zur Untersuchung dieser Frage sind offenbar erforderlich.

Literatur

ALBERT, DAVID Z. (1994): Bohm's Alternative to Quantum Mechanics; Scientific American 270, 5, 32-39.

D'ESPAGNAT, BERNARD (1979): The Quantum Theory and Reality; Scientific American 241, 11, 128-140.

D'ESPAGNAT, BERNARD (1983): Auf der Suche nach dem Wirklichen; Springer Verlag, Berlin.

FEYNMAN, RICHARD P. (1951): The Concept of Probability in Quantum Mechanics; Proc. 2nd Berkeley Symposium on Mathematical Statistics and Probability, Berkeley.

GUDDER, STANLEY P. (1979): Stochastic Methods in Quantum Mechanics; North-Holland, New York.

HOLEVO, A. S. (1982): Probabilistic and Statistical Aspects of Quantum Theory; North-Holland, Amsterdam.

KÖGERLER, REINHARD (1986): Das Bellsche Theorem; Vortrag, gehalten im Rahmen der Grazer Gespräche. Manuskript.

MEYER, PAUL-ANDRÉ (1986): Éléments de probabilités quantiques, Seminaire Prob. XX; Lecture Notes in Mathematics 1204, 186-312. Springer Verlag, Berlin.

[17] Siehe dazu etwa PARTHASARATY (1992, p. 15), SCHWABL (1993, p. 371) und auch KÖGERLER (1986).

[18] Dies geschieht vor allem in D'ESPAGNAT (1983).

MEYER, PAUL-ANDRÉ (1993): Quantum Probability for Probabilists; Lecture Notes in Mathematics 1938. Springer Verlag, Berlin.

PARTHASARATY, K. R. (1992): An Introduction to Quantum Stochastic Calculus; Birkhäuser, Basel.

PENROSE, ROGER (1991): Computerdenken: Die Debatte um künstliche Intelligenz, Bewußtsein und die Gesetze der Physik; Spektrum-der-Wiss. Verlagsges., Heidelberg.

SCHWABL, FRANZ (1993): Quantenmechanik; 4. Aufl. Springer Verlag, Berlin.

SHIMONY, ABNER (1988): The Reality of Quantum World; Scientific American 258, 1, 36-49.

VON WEIZSÄCKER, CARL FRIEDRICH (1985): Aufbau der Physik; Carl Hanser Verlag, München.

Zufall oder Unordnung?

Von PETER J. HUBER*, Bayreuth

1. Was ist Zufall?

Der Sachverhalt, den wir auf deutsch mit „Zufall“ umschreiben, ist begrifflich außerordentlich schwer zu erfassen.

Das deutsche Wort ist anscheinend eine Lehnübersetzung aus dem lateinischen „accidens“ — „was einem zufällt“. Die modernen europäischen Sprachen brauchen unterschiedliche Wörter dafür, mit ganz verschiedenen Bedeutungsumfängen. Beim französischen „hasard“ schwingt Gefahr, Wagnis und Glücksspiel mit. Die italienische Wörterbuchübersetzung „caso“ ist unspezifisch. Die englische differenziert wie üblich am meisten, nämlich in „chance“ (was den Wahrscheinlichkeitsbegriff enthält), „coincidence“ und „accident“. Auch andere, mit dem Zufall verbundene Begriffe sind ähnlich vielschichtig, so etwa das „Los“, dessen Bedeutungsumfang von Schicksal bis Lotterie–Los reicht.

In allen älteren Kulturen ist der Zufall mit Magie und göttlichem, schicksalhaftem Mana verknüpft. Von den drei Moiren oder Parzen ist eine, Lachesis, für das Los im weitesten Sinne zuständig: Klotho spinnt den Lebensfaden, Lachesis teilt das Lebenslos zu (sie erhält den Lebensfaden durch alle Zufälligkeiten), Atropos durchschneidet ihn. In Platos „Staat“ (X 617) betätigt Lachesis sich als Zufallsgenerator: während ihre beiden Schwestern für die regelmäßigen Drehungen sorgen, greift sie bald mit der linken, bald mit der rechten Hand in die himmlischen Sphären ein und bewirkt so die unregelmäßige, bald rechtläufige, bald rückläufige Bewegung der Planeten.

Los–Orakel zur Erforschung des göttlichen Willens sind weit verbreitet. Das Werfen von Runenstäben bei den alten Germanen ist bei Tacitus überliefert (Germania, Kap. 10). Eine faszinierend detaillierte Beschreibung eines Los–Orakels findet sich im alten Testament (1. Sam. 14, 40-42). Es geht um die Ursache göttlichen Zorns, und Information wird durch eine Folge von Ja–Nein–Fragen eingeholt:

> *Da sprach er zu ganz Israel: Ihr sollt auf die eine Seite treten; ich aber und mein Sohn Jonathan, wir wollen auf die andere Seite treten. Das Volk sprach zu Saul: Tue was dir gefällt. Nun sprach Saul: O Herr, Gott Israels, warum hast du deinem Knechte heute nicht geantwortet? Ist diese Schuld an mir oder an meinem Sohne*

* Prof. Dr. Peter J. Huber, Mathematisches Institut der Universität Bayreuth, Universitätsstraße 30, D–95440 Bayreuth
Vortrag gehalten am 21.11.1994 im Rahmen der Ringvorlesung „ENTROPIE UND ORDNUNG“ an der Universität Bayreuth.

Jonathan, o Herr, Gott Israels, so laß Urim erscheinen; ist diese Schuld aber an deinem Volke Israel, so laß Thummim erscheinen! Da traf es Jonathan und Saul, das Volk aber ging frei aus. Und Saul sprach: werft das Los zwischen mir und meinem Sohne Jonathan! Da traf es Jonathan.

Die heiligen Lose Urim und Thummim wurden vom Hohepriester in einer Tasche an der Brust getragen (2. Mos. 28,30; 3. Mos. 8,8). Im hebräischen Massora–Text ist eine für die Deutung dieser Worte entscheidende Zeile ausgefallen (sie steht aber in der frühen griechischen Übersetzung des Alten Testaments, der Septuaginta). Diese Lücke führte zu einem Übersetzungsfehler in der King James Bibel, und so sind die Urim und Thummim durch eine Verkettung von Zufälligkeiten schließlich in das Wappen der Yale University geraten (Abbildung 1). Die idiomatisch richtige Übersetzung des hebräischen Mottos von Yale ist nicht „Lux et Veritas" („Licht und Wahrheit"), sondern „Kopf oder Zahl"!

Abb. 1: Das Wappen der Yale University

Die Verbindung von Zufall und Göttlichem findet sich in leicht abgewandelter Form auch später noch, so in einer für die Geschichte der Statistik wichtigen kleinen Abhandlung von John Arbuthnot, dem damaligen Leibarzt der englischen Königin, in den Philosophical Transactions Vol. XXVII, 1710. Dr. Arbuthnot bemerkte, daß in London 82 Jahre in Folge jedes Jahr mehr Knaben als Mädchen geboren worden waren und schloß daraus (mit dem ersten überlieferten Beispiel eines statistischen Tests) auf regelmäßiges, direktes Walten der göttlichen Vorsehung!

In dieser Dämonologie des Zufalls darf insbesondere auch der Maxwellsche Dämon nicht fehlen: James Clerc Maxwell (1831 - 1879) machte als erster darauf aufmerksam, daß durch das Eingreifen einer urteilsfähigen Intelligenz in die Vorgänge der Welt der molekularen Dimensionen der zweite Hauptsatz durchbrochen werden könnte.

2. Zufälligkeit hat (fast) nichts mit Wahrscheinlichkeit zu tun.

Diese Überschrift ist provokativ und paradox, gilt doch die Wahrscheinlichkeitstheorie gemeinhin als die Theorie vom Zufall!

Der klassische Wahrscheinlichkeitsbegriff lehnt sich an die Glücksspiele an: Wahrscheinlichkeit wird definiert als Anzahl günstiger Fälle durch Anzahl möglicher Fälle. Jedes mögliche Resultat hat die gleiche Wahrscheinlichkeit: die Wahrscheinlichkeitstheorie kann demzufolge nicht zwischen „zufälligen" und „unzufälligen" Resultaten unterscheiden. Die moderne, sich auf Kolmogorov's Axiome (1933) stützende Wahrscheinlichkeitstheorie kann es ebensowenig.

Vor Jahren hat H. Freudenthal in einem Anfängerlehrbuch das Problem in unübertrefflicher Weise herausgearbeitet:

> *Am 2. Sept. 1957, 11.21 Uhr habe ich im Casino von Monte Carlo folgende Roulette–Serie von 35mal rouge oder noir notiert:*
>
> r n r n r r r r n r n r n n n r r n r n r r r r r r n n r n n n n r n.
>
> *Wie groß ist die Wahrscheinlichkeit, daß die Roulette diese Serie produziert? Nun, genauso groß wie die Wahrscheinlichkeit von 35 hintereinander „rouge". Dreht man jede Sekunde eine Roulette, so wird obige Serie sich durchschnittlich einmal in etwa tausend Jahren zeigen. Mein Notizbuch behauptet aber steif und fest, daß die Serie am 2. Sept. 1957 ab 11.21 Uhr abgelaufen ist. Also hat sich am 2. Sept. 1957, 11.21 Uhr in Monte Carlo etwas ereignet mit einer lächerlich kleinen Wahrscheinlichkeit. So etwas läßt sich nicht vom Zufall her erklären. Da braucht man schon das Übersinnliche.*

Im nächsten Abschnitt gesteht Freudenthal:

> *Ich bin niemals im Casino von Monte Carlo gewesen. Ich habe mir die Serie einfach ausgedacht. Sollte sich nun herausstellen, daß die Serie wirklich in Monte Carlo am 2. Sept. 1957, 11.21 Uhr, abgelaufen ist, dürfte ich dann wohl behaupten, daß sich etwas ganz Unwahrscheinliches ereignet hätte? Würden Sie mich dann zum Hellseher ernennen?*

Die Paradoxie wird erhöht durch den Umstand, daß jeder Statistiker weiß, wie man eine solche Folge auf Zufälligkeit testet. Diese Tests beruhen auf einem runden Dutzend „typischer" Abweichungen von der Zufälligkeit. Hier folgt ein Beispiel eines solchen Tests.

Ein Freund, der am Gymnasium unterrichtete, hat mir das folgende Experiment erzählt. Er habe jeweils die Schüler einer Klasse aufgefordert, jeder einzelne solle durch Münzenwurf oder Würfeln eine zufällige 0–1–Folge der Länge 50 erzeugen, einer solle aber betrügen und seine Folge frei erfinden. Er mache sich anheischig, den Betrüger zu identifizieren. Bis jetzt sei er mit etwas Glück dreimal hintereinander erfolgreich gewesen.

Wie machte das mein Freund? Er zählte bei jeder Folge die Zahl der Wechsel (von 0 zu 1 oder von 1 zu 0). Bei einer konstanten Folge (11111111 . . . 1111) gibt es keine Wechsel, bei einer alternierenden Folge (01010101...0101) gibt es 49 Wechsel. Bei einer zufälligen Folge würde man halb so viele, also im Mittel 24.5 Wechsel erwarten, und zum Beispiel beträgt die Wahrscheinlichkeit 1%, daß mehr als 32 Wechsel auftreten. Das heißt, wenn wir eine Folge mit mehr als 32 Wechseln als unzufällig verwerfen, irren wir in 100 Fällen im Mittel nur einmal. Die meisten Menschen bauen beim Erfinden einer „zufälligen" Folge übermäßig viele Wechsel ein, und mein Freund griff einfach den Schüler mit der größten Zahl von Wechseln heraus.

Gegen jede spezifische Regelhaftigkeit kann so statistisch getestet werden. Wer aber eine zufällige Folge lange anstarrt, findet fast immer Regelmäßigkeiten, und es ist deshalb keineswegs klar, ob es überhaupt eine objektive Unterscheidung zwischen Ordnung und Unordnung geben kann. Diese Frage wird uns für den Rest dieses Vortrags beschäftigen.

In verborgener Form ist die Paradoxie bereits in einem anderen Vortrag der Ringvorlesung aufgetreten. Herr Mertens definierte die Entropie im wesentlichen als den Logarithmus der Anzahl der Zustände, die im System möglich sind, und formulierte als Merksätze: „Je mehr Zustände, desto geringere Ordnung." „Entropie = Maß für Unordnung." Auch hier unterscheidet die Theorie nicht zwischen geordneten und ungeordneten *Zuständen*! Das hat peinliche philosophische Konsequenzen: Wenn die Theorie keinen Unterschied macht, worauf basiert dann eigentlich die Behauptung, daß die „meisten" Zustände (oder Roulette–Folgen) ungeordnet sind? Wenn man nicht unterscheiden kann, wie kann man dann zählen?

Als vorläufiges Resultat dieser Diskussion merken wir uns: Die Wahrscheinlichkeitstheorie kann prinzipiell nicht zwischen „zufälligen" (d.h. regellosen, ungeordneten) und „unzufälligen" Folgen unterscheiden. Wie aber das Beispiel meines Freundes zeigt, hat Regellosigkeit wenigstens teilweise eine operationell überprüfbare Bedeutung, zumindest bei genügend langen Folgen.

3. Erzeugung von Zufallszahlen

Unsere begrifflichen Schwierigkeiten mit dem Zufall lassen sich pragmatisch weiter klären, indem wir uns überlegen, wie man in der Praxis zufällige Zahlenfolgen erzeugt. Solche werden heutzutage vielfach und in großem Ausmaß gebraucht, und zwar sowohl für Lotterien und andere Glücksspiele, wie auch für Simulationen auf dem Computer. Letztere pflegt man unter dem suggestiven Sammelbegriff „Monte–Carlo–Methoden" einzuordnen.

Die benötigten Zufallszahlen werden entweder durch geeignete physikalische Prozesse erzeugt, zum Beispiel durch ein Roulette–Rad, oder als sogenannte Pseudo–Zufallszahlen in völlig deterministischer Weise durch ein Computerprogramm.

Man ist sich der Problematik solcher Zufallsfolgen oft zu wenig bewußt. Bei den meisten physikalischen Methoden, mit dem Roulette–Rad als archetypischem Beispiel, nutzt man, wie wir heute sagen würden, das chaotische Verhalten von nicht–linearen Systeme aus: Minimale, unmeßbar kleine Änderungen der Anfangsbedingungen haben nach einiger Zeit große, unvorhersagbare Auswirkungen. (Das Wetter ist ein paar Tage, nicht aber ein paar Wochen vorhersagbar.) Abbildung 2, eine Variante des sogenannten Feigenbaum–Diagramms, möge als Illustration dienen. Man erzeugt Folgen von reellen Zahlen x_n in völlig deterministischer Weise gemäß der Formel

Abb. 2: Ein chaotischer Prozeß
Das untere Bild ist eine Vergrößerung des kleinen Quadrats im oberen Bild.

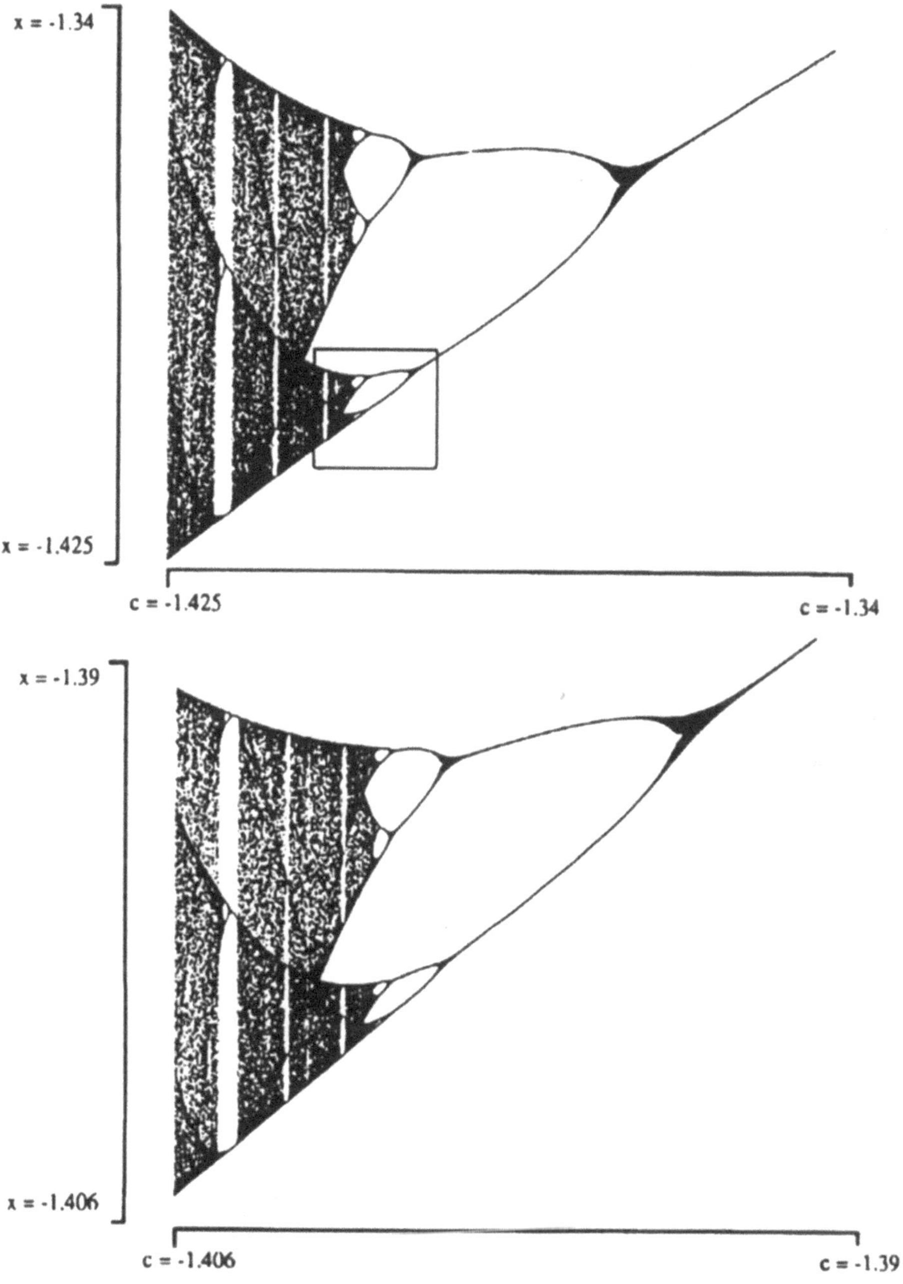

Quelle: DEVANEY, R. L. — A First Course in Chaotic Dynamical Systems; Addison Wesley, 1992, p. 85

$$x_{n+1} = x_n^2 + c$$

Für gewisse Werte von c konvergiert die Folge der x_n gegen einen festen Wert, für andere springt sie schließlich abwechslungsweise zwischen einigen wenigen Werten hin und her. In gewissen Bereichen verhält sie sich aber chaotisch, hüpft wild herum und füllt schließlich ein ganzes Intervall. Aber gerade die Ästhetik und überaus variierte Struktur solcher Diagramme zeigt, daß es mit der Regellosigkeit chaotischer Folgen nicht weit her ist. So sieht man im Bild der Punktedichte Kanten und bemerkt, daß sich die Folge auch bei chaotischem Verhalten nicht in jedem Bereich gleich häufig aufhält.

Einige weitere physikalische Methoden zur Erzeugung von Zufallszahlen benutzen quantenmechanische Phänomene, wie etwa den radioaktiven Zerfall oder das Rauschen von Elektronenröhren. Solche Methoden beruhen anscheinend auf echten, von der physikalischen Theorie geforderten Zufallsprozessen – dies trotz Einsteins bekanntem Protest („Gott würfelt nicht!").

Bei allen physikalischen Zufallszahlen hat man immer wieder Probleme mit der Qualitätskontrolle: Ein ausgeleiertes, schlecht geöltes oder schlecht horizontiertes Roulette-Rad verhält sich so oder so nicht sehr zufällig! In der Praxis läuft diese Qualitätskontrolle darauf hinaus, daß man die Folge einer Batterie von einem runden Dutzend statistischer Tests unterwirft. Nicht–Bestehen eines solchen Tests deutet auf ein Problem hin, das Bestehen besagt aber noch nicht viel.

Für Simulationen benützt man heutzutage aus verschiedenen Gründen fast ausschließlich sogenannte Pseudo–Zufallszahlen. Diese werden mit kleinen und raschen, völlig deterministischen Computerprogrammen in großen Mengen erzeugt. Pseudo–Zufallszahlen werden, ähnlich wie die physikalischen Zufallszahlen, als gut taxiert, wenn sie eine entsprechende Batterie von statistischen Tests bestanden haben.

Mit anderen Worten: Bei den physikalischen Zufallszahlen hat man ein permanentes Qualitätsproblem, und eine fortlaufende Qualitätskontrolle ist nötig, die aber immer unvollständig bleiben muß. Bei den Pseudo–Zufallszahlen kann man entsprechende Qualitätstests ein für allemal, und deshalb eher gründlicher, erledigen.

Pseudo–Zufallsfolgen sind aber in keiner Weise als regellos zu bezeichnen. Das heißt, es gibt gewinnbringende Spielsysteme: Meistens ist es mit etwas Rechenaufwand nicht allzu schwierig, auf Grund eines Anfangsstücks der Folge das Bildungsgesetz zu erraten. Man würde Folgen dieser Art zum Beispiel nie als Ersatz eines Roulette–Rades verwenden!

Vielleicht funktionieren Pseudo–Zufallszahlen in der Praxis der Simulationen deshalb so gut, weil erstens viele der sogenannten Monte–Carlo–Methoden nur einige wenige grundlegende Eigenschaften echter Zufallszahlen zu brauchen scheinen, wie Gleichverteilung und Unkorreliertheit, und zweitens, weil die Systeme, die mit ihnen simuliert werden, auch nur chaotisch und nicht wirklich regellos zufällig sind und man deshalb eigentlich gar nicht so hohe Qualitätsansprüche stellen müßte. Anderseits ist es empirisch erwiesen, daß

Abb. 3: Bit-Muster eines relativ guten Pseudo-Zufalls-Generators, obere 16 Bit einer Folge von 32-Bit-Zahlen: $x_{n+1} = 69069\, x_n \pmod{2^{32}}$

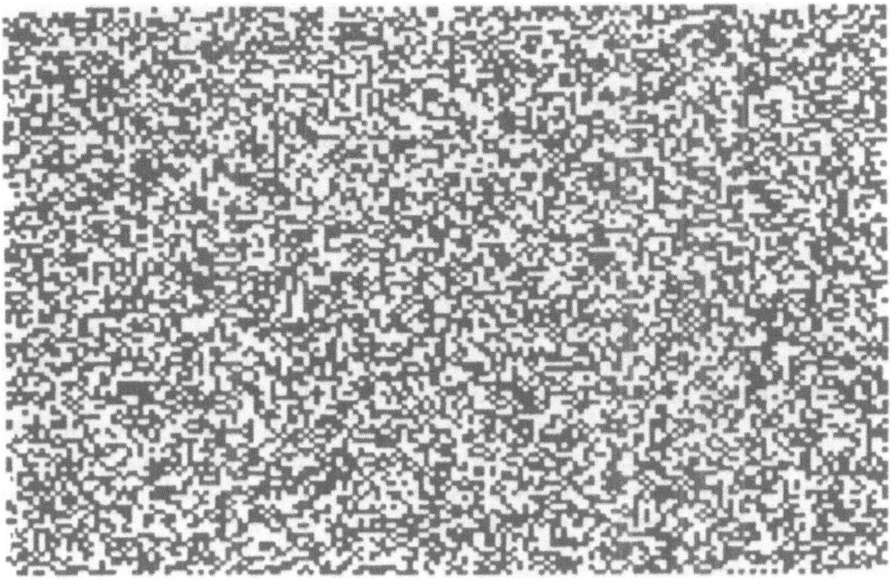

Abb. 4: Bit-Muster eines relativ schlechten Pseudo-Zufalls-Generators, vorgeschlagen von S. Wolfram (1986), und längere Zeit als Standard-Generator auf einem Supercomputer (Connection Machine) benutzt.

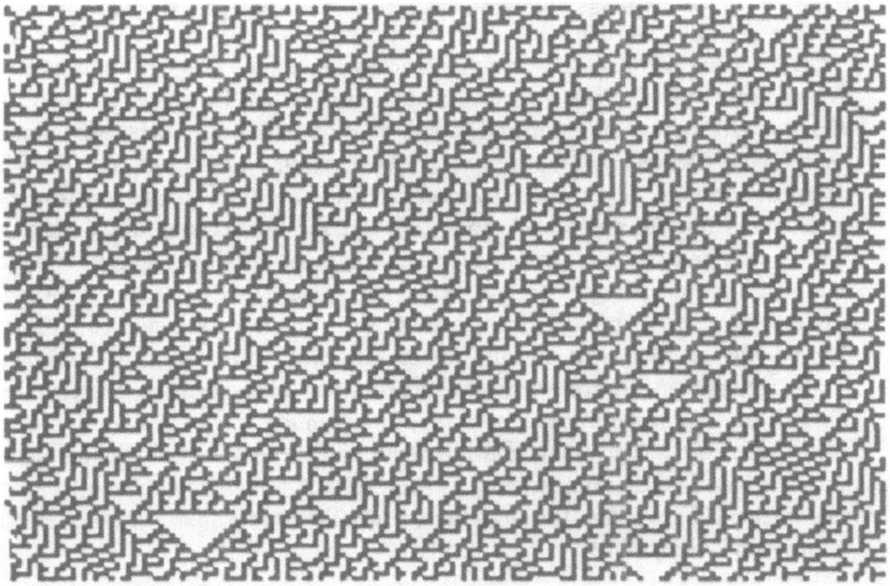

praktisch jeder fleißige Benutzer von Pseudo–Zufallszahlen früher oder später wegen mangelnder Zufälligkeit seiner Zahlen auf die Nase fällt. (Er steigt dann diskret auf einen „besseren" Generator um.) Oft bemerkt man aber die Probleme erst viel zu spät oder gar nicht. Die Abbildungen 3 und 4 zeigen Bit–Muster, die von einem relativ guten, beziehungsweise schlechten, Generator erzeugt worden sind. Ich fürchte, man unterschätzt manchmal die Risiken und Nebenwirkungen.

Als vorläufiges, negatives Resultat dieser Diskussion bemerken wir, daß es offenbar nicht leicht ist, verläßliche, lange Folgen von Zufallszahlen zu erzeugen. Wir merken uns aber zwei Ideen: die Forderung nach der Unmöglichkeit von Spielsystemen, und der Einsatz einer Batterie von statistischen Tests.

4. Was ist Unordnung? – Der von Mises'sche Ansatz

Der erste ernsthafte Versuch, den Begriff der Zufälligkeit direkt anzupacken, ist Richard von Mises (1919) zu verdanken. Er versuchte, die Zufälligkeit einer Folge als primären Begriff zu nehmen und die Wahrscheinlichkeitstheorie darauf aufzusetzen. Nach ihm ist eine Folge als zufällig zu betrachten, wenn es nicht möglich ist, ein gewinnbringendes Spielsystem anzugeben. Er betrachtet unendliche Folgen von Nullen und Einsen. Eine solche Folge heiße ein „Kollektiv", wenn sie die folgenden zwei Axiome erfüllt:

Axiom 1 Die relative Häufigkeit des Auftretens von 0 bzw. 1 strebt gegen einen *Grenzwert.*

Axiom 2 (Unmöglichkeit von Spielsystemen) Dieser Grenzwert bleibt gleich, wenn man vermöge einer *Auswahlregel* zu einer Teilfolge übergeht.

Die Auswahlregeln sind ganz beliebig, abgesehen von der Einschränkung, daß sie nicht in die Zukunft schauen dürfen: die Entscheidung, ein gewisses Glied in die Teilfolge einzuschließen, muß aufgrund der vorangegangenen Glieder getroffen werden.

Die Existenz von Kollektiven war zunächst eine offene Frage. Der ursprüngliche Ansatz von v. Mises war in den mathematischen Einzelheiten auch gar nicht in Ordnung. (Die formale Logik war damals noch nicht weit genug entwickelt.) Der Mangel wurde von A. Wald (1937) korrigiert, der die Widerspruchsfreiheit des so modifizierten Begriffs und die Existenz von Kollektiven nachwies. Es stellte sich aber kurz danach heraus, daß die Kollektive nicht alle Eigenschaften hatten, die man von einer zufälligen Folge erwarten sollte. Zum Beispiel gibt es Kollektive, für welche alle endlichen relativen Häufigkeiten stets auf der gleichen Seite des Grenzwerts liegen (J. Ville, 1939). Das widerspricht sowohl der empirischen Erfahrung mit zufälligen Schwankungen in Münzenwurfexperimenten wie auch gewissen beweisbaren Sätzen der Wahrscheinlichkeitstheorie, insbesondere dem sogenannten Satz vom iterierten Logarithmus. (Wald wurde später berühmt als Schöpfer der statistischen Entscheidungstheorie. Seine Arbeit über Kollektive wurde kurioserweise 1958 von den Herausgebern seiner Selected Papers als „nicht mehr interessant" verworfen!)

Wir stellen mit Enttäuschung fest, daß der von Mises'sche Ansatz als gescheitert betrachtet werden muß. Außerdem merkt man bei genauerem Hinschauen, daß er so oder so nichts über die Zufälligkeit endlicher Folgen aussagen kann.

5. Zum Begriff des Informationsgehalts

Der eigentliche Durchbruch bei der mathematischen Erfassung der Zufälligkeit ist einer kurzen Arbeit von KOLMOGOROV (1965) zu verdanken, über drei Ansätze zur Definition des Informationsgehalts: einem kombinatorischen, einem wahrscheinlichkeitstheoretischen, und einem algorithmischen. Das ist der gleiche Kolmogorov, der drei Jahrzehnte vorher der Wahrscheinlichkeitstheorie ihre saubere axiomatische Grundlegung gegeben hatte. Die Wichtigkeit der Arbeit liegt darin, daß er erstmals die logische Unabhängigkeit der beiden ersten Definitionen sauber herausarbeitete, und daß er zeigte, wie man mit der dritten, ebenfalls logisch unabhängigen algorithmischen Definition des Informationsgehalts die Zufälligkeit theoretisch und philosophisch in den Griff bekommen kann.

Ich möchte diese Ideen an genau den Beispielen herausarbeiten, die der Begründer der Informationstheorie, C. Shannon 1948 in seiner klassischen Arbeit „A mathematical theory of communication" benutzt hatte.

Zunächst die kombinatorische Definition der Information. Angenommen, es gehe darum, genau eine von N möglichen Botschaften zu schicken. Diese Botschaften seien in einer festen Reihenfolge angeordnet und durchnumeriert. Dann genügt es offensichtlich, statt dem Text der Botschaft nur ihre fortlaufende Nummer zu senden. Wenn wir diese Nummer im Zweiersystem schreiben, brauchen wir $\log_2 N$ Ziffern (aufgerundet auf die nächste ganze Zahl). Man sagt infolgedessen, der Informationsgehalt einer einzelnen solchen Botschaft sei $\log_2 N$ Bits. (Bit steht für binary digit.)

In Shannon's Artikel kommen die folgenden Approximationen an die geschriebene englische Sprache als Beispiele vor (genauer gesagt, die ersten sechs stehen dort, die beiden letzten sind spätere Ergänzungen). Er benutzt ein Alphabet mit 27 Zeichen (nämlich die 26 Großbuchstaben A ... Z und den Leerschlag).

1. Approximation nullter Ordnung (unabhängige Buchstaben, alle mit der gleichen Wahrscheinlichkeit):
XFOML RXKHRJFFJUJ ZLPWCFWKCYJ FFJEYVKCQSGHYD QPAAMKBZAACIBZLHJQD

2. Approximation erster Ordnung (unabhängige Buchstaben, aber mit Häufigkeiten wie in englischem Text):
OCRO HLI RGWR NMIELWIS EU LL NBNESEBYA TH EEI ALHENHTTPA OOBTTVA NAH BRL

3. Approximation zweiter Ordnung (Buchstabenpaare mit Häufigkeiten wie in englischem Text):

ON IE ANTSOUTINYS ARE T INCTORE ST BE S DEAMY ACHIN D ILONASIVE TUCOOWE AT TEASONARE FUSO TIZIN ANDY TOBE SEACE CTISBE

4. Approximation dritter Ordnung (Buchstabentripel mit Häufigkeiten wie in englischem Text):
IN NO IST LAT WHEY CRATICT FROURE BIRS GROCID PONDENOME OF DEMONSTURES OF THE REPTAGIN IS REGOACTIONA OF CRE

5. Wort–Approximation erster Ordnung (Worte mit Häufigkeiten wie in englischem Text):
REPRESENTING AND SPEEDILY IS AN GOOD APT OR COME CAN DIFFERENT NATURAL HERE HE THE A IN CAME THE TO OF TO EXPERT GRAY COME TO FURNISHES THE LINE MESSAGE HAD BE THESE

6. Wort–Approximation zweiter Ordnung (Wortpaare mit Häufigkeiten wie in englischem Text):
THE HEAD AND IN FRONTAL ATTACK ON AN ENGLISH WRITER THAT THE CHARACTER OF THIS POINT IS THEREFORE ANOTHER METHOD FOR THE LETTERS THAT THE TIME OF WHO EVER TOLD THE PROBLEM FOR AN UNEXPECTED

7. Wort–Approximation dritter Ordnung (Wort–Tripel mit Häufigkeiten wie in englischem Text):
FAMILY WAS LARGE DARK ANIMAL CAME ROARING DOWN THE MIDDLE OF MY FRIENDS LOVE BOOKS PASSIONATELY EVERY KISS IS FINE

8. Wort–Approximation fünfter Ordnung (Wort–Quintupel mit Häufigkeiten wie in englischem Text):
ROAD IN THE COUNTRY WAS INSANE ESPECIALLY IN DREARY ROOMS WHERE THEY HAVE SOME BOOKS TO BUY FOR STUDYING GREEK

Die Ähnlichkeit zu normalen englischen Texten nimmt mit jedem Schritt beachtlich zu, obwohl grammatikalische Korrektheit und vernünftiger Sinn grundsätzlich nie erreicht werden können.

Wenn wir das Schema von Beispiel 1 (Approximation nullter Ordnung) mit Botschaftstexten der Länge n verwenden, gibt es genau $N = 27^n$ verschiedene Botschaften, die wir uns in alphabetischer Reihenfolge aufgeschrieben vorstellen. Der Informationsgehalt einer einzelnen ist nach der obigen Anweisung

$$\log_2 N = n \log_2 27 \approx 4,75\, n\,.$$

Beim Schema von Beispiel 2 kann man effizienter kodieren. Dabei argumentiert man meistens mit Wahrscheinlichkeitsmodellen. Das ist aber gar nicht nötig. Nehmen wir an, wir hätten eine lange Botschaft im Stil von Beispiel 2, in welcher der Buchstabe A genau n_1–mal vorkommt, der Buchstabe B genau n_2–mal, usw. Die Länge der Botschaft ist $n = n_1 + n_2 + \ldots + n_{27}$.

Mit Hilfe von etwas Gymnasiums-Mathematik rechnen wir aus, daß es

$$N = \frac{n!}{n_1!\, n_2! \ldots n_{27}!}$$

Botschaften mit genau diesen Buchstabenhäufigkeiten gibt. Unter Zuhilfenahme der Stirling'schen Formel:

$$n! \approx n^n e^{-n} \sqrt{2\pi n}$$

schätzen wir ab, daß

$$\log_2 N \approx n \left\{ - \sum \frac{n_i}{n} \log_2 \frac{n_i}{n} \right\}.$$

Um eine solche Botschaft zweifelsfrei zu übermitteln, müssen wir jedenfalls ihre Nummer in der alphabetischen Anordnung der N Botschaften übermitteln; das braucht $\log_2 N$ Bits. Außerdem müssen wir noch die Zahlen $n_1, n_2, \ldots, n_{27}$ senden, was rund $27 \log_2 n$ Bits erfordert und bei langen Botschaften gegenüber $\log_2 N$ vernachlässigt werden kann.

Wenn wir zur Abkürzung schreiben

$$p_i = \frac{n_i}{n}$$

können wir sagen, daß ein langer Text dieser Art im Mittel pro Zeichen

$$h = - \sum p_i \log_2 p_i$$

Bits Information enthält.

Beim wahrscheinlichkeitstheoretischen Ansatz stellt man den Sachverhalt auf den Kopf und geht von einer stochastischen Informationsquelle aus, die zufällige Buchstaben sendet, und zwar Buchstaben Nr. i mit Wahrscheinlichkeit p_i. Dann kommen Botschaften heraus, deren Buchstabenhäufigkeiten n_i / n *genähert* p_i betragen. Wir sagen dann, die Informationsquelle habe die Entropie h. Ich möchte hier nicht weiter darauf eingehen, man braucht zuviel mathematische Technik. Ebensowenig kann ich auf die komplizierteren Modelle der Beispiele 3 – 8 eingehen.

6. Kolmogorov's algorithmischer Ansatz

Ich möchte jetzt aber versuchen, Kolmogorov's dritten, algorithmischen Ansatz zu erläutern. Die Idee ist an sich sehr einfach. Betrachten wir die folgenden vier Folgen der Länge 30 aus Nullen und Einsen:

0 0 0 0 0 0 0 0 0 0 0 0 0 0 0 0 0 0 0 0 0 0 0 0 0 0 0 0 0 0
1 0 0 1 1 0 0 1 1 0 0 1 1 0 0 1 1 0 0 1 1 0 0 1 1 0 0 1 1 0
0 0 0 0 1 0 0 0 1 0 1 0 0 0 0 0 0 0 1 0 0 0 0 0 0 1 0 0 1 0 0
0 1 0 0 1 1 1 0 1 0 0 1 1 1 1 0 1 0 0 0 0 0 1 1 0 0 1 0 1 1

Die erste Folge hat eine sehr einfache Beschreibung: „nur Nullen". Die zweite ist durch ihr Bildungsgesetz „Periode 1001" kurz beschreibbar. Die dritte hat eine geringe Häufigkeit von Einsen, was bei genügend langen Folgen ebenfalls eine verkürzte Beschreibung ermöglicht (wie im Beispiel 2 des letzten Abschnitts). Bei der vierten wird man zur Beschreibung wohl die Folge selber hinschreiben müssen. So definiert man versuchsweise den Informationsgehalt einer langen, aber endlichen Zeichenfolge als die Länge der kürzesten exakten Beschreibung der Folge.

Es ist zunächst keineswegs klar, was man unter einer „exakten Beschreibung" verstehen soll. Man stößt hier auf bekannte Paradoxa: Was ist „die kleinste natürliche Zahl, die nicht mit zwölf Worten definiert werden kann?"

Im heutigen Computerzeitalter ist der Ausweg naheliegend: Man verlangt, daß die Folge maschinell berechenbar ist und interpretiert die Beschreibung als ein Computerprogramm, welches die Folge bei vorgegebener Länge berechnet:

Informationsgehalt einer langen, aber endlichen Zeichenfolge = Länge des kürzesten Computerprogramms, welches die Folge produziert.

Statt „Informationsgehalt" sagen wir auch „algorithmische Komplexität".

Dieses Computerprogramm wird natürlich als 0–1–Folge dargestellt. Der so definierte Informationsgehalt hängt noch vom benutzten Computer ab; um die Idee zu fixieren, wählt man willkürlich eine beliebige sogenannte Universelle Turing–Maschine (UTM).

Das führt uns zurück ins Jahr 0 der Computer–Ära, nämlich 1936, als Konrad Zuse seinen ersten Computer zu bauen begann und Alan Turing in einer Arbeit zur Begründung der Theorie der berechenbaren Funktionen ein idealisiertes, gedankliches Modell einer programmierbaren Rechenmaschine vorschlug. Eine solche „Turing-Maschine" hat man sich anschaulich als einen ganz primitiven Computer vorzustellen, der aber mit einem potentiell unendlich langen Magnetband als Arbeitsspeicher ausgerüstet ist.

Die Turing–Maschine ist das Platonische Ideal eines Computers, genau so wie die andere gedankliche Maschine, die von Carnot (1824), dasjenige einer Dampfmaschine ist, und sie ist von ebenso fundamentaler theoretischer Bedeutung. Ich erinnere daran, daß Carnot's Maschine das entscheidende Instrument ist, um zu zeigen, daß die Entropie eine Zustandsfunktion ist; die Turing–Maschine, um festzulegen, was man unter Berechenbarkeit verstehen soll. Turing's These wird heute allgemein anerkannt: Jeder Prozeß, den wir umgangssprachlich als effektive Berechnung bezeichnen würden, kann auf einer Turing–Maschine realisiert werden.

Eine Turing–Machine wird universell genannt, wenn man mit ihr jede andere Turing–Maschine simulieren kann. In der Literatur sind insgesamt ein paar Dutzend Beispiele von Universellen Turing–Maschinen publiziert – man hat sich einige Zeit bemüht, eine möglichst einfache UTM zu erfinden – und die wechselseitigen Emulationsprogramme zwischen diesen UTM's sind jeweils höchstens ein paar hundert Bits lang. Infolgedessen ist der Informationsgehalt eines beliebigen Texts im Prinzip bis auf höchstens einige hundert

Bits festgelegt. Kolmogorov bemerkt, daß zum Beispiel die algorithmische Komplexität von Tolstoi's Roman „Krieg und Frieden" für alle praktischen Zwecke eindeutig festgelegt sei. Allerdings kann man beweisen, daß der so definierte Informationsgehalt aus prinzipiellen Gründen nicht maschinell berechenbar sein kann; man kann bestenfalls obere und untere Schranken angeben, wie nachstehend in einigen einfachen Fällen skizziert werden soll.

Man überlegt sich leicht, daß jede beliebige 0–1–Folge der Länge n durch ein Programm der Länge $n + c$ produziert werden kann, wobei c eine kleine Konstante ist, nämlich die Länge eines generellen Kopierprogramms. Anderseits kann es nicht mehr Programme einer gewissen Länge geben, als es 0–1–Folgen eben dieser Länge gibt. (Natürlich ist bei weitem nicht jede solche Folge ein funktionierendes Programm). Nun gibt es:

	kumulativ
1 Folge der Länge 0	1
2 Folgen der Länge 1 (nämlich 0 und 1)	3
4 Folgen der Länge 2 (nämlich 00, 01, 10 und 11)	7
.	.
.	.
.	.
2^{n-d-1} Folgen der Länge $n-d-1$	$2^{n-d}-1$
.	.
.	.
.	.
2^{n-1} Folgen der Länge $n-1$	2^n-1

Es gibt also höchstens $2^n - 1$ Programme mit einer Länge kleiner als n. Anderseits gibt es 2^n Folgen der Länge n. Es gibt also mindestens eine Folge der Länge n, die nicht durch ein Programm beschrieben werden kann, das kürzer als n ist.

Etwas allgemeiner: Wenn d eine beliebige feste natürliche Zahl ist, dann entnimmt man der obigen Tabelle, daß es höchstens $2^{n-d}-1$ Programme mit einer Länge kleiner als $n-d$ gibt, und daß infolgedessen mindestens

$$2^n - \left(2^{n-d} - 1\right) = \left(1 - 2^{-d}\right) 2^n + 1$$

0–1–Folgen der Länge n einen Informationsgehalt $n - d$ oder größer haben. Mit anderen Worten, die überwiegende Mehrheit aller Folgen hat beinahe maximale Komplexität.

Als Illustration betrachten wir etwa 0–1–Folgen der Länge $n = 1\,000\,000$ und setzen $d = 30$. Der Ausdruck einer solchen Folge würde ein Buch mittlerer Größe füllen. Von diesen Folgen können 99,9999999% nicht mit einem Programm erzeugt werden, das kürzer als 999 970 ist!

Die am Ende von Abschnitt 2 formulierten Bedenken werden dadurch ausgeräumt: Die überwiegend meisten Folgen (oder Zustände) haben nahezu maximale Komplexität und sind so in einem präzisen Sinne ungeordnet (oder regellos).

Kolmogorov's Ansatz bezieht sich auf endliche Folgen. Die Übertragung der Theorie auf unendliche Folgen ist keineswegs trivial. Sie wurde von Per Martin–Löf bereits 1966 durchgeführt und beruht auf der folgenden Idee. Man betrachtet alle möglichen, effektiv durchführbaren Zufälligkeitstests. (Wir sollten wohl besser sagen: Regellosigkeitstests, aber die Terminologie hat sich eingebürgert.) Um effektiv durchführbar zu sein, muß ein Test maschinell berechenbar sein. Man stellt sich diese Tests nach ihrer Komplexität (Programmlänge) angeordnet vor und baut sie alle in einen einzigen, großen Universaltest zusammen, indem man den komplizierteren Tests abnehmende Signifikanzniveaus zuteilt. Wenn eine unendliche Folge diesen Universaltest besteht, dann besteht sie jeden denkbaren Test und ist als regellos zu betrachten. Fast alle unendlichen Folgen bestehen diesen Test. Hier ist „fast alle" im präzisen Sinn der klassischen axiomatischen Wahrscheinlichkeitstheorie von Kolmogorov (1933) gemeint: die Ausnahmemenge hat das Maß 0.

Alle üblichen Grenzwertsätze der Wahrscheinlichkeitstheorie sind so geartet, daß sie als berechenbare Zufälligkeitstests umgeschrieben werden können, und man schließt daraus, daß jede Folge, die den Universaltest übersteht, alle üblichen Gesetze der Wahrscheinlichkeit erfüllt.

Was haben wir damit nun eigentlich erreicht?

Die klassischen Sätze der Wahrscheinlichkeitstheorie machen Aussagen, die jeweils für eine überwiegende Mehrheit der Folgen gelten, mit einer *nicht spezifizierten* Ausnahmemenge: „Mit Wahrscheinlichkeit $> 1 - \epsilon$" (im Fall von endlichen Folgen), „fast sicher ..." (im Fall von unendlichen Folgen). Die Ausnahmemenge kann für jeden Satz eine andere sein. Zusammen überdecken die Ausnahmemengen im Prinzip *alle* Folgen.

Wenn wir uns aber auf effektiv berechenbare Sätze beschränken (was wie gesagt, keine wirkliche Beschränkung ist), ergibt sich jetzt, daß diese Sätze *genau für die regellosen Folgen* gelten: die Ausnahmemenge ist universell.

Diese Theorien von Kolmogorov und Martin–Löf haben so erstmals nicht nur zu einem philosophisch befriedigenden, sauberen Begriff der Regellosigkeit oder Unordnung geführt, sondern auch zu seiner Abgrenzung gegenüber dem Zufallsbegriff der Wahrscheinlichkeitstheorie.

7. Andere Komplexitätsmaße

Die Theorien von Kolmogorov und Martin–Löf benutzen die Programmlänge als Komplexitätsmaß. Das ist durchaus nicht die einzige Möglichkeit. Man könnte zum Beispiel auch die Rechenzeit oder den Speicherbedarf als Komplexitätsmaß wählen. Anschaulich läßt sich das Problem dann so beschreiben: Ein modernes Spielcasino beschließt, die Folge von „rouge" und „noir" nicht mehr mit einem Roulette–Rad, sondern in deterministischer Weise mit einem Großcomputer zu erzeugen. Ein Spieler versucht, mit Hilfe eines eingeschmuggelten Kleinstcomputers die Folge wenigstens partiell vorherzusagen und so Spielgewinne zu erzielen. Kann das Casino seinen mächtigeren Computer so programmieren, daß das nicht möglich ist? Anders ausgedrückt:

Man faßt die Unmöglichkeit eines Spielsystems nicht in einem absoluten Sinn auf, sondern nur relativ zu den Ressourcen, die dem Spieler zur Verfügung stehen. Über dieses und ähnliche Probleme gibt es unterdessen eine sehr umfangreiche Literatur, mit Querverbindungen zur Kryptographie; man vergleiche zum Beispiel BLUM/MICALI, 1984.

Literatur
(in Auswahl)

BLUM, M. / MICALI, S. (1984): How to generate cryptographically strong sequences of pseudo-random bits; SIAM J. Comput. 13, 850-864.

KOLMOGOROV, A. N. (1968): Three approaches to the definition of the concept of „amount of information“ (1965, in Russian); Selected Translations in Math. Stat. and Prob. 7, 293-302.

MARTIN-LÖF, P. (1966): The definition of random sequences; Information and Control 9, 602-619.

SHANNON, C. E. / WEAVER, W. (1949): The Mathematical Theory of Communication; Univ. of Illinois Press.

VILLE, J. (1939): Étude critique de la notion de collectif; Paris.

VON MISES, R. (1919): Grundlagen der Wahrscheinlichkeitstheorie; Math. Zeitschrift 5, 52-99.

WALD, A. (1937): Die Widerspruchsfreiheit des Kollektivbegriffs der Wahrscheinlichkeitsrechnung; Ergebnisse eines math. Koll. 8, 38-72.

Von Arkadien zur Geometrie des Zufalls
Die Bedeutung des Chevalier de Méré für die Geburt der Wahrscheinlichkeitstheorie

Von ULRICH KOCKELKORN*, Berlin

Zusammenfassung: In jeder besseren Einführung der Wahrscheinlichkeitstheorie wird der „Glücksspieler" Chevalier de Méré erwähnt, der mit zwei Fragen aus seinem Milieu den Zündfunken zur Entstehung einer neuen Wissenschaft gegeben habe. Nur noch hier und in Fußnoten von Aufgabensammlungen hat sich sein Name erhalten, ansonsten ist er selbst in Frankreich weitgehend vergessen. Im Petit Larousse wird er nur knapp erwähnt:

> *Antoine de Gombaud, Chevalier de Méré, moraliste français, née en Poitou, 1607 – 1684, considéré comme un arbitre du bon goût.*

Ein Schiedsrichter des guten Geschmacks und ein Moralist dazu, wie verträgt sich das mit seiner angeblichen Spielleidenschaft, von der zum Beispiel Rényi spricht?

In diesem Aufsatz soll eine kleine Wiedergutmachung am Ansehen des Chevalier in Statistikerkreisen versucht werden. Gleichzeitig soll ein wenig die geistige Landschaft Frankreichs im Augenblick der Entstehung der Wahrscheinlichkeitstheorie beleuchtet werden. Dabei werden wir uns vor allem dem Chevalier und seinem Verhältnis zu Pascal widmen. Über Pascal gibt es ganze Bibliotheken, über den Briefwechsel zwischen Pascal und Fermat einiges, doch nichts über die Wechselwirkung zwischen Pascal und Méré auf die Wahrscheinlichkeitstheorie. Nebenbei wird mit abfallen, wie sich Mérés berühmte Fragen aus seiner geistigen Haltung ergaben, nicht weil er Spieler, sondern weil er kein Spieler war.

1. Frankreich im 17. Jahrhundert

Das 16. Jahrhundert hatte so blühend in Frankreich begonnen und verfiel dann in die Grauen der Religionskriege. Nach der Ermordung von Henri IV. stritten Adel und Krone um die Vorherrschaft im Lande. Während in Deutschland 1648 der Dreißigjährige Krieg beendet wurde, begann in Frankreich der Krieg der Fronde gegen den König.

Trotz einer drohenden Verrohung der politischen Eliten bleiben aber die Leitbilder der Renaissance lebendig, ja die Antike wird für das 17. Jahrhundert stärker maßgebend als je zuvor. Ihre Ideen sind aus den Studierstuben der Gelehrten in die tonangebenden Salons gedrungen. Die Kenntnisse der antiken Mythologie und Geschichte sind Allgemeingut der Gesellschaft geworden und liefern die Vorlagen für Philosophie, Dichtung, Architektur und Malerei.

Corneille (1606 – 1684) und Racine (1639 – 1695) schreiben Tragödien nach antikem Vorbild, Perrault (1613 – 1688) entwirft die strenge Kolonnade-Fassade des Louvre, Nicolas Poussin (1594 – 1665), der bedeutendste Maler

* Prof. Dr. Ulrich Kockelkorn, Institut für Quantitative Methoden, FB Informatik, TU Berlin, Franklinstr. 28/29, D–10587 Berlin

des klassischen Frankreichs, zeigt mythologische Szenen in heroischen Landschaften. Der liebenswürdigste Vertreter der bildenden Künste, Claude Lorrain (1600 - 1682), läßt vor unseren Augen eine verklärte Welt entstehen, in der eine idyllische, arkadische Natur zum irdischen Paradies wird.

2. Die Bildungsideale Mérés

In dieser Welt lebt Méré (1607 - 29.12.1684), ein unabhängiger, begüterter Landedelmann in der Provinz Poitou. Er kennt die klassische Literatur von Homer bis Cicero und fühlt sich in allen Wissenschaften zu Hause, selbst in der Mathematik. Er ist bei allem Hang zur Selbstüberschätzung ein allseits geachteter, eleganter Hofmann, ein außerordentlich gewandter Redner, der über alles interessant und faszinierend zu plaudern weiß. Sainte Beuve schreibt 1878 über ihn in seinen „portraits littéraires“:

Le chevalier de Méré est un type; et si aujourd'hui on veut étudier un des caractères les plus en honneur au XVIIe siécle, on ne saurait mieux s'adresser ni surtout plus commodément qu'à lui.[1]

Méré hat sich eine Lebensaufgabe gestellt. Er will seine Zeitgenossen nicht nur für klassische Bildung begeistern, sondern darüber hinaus ihnen klassische Haltung und Lebensgefühl einflößen und so die französische Gesellschaft erziehen und veredeln. Sein Vorbild ist der „honnête homme“, der universal gebildete Mensch, der den natürlichen Charme Lorrain'scher Schäfer, die philosophische Abgeklärtheit Montaignes und das psychologische Fingerspitzengefühl etwa eines Kardinals Richelieu in sich vereint. Méré schrieb Briefe, Bücher, Abhandlungen über die „honnêteté“, die einen beredten Aufschluß über das gesellschaftliche Ideal seiner Zeit geben. Das Wunschbild einer höfischen Elitegesellschaft, deren Mitglieder das homerische Ideal des *καλός κ' αγαθός* verwirklichen, die das Gute *αγαθόν* im Schönen *καλόν* verkörpern.

Die „honnêteté“

Oberstes sittliches Prinzip ist für Méré die „honnêteté“:

Je ne comprends rien sous le ciel au dessus de l'honnêteté; c'est la quintessence de toutes les vertues.[2]

Das Prinzip selbst stammt von Cicero, der in seinem Buch über die Pflichten das „honestum“ als Oberbegriff über die vier Kardinaltugenden stellt. Das Gute tun und das Gute reden, „bene dicere und bene facere“, sind Ziel und Ergebnis des „honestum“. Bei Méré heißt dies:

Il ne faut que bien dire et bien faire pour estre honneste homme.[3]

---

[1] Méré ist ein Charakter. Wenn man heute eine der am höchsten geachteten Persönlichkeiten des 17. Jahrhunderts studieren möchte, könnte man keinen besseren und vor allem keinen angenehmeren finden als ihn.

[2] Ich halte nichts auf der Welt höher als die „honnêteté“, sie ist die Quintessenz aller Tugenden. (Méré, 1930, Bd. III, p. 71)

[3] Man muß nur gut reden und gut handeln, um ein „honnête homme“ zu sein. (Méré, 1930, Bd. I, p. 46)

Aber von Cicero zu Méré verschieben sich die Akzente, das richtige Handeln tritt in den Hintergrund, richtiges Reden ins Zentrum.

Das Leben als Spiel

Der französische Adel hat kaum noch wesentliche militärische Aufgaben und auch sonst nicht mehr viel zu tun. Seine Existenz spielt sich am Hofe ab. Worauf sollte Méré denn eine auf aktives Handeln gegründete Moral aufbauen? Handeln am Hof ist statt dessen gesellschaftliches Theaterspielen. So wie das richtige Theater am Hofe eine immer größere Rolle spielt, man denke nur an Molière, verwandelt sich der Hof – und damit für Méré die Welt – selbst in ein Theater. „Le monde n'est qu'une comédie". Auf dieser Bühne des Lebens soll jeder sich nach bestem Vermögen als „bon acteur" erweisen: „Regarder ce qu'on fait comme une comédie, et de s'imaginer qu'on joue un personnnage de théatre".[4]

Die Bedeutung der Sprache

Für den Schauspieler heißt Handeln zuerst einmal Reden. So kann auch der „honnête homme" sich nur im Gespräch bewähren. Sprache ist für ihn das eigentliche Mittel zur Darstellung und Verwirklichung weltmännischer Art, sie spiegelt das Wesen des Menschen wider, sie ist das Unterpfand seines gesellschaftlichen Daseins. (Zur Pflege der Sprache gründete ja auch Richelieu 1635 die Académie Française.)

Die Bedeutung des Sprache kann man auch sehr schön an Mérés Lieblingshelden bei Homer erkennen. Dies ist beileibe nicht Achill, der die Einheit von Wort und Tat verwirklicht, sondern vielmehr Odysseus: „Il n'était ni beau ni jeune, mais il savoit parler".[5] Odysseus kann reden, ist weltgewandt und erfahren im Umgang mit Menschen, kurz „il econnoissoit le monde, comme Homere en parle".[6] Eine ebenbürtige Partnerin ist nicht etwa die treue Penelope, die sich nur mühsam der 40 Freier erwehren kann, nein, Helena, der eine ganze Stadt zu Füßen liegt. Sie versteht es zu gefallen und vor allem, sich durch ihre Gespräche beliebt zu machen.

Die angenehme Erscheinung

Beliebt zu sein, „plaire", wird lebenswichtig. Aus dem ciceronischen Wohl–Tun wird ein Wohl–Gefallen. Bei Cicero war das „decorum" Teil des „honestum". Bei Méré wird es zur Hauptsache: „C'est un peché que de déplaire."[7]

Diese Forderung entspringt dem Wunsch nach Harmonie in Aussehen, Wort und Haltung. Wohldosierte Zurückhaltung, elegante und anmutige Bewegung, gewählte klare Sprache, maßvolle und wohlgefällige Erscheinung, daran erkannt man den „honnête homme". Gut und Böse wird danach beurteilt,

[4] Was man tut, als eine Komödie betrachten, und sich einbilden, man spiele eine Person des Theaters. (Méré, 1930, Bd. III, p. 158)

[5] Er war weder jung noch schön, aber er wußte zu reden. (Méré, 1930, Bd. I, p. 47)

[6] Er kannte die Welt, so wie Homer erzählt. (Méré, 1930, Bd. III, p. 72)

[7] Mißfallen zu erregen ist eine Sünde. (Méré, 1930, Bd. II, p. 29)

was schicklich oder unschicklich ist. Wer als „honnête homme“ erscheint, muß es auch sein, wer nicht wie ein „honnête homme“ aussieht, kann es nicht sein.

Die Übereinstimmung von Außen und Innen

So wie die innere Haltung die äußere Erscheinung bestimmt, muß man vom Äußeren auf das Innere zurückschließen können.

> *Les apparences du dehors ne sont que les images des actions intérieures. Si bien que l'air de ce qu'on fait, ou qu'on dit, ne vient que de la maniere qu'on le sente, ou qu'on le pense.*[8]

Frucht der Übereinstimmung von Außen und Innen sind Sicherheit, Anmut und Leichtigkeit im Auftreten.

Die Sensibilität für Nuancen: Das Discernement

Im Salon, in den Gesprächen der „beaux esprits“ und der „femmes savantes“ bewährt sich der „honnête homme“. Feinfühlig muß er sich auf sein Gegenüber konzentrieren, dessen Eigenart erfassen, Gewohnheiten, Gedanken und Gefühle erkennen. Dafür braucht er ein Gespür für subtilste Regungen und Andeutungen, ein feines, ausgeprägtes Unterscheidungsvermögen, das „discernement“ ... „Ce discernement subtil vient d'un esprit de grande étendue qui pénètre en tout“.[9] Es ist die höchste Meisterschaft, die eigentliche Wissenschaft des „honnête homme“ „... un discernement juste et subtil, mais si haut et de si grande étendue, qu'on ne trouve rien au dessus ni au delà...“[10]

Die bienséance

Die Dinge im Detail richtig zu beurteilen ist das eine, die Situation im Ganzen zu erfassen das andere. Dafür braucht es „cœur“ und „esprit“, Herz und Witz. Diese werden aber nicht so sehr in ihren natürlichen spontanen Regungen geschätzt, als wegen ihres Vermögens, stets das Richtige zu erfühlen. Das Richtige ist in jedem Falle, was der „bienséance“ entspricht. „Bienséance“ ist ebensowenig übersetzbar wie „honnêteté“. Sie umfaßt das Sittliche wie das Schickliche, das Wohlgefällige aber auch Natürliche. „On a peu de grace quand on va contre son génie“.[11] Unsere individuelle Natur hat teil am Ordnungsprinzip der universalen Natur. Sobald wir uns richtig entsprechend unserer eigenen Natur verhalten, stehen wir im Einklang mit

---

[8] Die äußeren Erscheinungen sind nur die Abbilder des inneren Geschehens. So sehr, daß der Anschein dessen, was man tut oder sagt, nur dem entspricht, was man fühlt oder denkt. (Méré, 1930, Bd. III p. 141)

[9] Dieses subtile Unterscheidungsvermögen kommt aus einem umfassenden Geist, der alles durchdringt und der jederzeit die Natur der Dinge versteht.

[10] Ein genaues und subtiles Unterscheidungsvermögen, das so hoch und so weitreichend ist, daß man jenseits davon oder darüber hinaus nichts finden kann.

[11] Man hat wenig Grazie, wenn man gegen seine eigene Begabung angeht. (Méré, 1930, Bd. II, p. 19)

der gesamten Natur. „Plus elle (l'honnêteté) est naturelle, plus elle plaît; c'est la principale cause de la bienséance que de faire d'un air agréable ce qui nous est naturel".[12]

Bildung

Die „bienséance" veredelt die menschliche Natur. Doch wenn sie als „naturelle" erscheint, so hat sie sich nicht von selbst entwickelt. Das „naturel" muß in der Erziehung erarbeitet werden. Was bei Cicero Anfang ist, wird bei Méré zum Endpunkt. Méré mißtraut den natürlichen Anlagen, auch wenn er des öfteren auf „beau génie" und „disposition naturelle" hinweist. Der „honnête homme" wird sich niemals „comme il faut" verhalten, wenn er es nicht erlernt hat. „On ne se prend à rien comme il faut sans l'avoir appris".[13] Dazu muß man hart arbeiten.. „Il faut travailler sur l'idée de la perfection."[14]

Der „honnête homme" ist nicht nur redegewandt und tugendhaft, sondern auch universal gebildet. Aber um Himmels Willen darf er sein universales Wissen nicht zeigen. So beherrscht er zwar Mathematik, ist aber kein Mathematiker, das wäre zu tadeln. Nur nicht als Fachmann, als „homme de metier" erscheinen. Nichts ist schlimmer als Pedanterie und schulmeisterliche Besserwisserei.

Universalität

Der größte Vorzug des „honnête homme" ist seine geistige Souveränität, die über die Enge des Hof- und Salonkreises hinaus hilft: „L'étendu de son esprit le dépaise, et luy découvre en toute encontre ce qui luy convient."[15] Der „honnête homme" ist nicht an sein Land gebunden, sondern überwindet als Weltbürger dessen Grenze. Mérés „honnête homme" vermag als „citoyen du monde" Gleichgesinnte über die Grenzen des eigenen Landes hinaus zu finden. Die wahre „honnêteté" ist universal; „le grand monde" umfaßt „les plus honnestes gens de toutes les cours" von einem Ende der Welt zum andern. „Ses manières sont de toutes les cours depuis un bout de la terre jusqu'à l'autre."[16]

Soweit Mérés Idealbild. Aber das erhoffte Echo bleibt aus. So zieht er sich wieder ins idyllische Poitou zurück. Eine Landschaft, die schon einmal vor 500 Jahren unter der Königin der Troubadoure, Eleonore von Aquitanien, eine heitere Heimstatt für Dichtung, Liebe und Kunst gegenüber dem kalten und steifen Norden bot. Aus dem Norden verschlägt es nun Pascal in diese Landschaft.

[12] Je natürlicher sie ist, um so mehr gefällt sie. Mit einer freundlichen Miene das Natürliche zu tun, ist die prinzipielle Ursache der bienséance. (Méré, 1930, Bd. II, p. 74)

[13] Man schafft nichts richtig, wenn man es nicht gelernt hat. (Méré, Bd. I, p. 68)

[14] Man muß an der Idee der Perfektion arbeiten. (Méré, 1930, Bd. II, p. 71)

[15] Die Spanne seines Geistes macht ihn heimatlos und zeigt ihm in jeder Begegnung, was ihm angemessen ist. (Méré, 1930, Bd. I, p. 11)

[16] Seine Manieren sind die aller Höfe, von einem Ende der Welt zum anderen. (Méré, 1930, Bd. II, p. 111)

3. Pascal und Méré

Blaise Pascal (19.6.1623 – 19.8.1662)

Ein jugendlicher ungeduldiger Geist, der mit blitzhaften Intuitionen die unbekannten Aspekte des Lebens erhellt, der mit überraschender Schnelle die Grundprinzipien einer Disziplin durchschaut, dann aber an deren Ausnutzung völlig desinteressiert ist, sobald er deren Wahrheiten erkannt hat. Sein Streben nach Universalität hält ihn ab, sich in irgendeiner Wissenschaft zu sehr zu spezialisieren und lenkt gleichzeitig seine Neigung zur Mathematik. Nach dem Tode des Vaters am 24.9.1651 wendet er sich von den abstrakten Wissenschaften nun den Menschen zu.

> *J'avais passé longtemps dans l'étude des sciences abstraites. Quand j'ai commençé l'étude de l'homme, j'ai vue que ces sciences abstraites ne sont pas propres à l'homme".*[17]

Pascal betritt mit knapp dreißig Jahren in der Begleitung des Herzogs von Roannez eine Gesellschaft nicht der Theologen, nicht der Mathematiker, nicht der höheren Beamten oder der Priester, sondern die der honnêtes gens. Hier trifft er auch Méré, der ihn in die Kreise der „belles savantes" und der „beaux esprits" einführt. Hier trifft er auf die galanten Gespräche kultivierter Geister, die sich mit leichter Ironie über mühsame Beweise erheben.

Die Reise

Das Datum dieser Reise ist umstritten. Sie fand vermutlich im September 1652 statt. Marguerite Perier, Pascals Nichte, erzählt, der Herzog von Roannez habe ein- oder zweimal seinen Freund Pascal ins Poitou mitgenommen. Diese Reise wird auch von Pascal in seinem Brief vom 29.7.1654 an Fermat erwähnt. Méré selbst erzählt in seinem Discours de l'esprit von seiner ersten Begegnung mit Pascal. Auf dieser Vergnügungsfahrt haben die drei weltgewandten „schönen Seelen" Roannez, Miton und Méré den unerfahrenen und anfangs unbeholfenen und tumben Pascal unter ihre Fittiche genommen. Pascal fragt und schreibt mit. Als sie in Poitiers ankamen, war die Verwandlung gelungen. Pascal begeistert sich für die Ideen Mérés, für Schönheit, Liebe, Anmut und Grazie. Er schreibt Gedichte und ist bereit, der Mathematik zu entsagen.

> *Je fis un voyage avec le D.d.R., M. M., que vous connaissez,... était de la partie; et parce que c'était plutôt une promenade qu'un voyage, nous ne songions qu'à nous réjouir, et nous discourions de tout. Le D.d.R. a l'esprit mathématique, et, pour ne pas s'ennuyer sur le chemin, il avait fait provision d'un homme d'entre deux âges, qui n'était alors que fort peu connu, mais qui depuis a bien fait parler de lui. C'était un grand mathématicien, qui ne savait*

[17] Ich hatte lange Zeit mit dem Studium der abstrakten Wissenschaften verbracht. Als ich mit dem Studium des Menschen begann, habe ich gesehen, daß die abstrakten Wissenschaften nicht für den Menschen geeignet sind.

que cela. Ces sciences ne donnent pas les agréments du monde; et cet homme qui n'avait ni goût, ni sentiment, ne laissait pas de se mêler en tout ce que nous disions, mais il nous surprenait presque toujours et nous faisait souvent rire.

Nous ne pensions à rien moins qu'à le désabuser: cependant nous lui parlions de bonne foi. Deux ou trois jours s'étant écoulés de la sorte, il eut quelque défiance de ses sentiments, et ne faisant plus qu'écouter, ou qu'interroger, pour s'éclaircir sur les sujets qui se présentaient, il avait des tablettes qu'il tirait de temps en temps, où il mettait quelque observation. Cela fut bien remarquable, qu'avant que nous fussions, arrivés à P... il ne disait presque rien qui ne fût bon, et que nous n'eussions voulu dire, et sans mentir c'était être revenu de bien loin. Aussi, pour dire le vrai, la joie qu'il nous témoignait d'avoir pris tout un autre esprit était si visible, que je ne crois pas qu'on en puisse sentir une plus grande; il nous la faisait connaître d'une manière enveloppée et mystérieuse.

Quel subit changement du sort qui me conduit
j'étais en ces climats où la neige et la glace
font à la terre une horrible surface
pendant cinq ou six mois d'une profonde nuit
......[18]

[18] Unter den Abkürzung D.d.R. und M.M. verbergen sich nach allgemeiner Überzeugung der Duc de Roannez und Monsieur Miton. Bei dem Mathematiker kann es sich nur um Pascal handeln.

Ich machte die Reise mit dem D.d.R., M.M. den sie kennen , war mit von der Partie ... , und weil es eher eine Promenade denn eine Reise war, dachten wir nur, uns zu vergnügen und unterhielten uns über alles. Der D.d.R. hat Verständnis für Mathematik und hatte, um sich nicht zu langweilen, einen Mann mittleren Alters mitgenommen, der damals noch sehr wenig bekannt war, aber später viel von sich hat reden machen. Er war ein großer Mathematiker, der aber darüber hinaus nichts wußte. Die Wissenschaften geben nicht das Behagen der großen Welt, und dieser Mann, der weder Geschmack noch Gefühl besaß, wurde nicht müde, sich in alles, was wir sagten, einzumischen. Aber er hatte uns damit fast immer überrascht und ließ uns oft auflachen.

Wir dachten an nichts weniger, als ihm die Augen zu öffnen und sprachen aufrichtig mit ihm. Auf diese Weise sind zwei, drei Tage vergangen. Er mißtraute ein wenig seinen eigenen Gefühlen und hörte nur noch zu und fragte unaufhörlich, um sich über alle Themen, die sich boten, zu unterrichten. Er hatte kleine Täfelchen dabei, die er von Zeit zu Zeit zog, um seine Beobachtungen niederzuschreiben. Das Ergebnis war bemerkenswert, denn bevor wir noch in P. angekommen waren, sagte er nichts mehr, was nicht gut war und wir nicht auch hätten sagen können. Und ungelogen, er war ein Wesen, das von weit weg kam. Auch um die Wahrheit zu sagen, die Freude, die er uns darüber zeigte, einen ganz anderen Geist angenommen zu haben, war so sichtbar, daß ich nicht glaube, daß man eine größere spüren kann. Er ließ sie uns in einer verhüllten geheimnisvollen Weise wissen.

Welch plötzlicher Wechsel das Schicksal mir macht,
ich lebte in Zonen, wo es stürmte und gießt
und Schnee und Eis die Erde verschließt,
in fünf bis sechs Monden einer einzigen Nacht,
....

Cependant, continuait cet homme, je ne laissais pas d'aimer des choses qui ne me pouvaient donner que de tristes plaisirs, et je les aimais parce que j'étais persuadé que les autres ne pouvaient connaître que ce que j'avais connu. Mais enfin je suis sorti de ces lieux sauvages, me voilà sous un ciel pur et serein. Et je vous avoue que d'abord, n'étant pas fait au grand jour, j'ai été fort ébloui d'une lumière si vive, et je vous en voulais un peu de mal; mais, à cette heure que j'y suis accoutumé, elle me plaît, elle m'enchante, et, quoique je regrette le temps que j'ai perdu, je suis beaucoup plus aise de celui que je gagne. Je passais ma vie en exil, et vous m'avez ramené dans ma patrie. Aussi vous ne sauriez croire combien je vous suis obligé.

Depuis ce voyage, il ne songe plus aux mathématiques qui l'avaient toujours occupé, et ce fut là comme son abjuration.

(De l'Esprit, Discours de Monsieur le chevalier de Méré à Madame ***. Paris, 1677)[19]

Méré über Pascal

Vermutlich hatte Méré in seiner Reisebeschreibung stark übertrieben, als er Pascals Wandlung unter seiner Erziehung schilderte. Er hatte Pascals Lehrer sein wollen und war stolz darauf, ihm neue Welten gezeigt und in ihm den „esprit de finesse" geweckt zu haben. So schrieb er an Pascal:

Vous m'écrivez à cette heure que je vous ay tout-à-fait desabusé (des mathématiques), et que je vous ay découvert des choses que vous n'eussiez jamais veuës si vous ne m'eussiez connu.[20]

und über Pascal

M. Pascal fit bien de se mettre à escrire trois mois après qu'il m'eust vu, mais il falloit continuer à me voir.[21]

---

[19] Dennoch, setzte dieser Mann fort, ich wurde nicht müde, Dinge zu lieben, die mir nur ein trauriges Vergnügen geben konnten. Und ich liebte sie, weil ich überzeugt war, daß die anderen Menschen nur das kennenlernen könnten, was ich erkannt hatte. Aber schließlich bin ich aus diesen rohen Gegenden herausgekommen und finde mich nun unter einem reinen und heiteren Himmel wieder. Ich gestehe, daß ich, nicht an den offenen Tag gewöhnt, zuerst von diesem hellen Licht geblendet wurde und es Ihnen deshalb auch ein bißchen übel nahm. Aber jetzt, wo ich mich daran gewöhnt habe, gefällt es mir, es bezaubert mich, und obwohl ich die Zeit bedauere, die ich verloren habe, freue ich mich doch stärker über die, die ich gewinne. Ich habe mein Leben im Exil zugebracht, und Sie haben mich in mein Vaterland zurückgeholt. Auch werden Sie es nicht glauben, wieviel ich Ihnen verdanke.

Seit dieser Zeit denkt er nicht mehr an die Mathematik, die ihn immer beschäftigt hatte, und es war wie ein Abschwören. (Pascal, a.a.O., p. 1452)

[20] Sie haben mir soeben geschreiben, daß ich Sie von der Mathematik geheilt habe und Ihnen Dinge entdeckte habe, die Sie ohne mich nie gesehen hätten. (Boudhors, 1913 p. 49)

[21] Pascal tat gut daran, sich ans Schreiben zu machen, drei Wochen nachdem er mich gesehen hatte. Aber er hätte mich noch öfter besuchen sollen. (Boudhors, 1913, p. 42)

Doch Méré, der in seiner Eitelkeit glaubt, selbst über alle Eigenschaften eines „honnête homme" zu verfügen, kann Pascals Genie nicht erkennen. Er gesteht seine große Enttäuschung, daß Pascal ihn nicht anhörte, daß sich Pascal bei all seinen großen Geistesgaben nicht „propre pour le monde" machen ließ. Pascal war in Mérés Augen ein schlechter Schüler; er ist der pedantische und unheilbare Mathematiker geblieben.

> *Je ne vaudrois rien auprès de luy;.. il est trop pédant;.. cela est incurable. Cela fait voir ce que produisent les Mathématiques.*[22]

Pascal über Méré

Pascal hat ohne Zweifel Méré sehr geschätzt. In einem Brief an Fermat beschreibt er ihn als einen sehr klugen Kopf, der fast vollkommen wäre, wenn er nur mehr von Geometrie verstünde. „Car il a très bon esprit, mais il n'est pas géomètre (c'est comme vous savez, un grand défaut)".[23] Dann kommt eine überraschende Kennzeichnung: Méré ist der Mann, der die Unendlichkeiten nicht begreift. Das größte Wunder der Natur, so betont Pascal in seinem Esprit de Géometrie, seien die beiden Unendlichkeiten, die sich in allem wiederfinden, die des unendlich Großen und die des unendlich Kleinen. Raum, Zeit, Bewegung sind beliebig teilbar. Mérés Denken ist dagegen ganz klassisch, ganz im Endlichen verhaftet. Daß man eine Gerade beliebig oft teilen könne, daß wir in einem Kontinuum zwischen dem unendlich Kleinen und dem unendlich Großen stehen, schockiert ihn. Pascal an Fermat über Méré:

> *... il ne comprend pas qu'une ligne mathématique soit divisible à l'infini et croit fort bien entendre qu'elle est composée de points en nombre fini, et jamais je n'ai pu l'en tirer. Si vous pouviez le faire, on le rendrait parfait.*[24]

Diese im 17. Jahrhundert beginnende geistige Eroberung des Unendlichen, die sich in der Mathematik in der Differential- und Integralrechnung, in der Beschäftigung mit Kurven und Kegelschnitten, in der Architektur in der Verwendung von Ellipsen, Parabeln und Hyperbeln anstelle von Kreisen und Quadraten ausdrückt, hat Méré nicht erfaßt. Er gehört, wie Pascal bedauert, zu den geistreichen Menschen, die sich in allem anderen auszeichnen, die aber diese Unendlichkeit schockiert und die ihr in keiner Weise zustimmen können.

> *On trouve des esprits excellents en toutes autres choses que ces infinités choquent, et qui n'y peuvent en aucune sorte consentir.*[25]

---

[22] Ich sehe nichts in ihm. ... Er ist zu pedantisch, das ist unheilbar. Daran kann man erkennen, was die Mathematik ausrichtet. (Boudhors, 1913, p. 42/43)

[23] Denn er ist ein kluger Kopf, er ist aber kein Geometer. (Das ist, wie Sie wissen, ein großer Fehler). (Pascal, a.a.O., p. 80)

[24] Er begreift nicht einmal, daß eine mathematische Linie unendlich oft teilbar ist. Er glaubt fest daran, daß sie aus endlich vielen Punkten zusammengesetzt ist. Und ich habe ihn niemals davon abbringen können. Wenn Ihnen dies gelänge, würde ihn dies vollkommen machen. (Pascal, a.a.O., p. 80)

[25] Man trifft geistreiche Menschen, die sich in allem anderen auszeichen, die aber diese

Pascal sieht weiter und tiefer als Méré. Pascal beobachtet den Menschen, um ihn dann auf die Wahrheit hinzulenken, während Méré den Menschen auf seine Mitmenschen hin ausrichtet. Pascal möchte überzeugen, Méré nur gefallen. Mérés Idee ist „bien dire", Pascals ist „bien penser".

> *Travaillons donc à bien penser: voilà le principe de la morale. La pensée fait la grandeur de l'homme. Toute la dignité de l'homme est en la pensée...*[26]

Viele der Ideen Mérés über l'honnêteté, l'éloquence, l'agrément, la beauté finden sich in Pascals „Pensées", vor allem die Idee des universellen Menschen, des „honnête homme".

> *Il faut qu'on ne puisse dire, ni il est mathématicien, ni prédicateur, ni éloquent mais : Il est honnête homme. Cette qualité universelle me plaît seule. Les gens universels ne sont appelés ni poètes, ni géomètres, etc; mais ils sont tout cela, et juges de tout ceux-la.*[27]

Hat Pascal die Ideen Mérés im Hegelschen Sinne aufgehoben oder Méré die Pascals auf das Niveau des höfischen Lebens reduziert?

Vermutlich in der Zeit seines Kontaktes mit Roannez, Méré und Miton entsteht sein „Discours sur les Passions de l'Amour", in dem er zum ersten Mal den „esprit de géometrie" dem „esprit de finesse" gegenüberstellt. Hier ist die Verwandtschaft mit Méré am deutlichsten. Der harte klare „esprit de géometrie" erfaßt die – für Pascal – mit Händen zu greifenden Prinzipien der Natur und der Mathematik, der „esprit de finesse", die geistige Verfassung des „honnête homme", ist dagegen von äußerster Feinheit und Delikatesse, der in der Lage ist, Dinge zu entdecken, die man weder geometrisch beweisen noch deduzieren kann.

> *Ce sont choses tellement délicates et si nombreuses, qu'il faut un sens délicat et bien net pour les sentir, et juger droit et juste selon ce sentiment, sans pouvoir le plus souvent les démontrer par ordre comme en géométrie.*[28]

Und da sind wir nun endlich mitten in unserem Thema, den Fragen Mérés zum Würfelspiel.

Unendlichkeiten schockieren und die ihnen in keiner Weise zustimmen können. (Pascal, a.a.O., p. 585)

[26] Arbeiten wir daran, gut zu denken, das ist das ganze Prinzip der Moral. Der Gedanke macht die Größe des Menschen. Die ganze Würde des Menschen liegt in seinen Gedanke. (Pascal, a.a.O., p. 585)

[27] Man dürfte weder sagen, er ist Mathematiker, noch Prediger, noch besonders beredt, sondern er ist „honnête homme". Diese universelle Eigenschaft ist die einzige, die mir gefällt. (Pascal, a.a.O., p. 1098)

[28] Es sind so zahlreiche und delikate Dinge, daß man sowohl empfindliche wie geschärfte Sinne haben muß, um sie zu spüren und richtig und passend nach dem Gefühl zu beurteilen, ohne daß man sie in den meisten Fällen wie in der Geometrie ordnungsgemäß beweisen kann. (Pascal, a.a.O., p. 1092)

4. Die beiden Fragen Mérés

Die erste Frage

Die erste Frage lautet in moderner Umschreibung:

> *Wieso ist die Wahrscheinlichkeit, bei 4 unabhängigen Würfen mit einem idealen Würfel eine „6" zu werfen, größer als 1/2 und die, mit 24 Versuchen mit zwei Würfeln einen „Sechser-Pasch" zu werfen, kleiner als 1/2?*

Die Tatsache an sich war lange bekannt. Die Häufigkeit der einzelnen Kombinationen und Spielausgänge wurde beobachtet und registriert. Aber Empirie fragte nicht nach einem theoretischen Überbau. Die Frage nach der Wahrscheinlichkeit der Augenzahlen beim Würfel tauchte zum ersten Mal bei Cardano in seinem „Liber de Ludo Aleae" auf, das um das Jahr 1520 redigiert, aber erst 1663 in Lyon veröffentlicht wird. Auch Galilei, der vermutlich Cardanos Werk nicht kannte, beschäftigte sich mit theoretischen Fragen des Würfelspiels. Er versuchte zum Beispiel zu klären, warum man beim Wurf mit 3 Würfeln höhere Chancen habe, eine 10 als eine 9 zu werfen. Aber auch sein Werk blieb, wie das von Cardano, unbekannt und wurde erst 1718 veröffentlicht. Méré wird davon nichts gewußt haben.

Was war aber für Méré am Würfelproblem so beunruhigend? – Für Méré und Pascal steht hinter der Zufälligkeit der sichtbaren Erscheinung der Dinge eine innere Ordnung, eine immanente Harmonie der Natur, die vom „esprit de finesse" aufgedeckt werden kann; denn was für den Menschen gilt, muß erst recht für die Natur gelten: „Les apparences du dehors ne sont que les images des actions interieures."

Diese innere Ordnung verrät sich auch in der spürbaren Regelmäßigkeit der Ergebnisse beim Würfeln.

> *Nun gibt bei einem Würfel es genau 6 Chancen. Bei 4 Versuchen ist die Chance für eine 6 so gut wie 1:2. Bei zwei Würfeln gibt es genau 36 Chancen, also genau sechs mal so viele wie bei einem Würfel. Nehmen wir nun 24 Versuche mit zwei Würfeln, also auch sechs mal soviel, so müssen die Chancen wiederum 1:2 stehen.*

Dies ist aber offensichtlich falsch! Die Ordnung ist entweder gestört oder nicht in Zahlen zu beschreiben! Wieso stimmen in der inneren Geometrie der Welt die Proportionen nicht mehr? Sollte es denkbar sein, daß die Harmonie der Natur sich nicht in ganzen Zahlverhältnissen fassen läßt?

Méré und Pascal machten sich beide an die Arbeit; Méré fand schließlich sogar die Lösung selbst. Pascal am 29.7.1654 an Fermat: „J'avais vu plusieurs personnes trouver celle des dés, comme M. le chevalier de Méré, qui est celui qui m'a proposé ces questions."[29]

Die zweite Frage

Die zweite Frage konnte für Méré nicht die grundsätzliche Bedeutung haben wie die erste, war aber für einen „honnête homme" von wesentlich größerer

[29] Ich hatte mehrere Personen getroffen, die die Lösung des Würfelproblems gefunden hatten, so den Chevalier de Méré. Dieser ist auch derjenige, der mir diese Fragen stellte. (Pascal, a.a.O., p. 77)

praktischer Relevanz. Méré gab ja genaue Empfehlungen für das Verhalten eines „homme du monde", zum Beispiel wie und worüber er reden sollte, über sein Auftreten in der Gesellschaft. In der Gesellschaft wurde aber vor allem auch gespielt. Méré wußte, wie man zu einem Spiel einlädt, wie man sich dabei unterhält, aber er wußte nicht, wie man es beendet. So lange zu spielen, bis das Spiel von selbst sein Ende findet, konnte nur die Lösung für einen besessenen Spieler sein, nicht die Lösung eines von Leidenschaften freien „honnête homme". Das verbot ihm die innere Souveränität: der „honnête homme" durfte sich dem Spiel nicht unterordnen. Er begann es aus freien Stücken und müßte es auch stets aus freiem Entschluß beenden können, so wie man einen begonnen Spaziergang vorzeitig beendet.

Pascal beschreibt das Problem in seiner Abhandlung über das „triangle arithmétique" – das Pascal-Dreieck – unter der Kapitelüberschrift:

> *Usage du triangle arithmétique pour determiner les partis qu'on doit faire entre deux jouers qui jouent en plusieurs parties – Pour entendre les régles des partis, la premiére chose qu'il faut considérer est que l'argent que les joueurs ont mis au jeu ne leur appartient plus, car ils en ont quitté la propriéte; mais ils ont reçu en revanche le droit d'attendre ce que le hasard leur en peut donner, suivant les conditions dont ils sont convenus d'abord. Mais, comme c'est une loi volontaire, ils peuvent la rompre de gré à gré; et ainsi, en quelque terme que le jeu se trouve, ils peuvent le quitter; et, au contraire de ce qu'ils ont fait en y entrant, renoncer à l'attente du hasard, et rentrer chacun en la propriété de quelque chose. Et en ce cas, le règlement de ce qui doit leur appartenir doit être tellement proportionné à ce qu'ils avaient droit d'espérer de la fortune, que chacun d'eux trouve entièrement égal de prendre ce qu'on lui assigne ou de continuer l'aventure du jeu; et cette juste distribution s'appelle le parti.*[30]

Hier findet man übrigens zum ersten Mal das Indifferenz-Prinzip der subjektiven Wahrscheinlichkeitstheorie und der Entscheidungstheorie: Der Spieler muß indifferent sein gegenüber der Wahl zwischen einer Lotterie (dem Spiel) und einer festen Auszahlung.

---

[30] Anwendung des arithmetischen Dreiecks zur Bestimmung der Gewinnaufteilung, die man zwischen zwei Spielern machen muß, die mehrere Partien spielen. – Um die Spielregeln zu verstehen, muß man bedenken, daß das eingesetzte Geld den Spielern nicht mehr gehört, denn sie haben auf den Besitz verzichtet. Aber sie haben im Gegenzug das Recht erworben, gemäß den vereinbarten Spielregeln abzuwarten, was der Zufall ihnen geben will. Aber da es eine freiwillige Vereinbarung ist, können sie diese auch nach Belieben brechen und das Spiel beenden, in welchem Zustand es sich auch befinden mag. Und so können sie entgegen ihrem ursprünglichen Vorhaben auf das Eintreten des Zufalls verzichten und jeder von einem Teil des Einsatzes Besitz ergreifen. In diesem Fall muß die Regelung, was jedem gehören soll, im Verhältnis zu dem stehen, was sie zu Recht vom Glück erhoffen konnten. Und zwar so, daß jeder einzelne es völlig gleichwertig findet: Entweder den ihm zustehenden Teil zu nehmen oder das Abenteuer des Spiels fortzusetzen. Diese gerechte Aufteilung nennt man „le parti". (Pascal, a.a.O., p. 115)

Auch das Aufteilungsproblem war bereits seit langem bekannt. Luca Pacioli beschrieb es bereits 1494 in seiner „Summa" und schlug eine Lösung vor. Nach ihm beschäftigten sich noch zahlreiche andere Mathematiker von Cardano bis Galilei mit diesem Problem. Alle diese Ansätze gingen von den realisierten Würfelergebnissen aus. Pascal revolutionierte das Denken, indem er seine Rechnung nicht auf die beobachteten, sondern auf die zukünftigen Ergebnisse stützte. Entscheidend ist die Anzahl der noch zu gewinnenden und nicht die der bereits gewonnenen Partien.

> *... de sorte qu'il ne faut proprement avoir égard qu'au nombres des partis qui restent à gagner à l'un et à l'autre, et non au nombre de celles qu'ils ont déjà gagnées.*[31]

Méré selbst hat sich erfolglos um eine Lösung bemüht: „Mais M. de Méré n'avait jamais pu trouver la juste valeur des partis ni de biais pour y arriver."[32] Die Lösung des Aufteilungsproblems, die Pascal ihm vorschlägt, konnte ihm sicher nicht gefallen. Méré meint an anderer Stelle, die Geometer besäßen schon ihre Methoden, aber leider seien diese nicht „angenehm". „Les géomètres ne manquent pas de méthode, mais souvent elle n'est pas agréable".

Pascal hatte aber erkannt, daß er etwas von grundsätzlicher Tragweite entdeckt hatte. Er verwendet die an Mérés Aufteilungsproblem entwickelten Ideen sogar bei der für ihn existenziellen Frage: „Gibt es Gott?" und konstruiert eine Wette auf die Existenz Gottes. Achten wir auf zwei Nebenbemerkungen in seiner Argumentation zu „Infini-Rien : Le Pari", (Unendlich-Nichts : die Wette).

> *Aussi tout joueur hasarde avec certidude pour gagner avec incertitude. Et néanmois il hasarde certainement le fini pour gagner incertainement le fini,* **sans pécher contre la raison.**
>
> *Quand on travaille pour demain et pour l'incertain on agit avec raison. Car on doit travailler pour l'incertain par la règle des partis,* **qui est démontrée.**[33]

Wenn ein Spieler auf ein unsicheres Ereignis einen sicheren Einsatz wagt, so ist das keine Sünde gegen die Vernunft. Richtiges Wetten steht nicht im Widerspruch zur Vernunft. Richtiges Wetten heißt dabei, sich an den von ihm und Fermat entwickelten Kalkül zu halten. Denn die Aufteilungsregel ist bewiesen worden. Welch eine Entwicklung in der Haltung gegenüber dem

---

[31] ... so daß man richtigerweise nur die Anzahl der Spiele betrachten darf, die von jedem einzelnen noch zu gewinnen ist, und nicht die Anzahlen derer, die sie bereits gewonnen haben. (Pascal, a.a.O., p. 117)

[32] Aber Méré hat niemals den richtigen Wert der Aufteilung finden können, noch die Wege, die dahin führen. (Pascal, a.a.O., p. 77)

[33] Und obwohl er einen endlichen Einsatz für einen endlichen Gewinn wagt, sündigt er nicht gegen die Vernunft. (Pascal, a.a.O., p. 1214/5)

Wenn man für den Morgen und für das Ungewiße arbeitet, handelt man nicht unvernünftig. Denn man muß für das Unsichere arbeiten gemäß der Aufteilungsregel, die bewiesen wurde. (Pascal, a.a.O., p. 1216)

Zufall. Noch 100 Jahre zuvor war Würfeln und Kartenspielen in weiten Kreisen der Bevölkerung noch magisch besetzt. So rechtfertigt sich zum Beispiel in Rabelais' Roman Gargantua der Richter Bridoye, der seine Urteile einfach auswürfelt, damit, es handele sich ja schließlich um Gottesurteile.[34]

Noch hat Pascal keinen Begriff für die Wahrscheinlichkeit. Sicher gehört sie für ihn zu den Grundbegriffe des Denkens, den „mots primitifs", von denen er im Fragment „Esprit Géométrique et de l'Art de Persuader" spricht. Diese Grundworte wie Raum und Zeit sind so selbstverständlich, daß sie nicht definiert werden können und dürfen. (Er verwendet zwar das Wort Probabilité im Zusammenhang mit der Glaubwürdigkeit kirchlicher Autoritäten, aber es hat eine völlig andere Bedeutung).

Pascal plant eine Zusammenstellung seiner Abhandlungen für die Pariser Akademie, die er leider nicht verwirklicht. Dennoch ist das Anschreiben an die Akademie in einer Kopie bei Leibniz gefunden worden. „Novissima autem", absolut neu, so kündigt er triumphierend die Geburt einer neuen Wissenschaft an. Diese verbinde die Genauigkeit mathematischer Beweise mit der Zufälligkeit des Würfels und vereine so die scheinbar unvereinbaren Gegensätze. Daher beanspruche sie zu Recht den von beiden Teilen abgeleiteten stupenden Titel: Die Geometrie des Zufalls.

> *Novissima autem ac penitus intentatae materiae tractatio, scilicet de compositione aleae in ludis ipsi subjectis, quod gallico nostro idiomate dicitur faire les partis des jeux, ubi anceps fortuna aequitate rationis ita reprimitur ut utrique lusorum quod jure competit exacte semper assignetur. Quod quidem eô fortius ratiocinando quaerendum, quò minus tentando investigari possit. Ambiguae enim sortis eventus fortuitae contingentiae potius quam naturali necessitati meritó tribuuntur. Ideò res hactenus erravit incerta; nunc autem quae experimento rebellis fuit rationus dominium effugere non potuit. Eam quippè tantâ securitate in artem per Geometriam reduximus, ut certitudinis ejus particeps facta, jam audacter prodeat; & sic matheseos demonstrationes cum aleae incertitudine jungendo, et quae contraria videntur conciliando, ab utraque nominationem suam accipiens, stupendum hunc titulum jure sibi arrogat: ALEAE GEOMETRIA.*
>
> *Datum Pariisis 1654* [35]

[34] Rabelais: Gargantua, Drittes Buch, Kap. XLIV, p. 586/7

[35] Von höchster Neuigkeit ist die Behandlung eines noch völlig unerforschten Gebietes, nämlich der Zusammensetzung des Zufalls bei Würfelspielen, was in französischer Sprache „faire les partis des jeux" heißt. Hier wird die Ungewißheit des Glücks durch die Gerechtigkeit der Vernunft so weit beherrscht, daß jedem Spieler genau das zugewiesen wird, was ihm zu Recht zusteht. Dies allerdings ist um so stärker durch rationale Überlegung zu suchen, je weniger es durch Versuche erforscht werden kann. Das Ergebnis eines an sich mehrdeutigen Spielausgangs wird zu Recht eher auf die zufälligen Möglichkeiten als auf die natürliche Notwendigkeit zurückgeführt. Deshalb blieb diese Frage bis heute ungelöst. Jetzt aber konnte sie, die sich dem Experimente widersetzt, der Kraft der Vernunft nicht entfliehen. Sie wurde durch die Geometrie mit solcher Sicherheit in eine Kunst überführt, die nun dieser Gewißheit teilhaftig, schon recht kühn daherschreitet. Sie verbindet ma-

Ausklang

Während sich Pascal bald darauf zurückzieht, stößt der junge Holländer Christian Huygens neu dazu. Später übernehmen der Deutsche Leibniz und der Schweizer Bernoulli die Führung. Bald wird die neue Denkweise sich in den Köpfen der einen gelehrten Welt, von der Méré träumte, verbreiten. 1786, kurz vor der Revolution, erinnert sich noch Condorcet in seinen „Discours sur les sciences mathémathiques" an den Chevalier:

> *Le calcul des probabilités doit son origine à des questions faites à Pascal par le chevalier de Méré, sur la manière de partager une mise entre des joueurs... Pascal et Fermat resolurent ces questions, et donnèrent les premiers principes de cette nouvelle analyse.*[36]

Nach der Revolution ist der Chevalier vergessen. Laplace schreibt 1814 in seinem „Essai philosophique sur les Probabilités" :

> *Depuis long-temps on a déterminé dans les jeux les plus simples, les rapports des chances favorables ou contraires aux joueurs: les enjeux et les paris étaient réglés d'après ces rapports. Mais personne, avant Pascal et Fermat, n'avait donné des principes et des méthodes pour soumettre cet objet au calcul, et n'avait résolu des questions de ce genre un peu compliquées.*
>
> *C'est donc à ces deux grandes géomètres qu'il faut rapporter les premiers éléments de la science des probabilités, dont la découverte peut être mise au rang des choses remarquables qui ont illustré le XVIIe siècle, celui de tous qui fait le plus d'honneur à l'esprit humain.*[37]

Der „honnête homme" war Pascal. Méré war pedantisch und eitel, aber er hatte ein feines Gespür für subtilste Nuancen, und er wußte zur rechten Zeit die richtige Frage an den richtige Mann zu stellen. Darum sollte noch einmal an ihn erinnert werden.

---

thematische Beweise mit der Unsicherheit des Würfels und vereint so, was gegensätzlich erscheint. So beansprucht sie zu Recht diesen von beiden Teilen abgeleiteten Staunen erregenden Titel: Die Geometrie des Zufalls.

[36] Die Wahrscheinlichkeitsrechnung verdankt ihren Ursprung der Frage, wie man einen Einsatz zwischen zwei Spielern aufzuteilen habe, die der Chevalier de Méré an Pascal gerichtet hatte. Pascal und Fermat lösten diese Frage und bestimmten die ersten Prinzipien dieser neuen Analyse.

[37] Schon seit langem hat man in den einfachsten Spielen die Beziehungen der für die Spieler günstigen und ungünstigen Chancen bestimmt. Die Einsätze und Wetten wurden danach geregelt. Aber niemand vor Pascal und Fermat hatte Prinzipien und Methoden angeben können, um diesen Gegenstand dem Kalkül zu unterwerfen, und niemand hatte Fragen dieser etwas komplizierteren Art gelöst.

Man muß also diesen beiden großen Geometern die ersten Bausteine der Wissenschaft von der Wahrscheinlichkeit zuschreiben, deren Entdeckung im Rang zu den bemerkenswerten Dinge gehört, die das 17. Jahrhundert ausgezeichnet hat, zu der, die von allen dem menschlichen Geist die höchste Ehre erweist.

Literatur

ABOUT, P. J. / BOY M. (1983): La Correspondence de Blaise Pascal et de Fermat; Les Cahiers de Fontenay.

BOUDHORS, C.-H. (1913): Pascal et Méré – à propos d'un manuscrit inédit; Revue historique de la littérature française.

BOUDHORS, C.-H. (1922/25): Divers Propos du Chevalier de Méré en 1674 – 1675; Revue historique de la littérature française.

BURCKHARDT, C. J. (1941): Der Honnête Homme. Das Eliteproblem im 17. Jahrhundert; in: Gestalten und Mächte, Zürich.

COUMET, F. N.: Le Problème des paris avant Pascal; Archives Internationales d'Histoire.

HALD, ANDERS (1990): A History of Probability and Statistics and their Applications before 1750; Wiley, New York.

KOCKELKORN-WEIHER, MONIKA (1968): Der Chevalier de Méré und die Antike; Unveröffentlichte Staatsexamensarbeit, Frankfurt.

LAPLACE, PIERRE SIMON DE (1814): Essai philosphique sur les probabilitées.

MÉRÉ, ANTOINE GOMBAUD CHEVALIER DE (1930): Œuvres complètes, Bde. I – III; (Hrsg.: C.-H. Boudhors) Paris.

MÉRÉ, ANTOINE GOMBAUD CHEVALIER DE (1682): Lettres, Bde. I, II; (Hrsg.: Herg Claude Barbin) Paris.

PASCAL, BLAISE (1954): Œuvres complètes de Pascal; Bibliothèque de la Plèiade.

RABELAIS (1962): Œuvres complètes; Tome 1, Ed. Garnier.

RÉNYI, A. (1969): Briefe über die Wahrscheinlichkeit; Birkhäuser–Verlag.

SAINTE-BEUVE (1878): Portraits littéraires, T. III; Paris.

STEINER, HERBERT (1930): Der Chevalier de Méré.

TODHUNTER, M. A. (1869): History of mathematical theory of probability from the time of Pascal to that of Laplace; MacMillan and Co.

WILHELM, KURT (1936): Der Chevalier de Méré und sein Verhältnis zu Blaise Pascal; Römische Studien, Berlin.

Zur Genesis der Weibull–Verteilung

Von HORST RINNE*, Gießen

Zusammenfassung: Eine in Natur- und Sozialwissenschaften gleichermaßen beliebte Verteilung zur statistischen Modellierung von Verweilzeiten ist die Weibull–Verteilung. Ihr Namensgeber, der Schwede WALODDI WEIBULL, ist aber keineswegs ihr „Entdecker". Dieser Beitrag geht auch auf die vor WEIBULL (1939) liegenden Ursprünge der Verteilung ein, wovon einer allgemein bekannt ist, i.e. die Arbeit von FISHER und TIPPETT (1928) über die Grenzverteilungen von Extremwerten in Stichproben, und der andere bislang weniger Aufmerksamkeit fand, i.e. die Arbeit deutscher Ingenieure (ROSIN/RAMMLER/SPERLING, 1933) über die Verteilung gemahlener oder zerkleinerter Substanzen nach ihrer Korngröße.

1. Einführung

Verweilzeiten in wohldefinierten Zuständen sind in vielen Disziplinen Gegenstand der wissenschaftlichen Forschung, etwa die Lebensdauer in der Demographie, die Überlebenszeit nach einer bestimmten Therapie in der Medizin, die Dauer von Abschreibungen, Lagerhaltung, Arbeitslosigkeit und Streik in den Wirtschaftswissenschaften, die Existenzzeit gewisser sozialer oder sozioökonomischer Einrichtungen (Ehe, Unternehmen, Partei, Staat) in den Sozialwissenschaften und schließlich die Zeit bis zum Ausfall einer technischen Einheit in den Ingenieurwissenschaften. Beim Versuch, die konkrete Länge einer Verweildauer anzugeben oder zu prognostizieren, erkannte man schon bald, daß ein deterministischer Ansatz unbefriedigend ist und die Verweilzeit zweckmäßigerweise als Zufallsvariable aufgefaßt werden sollte.

Die Suche nach geeigneten Verteilungsmodellen für diese i.d.R. nicht–negative Zufallsvariable führte zunächst zur Exponentialverteilung. Im Life Testing, wie in den angelsächsischen Ländern der mit Verweilzeiten sich beschäftigende und nach dem II. Weltkrieg etablierte Zweig der Statistik genannt wird, dominierte zunächst diese Verteilung, nicht zuletzt wegen ihrer leichten statistischen und auch numerischen Handhabbarkeit.[1] Die Vorzüge der Exponentialverteilung als Abstandsverteilung der Ereignisse in einem homogenen Poisson–Prozeß sind aber im Kontext des Life Testing sehr schnell als Nachteile erkannt worden: nicht–konstante Hazardratenverläufe, wie sie in der Empirie beobachtet werden, sind mit der Exponentialverteilung unvereinbar. Ein Verteilungssubstitut, das zumindest monotone Hazardratenverläufe besitzt, die Weibull–Verteilung, tauchte Anfang der 60er Jahre in der Literatur auf, und noch heute werden Forschungsbeiträge mit durchaus neuen Ergebnissen zu dieser populären Lebensdauerverteilung veröffentlicht.

Das Verteilungsgesetz der Zufallsvariablen „Lebensdauer" läßt sich äquivalent durch u.a. die Dichte $f(x)$, die Ausfallverteilung (Verteilungsfunk-

* Prof. Dr. Horst Rinne, Professur für Statistik und Ökonometrie, Justus–Liebig–Universität Gießen, Licher Str. 64, D–35394 Gießen

[1] Zur Geschichte der Exponentialverteilung vgl. JOHNSON/KOTZ (1970, p. 209 – 210) und GALAMBOS/KOTZ (1978, p. 1 – 5).

tion) $F(x)$, die Zuverlässigkeitsfunktion (Überlebensfunktion) $R(x)$, die Hazardrate $h(x)$ und die kumulierte Hazardrate $H(x)$ beschreiben. Für die Drei-Parameter-Weibull-Verteilung lauten sie in einer Notation,[2] die klar zeigt, daß man es mit einer kombiniert linear- und potenztransformierten exponentialverteilten Zufallsvariablen zu tun hat:

$$f(x|a;b;c) = \frac{c}{b}\left(\frac{x-a}{b}\right)^{c-1} \exp\left\{-\left(\frac{x-a}{b}\right)^{c}\right\} \text{ mit } \begin{cases} x \geq a \\ a \in \mathbb{R} \\ b,\, c \in \mathbb{R}^{+} \end{cases} \tag{1}$$

$$F(x|a;b;c) = 1 - \exp\left\{-\left(\frac{x-a}{b}\right)^{c}\right\} \tag{2}$$

$$R(x|a;b;c) = \exp\left\{-\left(\frac{x-a}{b}\right)^{c}\right\} \tag{3}$$

$$h(x|a;b;c) = \frac{f(x|a;b;c)}{R(x|a;b;c)} = \frac{c}{b}\left(\frac{x-a}{b}\right)^{c} \tag{4}$$

$$\text{mit } h'(x|a;b;c) \begin{cases} < 0 & \text{für } 0 < c < 1 \\ = 0 & \text{für } c = 1 \\ > 0 & \text{für } c > 1 \end{cases}$$

$$H(x|a;b;c) = \int_{a}^{x} h(u|a,b;c)\,du = \left(\frac{x-a}{b}\right)^{c} \tag{5}$$

Es ist a ein Lokations-, b ein Skalen- und c ein Formparameter. Vom Wert des Formparameters hängt der Hazardratenverlauf und damit die Art des (monotonen) Alterungsverhaltens ab, vgl. (4).

Wie nun häufiger zu beobachten ist, trägt eine wissenschaftliche Methode, ein Verfahren o.ä. nicht unbedingt den Namen des eigentlichen Entdeckers oder Erstautors. So ist es auch im Fall der Weibull-Verteilung. Ihr Namensgeber, WALODDI WEIBULL, bildet in chronologischer Sicht das letzte Glied in einer Dreier-Kette von Forschern, die auf verschiedenen Gebieten arbeitend und unabhängig voneinander diese Verteilung im Zeitraum von 1928 bis 1939 entwickelten. WEIBULL kommt allerdings das Verdienst zu, diese Verteilung international und interdisziplinär propagiert zu haben. Von den drei Ansätzen sind zwei aus der Praxis „geboren" und eher heuristisch gefunden worden, während einer — der älteste — theoretisch fundiert ist und in der statistischen Methodenforschung entstand.

2. Fisher und Tippett (1928)

In den 20er Jahren begann die statistische Analyse von Extremwerten. JOHNSON/KOTZ (1970, p. 273) datieren den Startpunkt der Extremwertforschung auf das Jahr 1922, in dem L. v. BORTKIEWICZ in einer Arbeit über die Stichprobenspannweite bei normalverteilter Gesamtheit in präziser Form das

[2] Eine — allerdings unvollständige — Liste von Schreibweisen, die z.T. auf WEIBULL selbst zurückgehen, findet sich bei HALLINAN (1993). Nicht jede Parametrisierung ist für z.B. jede Schätztechnik gleich gut geeignet.

Konzept „Verteilung des größten Stichprobenwertes" einführte, deren Erwartungswert 1923 von R. v. MISES angegeben wurde. Unter jenen, die sich nachfolgend mit Extremwerten und der Spannweitenverteilung befaßten, war auch L. H. C. TIPPETT (1925). Direkt auf seinem Papier basiert eine der zentralen Arbeiten zur Extremwerttheorie: „Limiting Forms of the Frequency Distribution of the Largest or Smallest Member of a Sample" von R. A. FISHER und TIPPETT (1928). Dort lautet die entscheidende Passage über Grenzverteilungen des Stichprobenmaximums (p. 180):

> *Since the extreme member of a sample mn may be regarded as the extreme member of a sample of n of the extreme members of samples of m, and since, if a limiting form exists, both of these distributions will tend to the limiting form as m is increased indefinitely, it follows that the limiting distribution must be such that the extreme member of a sample of n from such a distribution has itself a similar distribution.*
>
> *If P is the probability of an observation being less than x, the probability that the greatest of a sample of n is less than x is P^n, consequently in the limiting distribution we have the functional equation*
>
> $$P^n(x) = P(a_n x + b_n);$$
>
> *the solutions of this functional equation will give all the possible forms.*

Dann wird gezeigt, daß die Lösungen in eine von nur drei Klassen fallen kann, und es heißt weiter (p. 182):

> *The only possible limiting curves are therefore:*
>
> *I.* $\quad dP = e^{-x-e^{-x}}\,dx, \ \ldots$
>
> *II.* $\quad dP = \frac{k}{x^{k+1}} e^{-x^{-k}}\,dx, \ \ldots$
>
> *III.* $\quad dP = k\,(-x)^{k-1} e^{-(-x)^k}\,dx, \ \ldots$

Es ist genau diese Reihenfolge der Aufzählung, die später zur Namensgebung in dieser Verteilungsklasse geführt hat: Extremwertverteilung (für das Maximum) vom Typ I, Typ II und Typ III.

Die Verteilungen der asymptotisch kleinsten und der asymptotisch größten Stichprobenvariablen sind wegen

$$\min_i X_i = -\{\max_i(-X_i)\} \tag{6}$$

wie folgt verbunden, wobei Y nachfolgend die Maximum- und X die Minimumvariable bezeichnet und — wie fast immer in diesem Kontext — stetige Zufallsvariablen vorausgesetzt sind:

$$P(X \leq t) = P(Y \leq -t) = 1 - P(Y < -t) \tag{7.a}$$

$$F_X(t) = 1 - F_Y(-t) \tag{7.b}$$

$$f_X(t) = f_Y(-t). \tag{7.c}$$

Man erhält also in der Symbolik von FISHER/TIPPETT die folgenden „Paare" von Extremwertverteilungen, wobei nur die Dichte angegeben ist:

	Maximum	Minimum	
Typ I	$f(x) = e^{-x-e^{-x}}$ $x \in \mathbb{R}$	$f(x) = e^{x-e^{x}}$ $x \in \mathbb{R}$	(8.a/b)
Typ II	$f(x) = \frac{k}{x^{k+1}} e^{-x^{-k}}$ $x \geq 0$	$f(x) = \frac{k}{(-x)^{k+1}} e^{-(-x)^{-k}}$ $x \leq 0$	(9.a/b)
Typ III	$f(x) = k\,(-x)^{k-1} e^{-(-x)^{k}}$ $x \leq 0$	$f(x) = k\,x^{k-1} e^{-x^{k}}$ $x \geq 0$	(10.a/b)

Abb. 1 zeigt im oberen Teil die Maximum- und im unteren die Mimimumverteilung, wobei mit $k = c = 2$ gearbeitet worden ist. Der Graph der Dichte der Minimumverteilung ist jeweils die Spiegelung des Graphen der typgleichen Maximumverteilung an der Ordinatenachse.

Vergleicht man (10.b) mit (1), so sieht man, daß die Weibull-Verteilung die Extremwertverteilung vom Typ III für das Minimum ist. FISHER/TIPPETT haben es in ihrer Arbeit offenbar nicht für nötig befunden, da es für sie als exzellente Mathematiker wohl selbstverständlich war, erstens die jeweilige Minimumverteilung auf der Basis von (7.a – c) anzugeben[3] und zweitens ihre Verteilungen durch einen Lokations- und einen Skalenparameter zu verallgemeinern. Sie befassen sich im weiteren Verlauf ihrer Arbeit ausschließlich mit der Typ-I-Verteilung[4] und zeigen, daß sich diese bei einer normalverteilten Gesamtheit einstellt. Den allgemeinen Nachweis darüber, bei welcher Ausgangsverteilung sich welcher Typus von Extremwertverteilung einstellt, wurde wesentlich später von GNEDENKO (1943) geführt.[5] Angemerkt sei noch, daß die von FISHER/TIPPETT verwendete Funktionalgleichung $P^n(x) = P(a_n x + b_n)$, die man als Stabilitätspostulat bezeichnet, auf FRÉCHET (1927) zurückgeht, nach dem die Typ-II-Verteilung gelegentlich auch benannt wird, und daß theoretische Weiterentwicklungen und eine Vielzahl von Anwendungen der Typ-I-Verteilung von E. J. GUMBEL[6] vorgenommen worden sind, weshalb diese in der Literatur auch als Gumbel-Verteilung bekannt ist.

[3] Daß sie auch die Verteilung des Minimums im Visier hatten, ergibt sich klar aus dem Titel ihres Aufsatzes.

[4] Diese ist übrigens die allgemeinere der drei Verteilungen, denn durch die Transformation $X = \ln X_2$ läßt sich die Typ-II- und durch $X = -\ln(-X_3)$ die Typ-III-Verteilung in (8.a) überführen, so daß (8.a) gern als die Extemwertverteilung angesprochen wird.

[5] Der Typus der Extremwertverteilung hängt vom Verhalten der Verteilungsfunktion der Gesamtheit am jeweils relevanten „Ende" ab, d.h. am linken Rand bei Herleitung der Minimumverteilung und am rechten Rand bei der Maximumverteilung.

[6] Eine Würdigung des Werkes von GUMBEL einschließlich einer Biographie findet man bei KOGELSCHATZ (1993).

Abb. 1a: Extremwertverteilungen für das Maximum

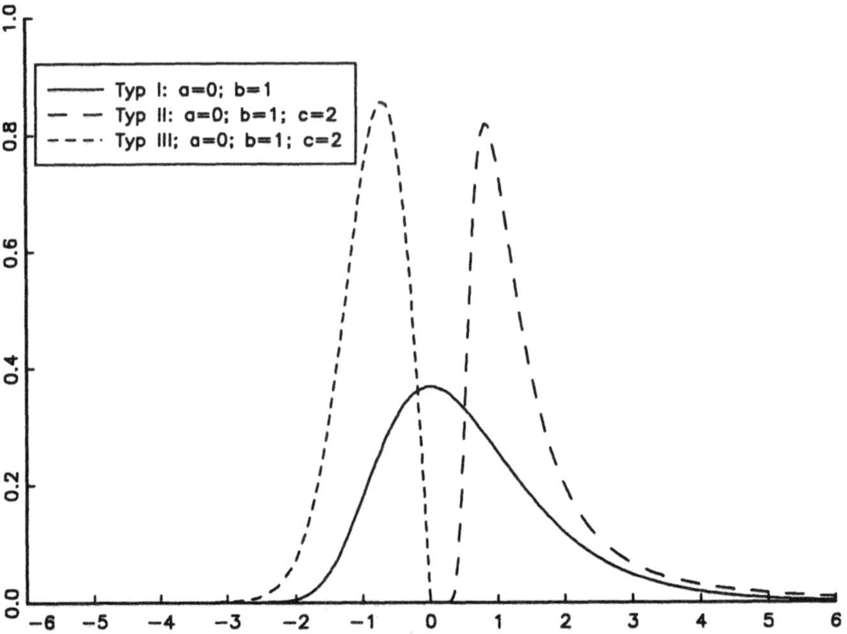

Abb. 1b: Extremwertverteilungen für das Minimum

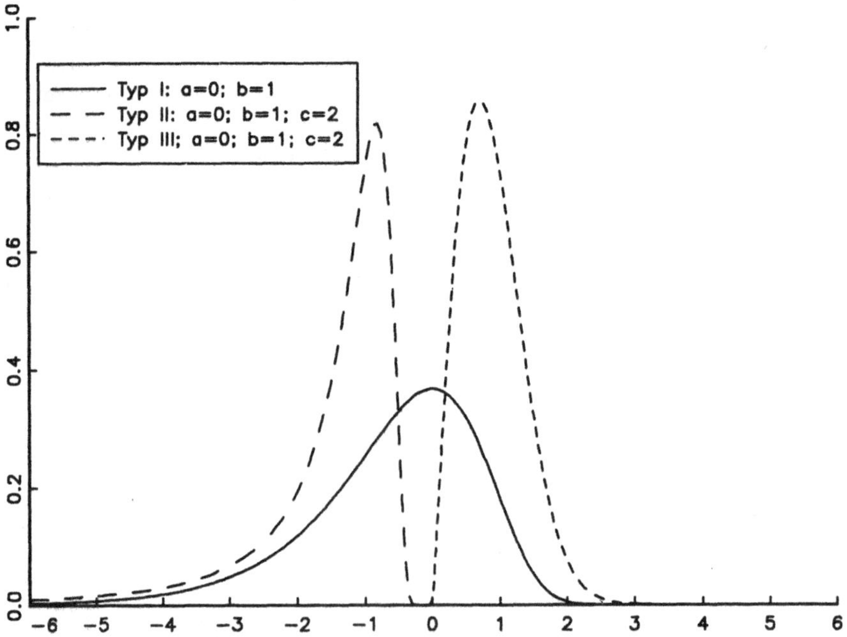

Quelle: RINNE (1994, p. 308)

3. Rosin, Rammler und Sperling 1933

In der Verfahrenstechnik ist ein wichtiges Teilgebiet die Zerkleinerung fester Stoffe. Für viele technische Zwecke muß man die Verteilung der Korngrößen bei „feiner Zerkleinerung“ (Korndurchmesser im μm-Bereich) kennen, z.B. bei Quarzsand, Zement, Gips, Kohle, Metallpulver, weil etwa Reaktionszeit, Ausbeute oder Güte eines diese Stoffe verwendenden (chemischen) Prozesses von der Korngröße und der mit ihr zusammenhängenden Kornoberfläche abhängen. Ingenieure haben nun eine ganze Reihe von Methoden entwickelt, solche Verteilungen experimentell zu bestimmen.

Am anschaulichsten ist das sog. „Absieben“, bei dem man eine bestimmte Menge M des Stoffes über einen Satz von t Sieben mit festen genormten Maschenweiten (vgl. DIN 66100) $x_1 < x_2 < \ldots < x_t$ laufen läßt und für jedes Sieb den auf ihm verbleibenden „Rückstand“ $R_1, R_2, \ldots, R_t$ mißt. Drückt man die Rückstände als Anteile von M aus, so läßt sich der Zusammenhang zwischen der Maschenweite x ($\widehat{=}$ Korndurchmesser) und dem anteiligen Rückstand R in vielen Fällen ausreichend genau durch die Formel von ROSIN/RAMMLER/SPERLING darstellen:

$$R(x) = e^{-(x/b)^c}, \tag{11}$$

die nichts anderes ist als die Überlebensfunktion (3) der Weibull–Verteilung mit $a = 0$. (11) enthält zwei Parameter: b wird als „Feinheit der Zerkleinerung“ bezeichnet, nämlich beim Rückstand $R = e^{-1} \approx 0,3679$, und der dimensionslose Parameter c ist ein Maß für die „Gleichmäßigkeit der Zerkleinerung“. Eine zweifache Logarithmierung von (11) führt zur Linearisierung

$$\lg(-\ln R(x)) = c \lg x - c \lg b, \tag{12}$$

auf der das sog. „Körnungsnetz“ der Ingenieure aufbaut, das die Statistiker als Weibull–Wahrscheinlichkeitsnetz kennen. Eine ausgleichende Gerade durch die im Körnungsversuch sich ergebenden und in das Netz eingetragenen Punkte $[\lg x_i, \lg(-\ln(R(x_i)))]$, wobei für die Ordinatenwerte eine geeignete Plotting–Position zu nehmen ist, gestattet eine graphische Schätzung der Parameter: c als Schnittpunkt der Geraden mit der 36,79%–Ordinate und b als geeinete Rückrechnung des Steigungsmaßes dieser Geraden. Für letzteren Zweck wird das Netz häufig noch durch ein Hilfsnomogramm ergänzt.

Wie sind nun ROSIN, RAMMLER und SPERLING zur Gesetzmäßigkeit (11) gekommen? — RAMMLER (1937) schreibt darüber (p. 163):

> *Wahrscheinlichkeitsbetrachtungen (Fußnote dazu im Original: Diese nicht veröffentlichten theoretischen Untersuchungen wurden von Herrn Dipl.-Ing. Fehling angestellt.), die wir zunächst anstellten, lieferten für die Gewichtsverteilungskurve die Form:*
>
> $$y_G = f(x) = \frac{dD}{dx} = -\frac{dR}{dx} = a\,x^2\,e^{-b\,x^2}, \tag{4}$$

(D, der sog. Durchsatz, ist das Komplement des Rückstands, also die Verteilungsfunktion, Anm. d. V.) worin a und b Verteilungsfestwerte sind, ... y_G gibt bestimmungsgemäß den Gewichtsanteil aller Körner von der Korngröße x an. Die praktische Nachprüfung zeigte, daß diese Gleichung keine allgemeine Gültigkeit beanspruchen konnte, sondern daß die Exponenten nicht untereinander gleich und nicht gleich 2 sein konnten, während der allgemeine Aufbau offenbar zutraf.

Auf verschiedenen Wegen vorgehend fanden schließlich Sperling einerseits, Rosin und ich andererseits annähernd gleichzeitig die gesuchte Gleichung der Korngrößenzusammensetzung (An dieser Stelle wird dann die Arbeit ROSIN/RAMMLER/SPERLING *von 1933 zitiert. Anm. d. V.). Sperling ging anschauungsgemäß von der häufigsten Verteilungsform (Gemeint ist die einer linkssteilen Dichte mit einem Gipfel nicht am Rand des Definitionsbereichs. Anm. d. V.) .... aus und legte ihr nach dem Aussehen die Beziehung*

$$f(x) = a\,x^m\,e^{-b\,x^n} \tag{5}$$

bei. Er führte dann einen der beiden Exponenten auf den anderen zurück, indem er

$$m = n - 1 \tag{6}$$

setzte, womit die Gleichung in geschlossener Form integrierbar wird

$$D = F(x) = \frac{a}{n\,b}(1 - e^{-b\,x^n}). \tag{7}$$

Für $x_{\max} = s$ wird $D = 100$, woraus man weiter erhält:

$$a = \frac{100\,n\,b}{1 - e^{-b\,s^n}}. \tag{8}$$

Hierin kann $e^{-b\,s^n} \approx 0$ gesetzt werden. Dann ergibt sich:

$$D = F(x) = 100\,(1 - e^{-b\,x^n}), \tag{9}$$

$$R = 100 - F(x) = 100\,e^{-b\,x^n}, \tag{10}$$

$$f(x) = 100\,n\,b\,x^{n-1}e^{-b\,x^n}. \tag{11}$$

Die Ableitung ist also spekulativer Natur, indem von einer der Hauptformen der Kornverteilungskurve erfahrungsgemäß angepaßten Gleichung ausgegangen wurde,....

RAMMLER fährt dann fort, seinen und ROSINs Ansatz zu beschreiben der zum selben Ergebnis führte. Dieser ebenfalls heuristische und graphik–orientierte Ansatz basierte auf Mahlversuchen und der Beobachtung, daß der Durchsatz in Abhängigkeit von der durch den Rückstand auf irgendeinem Sieb ausgedrückten Feinheit nach einer allgemeinen Parabel verlief. Nach einer Reihe von algebraischen Manipulationen folgt für R die in (10) der

Originalarbeit angegebene Funktion. RAMMLER berichtet dann im oben zitierten Aufsatz aus dem Jahre 1937 weiter, daß der Engländer J. H. BENNETT (1936) sich mit dem 1933er Aufsatz von ROSIN/RAMMLER/SPERLING auseinandergesetzt habe. Die entscheidende Passage, die eine Verbindung zwischen der Weibull-Verteilung als durch Empirie und heuristische Kurvenanpassung gefundenem Körnungsgesetz und der Weibull-Verteilung als Minimum-Verteilung nach FISHER/TIPPETT herstellt, lautet (RAMMLER, 1937, p. 164):

> *Benett hat nun versucht, durch physikalische und wahrscheinlichkeitstheoretische Betrachtungsweise des Zerkleinerungsvorgangs das praktische Ergebnis theoretisch zu unterbauen. Er geht dabei von der bekannten Überlegung aus, daß, da die Geschwindigkeit der Druckfortpflanzung sehr groß, verglichen mit der elastischen Deformation ist, der Bruch an* **Schwächestellen** *(Hervorhebung durch d. V.), ohne Rücksicht auf ihre Lage, eintreten wird.*

In der nachfolgenden Beschreibung wird allerdings keine stochastische Modellierung der Schwächestelle gegeben. Mit Schwachstellen in einer Materie und dem Bruch dort hat dann explizit der letzte Ansatz zu tun, der zur Weibull-Verteilung führte.

4. Weibull 1939

Im Jahre 1939 publizierte der schwedische Ingenieur (Materialforscher) WALODDI WEIBULL (1887 - 1979)[7] in einer Publikationsreihe des Royal Swedish Institute for Engineering Research zwei Arbeiten über Materialfestigkeit (1939a,b). In der Arbeit (1939a) wird die Verteilungsfunktion eingeführt und mit einer Reihe von Festigkeitsversuchen empirisch gestützt, während die Arbeit (1939b) u.a. die Momente (mit Tabellen) dieser Verteilung und numerische Schätzmethoden für die Verteilungsparameter enthält. Auch bei WEIBULLs Ansatz zeigt sich, daß — wie bei ROSIN/RAMMLER/SPERLING — an der entscheidenden Stelle nicht theoretisch-statistisch, sondern empirisch-statistisch argumentiert wird.

Auch hier sollen — wie zuvor bei FISHER/TIPPETT und bei ROSIN/RAMMLER/SPERLING — die einschlägigen Textpassagen im Original wiedergegeben werden. In (1939a, p. 7) heißt es:

> *In a general manner, the distribution curve S_1 (Die Arbeit enthält hier einen Druckfehler; für S_1 muß S_ℓ stehen. Anm. d. V.) for any length ℓ may be computed from the distribution curve S_1 for the unit of length according to the formula*

$$\begin{aligned} 1 - S_\ell &= (1 - S_1)^\ell \quad or \\ \log(1 - S_1) &= \ell \cdot \log(1 - S_1). \end{aligned} \tag{4}$$

[7] Biographische Angaben über ihn findet man bei HALLINAN (1993).

> *(Links in (4) muß wieder S_ℓ statt S_1 stehen. Anm. d. V.). In this case the volume V of the stressed system is proportional to the length ℓ, and if S_0 is the distribution curve for that length of rod which corresponds to the unit of volume, we have*
>
> $$\log(1-S) = V \cdot \log(1-S_0). \tag{5}$$
>
> *If we now put $B = -\log(1-S)$ and call B the „risk of rupture", we find that B is proportional to the volume and to $\log(1-S_0)$ which is a function of the tensile stress σ alone. (In den Ingenieurwissenschaften ist es üblich, die Variable, von der die Verteilungsfunktion S für einen Bruch abhängt, mit σ (für Stress) statt mit x zu bezeichnen. Anm. d. V.) .... In respect of such materials (Gemeint sind isotropische Materialien. Anm. d. V.) we find that the risk of rupture dB for a small volume element dv is determined by the equation*
>
> $$dB = -\log(1-S_0)\,dv. \tag{6}$$
>
> *As has been mentioned in the above, $\log(1-S_0)$ is a function of σ only and is negative because $1-S_0<1$. Hence we have*
>
> $$dB = n(\sigma)\,dv. \tag{7}$$
>
> *If the distribution of stresses in the body is arbitrary, the risk of rupture is*
>
> $$B = \int n(\sigma)\,dv \tag{8}$$
>
> *and the probability of rupture*
>
> $$S \equiv 1 - e^{-B} = 1 - e^{-\int n(\sigma)\,dv}. \tag{9}$$

Man beachte den von WEIBULL gemachten Unterschied zwischen B als „risk of rupture" und S als „probability of rupture". Unter B versteht man heute im Life Testing die kumulierte Hazardrate $H(x)$, und (9) drückt die wohlbekannte Beziehung $F(x) = 1 - \exp[-H(x)]$ aus. Einige Seiten weiter heißt es dann (1939a, p. 27/28):

> *The system of coordinates which is best suited to the computation of distribution curves follows from, and is motivated by, equation (9) according to which the probability of rupture is $S = 1 - e^{-\int n(\sigma)\,dv}$. For a uniform distribution of stresses throughout the volume we have $S = 1 - e^{-V\cdot n(\sigma)}$ and, consequently*
>
> $$\log\log\frac{1}{1-S} = \log n(\sigma) + \log V. \tag{76}$$

Hence it follows that if $\log\log\frac{1}{1-S}$ *is plotted as an ordinate and an arbitrary function* $f(\sigma)$ *as an abscissa in a system of rectangular coordinates, then a variation of the voulume* V *of the test specimen will only imply a parallel displacement, but no deformation of the distribution function. This circumstance, of course, facilitates the study, especially if the material function assumes the form*

$$n(\sigma) = \left(\frac{\sigma-\sigma_u}{\sigma_0}\right)^m \tag{77}$$

and if we take $f(\sigma) = \log(\sigma - \sigma_u)$ *as abscissa, since in that case we obtain*

$$\log\log\frac{1}{1-S} = m\log(\sigma-\sigma_u) - m\log\sigma_0 + V \tag{78}$$

((78) enthält wieder einen Druckfehler; es muß $\log V$ *heißen. Anm. d. V.) and the distribution will be linear.*

Setzt man $V = 1$ und transformiert zurück, so erhält man – in etwas anderer Symbolik – die eingangs unter (2) aufgeführte Weibull-Verteilungsfunktion.[8] Die empirische Relevanz von (78) belegt WEIBULL an einer großen Zahl von Festigkeitsversuchen mit recht unterschiedlichen Materialien, z.B. Porzellan, Beton, Baumwolle, Eisen und Aluminium. Es wird auch die Schätzung von σ_u aus der Graphik beschreiben, nämlich durch „trial and error", d.h. Variation von σ_u, bis eine in einsinniger Krümmung angeordnete Punktewolke im oben beschriebenen Koordinatensystem zu einer linear angeordneten Punktewolke wird. Nach Kriegsende machte WEIBULL in einer Reihe von Publikationen (1949, 1951, 1952, 1956, 1961) „sein" Verteilungsgesetz international bekannt. In der Wiedergabe des Verteilungsgesetzes schlichen sich einerseits Druckfehler ein und wurden andererseits von WEIBULL unterschiedliche Parametrisierungen bei Verwendung z.T. derselben Symbole in verschiedenen Publikationen gewählt, was beides zu einiger Konfusion bei den Anwendern führte. Die von der NATO gesponsorte Monographie (1961) kann als Beginn eines Paradigmenwechsels im Life Testing von der Exponential- zur Weibull-Verteilung angesehen werden.

Literatur

BENNETT, J. G. (1936): Broken Coal; J. Inst. Fuel 15, Dezemberheft.

BORTKIEWICZ, L. VON (1922): Variationsbreite und mittlerer Fehler; Sitzungsberichte der Berliner Mathematischen Gesellschaft 27, p. 3-33.

FISHER, R. A. / TIPPETT, L. H. C. (1928): Limiting Forms of the Frequency Distribution of the Largest or Smallest Member of a Sample; Proceedings of the Cambridge Philosophical Society 24, p. 180-190.

---

[8] In der Arbeit (1939b, p. 16/17) hat WEIBULL aus $S = 1 - \exp\left\{-V\left(\frac{\sigma-\sigma_u}{\sigma_0}\right)^m\right\}$ durch Einführung von $\sigma_v := \sigma_0 V^{-1/m}$ die Formel (2) erhalten.

FRÉCHET, M. (1927): Sur la loi de probabilité de l'écart maximum; Annales de la Société Polonaise de Mathématique (Cracovie) 6, p. 93-116.

GALAMBOS, J. / KOTZ, S. (1978): Characterizations of Probability Distributions; Lecture Notes in Mathematics 675, Springer, Heidelberg.

GNEDENKO, B (1943): Sur la distribution limite du terme maximum d'une série aléatoire; Annals of Mathematics 44, p. 423-453.

HALLINAN, A. J. JR. (1993): A Review of the Weibull Distribution; Journal of Quality Technology 25, p. 85-93.

JOHNSON, N. L. / KOTZ, S. (1970): Distributions in Statistics - Continuous Univariate Distributions - 1; Houghton Mifflin, Boston.

KOGELSCHATZ (1993): Emil Julius Gumbel – Würdigung seines wissenschaftlichen Werkes; Allgemeines Statistisches Archiv 77, p. 433-440.

MISES, R. VON (1923): Über die Variationsbreite einer Beobachtungsreihe; Sitzungsberichte der Berliner Mathematischen Gesellschft 22, p. 3-8.

RAMMLER, E. (1937): Gesetzmäßigkeit in der Kornverteilung zerkleinerter Stoffe; VDI-Beiheft Verfahrenstechnik, p. 161-168.

RINNE, H. (1994): Taschenbuch der Statistik (Wirtschafts- und Sozialwissenschaften); Verlag Harri Deutsch, Frankfurt/Main.

ROSIN, P. / RAMMLER, E. / SPERLING, K. (1933): Korngrößenprobleme des Kohlenstaubs und ihre Bedeutung bei der Vermahlung; Bericht C 52 des Reichskohlenrates, Berlin.

TIPPETT, L. H. C. (1925): On the Extreme Individuals and the Range of Samples Taken from a Normal Population; Biometrika 17, p. 364-387.

WEIBULL, W. (1939a): A Statistical Theory of the Strength of Material; Ingeniörs Vetenskaps Akademiens Handligar, Royal Swedish Institute for Engineering Research, Stockholm, No. 151.

WEIBULL, W. (1939b): The Phenomenon of Rupture in Solids; Ingeniörs Vetenskaps Akademiens Handligar, Royal Swedish Institute for Engineering Research, Stockholm, No. 153.

WEIBULL, W. (1949): A Statistical Representation of Fatigue Failures in Solids; Kungliga Tekniska Hogskolans Handligar, Royal Institute of Technology, Stockholm, No. 27.

WEIBULL, W. (1951): A Statistical Distribution Function of Wide Application; Journal of Applied Mechanics 18, p. 293-297.

WEIBULL, W. (1952): Discussion: A Statistical Distribution Function of Wide Application; Journal of Applied Mechanics 19, p. 233-234.

WEIBULL, W. / ODQUIST, F. K. G. (eds., 1956): Colloquium on Fatigue, Stockholm May 25 – 27, 1955; Proceedings, Springer-Verlag, Berlin.

WEIBULL, W. (1961): Fatigue Testing and Analysis of Results; Pergamon Press, New York.

Das Fiduzialargument von Fisher
Versuch einer Rekonstruktion

Von CHRISTINA SCHNEIDER*, München

Zusammenfassung: Das auf R. A. Fisher zurückgehende Fiduzialargument scheint einen Weg zu bieten, Wahrscheinlichkeitsverteilungen auf Parameterräumen zu konstruieren, ohne dabei subjektive Prior-Wahrscheinlichkeiten verwenden zu müssen. Für diskrete Verteilungsfamilien wird gezeigt, daß das Fiduzialargument und der Dempstersche Inferenzansatz gleiche Inferenzmethoden sind. Dies ergibt sich aus der Möglichkeit, Wahrscheinlichkeitsräume als spezielle Modelle eines Systems der modalen Prädikatenlogik erster Stufe darzustellen

1. Einleitung

Ein bis heute geheimnisvoller Topos der statistischen Inferenz ist das von *R. A. Fisher* (z.B. FISHER, 1950) vorgelegte Fiduzialargument. Während es im angewandten Methodenarsenal der heutigen Statistik keinen Platz mehr beanspruchen kann, scheint es sich anläßlich festlicher Ereignisse immer noch einer gewissen Beliebtheit zu erfreuen (HAMPEL, 1994).[1] Diese Beliebtheit – oder vielleicht Faszination – scheint durchaus von seiner Unverständlichkeit herzurühren. Es gibt jedoch auch einen sachlichen Grund, der diese Faszination rechtfertigen könnte: Dieses Argument scheint es zu ermöglichen, Wahrscheinlichkeitsverteilungen auf Parameterräumen basierend auf Beobachtungen zu formulieren, ohne dabei auf Priori–Wahrscheinlichkeiten zu rekurrieren; d.h.: unvollständiges Wissen über Parameter mit Wahrscheinlichkeitsmaßen zu formulieren, ohne auf subjektive Elemente zurückgreifen zu müssen.

Der folgende Artikel versucht, einen kleinen Beitrag zur Entmystifizierung zu leisten. Inspiriert wurden die nachstehenden Ausführungen weniger durch die *Fisher*schen Arbeiten als durch die Ergebnisse – nicht durch die Argumentationsweise – der *Dempster*schen Arbeiten zur statistischen Inferenz (DEMPSTER, 1966, 1967, 1968). *Dempsters* Ausführungen machen vom Konzept der „Oberen und Unteren Wahrscheinlichkeiten" – genauer: von *Choquet*-Kapazitäten – Gebrauch und erweisen sich, bei näherer Betrachtung, als „fiduzialartige" Inferenzmethoden. Diese nähere Betrachtung wird dadurch möglich, daß man Wahrscheinlichkeitsräume als Modelle eines (speziellen) Systems der modalen Prädikatenlogik erster Stufe auszeichnet (vgl. SCHNEIDER (1994)).

---

* Dr. Christina Schneider, Institut für Statistik, Ludwig–Maximilians–Universität München, Ludwigstr. 33, D–80539 München

[1] Dies soll nicht heißen, daß Professor HAMPEL sich nur zu solchen Anlässen mit diesem Thema beschäftigt, vgl. HAMPEL (1993).

Es ist darauf hinzuweisen, daß die *Dempster*schen Arbeiten, eben durch die Verwendung von *Choquet*-Kapazitäten, *nicht* über die *Kolmogorov*sche Theorie hinausführen. Eine *intrinsische* Theorie der Oberen- und Unteren-Wahrscheinlichkeit – besser: der *Intervallwahrscheinlichkeit* –, die eine echte Verallgemeinerung der *Kolmogorov*schen Theorie darstellt, entwickelt WEICHSELBERGER (1994, 1995) mit dem Ziel, Intervallwahrscheinlichkeit als eigenständige Entität auszuweisen. Dies leistet letztlich der Verzicht auf die Forderung der Totalmonotonie in der axiomatischen Grundlegung.

Hinsichtlich der Verwendung von Modallogik muß darauf hingewiesen werden, daß damit *kein* Wahrscheinlichkeitsmaß aus logisch-syntaktischen Verbindungen heraus konstruiert wird.[2] Schlagwortartig kann man formulieren: Der hier vorausgesetzte modallogische Rahmen stellt keine *logische Auffassung der Wahrscheinlichkeit* dar, er stellt vielmehr eine „Logik für Wahrscheinlichkeiten" dar.

Der Kürze wegen muß die Darstellung, auch die der logischen Präliminarien, weitgehend informell bleiben. Auch werden Meßbarkeitsbetrachtungen, die allerdings keine größeren Schwierigkeiten darstellen, nicht problematisiert.

2. Modallogischer Hintergrund

Ein System der modalen Prädikatenlogik erster Stufe kann, aufbauend auf einem System der Prädikatenlogik erster Stufe (lpc) durch Hinzufügen eines weiteren Operators – des sogenannten Notwendigkeitsoperators $\Box$ – gebildet werden. Verschiedene Axiome (Axiom–Schemata), die den Axiomen (Axiom–Schemata) von lpc hinzugefügt werden, regeln den Gebrauch dieses Operators. Allgemein können verschiedene Axiome (Axiom–Schemata) dem lpc hinzugefügt werden, die dann zu verschiedenen Systemen der modalen Prädikatenlogik erster Stufe führen. In diesem Aufsatz wird es sich um das System S_5 (ohne die Barcansche Formel) handeln. Da in diesem Artikel weniger die Syntax des Systems als die Modelle des Systems Bedeutung haben, werden Fragen der Axiomatisierung nicht problematisiert.

[I] Die *primitiven Zeichen* eines Systems von lpc sind:

i) eine Menge I von Individuenvariablen $a, b, c, \ldots$ (nicht notwendig abzählbar),

ii) eine Menge Φ (nicht notwendig abzählbar) von Prädikatzeichen ϕ, (Es werden im folgenden nur einstellige Prädikate verwendet.),

iii) die Symbole $\neg$, $\vee$, $\forall$.

Mit diesen Zeichen werden die wohlgeformten Formeln (wff) von lpc gebildet. Solche Formregeln besagen z.B., daß $\phi(a)$ eine (atomare) wff ist, daß $\forall a\phi(a)$ wohlgeformt ist, usw. Wff werden mit kleinen griechischen Buchstaben bezeichnet. Die Wohlgeformtheit komplexerer Formeln wird iterativ definiert, z.B. durch Maßgaben wie:

---

[2] Hierzu vergleiche man – klassischer Weise – CARNAP (1958). Einen Überblick über neuere Verfahren findet man in BACCHUS (1990).

– Ist α eine wff, so auch $\neg\alpha$, oder: Sind α und β wff, so auch $\alpha \vee \beta$.

Mit diesen Zuweisungen können auch die Operatoren $\wedge$, $\exists$ und $\Rightarrow$ (die materiale Implikation) definiert werden. Ihr Gebrauch ist standard.

[II] Die Wahrheitswerte (1 oder 0) von wff sind bezüglich der Modelle von lpc erklärt. Solche Modelle sind Tupel (D, V), wobei D eine Menge und V – *die Interpretation* – ein Symbol für verschiedene Abbildungen, eine von der Menge I der Individuenvariablen in D, eine von der Menge Φ der Prädikatzeichen in die Potenzmenge $\wp(D)$ von D (und eine dritte von der Menge der wff in $\{0,1\}$) ist:

$$V : I \rightarrow D \quad \text{und} \quad V : \Phi \rightarrow \wp P(D).$$

Sind $V(a)$ und $V(\phi)$ für jede Individuenvariable a und jedes Prädikat ϕ gegeben, so genügen – ähnlich wie bei Wahrheitstafeln in der Aussagenlogik – endlich viele Regeln, um jede wff auszuwerten, d.h. ihr die Werte 1 oder 0 („wahr" oder „falsch") zuzuordnen. Solche Regeln sind, um einige Beispiele zu geben:

– Für eine atomare Formel $\phi(a)$ gilt: $V(\phi(a)) = 1$ genau dann, wenn (gdw.) $V(a) \in V(\phi)$.

– Sind α und β wff, dann gilt: $V(\beta \vee \alpha) = 1$ falls $V(\alpha) = 1$ oder $V(\beta) = 1$; andernfalls ist $V(\beta \vee \alpha) = 0$.

Und wichtig für das folgende:

– Ist ϕ ein Prädikatzeichen und a eine Individuenvariable, dann gilt: $V(\exists a\phi(a)) = 1$, wenn es eine (andere) lpc Interpretation V' gibt, welche allen Variablen bzw. Konstanten außer a den gleichen Wert wie V zuweist, und für die $V'(\phi(a)) = 1$ gilt; andernfalls ist $V(\exists a\phi(a)) = 0$. Kurz und informell: $V(\exists a\phi(a)) = 1$, wenn $V(\phi) \neq \emptyset$.

[III] Durch das Hinzufügen eines weiteren Symbols, des Notwendigkeitsoperators $\Box$ und entsprechender Axiome, wird lpc zu einem System der modalen Prädikatenlogik erweitert. Dies bedingt eine weitere Formationsregel:

– Ist α eine wff, so auch $\Box\alpha$.

Mit dem Notwendigkeitsoperator ist der Möglichkeitsoperater $\Diamond$ assoziiert:

– Für eine wff α wird $\Diamond\alpha := \neg\Box\neg\alpha$ definiert. $\Diamond\alpha$ kann als „es ist möglich, daß α" gelesen werden.

Verschiedene solche Systeme führen zu verschiedenen Modellen; diese sind für das folgende von Interesse, da sie als „Träger" der verschiedenen Wahrscheinlichkeitsaussagen – in gewöhnlichem mathematischem Sinn – fungieren werden.

Die hier verwendeten Modelle sind Fünf-Tupel (D, W, R, Γ, V), wobei D und W Mengen sind, R eine Äquivalenzrelation auf W, Γ eine Abbildung von W in die Potenzmenge von D und V die Interpretation. Diese Interpretation hat nun (als Funktion einer wff) ein Element $w \in W$ – allgemein „Welt" genannt – als weiteres Argument. Dies hat zur Folge, daß nun eine wff – mit Modaloperator oder ohne – nicht mehr „wahr" oder „falsch" ist bzgl. eines Modells allein, sondern „wahr" oder „falsch" bezüglich eines Modells *und* bezüglich einer Welt w ist.
Zur Interpretation V:

$$V : I \to D \quad \text{und} \quad V : \Phi \to \wp(D \times W)\,.$$

Gegeben $V(a)$ und $V(\phi)$ für jede Individuenvariable a, jedes Prädikat ϕ und jede Welt $w \in W$, so ist jede weitere wff nun immer durch Beziehung auf eine Welt $w \in W$ auszuwerten. Auch hier erfolgt die Festlegung, wie die Formeln zu interpretieren sind, iterativ. Nachstehend seien, ohne Vollständigkeit, die für das folgende wichtigsten Zuweisungen angegeben:

- Für eine atomare Formel $\phi(a)$ und eine Welt $w \in W$ gilt: $V(\phi(a), w) = 1$ gdw. $(V(a), w) \in V(\phi)$.

Auch Negationen, Adjunktionen, Quantifikationen sind nunmehr immer auf ihre Gültigkeit bzgl. einer Welt w bewertet. Beispielhaft sei noch die Auswertung einer Formel $\exists a\phi(a)$ angegeben, da dies im folgenden von Bedeutung sein wird:

- Es gilt für $\exists a\phi(a)$: $V(\exists a\phi(a), w) = 1$, wenn es eine Interpretation V' gibt, welche a ein Element aus $\Gamma(w)$ zuweist, ansonsten gleich V ist und für die $V'(\phi(a), w) = 1$ ist; andernfalls ist $V(\exists a\phi(a), w) = 0$.

Hinsichtlich von Formeln, die einen Modaloperator enthalten, ist folgende Festlegung grundlegend:

- Ist α eine wff und $w \in W$, dann gilt: $V(\Box\,\alpha, w) = 1$, wenn für jedes $w' \in W$ $V(\alpha, w') = 1$ ist; andernfalls ist $V(\Box\,\alpha, w) = 0$.

Wichtig für das weitere ist die Interpretation von Formeln der Gestalt $\Diamond\exists a\phi(a)$:

- $V(\Diamond\exists a\phi(a), w) = 1$ wenn für mindestens ein $w' \in W$ $V(\exists a\phi(a), w') = 1$ gilt; andernfalls ist $V(\Diamond\exists a\phi(a), w) = 0$.

Eine genaue, einführende Darstellung der Modallogik findet sich in HUGHES/CRESSWELL (1968).

Modallogik und Wahrscheinlichkeitstheorie werden nun durch folgende Überlegung „zusammengebracht": „Interpretiert" man die prädikatenlogische Formel $\exists a\phi(a)$ als „Ereignis ϕ wird realisiert" und interpretiert ϕ in einem Modell durch eine Teilmenge des Individuenbereichs von D, wobei jetzt D als Stichprobenraum aufgefaßt wird, so hat man mit dem modalisierten Satz $\Diamond\exists a\phi(a)$ eine erste, sehr grobe und letztlich nur komparative Qualifikation des unvollständigen Wissens hinsichtlich einer Realisation des

Ereignisses ϕ. Im Modell ist ϕ dann und nur dann möglich, wenn es eine Welt w gibt, in der $V(\exists a\phi(a), w) = 1$ gilt. Zu einer Wahrscheinlichkeitsbewertung kommt man, wenn man ein Wahrscheinlichkeitsmaß $\mathbb{P}_0$ auf den Mengen der möglichen Welten definiert. Die Wahrscheinlichkeit für $\exists a\phi(a)$ – oder für ein Ereignis ϕ – ist nun $\mathbb{P}_0(\{w : V(\exists a\phi(a), w) = 1\})$.

Dieses Vorgehen setzt voraus, daß auch auf der syntaktischen Seite Veränderungen vorgenommen werden: Die Operatoren $\Diamond$ und $\Box$ werden durch einen Operator p *ersetzt*, der schon, bedingt durch die einzuführenden Axiome (Axiom–Schemata), feinere Unterscheidungen ermöglicht (jedoch ohne auf der Seite des Systems reelle Zahlen vorauszusetzen). Die Modelle dieses Systems erweisen sich dann als spezielle Modelle des Systems S_5 ohne die Barcansche Formel, auf dessen Menge der möglichen Welten W ein Wahrscheinlichkeitsmaß $\mathbb{P}_0$ definiert ist, welches den Operator p interpretiert. Dies ergibt im allgemeinen Fall eine Bewertung der Ereignisse – in gewöhnlicher wahrscheinlichkeitstheoretischer Formulierung: Der Mengen einer σ–Algebra – durch Choquet-Kapazitäten und im Spezialfall, wenn $\Gamma(w)$ jeweils einelementig ist, durch „gewöhnliche" Wahrscheinlichkeitsmaße. (Zur genauen Ausführung siehe SCHNEIDER (1994)). Dies ist der rein probabilistische Rahmen, der für die Rekonstruktion des Fiduzialarguments in Anspruch genommen wird.

3. Rekonstruktion des Fiduzialarguments

Die vorgeschlagene Rekonstruktion des Fiduzialarguments umfaßt zwei Teile:

- Der erste Teil behandelt den nicht–probabilistischen Teil des betrachteten statistischen Modells, insbesondere den Stichprobenraum $\mathbf{X}$ und den Parameterraum Θ, um sie als spezielle Modelle des oben skizzierten modalen Systems zu formulieren, – besser – um sie in ein solches einzubetten.
- Der zweite Teil des Arguments formuliert das Wahrscheinlichkeitsmaß $\mathbb{P}_0$ auf der Menge der möglichen Welten W. In diese Formulierung geht der probabilistische Teil des *statistischen* Modells ein – die Wahrscheinlichkeitsverteilungen des *statistischen* Modells.

Zur Formulierung des nicht–probabilistischen Teils:

Die Komponenten dieses Modells (MS) werden mit den Komponenten des betrachteten Modells der statistischen Inferenz identifiziert. Vorausgesetzt ist ein parametrisches *statistisches* Modell (PSM), dieses wird als das Tupel $((\mathbf{X} \times \Theta), (\mathbb{P}_\theta : \theta \in \Theta))$ aufgefaßt, wobei $\mathbf{X} \subset \mathbb{R}_n$ den Stichprobenraum, $\Theta \subset \mathbb{R}_k$, $k \geq 1$, den Parameterraum und $(\mathbb{P}_\theta : \theta \in \Theta)$ die betrachtete Verteilungsfamilie bezeichnet.[3]

[3] Diese Verteilungsfamilie ist entweder absolutstetig mit den Dichten $(f_\theta : \theta \in \Theta)$ oder diskret mit endlichem Träger. Um technische und notationelle Schwierigkeiten zu vermeiden, sei der Träger der Dichten bzw. der diskreten Wahrscheinlichkeitsmaße unabhängig vom Parameter.

Die Menge $\mathbf{X} \times \Theta$ ist die Menge D des modalen Modells. Die Paare (x, θ) sind die Bilder der Individuenvariablen unter der Abbildung (Interpretation) V. Den Prädikatzeichen ϕ des Systems werden durch die Interpretation V mit $V(\phi)$ Elemente der Borelschen σ–Algebra zugeordnet. Die wff $\phi(a)$ ist somit als „$V(a) \in V(\phi)$" interpretiert. Diesem PSM assoziiert ist eine Menge $W \subset \mathbb{R}_l$ (meistens gilt $l = 1$), in stetigen Fällen meist der Wertebereich einer Pivot–Größe. Diese Menge W ist die Menge W (der möglichen Welten) des modalen Modells. Die Relation R auf der Menge der möglichen Welten ist eine Äquivalenzrelation, somit ohne Einschränkung $R = W \times W$. Die Abbildung Γ führt von W in $F(\mathbf{X} \times \Theta)$, der Menge der abgeschlossenen Teilmengen (bezüglich der Euklidischen Metrik) von $(\mathbf{X} \times \Theta)$:

$$\Gamma : W \longrightarrow F(\mathbf{X} \times \Theta)\,.$$ [4]

In der vorliegenden Situation ist die modale Interpretation V_m (V bezeichne die nicht–modale lpc–Interpretation) wie folgt definiert:

Definition 1:
Für die Prädikatzeichen ϕ und die Welten $w \in W$:

$$V_m(\phi, w) := \{(x, \theta, w) : (x, \theta) \in \Gamma(w) \cap V(\phi)\}$$

Mit dieser Zuweisung kann folgendes gezeigt werden:

- Für obiges Modell gilt:
  $V_m(\Box(\forall a)\phi(a), w) = 1$ für alle $w \in W$, falls $V(\phi) = \mathbf{X} \times \Theta$.

Dies kann informell wie folgt paraphrasiert werden: „Es ist notwendig wahr, daß für alle Paare (x, θ) gilt: (x, θ) gehört zu $\mathbf{X} \times \Theta$." Dies kann einerseits als modale Formulierung des nicht–probabilistischen „unbezweifelten Vorwissens" gelten: Nur die Konstellationen, Paare von Beobachtung und Parameter, liegen vor, die eben im kartesischen Produkt von Stichprobenraum und Parameterraum liegen, und andererseits als modale Formulierung des „sicheren Ereignisses".

Man beachte, daß $V_m(\Box(\forall a)\phi(a), w) = 1$ für alle $w \in W$ nur dann $V(\phi) = \mathbf{X} \times \Theta$ impliziert, wenn $\bigcup \Gamma(w) = \mathbf{X} \times \Theta$ gilt. Obwohl dies in modalen Modellen nicht generell vorausgesetzt ist, gelte $\bigcup \Gamma(w) = \mathbf{X} \times \Theta$ für das folgende. Hiermit kann weiter gezeigt werden:

- Für obiges Modell, unter der Voraussetzung $\bigcup \Gamma(w) = \mathbf{X} \times \Theta$, gilt:
  $V_m(\Diamond(\exists a)\phi(a), w) = 1 \quad$ gdw. $\quad V(\phi) \neq \emptyset$.

Informell ist hierdurch ausgedrückt, daß jede nicht–leere Teilmenge aus dem kartesischen Produkt von Stichproben- und Parameterraum eine Beobachtung und den Parameter der zugehörenden Verteilung – das Paar (x, θ) – enthalten kann, oder kürzer: jede nicht–leere Menge ist möglich. Beide Beweise sind trivial.

---

[4] Die Forderung der Abgeschlossenheit ist rein mathematisch, technischer Natur und dient dazu, Wahrscheinlichkeitsmaße auf diesem Raum zu definieren.

Die Elemente $w \in W$ zusammen mit der Abbildung Γ sind diejenigen Teile des modalen Modells, welche eine Aussage α (logisch) möglich machen. Sie werden im zweiten, dem probabilistischen, Teil des Fiduzialarguments genauer expliziert werden.

Zur Formulierung des probabilistischen Teils:

Bis jetzt spielte die spezifische Verteilungsfamilie des betrachteten PSM keine Rolle. Sie erhält ihre Bedeutung, wenn von einer rein modalen und somit schwachen Betrachtung weggegangen wird und, eben durch Wahrscheinlichkeitsmaße, verschiedene „Grade der Möglichkeit" unterschieden (oder gemessen) werden. Wie oben antizipiert, werden solche numerischen „Grade der Möglichkeit", die Aussagen wie „$\exists a\phi(a)$" zugeordnet werden, durch Wahrscheinlichkeitsmaße auf W und a fortiori auf $F(\mathbf{X} \times \Theta)$ ausgedrückt. Es handelt sich also darum, anstelle von Aussagen bzw. Formeln der Gestalt $\Diamond(\exists a)\phi(a)$, nun die verfeinerte Version $p(\exists a\phi(a))$ zu interpretieren. Das Wahrscheinlichkeitsmaß auf $F(\mathbf{X} \times \Theta)$, welches das leisten soll, muß mit dem im PSM vorausgesetzten Wahrscheinlichkeitsmaßen „kohärent" sein. Diese Wahrscheinlichkeitsmaße stellen selbst schon eine Verfeinerung der Bewertung der Möglichkeit von Realisationen von Zufallsvariablen dar, wenn jeweils vorausgesetzt ist, daß der „tatsächlich zugrundeliegende" Parameter θ „bekannt" ist.

Um diesen Gedankengang zu formalisieren, sei wieder $F(\mathbf{X} \times \Theta)$ die Menge der abgeschlossenen Teilmengen von $\mathbf{X} \times \Theta$, W eine Teilmenge von $\mathbb{R}_n$, B_n die Borelschen Mengen auf W und die Abbildung Γ meßbar:[5]

$$\Gamma : W \longrightarrow F(\mathbf{X} \times \Theta)$$

$$w \longmapsto \Gamma(w).$$

Sei $\mathbb{P}_0$ ein Wahrscheinlichkeitsmaß auf (W, B_n), so kann dieses Maß zu einem Maß $\Gamma(\mathbb{P}_0)$ auf $F(\mathbf{X} \times \Theta)$ transformiert werden. Die im PSM vorausgesetzte Verteilungsfamilie erlaubt es nun, zu formulieren, welche Wahrscheinlichkeitsmaße auf (W, B_n) zulässig sind. Folgende Idee soll zum Ausdruck gebracht werden:

Wäre der zugrundeliegende „wahre" Parameter – z.B. θ_0 – bekannt, so sind nur noch Beobachtungs- bzw. Parameterkonstellationen (x, θ_0) relevant, da dann andere Paare, welche ein $\theta \neq \theta_0$ in ihrer zweiten Komponente aufweisen, dem vorhandenen „Vorwissen" widersprechen würden. Solchen Parametern ist auch „keine Möglichkeit" zuzuschreiben. Somit kommt als Menge der zu betrachtenden Paare nur noch die Menge $\mathbf{X} \times \{\theta_0\}$ in Frage. Ferner sind auch die möglichen Welten (Möglichkeiten) $w \in W$ auszuschließen, für die $\Gamma(w)$ mit $\mathbf{X} \times \{\theta_0\}$ einen leeren Durchschnitt haben. Dies wird die Interpretation modifizieren, da nun, informell gesprochen, ein Prädikat ϕ eine leere

[5] Es sei darauf hingewiesen, daß die σ–Algebra auf $F(\mathbf{X} \times \Theta)$ durch die Mengen $F_A := \{F \in F(\mathbf{X} \times \Theta) : F \cap A \neq \emptyset\}$, wobei A eine kompakte Menge ist und Mengen der Form $F^B := \{F \in F(\mathbf{X} \times \Theta) : F \cap B = \emptyset\}$, wobei B eine offene Menge ist, erzeugt wird. Zu Details siehe MATHERON (1975).

Extension relativ zu einem $w \in W$ hat, wenn die Projektion auf die zweite Koordinate des Durchschnitts von $V(\phi)$ mit der Menge $\Gamma(w)$ den Parameter θ_0 nicht enthält. Dies soll durch die nachstehende Definition ausgedrückt werden.

Definition 2:

a) Sei $(F(\mathbf{X} \times \Theta), W, R, \Gamma, V_m)$ das oben beschriebene Modell, dann heiße die Interpretation V_{θ_0}

$$V_{\theta_0}(\phi, w) := \{(x, \theta, w) : (x, \theta) \in \Gamma(w) \cap \mathbf{X} \times \{\theta_0\} \cap V(\phi)\}$$

die θ_0–assoziierte Interpretation.

b) Die Abbildung

$$\begin{aligned} \Gamma_{\theta_0} : \quad W &\longrightarrow F(\mathbf{X} \times \{\theta_0\}) \\ w &\longmapsto \Gamma(w) \cap \mathbf{X} \times \{\theta_0\} \end{aligned}$$

heiße die θ_0–assoziierte Abbildung und $W_\theta = \{w : \Gamma_{\theta_0}(w) \neq \emptyset\}$ die θ_0–assoziierte Menge der möglichen Welten.

c) Das Modell $(F(\mathbf{X} \times \{\theta_0\}), W_{\theta_0}, R, \Gamma_{\theta_0}, V_{\theta_0})$ heiße das θ_0–assoziierte Modell.

Unter Verwendung von Γ_{θ_0} kann nun ein Wahrscheinlichkeitsmaß $\Gamma_{\theta_0}(\mathbb{P}_0)$ auf $F(\mathbf{X} \times \{\theta_0\})$ definiert werden. Dieses Maß sollte mit den im PSM Modell vorausgesetzten Wahrscheinlichkeitsmaßen kohärent sein. Hierzu ist zunächst zu beachten, daß die Menge W_θ eine echte Teilmenge von W sein kann und somit, schränkt man $\mathbb{P}_0$ einfach auf W_θ ein, $\Gamma_{\theta_0}(\mathbb{P}_0)$ ein nicht normiertes Maß sein könnte. Da aber davon ausgegangen wird, daß auf $F(\mathbf{X} \times \{\theta_0\})$ ein Wahrscheinlichkeitsmaß definiert ist, daß durch $F(\mathbf{X} \times \{\theta_0\})$ das modal ausgedrückte „vollständige Vorwissen" bei bekanntem Parameter θ zum Ausdruck kommt und dieses durch eine probabilistische Verfeinerung vom Maß 1 erfaßt sein soll, ist eine Renormierung nötig. Diese wird in „gut bayesianischem Sinn" durch die bedingte Wahrscheinlichkeit bezüglich W_θ formuliert. Das so ermittelte Wahrscheinlichkeitsmaß soll dem voraussgesetzten Wahrscheinlichkeitsmaß $\mathbb{P}_{\theta_0}$ „angepaßt" sein. Die nächste Definition formuliert diese Überlegungen, insbesondere was unter „angepaßt" zu verstehen ist.

Definition 3:

Ein Wahrscheinlichkeitsraum $(\mathbb{P}_0, W, B_n)$ heißt zulässig hinsichtlich eines PSM $((\mathbf{X} \times \Theta), (\mathbb{P}_\theta : \theta \in \Theta))$, wenn für alle θ eine Abbildung

$$\rho_\theta : \mathbf{X} \longrightarrow F(\mathbf{X} \times \{\theta\})$$

mit $\rho_\theta(x) \neq \emptyset$ für alle $x \in \mathbf{X}$ existiert, für welche

$$\frac{\Gamma_\theta(\mathbb{P}_0)}{\mathbb{P}_0(W_\theta)} = \rho_\theta(\mathbb{P}_\theta)$$

gilt.

In vielen für das Fiduzialargument interessanten Fällen wird $\mathbb{P}_0(W_\theta) = 1$ sein. Es sei auch angemerkt, daß mit dieser Definition der Fall $\rho_\theta(x) = \{(x, \theta)\}$ umfaßt ist. Zusammen mit der zunächst erwähnten Besonderheit gilt hiermit $\Gamma_\theta(\mathbb{P}_0) = \mathbb{P}_\theta$.

Hinsichtlich der Existenz von zulässigen Wahrscheinlichkeitsräumen und Abbildungen ist anzumerken, daß – gegeben n i.i.d. Zufallsvariablen – gilt:

- Im absolutstetigen Fall ist ein assoziierter Wahrscheinlichkeitsraum, der Raum $(W, B, \mathbb{P}_0)$ des Mittelwertes von n unabhängig und identisch auf dem Einheitsintervall gleichverteilten Zufallsvariablen.
- In diskreten Situationen mit einem k–dimensionalen Parameter und einem Stichprobenmumfang n, ist der assoziierte Raum der Raum der auf einem $(k + n - 1)$–dimensionalen Simplex gleichverteilten Zufallsvektoren.

Man beachte, daß zulässige Wahrscheinlichkeitsräume im allgemeinen nicht eindeutig bestimmt sind.

In Hinblick auf das Fiduzialargument ist anzumerken, daß in absolutstetigen Fällen der assoziierte Wahrscheinlichkeitsraum der Raum einer Pivot–Größe ist und im diskreten Fall ähnlich dem Wahrscheinlichkeitsraum ist, den *Dempster* in seiner Theorie „Oberer– und Unterer–Wahrscheinlichkeiten" benutzt (DEMPSTER 1966).

4. Der Fiduzialschritt

Die Wahrscheinlichkeitszuweisung, die auf einer (tatsächlichen) Beobachtung x, auch vektorwertig, beruht, kann nun durch eine Vorgehensweise bestimmt werden, die der obigen parallel ist. Vorausgesetzt ist nun ein zulässiger Wahrscheinlichkeitsraum hinsichtlich eines PSM $((\mathbf{X} \times \Theta), (\mathbb{P}_\theta : \theta \in \Theta))$. In einem ersten Schritt wird dann eine x–assoziierte Interpretation und ein x–assoziiertes Modell definiert. Hierdurch wird das nicht–probabilistische, nun veränderte Vorwissen zum Ausdruck gebracht. Die heuristischen Überlegungen sind die gleichen wie im vorangegangenen Abschnitt, als das θ–assoziierte Modell definiert wurde. Die Fiduzialverteilung ist dann, direkt aus der schon vorausgesetzten und mit dem PSM kohärenten Verteilung $\mathbb{P}_0$, durch Transformieren und Bedingen zu ermitteln.

Definition 4:
Sei $(F(\mathbf{X} \times \Theta), W, R, \Gamma, V_m)$ das zugrundeliegende modale Modell des PSM und x die Beobachtung von n i.i.d. Zufallsvariablen bzw. Zufallsvektoren.

a) Die Interpretation V_x ,

$$V_x(\phi, w) := \{(x, \theta, w) : (x, \theta) \in \Gamma(w) \cap (\{x\} \times \Theta) \cap V(\phi)\}$$

heiße x–assoziierte Interpretation.

b) Die Abbildung

$$\begin{aligned} \Gamma_x : W &\longrightarrow F(\{x\} \times \Theta) \\ w &\longmapsto \Gamma(w) \cap \{x\} \times \Theta \end{aligned}$$

heiße die x–assoziierte Abbildung. $W_x := \{w : \Gamma_x(w) \neq \emptyset\}$, o.E. sei Γ_x von nun an die Einschränkung auf diese Menge.

c) Das Modell $(F(\{x\} \times \Theta), W_x, R, \Gamma_x, V_x)$ heiße das x–assoziierte Modell.

Das resultierende inverse Wahrscheinlichkeitsmaß auf $F(\{x\} \times \Theta)$, basierend auf der Beobachtung x, ist gegeben durch

$$\mathbb{P}_x := \frac{\Gamma_x(\mathbb{P}_0)}{\mathbb{P}_0(W_x)}.$$

Im nächsten Abschnitt soll anhand zweier Beispiele gezeigt werden, daß die oben vorgeschlagene Vorgehensweise dem *Fisher*schen Fiduzialargument und auch der *Dempster*schen Vorgehensweise entspricht.

5. Zwei Beispiele von Fisher und Dempster

[a] *Fishers* „Fiduzialdichte“:

Es handelt sich um das Fiduzialargument für einparametrische stetige Verteilungsfamilien, deren Verteilungsfunktionen $F(x, \theta)$ strikt monoton wachsend in x bei festem θ und strikt monoton fallend im Parameter θ bei festem x sind. Die Verteilungsfunktion ist in beiden Variablen - x und θ - stetig differenzierbar. Wird die Verteilungsfunktion als Funktion in x bei festem Parameter θ betrachtet, so wird sie $F_\theta(.)$ geschrieben, entsprechend wird sie als Funktion in θ bei festem x als $F_x(.)$ geschrieben; analoges gilt für die jeweiligen Umkehrfunktionen. Der Stichprobenraum $\mathbf{X}$, hier der Raum aller möglichen Beobachtungen, sei o.E. $\mathbb{R}$, ebenso der Parameterraum Θ.[6]
Es sei im folgenden:

- $\mathbf{X} \times \Theta = \mathbb{R} \times \mathbb{R}$
- $W = [0, 1]$
- $\Gamma : [0, 1] \to \mathbf{X} \times \Theta$ mit $\Gamma(w) = \{(x, \theta) : F(x, \theta) = w\}$
- $\Gamma_\theta(w) = \{(F_\theta^{-1}(w), \theta)\}$
- Das assoziierte Wahrscheinlichkeitsmaß $\mathbb{P}_0$ auf W ist die Gleichverteilung auf $[0, 1]$.

Es gilt wegen der strikten Monotonie: $W = W_\theta = [0, 1]$.
Bezeichnet $\mathbb{P}_\theta$ die Verteilung zum Parameter θ, so gilt mit $\rho_\theta(x) = \{(x, \theta)\}$ und $A \in B$:

$$\rho_\theta(\mathbb{P}_\theta)(F_{A\times\{\theta\}}) = 1 - \rho_\theta(\mathbb{P}_\theta)(F^{\overline{A\times\{\theta\}}}) = \mathbb{P}_\theta(A) \text{ (vgl. Fußnote 5).}$$

[6] In dieser Situation sind auf der Seite des *Fisher*schen Fiduzialargumentes auch Verteilungsfamilien berücksichtigt, deren Stichprobenräume vom jeweiligen Parameter abhängen können (Gleichverteilungen). Diese Situation ist in Abschnitt 3 der Einfachheit halber ausgeschlossen worden. Man kann jedoch leicht zeigen, daß auch solche Verteilungsfamilien mit obigem Ansatz zu erfassen sind und zu analogen Ergebnissen führen wie die hier ausgeführte Darstellung.

Weiter gilt:

$$\begin{aligned}\Gamma_\theta(\mathbb{P}_0)(F_{A\times\{\theta\}}) &= \mathbb{P}_0(\{w : \Gamma_\theta(w) \cap A \times \{\theta\} \neq \emptyset\}) \\ &= \mathbb{P}_0(\{w : F_\theta^{-1}(w) \in A\}) = \mathbb{P}_\theta(A)\,.\end{aligned}$$

Mit diesen Maßgaben ist $([0,1], \mathcal{B}_{[0,1]}, \mathbb{P}_0)$ ein für dieses Inferenzproblem zulässiger Wahrscheinlichkeitsraum.

Der Fiduzialschritt:

$\Gamma_x(w) = \{(x, F_x^{-1}(w))\}$

Auch hier ist $W_x = W = [0,1]$

Sei B Element einer *Borel*schen Menge, so ist

$$\begin{aligned}\mathbb{P}_x(F_{\{x\}\times B}) &= \Gamma_x(\mathbb{P}_0)(F_{\{x\}\times B}) \\ &= \mathbb{P}_0(\{w : \Gamma_x(w) \cap \{x\} \times B \neq \emptyset\}) = \Gamma_x(\mathbb{P}_0)(F^{\overline{\{x\}\times B}}).\end{aligned}$$

Sei weiter $B = (-\infty, \theta]$, so ist

$$\mathbb{P}_x(F_{\{x\}\times B}) = \mathbb{P}_0(F_x^{-1}(\theta)) = \mathbb{P}_0(\{w : w \geq F_\theta(x)\}) = 1 - F_\theta(x)\,.$$

Als Funktion in θ ergibt sich, wie bei Fisher, die Fiduzialverteilungsfunktion $1 - F_\theta(x)$ und durch Differenzieren nach θ die – bekannte – Fiduzialdichte $-\frac{d}{d\theta}F_{\theta(x)}$.

[b] *Dempsters „Binomialbeispiel"*:

Aus Platzgründen und der Einfachheit halber sei von einer binomialverteilten Zufallsvariable ausgegangen $(n = 1)$.[7] Es sei somit

- $\mathbf{X} \times \Theta = \{0,1\} \times [0,1]$
- $W = [0,1]$
- $\Gamma : [0,1] \to \mathbf{X} \times \Theta$ mit $\Gamma(w) = \{1\} \times [w,1] \cup \{0\} \times [0,w)$
- Das assoziierte Wahrscheinlichkeitsmaß $\mathbb{P}_0$ auf W ist die Gleichverteilung auf $[0,1]$. Auch hier ist $W_\theta = W$, so daß eine Renormierung nicht nötig ist.

Bezeichne $\mathbb{P}_\theta$ die Verteilung zum Parameter, so gilt mit $\rho_\theta(x) = \{(x,\theta)\}$:

$$\rho_\theta(\mathbb{P}_\theta)(F_{\{1\}\times\{\theta\}}) = \rho_\theta(\mathbb{P}_\theta)(F^{\overline{\{1\}\times\{\theta\}}}) = \mathbb{P}_\theta(\{1\}) = \theta$$

und

$$\rho_\theta(\mathbb{P}_\theta)(F_{\{0\}\times\{\theta\}}) = \rho_\theta(\mathbb{P}_\theta)(F^{\overline{\{0\}\times\{\theta\}}}) = \mathbb{P}_\theta(\{0\}) = 1 - \theta\,.$$

Weiter gilt:

$$\begin{aligned}\Gamma_\theta(\mathbb{P}_0)(F_{\{1\}\times\{\theta\}}) &= \mathbb{P}_0(\{w : \Gamma_\theta(w) \cap \{1\} \times \{\theta\} \neq \emptyset\}) = \Gamma_\theta(\mathbb{P}_0)(F^{\overline{\{1\}\times\{\theta\}}}) \\ &= \mathbb{P}_0(\{w : \Gamma_\theta(w) \subset \{1\} \times \{\theta\}\}) = \mathbb{P}_\theta(\{1\}) = \theta\end{aligned}$$

[7] *Dempsters* Multinomialbeispiel ist in ähnlicher Weise zu rekonstruieren.

und

$$\Gamma_\theta(\mathbb{P}_0)(F_{\{0\}\times\{\theta\}}) = \mathbb{P}_0(\{w : \Gamma_\theta(w) \cap \{0\} \times \{\theta\} \neq \emptyset\}) = \Gamma_\theta(\mathbb{P}_0)(\overline{F^{\{0\}\times\{\theta\}}})$$
$$= \mathbb{P}_0(\{w : \Gamma_\theta(w) \subset \{0\} \times \{\theta\}\}) = \mathbb{P}_\theta(\{0\} = 1 - \theta$$

Mit diesen Maßgaben ist $([0,1], \mathcal{B}_{[0,1]}, \mathbb{P}_0)$ ein für dieses Inferenzproblem zulässiger Wahrscheinlichkeitsraum.

Der Fiduzialschritt:

In dieser Situation erweisen sich, wegen der Diskretheit des statistischen Modells, die „Fiduzialwahrscheinlichkeiten“ als „Obere– und Untere–Wahrscheinlichkeiten“.

Für $x = 1$, $[\theta_u, \theta_o] \subset [0,1]$ und $\Gamma_1(w) = \{1\} \times \{1\} \times [w, 1)$ gilt:

$$\Gamma_1(\mathbb{P}_0)(F_{\{1\}\times[\theta_u,\theta_o]})$$
$$= \mathbb{P}_0(\{w : [w,1] \cap [\theta_u, \theta_o] \neq \emptyset\}) = \mathbb{P}_0(\{w : w \leq \theta_0\}) = \theta_0$$
$$\Gamma_1(\mathbb{P}_0)(F^{\{1\}\times[\theta_u,\theta_o]})$$
$$= \mathbb{P}_0(\{w : [w,1] \cap [\theta_u, \theta_o] = \emptyset\}) = \mathbb{P}_0(\{w : w > \theta_0\}) = 1 - \theta_0$$

Ferner gilt:

$$\Gamma_1(\mathbb{P}_0)(\overline{F^{\{1\}\times[\theta_u,\theta_o]}}) = \mathbb{P}_0(\{w : [w,1] \subset [\theta_u, \theta_o]\}) = \begin{cases} 0 & \text{für } \theta_o < 1 \\ 1 - \theta_u & \text{für } \theta_o = 1\,. \end{cases}$$

Für $x = 0$ und $[\theta_u, \theta_o] \subset [0,1]$ und $\Gamma_0(w) = \{0\} \times [0, w)$ gilt entsprechend:

$$\Gamma_0(F_{\{0\}\times[\theta_u,\theta_o]}) = \mathbb{P}_0(\{w : [0,w) \cap [\theta_u, \theta_o] \neq \emptyset\}) = \mathbb{P}_0(\{w : w \geq \theta_u\}) = 1 - \theta_u$$
$$\Gamma_0(F^{\{0\}\times[\theta_u,\theta_o]}) = \mathbb{P}_0(\{w : [0,w) \cap [\theta_u, \theta_o] = \emptyset\}) = \mathbb{P}_0(\{w : w < \theta_u\}) = \theta_u\,.$$

Es gilt weiter:

$$\Gamma_0(\mathbb{P}_0)(\overline{F^{\{0\}\times[\theta_u,\theta_o]}}) = \mathbb{P}_0(\{w : [0,w) \subset [\theta_u, \theta_o]\}) = \begin{cases} 0 & \text{für } \theta_u > 0 \\ \theta_o & \text{für } \theta_u = 0 \end{cases}.$$

Dies entspricht den Ergebnissen von DEMPSTER (1966, S. 365 f).

6. Abschließende Bemerkungen

Es konnte skizziert werden, daß das *Fisher*sche Fiduzialargument und die *Dempster*sche Inferenzmethode in diskreten Verteilungsfamilien die gleiche Inferenzmethode darstellen – unterschieden nur durch die betrachteten Verteilungsfamilien. Dies ergibt sich aus der Darstellung von Wahrscheinlichkeitsräumen als spezielle Modelle eines (modifizierten) modallogischen Systems. In dieser Rahmengebung sieht man, daß sowohl das Fiduzialargument als auch die *Dempster*sche Vorgehensweise letztlich „bayesartige“ Verfahren sind: Ausgehend von einer „gemeinsamen“ Verteilung auf $F(X \times \Theta)$, welche hinsichtlich der Verteilungen des statistischen Modells verschiedenen Köhärenzbedingungen zu genügen hat, wird die Verteilung bei einer Beobachtung x ebenso als bedingte Verteilung unter der Menge $F(\{x\} \times \Theta)$ ausgewiesen. Die Kohärenzbedingungen ihrerseits fordern eine „Übereinstimmung" der im statistischen Modell vorausgesetzten Wahrscheinlichkeiten mit den durch die gemeinsame Verteilung ausgewiesenen bedingten Verteilungen auf $F(X \times \{\theta\}), \theta \in \Theta$.

Zum Vergleich: Bei einem gewöhnlichen Bayesverfahren ist der gemeinsame Raum von Beobachtung und Parameter $X \times \Theta$, versehen mit der Verteilung, welche die Verteilungen des statistischen Modells als bedingte Verteilungen von x unter θ und die Priori als Randverteilung bzgl. θ ausweist. Der „Bayesschritt" weist dann die aposteriori Dichte bzw. Verteilung als bedingte Verteilung auf $\{x\} \times \Theta$ aus.

In dieser Hinsicht können die Inferenzmethoden von *Fisher* und *Dempster* als „objektiv" in dem Sinn bezeichnet werden, daß sie nicht auf (subjektive) Priori-Wahrscheinlichkeiten rekurrieren; sie stellen jedoch keine frequentistische Inferenzmethode dar, wenngleich Konvergenzsätze für wachsenden Stichprobenumfang bewiesen werden können.

Literatur

BACCHUS, F. (1990): Representing and Reasoning with Probabilistic Knowledge – A Logical Approach to Probabilities; MIT Press, Cambridge/Mass., London.

CARNAP, R. (1958): Induktive Logik und Wahrscheinlichkeit; bearbeitet von W. STEGMÜLLER, Springer–Verlag, Wien.

DEMPSTER, A. P. (1966): New methods for reasoning towards posterior distributions based on samples; Annals of Mathematical Statistics 37, 355-374.

DEMPSTER, A. P. (1967): Upper and lower probabilities induced by a multivalued mapping; Annals of Mathematical Statistics 38, 325-339.

DEMPSTER, A. P. (1968): A generalization of Bayesian inference; Journal of the Royal Statistical Society B 30, 205-247.

FISHER, R. A. (1950): Contributions to Mathematical Statistics; John Wiley & Sons Inc., Chapman and Hall, New York.

HAMPEL, F. (1993): Some thoughts about the foundations of statistics; New Directions in Statistical Data Analysis and Robustness, Monte Verita, Birkhäuser–Verlag, Basel.

HAMPEL, F. (1994): Zur Grundlagendiskussion in der Statistik; Festvortrag, Universität Dortmund, 24.05.1994.

HUGHES, G. E. / CRESSWELL, M. J. (1968): An Introduction to Modal Logic; Methuen, London.

MATHERON, G. (1975): Random Sets and Integral Geometry; John Wiley & Sons Inc., New York, London.

SCHNEIDER, C. (1994): Probability: A new logico–semantical approach; Journal for General Philosophy of Science 25, 107-124.

WEICHSELBERGER, K. (1994): Elementare Grundbegriffe einer allgemeineren Wahrscheinlichkeitsrechnung; forthcoming.

WEICHSELBERGER, K. (1995): Axiomatic foundations of the theory of Interval–Probability; To appear in: MAMMITZSCH, V. / SCHNEEWEISS, H. (eds.): Proceedings of the second Gauss–Symposium, Section B.

Teil B:

Theoretische Statistik

Optimal Gambling Strategies

Von MARTIN BECKMANN*, München

Summary: Optimal Gambling Strategies are defined as those that maximize the expected utility of the gambler's fortune after a given number N of trials, at each of which he can bet at most his current wealth. They are discussed in terms of betting on a biassed coin with probability $p > 0.5$ for heads. We also develop a Bayesian approach to the case of an unknown bias. Dynamic Programming is the principal tool of this analysis.

1. Gambling brings to mind Bernard Shaw's advice to those about to be married: Don't. True enough for unfair games or fair games when the utility function is concave. But what about the case of favourable odds that crops up occasionally, e.g. in business situations with inside information. Concretely, assure a logarithmic utility function and consider betting on a biassed coin. Without restriction let heads (H) have the higher probability p and tails probability q

$$p \geq 0.5 \geq q = 1 - p.$$

What is it worth having n chances of playing this game and how much should one bet? This calls for a Dynamic Program (BELLMAN, 1957).

2. Let y be our wealth, the state variable and x, $0 \leq x \leq y$ be the size of the bet, our decision variable. Let value function $x_n(y)$ denote the (undiscounted) expected utility of our wealth expected from n optimal plays of this game. Let a budget constraint

$$0 \leq x \leq y$$

limit our bets and let $u(y)$ be the utility of wealth. Following a long tradition (BERNOULLI, 1730/31) assume a logarithmic utility function

$$u(y) = \ln y\,.$$

The Bellman equation or „principle of optimality“ for this sequential decision problem is then

$$\begin{aligned} v_0(y) &= u(y) = \ln y & (1)\\ v_1(y) &= \max_{0\leq x\leq y} p\, v_0(y+x) + q\, v_0(y-x) = \max_{0\leq x\leq y} p \ln(y+x) + q\,(y-x) \end{aligned}$$

and generally

$$v_n(y) = \max_{0\leq x\leq y} p\, v_{n-1}(y+x) + q\, v_{n-1}(y-x) \qquad n = 1, 2, \ldots, N, \ldots \quad \text{(1.a)}$$

* Prof. Dr. Martin Beckmann, Technische Universität München, Institut für Statistik und Unternehmensforschung, Arcis–Straße 21, D–80333 München

Equations (1), (1a) are both necessary and sufficient in determining an optimal gambling strategy $x_n = x_n(y)$. With a suitable change of (1) an optimal gambling strategy may be found for every given utility function $u(y)$.

3. Consider the last decision $x_1(y)$ and assume first that $0 < x_1 < y$. Since $u = \ln y$ is concave, a necessary and sufficient condition for x_l to be maximizing is

$$0 = \frac{p}{y+x_1} - \frac{q}{y-x_1}$$

or

$$q\,(y+x_1) = p\,(y-x_1)$$

from which

$$x_1 = (p-q)\,y \tag{2}$$

or

$$x_1 = (2p-1)\,y \tag{2.a}$$

so that $0 < x_1 < y$ if and only if $0.5 < p < 1$.

A corner solution

$$x_1 = 0$$

occurs whenever

$$\frac{d}{dx}\{p\,\ln(y+x) + q\,\ln(y-x)\} \leq 0$$

or

$$\frac{p-q}{y} \leq 0$$

hence

$$p \leq q = 1-p$$

or

$$p \leq 0.5\,. \tag{2.b}$$

Combining (2a) and (2b)

$$x_1(y) = [2p-1]_+ \cdot y \tag{3}$$

where $[a]_+ = \max(0,a)$.

Notice that (2), (3) include also the case $p = 1$.

One's entire fortune y should be bet only on a „sure thing“ $p = 1$, nothing should be bet in fair – or worse – unfair games $p \leq 0.5$, and with increasing odds a (linearly) increasing proportion of one's wealth should be ventured.

That bets should increase with p may be shown for all concave utility functions.

4. What is the economic value, if any, of one chance of playing this game $v_1(y)$? Substituting (2) in (1a) for $n = 1$ yields

$$\begin{aligned} v_1(y) &= p\,\ln([1+(2p-1)]\,y) + q\,\ln([1-(2p-1)]\,y) \\ &= \ln y + p\,\ln 2p + q\,\ln 2q \\ &= \ln y + c_1 \end{aligned} \tag{4}$$

with

$$c_1 = \ln 2 + p \ln p + q \ln q \,. \tag{4.a}$$

Call $-p \ln p - q \ln q = E(p)$ the entropy of p. It is well-known that

$$\begin{aligned} \ln 2 &= -\frac{1}{2} \ln \frac{1}{2} - \frac{1}{2} \ln \frac{1}{2} \\ &= \max_{0 \leq p \leq 1} E(p) \end{aligned}$$

and that this maximum is unique since $E(p)$ is strictly concave. Hence

$$\begin{aligned} & c_1 \geq 0 \\ & \text{“ = “} \qquad \text{if and only if} \qquad p = 0.5 \,. \end{aligned}$$

A single chance of playing this game has thus a positive value $c_1 > 0$ if and only if $p > 0.5$.

It is now readily seen that for logarithmic utility functions $u(y) = \ln y$

$$v_n(y) = \ln y + c_n$$

where

$$c_n = n\,[2 + p \ln p + q \ln q] = n\, c_1 \tag{4.b}$$

each gamble contributes the same amount in expected utility, regardless of the intitial capital y. The shape (4a) of the value function shows that our betting strategy should be

$$x_n(y) = (p - q)\, y \tag{2.c}$$

independent of n, the number of gambles allowed to us and that the ratio $x_n \,/\, y$ of bet to wealth should be independent of wealth. This decision rule has thus a particularly simple form.

5. That we should know the coin's bias and the other party presumably not, is almost too good to be true. A more challenging situation is that where a bias is suspected but not known and must be inferred from observation. To apply Dynamic Programming now requires a Bayesian approach. For simplicity let the prior distribution of p be flat

$$w(p)\, dp = dp \qquad 0 \leq p \leq 1 \,.$$

Suppose that k heads have occurred in m trials. Then the posterior probability of p is, using Bayes' formula

$$w(p|k, m)\, dp = \frac{\binom{m}{k} p^k (1-p)^{m-k}\, dp}{\int_0^1 \binom{m}{k} p^k (1-p)^{m-k}\, dp}$$

and the posterior expected value of p equals

$$\bar{p}(k,m) = \int p\, w(p|k,m)\, dp = \frac{\int\limits_0^1 p^{k+1}(1-p)^{m-k}\, dp}{\int\limits_0^1 p^{k}(1-p)^{m-k}\, dp} \tag{5}$$

$$= \frac{B(k+2, m-k+1)}{B(k+1, m-k+1)} = \frac{k+1}{m+2}$$

by a well-known formula for the Beta function (COURANT, 1955, Vol. II). Since $k = 0$, $m = 0$ implies

$$\bar{p}(0,0) = 0.5\,.$$

(2) means that one should not bet anything on the first toss of a coin.

From now on let $k \geq m/2$ denote the number of occurrences of the more frequent event heads or tails.

After one toss $k = 1, m = 1$ one has

$$\bar{p}(1,1) = 2/3$$

so that we should bet $1/3$ of our wealth on the next toss coming out the same as the first. The economic value of this is, according to (4),

$$v_1(1,1,y) = \ln y + 2 + \frac{2}{3}\ln\frac{2}{3} + \frac{1}{3}\ln\frac{1}{3}$$

$$= \ln y + 0.74978 > 0\,.$$

In view of $v_2(0,0,y) = v_1(1,1,y)$ it is seen that one should opt for at least two chances of playing this game, betting nothing at first and $1/3$ of one's wealth on a repeat of the first outcome. It may be shown that once more $v_n(k,m,y) = \ln y + c_n(k,m)$ where c_n increases with n and k and decreases with m. But it is no longer true that $c_n = n\, c_1$. Generally, after m trials and k successes we should bet the fraction

$$\frac{x_n}{y} = \frac{2k-m}{m+2} \tag{6}$$

of our wealth regardless of the number of gambles yet to be made and regardless of our (current) wealth y.

In the „best case" of continued success

$$k = m$$

one bets the fraction $m/(m+2)$ which approaches unity. This bet, if successful, multiplies our current wealth by

$$\frac{2m+2}{m+2} = 2\,\frac{m+1}{m+2}\,.$$

After M successful tosses we are worth

$$y^{(M)} = y \prod_{m=1}^{M} 2\,\frac{m+1}{m+2} = y\,\frac{2^{M+1}}{M+1}\,.$$

This is $2\,/\,(M+1)$ as much as we would have under a reckless strategy of betting everything M times in a row.

The „worse case" is that of a strict alternation

$$\begin{array}{l} HTHTHT... \quad \text{or} \\ THTHTH... \end{array}$$

For all odd m one has

$$m = 2\,k - 1$$

implying

$$\bar{p}(k,m) = \frac{k+1}{2\,k+1} > \frac{1}{2}$$

and a betting strategy

$$\begin{aligned} x_n(y) &= \left(\frac{2\,k+2}{2\,k+1} - 1\right) y \\ &= \frac{1}{2\,k+1}\,y = \frac{1}{m+2}\,y \end{aligned}$$

and each bet is lost.

For even $m = 2\,k$

$$\bar{p}(k, 2\,k) = 0.5$$

and no bet is placed.

Through continued losses the initial capital y is reduced to $y \prod_{i=1}^{k} \frac{2\,i}{2\,i+1}$ after k bets. Observe that

$$\begin{aligned} \prod_{i=1}^{k} \frac{2\,i}{2\,i+1} &= \frac{(2^k\,k!)^2}{(2\,k+1)!} \\ &= \frac{\sqrt{2}\,\pi}{e}\,\frac{1}{\sqrt{2\,k+1}} \left(\frac{k}{2\,k+2}\right)^{2\,k+1} \\ &< \left(\frac{1}{2}\right)^{2\,k+1} \end{aligned}$$

using Stirling's formula (COURANT, 1955, Vol. I).

The lesson is to be suspicious of any regular sequence, i.e. any sequence that is not random.

6. This analysis is readily extended to the case of all concave utility functions with constant risk aversion

$$u(y) = y^{\alpha} \qquad 0 \le \alpha \le 1\,.$$

The results are

$$\frac{x_n}{y} = \frac{\left[p^{\frac{1}{1-\alpha}} - q^{\frac{1}{1-\alpha}}\right]}{p^{\frac{1}{1-\alpha}} + q^{\frac{1}{1-\alpha}}} \tag{2.d}$$

for all n and all y. Now

$$v_n(y) = b_n\, y^\alpha$$

where

$$b_n = \left[2^\alpha \left(p^{\frac{1}{1-\alpha}} + q^{\frac{1}{1-\alpha}}\right)^{1-\alpha}\right]^n = b_1^n. \tag{4.c}$$

Moreover

$$b_1 \geq 1$$

$$\text{“} = \text{“} \qquad \text{if and only if} \qquad p = q = 0.5$$

so that $b_{n+1} > b_n > 1$ whenever $p > 0.5$, in which case each chance of gambling has a positive economic value. Observe that both value function and bet increase with α, i.e. decrease with risk aversion.

When p is unknown the Bayesian estimate remains

$$\bar{p} = E(p|k,m) = \frac{k+1}{m+2} \tag{5}$$

and

$$v_n(y,k,m) = b_n(k,m)\, y^\alpha$$

with

$$b_n(0,0) > 1$$

and b_n an increasing function of n, k, and α, and a decreasing function of m. It is therefore still optimal to bet on the second throw. The logarithmic utility function is represented in theses formulae by $\alpha = 0$.

In conclusion we can only wish the reader interested in applications „lots of luck“.

References

BELLMAN, RICHARD (1957): Dynamic Programming; Princeton: Princeton University Press.

BERNOULLI, DANIEL (1730/31): Specimen theoriae novae de mensura sortis; Commentarii academiae scientiarum imperialis Petropolitanae (for 1730 and 1731) 5 (1738) pp. 175-192; cited after SAVAGE, LEONARD: The Foundations of Statistics. New York: Wiley & Sons, 1954.

COURANT, RICHARD (1955): Vorlesungen über Differential- und Integralrechnung; 3. Auflage, Heidelberg: Springer Verlag, Band I p. 317, Band II p. 301.

DURBINS, L. E. / SAVAGE, L. J. (1965): How To Gamble If You Must; New York: McGraw-Hill.

Klassische, nichtparametrische und bayesianische Komponentenmodelle der Zeitreihenanalyse

Von LUDWIG FAHRMEIR*, München

Zusammenfassung: Die Zerlegung von Zeitreihen in systematische Komponenten, wie Trend, Saison und Effekte von beobachtbaren Einflußgrößen, und in eine irreguläre Restkomponente ist eine grundlegende Problemstellung der Zeitreihenanalyse. Ein Ziel dieses Beitrags ist es aufzuzeigen, wie sich grundlegende Ideen klassischer Methoden zur Bestimmung von Trend- und Saisonkomponenten metrischer Zeitreihen in neueren nichtparametrischen und bayesianischen Ansätzen wiederfinden, und unter welchen Umständen sich nichtparametrische und bayesianische Modellierungen als äquivalent erweisen. Darauf aufbauend werden Möglichkeiten zur Adaption und Erweiterung entsprechender Methodiken für den Fall von kategorialen Zeitreihen und Längsschnittdaten beschrieben, der gegenwärtige Forschungsstand dieser Thematik diskutiert und Ausblicke auf künftige Forschungsaktivitäten gegeben.

1. Einleitung

Komponentenmodelle für metrische Zeitreihen gehen in der Regel von der Annahme aus, daß sich die beobachtete Reihe selbst oder nach einer geeigneten Transformation in additiver Form durch

$$y_t = g_t + s_t + \varepsilon_t, \quad t = 1, \ldots, n, \tag{1.1}$$

darstellen läßt, wobei g eine glatte Komponente, s eine Saisonkomponente und ε eine irreguläre Restkomponente ist. Im einfachsten Fall ist keine Saisonkomponente vorhanden, so daß sich (1.1) zu

$$y_t = g_t + \varepsilon_t, \quad t = 1, \ldots, n, \tag{1.2}$$

vereinfacht. Allgemeiner als in (1.1) kann man auch additive Einflüsse beobachtbarer Regressoren oder Einflußfaktoren $x_t' = (x_{t1}, \ldots, x_{tp})$ in Form einer Linearkombination $x_t' \beta_t$ mit aufnehmen, wobei die Koeffizienten zeitkonstant ($\beta_t = \beta_{t-1} = \beta$) oder zeitvariierend sein können. Dies ergibt den erweiterten Ansatz

$$y_t = g_t + s_t + x_t' \beta_t + \varepsilon_t, \quad t = 1, \ldots, n, \tag{1.3}$$

wobei die Saisonkomponente entsprechend der jeweiligen Situation auch entfallen kann.

In Abschnitt 2 (Metrische Zeitreihen) wird zwischen lokalen und globalen Verfahren zur Schätzung der Komponenten unterschieden. Lokalen Verfahren (Abschnitt 2.1) liegt die Idee zugrunde, zur Schätzung der Komponenten zur Zeit t einen lokalen Stützbereich oder ein Fenster um t zu legen. Innerhalb dieses Fensters, das mit laufender Zeit t über den Datenbereich gleitet,

* Prof. Dr. Ludwig Fahrmeir, Ludwig-Maximilians-Universität München, Seminar für Statistik, Ludwigstr. 33, D-80539 München

wird dann eine bestimmte Schätzmethodik eingesetzt. Klassische Vertreter sind ungewogene oder gewogene Durchschnitte oder gleitende Kleinste–Quadrate–Ansätze für Basisfunktionen wie Polynome oder trigonometrische Funktionen, man vergleiche dazu etwa WEICHSELBERGER (1964). Zu dieser Klasse gehört auch das „Berliner Verfahren" (z.B. HEILER, 1970; NOURNEY/SÖLL, 1976). Mit gleichen Grundideen arbeiten nichtparametrische Ansätze aus jüngerer Zeit, die auf lokalen gewichteten Regressionsansätzen (CLEVELAND, 1979; CLEVELAND et al., 1982) und Kernregressionsschätzern (vgl. MÜLLER, 1989) beruhen. Beide Methoden verwenden zur Gewichtung sogenannte Kernfunktionen und führen auf allgemeinere gleitende Durchschnitte.

Globale Komponentenansätze (Abschnitt 2.2) lassen sich auf WHITTAKER (1923, 1924) und HENDERSON (1924) zurückführen. Um für ein Trendmodell der Form (1.2) Flexibilität und gleichzeitig Glattheit der Trendkomponenete zu gewinnen, werden die Werte g_t, $t = 1, \ldots, n$, nach einem penalisierten Kleinste–Quadrate–Kriterium der Form

$$\sum_{t=1}^{n} (y_t - g_t)^2 + \lambda \sum_{t=k+1}^{n} (\Delta^k g_t)^2 \longrightarrow \min_{\{g_t\}} \tag{1.4}$$

bestimmt. Dabei bestrafen die aufsummierten quadrierten k–ten Differenzen $\Delta^k g_t$ mangelnde Glattheit der Folge $\{g_t\}$. Eine übliche Wahl sind dabei zweite Differenzen $\Delta^2 g_t = g_t - 2\,g_{t-1} + g_{t-2}$. Der Kleinste–Quadrate–Term mißt global die Datentreue bzw. Flexibilität der Schätzung. Durch den Glattheitsparameter λ wird der Kompromiß zwischen beiden Zielen gesteuert. Faßt man g als zeitstetige Funktion von t auf, so liegt es nahe, k–te Differenzen durch k–te Ableitungen und die Summation durch Integration zu ersetzen. Dies führt zur nichtparametrischen Glättung durch Spline–Funktionen (REINSCH, 1967). Es liegt deshalb nahe, durch (1.4) bestimmte Folgen $\{g_t\}$ als diskrete Splines zu bezeichnen. Der Einbezug weiterer Komponenten ergibt erweiterte diskrete Spline–Ansätze, wie z.B. bei SCHLICHT (1981), HEBBEL/HEILER (1987), PAULY (1989, 1990). Dabei wird, über den rein deskriptiven Ansatz hinaus, die irreguläre Komponente $\{\varepsilon_t\}$ auch als Folge von unkorrelierten, identisch normalverteilten Störvariablen aufgefaßt.

Bayesianische Ansätze erhält man, wenn die Komponenten selbst als stochastisch aufgefaßt werden. Wählt man etwa für $\{g_t\}$ einen „random walk" zweiter Ordnung, $\Delta^2 g_t = u_t$, mit unkorrelierten, identisch normalverteilten Störvariablen u_t, so entspricht dies einer „Glattheits–priori–Verteilung" für $\{g_t\}$. Es zeigt sich, daß resultierende posteriori–Erwartungswertschätzer unter Normalverteilungsannahme im wesentlichen äquivalent zu Spline–Schätzern sind (z.B. KOHN/ANSLEY, 1988). Allerdings sind durch die zusätzliche priori–Information zusätzliche Aussagen, z.B. über posteriori–Varianzen und posteriori–Verteilungen möglich.

Sobald Skalenniveau, Wertebereich und Verteilung der Beobachtungen $\{y_t\}$ den Einsatz von Kleinste–Quadrate–Kriterien und Normalverteilungsannahmen als nicht mehr sinnvoll erscheinen lassen, sind die angesprochenen Methoden durch geeignete Alternativen zu ersetzen. Typische derartige Situationen treten auf bei Zeitreihen mit ausreißerbehafteten, nichtnegativen oder diskreten Beobachtungen. Abschnitt 3 greift exemplarisch den Fall von diskreten kategorialen Zeitreihen und Längsschnittdaten heraus, wobei wieder zwischen lokalen und globalen Ansätzen unterschieden wird. Die Grundidee gleitender Durchschnitte führt nun auf sogenannte lokale Likelihood–Schätzer oder modifizierte Kernschätzer (Abschnitt 3.1). Die Darstellung konzentriert sich jedoch auf Analoga der globalen nichtparametrischen und bayesianischen Komponentenmodelle (Abschnitt 3.2). Dazu sind Kleinste–Quadrate–Distanzen wie in (1.4) durch entsprechende logarithmierte Likelihoodfunktionen bzw. Kullback–Leibler–Distanzen zu ersetzen bzw. geeignete Verteilungsannahmen zu treffen. Es zeigt sich, daß nun nichtparametrische Spline–Ansätze und Bayes–Methoden im allgemeinen nicht mehr äquivalent sind. Die Schätzverfahren erweisen sich in beiden Fällen als sehr computerintensiv: Im ersten Fall sind hochdimensionale nichtlineare Optimierungsprobleme zu lösen, während die Bayesmethodik auf Integrationsprobleme im Zusammenhang mit dem Satz von Bayes führt. Hier scheinen derzeit moderne Monte–Carlo–Verfahren vom Markov–Ketten–Typ, wie etwa „Gibbs sampling", am geeignetsten zu sein. Datensituation und Methodik werden durch ein Anwendungsbeispiel aus dem Bereich des Fußballsports illustriert.

2. Metrische Zeitreihen

Für eine vereinfachte Darstellung wird angenommen, daß die Zeitreihe $y_1, \ldots, y_n$ zu äquidistanten Zeitpunkten $t = 1, \ldots, n$ beobachtet wird. Erweiterungen für den Fall, daß die Zeitreihe zu Zeitpunkten $0 \leq t_1 < \ldots < t_n$ beobachtet wurde, sind in allen Fällen möglich.

1. Lokale Ansätze

Im folgenden beschränken wir uns auf additive Komponentenmodelle der Form (1.1) oder das reine Trendmodell (1.2).

Gleitende Durchschnitte

Für die Schätzung der glatten Komponente g im Modell (1.2) sind gleitende Durchschnitte wohl das traditionellste Verfahren der elementaren deskriptiven Zeitreihenanalyse. Die Grundidee besteht darin, g zum Zeitpunkt t durch ein gewogenes oder ungewogenes Mittel der Zeitreihenwerte aus einem „Fenster" bzw. einer Nachbarschaft $N(t)$ um t zu schätzen, d.h.

$$\hat{g}_t = \sum_{i \in N(t)} w_{ti}\, y_i \tag{2.1}$$

wird als Schätzer für g_t verwendet. Gleitet das Fenster mit t über die Zeitachse, so erhält man gleitende Durchschnitte. Verschiedene klassische Varianten unterscheiden sich durch die Wahl des Fensters und der Gewichte w_{ti}.

Für symmetrische Fenster $N(t) = [t-b, t+b]$ ist die Bandweite b der verbleibende Parameter, mit dem die Glattheit der Schätzung beeinflußt werden kann. Die Wahl der Gewichte kann über heuristische ad hoc Vorschriften hinaus nach Optimalitätsgesichtspunkten erfolgen. Dazu nimmt man an, daß g lokal in $[t-b, t+b]$ gut durch ein Polynom approximierbar ist. Dies läßt sich durch lokale Taylorapproximation auch dann rechtfertigen, wenn die gesamte glatte Komponente g keineswegs selbst ein Polynom ist. Dann liegt es nahe, innerhalb des Fensters $[t-b, t+b]$ ein Polynom k–ten Grades ($k = 1, 2$ oder 3)

$$p(x) = \sum_{j=0}^{k} \beta_j \, (x-t)^k \tag{2.2}$$

den Daten durch die gewöhnliche Kleinste–Quadrate–Methode möglichst gut anzupassen und $\hat{g}_t = \hat{p}(t)$ als Schätzer für g_t zu verwenden. Ein zweiter Zugang besteht darin, vom linearen Glätter in (2.1) auszugehen und die irreguläre Komponente $\varepsilon = (\varepsilon_1, \ldots, \varepsilon_n)$ als i.i.d. Folge von Zufallsvariablen mit $\mathrm{E}(\varepsilon_t) = 0$ anzusehen. Verlangt man, daß Polynome vom Grad k erwartungstreu geschätzt werden und der Schätzer minimale Varianz besitzt, so sind beide Zugänge wegen des Gauß–Markov–Theorems äquivalent. Dies wird für allgemeinere Basisfunktionen, die etwa auch Linearkombinationen trigonometrischer Funktionen zur Modellierung von s_t mit einbeziehen, explizit von WEICHSELBERGER (1964) gezeigt. Damit läßt sich die Methode der gleitenden Durchschnitte auch zur simultanen Bestimmung der glatten und saisonalen Komponente im Modell (1.1) verwenden, indem man für g_t wie in (2.2) ein Polynom und für die Saisonkomponente

$$s_t = \sum_{j=1}^{m/2} \left[\gamma_j \cos\left(\frac{2\pi j}{m} t \right) + \delta_j \sin\left(\frac{2\pi j}{m} t \right) \right] \tag{2.3}$$

ansetzt. Dabei ist etwa $m = 12$ für Jahresdaten oder $m = 4$ für Vierteljahresdaten. Dieser Ansatz, verbunden mit einer gleitenden KQ–Schätzung der Koeffizienten β_j, γ_j, δ_j, liegt auch dem „Berliner Verfahren" zugrunde. Oft werden jedoch g_t und s_t sukzessive geschätzt: Zunächst wird $s_t = 0$ gesetzt, dann $\hat{g}_t$ mit gleitenden Durchschnitten geschätzt. Anschließend wird auf die „bereinigte" Zeitreihe $y - \hat{g}$ ein speziell konzipiertes Verfahren zur Schätzung der Saisonkomponente angewendet. Diese sukzessive Vorgehensweise elementarer ad hoc Methoden zur Trend- und Saisonbereinigung findet auch beim praktischen Einsatz des Berliner Verfahrens und beim X-11 System (SHISKIN/YOUNG/MUSGRAVE, 1967) Verwendung. Iteriert man dieses sukzessive Verfahren, indem man eine verbesserte Schätzung $\hat{g}^{(1)}$ aus der saisonbereinigten Reihe $y - s$ gewinnt, und dann $\hat{s}^{(1)}$ aus $y - \hat{g}^{(1)}$, usw., so führt dies genau auf den sogenannten „backfitting" Algorithmus, der eine dominierende Rolle in der nichtparametrischen Regressionsanalyse additiver Modelle spielt (BUJA/HASTIE/TIBSHIRANI, 1989; HASTIE/TIBSHIRANI, 1990, Kap. 4,5). Insofern findet sich auch die Grundidee des „backfitting" bereits bei elementaren Verfahren der Zeitreihenanalyse.

Gewichtete lokale Regression: Loess

Auf dem Prinzip gleitender Durchschnitte baut auch der nichtparametrische Ansatz der „locally weighted regression" (CLEVELAND, 1979; CLEVELAND/GROSSE, 1991) auf, versehen mit Zusätzen wie einer Gewichtung mittels Kernfunktionen und Möglichkeiten zur Robustifizierung. Für die gleitende Schätzung der glatten Komponente g im Trendmodell (1.2) mittels eines symmetrischen Fensters $N(t) = [t-b, t+b]$ werden jedem Zeitpunkt $i \in N(t)$ mit Hilfe der tri-kubischen Gewichtsfunktion

$$C(u) = \begin{cases} (1-u^3)^3 & 0 \leq u \leq 1 \\ 0 & u > 1 \end{cases} \tag{2.4}$$

Gewichte

$$c_i = C\left(\frac{|t-i|}{b}\right) \tag{2.5}$$

zugewiesen. Anschließend wird ein Polynom der Form (2.2), mit $k = 1$ oder 2, den Daten durch eine gewichtete KQ-Schätzung (mit den Gewichten c_i) in $N(t)$ angepaßt und $\hat{g}_t := \hat{p}(t)$ gesetzt. Die Gewichtsfunktion C hat die Form einer unnormierten Kernfunktion und versieht weiter von t entfernt liegende Beobachtungen mit kleineren Gewichten. Würde man für C einen Rechteckskern wählen, so ergäbe sich wieder die gewöhnliche lokale KQ-Methode. Eine auf dem „backfitting"-Prinzip beruhende Erweiterung für Trend-/Saisonmodelle (1.1) findet sich bei CLEVELAND et al. (1982), vgl. auch HASTIE/TIBSHIRANI (1990, ch. 8.5). Zur Robustifizierung wird das Verfahren iteriert, indem mit Ausreißern verbundene Residuen verkleinerte Gewichte zugewiesen bekommen.

Kernschätzer

Für das Trendmodell (1.2) schlagen PRIESTLEY/CHAO (1972) den einfachen Kernschätzer

$$\hat{g}_t = \sum_{i=1}^{n} \frac{1}{b} K\left(\frac{t-i}{b}\right) y_i \tag{2.6}$$

vor, wo K eine Kernfunktion mit kompaktem Träger und b die Bandweite ist. Bessere Approximationseigenschaften besitzen die von GASSER/MÜLLER (1979, 1984) eingeführten Kernschätzer vom Typ

$$\hat{g}_t = \sum_{i=1}^{n} \frac{1}{b} \int_{s_{i-1}}^{s_i} K\left(\frac{t-u}{b}\right) du\, y_i\,, \tag{2.7}$$

wobei die Folge $\{s_i\}$ die Folge $\{i\}$ interpoliert, d.h. $s_0 \leq 1$, $i \leq s_i \leq i+1$, gilt. Offensichtlich sind Kernschätzer dieses Typs wiederum gleitende Durchschnitte. Eine ausführliche Darstellung, auch über Beziehungen zu anderen nichtparametrischen Kernschätzern, gibt MÜLLER (1988). Dort wird auch gezeigt, wie zu Loess-Schätzern asymptotisch äquivalente Kernschätzer konstruiert werden können.

2. Globale Ansätze

Komponentenmodelle und penalisierte Kleinste-Quadrate-Schätzung

Die auf WHITTAKER (1923) zurückgehende „method of graduation" und das zugehörige Kriterium (1.4) lassen sich in flexibler Weise verallgemeinern. Für das strukturelle Modell (1.1) erweitert man die Nebenbedingung

$$\sum_{j=0}^{m-1} s_{t-j} = 0$$

für eine starre Saisonkomponente zu

$$\sum_{j=0}^{m-1} s_{t-j} = w_t, \quad t = m, \ldots, n.$$

Dabei sollen die Abweichungen w_t nicht „zu groß" werden, um die Saisonkomponente stabil zu halten. Setzt man in (1.4) $k = 2$, d.h. wählt zweite Differenzen zur Modellierung der Glattheit von g_t, so führt dies zum penalisierten Kleinste–Quadrate–(PKQ)–Kriterium

$$\begin{aligned}\sum_{t=1}^{n}(y_t - g_t - s_t)^2 + \lambda_1 \sum_{t=3}^{n}(g_t - 2\,g_{t-1} + g_{t-2})^2 + \\ \lambda_2 \sum_{t=m}^{n}(s_t - s_{t-1} - \cdots - s_{t-m+1})^2 \longrightarrow \min_{\{g_t, s_t\}} .\end{aligned} \tag{2.8}$$

In (2.8) steuert λ_1 die Glattheit von g_t und λ_2 die Stabilität von s_t. In rein deskriptiver Sicht ist (2.8) das von SCHLICHT (1981) angegebene saisonale Adjustierungsprinzip. Erweiterungen um zusätzliche additive Einflüsse wie im Modell (1.3) sind in analoger Weise möglich. Für einen zeitvariablen Effekt β_t kann man (2.8) beispielsweise zu

$$\begin{aligned}\sum_{t=1}^{n}(y_t - g_t - s_t - x_t\,\beta_t)^2 + \lambda_1 \sum_{t=3}^{n}(g_t - 2\,g_{t-1} + g_{t-2})^2 + \\ \lambda_2 \sum_{t=m}^{n}(s_t - s_{t-1} - \cdots - s_{t-m+1})^2 + \lambda_3 \sum_{t=2}^{n}(\beta_t - \beta_{t-1})^2 \longrightarrow \min_{\{s_t, g_t, \beta_t\}}\end{aligned} \tag{2.9}$$

erweitern. Für zeitkonstante Effekte $\beta_t = \beta_{t-1} = \beta$, etwa Kalendereffekte wie bei PAULY (1989), entfällt der dritte Term, und die Minimierung ist bezüglich $\{s_t, g_t\}$ und β durchzuführen. Algorithmisch sind dabei verschiedene Lösungen möglich. In jedem Fall ist jedoch die spezielle Struktur so zu nützen, daß der Algorithmus die Rechenkomplexität $O(n)$ besitzt.

Die PKQ–Kriterien (1.4), (2.8), (2.9) lassen sich auch stochastisch deuten, wenn die Fehler ε_t in (1.1), (1.2), (1.3) i.i.d. normalverteilt sind. Der

KQ–Term ist dann bis auf das Vorzeichen und eine Konstante die Log–Likelihood der Beobachtungen $\{y_t\}$. Die Parameter $\{g_t, s_t, \beta_t\}$ werden als fest und unbekannt angesehen; Schätzbarkeit wird durch die Penalisierungsterme erzwungen. Statt der speziellen Differenzenoperatoren können auch allgemeine Differenzenoperatoren für $\{g_t, s_t\}$ verwendet werden, man siehe dazu etwa HEBBEL/HEILER (1987).

Bayesianische Komponentenmodelle

In bayesianischer Sichtweise sind $\{g_t, s_t, \beta_t\}$ Folgen von Zufallsvariablen, die mit geeigneten priori–Verteilungen zu belegen sind. Optimale Schätzer sind dann posteriori–Erwartungswerte, zusätzlich sind jedoch posteriori–Varianzen oder die posteriori–Verteilungen selbst von Interesse. Es zeigt sich, daß bei geeigneter Wahl der Verteilungen PKQ–Schätzer und posteriori–Erwartungswerte identisch sind. Wir betrachten dazu das Trend–Saison–Modell (1.1) und nehmen an, daß die Fehler ε_t unabhängig $N(0, \sigma^2)$ verteilt sind. Als priori–Verteilung für die Glattheit von g_t wählt man eine Irrfahrt („random walk") 2. Ordnung

$$g_t = 2\,g_{t-1} - g_{t-2} + u_t, \quad t = 3, \ldots, n, \tag{2.10}$$

mit unabhängigen, $N(0, \sigma_u^2)$–verteilten u_t. Für die Startwerte g_1, g_2 spezifiziert man z.B.

$$\begin{pmatrix} g_1 \\ g_2 \end{pmatrix} \sim N(0, k_1\, I). \tag{2.11}$$

Analog faßt man

$$\sum_{j=0}^{m-1} s_{t-j} = w_t, \quad t = m, \ldots, n, \tag{2.12}$$

als priori–Verteilung für die Stabilität der Saisonkomponente auf, indem die w_t als unabhängig und $N(0, \sigma_w^2)$–verteilt angenommen werden, sowie

$$\begin{pmatrix} s_1 \\ \vdots \\ s_{m-1} \end{pmatrix} \sim N(0, k_2\, I) \tag{2.13}$$

für die Startwerte spezifiziert wird.

Für sämtliche Fehlervariablen $\{u_t, w_t\}$ und Startwerte wird zudem wechselseitige Unabhängigkeit gefordert. Faßt man die Folgen $\{g_t\}$ und $\{s_t\}$ in den Parametervektoren g und s zusammen, so definieren (2.10) bis (2.13) eine multivariate Normalverteilungsdichte $p(g, s) = p(g)\, p(s)$ als priori–Verteilung. Das Beobachtungsmodell (1.1) definiert entsprechend eine multivariate (bedingte) Normalverteilungsdichte $p(y|g, s)$ für die Daten $y = (y_1, \ldots, y_n)$. Bayes'sche Inferenz ist an der posteriori–Dichte $p(g, s|y)$, insbesondere an den entsprechenden posteriori–Erwartungswerten $E(g, s|y)$ und posteriori–Varianzen $Var(g, s|y)$, orientiert. Wegen der Normalität der obigen Dichten ist $p(g, s|y)$ ebenfalls eine multivariate Normalverteilungsdichte. Nach dem Theorem von Bayes gilt

$$p(g, s|y) = p(y|g, s)\, p(g)\, p(s) \,/\, p(y) \,. \tag{2.14}$$

Wegen der Normalität ist $E(g, s|y)$ gleich dem Modus von $p(g, s|y)$ und läßt sich damit durch Maximieren von $p(y|g, s)\, p(g)\, p(s)$ bezüglich g, s ermitteln. Logarithmierung führt unter Berücksichtigung der getroffenen bedingten Unabhängigkeitsannahmen, Vernachlässigung konstanter Terme und nach Multiplikation mit -1 zur Minimierung von

$$\frac{1}{\sigma^2}\sum_{t=1}^{n}(y_t - g_t - s_t)^2 + \frac{1}{k_1}(g_1^2 + g_2^2) + \frac{1}{\sigma_u^2}\sum_{t=3}^{n}(g_t - 2\,g_{t-1} + g_{t-2})^2 +$$
$$\frac{1}{k_2}(s_1^2 + \ldots + s_{m-1}^2)^2 + \frac{1}{\sigma_w^2}\sum_{t=m}^{n}(s_t - s_{t-1} - \cdots - s_{t-m+1})^2 \tag{2.15}$$

bezüglich (g, s). Vergleicht man mit (2.8), so erkennt man, daß für $k_1 \to \infty$, $k_2 \to \infty$, d.h. für diffuse Startverteilungen (2.11) und (2.13), und mit $\lambda_1 = \sigma^2/\sigma_u^2$, $\lambda_2 = \sigma^2/\sigma_w^2$ die beiden Kriterien (2.8) und (2.15) identisch sind und die gleiche minimierende Lösung

$$(\hat{g}, \hat{s}) = E(g, s|y)$$

besitzen. Deskriptiver, oder anders ausgedrückt nichtparametrischer, und bayesianischer Ansatz sind also bezüglich des Punktschätzers im wesentlichen äquivalent. Dies gilt sowohl für allgemeinere lineare Differenzenoperatoren als den in (2.10), (2.12) verwendeten Operatoren, als auch für Modelle der Form (1.3), man vgl. dazu KOHN/ANSLEY (1988, mit einem allgemeinen Beweis über die Theorie reproduzierender Hilberträume). Gegenüber dem nichtparametrischen Ansatz bietet der Bayes–Ansatz den Vorteil, daß posteriori–Varianzen und damit Konfidenzbänder für $(\hat{g}, \hat{s})$ berechnet werden können. Auch für die algorithmische Lösung stehen verschiedene Möglichkeiten zur Verfügung. Ein populärer Ansatz ist die Überführung in ein sogenanntes Zustandsraummodell und die Anwendung von Kalman–Filtern und –Glättern, vgl. etwa HARVEY (1989), FAHRMEIR/TUTZ (1994, Kap. 8.1). Dabei können auch zeitvariable oder zeitkonstante Effekte von zusätzlichen Einflußfaktoren im Modell (1.3) problemlos integriert werden.

Nichtparametrische und bayesianische Schätzung von Spline–Funktionen

Wir beschränken uns hier exemplarisch auf ein reines Trendmodell (1.2) und sogenannte kubische Glättungssplines. Sie ergeben sich als zeitstetiges Analogon zur Modellierung von Glattheit durch Differenzen 2. Ordnung wie in (2.8), wenn man dort den Strafterm für saisonale Stabilität wegläßt, bzw. durch „random walks" 2. Ordnung wie in (2.10), wenn man jeweils von diskreter zu stetiger Zeit übergeht. Die Beobachtungen $\{g_t\}$ der Trendkomponente werden dabei als die Werte einer glatten Funktion g an den Stellen

$g(t) := g_t$, $t = 1, \ldots, n$, aufgefaßt. Das zeitstetige Analogon zu (2.8) ist dann das Minimierungsproblem

$$\sum_{t=1}^{n} (y_t - g(t))^2 + \lambda \int_0^n (g''(t))^2 dt \longrightarrow \min_g , \tag{2.16}$$

wobei g stetige erste und zweite Ableitungen besitze. Der zweite Term entspricht einem globalen Krümmungsmaß, das mangelnde Glattheit bestraft. Der Glattheitsparameter λ steuert wiederum den Kompromiß zwischen Datentreue, gemessen durch den KQ-Term, und der Glattheitsforderung durch den Strafterm. Es läßt sich zeigen (REINSCH, 1967; GREEN/SILVERMAN, 1994), daß die minimierende Funktion ein kubischer Glättungs-Spline ist, d.h. die Funktion besteht aus kubischen Polynomen, die an den Beobachtungspunkten $t = 1, \ldots, n$ zweimal stetig differenzierbar aneinandergefügt sind. Damit läßt sich (2.16) in ein n-dimensionales quadratisches Optimierungsproblem überführen, und die Schätzung

$$\hat{g}_t \equiv \hat{g}(t) = \sum_{i=1}^{n} w_{ti}\, y_i, \quad t = 1, \ldots, n, \tag{2.17}$$

ist linear mit Gewichten w_{ti}, deren Bestimmung in der Rechenkomplexität $O(n)$ möglich ist. SILVERMAN (1984) stellt eine asymptotische Beziehung zwischen Spline-Glättung und speziellen Kernschätzern her.

In Analogie zum vorher behandelten Fall „zeitdiskreter Splines“ existiert auch hier ein bayesianischer Zugang, der sich bezüglich der Punktschätzung als im wesentlichen äquivalent erweist. Dazu geht man vom „random walk“ 2. Ordnung in (2.10) über zum zeitstetigen Analogon, nämlich der stochastischen Differentialgleichung vom Ito-Typ

$$d^2 g(t)/dt = \sigma_w \, dW(t), \tag{2.18}$$

wobei $W(t)$ ein Standard-Wiener-Prozeß ist. Für die Anfangsbedingung gelte in Analogie zu (2.11)

$$(g(1), dg(1)/dt)' \sim N(0, k\, I). \tag{2.19}$$

Gegenüber (2.10), (2.11) werden somit Differenzen zweiter Ordnung $\Delta^2 g_t$ durch zweite Ableitungen $d^2g(t)/dt^2$ und zeitdiskretes Weißes Rauschen durch zeitstetiges Weißes Rauschen ersetzt. In Analogie zum zeitdiskreten Fall läßt sich (2.18) als priori-Verteilung für die Glattheit von g auffassen, und es läßt sich zeigen (WAHBA, 1978; KOHN/ANSLEY, 1988), daß für den posteriori-Erwartungswert $E(g(t)|y)$

$$\lim_{k \to \infty} E(g(t)|y) = \hat{g}(t)$$

gilt, d.h. für eine diffuse Anfangsbedingung in (2.19) ergibt sich der durch das Minimierungsproblem (2.16) definierte kubische Glättungsspline. Somit erweisen sich nichtparametrischer und bayesianischer Ansatz als äquivalent. Diese Äquivalenz läßt sich auch für den allgemeineren Fall sogenannter

L-Splines zeigen, bei dem zweite Ableitungen von g in (2.16) und (2.18) durch einen allgemeineren linearen Differentialoperator ersetzt werden (vgl. ANSLEY/KOHN/WONG, 1993). Beweise benützen wiederum die Theorie reproduzierender Hilberträume. Wesentlich ist dabei wie im zeitdiskreten Fall, daß das Beobachtungsmodell und die priori–Verteilung Gauß–Prozesse definieren.

Um den Bayes–Ansatz algorithmisch zu nutzen, ist es günstig die lineare stochastische Differentialgleichung zu lösen und in die sogenannte Zustandsraum–Form zu bringen. Nach KOHN/ANSLEY (1987, 1988) gilt für den Zustandsvektor $x(t) = (g(t), dg(t)/dt)$, $t = 1, \dots, n$, das Markoff–Übergangsmodell

$$x(t) = F\,x(t-1) + u_t, \quad t = 2, \dots, n, \tag{2.20}$$

mit unabhängigen $u_t \sim N(0, \sigma_w^2\, U)$ und den 2×2 Matrizen

$$F = \begin{pmatrix} 1 & 1 \\ 0 & 1 \end{pmatrix}, \qquad U = \begin{pmatrix} 1/3 & 1/2 \\ 1/2 & 1 \end{pmatrix}.$$

Schreibt man (1.2), $y_t = g_t + \varepsilon_t$, $\varepsilon_t \sim N(0, \sigma^2)$, in der Form

$$y_t = (1, 0)\; x(t) + \varepsilon_t, \quad t = 1, \dots, n, \tag{2.21}$$

so definieren (2.20), (2.21) ein „Zustandsraummodell", für das sich die gesuchten posteriori–Erwartungswerte $E(x(t)|y)$ und zusätzlich die posteriori–Varianzen mittels des bekannten linearen Kalman–Filters und –Glätters in $O(n)$–Komplexität berechnen lassen. Dieser Ansatz läßt sich ohne Schwierigkeiten auch auf die Beobachtungsmodelle (1.1) und (1.3) übertragen und für nicht–äquidistante Beobachtungen modifizieren, vgl. die oben angeführten Arbeiten.

Weitere Problemstellungen

Datengesteuerte Wahl von Glättungs- bzw. Hyperparametern: Bislang wurde stillschweigend unterstellt, daß Glättungs- und Stabilitätsparameter wie λ_1, λ_2, λ in (2.8), (2.16) bekannt bzw. subjektiv vorgegeben sind. Bei den entsprechenden Bayes–Ansätzen entspricht dies der Annahme bekannter Varianzen oder Hyperparameter σ^2, σ_u^2, σ_w^2 für die Fehlerprozesse. Aus nichtparametrischer Sicht ist die Schätzung dieser Parameter durch Minimierung eines Kreuzvalidierungskriteriums ein Verfahren erster Wahl. Vom Bayes–Standpunkt aus ist jedoch sowohl eine ML–Schätzung sinnvoll, falls die Parameter als fest, aber unbekannt, angesehen werden, als auch eine Bayes–Schätzung, wenn über die Hyperparameter eine weitere priori–Verteilung gelegt wird. Über einige empirische Befunde hinaus fehlen hier systematische vergleichende Untersuchungen.

Berücksichtigung von Heteroskedastie und Korrelation: Gerade der bayesianische Zugang macht deutlich, daß die Verfahren dann optimal arbeiten, wenn die Fehlervariablen als unabhängig und identisch normalverteilt vorausgesetzt werden. Heteroskedastie kann durch geeignete Gewichte im KQ-Anpassungskriterium oder zeitvariierende Varianzen berücksichtigt werden, wobei diese allerdings in der Praxis mitzuschätzen sind. Ebenso wichtig erscheint die Berücksichtigung zeitlicher Abhängigkeiten durch geeignete Korrelationsstrukturen, etwa durch die Annahme von stationären autoregressiven oder moving-average Fehlerprozessen. Dies ist prinzipiell möglich, verstärkt jedoch die Schätzprobleme deutlich. Dementsprechend finden sich hierzu vergleichsweise wenig Vorschläge. DIGGLE/HUTCHINSON (1989) betrachten Spline-Schätzer für seriell korrelierte Daten, SCHIMELK (1992) führt für diskrete Splines Simulationsstudien durch. Die Ergebnisse deuten darauf hin, daß der durch Vernachlässigung der Korrelationsstruktur entstehende Effizienzverlust nicht zu groß ist, man vergleiche dazu auch ZEGER/DIGGLE (1994).

Robustifizierung: Die Normalverteilungsannahmen machen deutlich, daß die beschriebenen Kriterien und Modellierungen nicht resistent sind gegenüber Ausreißern in den Beobachtungen oder sprunghaften Veränderungen im Niveau und Trend, wie sie etwa bereits bei WEICHSELBERGER (1967) betrachtet werden. Robustifizierungen sind möglich durch Modifikation von Anpassungs- und Glattheitskriterien oder durch die Annahme robuster Fehlerverteilungen. Eine Übersicht dazu und neue Resultate sind bei KÜNSTLER (1995) zu finden.

3. Kategoriale Zeitreihen und Längsschnittdaten

In vielen Anwendungen werden die Zeitreihenwerte nicht auf einer metrischen Skala, sondern nur in wenigen geordneten oder ungeordneten Kategorien beobachtet. Beispiele hierfür sind: Binäre Regenfalldaten, wobei $y_t = 1$ „Regen am Tag t" und $y_t = 0$ „kein Regen am Tag t" bedeutet; monatliche Mikrodaten des IFO-Konjunkturtests, etwa mit $y_t = 1, 2$ oder 3 für „Produktionstätigkeit eines Unternehmens steigt, bleibt gleich oder nimmt gegenüber dem Vormonat ab"; die zu bestimmten Zeiten beobachteten Zustände von Patienten in einer klinischen Studie; oder auch Fußballergebnisse, wenn $y_t = 1, 2$ oder 3, etwa „Bayern München gewinnt, spielt unentschieden oder verliert" kodiert. Wie in diesen Beispielen ist es dabei eher die Regel, daß nicht eine individuelle Zeitreihe $\{y_t, t = 1, \ldots, n\}$ alleine beobachtet wird, sondern daß für eine Menge von statistischen Einheiten oder Individuen $i = 1, \ldots, I$ simultan die Zeitreihen $\{y_{ti}, t = 1, \ldots, n\}$ beobachtet werden. Formal lassen sich solche Längsschnittdaten wieder als multivariate Zeitreihe auffassen, indem man zur vektoriellen Beobachtung $y_t = (y_{t1}, \ldots, y_{tI})'$ zusammenfaßt.

1. *Kategoriale Beobachtungsmodelle*

Wegen des nominalen oder ordinalen Skalenniveaus sind die metrischen Beobachtungsmodelle (1.1), (1.2), (1.3) geeignet abzuändern. Statt des (bedingten) Erwartungswertes $\mu_t = E(y_t|x_t) = g_t + s_t + x_t' \beta_t$ sind nun (bedingte) Wahrscheinlichkeiten

$$\pi_{tj} = P(y_t = j|x_t), \quad j = 1, \ldots, q = k - 1$$

geeignet zu modellieren. Dabei bedeutet k die Anzahl der Kategorien, und die k-te Kategorie dient als Referenzkategorie mit $\pi_{tk} = 1 - \pi_{t1} - \cdots - \pi_{t,k-1}$. Zur Spezifikation von $\pi_t = (\pi_{t1}, \ldots, \pi_{tq})'$ verwendet man kategoriale Regressionsmodelle wie Logit- und Probit-Modelle, man vergleiche dazu etwa FAHRMEIR/TUTZ (1994, ch. 2 und 3). Wir beschränken uns exemplarisch auf sogenannte kumulative Modelle für ordinale Zeitreihen. Für den Fall $k = 2$, d.h. für binäre Zeitreihen, reduziert sich diese Modellklasse auf binäre Regressionsmodelle

$$\pi_t = P(y_t = 1|x_t) = h(\eta_t) \tag{3.1}$$

mit dem linearen Prädiktor

$$\eta_t = g_t + s_t + x_t' \beta_t. \tag{3.2}$$

Dabei ist h eine Funktion, die π_t mit dem linearen Prädiktor verknüpft. Für $h(\cdot) = \exp(\cdot)/(1 + \exp(\cdot))$ erhält man das Logit-Modell, für $h(\cdot) = \Phi(\cdot)$, die Standard-Normalverteilungsfunktion, das Probit-Modell. Kumulative Logit- oder Probit-Modelle für ordinale Zeitreihen sind durch

$$\begin{aligned} \pi_{t1} &= h(\eta_{t1}) \\ \pi_{tj} &= h(\eta_{tj}) - h(\eta_{t,j-1}), \quad j = 2, \ldots, q \end{aligned} \tag{3.3}$$

mit linearen Prädiktoren

$$\eta_{tj} = g_{tj} + s_{tj} + x_t' \beta_t \tag{3.4}$$

definiert. Sie lassen sich über einen Schwellenwertmechanismus aus einem latenten metrischen Modell der Form (1.3) ableiten. Die „Schwellenwertparameter" $\theta_{tj} = g_{tj} + s_{tj}$ müssen dabei die Ordnungsrelation

$$-\infty = \theta_{t0} < \ldots < \theta_{tq} < \infty$$

erfüllen. Für Modelle ohne Saison oder Kovariablen entfallen der zweite oder dritte additive Term im linearen Prädiktor. Die Normalverteilung für y_t ist zu ersetzen durch die Multinomialverteilung, $y_t \sim M(1, \pi_t)$, und die Loglikelihood (bzw. negative Kullback-Leibler-Distanz)

$$\sum_{t=1}^{n} l_t(g_t, s_t, \beta_t) = \sum_{t=1}^{n} \sum_{j=1}^{k} \pi_{tj}^{\tilde{y}_{tj}}, \tag{3.5}$$

mit den Dummy-Variablen $\tilde{y}_{tj} = 1$ falls $y_t = j$, $\tilde{y}_{tj} = 0$ sonst, ist statt des Kleinste-Quadrate-Kriteriums zu verwenden. Falls statt einer Einzelreihe

Längsschnittdaten ($y_{ti}, x_{ti}, t = 1, \ldots, n, i = 1, \ldots, I$) vorliegen, ist z.B. (3.1), (3.2) zu

$$\pi_{ti} = P(y_{ti} = 1|x_{ti}) = h(\eta_{ti}), \quad \eta_{ti} = g_t + s_t + x'_{ti}\beta_t$$

zu modifizieren. Unter der Annahme bedingter Unabhängigkeit der individuellen Beobachtung y_{ti}, $i = 1, \ldots, n$, ist dann in (3.5)

$$l_t(g_t, s_t, \beta_t) = \sum_{i=1}^{I} l_{ti}(g_t, s_t, \beta_t), \tag{3.6}$$

d.h. die Loglikelihood der Beobachtungen zum Zeitpunkt t ist gleich der Summe der individuellen Loglikelihoodbeiträge.

2. Lokale Ansätze

Dem Prinzip gleitender Durchschnitte und der gewichteten lokalen Regression aus Abschnitt (2.1) entspricht die

1. Lokale Likelihood-Schätzung

Dieses nichtparametrische Schätzverfahren wird für den Fall von Querschnittsdaten in TIBSHIRANI/HASTIE (1987) beschrieben. Beschränken wir uns einfachheitshalber auf ein reines Trendmodell für binäre Zeitreihen (d.h. $s_t = x_t = 0$ in (3.2)), so wird nun $\eta_t = g_t$ lokal durch ein Polynom wie in (2.2) approximiert und durch Maximierung der lokalen Likelihood

$$l_{(t)} = \sum_{s=1}^{n} w_{ts}\, l_s(\eta_s)$$

geschätzt. Wählt man für die Gewichte $w_{ts} = 1$ in einer Umgebung von t und $w_{ts} = 0$ außerhalb davon, so entspricht dies exakt der Idee klassischer gleitender Durchschnitte und reduziert sich sogar auf diese, wenn für l_s die Loglikelihood einer Normalverteilung gewählt wird. Eine andere Möglichkeit besteht darin, die Gewichte durch Gewichts- oder Kernfunktionen zu bestimmen. Dies entspricht der lokal gewichteten Regression (Loess) in Abschnitt 2.1. Eine Reihe interessanter Anwendungen, auch für Mikrodaten des IFO-Konjunkturtests, finden sich bei KRAUSS (1993); vgl. auch TUTZ/KAUERMANN (1995). Gegenüber lokalen Regressionsschätzern für metrische Zeitreihen verstärken sich die Schätzprobleme allerdings erheblich. In jedem Fall ist für jedes $t = 1, \ldots, n$ eine iterative Likelihoodschätzung notwendig. Insbesondere für mehrkategoriale Zeitreihen wird dabei wegen der geringeren lokalen Datenbasis die Nichtexistenz des lokalen ML-Schätzers zu einem ernsthaften Problem.

Kernschätzer

Aufgrund des Skalenniveaus sind nominale oder ordinale Kernschätzer zu bevorzugen. Beschreibungen dieses Ansatzes finden sich etwa bei TUTZ (1990), FAHRMEIR/TUTZ (1994, ch. 5).

3. Globale Ansätze

Penalisierte Likelihood-Schätzung

Das der klassischen „method of graduation" bzw. den nichtparametrischen zeitdiskreten oder zeitstetigen Spline–Ansätzen zugrundeliegende Penalisierungsprinzip läßt sich auf kategoriale Zeitreihen und Längsschnittdaten übertragen, wenn der KQ–Anpassungsterm in (2.8), (2.9) oder (2.16) durch die negative Loglikelihood aus (3.5) oder (3.6) ersetzt wird. Läßt man die Saisonkomponente weg, so geht etwa (2.9) über in das penalisierte Maximum–Likelihood–(PML)–Kriterium

$$\sum_{t=1}^{n} l_t(g_t, \beta_t) - \lambda_1 \sum_{t=3}^{n} (g_t - 2\,g_{t-1} + g_{t-2})^2 - \lambda_2 \sum_{t=2}^{n} (\beta_t - \beta_{t-1})^2 \longrightarrow \max_{\{g_t, \beta_t\}} . \tag{3.7}$$

Wie in (2.9) steuern λ_1 und λ_2 das Gewicht der Strafterme für mangelnde Glattheit des Trends $\{g_t\}$ und der zeitvariierenden Parameter $\{\beta_t\}$. Das Maximierungsproblem ist jedoch nicht mehr quadratisch, sondern echt nichtlinear. Wählt man zur iterativen Maximierung das Fisher–Scoring–Verfahren, so läßt sich jedoch zeigen, daß in jedem Iterationsschritt ein quadratisches Maximierungsproblem zu lösen ist, wozu bestehende Algorithmen für quadratische Probleme wie in (2.8), (2.9) eingesetzt werden können.

Dies gilt in ähnlicher Weise für den Fall zeitstetiger Spline–Funktionen g. Dabei geht (2.16) über in das PML–Kriterium

$$\sum_{t=1}^{n} l_t(g_t) - \lambda \int_0^n (g''(t))^2 dt \longrightarrow \max_{g} . \tag{3.8}$$

Die Lösung ist wieder ein kubischer Glättungsspline, der iterativ berechnet wird (vgl. z.B. GREEN/SILVERMAN, 1994; HASTIE/TIBSHIRANI, 1990; FAHRMEIR/TUTZ, 1994). Auch variierende Koeffizienten β_t können in zeitstetiger Form einbezogen werden (HASTIE/TIBSHIRANI, 1993; KLINGER, 1993; FAHRMEIR/GIEGER/KLINGER, 1995).

Bayesianische Modellierung und Schätzung

Faßt man für den zeitdiskreten Fall in Abschnitt (2.2) die Folgen $\{g_t\}$, $\{s_t\}$, $\{\beta_t\}$ zu den Parametervektoren g, s, β zusammen, so definieren die Beobachtungsmodelle (3.1), (3.2) bzw. (3.3), (3.4), zusammen mit der bedingten Unabhängigkeitsannahme im Fall von Längsschnittdaten, eine Produkt–Multinomialverteilung $p(y|g, s, \beta)$ anstelle einer Multinormalverteilung. Wählt man für g und s die gleichen priori–Verteilungen wie in (2.10) bis (2.13) und für β ebenfalls einen von g und s unabhängigen „random walk"

1. oder 2. Ordnung, so wird dadurch wiederum eine multivariate Normalverteilungsdichte $p(g, s, \beta) = p(g)\, p(s)\, p(\beta)$ als priori–Verteilung definiert. Nach dem Theorem von Bayes gilt wie in (2.14)

$$p(g, s, \beta | y) = p(y | g, s, \beta)\, p(g)\, p(s)\, p(\beta) \,/\, p(y), \tag{3.9}$$

jedoch ist die posteriori–Verteilung keine Normalverteilung und analytisch nicht zugänglich. Eine direkte numerische Bestimmung würde hochdimensionale numerische Integrationen zur Berechnung des Nenners $p(y)$ erfordern. Ein Weg um dies zu vermeiden, besteht darin, anstelle des posteriori–Erwartungswertes $E(g, s, \beta|y)$ als Schätzer für g , s , β den posteriori–Modus $\hat{g}$, $\hat{s}$, $\hat{\beta}$ durch Maximierung des Zählers $p(y|g, s, \beta)\, p(g)\, p(s)\, p(\beta)$ zu bestimmen. Analog zur Herleitung von (2.15) in Abschnitt (2.2) läßt sich zeigen, daß dies bei diffusen Startverteilungen äquivalent ist zur penalisierten ML–Schätzung gemäß (3.7). Details, insbesondere in algorithmischer Hinsicht, finden sich in FAHRMEIR/TUTZ (1994, ch. 8).

Diese Äquivalenz gilt jedoch wegen der Nichtnormalität nicht mehr, wenn g , s , β durch den posteriori–Erwartungswert $E(g, s, \beta|y)$, zusammen mit $Var(g, s, \beta|y)$, geschätzt wird. Direkte numerische Integrationsverfahren zur Berechnung von $E(g, s, \beta|y)$ erweisen sich aus Dimensionsgründen als untauglich. Dagegen lassen sich moderne Markov–Ketten–Monte–Carlo–(MCMC)–Methoden, wie etwa Gibbs sampling und der Metropolis–Algorithmus, hierzu einsetzen. Diese erlauben es, (Pseudo-) Zufallszahlen zu generieren, die (approximativ) eine i.i.d. Stichprobe aus der posteriori–Verteilung darstellen. Damit können $E(g, s, \beta)$ und $Var(g, s, \beta)$ durch arithmetische Mittel und empirische Varianzen dieser Zufallszahlen geschätzt werden. Für binäre Zeitreihen ist die Methodik, zusammen mit einer Anwendung auf Regenfalldaten, etwa in FAHRMEIR/TUTZ (1994, ch. 8) beschrieben. Kumulative Modelle für mehrkategoriale Längsschnittdaten werden bei KNORR–HELD (1995) behandelt. Nicht untersucht ist bislang der Bayes'sche Ansatz im zeitstetigen Fall. Beschränken wir uns einfachheitshalber wieder auf die Schätzung einer glatten Trendfunktion $g(t)$, so wird man die priori–Verteilung wiederum über die stochastische Differentialgleichung (2.18) definieren. Damit ist auch der Übergang zum Markov–Modell (2.20) in unveränderter Weise möglich. Ersetzt man das Gauß'sche Beobachtungsmodell (2.21) durch das entsprechende kategoriale Beobachtungsmodell $p(y_t|x_t)$ gemäß (3.1) bis (3.4), so erhält man ein kategoriales Zustandsraummodell. Damit können iterierte Kalman–Filter und –Glätter zur posteriori–Modus–Schätzung und MCMC–Techniken zur posteriori–Erwartungswertschätzung eingesetzt werden.

Weitere Problemstellungen

Die bereits in Abschnitt (2.2) aufgeführten Punkte datengesteuerte Schätzung von Glättungs- und Hyperparameter, Berücksichtigung zusätzlicher Heteroskedastie und serieller Korrelation sind für kategoriale Zeitreihen weit weniger bis überhaupt nicht untersucht. WAGENPFEIL (1995) vergleicht verschiedenen Methoden zur Schätzung von Hyperparametern. Zusätzliche Bedeutung gewinnen auch Methoden der Modelldiagnose und Modellwahl, da im mehrkategorialen Fall eine größere Vielfalt an sinnvollen Beobachtungsmodellen zur Verfügung steht.

4. *Ein Beispiel aus dem Fußballsport*

In der deutschen Bundesliga treffen die Mannschaften in jeder Saison zweimal aufeinander, so daß jedes Team einmal den Heimvorteil genießt. Der Ausgang eines Spiels zwischen zwei Mannschaften i und ℓ, wobei i die Heimmannschaft ist, wird durch $y_{t,i\ell} = 1$ (i gewinnt), $y_{t,i\ell} = 2$ (unentschieden), $y_{t,i\ell} = 3$ (ℓ gewinnt) in drei geordneten Kategorien gemessen. Wie in FAHRMEIR/TUTZ (1994b) kann man die Wahrscheinlichkeiten für die Ausgänge 1, 2 oder 3 durch ein kumulatives Logit- oder Probit-Modell in Abhängigkeit von zeitvariierenden, latenten „Fähigkeiten" $\beta_{ti}, \beta_{t\ell}$ der Teams modellieren und diese aus den Daten schätzen. Dabei kann t etwa das Bundesligajahr, z.B. $t = 1966, \ldots, 1987$, oder auch den Spieltag $t = 1, \ldots, 34$ einer bestimmten Saison bezeichnen. Dem Charakter einer Festschrift entsprechend, wird hier der historischen Analyse über einen längeren Zeitraum von Bundesligajahren der Vorzug gegeben. Die Analyse erstreckt sich über die Bundesligajahre 1966 - 1987 und beschränkt sich auf sechs Mannschaften: Bayern München, 1. FC Köln, VfB Stuttgart, 1. FC Kaiserslautern, Hamburger SV und Eintracht Frankfurt. Als Modellansatz dient ein dynamisches Probit-Modell

$$P(y_{t,i\ell} = 1) = \Phi(\theta_{t1} + \beta_{ti} - \beta_{t\ell})$$
$$P(y_{t,i\ell} = 1 \text{ oder } 2) = \Phi(\theta_{t2} + \beta_{ti} - \beta_{t\ell})$$

mit den Schwellenwertparametern θ_{t1}, θ_{t2}. Die Wahrscheinlichkeiten für Gewinn, Unentschieden und Verlust werden damit durch die Differenz der Fähigkeiten $\beta_{ti} - \beta_{t\ell}$ (i Heimmannschaft) beeinflußt. Die Schwellenwerte repräsentieren den Heimvorteil, da sie bei gleichen Fähigkeiten $\beta_{ti} = \beta_{t\ell}$ die Wahrscheinlichkeiten alleine parametrisieren. Aus Identifizierbarkeitsgründen wird die Restriktion $\sum \beta_{ti} = 0$ eingeführt. Für eine bayesianische Schätzung, wie in Abschnitt 3.3 skizziert, werden random walks 1. Ordnung als priori-Verteilungen für $\{\theta_{t1}, \theta_{t2}, \beta_{ti}\}$ angenommen.

Eine posteriori-Modus- bzw. penalisierte Likelihood-Analyse findet sich bei FAHRMEIR/TUTZ (1994b). Die folgende Abbildung gibt die sehr ähnlichen Ergebnisse einer posteriori-Erwartungswertschätzung mit Gibbs sampling Methoden wieder, die von KNORR-HELD (1995, mit einer Anwendung auf die Saison 1993/94) entwickelt und für das vorliegende Beispiel eingesetzt wurden. Auffallend sind insbesondere die Höhen und Tiefen von Bayern München, die eine gute Übereinstimmung mit Entwicklung, Kommen und Weggang wichtiger Spieler und Trainer anzeigen: Zum Beispiel repräsentiert der Gipfel von 1970 - 1972 die erfolgreichen Jahre des Teams mit Beckenbauer als Kapitän, während das folgende Tal mit dem Weggang wichtiger Spieler zusammenfällt. Auch die zwischenzeitliche Dominanz des HSV unter dem Wiener Trainer Ernst Happel ist deutlich erkennbar.

Abbildung 1: Bundesliga 1966 bis 1987

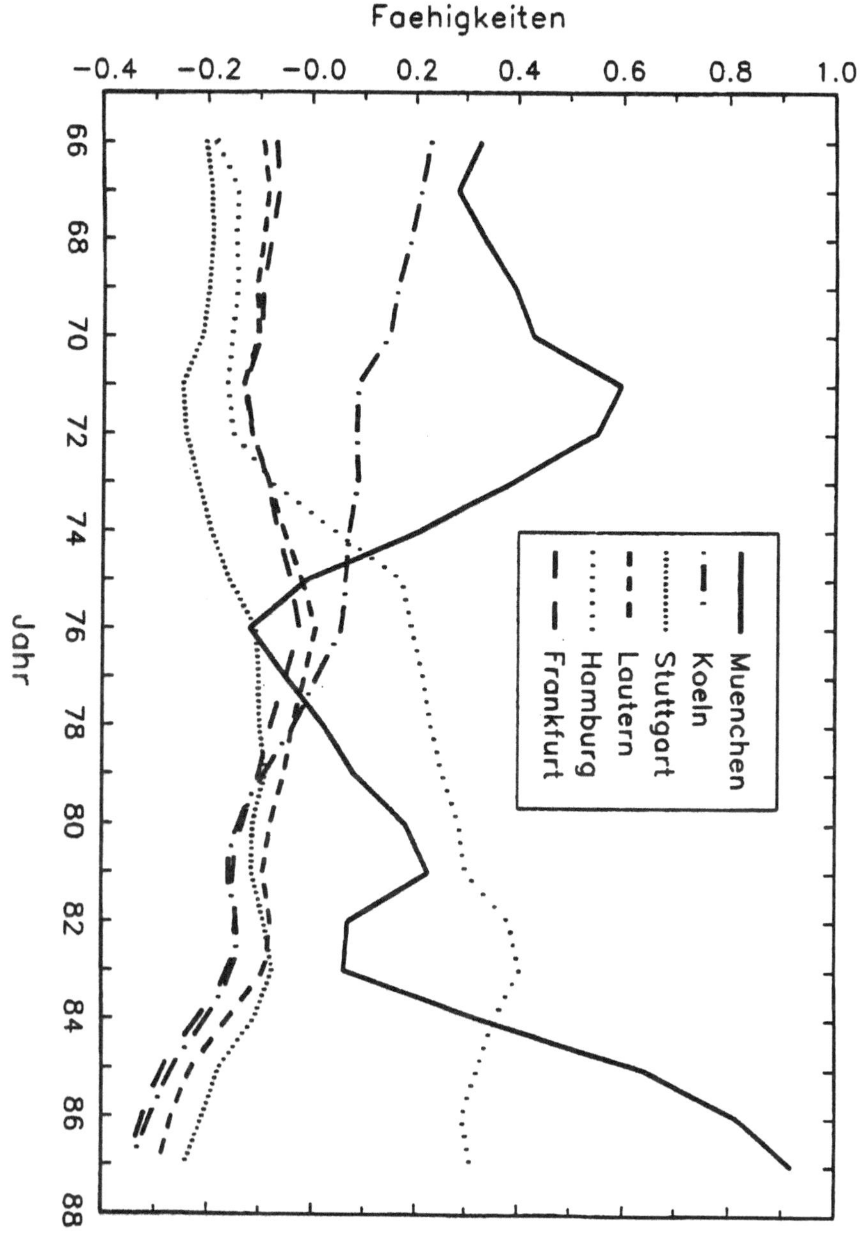

Literatur

ANSLEY, C. / KOHN, R. / WONG, C. (1993): Nonparametric spline regression with prior information; Biometrika 80, 75-88.

BUJA, A. / HASTIE, T. / TIBSHIRANI, R. (1989): Linear smoothers and additive models (with discussion); Ann. Statist. 17, 453-555.

CLEVELAND, W. (1979): Robust locally weighted regression and smoothing scatterplots; J. Am. Statist. Assoc. 74, 829-836.

CLEVELAND, W. / DEVLIN, S. / TERPENNING, I. (1982): The SABL seasonal adjustment and calendar adjustment procedures; Time Series Analysis: Theory and Practice 1, 539-564, ed. sc O. Anderson New York: North Holland.

CLEVELAND, W. / GROSSE, E. (1991): Computational methods for local regression; Statistics and Computing 1, 47-62.

DIGGLE, P. / HUTCHINSON, M. (1989): On spline smoothing with autocorrelated errors; Austral. J. Stat. 31, 166-182.

DIGGLE, P. / LIANG, K.-L. / ZEGER, S. (1994): Analysis of longitudinal data; Oxford: Clarendon Press.

FAHRMEIR, L. / TUTZ, G. (1994): Multivariate statistical modelling based on generalized linear models; New York: Springer Verlag.

FAHRMEIR, L. / TUTZ, G. (1994b): Dynamic stochastic models for time–dependent orderd paired comparison systems; J. Am. Statist. Assoc. 89, 1438-1439.

FAHRMEIR, L. / GIEGER, CH. / KLINGER, A. (1995): Additive, dynamic and multiplicative regression; Erscheint in Sonderheft 29 zum Allg. Stat. Archiv; Vandenhoeck & Ruprecht, Göttingen.

GASSER, T. / MÜLLER, H.-G. (1979): Kernel estimation of regression functions; Lecture Notes in Mathematics 757, 23-68. Berlin: Springer Verlag.

GASSER, T. / MÜLLER, H.-G. (1984): Estimating regression functions and their derivates by the kernel method; Scand. J. Statist. 11, 171-185.

GREEN, P. / SILVERMAN, B. (1994): Nonparametric regression and generalized linear models; London: Chapman and Hall.

HARVEY, A. (1989): Forecasting, structural time series models and the Kalman filter; Cambridge: Cambridge University Press.

HASTIE, T. / TIBSHIRANI, R. (1990): Generalized Additive Models; London: Chapman and Hall.

HASTIE, T. / TIBSHIRANI, R. (1993): Varying coefficient models; J. R. Statist. Soc. B 55, 757-796.

HEBBEL, H. / HEILER, S. (1987): Trend and seasonal decomposition in discrete time; Statistical papers 28, 133-158.

HEILER, S. (1970): Theoretische Grundlagen des „Berliner Verfahrens"; In: Neuere Entwicklungen auf dem Gebiet der Zeitreihenanalyse, (W. WETZEL Herausgeber), Göttingen: Vandenhoeck und Rupprecht.

HENDERSON, R. (1924): A new method of graduation; Trans. Act. Soc. of America 25, 29-40.

KLINGER, A. (1993): Spline–Glättung in zeitdiskreten Verweildauermodellen; Diplomarbeit, Universität München.

KNORR-HELD, L. (1995): Dynamic cumulative Probit models for ordinal panel–data; A Bayesian Analysis by Gibbs sampling; Tech. Report. Inst. für Statistik: Universität München.

KOHN, R. / ANSLEY, C. (1987): A new algorithm for spline smoothing based on smoothing a stochastic process; SIAM J. Sci. Stat. Comput. 8, 33-48.

KOHN, R. / ANSLEY, C. (1988): Equivalence between Bayesian smoothness priors and optimal smoothing for function estimation; In: SPALL, J.(ed.), Bayesian analysis of time series and dynamic models. New York: Marcel Dekker.

KRAUSS, M. (1993): Kernglättungsverfahren als Instrument der Modelldiagnostik in generalisierten linearen Modellen; Diplomarbeit, Universität München.

KÜNSTLER, R. (1995): Robuste Zustandsraummodelle; Dissertation, Universität München.

MÜLLER, H.-G. (1988): Nonparametric regression analysis of longitudinal data; Lecture Notes in Statistics 46. New York: Springer.

NOURNEY, M. / SÖLL, H. (1976): Analyse von Zeitreihen nach dem Berliner Verfahren Version 3; In: Beiträge zur Zeitreihenanalyse, (K. SCHÄFFER Herausgeber), Göttingen: Vandenhoeck und Rupprecht.

PAULY, R. (1989): A general structural model for decomposing time series and its analysis as a generalized regression modell; Statistical Papers 30, 245-261.

PAULY, R. (1990): Strukturelle Komponentenmodelle in der Zeitreihenzerlegung; Bericht, Universität Osnabrück.

PRIESTLEY, M. / CHAO, M. (1972): Nonparametric function fitting; J. Roy. Statist. Soc. B 34, 385-392.

REINSCH, C. (1967): Smoothing by spline functions; Num. Math. 10, 177-183.

SCHIMEK, M. (1992): Serial correlation in spline smoothing: A simulation study; Comp. Statistics 7, 309-327.

SCHLICHT, E. (1981): A seasonal adjustment principle and seasonal adjustment method derived form this principle; J. Am. Statist. Assoc. 76, 374-378.

SHISKIN, J. / YOUNG A. / MUSGRAVE, J. (1967): An X-11 variant of the census method 11 seasonal adjustment program; Bureau of Census Techn. Paper. U.S. Dept. of Commerce.

SILVERMAN, B. (1984): Spline smoothing: The equivalent variable kernel method; Ann. Statist. 12, 898-916.

TIBSHIRANI, R. / HASTIE, R. (1987): Local Likelihood estimation; J. Am. Statist. Assoc. 82, 559-567.

TUTZ, G. (1990): Modelle für kategoriale Daten mit ordinalem Skalenniveau; Göttingen: Vandenhoeck und Rupprecht.

TUTZ, G. / KAUERMANN, G. (1995): Varying coefficients in multivariate generalized linear models: A local likelihood approach; Forschungsberichte TU Berlin.

WAGENPFEIL, S. (1995): Hyperparameter estimation in exponential family state space models; Preprint, Institut für Statistik München.

WAHBA, G. (1978): Improper prior, spline smoothing and the problem of guarding against modell errors in regression; J. Roy. Statist. Soc. B 44, 364-372.

WEICHSELBERGER, K. (1964): Über eine Theorie der gleitenden Durchschnitte und verschiedene Anwendungen dieser Theorie; Metrika 8, 185-230.

WEICHSELBERGER, K. (1967): Analyse von Zeitreihen und Unregelmäßigkeiten; Die Statistik in der Wirtschaftsforschung (Festschrift für R. WAGENFÜHR), 453-475.

WHITTAKER, E. (1923): On a new method od graduation; Proc. Edinburgh Math. Assoc. 78, 81-89.

WHITTAKER, E. (1924): On the theory of graduation; Proc. Royal Soc. Edinburgh 44, 77-83.

ZEGER, S. / DIGGLE, P. (1994): Semiparametric models for longitudinal data with application to CD4 cell numbers in HIV seroconverters; Biometrics 50, 689-699.

Zur Glättung saisonaler Zeitreihen

Von SIEGFRIED HEILER*, Konstanz

Zusammenfassung: Es wird ein Überblick über methodische Vorschläge zur Glättung saisonaler Zeitreihen seit Beginn der sechziger Jahre bis hin zu neuesten Vorschlägen und Möglichkeiten gegeben. Diskutiert werden die am Anfang der Entwicklung stehenden lokalen Regressionen, die Konstruktion von linearen Filtern unter Frequenzaspekten, die parametrische und semiparametrische Modellbildung, der Zugang über Glättungssplines, die lokal gewichtete Regression und einige Vorschläge für robuste Glättungsverfahren.

1. Einleitung

Der Beitrag möchte einen Überblick über methodische Entwicklungen auf dem Gebiet der Glättung saisonbehafteter Zeitreihen seit Beginn der sechziger Jahre geben. So werden im folgenden Abschnitt die Ansätze vorgestellt, die auf lokaler Regression basieren. Sie führen zu einem einheitlichen Prinzip der Herleitung gleitender Durchschnitte sowohl in der Mitte als auch am Rand der Zeitreihe. Desgleichen können damit auch saisonale Schwankungen in einem geschlossenen Ansatz miterfaßt werden. Die Notwendigkeit, iterativ Trend- und Saisonbereinigungen hintereinander zu schalten, wie dies beim X-11-Verfahren des Bureau of the Census der USA (vgl. SHISKIN et al., 1965) getan wird, entfällt damit. Trotz seiner weltweiten Verbreitung wird daher auf dieses Verfahren nicht näher eingegangen, da es eine aus einer Folge von Experimenten entstandene Bastellösung darstellt, der ein methodisches Grundkonzept fehlt. Dies gilt zumindest für die beliebtere „multiplikative" Version, deren Prozedur einige logische Inkonsequenzen enthält. Aber auch die „additive" Version wird, was die Behandlung der Saisonschwankungen und die Schätzungen am Rand anbetrifft, von den Verfahren, die auf der lokalen bzw. der lokal gewichteten Regression aufbauen, klar dominiert.

In Abschnitt 3 werden einige Vorschläge zur Konstruktion linearer Filter als Glättungsoperatoren referiert, die nach Optimierungskriterien im Frequenzbereich konzipiert sind. Insbesondere aus dem Bereich der Ökonometrie stammen Vorschläge, die – auf saisonalen ARIMA-Modellen fußend – eine Parameterschätzung über Box-Jenkins-Prozeduren oder auch den Kalman-Filter vornehmen und darauf eine Komponentenzerlegung aufbauen. Parametrische Modelle haben gegenüber anderen Glättungsansätzen zweifellos den Vorteil, daß mit ihnen direkt Kurzfristprognosen durchgeführt werden können, wozu Glättungsverfahren nicht oder nur bedingt taugen, aber auch gar nicht konzipiert sind. Zuweilen werden die parametrischen Ansätze von ihren Protagonisten als dem modernen Stand der statistischen Methodologie

* Prof. Dr. Siegfried Heiler, Universität Konstanz, Fakultät für Wirtschaftswissenschaften und Statistik, Universitätsstraße 10, D-78434 Konstanz

entsprechend herausgestellt und die anderen als „veraltet“ oder „rein deskriptiv“ abgetan.[1] Der Boom der Arbeiten zur nichtparametrischen Regression in jüngerer Zeit zeigt demgegenüber, daß der Glaube an allzu spezielle parametrische Modelle einer gesunden Skepsis weicht und zunehmend Verfahren, die auf schwächeren Annahmen basieren, der Vorzug gegeben wird. Abschnitt 4 stellt einige (bei weitem nicht alle) solcher parametrischer bzw. semiparametrischer Modellansätze zur Komponentenzerlegung vor.

Die Minimierung einer Zielfunktion, die aus einem gewogenen Mittel eines allgemeinen Glattheitskriteriums und eines quadratischen Datenanpassungskriteriums besteht, führt zu natürlichen Splines, über die im fünften Abschnitt referiert wird. Dabei wird auf Verwandtschaften und Ähnlichkeiten einiger (semi-) parametrischer Ansätze zum Splines-Ansatz hingewiesen. Ein weiterer parametrischer Zugang von BREITUNG (1994) in Abs. 6 wird im Anschluß an die Splines-Glättung diskutiert, da er eine Kombination aus ARIMA-Modellierung und anschließender Splines-Zerlegung beinhaltet.

Die Idee der lokalen Regression wurde als *lokal gewichtete* Regression etwa 13 Jahre nach der Kernregression von NADARAJA (1964) und WATSON (1964) in die statistische Literatur eingeführt, allerdings ohne Bezug zu nehmen auf die entsprechenden Konstruktionsansätze für gleitende Durchschnitte in den sechziger Jahren. Im Zusammenhang mit der Zeitreihenglättung unterscheidet sich die lokal gewichtete Regression von jenen Ansätzen nur dadurch, daß Rechteckskerne durch stetige Kernfunktionen ersetzt wurden. In Abschnitt 7 werden neue Resultate dieser vielversprechenden Vorgehensweise vorgestellt.

Schließlich werden in Abschnitt 8 Möglichkeiten und Methoden der robusten Glättung saisonaler Zeitreihen diskutiert.

Im folgenden wird das bekannte additive Komponentenmodell betrachtet, wonach sich eine Zeitreihe (gegebenenfalls nach geeigneter Transformation) darstellen läßt in der Form

$$Y_t = G_t + S_t + \varepsilon_t, \quad t = 1, 2, \ldots \tag{1.1}$$

mit der glatten Komponente (Trend-Zykluskomponente) G, der saisonalen Schwankungskomponente S und den irregulären Restschwankungen ε, von denen angenommen wird, daß sie unkorrelierte und homoskedastische Zufallsvariablen mit Erwartungswert Null sind. Das Ziel von Glättungsverfahren ist es, eine Schätzung für den Verlauf von G zu erhalten. Gelegentlich interessiert man sich auch für den Verlauf von S oder für einen um diese Schätzung „bereinigten“ Verlauf der Zeitreihe, d.h. für $Y - \widehat{S}$ (Saisonbereinigung). Auf die Streitfrage, ob $\widehat{G}$ oder $Y - \widehat{S}$ für eine prospektive Analyse (z.B. für eine aktuelle Konjunkturdiagnose bei Wirtschaftsdaten) besser geeignet ist, soll hier nicht weiter eingegangen werden. Die Glättung von Zeitreihen ohne Saisonschwankungen durch einfache oder andere symmetrische gleitende Durchschnitte geht historisch schon weit zurück. SPENCERS

[1] Eine Ursache für diese Fehleinschätzung der nichtparametrischen Statistik beruht möglicherweise darauf, daß bei der Statistikausbildung in ökonomischen Fakultäten bzw. Departments nichtparametrische Denkweisen und Methoden nicht oder nur in geringem Maße vermittelt werden.

lange Zeit beliebten 15- bzw. 21-Punkte-Mittel stammen aus dem Jahr 1904. WHITTAKER (1923) und HENDERSON (1924) schlagen ein Glättungsverfahren vor, bei dem eine gewichtete Summe aus einer Glattheitsvorschrift und einem Kleinst-Quadrate-Anpassungskriterium minimiert wird.

2. Gleitende Durchschnitte als lokale Regression

Geht man von der beliebten Modellvorstellung aus, die glatte Komponente lasse sich lokal, d.h. für $m = 2k+1$ aufeinanderfolgende Zeitpunkte durch ein Polynom vorgegebenen Grades p darstellen, dann liefern SPENCERs und andere heuristische gleitende Mittel für kein $p \in \mathbb{N}$ eine optimale Anpassung im Sinne erwartungstreuer Schätzer mit kleinster Varianz. Außerdem entsteht bei allen heuristisch hergeleiteten symmetrischen Gewichtungssystemen das Problem, daß am Anfang und am Ende der Zeitreihe bei der Glättung jeweils k Werte verlorengehen, was für die Diagnose am aktuellen Rand besonders mißlich ist und zu einer ganzen Reihe heuristischer, methodisch wenig befriedigender Vorschläge zur „Randergänzung" geführt hat.

Im obigen Sinn optimale Gewichtungssysteme erhält man, wenn sie aus der lokalen Anpassung eines Polynoms abgeleitet werden. Ansätze in dieser Richtung, auch unter der zusätzlichen Nebenbedingung, daß eine lokal konstante periodische Funktion eliminiert werden soll, findet man bei A. FISHER (1937) und JONES (1943). Ein einheitliches Prinzip zur Herleitung gleitender Durchschnitte sowohl in der Mitte als auch am Rand der Zeitreihe verwendet erstmals BONGARD (1960), und zwar sowohl für Zeitreihen ohne als auch für solche mit Saisonschwankungen. Tabellen mit gleitenden Durchschnitten zur lokalen Anpassung von Polynomen vorgegebenen Grades und für verschiedene Längen der Stützbereiche für die Mitte und den Rand der Zeitreihe hat COWDEN (1962) zusammengestellt.

Aufbauend auf den Überlegungen von BONGARD entwickelt WEICHSELBERGER (1964) eine allgemeine Theorie der gleitenden Durchschnitte, in der glatte und saisonale Komponente, zusammengefaßt als „systematische Komponente", als Linearkombination bekannter Funktionen modelliert und die Koeffizienten dieser Linearkombination nach der Methode der kleinsten Quadrate geschätzt werden. Zur Darstellung der saisonalen Komponente schlägt WEICHSELBERGER Indikatorfunktionen (Saison-Dummies) vor. Da die Schätzer für die systematische Komponente lineare Funktionen der Daten im jeweiligen Stützbereich sind, lassen sie sich als gewogenes Mittel der Daten darstellen, und die Gewichte sind gegenüber einer Verschiebung der Stützbereiche invariant. So erhält man optimale Gewichtungssysteme sowohl für den mittleren Bereich als auch für die Ränder der Zeitreihe. Dabei stellt sich heraus, daß symmetrisch um die Schätzstelle gewählte Stützbereiche durchaus nicht immer (so bei geradem Polynomgrad) varianzminimal sind. Da ein linearer Ansatz zugrunde liegt, lassen sich glatte und saisonale Komponente auf natürliche (wenn auch nicht auf eindeutige) Weise trennen. Nach den allgemeinen Überlegungen folgen bei WEICHSELBERGER ausführlich durchgeführte Konstruktionen von Gewichtungssystemen bei polynomialer Approximation der glatten Komponente (ohne saisonale Schwankungen) und Diskussionen der Resultate. Die explizite Einbeziehung saisonaler Schwankungen in den allgemeinen Ansatz von WEICHSELBERGER wird von HEILER (1966) vorgenommen. Er verwendet für die lokale Approximation saisonaler Schwankungen Fourierpolynome und zeigt, wie optimale Gewichtungssysteme für das Trend–Zyklus– und das Saisonproblem auf einfache Art abgelesen werden können aus den Zeilen einer Kleinst–Quadrate–Projektionsmatrix, durch welche der Beobachtungsvektor im Stützbereich auf den linearen Unterraum des $\mathbf{R}^m$ projiziert wird, der von den zur Darstellung der systematischen Komponente verwendeten Funktionen aufgespannt wird. Die Matrixdarstellung macht auch deutlich, daß das übliche Komponentenmodell keine kanonische Zerlegung in glatte und saisonale Komponente liefert, da die Unterräume des $\mathbf{R}^m$, die von den entsprechenden Funktionen aufgespannt werden, nicht zueinander orthogonal sind. Weiter untersucht HEILER (1966), wie durch gleitende Durchschnitte Amplituden und Phasen harmonischer Komponenten einer Zeitreihe verändert werden.

3. Gleitende Durchschnitte als lineare Filter

Fouriertransformation von Zeitreihendaten ermöglicht die Zugangsweise, die Zeitreihe als eine Summe von Schwingungen im Frequenzbereich $[0, \pi]$ zu interpretieren. Ebenso erlaubt das stochastische Modell, bei dem Zeitreihen als Realisierungen schwach stationärer Prozesse bzw. als Lineartransformationen solcher Prozesse angesehen werden, die Interpretation der Zeitreihenvariablen als Summen (Integrale) zufälliger Schwingungen (mit zufälligen Amplituden und Phasen). Bei diesem Zugang entspricht der „glatten Komponente" der Bereich der mittel- bis langfristigen Schwingungen, also dem Niederfrequenzbereich, und die „Saisonkomponente" wird identifiziert mit Schwingungen in Bändern um die der Saisonperiode s entsprechende Saisonfrequenz $\lambda_1 = 2\pi/s$ und den zugehörigen Oberwellen $\lambda_j = j\,\lambda_1$, $j = 2, \ldots, [s/2]$. Der Ermittlung der glatten Komponente entspricht demnach das Herausfiltern der niederfrequenten Schwingungsanteile, und der Saisonbereinigung entspricht die Unterdrückung der Schwingungen in den saisonalen Frequenzbändern. Damit kann das Problem der Ermittlung einer glatten Komponente oder einer Saisonbereinigung als eine Filterentwurfsaufgabe im Frequenzbereich angegangen werden. Dazu stehen aus der Nachrichtentechnik bekannte, zeitkontinuierliche und zeitdiskrete Filtertypen als Transversalfilter oder rekursive Filter zur Verfügung. Erstere arbeiten wie einseitige gleitende Durchschnitte, letztere sehen formal aus wie ein ARMA(p,q)–Modell, wobei an die Stelle des dortigen weißen Rauschens die beobachtete Zeitreihe als „Eingang" des Systems gesetzt wird und die zu ermittelnde Komponente der „Ausgang" des Systems ist. Die Koeffizienten werden jedoch nicht aus den Daten geschätzt, sondern entsprechend den wünschenswerten Übertragungseigenschaften gesetzt. Beide Filtertypen sind als einseitige Systeme randstabil in dem Sinne, daß es am aktuellen Rand zu keinen Änderungen der Koeffizienten kommt. Damit gibt es auch keine Revisionen, wenn neue Beobachtungen hinzukommen.

Ideale Übertragungseigenschaften zur Ermittlung einer glatten Komponente haben sogenannte Tiefpaßfilter, welche die niedrigen Frequenzkomponenten passieren lassen und alle anderen unterdrücken. Saisonbereinigung kann erreicht werden durch Bandstopfilter, welche Schwingungskomponenten in Bändern um die Saisonfrequenzen unterdrücken und andere passieren lassen. Als Nebenbedingung kommt hinzu, daß die verursachte Phasenverschiebung (der im Zeitbereich eine zeitliche Verzögerung der Information entspricht und die nur bei symmetrischen gleitenden Durchschnitten identisch verschwindet) möglichst klein sein soll. SCHIPS/STIER (1974, 1975) schlagen (in ihrem „modifizierten" Verfahren) als Tiefpaß den aus der Nachrichtentechnik bekannten „Butterworth-Filter" vor. STIER (1980) beschreibt die Konstruktion eines „Kerbenfilters" zur Saisonbereinigung. HEILER/WILLERS (1976) geben ein Programm an, mit dem bei Vorgabe eines beliebigen, als ideal angesehenen Amplitudenverlaufs und geeigneten Gewichtungsfunktionen zugehörige, minimalphasige rekursive Filter durch Lösung eines Optimierungsproblems konstruiert werden können. Einen Überblick über die frequenzbezogene Betrachtungsweise ist etwa zu finden bei HEILER (1976) oder STIER (1980).

4. Parametrische und semiparametrische Modelle zur Zeitreihenglättung

Während bei gleitenden Durchschnitten das zugrunde liegende Modell lokal definiert ist, basieren die Vorschläge von WHITTAKER und HENDERSON auf einem globalen Ansatz, der impliziert, daß mit jeder neu hinzukommenden Beobachtung die Glättung für die gesamte Beobachtungsperiode neu berechnet werden muß. Bei gleitenden Durchschnitten kommt es nur am aktuellen Rand zu Korrekturen, die solange fortgeführt werden, bis eine vormalige Randbeobachtung in den Mittelbereich der Zeitreihe gerückt ist, in dem gleitend dasselbe Gewichtungssystem angewendet wird.

Eine Fülle von parametrischen oder semiparametrischen Modellen zur Glättung von Zeitreihen basiert auf Weiterentwicklungen der Ideen von WHITTAKER und HENDERSON, dem Zustandsraummodell mit dem Kalman-Filter sowie den seit Beginn der siebziger Jahren so beliebt gewordenen (saisonalen) ARIMA-Modellen. Erste Vorschläge zu einer „optimalen" Saisonbereinigung, wobei die Modellgleichung (1.1) als Beobachtungsgleichung ergänzt wird durch autoregressive Modelle für die glatte – und die Saisonkomponente in Form der Zustandsgleichungen

$$\text{(a)}\quad G_t = \beta_1 G_{t-1} + \beta_2 G_{t-2} + u_t \qquad \text{(b)}\quad S_t = \beta_3 S_{t-s} + v_t \tag{4.1}$$

mit (u_t) und (v_t) als weißem Rauschen, findet man bei GRETHER/NERLOVE (1970). AKAIKE (1980) und SCHLICHT (1981) erweitern unabhängig voneinander den Ansatz von WHITTAKER und HENDERSON, indem sie eine „Glattheitsvorschrift“ (bzw. zwei Glattheitsvorschriften) für die Saisonkomponente hinzufügen. Mit dem Verschiebeoperator L, dem Identitätsoperator $I = L^0$, dem Differenzenoperator $\Delta = I - L$ und dem Summenoperator $U_s(L) = I + L + L^2 + \ldots + L^{s-1}$ lautet der Ansatz dann : Minimiere

$$\sum(y_t - G_t - S_t)^2 + \tau_1^2 \sum(\Delta^k G_t)^2 + \tau_2^2 \sum \Big(U_s(L)S_t\Big)^2 \quad (4.2)$$
$$+ \left\{\tau_3^2 \sum \Big((I - L^s)S_t\Big)^2\right\}$$

bezüglich G und S. Zu vorgegebenen Gewichten τ_1^2, τ_2^2, τ_3^2 existiert eine eindeutige Lösung. Der erste Term entspricht der Anpassungsvorschrift an die Daten, der zweite ist die Glattheitsvorschrift für die glatte Komponente und die letzten beiden sind entsprechende „Glattheitsvorschriften“ für die Saisonkomponente. Danach läßt sich eine ideal glatte Komponente lokal darstellen als Polynom vom Grad $k - 1$ (häufig wird $k = 2$ gewählt), die Saisonabweichungen addieren sich über eine Periode hinweg zu Null auf und bleiben für aufeinanderfolgende gleichnamige Monate (Quartale etc.) gleich. Die Summenbedingung ist jedoch gegenüber dem letzten, von SCHLICHT zusätzlich verwendeten Term im gewissen Sinn redundant, denn, wie leicht nachzurechnen, gilt $I - L^s = U_s(L)(I - L) = U_s(L)\Delta$. Die beiden Glattheitsvorschriften unterscheiden sich also nur um die ersten Differenzen.

Die Gewichte τ_1^2 und τ_2^2 gewinnt AKAIKE über einen Bayes'schen Ansatz mit der Annahme der Normalverteilung der Restschwankungen ε_t. In einem entsprechenden Zustandsraummodell mit der Beobachtungsgleichung (1.1) und den Zustandsgleichungen

$$\text{(a)} \quad \Delta^k G_t = u_t \qquad \text{(b)} \quad U_s(L)S_t = v_t, \qquad (4.3)$$

wie es von KITAGAWA/GERSCH (1984) diskutiert und in ähnlicher Form von HARVEY/TODD (1983) angewendet wird, entsprechen den Gewichten τ_1^2 und τ_2^2 die Varianzverhältnisse (signal to noise ratios) $\sigma_u^2/\sigma_\varepsilon^2$ bzw. $\sigma_v^2/\sigma_\varepsilon^2$, wobei mit σ_ε^2 die Varianz des weißen Rauschens in (1.1) bezeichnet wird und die Varianzen für die Restprozesse in (4.1) gleich σ_u^2 bzw. σ_v^2 sind.

(4.3 a) führt zu einem stochastischen, lokal polynomialen Trend der Ordnung $k-1$. HARVEY/TODD verwenden zur Schätzung der Varianzverhältnisse und für Prognosen den Kalman-Filter-Algorithmus. KITAGAWA/GERSCH fügen zu (4.3) noch ein stochastisches Trendmodell vom AR(p)-Typ hinzu, $G_t = G_{1t} + G_{2t}$ mit G_{1t} wie oben sowie $a_p(L)G_{2t} = w_t$, $a_p(L) = I - \alpha_1 L - \ldots - \alpha_p L^p$ und (w_t) als weißes Rauschen. Zusätzlich wird ein Kalendereffekt mit externen Regressoren modelliert. Die unbekannten Modellparameter sowie die Varianzverhältnisse werden ebenfalls über einen Kalman-Filter-Algorithmus geschätzt, wobei die spezielle Modellauswahl über die Minimierung des Informationskriteriums AIC erfolgt.

Mit den Spezifikationen in (4.3) lassen sich die Zeitreihenvariablen y_t auch in der Form eines saisonalen ARIMA-Modells schreiben. Von dieser Betrachtung sind HILLMER/TIAO (1982) ausgegangen, wobei das durch (1.1) und (4.3) gegebene Modell noch dahingehend parametrisiert wird, daß für die einzelnen Komponenten in (1.1) individuelle Modelle der Art

$$\text{(a) } \Delta^k G_t = b_G(L)u_t \quad \text{(b) } U_s(L)S_t = b_S(L)v_t \quad \text{(c) } a(L)\varepsilon_t = b_\varepsilon(L)\xi_t \tag{4.4}$$

zugrunde gelegt werden mit (u_t), (v_t), (ξ_t) als paarweise unabhängigen Prozessen weißen Rauschens, und wobei die entsprechenden Operatorpolynome keine gemeinsamen Nullstellen und nur Nullstellen auf oder außerhalb des Einheitskreises haben. Die Komponentenmodelle lassen sich vereinigen zu einem Gesamtmodell für die Zeitreihe

$$A(L)y_t = B(L)\eta_t \tag{4.5}$$

in der Form eines SARIMA-Modells mit $A(L) = \Delta^k U_s(L)a(L)$.

Es ergibt sich die Frage, ob und wie aus dem Gesamtmodell (4.5) die einzelnen Komponenten identifiziert werden können, insbesondere also die MA-Operatoren b_G, b_S und b_ε und die zugehörigen Prozesse (u_t), (v_t) und (ξ_t). Eine Partialbruchzerlegung von $[B(z)B(z^{-1})] / [A(z)A(z^{-1})]$ in drei Terme führt unter gewissen Zusatzbedingungen zu einer im Sinne der obigen Fragestellung „akzeptablen Zerlegung“, die jedoch keine eindeutige Trennung von G und S liefert. Eindeutigkeit kann nur erreicht werden über eine Zusatzbedingung. Dazu schlagen HILLMER/TIAO vor, daß die Varianz der Modellresiduen maximiert werden soll. Die so erreichte eindeutige Zerlegung wird von ihnen als „kanonische Zerlegung“ bezeichnet. Sie impliziert, daß soviel Schwankungsenergie wie möglich von glatter - und Saisonkomponente weggenommen und den Residuen zugeschlagen wird. Glatte Komponente und Saison werden damit so glatt wie möglich („so deterministisch wie möglich“). Ob dies in der Praxis immer wünschenswert ist (man denke etwa an Abschleifungen von Konjunkturschwankungen), sei dahingestellt. In den für Anwendungen speziell betrachteten Modellen wird für $A(L)$ der Operator $(I-L)^s$ bzw. der Operator $(I-L)(I-L^s)$ gewählt und für die rechte Seite entsprechend $B(L) = (I - \theta_1 L^s)$ bzw. $B(L) = (I - \theta_1 L)(I - \theta_2 L^s)$ genommen. Bei der praktischen Vorgehensweise wird zunächst an die Daten ein SARIMA-Modell angepaßt. Mit den so geschätzten Parametern wird dann eine kanonische Zerlegung durchgeführt.

PAULY (1989, 1990) führt den Ansatz von KITAGAWA/GERSCH noch etwas weiter, indem er neben (4.3) und der Modellierung von Kalenderunregelmäßigkeiten auch die Berücksichtigung etwaiger weiterer, exogener Einflußgrößen (wie Niederschlagsmengen etc.) zuläßt und die Modellparameter einschließlich der Varianzverhältnisse über einen Maximum-Likelihood-Ansatz in einem „verallgemeinerten nichtlinearen Regressionsmodell“ schätzt.

5. Glättung durch Splines

Die Idee von WHITTAKER und HENDERSON wird von HEBBEL (1982) verallgemeinert, indem die dortige Glattheitsvorschrift durch einen beliebigen, geeignet gewählten, linearen Differentialoperator ersetzt wird. Die Anwendung auf saisonbehaftete Zeitreihen wird betrachtet in HEBBEL/HEILER (1987a, zeitkontinuierliches Modell) und (1987b, zeitdiskretes Modell). Um den Vergleich mit anderen Vorschlägen zu erleichtern, wird hier nur der zeitdiskrete Fall skizziert. Der Ansatz ist auch anwendbar für nichtäquidistante Daten. Im folgenden sei also $y = (y_1, \ldots, y_n)$ ein zeitlich geordneter Datensatz.

Ist $T = \sum_{j=0}^{p} a_j L^j$ ein allgemeiner linearer Differenzenoperator mit der Faktorisierung

$$T = \sum_{j=0}^{r} (I - \omega_j L)^{r_j}, \quad \sum_{j=0}^{r} r_j = p\,,$$

wobei die ω_j^{-1} die Wurzeln des entsprechenden charakteristischen Polynoms mit den Vielfachheiten q_j sind, so wird für $a_0 = 1$, $\omega_0 = 1$, $\sigma^2 \in \mathbf{R}_+$ und $a \le t_1 < t_2 < \ldots < t_n \le b$ die Lösung des Problems

$$\min_{x(t), t \in \mathbb{Z}} \left\{ \sigma^2 \sum_{t=a}^{b} \Big(Tx(t)\Big)^2 + \sum_{k=1}^{n} \Big(y_k - x(t_k)\Big)^2 \right\} \tag{5.1}$$

explizit angegeben.

Da jede glatte Funktion lokal durch ein Polynom (Taylorreihenentwicklung) und jede sich langsam ändernde periodische Funktion lokal durch eine Fourier–Reihe approximiert werden kann, bietet sich zur Glättung saisonaler Zeitreihen der Differenzenoperator

$$\begin{aligned} T(L) &= (I - L)^k \prod_{j=1}^{q} (I - e^{i\lambda_j} L)(I - e^{-i\lambda_j} L) \\ &= (I - L)^k \prod_{j=1}^{q} (I - 2\cos\lambda_j L + L^2) =: (I - L)^k T_S(L) \end{aligned} \tag{5.2}$$

an, wobei $q = [s/2]$, $\lambda_1 = 2\pi/s$ und $\lambda_j = j \cdot \lambda_1$, $j = 2, \ldots, q$. Zum Nullraum von $(I - L)^k$ gehören Polynome mit einem Grad von höchstens $k-1$, der zweite Teil annulliert periodisch Schwingungen mit Frequenzen λ_j, $j = 1, \ldots, q$. Ein im Sinne dieses Operators ideal glatter Verlauf ist also durch eine Linearkombination solcher Funktionen charakterisiert.

Es ist nicht uninteressant, für einige spezielle Konstellationen durch Ausmultiplizieren die polynomiale Form des Glattheitsoperators zu bestimmen und mit weiter oben diskutierten Vorschlägen zu vergleichen. Zunächst erhält man für $s = 4$ (Quartalsdaten)

$$T_S(L) = (I + L^2)(I + L)^2 = I + 2L + 2L^2 + 2L^3 + L^4$$

und für $s = 12$ (Monatsdaten)

$$\begin{aligned} T_S(L) &= (I - \sqrt{3}L + L^2)(I - L + L^2)(I + L^2)(I + L^2) \\ &\qquad (I + L + L^2)(I + \sqrt{3}L + L^2)(I + L)^2 \\ &= I + 2L + 2L^2 + \ldots + 2L^{11} + L^{12}. \end{aligned}$$

Dies entspricht einer Summenbildung und Gewichtung, wie sie von den gleitenden „Viererdurchschnitten“ bzw. gleitenden „Zwölferdurchschnitten“ her wohl bekannt ist. Für s gerade ist $\lambda_q = \pi$ und die entsprechende Nullstelle -1 tritt im obigen Operator doppelt auf. Man erhält für $k = 1$

$$T(L) = (I - L)T_S(L) = (I + L)(I - L^s),$$

und für $k = 2$ ist

$$T(L) = (I - L^2)T_S(L) = (I - L^2)(I - L^s).$$

Der saisonale Differenzenoperator $I - L^S$ spielt bei den saisonalen ARIMA-Modellen eine wichtige Rolle und ist auch in dem Vorschlag von SCHLICHT enthalten. Berücksichtigt man in dem obigen Differenzenoperator die Nullstelle -1 nur einfach, was völlig ausreicht, da der Operator $I+L$ eine Schwingung mit Frequenz π annulliert, so gilt $T_S(L) = U_s(L)$. Die Gleichheit von $T_S(L)$ mit dem saisonalen Summenoperator erhält man auch für s ungerade (etwa bei einem Wochenrhythmus in Tagesdaten oder bei einem Arbeitsrhythmus von 5 Arbeitstagen je Woche), da hier $\lambda_q < \pi$. Der Summenoperator $U_s(L)$ wird auch verwendet in den Vorschlägen von AKAIKE, KITAGAWA/GERSCH sowie HARVEY/TODD. HILLMER/TIAO verwenden für die „linke Seite" ihres Modells ebenfalls den Operator

$$T(L) = (I - L)^k U_s(L) = (I - L)^{k-1}(I - L^s) \tag{5.3}$$

und zwar mit $k = 1$ und $k = 2$.

Mit dem Operator (5.2) bzw. (5.3) hat die Lösung des Problems (5.1) für $t \in [a, b]$ die Gestalt

$$\begin{aligned} \widehat{x}(t) &= \sum_{j=1}^{k} \widehat{\beta}_{oj} t^{j-1} + \sum_{j=1}^{q} (\widehat{\beta}_{1j} \cos \lambda_j t + \widehat{\beta}_{2j} \sin \lambda_j t) \\ &+ \sum_{k=1}^{n} \widehat{\gamma}_k H(t - t_k - p) \left\{ \sum_{j=1}^{2k} b_{0j} \binom{t - t_k - p + j - 1}{j - 1} \right. \\ &\left. + \sum_{j=1}^{q} (b_{1j} \cos \lambda_j (t - t_k - p) + b_{2j} \sin \lambda_j (t - t_k - p) \right\}. \end{aligned} \tag{5.4}$$

Dabei ist H die diskrete Heaviside–Funktion, d.h. $H(t) = 1$ für $t \geq 0$ und Null sonst. Die Koeffizienten b_{0j}, b_{1j} und b_{2j} stammen aus einer Partialbruchzerlegung von $[T(z^{-1})T(z)]^{-1}$ und können rekursiv berechnet werden, während die Koeffizienten $\widehat{\beta}_{ij}$ und $\widehat{\gamma}_k$ gewissen linearen Nebenbedingungen genügen und dadurch eindeutig bestimmt sind. Die Lösung kann als diskreter natürlicher Spline bezeichnet werden. Der inhomogene Teil der Lösung der Differenzengleichung ist zusammengesetzt aus Impulsen zu den Beobachtungszeitpunkten $t_1, \ldots, t_n$, wobei die Impulse jedoch erst p Zeitpunkte später wirksam werden.

Die obige Darstellung erlaubt eine naheliegende (wenn auch nicht eindeutige) Aufteilung in glatte - und Saisonkomponente. Die Koeffizienten $\widehat{\beta}_{ij}$ und $\widehat{\gamma}_k$ sind lineare Funktionen der Daten. Sie können interpretiert werden als unter linearen Nebenbedingungen hergeleitete Kleinstquadrateschätzer. Mit $y = (y_{t_1}, \ldots, y_{t_n})'$ läßt sich daher $\widehat{x} = (\widehat{x}(t_1), \ldots, \widehat{x}(t_n))$ schreiben in der Form

$$\widehat{x} = Wy = W_G y + W_S y = \widehat{G} + \widehat{S},$$

und die Matrizen W, W_G, W_S haben die Eigenschaft, invariant gegenüber einer Verschiebung auf der Zeitachse zu sein. Dies hat zur Folge, daß bei äquidistanten Daten der diskrete Spline-Ansatz auch lokal vorgenommen werden kann und entsprechend aus den Zeilen der W-Matrizen Gewichtungssysteme für gleitende Durchschnitte entnommen werden können. So konstruierte Gewichtungssysteme weisen eine größere Randstabilität gegenüber den nur aus Polynomen und trigonometrischen Funktionen abgeleiteten gleitenden Durchschnitten auf.

Die Spline-Lösung (5.4) läßt sich auch interpretieren als beste lineare unverzerrte Prognose bzw. Filterung von $x(t)$ bezüglich y in einem Zustandsraummodell mit Beobachtungsgleichung

$$y_k = x(t_k) + \varepsilon_k$$

und Zustandsgleichung

$$x(t) = \sum_{j=1}^{p} \beta_j f_j(t) + u(t)$$

mit $\sigma^2 = \sigma_\varepsilon^2$, wobei die Funktionen f_j der homogenen Lösung des Differenzenoperators entstammen. In (5.1) legt die Höhe von σ^2 den Grad der Glattheit fest. Zur datengesteuerten Bestimmung von σ^2 als Glattheitsparameter kann ein Kreuzvalidierungsverfahren („leave one out"-Schätzer) verwendet werden. Der Unterschied zu den weiter oben diskutierten Modellen von SCHLICHT, AKAIKE, KITAGAWA/GERSCH sowie HARVEY/TODD besteht darin, daß dort die Trennung der Komponenten bereits im Modellansatz vorgenommen wird, während hier die Trennung der Komponenten in der Lösung erfolgt, was durch die unterschiedliche Lage der Nullstellen des entsprechenden charakteristischen Polynoms möglich ist.

Der Spline-Ansatz weist eine große Ähnlichkeit mit dem Vorschlag von HILLMER/TIAO auf. Der Glattheitsoperator stimmt mit der linken Seite ihres Modells überein. Beim Spline-Ansatz wird lediglich auf eine weitere MA-Modellierung bei den Residuen verzichtet.

6. Ein weiteres parametrisches Modell

Ein Vorschlag zur Glättung saisonaler Zeitreihen von BREITUNG (1994) basiert, wie einige der oben diskutierten, auf dem saisonalen ARIMA-Modell, wobei für $A(L)$ in (4.5) entweder $(I-L^s)$ oder $(I-L)(I-L^s)$ genommen wird. Auf der rechten Seite wird ein allgemeines ARMA(p,q)-Modell zugelassen, d.h. BREITUNG betrachtet das Modell

$$(I-L)^k(I-L^s)y_t = \mu + \gamma(L)\varepsilon_t \tag{6.1}$$

$$\text{mit } \gamma(L) = \frac{\beta(L)}{\alpha(L)} \text{ und } k=0 \text{ oder } k=1,$$

das dem von HILLMER/TIAO sehr ähnlich ist. Wie beim Splines-Ansatz wird die allgemeine Lösung der inhomogenen Differenzengleichung (6.1) ermittelt als Summe der allgemeinen Lösung des homogenen Systems und einer partikulären Lösung mit der rechten Seite $\mu + \gamma(L)\varepsilon_t$ als Störfunktion.[2]

Dabei wird ausgenutzt, daß sich die Komponenten einer allgemeinen partikulären Lösung (entsprechend dem zweiten Summanden in (5.4)) als Differenzengleichungen in den Zufallsvariablen ε_t, genauer als AR(1)– bzw. als AR(2)–Prozesse mit (ε_t) als weißem Rauschen, schreiben lassen. Diese Darstellung der allgemeinen Lösung ermöglicht folgende Vorgehensweise. Zunächst wird an die entsprechend der linken Seite von (6.1) differenzierten Zeitreihendaten ein geeignetes ARMA–Modell angepaßt. Die ermittelten Residuen $\widehat{\varepsilon}_t$ werden dann eingesetzt in die Differenzengleichungen zur Ermittlung der allgemeinen Form der partikulären Lösung. In der zweiten Stufe wird ein Regressionsmodell geschätzt, wobei als erklärende Variablen die allgemeinen Lösungen des homogenen Systems (erster Summand in (5.4) mit $k = 1$ bzw. $k = 2$ und der Fourier–Reihe, wobei BREITUNG Saison–Dummies anstelle der trigonometrischen Funktionen verwendet) und die allgemeine partikuläre Lösung auftreten. Im unterlegten Modell kann der erste Teil als deterministische Komponente (Erwartungswert von y_t), der zweite als stochastische Trend- bzw. Saisonveränderung interpretiert werden.

7. Glättung mit lokal gewichteter Regression

Einen nichtparametrischen Regressionsschätzer im Modell $Y_i = g(X_i) + \varepsilon_i$, $i = 1, 2, \ldots, n$ erhält man, indem in der Darstellung des bedingten Erwartungswerts

$$g(x) := E(Y|X = x) = f(x)^{-1} \int y\, f(x, y)\, dy \tag{7.1}$$

für die gemeinsame Dichte und die Randdichte ein Kerndichteschätzer oder Nächste–Nachbarn–Schätzer eingesetzt werden. Entsprechende Kernregressionen

$$\widehat{g}_n(x) = \frac{\sum_{i=1}^{n} K(\frac{x-X_i}{h_n})Y_i}{\sum_{i=1}^{n} K(\frac{x-X_i}{h_n})} \tag{7.2}$$

wurden erstmals 1964 von NADARARAYA und WATSON unabhängig voneinander vorgeschlagen. Dabei ist K eine geeignete Kernfunktion (die die Eigenschaften einer symmetrischen Dichte hat) und h_n eine vom Datenumfang abhängige Bandweite. Einen k–Nächste–Nachbarnschätzer (k–NN–Schätzer) erhält man, wenn die fest gewählte Bandweite h_n ersetzt wird durch den Abstand $H_{n,k}(x)$ zwischen x und der k–nächsten Beobachtung unter den X_i.

Eine Erweiterung auf multiple Regression durch Wahl einer geeigneten Abstandsfunktion $d(x, X_i)$ oder mit Produktkernen liegt nahe. Seit 1964 sind

---

[2] Aus allerdings nicht ganz einsichtigen Gründen wird, unter Bezug auf einen Beitrag von BEVERIDGE/NELSON (1981), in dem zum Zweck der Konjunkturdiagnose ein stochastischer Prozeß in einen stationären Teil und einen random walk zerlegt wird, diese Darstellung als „Beveridge–Nelson–Decomposition" bezeichnet.

eine Fülle von Beiträgen zur nichtparametrischen Regression erschienen, die sich insbesondere mit der optimalen, datengesteuerten Wahl der Bandweite und der Kernglättung am Rand des Datenbereichs beschäftigen.

Der Schätzer (7.2) weist (auch im Innern des Datenbereichs) Verzerrungen auf, wenn $g(x)$ bzw. die glatte Komponente einer Zeitreihe in der Umgebung von x stärkere Krümmungen hat oder wenn die Designpunkte x unregelmäßig verteilt sind. (Dieser letztere Aspekt entfällt jedoch bei äquidistanten Zeitreihen.) Dies kann vermieden werden durch einen lokalen Regressionsansatz, wie er in der Zeitreihenanalyse ja schon seit den sechziger Jahren bei der Konstruktion gleitender Durchschnitte praktiziert wird (vgl. Abschnitt 1). Die Verknüpfung der Idee der lokalen Regression mit der Idee der lokalen Gewichtung durch eine Kernfunktion führt zur lokal gewichteten Regression, die von STONE (1977) und CLEVELAND (1979) in die statistische Literatur eingeführt wurde.

In dem lokalen Modellansatz $g(x) = x'\beta(x)$, mit $x, \beta(x) \in \mathbb{R}^p$, führt das gewogene Kleinstquadratekriterium

$$\sum_{i=1}^{n}(Y_i - x_i'b)^2 K\left(\frac{d(x,x_i)}{h_n}\right) \Rightarrow \min \tag{7.3}$$

mit der Gewichtsmatrix $W(x) := \text{diag}(w_i(x)) = \text{diag}(K\left(\frac{d(x,x_i)}{h_n}\right)$, der $n \times p$ Regressormatrix X und dem $n \times 1$ Datenvektor $y = (y_1, \ldots, y_n)'$ zu der Lösung

$$\widehat{\beta}(x) = (X'W(x)X)^{-1}X'W(x)y, \tag{7.4}$$

vorausgesetzt $X'W(x)X$ ist regulär, bzw. zu

$$\widehat{g}(x) = x'\widehat{\beta}(x) = x'(X'W(x)X)^{-1}X'W(x)y =: l_x'y. \tag{7.5}$$

CLEVELAND (1979), CLEVELAND/DELVIN (1988) sowie CLEVELAND/DELVIN/GROSSE (1988) betrachten NN-Schätzer mit dem Abstand $H_{n,k}(x)$ zum k-nächsten Nachbarn anstelle von h_n, einer Kernfunktion mit dem Träger $[-1, 1]$ und die lokal gewichtete polynomiale Regression mit dem für skalare Regressoren gegebenen Ansatz

$$\sum_{i=1}^{n}\left[Y_i - \beta_1(x) - \beta_2(x)(x - X_i) - \ldots - \beta_k(x)(x - X_i)^{k-1}\right]^2 K\left(\frac{x-X_i}{H_{n,k}(x)}\right) \Rightarrow \min. \tag{7.6}$$

Sie halten eine lokal lineare oder lokal quadratische Anpassung als für die Praxis in der Regel ausreichend und empfehlen als Kernfunktion besonders die Tricube-Funktion $K(x) = (1 - |x|^3)^3 \mathbf{1}_{[-1,1]}(x)$. Unter methodischen Gesichtspunkten ist jedoch der Epanechnikov-Kern $K(x) = (\frac{3}{4})(1-x^2)\mathbf{1}_{[-1,1]}(x)$ vorzuziehen.

Der Schätzer (7.2) entspricht in (7.6) dem Fall $k = 1$. Der aus (7.6) resultierende Schätzer für g läßt sich problemlos bis an den Datenrand fortsetzen, indem die unterlegte Funktion mit dem im ersten bzw. letzten Teilstück geschätzten Vektor $\widehat{\beta}(x)$ fortgesetzt wird, wie das auch korrekt arbeitende

Systeme gleitender Durchschnitte tun. Obwohl CLEVELAND et al. nirgendwo besonders auf das Randproblem eingehen, ist dies, neben der größeren Flexibilität, einer der größten Vorteile der lokal gewichteten Regression gegenüber der Kernglättung. Einen ausführlichen Vergleich der beiden Ansätze findet man bei HASTIE/LOADER (1993).

Die lokal gewichtete Regression läßt sich ohne weiteres auf das Problem der Glättung von Zeitreihen übertragen. Wählt man als Kernfunktion den Rechteckskern $\mathbf{1}_{[-1,1]}$, so stimmt dieser Ansatz mit dem zur Konstruktion gleitender Durchschnitte in Abschnitt 1 verwendeten überein. Die Wahl einer glatten (stetig differenzierbaren) Kernfunktion liefert jedoch glattere Schätzungen für die Zeitreihenkomponenten, da sich die Glattheitseigenschaft der Kernfunktion auf die Schätzer überträgt.

CLEVELAND et al. (1990) entwickelten ein Programmsystem STL, in dem die lokal gewichtete Regression – mit einer robusten Variante – auf die Zerlegung von Zeitreihen übertragen wird. Der dort eingeschlagene Weg (auf die robuste Variante wird weiter unten eingegangen) weist jedoch einige methodische Nachteile auf, die sich ohne weiteres vermeiden lassen. So wird, ähnlich wie in dem bekannten, methodisch unbefriedigenden Programmsystem X-11 des US Bureau of the Census, die Saisonkomponente nicht simultan im Regressionsansatz miterfaßt, sondern über eine iterative Prozedur ermittelt. Zum anderen wird die Verschiebungsinvarianz der resultierenden Gewichtungssysteme (bei der nicht robustifizierten Variante) und damit die Analogie zu einem mit Rechteckskernen hergeleiteten gleitenden Durchschnitt bei äquidistanten Zeitreihen nicht ausgenutzt. Deshalb wird in HEILER/MICHELS (1994) eine andere Vorgehensweise vorgeschlagen.

Motiviert durch die Taylorreihen–Approximation einer mindestens k–mal differenzierbaren Funktion wird die glatte Komponente lokal approximiert durch ein Polynom vom Grad $k-1$. Die Saisonkomponente wird entsprechend lokal approximiert durch eine Fourierreihe,

$$\begin{aligned} G_t &= \sum_{j=1}^{k} \beta_{0j}(t_0)(t-t_0)^{j-1}, \\ S_t &= \sum_{j=1}^{q} \left[\beta_{1j}(t_0)\cos\lambda_j(t-t_0) + \beta_{2j}(t_0)\sin\lambda_j(t-t_0)\right]. \end{aligned} \tag{7.7}$$

Mit den Vektoren

$$\begin{aligned} \beta_0(t) &:= (\beta_{01}(t_0),\ldots,\beta_{0k}(t_0))', \\ \beta_1(t) &= (\beta_{11}(t_0),\beta_{21}(t_0),\ldots,\beta_{1q}(t_0),[\beta_{2q}(t_0)])', \\ \beta(t) &= (\beta_0(t)',\beta_1(t)')', \\ x_0(t) &= (1,(t-t_0),(t-t_0)^2,\ldots,(t-t_0)^{k-1})', \\ x_1(t) &= (\cos\lambda_1(t-t_0),\sin\lambda_1(t-t_0),\ldots,\cos\lambda_q(t-t_0),[\sin\lambda_q(t-t_0)])', \\ x(t) &= (x_0(t)',x_1(t)')' \end{aligned}$$

(Für $\lambda_q = \pi$ sind die [...]–Terme wegzulassen.) läßt sich (7.7) schreiben in der Form $G_t = x_0(t)'\beta_0(t)$, $S_t = x_1(t)'\beta_1(t)$, und es ist $G_t + S_t = x(t)'\beta(t)$.

Mit der $n \times p$ Regressormatrix $X = (X_0 \vdots X_1)$ mit den Zeilen $x(t)'$, wobei $p = k+2q$ bzw. $p = k+2q-1$, sowie der Gewichtsmatrix $W(t) = \operatorname{diag}(w_i(t)) =$

$\operatorname{diag} K\left(\frac{|t-t_i|}{h_n}\right)$ und dem Datenvektor $y = (y_1, \ldots, y_n)$ erhält man für die Schätzer (7.4) bzw. (7.5) mit $h_n > p/2$ die Darstellung

$$\begin{aligned} \widehat{\beta}(t) &= \begin{pmatrix} \widehat{\beta}_0(t) \\ \widehat{\beta}_1(t) \end{pmatrix} = (X'W(t)X)^{-1}X'W(t)y \\ &= (X'W(t)X)^{-1} \begin{pmatrix} X_0' \\ X_1' \end{pmatrix} W(t)y \end{aligned} \tag{7.8}$$

bzw.

$$\begin{aligned} \widehat{G}_t + \widehat{S}_t &= x(t)'\widehat{\beta}(t) = x(t)(X'W(t)X)^{-1}X'W(t)y \\ &= x_0(t)'\widehat{\beta}_0(t) + x_1(t)'\widehat{\beta}_1(t) \\ &= (x_0(t)', 0')(X'W(t)X)^{-1}X'W(t)y \\ &\quad +(0', x_1(t)')(X'W(t)X)^{-1}X'W(t)y \\ &=: l_t^{0\prime}y + l_t^{1\prime}y. \end{aligned} \tag{7.9}$$

Dabei ist $0'$ eine Zeile passender Dimension mit Nullen. $l_t^{0\prime}y$ liefert eine Schätzung der glatten Komponente, $l_t^{1\prime}y$ eine Schätzung der Saisonkomponente. Die Zerlegung ist nicht kanonisch, da $X'W(t)X$ keine Blockdiagonalmatrix ist, es sei denn, es wird vorher eine entsprechende Orthogonalisierung des Saisonteils der Regressormatrix bezüglich des Polynomteils (oder umgekehrt) vorgenommen.

Bei einem Kern auf $[-1, 1]$ enthalten die Gewichtsvektoren l_t bzw. $l_t^{0\prime}$, l_t^1 nur in einem Band $[t - h_n, t + h_n]$ um die Auswertungsstelle t herum von Null verschiedene Gewichte. Diese sind darüber hinaus verschiebungsinvariant in dem Sinn, daß sich die Gewichte beim Übergang von t auf $t+1$ jeweils um eins nach rechts verschieben, vgl. hierzu HEILER/MICHELS (1994, S. 347 - 360). Für $t = h_n + 1$ bis $t = n - h_n$ arbeitet die lokal gewichtete Regression somit wie ein gewöhnlicher, gewogener gleitender Durchschnitt.

Für die Fortsetzung am Rand der Zeitreihe besteht eine Möglichkeit darin, für $t = 1, 2, \ldots, h_n$

$$\widehat{G}_t + \widehat{S}_t = x(t)'\widehat{\beta}(h_n + 1)$$

bzw.

$$\widehat{G}_t = x_0(t)'\widehat{\beta}_0(h_n + 1), \quad \widehat{S}_t = x_1(t)'\widehat{\beta}_1(h_n + 1)$$

zu setzen. Eine entsprechende Überlegung gilt für den rechten Rand der Zeitreihe.

Bei einem NN-Schätzer mit $k_n = 2h_n + 1$, $k_n > p$, einzubeziehenden nächsten Nachbarn bietet es sich jedoch an, die Koeffizientenschätzung bis an den Datenrand fortzusetzen, indem in der Gewichtsmatrix $W(t)$ in (7.8) bzw. (7.9) die NN-Gewichte

$$w_i(t) = \begin{cases} K\left(\frac{i-t}{k_n+1-t}\right), & i = 1, 2, \ldots, k_n \\ 0, & i > k_n \end{cases}, \quad \text{für } t = 1, 2, \ldots, h_n$$

und

$$w_i(t) = \begin{cases} 0, & i \leq n - k_n \\ K\left(\frac{i-t}{k_n+t-n}\right), & i > n - k_n \end{cases} \quad \text{für } t = n - h_n + 1, \ldots, n$$

(Randkern) verwendet werden. Im mittleren, gleitenden Bereich ist dann

$$w_i(t) = \begin{cases} K\left(\frac{i-t}{h_n+1}\right), & i = t - h_n, \ldots, t + h_n \\ 0, & \text{sonst} \end{cases} \quad \text{zu setzen.}$$

Mit den so konstruierten Gewichtungssystemen l_t bzw. l_t^j, $j = 0, 1$ und $t = 1, 2, \ldots, n$, sind die Varianzen der Schätzer für die Komponenten im Modell (1.1) an der Stelle t gleich

$$\sigma_\epsilon^2 \sum_{i=1}^{n} l_{ti}^2 \quad \text{bzw.} \quad \sigma_\epsilon^2 \sum_{i=1}^{n} (l_{ti}^j)^2, \quad j = 0, 1.$$

Die Varianzfaktoren (die Quadratsummen der Gewichte) nehmen zum Rand hin gegenüber dem mittleren Bereich zu, und zwar bis zum 3,5- oder 4-fachen. Für Rechteckskerne sind dazu bei HEILER/MICHELS (1994, S. 353 und 362) Tabellen für einige Parameterkonstellationen zu finden. Es empfiehlt sich daher, am Rand der Zeitreihe den Polynomgrad herabzusetzen (etwa von 2 auf 1) und dafür eine gewisse Erhöhung des Bias in Kauf zu nehmen, um insgesamt den örtlichen mittleren quadratischen Fehler zu reduzieren. Während sich eine Fülle von Arbeiten mit der Wahl der Bandweite bei nichtparametrischer Regression befassen, liegen zu dem vorliegenden Problem noch keine Resultate vor. Mit der datengesteuerten simultanen Wahl der Bandweite und des Polynomgrads (einschließlich der einzubeziehenden Saisonfrequenzen) wird sich eine künftige Arbeit beschäftigen.

8. Robuste Glättungsverfahren

Alle bisher diskutierten Glättungsansätze haben die Eigenschaft, anfällig gegenüber Ausreißern unter den Zeitreihendaten zu sein. Dies gilt besonders für alle lokal definierten Glättungsmodelle wie die lokale Regression, die lokal gewichtete Regression, den lokal definierten Splines–Ansatz, aber auch für nach Kriterien im Frequenzbereich konstruierte Transversal- oder rekursive Filter, da jeweils in die Glättung an einer Auswertungsstelle t nur Beobachtungen aus einer gewissen Nachbarschaft eingehen.

Nach HUBER (1979) sollte ein Glättungsverfahren

- über einen (Glättungs-) Parameter einstellbar sein von extremer Glättung bis hin zur Nichtglättung,
- über einen (Robustheits-) Parameter einstellbar sein von nicht robuster Glättung bis hin zu sehr hoher Robustheit,
- eine glatte Funktion genau reproduzieren und

- eine abrupte Niveauänderung in den Daten nicht über einen weiten Bereich „verschmieren".

Zu robusten Schätzversionen gelangt man immer dann, wenn beim Kleinstquadrateansatz bzw. im Datenanpassungskriterium das Quadrat ersetzt wird durch eine geeignet gewählte, robustifizierende Funktion, d.h. durch eine Funktion, die weniger schnell anwächst als eine Parabel. So erhalten wir etwa in (7.6) mit einem Rechteckskern, $k = 1$ (lokal konstanter Ansatz) für $\rho(u) = |u|$ einen gleitenden Median. Entsprechende Funktionen führen zu weiteren lokalen Schätzern vom L–Typ (Linearkombinationen von Ordnungsstatistiken) wie gleitenden getrimmten oder gleitenden winsorisierten Mitteln.

Die Wahl der von KOENKER/BASSETT (1978) eingeführten ρ-Funktion $\rho(u) = \rho_\alpha(u) = [\alpha - \mathbf{1}_{(-\infty,0)}(u)]u$ mit $\alpha \in (0,1)$ liefert Regressionsquantilsschätzer. Im lokalen Lokationsmodell (Rechteckskern, $k = 1$, keine Saison) erhält man damit gleitende α-Quantile. Eine geeignete andere Wahl der ρ-Funktion, wie etwa HUBERs Funktion $\rho(u) = u^2\mathbf{1}_{[-c,c]} + |u|\mathbf{1}_{\mathbf{R}\setminus[-c,c]}(u)$, führt zu M-Schätzern.

Unter den L-Schätzern haben insbesondere gleitende Mediane Anwendung bei der Zeitreihenglättung gefunden (vgl. TUKEY, 1977 oder VELLEMAN/HOAGLIN, 1981). Dabei treten zwei Probleme auf. Das eine ist die Glättung am Rand. Dort wird vorgeschlagen, soweit über den Datenrand hinaus linear zu extrapolieren, daß eine anschließende Glättung bis zum aktuellen Datenrand möglich ist. Das Hauptproblem ist aber, daß gleitende Mediane keine glatten Verläufe generieren. Deshalb werden iterative Prozeduren vorgeschlagen, bei denen mehrere gleitende Mediane (auch mit einer geraden Anzahl von Gliedern, wobei dann der Durchschnitt der mittleren beiden Beoachtungen genommen wird) hintereinander geschaltet werden und die in der Regel mit einem gewogenen gleitenden Durchschnitt (etwa dem „Hanning" mit den Gewichten $\frac{1}{4}, \frac{1}{2}, \frac{1}{4}$) abschließen. Eine beliebte Prozedur ist **4253h,twice**. Sie besteht aus der Hintereinanderanwendung gleitender Mediane der Längen 4, 2, 5 und 3. Auf das Resultat wird der Hanning–Filter angewandt. „Twice" bedeutet, daß auf die Residuen dieser Prozedur dasselbe Verfahren nochmal angewandt wird. Zu einer genaueren Beschreibung sei auf SCHLITTGEN (1990) oder HEILER/MICHELS (1994) verwiesen. SCHLITTGEN zeigt auch, daß dieses Verfahren nur einen geringen Bruchpunkt aufweist und insbesondere dann versagt, wenn Ausreißer nicht isoliert, sondern in Gruppen auftreten.

Ein auf dem Prinzip gleitender Mediane basierendes Saisonbereinigungsverfahren mit Namen SABL wurde von CLEVELAND/DUNN/TERPENNING (1978) vorgeschlagen. Es ist jedoch vom methodischen Konzept her wenig überzeugend und hat sich in der Praxis auch nicht durchsetzen können. Als potentieller Nachfolger wird von CLEVELAND/CLEVELAND/MCRAE/TERPENNING (1990) ein Programmsystem STL vorgestellt, das auf dem Prinzip einer robusten, lokal gewichteten Regression basiert. Statt jedoch glatte Komponente und Saison simultan in einem lokalen Regressionsansatz zu erfassen, werden diese, ähnlich wie beim X-11-Verfahren, in einer iterativen Prozedur getrennt ermittelt, wobei jeweils vor der Trendschätzung eine Saisonbereinigung und vor der Saisonschätzung eine Trendbereinigung vorgenommen wird. Bei der Ermittlung der Saison wird jede Teilreihe gleichnamiger Monate (Quartale etc.) für sich mit einem lokal linearen Ansatz geglättet. Die aus diesen Teilreihen zusammengesetzte Saisonkomponente muß dann natürlich wieder geglättet werden (mit einer lokalen Parabel). Wegen der methodisch wenig befriedigenden Bastelei kann dieses Verfahren in der vorgeschlagenen Form – ebenso wie X-11 – für die Praxis nicht empfohlen werden. Jedoch läßt sich die Idee der Einführung von Robustheitsgewichten auf die lokal gewichtete Regression in der in Abschnitt 7 diskutierten Form (Gleichung (7.9)) übertragen. Dabei werden nach einem ersten Durchlauf ohne Robustheitsgewichte in weiteren Iterationsschritten die Nachbarschaftsgewichte $w_i(t)$ multipliziert mit sog. Robustheitsgewichten r_i, die wie folgt definiert sind:

Seien $\widehat{\varepsilon}_t = Y_t - \widehat{G}_t - \widehat{S}_t$, $t = 1, 2, \ldots, n$, die Residuen des vorherigen Iterationsschritts. Dann setze

$$r_t := K\left(\frac{\widehat{\varepsilon}_t}{h}\right),$$

wobei h ein Vielfaches eines robusten Skalenmaßes der Residuen ist. CLEVELAND et al. nehmen für K einen Bisquare–Kern und schlagen die Bandweite $h = 6\,\mathrm{median}(|\widehat{\varepsilon}_t|)$ vor. Beim nächsten Iterationsschritt werden dann in (7.9) die Gewichte $w_i(t)$ ersetzt durch die Gewichte $w_i^*(t) = w_i(t)r_i$. Dabei ist bei Verwendung eines Kerns mit kompaktem Träger darauf zu achten, daß für jedes t die Matrix $X'W^*(t)X$ regulär bleibt, das heißt, daß nicht zu viele Nachbarn das Gewicht Null erhalten bzw. daß die Anzahl der nächsten Nachbarn genügend groß bleibt. Als weitere Konsequenz ändern sich die Gewichtszeilen l_t' bzw. $l_t^{0\prime}$, l_t^1 für jedes t. Es resultiert also kein gleitender Durchschnitt mehr und der Rechenaufwand steigt beträchtlich. Dennoch hielt sich in bisherigen Anwendungen die Rechenzeit in verträglichen Grenzen, und der Rechenaufwand ist immer noch nur ein Bruchteil dessen, was STL benötigt.

Noch mit erheblich größerem Rechenaufwand verbunden ist die robuste, lokal gewichtete Regression mit einem M–Schätzer, bei dem für jedes t eine Lösung von

$$\sum_{i=1}^{n} \Psi\left(\frac{Y_i - x(i)'\beta(t)}{\widehat{\sigma}}\right) K\left(\frac{t-i}{h_n}\right) x(i) = 0 \qquad (8.1)$$

ermittelt werden muß. Dabei ist Ψ die Ableitung von ρ und $\widehat{\sigma}$ ein geeignetes robustes Skalenmaß der Residuen, das getrennt oder jeweils simultan mit geschätzt werden muß. Eine Möglichkeit, den Rechenaufwand in Grenzen zu halten, besteht in der Verwendung von BICKELs (1975) Ein–Schritt–M–Schätzer, der eine Näherungslösung für Problem (8.1) liefert, jedoch das Vorhandensein einer Startlösung für $\widehat{\beta}(t)$ voraussetzt.

Soweit in den parametrischen Modellen von HILLMER/TIAO und von BREITUNG nach Bildung entsprechender Differenzen ARMA-Modelle angepaßt werden, kann die robuste Schätzung der Modellparameter mit einem rekursiven, verallgemeinerten M-Schätzer erfolgen, wie er etwa von ALLENDE/HEILER (1991) vorgeschlagen wurde.

Auch der Kalman-Filter ist als rekursiver Kleinstquadrateschätzer sehr ausreißerempfindlich. Robustifizierte Versionen wurden von MASRELIEZ (1975), MASRELIEZ/MARTIN (1977) sowie MARTIN/SAMAROV/VANDAELE (1983) vorgeschlagen, die darauf aufbauen, daß beim Korrekturschritt die Prognosefehler „Huberisiert" werden durch Anwendung einer robustifizierenden Ψ-Funktion.

Ein robuster Splines-Ansatz, bei dem im Kriterium (5.1) im zweiten Term das Quadrat ersetzt wird durch eine robustifizierende ρ-Funktion, wird von SCHLITTGEN (1990) untersucht. Er gibt eine iterative Prozedur zur Lösung des modifizierten Minimumproblems (5.1) an. Diese Prozedur läßt sich auch anwenden bei einer entsprechenden Modifikation des Kriteriums (4.2) von AKAIKE und SCHLICHT. Schließlich ist bei SCHLITTGEN ein empirischer Verfahrensvergleich für sechs spezielle robuste Glättungsverfahren für Zeitreihen ohne Saisonschwankungen zu finden.

Literatur

AKAIKE, H. (1980): Seasonal adjustment by a Bayesian modeling; Journal of Time Series Analysis 1, 1-13.

ALLENDE, H. / HEILER, S. (1991): Recursive generalized M-estimates for ARMA-models; Journal of Time Series Analysis 13, 1-18.

BEVERIDGE, S. / NELSON, C.R. (1981): A new approach to decomposition of economic time series into permanent and transitory components with particular attention to measurement of the 'business cycle'; Journal of Monetary Economics 7, 151-174.

BICKEL, P. (1975): One-step Huber estimates in the linear model; Journal Amer. Statist. Assoc. 70, 428-433.

BONGARD, J. (1960): Some remarks on moving averages; In O.E.C.D. (Hrsg.): Seasonal adjustment on electronic computers. Proceedings of an international conference held in Paris, 361-387.

BREITUNG, J. (1994): A model based seasonal adjustment method using the Beveridge-Nelson decomposition; Allg. Statistisches Archiv 78, 365-385.

CLEVELAND, W. S. (1979): Robust locally weighted regression and smoothing scatter plots; Journal Amer. Statist. Assoc. 74, 829-836.

CLEVELAND, W. S. (1981): LOWESS: A program for smoothing scatter plots by robust locally weighted regression; American Statistician 35, 54.

CLEVELAND, R. B. / CLEVELAND, W. S. / MCRAE, J. E. / TERPENNING, I. (1990): STL - A seasonal trend decomposition procedure based on Loess (mit Diskussion); Journal of Official Statistics 6, 3-73.

CLEVELAND, W. S. / DELVIN, S. J. (1988): Locally weighted regression - An approach to regression analysis by local fitting; Journal Amer. Statist. Assoc. 83, 596-610.

CLEVELAND, W. S. / DELVIN, S. J. / GROSSE, E. (1988): Regression by local fitting. Methods, properties and computational algorithms; Journal of Econometrics 37, 87-114.

CLEVELAND, W. S. / DUNN, D. M. / TERPENNING, I. (1978): SABL – A resistant seasonal adjustment procedure with graphical methods for interpretation and diagnosis; In ZELLNER, A. (Hrsg.): Seasonal analysis of economic time series. Economic Research Report, Bureau of the Census, 35, 201-241.

CLEVELAND, W. S. / MALLOWS, C. L. / MCRAE, J.E. (1993): ATS methods: Nonparametric regression for non-Gaussian data; Journal Amer. Statist. Assoc. 88, 821-835.

CLEVELAND, W. S. / TIAO, G. C. (1976): Decomposition of seasonal time series – A model for the Census X–11 program; Journal Amer. Statist. Assoc. 71, 581-587.

COWDEN, D. J. (1962): Tables of polynomial moving-average weights for estimating the trend–cyclical ...; Technical Paper.

FISHER, A. (1937): A brief note on seasonal variations; Journal of Accountancy 64, 174.

GRETHER, D. M. / NERLOVE, M. (1970): Some properties of optimal seasonal adjustment; Econometrica 38, 682-703.

HARVEY, A. C. / TODD, P. H. J. (1983): Forecasting economic time series with structural and Box–Jenkins models – A case study; Journal of Business & Economic Statistics 1, 299-315.

HASTIE, T. / LOADER, C. (1993): Local regression: Automatic kernel carpentry (mit Diskussion); Statistical Science 8, 120-143.

HEBBEL, H. (1982): Lineare Systeme, Analysen, Schätzungen und Prognosen (unter Verwendung von Splinefunktionen); Habilitationsschrift, Dortmund.

HEBBEL, H. / HEILER, S. (1987 a): Zeitreihenzerlegung über ein Optimalitätskriterium; Allg. Statistisches Archiv 71, 305-318.

HEBBEL, H. / HEILER, S. (1987 b): Trend and seasonal decomposition in discrete time; Statistische Hefte 28, 133-158.

HEILER, S. (1966): Analyse der Struktur wirtschaftlicher Prozesse durch Zerlegung von Zeitreihen; Dissertation, Tübingen.

HEILER, S. (1970): Theoretische Grundlagen des „Berliner Verfahrens"; In WETZEL, W. (Hrsg.): Neuere Entwicklungen auf dem Gebiet der Zeitreihenanalyse; Sonderheft 1 zum Allg. Statistischen Archiv, 67-93.

HEILER, S. (1976): Entwurf kausaler Filter zur Analyse ökonomischer Zeitreihen bei Vorschriften im Frequenzbereich; In SCHÄFFER, K.-A. (Hrsg.): Beiträge zur Zeitreihenanalyse; Sonderheft 9 zum Allg. Statistischen Archiv, 7-33.

HEILER, S. / HEBBEL; H. (1985): Zeitreihenglättung in einem Fehler–in–den–Variablen–Modell; In BUTTLER, G. et al. (Hrsg.): Statistik zwischen Theorie und Praxis; Festschrift für Karl–August Schäffer, Vandenhoeck & Ruprecht, Göttingen, 105-117.

HEILER, S. / MICHELS, P. (1994): Deskriptive und explorative Datenanalyse; München, Oldenbourg.

HEILER, S. / WILLERS, R. (1976): Design of recursive filters for discrete stationary processes; COMPSTAT 1976 Proceedings, Wien, 311-317.

HENDERSON, R. (1924): A new method of graduation; Transactions of the Actuarial Society of America 25, 29-40.

HILLMER, S. C. / TIAO, G. C. (1982): An ARIMA–model–based approach to seasonal adjustment; Journal Amer. Statist. Assoc. 77, 63-70.

HUBER, P.J. (1979): Robust smoothing; In LAUNER, R. L. / WILKINSON, G. N. (Hrsg.): Robustness in statistics. Academic Press, New York, 33-47.

HYLLEBERG, S. (1992): Modelling seasonality; Oxford, Oxford University Press.

HYLLEBERG, S. / ENGLE, R. F. / GRANGER, C. W. J. / YOO, B. S. (1990): Seasonal integration and cointegration; Journal of Econometrics 44, 215-238.

JONES, H. L. (1943): Fitting of polynomial trends to seasonal data by the method of least squares; Journal Amer. Statist. Assoc. 38, 453.

KENDALL, M. G. (1973): Time series; London, Charles Griffin & Co.

KITAGAWA, G. / GERSCH, W. (1984): A smoothing priors state space modeling of time series with trend and seasonality; Journal Amer. Statist. Assoc. 79, 378-389.

KOENKER, R. / BASSETT, G. (1978): Regresson quantiles; Econometrica 46, 33-50.

MARTIN, R. D. (1979): Approximate conditional-mean type smoothers and interpolators; In GASSER, T. / ROSENBLATT, M. (Hrsg.): Smoothing techniques for curve estimation; Springer, Berlin, 117-143.

MARTIN, R. D. / SAMAROV, A. / VANDAELE, W. (1983): Robust methods for ARIMA–models; In ZELLNER, A. (Hrsg.): Applied time series analysis of economic data; Economic Research Report ER-5, Bureau of the Census, Washington D. C., 153-169.

MASRELIEZ, C. J. (1975): Approximate non–Gaussian filtering with linear state and observation relations; IEEE Trans. Autom. Contr., AC-20, 107-110.

MASRELIEZ, C. J. / MARTIN, R. D. (1977): Robust Bayesian estimation for the linear model and robustifying the Kalman filter; IEEE Trans. Autom. Contr., AC-22, 361-371.

NADARAYA, E. A. (1964): On estimating regression; Theory Probab. Appl. 9, 141-142.

PAULY, R. (1989): A general structural model for decomposing time series and its analysis as a generalized regression model; Statistische Hefte 30, 245-261.

PAULY, R. (1990): Strukturelle Komponentenmodelle in der Zeitreihenzerlegung; Technical Paper. Universität Osnabrück.

SCHIPS, B. / STIER, W. (1974): Zum Problem der Saisonbereinigung ökonomischer Zeitreihen; Metrika 21, 65-81.

SCHIPS, B. / STIER, W. (1975): Gedanken zum Problem der Saisonbereinigung am „aktuellen Rand“ einer Zeitreihe; IFO-Studien 21, 59-65.

SCHIPS, B. / STIER, W. (1976): Gedanken zur Verwendeung rekursiver Filter bei der Saisonbereinigung ökonomischer Zeitreihen; In SCHÄFFER, K.–A. (Hrsg.): Beiträge zur Zeitreihenanalyse; Sonderheft 9 zum Allg. Statistischen Archiv, 105-128.

SCHLICHT, E. (1981): A seasonal adjustment principle and a seasonal adjustment method derived from this principle; Journal Amer. Statist. Assoc. 76, 374-378.

SCHLITTGEN, R. (1990): Robuste Glättung ökonomischer Zeitreihen; Allg. Statistisches Archiv 74, 223-250.

SCHLITTGEN, R. (1991): Ein moderner Zugang zur Analyse von Zeitreihen mit Ausreißern; Allg. Statistisches Archiv 75, 75-102.

SHISKIN, J. / YOUNG, A. H. / MUSGRAVE, J. C. (1965): The X-11 variant of the Census method II Seasonal adjustment program; Bureau of the Census, Technical Paper 15, Washington.

STIER, W. (1980): Verfahren zur Analyse saisonaler Schwankungen in ökonomischen Zeitreihen; Berlin, Springer.

STONE, C. J. (1977): Consistent nonparametric regression (mit Diskussion); Annals of Statistics 5, 595-620.

TUKEY, J. (1977): Exploratory data analysis; Reading, Mass., Addison-Wesley.

VELLEMAN, P. F. / HOAGLIN, D. C. (1981): Applications, Basics and Computing (ABC) of Exploratory Data Analysis (EDA); Boston Mass., Duxburry Press.

WATSON, G. S. (1964): Smooth regression analysis; Sankhyā A26, 359-372.

WEICHSELBERGER, K. (1964): Über eine Theorie der gleitenden Durchschnitte und verschiedene Anwendungen dieser Theorie; Metrika 8, 185-230.

WHITTAKER, E. T. (1923): On a new method of graduation; Proceedings of the Edinburgh Mathematical Society 41, 63-75.

Testing Whether Two Distributions are Stochastically Ordered or Not

Von Karl Mosler*, Hamburg

Summary: The paper presents nonparametric tests on different pairs of hypotheses which involve that two probability distributions are stochastically ordered. Let F and G be two probability distribution functions on the reals. First, we consider the null hypothesis that F is stochastically larger than G holds against the alternative that this is not the case. Second, the null that either F is stochastically larger than G or G is stochastically larger than F holds is tested against the alternative that this is not the case. Third, homogeneity, i.e. $F = G$, is taken as the null hypothesis, and F stochastically larger than G as the alternative. The tests employ Smirnov's supremum statistic in various ways. A new statistic is introduced which is the minimum of the two one-sided Smirnov statistics. Related nonparametric test statistics are shortly surveyed. Applications include location tests with ordinal data, expected utility decisions under risk, comparisons of system reliability and specification tests for duration models.

1. Introduction

Let F and G be probability distribution functions on $\mathbb{R}$. F is *stochastically larger* than G, $F \geq_{st} G$, if

$$F(x) \leq G(x) \text{ holds for every } x \in \mathbb{R}.$$

$\geq_{st}$ is a partial order on the set of all probability distribution functions. It is called *stochastic order* or, to distinguish it from other orderings of probability distributions, *usual stochastic order*. Another name is *first degree stochastic dominance*. If $F \geq_{st} G$ and two random variables X and Y are distributed according to F and G respectively, we also say that X is stochastically larger than Y, $X \geq_{st} Y$. This means that X exceeds any given number with a higher probability than Y does.

In many applications it is necessary to decide whether two given probability distributions are stochastically ordered or not. This paper presents nonparametric statistical procedures to do this on a sample base.

The following properties are immediately seen from the definition of stochastic order: If expectations exist, $X \geq_{st} Y$ implies $EX \geq EY$, but the reverse is not true. $X \geq_{st} Y$ holds if and only if

$$\varphi(X) \geq_{st} \varphi(Y) \text{ for all non-decreasing } \varphi : \mathbb{R} \to \mathbb{R}, \tag{1}$$

moreover, if and only if

$$E\varphi(X) \geq E\varphi(Y) \text{ for all non-decreasing } \varphi : \mathbb{R} \to \mathbb{R} \tag{2}$$

holds as far as the expectations exist.

* Prof. Dr. Karl Mosler, Universität der Bundeswehr, Professur für Statistik und Quantitative Ökonomik II, D–22039 Hamburg

The pair (F, G) is called a *shift* if $F(x) = G(x - a)$ holds for all x, a being a non-negative number. When (F, G) is a shift, this implies $F \geq_{st} G$. In other words, for a given random variable X and $a \geq 0$ we have $X + a \geq_{st} X$. (F, G) with $F \geq_{st} G$ is also named a *slippage*. Thus, every shift is a slippage.

We give four examples of applications:

1. Two–sample location tests with ordinal data – X and Y may represent the outcomes of two experiments. When the data are measured on an ordinal scale, slippage is the natural notion for a shift in location. Thus testing for stochastic order means testing for a shift in location with ordinal data. See RAHLFS/ZIMMERMANN (1993).
2. Decision under risk – Here X and Y denote the results of two risky prospects and φ is a von Neumann–Morgenstern utility function. $X \geq_{st} Y$ implies by (2) that every expected utility maximizer having a non–decreasing utility function will prefer the prospect yielding X over the prospect yielding Y.
3. Reliability of a coherent system – Let X and Y be alternative lifelengths of a given component which result in system lifelengths $\varphi(X)$ and $\varphi(Y)$, respectively. If the system is coherent, φ is non–decreasing. Then $X \geq_{st} Y$ implies by (1) that $\varphi(X) \geq_{st} \varphi(Y)$ and by (2) that $E[\varphi(X)] \geq E[\varphi(Y)]$, i.e. the expected system lifelength is not less with X than with Y. See BARLOW/PROSCHAN (1981).
4. Specification tests for duration models – Let a life distribution depend on an observable and an unobservable covariate and assume a proportional hazards model. If F and G are the conditional distributions of lifelengths at two different values of the observable covariate, then F and G must be stochastically ordered in one or the other direction. This gives rise to a specification test for the proportional hazards model with unobservable covariates. See MOSLER/PHILIPSON (1994).

Many other applications of stochastic order are found in queueing, scheduling, insurance, finance and various other fields. See e.g. STOYAN (1983) and the bibliography by MOSLER/SCARSINI (1993).

In Section 2 of this paper, we present nonparametric statistical procedures for testing different pairs of hypotheses which involve stochastic order as the null and/or as the alternative hypothesis. The tests proposed employ Smirnov's supremum statistic in different ways. A new test statistic is introduced which is the minimum of the two one–sided Smirnov statistics. These tests assume arbitrary probability distributions. The special case of a shift is discussed. The final Section 3 offers remarks on several related problems – other tests for homogeneity against ordered alternatives, tests for stronger orderings, tests with censored data, the case of parametric distributions – and provides references on them.

Our approach differs from most of the operations research and finance literature where so called tests on first and higher degree stochastic dominance have been proposed on a purely deterministic basis; they consist in pointwise comparisons of the empirical distribution functions (or of their integrals), see e.g. BAWA/LINDENBERG/RAFSKY (1979), KROLL/LEVY (1980),

ABOUDI/THON (1994). Sample based stochastic comparisons of financial prospects have been considered in BAWA/BROWN/KLEIN (1979) and NELSON/POPE (1991).

2. Testing for stochastic order

Let F and G be two given distribution functions, and let $X_1, \dots X_m, Y_1, \dots Y_n$ be an independent sample where the X_i are distributed according to F, $X_i \sim F$, and the Y_j according to G, $Y_j \sim G$. The empirical distribution functions will be denoted by F_m and G_n, respectively.

1. *Stochastic order against non–order*

We start with testing the null hypothesis that F is stochastically larger than G against the alternative that this is not true,

$$H_0 : \; F \geq_{st} G \text{ against } \; H_1 : \; \text{not } H_0 \, . \tag{A}$$

For this we employ the supremum statistic

$$D^+_{m,n} = \sup_x \left[F_m(x) - G_n(x) \right]$$

and reject H_0 when $D^+_{m,n}$ comes out to be too large. $D^+_{m,n}$ is the classic *Smirnov statistic* and the test is the usual Smirnov test, which is also called the one–sided Kolmogorov–Smirnov test. Let $K^+_{m,n}$ denote the distribution function of $D^+_{m,n}$ under $F = G$, and $t_{1-\alpha}$ the $(1-\alpha)$–quantile of $K^+_{m,n}$. H_0 is rejected at a level of significance α if $D^+_{m,n} \geq t_{1-\alpha}$. The test is based on the well–known fact that

$$\begin{aligned} & P\big[D^+_{m,n} \geq t | F(x) \leq G(x) \; \forall x\big] \\ & \quad \leq P\big[D^+_{m,n} \geq t | F(x) = G(x) \; \forall x\big] = 1 - K^+_{m,n}(t). \end{aligned} \tag{3}$$

Extensive tables of $K^+_{m,n}$ are found in HARTER/OWEN (1970). Obviously, the Smirnov test is consistent on the whole alternative H_1.

When F and G are interchanged in (A) we have a similar problem which is tested by the Smirnov statistic

$$D^-_{m,n} = \sup_x \left[G_n(x) - F_m(x) \right].$$

The distribution function of $D^-_{m,n}$ under $F = G$ is also equal to $K^+_{n,m}$. See DURBIN (1973) for the distribution theory of $D^+_{m,n}$ and $D^-_{m,n}$.

2. *Stochastic order in either direction*

Motivated by our fourth application – specification tests in duration analysis – we consider the test problem where the hypothesis that either F is stochastically larger than G or G is stochastically larger than F is tested against the alternative that neither is the case,

$$H_0: F \geq_{st} G \text{ or } G \geq_{st} F \text{ against } H_1: \text{ not } H_0. \tag{B}$$

As a test statistic we employ the minimum of the two Smirnov statistics,

$$M_{m,n} = \min\left\{D^+_{m,n}, D^-_{m,n}\right\}.$$

To our knowledge, this test statistic has not appeared in the literature before.

Proposition 1 There holds

$$\sup_{H_0} P\left[M_{m,n} \geq t\right] \leq \max\left\{1 - K^+_{m,n}(t),\, 1 - K^+_{n,m}(t)\right\}.$$

Proof of Proposition 1 We have $H_0 = H_0^+ \cup H_0^-$ where $H_0^+ : F \geq_{st} G$, $H_0^- : G \geq_{st} F$. From (3) follows that under H_0^+ the probability of rejection is maximum when F equals G,

$$\sup_{H_0^+} P\left[D^+_{m,n} \geq t\right] = P\left[D^+_{m,n} \geq t | F = G\right]. \tag{4}$$

Similarly to (3), we get $P\left[D^-_{m,n} \geq t | G \geq_{st} F\right] \leq P\left[D^-_{m,n} \geq t | F = G\right]$, and therefore

$$\sup_{H_0^-} P\left[D^-_{m,n} \geq t\right] = P\left[D^-_{m,n} \geq t | F = G\right].$$

From $P\left[M_{m,n} \geq t\right] \leq P\left[D^+_{m,n} \geq t\right]$ and $P\left[M_{m,n} \geq t\right] \leq P\left[D^-_{m,n} \geq t\right]$ we conclude

$$\begin{aligned}
\sup_{H_0} P\left[M_{m,n} \geq t\right] &\leq \max\left\{\sup_{H_0^+} P\left[D^+_{m,n} \geq t\right], \sup_{H_0^-} P\left[D^-_{m,n} \geq t\right]\right\} \\
&= \max\left\{P\left[D^+_{m,n} \geq t | F = G\right], P\left[D^-_{m,n} \geq t | F = G\right]\right\} \\
&= \max\left\{1 - K^+_{m,n}(t),\, 1 - K^+_{n,m}(t)\right\}. \qquad \diamond
\end{aligned}$$

Thus, the critical region $[t_{1-\alpha}, \infty[$ of the classic Smirnov test may be used as a conservative one in the above test. It is also immediately seen that this test is consistent against every alternative contained in H_1.

3. Homogeneity against stochastic order

In this section we envisage the test problem where stochastic order is the alternative which has to be supported by the data, and homogeneity is the null. Consider the following pair of hypotheses,

$$H_0: F = G \text{ against } H_1: G \geq_{st} F \text{ and not } F = G. \tag{C}$$

We reject H_0 if

$$\inf\left[F_m(x) - G_n(x)\right] = -D^-_{m,n}$$

is too large, i.e. if $D^-_{m,n}$ is too small. The critical region for $D^-_{m,n}$ is $]-\infty, t_\alpha]$ where t_α is the α-quantile of $K^+_{n,m}$.

4. *Stochastic order against the opposite order*

The previous test can be extended to the case where stochastic order in one direction is tested against stochastic order in the opposite direction,

$$H_0 : F \geq_{st} G \text{ against } H_1 : G \geq_{st} F \text{ and not } F = G. \tag{D}$$

Analogously to (3) we conclude that

$$P\big[-D^-_{m,n} \geq -t | F \geq_{st} G\big] \leq P\big[-D^-_{m,n} \geq -t | F = G\big],$$

$$\sup_{H_0} P\big[D^-_{m,n} \leq t\big] \leq K^+_{n,m}(t). \tag{5}$$

Therefore the previous test for (C) can be used as well for the pair of hypotheses (D). It is obvious that in both cases the test is consistent on the whole alternative.

5. *Shift alternatives*

It is interesting to see what our tests do when (F, G) or (G, F) is a shift, i.e. $F(x) = G(x - a)$. Then $F \geq_{st} G$ is equivalent to $a \geq 0$, $G \geq_{st} F$ to $a \leq 0$, and $F = G$ to $a = 0$. If $D^+_{m,n}$ is sufficiently large the above test on (A) confirms that $a < 0$. If both $D^+_{m,n}$ and $D^-_{m,n}$ are sufficiently large this is in favour of $a = 0$ by the test on (B). If $D^-_{m,n}$ is small enough the tests on (C) and (D) confirm $a < 0$ over $a \geq 0$.

Thus, for testing the shift alternative,

$$F(x) = G(x - a), \quad H_0 : a \geq 0 \text{ against } H_1 : a < 0, \tag{S}$$

we may employ either $D^+_{m,n}$ or $-D^-_{m,n}$ as a test statistic and reject the null if the statistic is large. Also the sum of these two,

$$D^+_{m,n} - D^-_{m,n} = \sup_x [F_m(x) - G_n(x)] + \inf_x [F_m(x) - G_n(x)],$$

is a proper test statistic for (S). It has been proposed and investigated by ANDREAS WEICHSELBERGER (1993). As WEICHSELBERGER has shown, this test is particularly useful when the kurtosis is not too large.

3. Remarks

We conclude the paper with a few remarks on related problems.

Other tests for homogeneity against stochastic order – For the pair of hypotheses (C), there exist many other tests which we cannot survey here. We only mention the classic test by Wilcoxon–Mann–Whitney, the Savage–Mantel log–rank test and the tests by LEE/WOLFE (1976) and FRANCK (1984), which are based on likelihood ratio estimators. Comparative surveys are given by CHIKKAGOUDAR/SHUSTER (1974), RAHLFS/ZIMMERMANN (1993) and others.

Censorized data – When the data are censorized, the above Smirnov procedures can be applied with modifications. For type II censoring, modified quantiles of the Smirnov statistic can be computed in a way similar to TSAO (1954) and CONOVER (1967). For random right censoring, we refer to FLEMING/HARRINGTON (1981) and SCHUMACHER (1984), where also the log-rank test and the Gehan modification of the Wilcoxon test are dicussed. See also CHAKRABORTY/SEN (1992) and LIU et al. (1993).

Tests for stronger orderings -- There exist tests on orderings of distributions which are stronger than usual stochastic order. F is called *larger than G in failure rate*, $F \geq_{FR} G$, (resp. *in likelihood ratio*, $F \geq_{LR} G$,) if $f(x)/(1-F(x)) \leq g(x)/(1-G(x))$ for all x (resp. $f(x)/f(y) \leq g(x)/g(y)$ for all $x < y$), where f and g denote the densities. There holds $F \geq_{LR} G \Rightarrow F \geq_{FR} G \Rightarrow F \geq_{st} G$. Tests for homogeneity against $F \geq_{FR} G$ are found in BAGAI/KOCHAR (1986), tests for homogeneity against $F \geq_{LR} G$ in DYKSTRA et al. (1991) and in the references quoted there.

Parametric distributions – When F and G belong to the same parametric class of distributions, stochastic order can be expressed through their parameters; see MOSLER (1982, p. 122 ff). In particular, if the class is a distribution type then there exist constants a and $b \in \mathbb{R}$, $b > 0$, such that $F(x) = G((x-a)/b)$. Then $b = 1$, $a \geq 0$ implies $F \geq_{st} G$, and the reverse is true if F has unbounded support. In this latter case, testing for stochastic order is equivalent to testing whether $a \geq 0$ and $b = 1$ holds, i.e. whether (F, G) is a shift. For the case of F having bounded support, see WILCOX (1990). Tests for multinomial distributions are given in ROBERTSON et al.(1988).

Lehmann hypotheses – A special case of stochastic order is the Lehmann hypothesis, $F = G^k$, $k > 0$. Under this hypothesis, dependent on k, the distribution of $D^+_{m,n}$ has been derived by STECK (1969).

References

ABOUDI, R. / THON, D. (1994): Efficient algorithms for stochastic dominance tests based on financial market data; Management Sci. 40, 508-515.

BAGAI, I. / KOCHAR, S. C. (1986): On tail ordering and comparison of failure rates; Commun. Statist. A 15, 1377-1388.

BARLOW, R. E. / PROSCHAN, F. (1981): Statistical Theory of Reliability and Life Testing; Holt, Rinehart and Winston; New York.

BAWA, V. S. / BROWN, S. J. / KLEIN, R. W. (1979): Estimation Risk and Optimal Portfolio Choice; North Holland; Amsterdam.

BAWA, V. S. / LINDENBERG, E. B. / RAFSKY, L. C. (1979): An efficient algorithm to determine stochastic dominance admissable sets; Management Sci. 25, 609-622.

CHAKRABORTI, S. / SEN, P. K. (1992): Order restricted quantile tests under unequal right-censorship; Sankhya B 54, 150-164.

CHIKKAGOUDAR, M. S. / SHUSTER, J. J. (1974): Comparison of failure rates using rank tests; J. Amer. Statist. Assoc. 69, 411-413.

CONOVER, W. J. (1967): The distribution functions of Tsao's truncated Smirnov statistics; Ann. Math. Statist. 38, 1208-1215.

DURBIN, J. (1973): Distribution Theory for Tests Based on the Sample Distribution Function; SIAM; Philadelphia, PA.

DYKSTRA, R. L. / KOCHAR, S. C. / ROBERTSON, T. (1991): Statistical inference for uniform stochastic ordering in several populations; Ann. Statist. 19, 870-888.

FLEMING, T. R. / HARRINGTON, D. P. (1981): A class of hypothesis tests for one and two sample censored survival data; Commun. Statist. A 10, 763-794.

FRANCK, W. E. (1984): A likelihood ratio test for stochastic ordering; J. Amer. Statist. Assoc. 79, 686-691.

HARTER, H. L. / OWEN, D. B. (1970): Selected Tables in Mathematical Statistics; Vol. 1, Markham; Chicago.

KROLL, Y. / LEVY, H. (1980): Stochastic dominance: A review and some new evidence. In: H. Levy ed.; Research in Finance, Vol. II, JAI Press; Greenwich, CT.

LEE, Y. J. / WOLFE, D. A. (1976): A distribution free test for stochastic ordering; J. Amer. Statist. Assoc. 71, 722-727.

LIU, P. Y. / GREEN, S. / WOLF, M. / CROWLEY, J. (1993): Testing against ordered alternatives for censored survival data; J. Amer. Statist. Assoc. 88, 153-160.

MOSLER, K. (1982): Entscheidungsregeln bei Risiko: Multivariate stochastische Dominanz; Springer; Berlin.

MOSLER, K. / PHILIPSON, T. (1994): Specification tests of the proportional hazard model; Mimeo.

MOSLER, K. / SCARSINI, M. (1993): Stochastic Orders and Applications. A Classified Bibliography; Springer; Berlin.

NELSON, R. D. / POPE, R. D. (1991): Bootstrapped insights into empirical applications of stochastic dominance; Management Sci. 37, 1182-1194.

RAHLFS, V. W. / ZIMMERMANN, H. (1993): Scores: Ordinal data with few categories – How should they be analyzed?; Drug Information J. 27, 1227-1240.

ROBERTSON, T. / WRIGHT, F. T. / DYKSTRA, R. L. (1988): Order Restricted Statistical Inference; J. Wiley; Chichester.

SCHUMACHER, M. (1984): Two–sample tests of Cramér–von–Mises– and Kolmogorov–Smirnov–type for randomly censored data; Internat. Statist. Review 52, 263-281.

STECK, G. P. (1969): The Smirnov two–sample tests as rank tests; Ann. Math. Statist. 40, 1449-1466.

STOYAN, D. (1983): Comparison Methods for Queues and Other Stochastic Models; J. Wiley; Chichester.

TSAO, C. K. (1954): An extension of Massey's distribution of the maximum deviation between two sample cumulative step functions; Ann. Math. Statist. 25, 587-592.

WEICHSELBERGER, A. (1993): Ein neuer nichtparametrischer Anpassungstest zur Beurteilung der Lage von Verteilungen; Vandenhoek & Ruprecht; Göttingen.

WILCOX, R. R. (1990): Determining whether an experimental group is stochastically larger than a control; British J. Math. Statist. Psychol. 43, 327-333.

Nichtparametrischer Vergleich von Dispersionen: Symmetrisierungshalbordnungen

Von Ulrich Müller–Funk,* Münster und Hermann Witting,* Freiburg

Zusammenfassung: Es wird die Bedeutung von Dispersionshalbordnungen für die nichtparametrische Test- und Schätztheorie diskutiert. Dabei werden bekannte Resultate aus einheitlicher Sicht dargestellt und durch neue ergänzt. So wird etwa zum Vergleich der Dispersionen k–dimensionaler Verteilungen eine neue Dispersionshalbordnung eingeführt, die im Spezialfall $k = 1$ einen größeren Anwendungsbereich als die Dehnungshalbordnung (spread ordering) besitzt. Es wird gezeigt, daß sie sich auch durch Fortsetzung einer geeigneten Halbordnung auf dem Stichprobenraum gewinnen läßt.

1. Einleitung und Überblick

Bei diversen Fragestellungen der parametrischen Statistik werden Definitionen zugrunde gelegt bzw. Argumente verwandt, die letztlich auf eine Anordnung der jeweils betrachteten Verteilungen hinauslaufen. So lassen sich viele einseitige Testprobleme – insbesondere solche in Lokationsfamilien – mit der zunächst für eindimensionale Verteilungen F_1, F_2 erklärten *stochastischen Ordnung*

$$F_1 \succeq_{st} F_2 \quad :\Leftrightarrow \quad 1 - F_1(x) \geq 1 - F_2(x) \quad \forall x \in \mathbb{R} \tag{1.1}$$

formulieren. Dieser Sachverhalt wird jedoch zumeist dadurch verdeckt, daß die Anordnung der Verteilungen durch eine entsprechende Anordnung der Parameterwerte ausgedrückt wird. Auch bei der Lösung derartiger Testprobleme geht – im Rahmen von Familien mit isotonem Dichtequotienten – diese Ordnungsrelation entscheidend ein.

Für die nichtparametrische Testtheorie ist die Bedeutung von Halbordnungen[1] über der Menge $\mathfrak{M}^1(\mathbb{R}, \mathbb{B})$ aller eindimensionalen Verteilungen oder

* Prof. Dr. Ulrich Müller–Funk, Institut für Wirtschaftsinformatik, Universität Münster, Grevener Str. 91, D–48159 Münster; Prof. Dr. Hermann Witting, Institut für Mathematische Stochastik, Universität Freiburg, Hebelstraße 27, D–79104 Freiburg

[1] Wir sprechen im folgenden der Einfachheit halber von Halbordnungen, auch wenn es sich wie bei $\succeq_{st}$ um eine Ordnung handelt. Dabei soll unter einer *Halbordnung* einer Menge $\mathfrak{Y}$ eine auf $\mathfrak{Y} \times \mathfrak{Y}$ definierte Relation $y \times y'$ verstanden werden, die reflexiv und transitiv ist, für die also gilt

$$y \succeq y \quad \text{und} \quad y \succeq y', \quad y' \succeq y'' \quad \Rightarrow \quad y \succeq y''.$$

Speziell wird unter einer *Ordnung* eine Halbordnung verstanden, die antisymmetrisch ist im Sinne von $y \succeq y', y' \succeq y \Rightarrow y = y'$. Eine Halbordnung heißt *linear*, falls stets gilt $y \succeq y'$ oder $y' \succeq y$, sonst *partiell*. Ist $\mathfrak{Y}$ ein metrischer Raum, so heißt eine Halbordnung *abgeschlossen*, wenn ihr Graph in der zugehörigen Produkttopologie abgeschlossen ist oder äquivalent, wenn

$$y_n \to y, \quad y_n' \to y', \quad y_n \succeq y_n' \quad \forall n \in \mathbb{N} \quad \Rightarrow \quad y \succeq y'$$

gilt. Es sei jedoch bemerkt, daß die Terminologie in der Literatur stark variiert. So sprechen manche Autoren von einer Präordnung statt einer Halbordnung. Andere meinen mit einer Halbordnung das, was hier unter einer partiellen Ordnung verstanden wird.

allgemeiner über $\mathfrak{M}^1(\mathbb{R}^k, \mathbb{B}^k)$ daher naturgemäß größer als für die parametrische Theorie. So lassen sich häufig die den Hypothesen zugrundeliegenden Sachverhalte adäquat mit Hilfe einer Halbordnung $\succeq$ auf der Menge der Verteilungsfunktionen (VF) formulieren gemäß

$$\mathbf{H}: \ F_1 \preceq F_2, \quad \mathbf{K}: \ F_1 \succeq F_2 \quad \text{mit} \quad F_1 \neq F_2. \tag{1.2}$$

Bei den meisten aus der Praxis herrührenden Lokationsproblemen[2] interessiert ja nicht so sehr, ob F_1 eine Translationsalternative der Form $F_2(\cdot - \mu)$ mit $\mu > 0$ oder $\mu \leq 0$ ist, sondern ob die zugrundeliegenden Zufallsgrößen (ZG) unter F_1 stochastisch größer sind als unter F_2 oder nicht.

Zur Formulierung von Hypothesen in der Form (1.2) werden natürlich verschiedene, auf die jeweilige Situation zugeschnittene Halbordnungen benötigt. Lokationsprobleme werden dabei zumeist mit Hilfe der stochastischen Ordnung formuliert. Im Fall des Testens von Skalenparametern sind dies typischerweise geeignet erklärte Dispersionshalbordnungen, etwa die *Dehnungshalbordnung* [BICKEL/LEHMANN (1979)]. Diese ist für je zwei VF $F_1, F_2 \in \mathfrak{M}^1(\mathbb{R}, \mathbb{B})$ mittels der Quantilfunktionen F_1^{-1}, F_2^{-1} definiert und zwar gemäß

$$F_1 \succeq_{\text{sp}} F_2 \quad :\Leftrightarrow \quad F_1^{-1}(v) - F_1^{-1}(u) \geq F_2^{-1}(v) - F_2^{-1}(u) \quad \forall\, 0 < u < v < 1. \tag{1.3}$$

Sie bietet sich für Situationen an, in denen keine Dispersionszentren $\mu_1, \mu_2 \in \mathbb{R}$ für die betrachteten Verteilungen F_1, F_2 ausgezeichnet sind. Sollen jedoch die Dispersionen von F_1 und F_2 um einen festen Wert $\mu \in \mathbb{R}$ verglichen werden, so wird man die *μ-Ordnung*, vgl. BURGER (1993), verwenden. Sie ist definiert durch

$$F_1 \succeq_\mu F_2 \ :\Leftrightarrow \ F_1(x) \geq F_2(x) \quad \forall\, x < \mu, \quad F_1(x) \leq F_2(x) \quad \forall\, x > \mu. \tag{1.4}$$

Die beiden Halbordnungen (1.3) und (1.4) unterscheiden sich noch in einem anderen, insbesondere für testtheoretische Anwendungen wesentlichen Punkt. Die μ-Ordnung (1.4) läßt sich nämlich – im Gegensatz zur Dehnungshalbordnung (1.3) – auffassen als „Fortsetzung“ einer auf $\mathbb{R}$ definierten Ordnung, nämlich der (für festes $\mu \in \mathbb{R}$ erklärten) μ–Ordnung

$$x' \succeq_\mu x \quad :\Leftrightarrow \quad [x < \mu \Rightarrow x' \leq x \quad \text{und} \quad x > \mu \Rightarrow x' \geq x]. \tag{1.5}$$

Bezeichnet dann $\mathfrak{H}_\mu$ die Gesamtheit der bezüglich (1.5) isotonen und beschränkten Funktionen $h : \mathbb{R} \to \mathbb{R}$, so läßt sich (1.4) auch gewinnen gemäß

$$F_1 \succeq_\mu F_2 \quad \Leftrightarrow \quad \int h \, \mathrm{d}F_1 \geq \int h \, \mathrm{d}F_1 \quad \forall\, h \in \mathfrak{H}_\mu. \tag{1.6}$$

In Abschnitt 2 soll deshalb allgemeiner auf Halbordnungen für WS-Maße bzw. VF eingegangen werden, die sich auf diese Weise ergeben. Der wesent-

[2] Eine (1.2) entsprechende Formulierung findet sich für Lokationsprobleme implizit bereits bei MANN–WHITNEY (1947), explizit dann bei LEHMANN (1986). Nichtparametrische Dispersionshalbordnungen gehen zurück auf BIRNBAUM (1948), wurden jedoch zur Formulierung von Hypothesen – vermutlich wegen der diesen Testproblemen innewohnenden Schwierigkeiten – lange Zeit nicht benutzt; vgl. BURGER et al. (1992) sowie WITTING (1985).

liche Vorteil derartiger Halbordnungen besteht in der Möglichkeit, mit Hilfe einer verteilungsgleichen Ersetzung punktweise argumentieren zu können.

Auch für Schätzprobleme sind Dispersionshalbordnungen von großer Bedeutung. Dies liegt daran, daß man – finit oder asymptotisch – nach Schätzern sucht, die um den „wahren" Parameterwert möglichst stark konzentriert sind. Bekanntlich verband R. A. Fisher die Einführung der Maximum-Likelihood-Schätzer mit der Vorstellung, diese seien – zumindest unter schwachen Modellannahmen – asymptotisch optimal im Sinne minimaler Streuung. Eine mögliche Präzisierung dieser Vermutung liefert der Faltungsssatz von HÁJEK (1970), vgl. etwa WITTING/MÜLLER–FUNK (1995, Satz 6.210). Dieser besagt, daß in Modellen, die an einer Stelle $\vartheta \in \Theta$ lokal asymptotisch normal sind mit einer zentralen Statistik $Z_n(\vartheta)$ und einer als invertierbar vorausgesetzten Informationsmatrix $\mathfrak{J}(\vartheta)$, die Limesverteilungen F_ϑ von regulären Schätzern g_n unter der Verteilung P_ϑ von der Form sind

$$F_\vartheta = \mathfrak{N}(0, \mathfrak{J}(\vartheta)^{-1}) * H_\vartheta. \tag{1.7}$$

Dabei läßt sich der erste Anteil, also $\mathfrak{N}(0, \mathfrak{J}(\vartheta)^{-1})$, interpretieren als Verteilung des Maximum–Likelihood–Schätzers (ML–Schätzers) für das Limesmodell $\mathfrak{N}(\eta, \mathfrak{J}(\vartheta))$, $\eta \in \mathbb{R}^k$, der also noch additiv überlagert sein kann von einer „Störung" mit der Verteilung H_ϑ. Wegen (1.7) ist es nun intuitiv plausibel, daß F_ϑ mehr streuen wird als $\mathfrak{N}(0, \mathfrak{J}(\vartheta)^{-1})$. Die Frage ist aber, ob es Dispersionshalbordnungen $\succeq$ gibt derart, daß für alle $H_\vartheta \in \mathfrak{M}^1(\mathbb{R}^k, \mathbb{B}^k)$ gilt

$$\mathfrak{N}(0, \mathfrak{J}(\vartheta)^{-1}) * H_\vartheta \succeq \mathfrak{N}(0, \mathfrak{J}(\vartheta)^{-1}), \tag{1.8}$$

daß also die Verteilung des ML–Schätzers in diesem Sinne minimal ist unter allen Limesverteilungen (1.7). Für $k = 1$ ist dies nach KLAASSEN (1985) für die Dehnungshalbordnung $\succeq_{\mathrm{sp}}$ der Fall. Diese Halbordnung ist jedoch nur dann sinnvoll, wenn H_ϑ den Median 0 besitzt oder wenn anderweitig sichergestellt ist, daß nur asymptotisch unverfälschte Schätzer zugelassen werden. Man beachte, daß H_ϑ im allgemeinen keine Momente zu besitzen und auch nicht auf irgendeine Weise (etwa am Median) zentriert zu sein braucht. In Abschnitt 4 wird die Eigenschaft (1.8) bei $k \geq 1$ auch für die in den Abschnitten 2 bzw. 3 eingeführten Halbordnungen $\succeq_{\mathrm{A}}$ und $\succeq_{\mathrm{sy}}$ gezeigt.

Halbordnungen werden in der nichtparametrischen Schätztheorie jedoch nicht nur dazu verwendet, um das Dispersionsverhalten von Schätzern (über dasjenige ihrer Verteilungen) zu vergleichen. Mit ihrer Hilfe lassen sich auch Funktionale axiomatisch formulieren, die die intuitive Vorstellung von Lage, Dispersion, Schiefe o.ä. einer Verteilung ausdrücken. Hierauf wird in Abschnitt 5 eingegangen.

2. Fortsetzbare Halbordnungen

Wie bereits angemerkt, besitzen einige Halbordnungen über einem Raum von WS–Verteilungen die Eigenschaft, daß sie sich auch durch Fortsetzung einer auf dem Stichprobenraum definierten Halbordnung ergeben. Um diesen insbesondere für testtheoretische Anwendungen wichtigen Aspekt allgemein diskutieren zu können, bezeichne im folgenden $\succeq$ eine Halbordnung auf einem polnischen Raum $\mathfrak{X}_0$ (mit Borel–σ–Algebra $\mathfrak{B}_0$) und $\mathfrak{H} := \mathfrak{H}_{\succeq}$ die Gesamtheit der bzgl. dieser Halbordnung isotonen sowie zugleich meßbaren und beschränkten Funktionen $h : \mathfrak{X}_0 \to \mathbb{R}$. Dann läßt sich „$\succeq$" auf $\mathfrak{M}^1(\mathfrak{X}_0, \mathfrak{B}_0)$ *fortsetzen* gemäß

$$F_1 \succeq F_2 \quad :\Leftrightarrow \quad \int h \,\mathrm{d}F_1 \geq \int h \,\mathrm{d}F_2 \quad \forall h \in \mathfrak{H}. \tag{2.1}$$

Hierbei reicht es, sich auf die Klasse $\mathfrak{J}$ aller abgeschlossenen isotonen Teilmengen von $\mathfrak{X}_0$ oder äquivalent ihrer Indikatorfunktionen zu beschränken. Dabei heißt eine Menge $B \in \mathfrak{B}_0$ *isoton bzgl.* $\succeq$, wenn aus $x \in B$ und $y \succeq x$ folgt $y \in B$, wenn also die Indikatorfunktion $\mathbb{1}_B$ isoton ist. Im Fall der üblichen Ordnung $\geq$ auf $\mathbb{R}$ sind die (nicht-trivialen) abgeschlossenen isotonen Mengen gerade diejenigen der Form $[z, \infty)$, $z \in \mathbb{R}$, im Falle der μ-Ordnung die Mengen

$$(-\infty, \mu - z_1] \cup [\mu + z_2, \infty), \qquad z_1, z_2 > 0.$$

Von besonderer Bedeutung ist die Möglichkeit einer verteilungsgleichen Ersetzung. Zum Beweis der folgenden Aussage vgl. WITTING/MÜLLER–FUNK (1995), Satz 7.17.

Satz 2.1 KAMAE/KRENGEL/O'BRIEN (1977) *$\mathfrak{X}_0$ sei ein polnischer Raum, versehen mit der Borel-σ-Algebra $\mathfrak{B}_0$, und $\succeq$ eine abgeschlossene Halbordnung auf $\mathfrak{X}_0$. Weiter bezeichne $\mathfrak{J}$ das System der abgeschlossenen, bzgl. $\succeq$ isotonen Mengen und $F_i \in \mathfrak{M}^1(\mathfrak{X}_0, \mathfrak{B}_0)$ für $i = 1, 2$ WS-Maße. Dann sind äquivalent:*

a) $F_1 \succeq F_2$ *(im Sinne von* (2.1)*);*

b) $F_1(I) \geq F_2(I) \quad \forall I \in \mathfrak{J}$; (2.2)

c) $\exists P \in \mathfrak{M}^1(\mathfrak{X}_0 \times \mathfrak{X}_0, \ \mathfrak{B}_0 \otimes \mathfrak{B}_0)$ *mit* $P^{\pi_i} = F_i$, $i = 1, 2$, *und* $P(\{(x_1, x_2) \in \mathfrak{X}_0 \times \mathfrak{X}_0 : x_1 \succeq x_2\}) = 1$;

d) $\exists X_1, X_2$ $\mathfrak{X}_0$*-wertige* ZG *auf einem* WS-*Raum* $(\Omega, \mathfrak{A}, \mathbb{P})$ *mit* $\mathbb{P}^{X_i} = F_i$, $i = 1, 2$, *und* $X_1 \succeq X_2$ $[\mathbb{P}]$.

Satz 2.1d sichert zu vorgegebenen Verteilungen $F_1 \succeq F_2$ die Existenz verteilungsgleicher Ersetzungen, d.h. von ZG mit Verteilungen F_1 und F_2, die im Sinne der Halbordnung des Stichprobenraums f.s. geordnet sind. Für einige univariate Fälle – nämlich dann, wenn sich die Ordnung in einfacher Weise durch die Quantilfunktion ausdrücken läßt – wird man eine solche auch mit einer $\mathfrak{R}(0,1)$-verteilten ZG U explizit in der Form $F_i^{-1}(U)$, $i = 1, 2$, erhalten. Für die stochastische Ordnung ist dies nach WITTING (1985, Hilfssatz 2.29a) der Fall:

$$F_1 \succeq_{\mathrm{st}} F_2 \quad \Leftrightarrow \quad F_1^{-1}(t) \geq F_2^{-1}(t) \quad \forall t \in (0,1). \tag{2.3}$$

In entsprechender Weise läßt sich unter Verwendung der μ–Ordnung (1.5) auch eine verteilungsgleiche Ersetzung für die μ–Ordnung (1.4) angeben, nämlich

$$F_1 \succeq_\mu F_2 \quad \Leftrightarrow \quad F_1^{-1}(t) \succeq_\nu F_2^{-1}(t) \quad \forall t \in (0,1), \tag{2.4}$$

wobei $F_1(\mu) = F_2(\mu) =: \nu$ ist. Zumeist, speziell bei einem mehrdimensionalen Grundraum $\mathfrak{X}_0$, hat man jedoch den Satz 2.1d heranzuziehen.

Verteilungsgleiche Ersetzungen sind u.a. die Grundlage vieler Unverfälschtheitsnachweise. Wir illustrieren dies anhand eines allgemein formulierten nichtparametrischen Zweistichprobenproblems (1.2), wobei $\succeq$ aus einer abgeschlossenen Halbordnung auf einem polnischen Stichprobenraum $\mathfrak{X}_0$ durch Fortsetzung gewonnen wurde. Hierzu seien X_{ij}, $j = 1, \ldots, n_i$, $i = 1, 2$, stochastisch unabhängige (st.u.) ZG mit der von j unabhängigen Verteilung $F_i \in \mathfrak{F} \subset \mathfrak{M}^1(\mathfrak{X}_0, \mathfrak{B}_0)$. Bei einem solchen läßt sich die Halbordnung $\succeq$ nicht nur gemäß (2.1) auf die Klasse $\mathfrak{M}^1(\mathfrak{X}_0, \mathfrak{B}_0)$ fortsetzen, sondern auch auf den Raum der gemeinsamen Verteilungen $\mathfrak{P} = \{F_1^{(n_1)} \otimes F_2^{(n_2)} : F_i \in \mathfrak{F},\ i = 1, 2\}$. Definiert man nämlich mit der für $i = 1, 2$ gültigen Abkürzung $x_i \preceq x_i' \ :\Leftrightarrow\ x_{ij} \le x_{ij}'\ \forall j = 1, \ldots, n_i$

$$(x_1, x_2) \preceq (x_1', x_2') \quad :\Leftrightarrow \quad x_1 \preceq x_1',\ x_2 \succeq x_2', \tag{2.5}$$

so erhält man eine Halbordnung zunächst auf $(\mathfrak{X}, \mathfrak{B}) = \left(\mathfrak{X}_0^{(n_1+n_2)}, \mathfrak{B}_0^{(n_1+n_2)}\right)$ und damit gemäß (2.1) eine solche auf $\mathfrak{P}$. Diese läßt sich wiederum durch eine entsprechende Halbordnung auf den Parameterraum $\Theta \subset \mathfrak{F} \times \mathfrak{F}$ beschreiben:

$$(F_1, F_2) \preceq (F_1', F_2') \quad :\Leftrightarrow \quad F_1 \preceq F_1',\ F_2 \succeq F_2'. \tag{2.6}$$

Die folgende Aussage wurde von LEHMANN (1986) für den Spezialfall $(\mathfrak{X}_0, \mathfrak{B}_0) = (\mathbb{R}, \mathbb{B})$ und die stochastische Ordnung bewiesen. Sie überträgt sich unter Verwendung von Satz 2.1d sofort auf den hier betrachteten Fall allgemeinerer, durch Fortsetzung gewonnener Halbordnungen; zum Beweis vgl. WITTING/MÜLLER–FUNK (1995, Satz 7.18).

Satz 2.2 *Sei $\succeq$ eine abgeschlossene Halbordnung auf einem polnischen Raum $\mathfrak{X}_0$ mit Borel–σ–Algebra $\mathfrak{B}_0$. Die gemäß* (2.1) *auf $\mathfrak{M}^1(\mathfrak{X}_0, \mathfrak{B}_0)$ bzw. gemäß* (2.5) *auf $(\mathfrak{X}_0^{(n_1+n_2)}, \mathfrak{B}_0^{(n_1+n_2)})$ definierten Halbordnungen seien ebenfalls mit $\succeq$ bezeichnet. Dann gilt für das Zweistichprobenproblem* (1.2): *Jeder im Sinne von*

$$(x_1, x_2) \preceq (x_1', x_2') \quad \Rightarrow \quad \varphi(x_1, x_2) \le \varphi(x_1', x_2') \tag{2.7}$$

isotone, auf **J** : $F_1 = F_2$ *ähnliche Test φ hält sein auf* **J** *angenommenes Niveau über* **H** *ein und ist über* **K** *unverfälscht. Allgemeiner gilt*

$$(F_1, F_2) \preceq (F_1', F_2') \quad \Rightarrow \quad E_{F_1 F_2}\varphi(X_1, X_2) \le E_{F_1' F_2'}\varphi(X_1, X_2). \tag{2.8}$$

Ein weiteres Beispiel einer durch Fortsetzung gewonnenen Halbordnung ist die stochastische Ordnung für k–variate VF. Im Fall $k = 2$ erhält man diese dadurch, daß man die übliche (abgeschlossene) partielle Halbordnung auf $\mathbb{R}^2$

$$(y,z)^\top \preceq (y',z')^\top \quad :\Leftrightarrow \quad y \le y' \text{ und } z \le z' \tag{2.9}$$

gemäss (2.1) zu einer solchen auf $\mathfrak{M}^1(\mathbb{R}^2, \mathbb{B}^2)$ fortsetzt. Die bzgl. (2.9) abgeschlossenen isotonen Mengen I sind gerade diejenigen abgeschlossenen Teilmengen des $\mathbb{R}^2$, die mit jedem Punkt zugleich den von diesem bestimmten rechten oberen Quadranten enthalten. Beispiele für solche Mengen sind die Quadranten selbst und etwa die Mengen $\{(y,z)^\top : y + z \ge t\}$, $t \in \mathbb{R}$. Es gilt dann

$$\begin{aligned} F_1 \succeq_{st} F_2 \quad &\Leftrightarrow \quad F_1(I) \ge F_2(I) \quad \forall I \subset \mathbb{R}^2 \text{ abgeschlossen und isoton} \\ &\Leftrightarrow \quad \int h\,\mathrm{d}F_1 \ge \int h dF_2 \quad \forall h : (\mathbb{R}^2, \mathbb{B}^2) \to (\mathbb{R}, \mathbb{B}) \\ &\qquad \text{beschränkt und in jeder Variablen isoton.} \end{aligned}$$

Besitzen nun F_1 und F_2 jeweils gleiche erste und gleiche zweite Randverteilungen, dann liefert dies für $I = [y,\infty) \times [z,\infty)$ die Implikation

$$F_1 \succeq_{st} F_2 \quad \Rightarrow \quad F_1(y,z) \ge F_2(y,z) \quad \forall (y,z)^\top \in \mathbb{R}^2. \tag{2.10}$$

Die Umkehrung gilt nicht, wie das folgende einfache Beispiel zeigt.

Beispiel 2.3 Seien Y, Z zwei st.u. ZG mit $\mathfrak{L}(Y) = \mathfrak{L}(Z) = \mathfrak{B}(1, 1/2)$. Um eine Aussage über die stochastische Anordnung der beiden ZG $X_1 = (Y,Y)^\top$, $X_2 = (Y,Z)^\top$ machen zu können, hat man die WS der Ereignisse

$$A_1 = \{(0,0)\}, \; A_2 = \{(1,0),(0,0)\}, \; A_3 = \{(0,1),(0,0)\}, \; B = \{(0,1),(1,0),(1,1)\}$$

zu berechnen. Offensichtlich gilt:

$$\begin{aligned} &\mathbb{P}(X_1 \in A_1) = \frac{1}{2} \ge \mathbb{P}(X_2 \in A_1) = \frac{1}{4}, \quad \mathbb{P}(X_1 \in A_2) = \mathbb{P}(X_2 \in A_2) = \frac{1}{2}, \\ &\mathbb{P}(X_1 \in A_3) = \mathbb{P}(X_2 \in A_3) = \frac{1}{2}, \quad \mathbb{P}(X_1 \in B) = \frac{1}{2} \le \mathbb{P}(X_2 \in B) = \frac{3}{4}. \end{aligned}$$

Die ersten drei dieser Beziehungen implizieren für $(y,z) \in \mathbb{R}^2$ die Gültigkeit von

$$F_2(y,z) := \mathbb{P}(X_2 \in (-\infty, y] \times (-\infty, z]) \le \mathbb{P}(X_1 \in (-\infty, y] \times (-\infty, z]) = F_1(y,z),$$

d.h. der rechten Seite von (2.10). Für die isotone Menge $I = \{(y,z) : y + z \ge 1\}$ gilt jedoch aufgrund der vierten Beziehung

$$F_1(I) = F_1(B) = \frac{1}{2} < \frac{3}{4} = F_2(B) = F_2(I), \quad \text{d.h. es gilt nicht } F_1 \succeq_{st} F_2.$$

Dennoch wird die rechte Seite von (2.10) von manchen Autoren als Definition der stochastischen Ordnung bivariater Verteilungen benutzt. Bei dieser Festsetzung stellt sich sofort die Frage, von welchen Funktionen sich die EW anordnen lassen (nämlich sicher nicht von allen komponentenweise isotonen Funktionen). Hierzu soll ein Resultat angegeben werden, das eine leichte Modifikation eines Satzes von CAMBANIS/SIMONS/STOUT[3] darstellt:

---

[3] Vgl. CAMBANIS/SIMONS/STOUT: Zeitschr. Wahrsch. Th. u. verw. Geb. 36 (1976) 285–294. Diese Arbeit enthält implizit u.a. auch den nachfolgenden Hilfssatz 2.5.

Satz 2.4 *Seien* $F_1, F_2 \in \mathfrak{M}^1(\mathbb{R}^2, \mathbb{B}^2)$ VF, *die jeweils die gleichen ersten und gleichen zweiten Rand*-VF *besitzen. Dann gilt für jede* VF $\check{F} \in \mathfrak{M}^1(\mathbb{R}^2, \mathbb{B}^2)$

$$F_1(y,z) \geq F_2(y,z) \ \forall (y,z)^\top \in \mathbb{R}^2 \Rightarrow \int \check{F}(y,z)\,\mathrm{d}F_1(y,z) \geq \int \check{F}(y,z)\,\mathrm{d}F_2(y,z).$$

Der Beweis dieser Aussage beruht auf der nachfolgenden Formel der bivariaten partiellen Integration; zu deren Beweis wiederum vgl. WITTING/MÜLLER–FUNK (1995, Hilfssatz 7.22).

Hilfssatz 2.5 *Seien* F, $\check{F} \in \mathfrak{M}^1(\mathbb{R}^2, \mathbb{B}^2)$. *Dabei besitze* F *die Rand*-VF G *bzw.* H *sowie* $\check{F}$ *die Rand*-VF $\check{G}$ *bzw.* $\check{H}$. *Dann gilt*

$$\begin{aligned}\iint \check{F}(y,z)\,\mathrm{d}F(y,z) &= 1 - \int G(s-0)\,\mathrm{d}\check{G}(s) - \int H(t-0)\,\mathrm{d}\check{H}(t)\\ &\quad + \iint F(s-0,t-0)\,\mathrm{d}\check{F}(s,t).\end{aligned}$$

Man beachte, daß der Satz 2.4 trivialerweise richtig bleibt, wenn man die VF $\check{F}$ durch eine beliebige beschränkte, Δ–isotone und rechtsseitig stetige Funktion ersetzt. Eine solche läßt sich nämlich schreiben in der Form $b\check{F} + a$ mit $b > 0$, $a \in \mathbb{R}$ und einer VF $\check{F} \in \mathfrak{M}^1(\mathbb{R}^2, \mathbb{B}^2)$.

In Abschnitt 1 wurden mit der Dehnungshalbordnung und der μ–Ordnung bereits zwei wichtige Dispersionshalbordnungen für eindimensionale Verteilungen eingeführt. Eine solche für k–dimensionale Verteilungen wird durch den Teil a des folgenden Lemmas motiviert. Dieser präzisiert den anschaulich naheliegenden Sachverhalt, daß für k–dimensionale Verteilungen F und H die Verteilung $F * H$ stärker „streut“ als F. Teil b stellt den Zusammenhang mit der durch

$$\mathfrak{S} \succeq_{\mathrm{L}} \mathfrak{T} \quad :\Leftrightarrow \quad u^\top(\mathfrak{S} - \mathfrak{T})u \geq 0 \quad \forall u \in \mathbb{R}^k \tag{2.11}$$

definierten *Löwner-Ordnung* $\succeq_{\mathrm{L}}$ für positiv–semidefinite $k \times k$ Matrizen her.

Lemma 2.6 (T. W. ANDERSON, 1955)

a) *Die Verteilung* $F \in \mathfrak{M}^1(\mathbb{R}^k, \mathbb{B}^k)$ *besitze eine unimodale, bzgl.* 0 *symmetrische Lebesgue–Dichte. Dann gilt für jede Verteilung* $H \in \mathfrak{M}^1(\mathbb{R}^k, \mathbb{B}^k)$

$$F * H(C) \leq F(C) \quad \forall C \in \mathbb{B}^k: \ \textit{konvex und } 0\textit{–symmetrisch.} \tag{2.12}$$

b) *Ebenfalls für alle konvexen und* 0*–symmetrischen Mengen* $C \in \mathbb{B}^k$ *gilt*

$$\mathfrak{S} \succeq_{\mathrm{L}} \mathfrak{T}, \quad \mathfrak{S}, \mathfrak{T} \in \mathbb{R}^{k \times k}_{\mathrm{p.d.}} \quad \Rightarrow \quad \mathfrak{N}(0,\mathfrak{T})(C) \geq \mathfrak{N}(0,\mathfrak{S})(C). \tag{2.13}$$

Um zu einer abgeschlossenen Halbordnung zu kommen, wird man sich in (2.12) auf die abgeschlossenen, konvexen und 0–symmetrischen Teilmengen $C \subset \mathbb{R}^k$ beschränken. Die so für Verteilungen $F_1, F_2 \in \mathfrak{M}^1(\mathbb{R}^k, \mathbb{B}^k)$ definierte Halbordnung soll als *Anderson–Halbordnung* $\succeq_{\mathrm{A}}$ bezeichnet werden, also

$$F_1 \succeq_A F_2 \quad :\Leftrightarrow \quad F_1(C) \leq F_2(C) \qquad \forall C \subset \mathbb{R}^k \text{ abgeschlossen, konvex und 0-symmetrisch.} \tag{2.14}$$

Sieht man von der Beschränkung auf die abgeschlossenen Teilmengen ab, so läßt sie sich gemäß Teil b von Lemma 2.6 auffassen als eine „Fortsetzung" der Löwner–Ordnung (2.11) auf die Menge $\mathfrak{M}^1(\mathbb{R}^k, \mathbb{B}^k)$.

Teil a von Lemma 2.6 läßt offen, ob für die Gültigkeit von $F_1(C) < F_2(C)$ auf der rechten Seite von (2.14) für mindestens ein zugelassenes C ein unterschiedliches Streuungsverhalten von F_1, F_2 verantwortlich ist oder nur eine Lageverschiebung. Um (2.14) als eine Dispersionshalbordnung bezeichnen zu können, hat man also für F_1 und F_2 vorauszusetzen, daß sie „zentriert" sind (also etwa beide den Median 0 haben). Umgekehrt kann man dieses auch durch „Symmetrisierung" erzwingen.

3. Symmetrisierungshalbordnungen

Wie soeben bemerkt wurde, ist ein Vergleich des Dispersionsverhaltens zweier Verteilungen F_1 und F_2 nur dann sinnvoll möglich, wenn man sich zunächst von der Lokation beider Verteilungen unabhängig macht. Dies kann auf recht unterschiedliche Weise erfolgen, etwa durch Zentrierung an einem festen (stets aber etwas willkürlichen) Lokationsfunktional oder durch Differenzenbildung der zugehörigen Quantilfunktionen. Ein Beispiel für den ersten Fall ist eine μ–Ordnung, bei der der unbekannte Wert μ durch ein Lokationsfunktional aus F_1 und F_2 bestimmt wird, ein solches für den zweiten Fall ist die Dehnungshalbordnung. Eine weitere Möglichkeit besteht darin, die beteiligten Verteilungen zunächst zu symmetrisieren. Auch hierzu existieren zumindest zwei verschiedene Vorgehensweisen, nämlich zum einen die Mittelung, zum anderen die Faltung.

Im ersten Fall erklärt man für $k = 1$ zu einer VF F wie üblich die symmetrische VF gemäß $F_S = \frac{1}{2}(F + F_-)$, $F_-(x) := 1 - F(-x - 0)$. Durch

$$F_1 \succeq F_2 \quad :\Leftrightarrow \quad F_{1S}([-t,t]) \leq F_{2S}([-t,t]) \quad \forall t > 0 \tag{3.1}$$

wird dann eine Dispersionshalbordnung definiert. Die kanonische Verallgemeinerung für $k > 1$ erhält man natürlich dadurch, daß man die beiden VF zunächst bzgl. des Haar–Maßes auf einer Gruppe orthogonaler Transformationen des $\mathbb{R}^k$ ausmittelt und dann diese über speziellen Mengensystemen vergleicht, etwa über den Bällen um den Nullpunkt. Der Nachteil dieser Symmetrisierungstechnik besteht u.a. darin, daß sie nur schlecht mit der Faltung (also der Bildung der Summenverteilung st.u. ZG) verträglich ist. Alternativ zu dieser Vorgehensweise bietet es sich daher an, gleich die Faltung selbst zur Symmetrisierung heranzuziehen, wie dies auch bei einer klassischen Beweismethode des zentralen Grenzwertsatzes erfolgt. Auch hier vergleicht man dann die Ausgangs–VF dadurch, daß man die Werte der so symmetrisierten VF über einem geeigneten Umgebungssystem der 0 vergleicht. Hier soll dieser zweite Weg weiter verfolgt werden. Dieses auch deshalb, weil er zu Halbordnungen führt, auf die der Satz von KAMAE/KRENGEL/O'BRIEN anwendbar ist, für die also die Möglichkeit zur Argumentation mit ZG einer verteilungsgleichen Ersetzung besteht. Formal bezeichne hierzu zunächst F_- wieder die durch „Spiegelung“ am Nullpunkt gemäß

$$F_-(B) := F(-B), \quad B \in \mathbb{B}^k, \tag{3.2}$$

aus $F \in \mathfrak{M}^1(\mathbb{R}^k, \mathbb{B}^k)$ gewonnene k-dimensionale Verteilung. Dann ist

$$F_\sim(B) := F * F_-(2B), \quad B \in \mathbb{B}^k, \tag{3.3}$$

symmetrisch bzgl. 0. $F_\sim$ heißt die zu F gehörende *Symmetrisierte*. Sie ist die Verteilung von $\frac{1}{2}(X_1 - X_2)$, wenn X_1, X_2 st.u. ZG mit derselben VF F sind.

Definition 3.1 *Bezeichnen $F_{1\sim}, F_{2\sim}$ die gemäß (3.3) definierten Symmetrisierten zweier Verteilungen $F_1, F_2 \in \mathfrak{M}(\mathbb{R}^k, \mathbb{B}^k)$ und $\mathfrak{C}$ ein System konvexer und 0-symmetrischer Mengen, so ist die zu $\mathfrak{C}$ gehörende* Symmetrisierungshalbordnung $\succeq_{sy}$ *definiert durch*

$$F_1 \succeq_{sy} F_2 \quad :\Leftrightarrow \quad F_{1\sim}(C) \le F_{2\sim}(C) \quad \forall C \in \mathfrak{C}. \tag{3.4}$$

Beispiele für solche Systeme $\mathfrak{C}$ bilden die Bälle zu einer Pseudonorm ϱ, d.h.

$$\mathfrak{C} = \{\{x \in \mathbb{R}^k : \varrho(x) \le t\},\ t > 0\}, \tag{3.5}$$

oder die Klasse aller abgeschlossenen, konvexen und 0–symmetrischen Mengen.

Im Fall $k = 1$ sind nur die Intervalle $[-t, t]$ bzw. $(-t, t), t > 0$, konvex und 0–symmetrisch, so daß die willkürliche Auswahl einer Pseudonorm entfällt. Wegen der in der nichtparametrischen Statistik üblicherweise vorausgesetzten Stetigkeit der zugrundeliegenden Verteilungen fallen also die beiden verbleibenden möglichen Symmetrisierungsordnungen zusammen. Die so definierte Halbordnung ist eine Abschwächung der Dehnungshalbordnung, d.h. $\succeq_{sy}$ gestattet mehr Verteilungen F_1 und F_2 bezüglich ihres Dispersionsverhaltens zu vergleichen als $\succeq_{sp}$. Hierzu beachte man, daß $F_1 \succeq_{sp} F_2$ äquivalent ist mit

$$F_1(F_1^{-1}(u) + t) \le F_2(F_2^{-1}(u) + t) \quad \forall 0 < u < 1 \quad \forall t > 0; \tag{3.6}$$

vgl. DROSTE/WEFELMEYER (1985) und WITTING/MÜLLER–FUNK (1995, Hilfssatz 7.26a). Aufgrund dieser Charakterisierung sind nämlich die Funktionen $(u, t) \mapsto F_1(F_1^{-1}(u) + t)$ und $(u, t) \mapsto F_2(F_2^{-1}(u) + t)$, also Funktionen zweier Veränderlicher, punktweise miteinander zu vergleichen. Es ist also plausibel, daß es nur vergleichsweise wenige Verteilungen gibt, die hinsichtlich $\succeq_{sp}$ vergleichbar sind. Man kommt offenbar zu einer schwächeren Halbordnung, wenn man nur die aus (3.6) durch Integration bezüglich u gewonnenen Funktionen einer Veränderlichen miteinander vergleicht. Es liegt also nahe, eine Halbordnung $F_1 \succeq_* F_2$ zu definieren durch

$$\int_0^1 F_1(F_1^{-1}(u)+t)\,\mathrm{d}u \le \int_0^1 F_2(F_2^{-1}(u)+t)\,\mathrm{d}u \quad \forall t>0. \tag{3.7}$$

Hilfssatz 3.2 *Die durch* (3.7) *definierte Halbordnung* $\succeq_*$ *stimmt mit der Symmetrisierungshalbordnung* $\succeq_{\mathrm{sy}}$ *überein.*

BEWEIS: (3.7) ist wegen der Stetigkeit von F_1, F_2 äquivalent mit

$$1-\int F_1(y+t-0)\,\mathrm{d}F_1(y) \ge 1-\int F_2(y+t-0)\,\mathrm{d}F_2(y). \tag{3.8}$$

Andererseits sind – wie oben bemerkt – für $k=1$ die offenen, konvexen und 0–symmetrischen Mengen gerade die Intervalle $(-t,t)$, $t>0$. Bezeichnen also X_{i1}, X_{i2} st.u., gemäß F_i verteilte ZG und sind somit $\frac{1}{2}(X_{i1}-X_{i2})$ gemäß $F_{i\sim}$ verteilt, $i=1,2$, so ist die rechte Seite von (3.4) äquivalent mit

$$\mathbb{P}(\frac{1}{2}|X_{11}-X_{12}|<t) \le \mathbb{P}(\frac{1}{2}|X_{21}-X_{22}|<t) \quad \forall t>0$$

und dies wegen der Symmetrie der Verteilungen von $\frac{1}{2}(X_{i1}-X_{i2})$ mit

$$\mathbb{P}(\frac{1}{2}(X_{11}-X_{12}) \ge t) \ge \mathbb{P}(\frac{1}{2}(X_{21}-X_{22}) \ge t) \quad \forall t>0.$$

Auf dem Wertebereich $\mathbb{R}^2$ der ZG (X_{i1}, X_{i2}) gelesen besagt dies

$$F_1^{(2)}((x_1-x_2)^+ \ge t) \ge F_2^{(2)}((x_1-x_2)^+ \ge t) \quad \forall t>0, \tag{3.9}$$

was wiederum mit (3.8) und folglich mit (3.7) äquivalent ist. □

Satz 3.3 *Im Spezialfall* $k=1$ *gilt für die Symmetrisierungshalbordnung:*

a) *Sie ergibt sich durch Fortsetzung einer auf* $\mathbb{R}^2$ *definierten Halbordnung.*

b) *Sie ist eine Abschwächung der Dehnungshalbordnung* (1.3).

BEWEIS:

a) folgt aus der Äquivalenz von (3.7) mit (3.9), wenn man beachtet, daß $\{(x_1,x_2) : (x_1-x_2)^+ \ge t\}$ gerade die abgeschlossenen isotonen Mengen einer auf $\mathbb{R}^2$ definierten, abgeschlossenen Halbordnung sind, nämlich von

$$(x_1,x_2) \succeq_{\mathrm{sy}} (y_1,y_2) \quad :\Leftrightarrow \quad (x_2-x_1)^+ \ge (y_2-y_1)^+. \tag{3.10}$$

Durch (3.10) wird somit gemäß (2.1) eine Halbordnung auf $\mathfrak{M}^1(\mathbb{R}^2, \mathbb{B}^2)$ induziert. Eingeschränkt auf die Menge der Produktmaße $F^{(2)} = F \otimes F$ mit Randverteilungen $F \in \mathfrak{M}^1(\mathbb{R}, \mathbb{B})$ ergibt sich also gerade die Beziehung (3.9).

b) Aus den Charakterisierungen (3.6) und (3.7) folgt offenbar

$$F_1 \succeq_{\mathrm{sp}} F_2 \quad \Rightarrow \quad F_1 \succeq_{\mathrm{sy}} F_2. \tag{3.11}$$

Das folgende Beispiel zeigt, daß $\succeq_{\mathrm{sy}}$ echt schwächer ist als $\succeq_{\mathrm{sp}}$. □

Beispiel 3.4 Betrachtet werde für (zunächst festes) $0 < r < 1$ die VF

$$F(x) = F_r(x) := \begin{cases} 0 & \text{für } x \leq -1, \\ rx + r & \text{für } -1 \leq x \leq 0, \\ (1-r)x + r & \text{für } 0 \leq x \leq 1, \\ 1 & \text{für } x \geq 1. \end{cases}$$

Diese besitzt offenbar die Pseudoinverse

$$F^{-1}(u) = \begin{cases} \frac{1}{r}u - 1 & \text{für } 0 < u \leq r, \\ \frac{1}{1-r}u - \frac{r}{1-r} & \text{für } r \leq u < 1. \end{cases}$$

Zur Berechnung von $\int_0^1 F(F^{-1}(u)+t)\,du$ für festes $t > 0$ beachte man zunächst, daß offensichtlich gilt $F^{-1}(u) + t \geq -1 \; \forall t > 0$. Weiter ist für $t \geq 2$ stets $F^{-1}(u) + t \geq 1$ und damit $F(F^{-1}(u) + t) \equiv 1$. Zu berechnen bleibt daher der Wert des Integrals für $0 < t < 2$. Hierbei werden die Fälle $0 < t < 1$ und $1 \leq t < 2$ getrennt behandelt. Ist $1 \leq t < 2$, so folgt aus $r \leq u < 1$ wegen $F^{-1}(u) + t \geq t \geq 1$ sofort $F(F^{-1}(u) + t) = 1$. Weiter gilt

$$u \leq r \quad \Rightarrow \quad F^{-1}(u) + t = \frac{1}{r}u + t - 1 \geq 0, \quad \text{und speziell}$$
$$u \leq r(2-t) \quad \Rightarrow \quad F^{-1}(u) + t \leq 1.$$

Deshalb gilt dann

$$F(F^{-1}(u) + t) = \begin{cases} (1-r)\left(\frac{1}{r}u + t - 1\right) + r & \text{für } u \leq r(2-t), \\ 1 & \text{für } u \geq r(2-t). \end{cases}$$

Durch Integration erhält man daraus

$$\int_0^1 F(F^{-1}(u) + t)\,du = -\frac{1}{2}r(1-r)t^2 + 2r(1-r)t + (1 - 2r + 2r^2).$$

Speziell ergibt sich somit im Fall $1 \leq t \leq 2$:

$$\text{für } r = \frac{1}{2}: \quad -\tfrac{1}{8}t^2 + \tfrac{1}{2}t + \tfrac{1}{2}, \tag{3.12}$$

$$\text{für } r = \frac{1}{4}: \quad \tfrac{1}{32}(-3t^2 + 12t + 20). \tag{3.13}$$

Ist dagegen $0 < t < 1$, so ergibt sich zunächst

$$r \leq u < 1 \quad \Rightarrow \quad 0 \leq F^{-1}(u) + t = \frac{1}{1-r}u - \frac{r}{1-r} + t, \text{ speziell also}$$
$$u \leq 1 - (1-r)t \quad \Rightarrow \quad F^{-1}(u) + t \leq 1. \text{ Analog folgt}$$
$$0 \leq u \leq r \quad \Rightarrow \quad 1 \geq F^{-1}(u) + t = \frac{1}{r}u - 1 + t, \text{ speziell also}$$
$$u \geq r(1-t) \quad \Rightarrow \quad F^{-1}(u) + t \geq 0.$$

Damit sind vier Fälle zu unterscheiden. Für diese berechnet man umittelbar

$$F(F^{-1}(u)+t)=\begin{cases} u+rt & \text{für } u\le r(1-t),\\ \dfrac{1-r}{r}u-(1-r)(1-t)+r & \text{für } r(1-t)\le u\le r,\\ u+(1-r)t & \text{für } r\le u\le 1-(1-r)t,\\ 1 & \text{für } u\ge 1-(1-r)t.\end{cases}$$

Durch Integration folgt hier jetzt

$$\int_0^1 F(F^{-1}(u)+t)\,\mathrm{d}u = t^2\Big(-\frac{3}{2}r^2+\frac{3}{2}r-\frac{1}{2}\Big)+t(1-2r(1-r))+\frac{1}{2}.$$

Speziell ergibt sich somit im Fall $0<t<1$

$$\text{für } r=\frac{1}{2}: \quad -\tfrac{1}{8}t^2+\tfrac{1}{2}t+\tfrac{1}{2}, \tag{3.14}$$

$$\text{für } r=\frac{1}{4}: \quad \tfrac{1}{32}(-7t^2+20t+16). \tag{3.15}$$

Für $G:=F_{1/2}$ und $H:=F_{1/4}$ folgt hieraus $H\preceq_{sy} G$, d.h.

$$\int_0^1 H(H^{-1}(u)+t)\,\mathrm{d}u \ge \int_0^1 G(G^{-1}(u)+t)\,\mathrm{d}u \quad \forall t\ge 0.$$

Für $t=0$ und $t\ge 2$ ist dies nämlich trivialerweise richtig, da beide Seiten denselben Wert annehmen und zwar 1/2 bzw. 1. Für $1\le t<2$ erhält man dagegen aus (3.12) und (3.13)

$$32\Big(\int_0^1 H(H^{-1}(u)+t)\,\mathrm{d}u-\int_0^1 G(G^{-1}(u)+t)\,\mathrm{d}u\Big)=t^2-4t+4=(t-2)^2>0,$$

während für $0<t<1$ gemäß (3.14) und (3.15) folgt

$$32\Big(\int_0^1 H(H^{-1}(u)+t)\,\mathrm{d}u-\int_0^1 G(G^{-1}(u)+t)\,\mathrm{d}u\Big)=-3t^2+4t=t(4-3t)>0.$$

G und H sind jedoch nicht vergleichbar in der Dehnungshalbordnung, denn es gilt

$$0<u<v<\frac{1}{4} \;\Rightarrow\; H^{-1}(v)-H^{-1}(u)=4(v-u)>2(v-u)=G^{-1}(v)-G^{-1}(u),$$

$$\frac{1}{4}<u<v<1 \;\Rightarrow\; H^{-1}(v)-H^{-1}(u)=\frac{4}{3}(v-u)<2(v-u)=G^{-1}(v)-G^{-1}(u).$$

Anmerkung 3.5 Die Aussage von Satz 3.3a läßt sich sofort auf den Fall $k>1$ verallgemeinern, wenn eine Pseudonorm ϱ auf $\mathbb{R}^k$ zugrundeliegt und $\mathfrak{C}$ das System (3.5) der zugehörigen Bälle bezeichnet. Einerseits ist die rechte Seite von (3.4) dann äquivalent mit

$$F_1^{(2)}(\varrho(\frac{1}{2}(x_1-x_2))<t)\le F_2^{(2)}(\varrho(\frac{1}{2}(x_1-x_2))<t) \quad \forall t>0.$$

Andererseits sind $\{(x_1, x_2) \in \mathbb{R}^{2k} : \varrho(x_1 - x_2) \geq t\}$, $t > 0$, die abgeschlossenen und bezüglich der auf $\mathbb{R}^{2k}$ definierten Halbordnung

$$(x_1, x_2) \succeq_{\text{sy}} (y_1, y_2) \quad :\Leftrightarrow \quad \varrho(x_1 - x_2) \geq \varrho(y_1 - y_2)$$

isotonen Mengen. Also wird nach Satz 2.1 auf $\mathfrak{M}^1(\mathbb{R}^{2k}, \mathbb{B}^{2k})$ eine Halbordnung definiert. Bei Restriktion auf die Menge der Produktmaße ergibt sich gerade

$$F_1^{(2)}(\varrho(x_1 - x_2) \geq t) \geq F_2^{(2)}(\varrho(x_1 - x_2) \geq t) \quad \forall t > 0. \quad \square$$

4. Dispersivität und Halbordnungen

Eine Verteilung $F \in \mathfrak{M}^1(\mathbb{R}^k, \mathbb{B}^k)$ heißt *dispersiv bzgl. einer Halbordnung* $\succeq$, falls gilt

$$F * H \succeq F \quad \forall H \in \mathfrak{M}^1(\mathbb{R}^k, \mathbb{B}^k). \tag{4.1}$$

Im Spezialfall $k = 1$ hat KLAASSEN (1985) im Anschluss an LEWIS/THOMPSON (1981) gezeigt, daß eine Verteilung F dispersiv bzgl. $\succeq_{\text{sp}}$ ist, falls F *streng unimodal* ist, d.h. falls F eine unimodale Lebesgue-Dichte f besitzt, für die stets gilt

$$h \text{ unimodale Dichte} \quad \Rightarrow \quad f * h \text{ unimodale Dichte.} \tag{4.2}$$

Aus dem Lemma von Anderson 2.6 folgt nun unmittelbar, daß jede k–dimensionale Verteilung F mit unimodaler, bzgl. 0 symmetrischer Lebesgue–Dichte f dispersiv ist bzgl. der Anderson–Halbordnung (2.14), also

$$F * H \succeq_{\text{A}} F \quad \forall H \in \mathfrak{M}^1(\mathbb{R}^k, \mathbb{B}^k). \tag{4.3}$$

Dies gilt insbesondere für jede k–dimensionale Normalverteilung $\mathfrak{N}(0, \mathfrak{S})$.

(4.3) gilt aber auch für die Symmetrisierungshalbordnung $\succeq_{\text{sy}}$. Aus (3.3) folgt nämlich zunächst, daß bei der Symmetrisierung jede $\mathfrak{N}(0, \mathfrak{S})$–Verteilung in sich übergeführt wird und – etwa mit charakteristischen Funktionen – daß gilt

$$(F * H)_{\sim} = F_{\sim} * H_{\sim}.$$

Verwendet man noch (4.3) für $F = \mathfrak{N}(0, \mathfrak{S})$, so ergibt sich unmittelbar der

Satz 4.1 *Jede k-dimensionale $\mathfrak{N}(0, \mathfrak{S})$-Verteilung ist dispersiv bzgl. der Symmetrisierungshalbordnung, d.h. es gilt*

$$\mathfrak{N}(0, \mathfrak{S}) * H \succeq_{\text{sy}} \mathfrak{N}(0, \mathfrak{S}) \quad \forall H \in \mathfrak{M}^1(\mathbb{R}^k, \mathbb{B}^k).$$

Vermöge der Halbordnungen $\succeq_{\text{A}}$ und $\succeq_{\text{sy}}$ lassen sich auch Integrale über eine große Klasse von Verlustfunktionen anordnen. Es gilt nämlich der

Hilfssatz 4.2
a) *Seien* $G_1, G_2 \in \mathfrak{M}^1(\mathbb{R}^k, \mathbb{B}^k)$. *Dann gilt für jede quasikonvexe, symmetrische und nach unten halbstetige Funktion* $\ell : \mathbb{R}^k \to [0, \infty]$:

$$G_1 \succeq_{\mathrm{A}} G_2 \quad \Rightarrow \quad \int \ell(x)\,\mathrm{d}G_1(x) \geq \int \ell(x)\,\mathrm{d}G_2(x).$$

b) *Ist* ϱ *eine Pseudometrik auf* $\mathbb{R}^k$, $\mathfrak{C}$ *das System* (3.5), $m : \mathbb{R}^k \to [0, \infty]$ *isoton und halbstetig nach unten sowie* $\ell = m \circ \varrho$, *so gilt auch*

$$G_1 \succeq_{\mathrm{sy}} G_2 \quad \Rightarrow \quad \int \ell(x)\,\mathrm{d}G_1(x) \geq \int \ell(x)\,\mathrm{d}G_2(x).$$

Zum Beweis dieser Aussage vgl. WITTING/MÜLLER–FUNK (1995, Hilfssatz 6.218). Zusammen mit Satz 4.1 ergibt sich somit die folgende statistische Interpretation des Faltungssatzes.

Satz 4.3 *Unter den Voraussetzungen des Faltungssatzes gilt für die Limesverteilung* G_ϑ *eines regulären Schätzers* $(g_n)_{n \geq n_0}$

$$G_\vartheta \succeq_{\mathrm{sy}} \mathfrak{N}(0, \mathfrak{J}(\vartheta)^{-1}).$$

Speziell gilt für jede Verlustfunktion $\Lambda(y, \zeta) = \ell(y - \zeta)$, *bei der* $\ell = m \circ \varrho$ *und* $m : \mathbb{R}^k \to [0, \infty]$ *isoton sowie nach unten halbstetig ist*:

$$\begin{aligned} \liminf_{n \to \infty} \int \ell(\sqrt{n}(g_n - \vartheta))\,\mathrm{d}P_\vartheta \quad &\geq \quad \int \ell(y)\,\mathrm{d}G_\vartheta(y) \\ &\geq \quad \int \ell(y)\,\mathrm{d}\mathfrak{N}(0, \mathfrak{J}(\vartheta)^{-1})(y). \end{aligned}$$

$\mathfrak{N}(0, \mathfrak{J}(\vartheta)^{-1})$ *hat also unter allen Limesverteilungen* G_ϑ *minimales Risiko.*

5. Axiomatisierung deskriptiver Funktionale

Auch wenn man die vergleichsweise engen parametrischen Verteilungsannahmen durch größere nichtparametrische Modelle ersetzt, interessieren häufig nur einige wenige, reellwertige Kennzahlen der unbekannten Verteilung, wie etwa Maßzahlen für die Lokation, Dispersion, Schiefe usw. Diese sind dann Funktionale auf dem Raum $\mathfrak{F}$ der zugrundeliegenden Verteilungen. Da sie nicht eindeutig festgelegt sind, wird man in Form einiger Axiome präzisieren, was unter einem Lokations-, Dispersions- bzw. Schiefefunktional verstanden werden soll. Im Fall von Dispersionsfunktionalen hat man dabei wieder zu unterscheiden, ob ein Dispersionszentrum μ ausgezeichnet ist oder nicht. Im ersten Fall wird man von einem Dispersionsfunktional $\gamma_D : \mathfrak{F} \to [0, \infty)$ neben der Translationsinvarianz und der Skalenäquivarianz

(D1) $\qquad \forall F \in \mathfrak{F}: \quad \gamma_D(F(\frac{\cdot - u}{v})) = v\,\gamma_D(F) \quad \forall u \in \mathbb{R} \;\; \forall v > 0$

sowie der Spiegelungsinvarianz

(D2) $\qquad \forall F \in \mathfrak{F}: \quad \gamma_D(F_-) = \gamma_D(F)$

noch die Isotonie bzgl. der μ–Ordnung fordern

(D3) $\forall F_1, F_2 \in \mathfrak{F}: \quad F_1 \succeq_\mu F_2 \quad \Rightarrow \quad \gamma_D(F_1) \geq \gamma_D(F_2)$.

Diese Axiome sind auf den Fall zugeschnitten, daß der Träger der Verteilungen $F \in \mathfrak{F}$ jeweils die ganze reelle Achse ist. Sie sind also geeignet zu modifizieren, wenn die Verteilungen auf $[0, \infty)$ konzentriert sind.

Ist ein Dispersionszentrum zwar ausgezeichent, sein Wert aber unbekannt, so hat man μ zuvor durch ein Lokationsfunktional $\gamma_L(F)$ zu schätzen. Bezeichnet $\mathfrak{F}_e$ die Gesamtheit der unimodalen eindimensionalen Verteilungen, so sind Beispiele mit $\mathfrak{F}_i := \{F \in \mathfrak{F}_e : \int |x|^i \, \mathrm{d}F(x) < \infty\}$ für $i = 1, 2$ und $\mathfrak{F}_3 := \mathfrak{F}_c$, wenn $\gamma_L^{(1)}(F)$ den Median und $\gamma_L^{(2)}(F)$ den Mittelwert bezeichnet:

die *mittlere Abweichung*: $\gamma_D^{(1)}(F) = \int |x - \gamma_L^{(1)}(F)| \, \mathrm{d}F(x), \quad F \in \mathfrak{F}_1$;

die *Standardabweichung*: $\gamma_D^{(2)}(F) = \left(\int \left(x - \gamma_L^{(2)}(F)\right)^2 \mathrm{d}F(x)\right)^{1/2}, \quad F \in \mathfrak{F}_2$;

die *Median–Abweichung*: $\gamma_D^{(3)}(F) = \operatorname{med}(|Y - \operatorname{med} Y|), \quad F \in \mathfrak{F}_3$.

Ist kein Dispersionszentrum ausgezeichnet, so wird man (D3) ersetzen durch

(D3′) $\forall F_1, F_2 \in \mathfrak{F}: \quad F_1 \succeq F_2 \quad \Rightarrow \quad \gamma_D(F_1) \geq \gamma_D(F_2)$ (Isotonie)

und dabei als $\succeq$ die Symmetrisierungshalbordnung verwenden. Beispiele sind in diesem Fall mit $\mathfrak{F}_4 := \mathfrak{M}^1(\mathbb{R}, \mathbb{B})$ und $\mathfrak{F}_5 := \{F \in \mathfrak{F}_4 : \int |x| \, \mathrm{d}F(x) < \infty\}$

der *Interquartilabstand*: $\gamma_D^{(4)}(F) = F^{-1}\left(\frac{3}{4}\right) - F^{-1}\left(\frac{1}{4} + 0\right), \quad F \in \mathfrak{F}_4$, und

das *Gini–Funktional*: $\gamma_D^{(5)}(F) = \int\int |x - y| \, \mathrm{d}F(x) \, \mathrm{d}F(y), \quad F \in \mathfrak{F}_5$.

Abschließend sei bemerkt, daß derartige axiomatische Festlegungen auch bei der Herleitung von Prämienfunktionalen in der Versicherungsmathematik üblich sind. Hier sucht man Risiken zu bewerten, die das einer Schadensverteilung innewohnende Risiko beschreiben. So lassen sich faire Risikoprämien durch ein Funktional wiedergeben, das den folgenden vier Axiomen genügt:

(P0) $\gamma_P(\varepsilon_0) = 0$;

(P1) $\gamma_P(F(\cdot - u)) = \gamma_P(F) + u \quad \forall u \geq 0$

(P2) $F_1 \preceq_{\mathrm{st}} F_2 \quad \Rightarrow \quad \gamma_P(F_1) \leq \gamma_P(F_2)$;

(P3) $F_1 \preceq_{\mathrm{sy}} F_2 \quad \Rightarrow \quad \gamma_P(F_1) \leq \gamma_P(F_2)$.

Offenbar regelt (P1) eines derartigen Prämienprinzips die faire Risikoprämie für deterministische Schäden; (P2) bzw. (P3) besagen, daß größere Risiken zu höheren Prämien führen bzw. daß von zwei „vergleichbaren" Risiken dasjenige zu höheren Prämien führt, das stärker streut und damit unkalkulierbarer ist.

Literatur

ANDERSON, T. W. (1955): The integral of a symmetric unimodal function over a symmetric convex set and some probability inequalities; Proc. Amer. Math. Soc. 6, 170-176.

BICKEL, P. J. / LEHMANN, E. L. (1979): Descriptive statistics for nonparametric models IV. Spread; In: Contributions to Statistics, The Hájek Memorial Volume (Ed.: Jurečková, J.) Academia, Prague (1979) 33-40.

BIRNBAUM, Z. W. (1948): On random variables with comparable peakedness; Ann. Math. Stat. 19, 76-81.

BURGER, H. U. (1993): Dispersion orderings with applications to nonparametric tests; Stat. Prob. Letters 16, 1-9.

BURGER, H. U. / MÜLLER-FUNK, U. / WITTING, H. (1992): On locally optimal nonparametric tests; Methods and Models of Operations Research 36, 163-184.

DROSTE, W. / WEFELMEYER, W. (1985): A note on strong unimodality and dispersivity; J. Appl. Prob. 22, 235-239.

HÁJEK, J. (1970): A characterization of limiting distributions of regular estimates; Zeitschr. Wahrschth. verw. Gebiete 14, 323-330.

KAMAE, T. / KRENGEL, U. / O'BRIEN, G. L. (1977): Stochastic inequalities on partially ordered spaces; Ann. Prob. 5, 899-912.

KLAASSEN, C. A. J. (1985): Strong unimodality; Adv. Appl. Prob. 17, 905-907.

LEHMANN, E. L. (1951): Consistency and unbiasedness of certain nonparametric tests; Ann. Math. Stat. 22, 165-179.

LEHMANN, E. L. (1986): Testing Statistical Hypotheses. 2nd edition; Wiley & Sons, New York.

LEWIS, T. / THOMPSON, J. W. (1981): Dispersive distributions and the connection between dispersivity and strong unimodality; J. Appl. Prob. 18, 76-90.

MANN, H. B. / WHITNEY, D. R. (1947): On a test of whether one of two random variables is stochastically larger than the other; Ann. Math. Stat. 18, 50-60.

WITTING, H. (1995): Rank tests for scale: Hájek's influence and recent developments; Erscheint in Kybernetika 31.

WITTING, H. (1985): Mathematische Statistik I: Parametrische Verfahren bei festem Stichprobenumfang; Teubner, Stuttgart.

WITTING, H. / MÜLLER-FUNK, U. (1995): Mathematische Statistik II: Asymptotische Statistik: Parametrische Statistik und nichtparametrische Modelle; Teubner, Stuttgart.

Robustness in Structured Models

Von HELMUT RIEDER*, Bayreuth

Summary: Most robustness theories, which have originally been developed for location and regression, respectively, still need to be extended to more complex models. In this article we outline extensions of, first, Huber's finite–sample minimax interval estimation of location to simple regression, and then of asymptotic infinitesimal robustness from regression to, second, generalized linear models and, third, time series.

1. Simple Regression

Prof. WEICHSELBERGER (1994) would possibly agree that robustness should ideally be an exact, finite–sample theory based on interval probabilities. At least in a special case, this program could indeed be pushed through by HUBER (1968), by an ingenious application of the Neyman–Pearson lemma for special capacities. The price of this exact minimax theory, which can moreover deal with arbitrary estimators, however is: the dependence on a peculiar pseudo–loss function (under-/overshoot probabilities of a fixed–width confidence interval around the estimator), and the restriction to one real location parameter.

Here we describe the extension from location to simple linear regression through the origin,

$$y = x\,\theta + u \tag{1.1}$$

with y denoting the measurement, x the regressor or independent variable, and u the error. The unknown slope $\theta \in \mathbb{R}$ has to be estimated using a fixed number $n \in \mathbb{N}$ of i.i.d. observations (x_i, y_i). We essentially follow RIEDER (1989).

M–Estimators

Before specifying any distributional assumptions, let us have a quick look at the least squares estimator of θ; it is a weighted average of the empirical slopes,

$$\mathrm{LSE} = \frac{\sum_i x_i\, y_i}{\sum_i x_i^2} = \frac{\sum_i x_i^2\,(y_i/x_i)}{\sum_i x_i^2}\,. \tag{1.2}$$

In two respects obviously, LSE is nonrobust: First, each y_i may have unlimited influence. Secondly, measurements y_i at large x_i (leverage points) have a dominating influence. An intuitively more robust estimator, avoiding the two defects, is the median of slopes,

$$\mathrm{MED} = \mathrm{med}\{\, y_i/x_i \;\big|\; i = 1, \ldots, n \,\}. \tag{1.3}$$

* **Prof. Dr. Helmut Rieder, Mathematisches Institut, Universität Bayreuth, Universitätsstraße 30, Gebäude NW II, D–95440 Bayreuth**

Both LSE and MED are M–estimators S, solving an M–equation

$$\sum_i \psi(x_i, y_i - x_i S) = 0 \tag{1.4}$$

for some suitable function $\psi: \mathbb{R}^2 \to \mathbb{R}$; namely, for $\psi(x, u) = x\, u$, respectively, for the sign–function $\psi(x, u) = \operatorname{sign}(x\, u)$. The two estimators are extreme forms of the minimax estimator to be developed in a distributional framework, which explicitly allows for deviations from the ideal center model.

Ideal Model

About the ideal model we make the following distributional assumptions:

$$x \sim K\,, \quad \text{where } K(x = 0) = 0\,; \tag{1.5}$$

$$x \text{ and } u \text{ stochastically independent;} \tag{1.6}$$

$$u \sim F\,, \quad \text{where } F(du) = f(u)\, du \text{ and } \log f \text{ concave.} \tag{1.7}$$

Thus the ideal model distributions, in view of (1.1), are

$$\begin{aligned} P_\theta(dx, dy) &= F_{x\theta}(dy)\, K(dx); \\ F_{x\theta}(dy) &= F(dy - x\,\theta) = f(y - x\,\theta)\, dy. \end{aligned} \tag{1.8}$$

Errors–in–Variables, Error–Free–Variables

If θ denotes the true parameter, the law of the n stochastically independent observations need not be P_θ exactly, but may be any probability Q in some suitable neighbourhood $U_{*,\varepsilon}(P_\theta)$ of P_θ, which – for simplicity – we assume to be of type ε–contamination; as for total variation see RIEDER (1989). In regression, according to the experimental conditions, the distortions either may, or may not, affect the independent variable x. In the first situation, this leads us to *errors–in–variables* neighbourhoods $U_{0,\varepsilon}(P_\theta)$ of some radius $\varepsilon \in [0, 1]$,

$$U_{0,\varepsilon}(P_\theta) = \big\{\, Q \,\big|\, Q = (1 - \varepsilon)\, P_\theta + \varepsilon\, H\,, \ \text{any } H \,\big\}. \tag{1.9}$$

In the second situation, we have *error–free–variables* neighbourhoods $U_{1,\varepsilon}(P_\theta)$ which, by definition, consist of all probabilities Q on the Borel σ–algebra $\mathbb{B}^2$ of the plane $\mathbb{R}^2$ whose regressor marginals coincide with the ideal one, while it is the conditional distributions of the measurement given the regressor which may be distorted, such that

$$Q(dx) = K(dx) \tag{1.10}$$

$$Q(dy|x) = \big(1 - \varepsilon(x)\big)\, F(dy - x\,\theta) + \varepsilon(x)\, H(dy|x) \tag{1.11}$$

where arbitrary Markov kernels $H: \mathbb{B} \times \mathbb{R} \to [0, 1]$ may occur (probabilities in dy, measurable in x). Reflecting different amounts of conditional contamination at different x, in the context of error–free–variables, the radius actually is a *radius curve* $\varepsilon: \mathbb{R} \to [0, 1]$ (Borel measurable).

Remark 1.1 One should bear in mind that ε-contamination does not necessarily imply the occurrence of gross errors with small probability; it is equally possible that 100% of the observations just follow a slightly deformed law.

Also, it is clear – though not yet made quantitative – that both errors–in–variables and error–free–variables neighbourhoods cover certain (nonlinear) deviations from the ideally assumed linearity of the regression.

Error–free–variables may suggest an abstract notion of conditional capacity, or conditional interval probability, in the sense of WEICHSELBERGER (1995). ////

Estimator Risk

Arbitrary Borel measurable maps $S\colon \mathbb{R}^{2n} \to \mathbb{R}$ may be considered as estimators of the slope $\theta \in \mathbb{R}$ at the fixed sample size n; given observations (x_i, y_i), and setting

$$\mathbf{x} = (x_1, \ldots, x_n), \qquad \mathbf{y} = (y_1, \ldots, y_n)$$

the value $S(\mathbf{x}, \mathbf{y})$ is interpreted an estimate of the unknown θ.

Fix some number $a \in (0, \infty)$, which will be employed as half the width of a confidence interval laid around the estimator. Then, depending on this a and the neighbourhoods $U_\theta = U_{*,\varepsilon}(P_\theta)$, the risk is defined by the maximum of probabilities that the estimator undershoots and overshoots, respectively, the true parameter θ by more than a:

$$\rho_\theta(S) = \sup\{\, Q(S < \theta - a),\, Q(S > \theta + a) \mid Q \in U_\theta \,\}. \tag{1.12}$$

Then

$$\rho(S) = \sup_\theta \rho_\theta(S) \tag{1.13}$$

defines the maximum risk. As θ is completely unknown, if one wants to be on the safe side, the maximum risk ρ should be minimized.

Obviously, the 'closer' the estimator S to the parameter θ (in probability), the smaller its risk. Note that the minimax risk is not larger than 50% since we could randomize between $\pm\infty$ with equal probability, without looking at the observations. To achieve a smaller risk, the half–width a must be chosen large enough, and the radius (curve) ε small enough, so that the pair of shifted neighbourhoods U_{-a} and U_a – as it turns out – do not overlap.

Minimax Estimator

The minimax estimator $S^\star$ randomizes between the smallest and largest solutions S' and S'', respectively, of essentially an M–equation (1.4), with the right–hand 0 replaced by some more general number c,

$$h(\mathbf{x}, \mathbf{y} - S\,\mathbf{x}) \approx c \tag{1.14}$$

where

$$h(\mathbf{x}, \mathbf{u}) = \sum\nolimits_i \psi^\star(x_i, u_i) \tag{1.15}$$

with scores

$$\psi^\star(x,u) = \max\Bigl\{-d'(x), \min\Bigl\{\log\frac{f(u-ax)}{f(u+ax)}, d''(x)\Bigr\}\Bigr\}. \tag{1.16}$$

The randomization constant $\gamma \in [0,1]$ and critical value $c \in \mathbb{R}$ are specified in (1.31) below. Let d_v denote total variation (one–half the L_1) distance.

Theorem 1.2 *The estimator $S^\star$ defined as follows is minimax,*

$$S^\star = \begin{cases} S' & \text{w. pr. } 1-\gamma \\ S'' & \text{w. pr. } \gamma \end{cases} \tag{1.17}$$

The estimators S' and S'' are given by

$$\begin{aligned} S'(\mathbf{x},\mathbf{y}) &= \sup\{\, t \in \mathbb{R} \mid h(\mathbf{x},\mathbf{y}-t\mathbf{x}) > c\,\} \\ S''(\mathbf{x},\mathbf{y}) &= \inf\{\, t \in \mathbb{R} \mid h(\mathbf{x},\mathbf{y}-t\mathbf{x}) < c\,\}. \end{aligned} \tag{1.18}$$

In the case of errors–in–variables of radius ε, the truncation functions are constants and the unique solutions to the equations

$$\begin{aligned} &\iint \Bigl(e^{-d'} f(y+a\,x) - f(y-a\,x)\Bigr)^+ dy\,K(dx) \\ &= \frac{\tilde\varepsilon}{1-\tilde\varepsilon} = \iint \Bigl(e^{-d''} f(y-a\,x) - f(y+a\,x)\Bigr)^+ dy\,K(dx) \end{aligned} \tag{1.19}$$

where

$$\tilde\varepsilon = \min\Bigl\{\varepsilon, \frac{d_v(P_{-a},P_a)}{1+d_v(P_{-a},P_a)}\Bigr\}. \tag{1.20}$$

In the case of error–free–variables of radius curve $\varepsilon(x)$, the truncation functions are the unique solutions to the equations

$$\begin{aligned} &\int \Bigl(e^{-d'(x)} f(y+a\,x) - f(y-a\,x)\Bigr)^+ dy \\ &= \frac{\tilde\varepsilon(x)}{1-\tilde\varepsilon(x)} = \int \Bigl(e^{-d''(x)} f(y-a\,x) - f(y+a\,x)\Bigr)^+ dy \end{aligned} \tag{1.21}$$

where

$$\tilde\varepsilon(x) = \min\Bigl\{\varepsilon(x), \frac{d_v(F_{-ax},F_{ax})}{1+d_v(F_{-ax},F_{ax})}\Bigr\}. \tag{1.22}$$

Equivariance

The result is proved by establishing a connection to robust testing, which becomes best visible for estimators that are equivariant. The appropriate notion of *equivariance* is that, for all $\mathbf{x} \in \mathbb{R}^n$, $\mathbf{y} \in \mathbb{R}^n$, and $t \in \mathbb{R}$, the estimator S satisfy

$$S(\mathbf{x},\mathbf{y}+t\,\mathbf{x}) = S(\mathbf{x},\mathbf{y}) + t. \tag{1.23}$$

Then $\rho_\theta(S)$ won't depend on θ, and we get

$$\rho_\theta(S) = \max\Bigl\{\sup_{Q\in U_{-a}} Q(S>0),\ \sup_{Q\in U_a} Q(S<0)\Bigr\}. \tag{1.24}$$

Thus, if we neglect the event $\{S=0\}$ for the moment, the indicator $\mathbf{I}(S>0)$ may be viewed a test for U_{-a} vs. U_a.

Least Favourable Pairs

For this robust testing problem, a *least favourable pair* in the sense of HUBER/STRASSEN (1973) exists. In the case of error–free–variables, such a least favourable pair for $U_{1,\varepsilon}(P_{-a})$ vs. $U_{1,\varepsilon}(P_a)$ may be pasted together from its x-sections:

$$\begin{aligned} R_{-a}(dx,dy) &= \bigl(1-\tilde\varepsilon(x)\bigr)\max\bigl\{f(y+a\,x), e^{-d''(x)}f(y-a\,x)\bigr\}\,dy\,K(dx) \\ R_a(dx,dy) &= \bigl(1-\tilde\varepsilon(x)\bigr)\max\bigl\{e^{-d'(x)}f(y+a\,x), f(y-a\,x)\bigr\}\,dy\,K(dx). \end{aligned} \tag{1.25}$$

This involves certain measurability problems, which are solved in RIEDER (1989; Proposition 3.1). The case of errors–in–variables is technically less complicated, and you just replace $\tilde\varepsilon(x)$ by $\tilde\varepsilon$, $d'(x)$ by d', and $d''(x)$ by d'' in formula (1.25), to obtain (R_{-a}, R_a) least favourable for $U_{0,\varepsilon}(P_{-a})$ versus $U_{0,\varepsilon}(P_a)$.

Thus the risk of an equivariant estimator may be estimated by

$$\begin{aligned} \rho_\theta(S) &\geq \max\bigl\{R_{-a}(S>0), R_a(S<0)\bigr\} \\ &= \max\bigl\{R_{-a}(S>0), R_a(S\leq 0)\bigr\}. \end{aligned} \tag{1.26}$$

The latter inclusion of the event $\{S=0\}$ is justified by the following lemma, which, in view of (1.25) and (1.5) – (1.7), applies to both R_{-a} and R_a. As the location case suggests, see HUBER (1981; p 281), the lemma would not be true with 'absolute continuity' in (1.28) and (1.29) replaced by just 'continuity'.

Lemma 1.3 *Consider $S\colon \mathbb{R}^{2n}\to\mathbb{R}$ equivariant and Q a probability on $\mathbb{B}^2$ such that*

$$Q(x=0)=0 \tag{1.27}$$

$$Q(dy|x) \ll dy \qquad \text{a.e. } Q(dx). \tag{1.28}$$

Then, under the product probability Q^n, the conditional distribution of S given the regressors is absolutely continuous,

$$Q^n(S\in ds|\mathbf{x}) \ll ds \qquad \text{a.e. } Q^n(d\mathbf{x}). \tag{1.29}$$

Consequentially, the risk lower bound in (1.26) may be determined by α – the equal error probabilities of the minimax test $\varphi^\star$ between the product measures R^n_{-a} and R^n_a. In view of (1.25) and (1.16), (1.15), the *minimax robust test* for U^n_{-a} vs. U^n_a is

$$\varphi^\star = \begin{cases} 1 & \text{if } h > c \\ \gamma & \text{if } h = c \\ 0 & \text{if } h < c \end{cases} \tag{1.30}$$

where $\gamma \in [0,1]$ and $c \in \mathbb{R}$ are such that

$$\int \varphi^\star \, dR^n_{-a} = \int (1 - \varphi^\star) \, dR^n_a = \alpha. \tag{1.31}$$

Construction

Going the arguments backwards, it can be shown that the (randomized) estimator $S^\star$ defined by (1.17) and (1.18) achieves this bound: As a consequence of the log–concavity of f, the function $t \mapsto h(\mathbf{x}, \mathbf{y} - t\,\mathbf{x})$ is decreasing, and so

$$\begin{aligned} \{S' > 0\} \subset \{h > c\} \subset \{S' \geq 0\} \\ \{S'' > 0\} \subset \{h \geq c\} \subset \{S'' \geq 0\}. \end{aligned} \tag{1.32}$$

Moreover, by least favourability, the functions $\psi^\star$ and h are stochastically larger under R_{-a} and R^n_{-a}, respectively, than under any other $Q_{-a} \in U_{-a}$. Thus,

$$\begin{aligned} Q^n_{-a}(S^\star > 0) &\leq (1-\gamma)\, Q^n_{-a}(h > c) + \gamma\, Q^n_{-a}(h \geq c) \\ &\leq (1-\gamma)\, R^n_{-a}(h > c) + \gamma\, R^n_{-a}(h \geq c) \\ &= \int \varphi^\star \, dR^n_{-a} = \alpha. \end{aligned} \tag{1.33}$$

Similarly,

$$Q^n_a(S^\star < 0) \leq \int (1 - \varphi^\star) \, dR^n_a = \alpha \tag{1.34}$$

for any element Q_a of U_a. In view of (1.24), since the estimators S' and S'', hence $S^\star$, are equivariant, this proves that

$$\rho(S^\star) = \alpha. \tag{1.35}$$

Hunt–Stein Theorem

Due to the invariance of the simple linear regression model and the neighbourhoods under the group of *regression translations*,

$$g_t \colon \mathbb{R}^2 \to \mathbb{R}^2, \qquad g_t(x, y) = (x, y + t\,x) \tag{1.36}$$

the minimax estimator $S^\star$ remains minimax among all, arbitrary, estimators. The proof requires a Hunt–Stein type argument; a direct and elementary such argument has been given by RIEDER (1987; Theorem 4.2).

Example: Normal F

In the special case of the standard normal $F = \mathcal{N}(0,1)$, distribution function Φ, we obtain $\gamma = 1/2$ and $c = 0$, by reasons of symmetry, and the minimax estimator $S^\star$ is the M-estimate

$$\sum_i \psi^\star(x_i, y_i - x_i S^\star) = 0 \tag{1.37}$$

with scores

$$\psi^\star(x,u) = x\,u \min\Bigl\{1, \frac{c(x)}{|u|}\Bigr\}. \tag{1.38}$$

For error-free-variables, the residuals truncation function $c\colon \mathbb{R} \to [0,\infty]$ is given by

$$e^{-2a|x|c(x)}\,\Phi\bigl(a|x| - c(x)\bigr) - \Phi\bigl(-a|x| - c(x)\bigr) = \frac{\varepsilon(x)}{1-\varepsilon(x)} \tag{1.39}$$

provided that $\varepsilon(x) \le 1-(1/2\Phi(a|x|))$, and $c(x)=0$ if $\varepsilon(x) > 1-(1/2\Phi(a|x|))$.

For errors-in-variables, we get $c(x) = b/|x|$, where b is the solution to

$$\int e^{-2ab}\,\Phi\bigl(a|x| - \tfrac{b}{|x|}\bigr) - \Phi\bigl(-a|x| - \tfrac{b}{|x|}\bigr)\,K(dx) = \frac{\varepsilon}{1-\varepsilon} \tag{1.40}$$

provided that $\varepsilon \le 1 - \bigl(1/2 \int \Phi(a|x|)\,K(dx)\bigr)$.

Interpretations

a) $c(x) = b/|x|$: This so-called *Hampel–Krasker bounded influence estimate*, whose optimality has originally been proved only asymptotically, for infinitesimal contamination, in fact emerges as minimax for error-free-variables with contamination curve obtained by solving (1.39) for $\varepsilon(x)$; in particular,

$$\begin{aligned} \varepsilon_{\mathrm{HK}}(x) &\approx \sqrt{\tfrac{2}{\pi}}\, a\,|x| \exp\bigl(-\tfrac{b^2}{2|x|^2}\bigr) && \text{as } |x| \to 0 \\ \varepsilon_{\mathrm{HK}}(x) &\approx \bigl(1 + e^{2ab}\bigr)^{-1} && \text{as } |x| \to \infty. \end{aligned} \tag{1.41}$$

It is *the* minimax estimator for errors-in-variables. The finite-sample minimaxity of this estimator for errors-in-variables has been an issue of fierce discussions in HUBER (1983).

b) $c(x) = c\,[\text{constant}]$: This so-called *Huber estimate*, which bounds residuals irrespectively of the position, emerges as minimax for error-free-variables with contamination curve obtained by solving (1.39) for $\varepsilon(x)$; in particular,

$$\begin{aligned} \varepsilon_{\mathrm{HU}}(x) &\approx \sqrt{\tfrac{2}{\pi}}\, a\,|x| \exp\bigl(-\tfrac{c^2}{2}\bigr) && \text{as } |x| \to 0 \\ \varepsilon_{\mathrm{HU}}(x) &\approx e^{-2ac|x|} && \text{as } |x| \to \infty. \end{aligned} \tag{1.42}$$

In comparison with Hampel–Krasker, whose $\varepsilon_{\mathrm{HK}}$ is approximately constant for large x, we see that Huber is rather optimistic as for contamination at large x. In a relative sense, upon standardization of the two contamination curves by $a\,|x|$ (square root the conditional Fisher information), Hampel–Krasker may be overly optimistic, more than Huber, as for contamination at small x.

c) $\varepsilon(x) = \varepsilon$ [constant]: The minimax solution for error-free-variables and constant contamination curve has a residuals clipping curve $c(x)$ determined by (1.39). In particular,

$$\begin{aligned} c(x) &= 0 \qquad \text{if} \quad a|x| \le \Phi^{-1}\bigl(\tfrac{1}{2(1-\varepsilon)}\bigr) \\ c(x) &\approx \tfrac{1}{2a|x|}\log\bigl(\tfrac{1-\varepsilon}{\varepsilon}\bigr) \qquad \text{as } |x| \to \infty. \end{aligned} \tag{1.43}$$

Thus observations at small x, which are uninformative anyway, are ignored. For large x, this estimator resembles Hampel–Krasker.

2. Generalized Linear Models

So far, unfortunately the finite-sample theory of the preceding section could not be extended to dimension more than one – to linear regression $y = x'\theta + u$ with finite-dimensional parameter $\theta \in \mathbb{R}^k$. For this model, however, a fairly complete asymptotic theory based on infinitesimal neighbourhoods is available; confer RIEDER (1994, § 7). The asymptotic theory proceeds along the following four steps:

- the L_2-differentiability of the ideal center model, which in particular implies local asymptotic normality;
- based on the L_2-derivative and the log-likelihood expansion, the definition of influence curves and of asymptotically linear estimators;
- the evaluation of infinitesimal bias, and the minimization of the asymptotic mean square error of asymptotically linear estimators, which are asymptotically normal;
- the construction of a (robust) asymptotically linear estimator, given its (optimal) influence curve at each probability P_θ of the ideal center model.

In this section, we consider generalized linear models, parametrized by $\theta \in \mathbb{R}^k$,

$$P_\theta(dx, dy) = F_\xi(dy)\, K(dx) \tag{2.1}$$

where, for simplicity,

$$\xi = x'\theta \qquad \text{(natural link function)} \tag{2.2}$$

and the conditional distribution $F_\xi(dy) = P_\theta(dy|x)$ [to be compared with the shifted $F(dy-\xi)$ in (1.8)] is assumed to belong to a one-parameter exponential family,

$$F_\xi(dy) = \exp\{\alpha(\xi\, y - \beta(\xi))\}\, \nu(dy) \tag{2.3}$$

Exponential families are always L_2-differentiable, with L_2-derivative and Fisher information at ξ given by

$$\Lambda_\xi(y) = \alpha\,(y - \dot\beta(\xi))\,, \qquad \mathcal{I}_\xi = \alpha\,\ddot\beta(\xi). \tag{2.4}$$

For example, the Poisson- and Gamma-models, where $F_\xi = \text{Poisson}(e^\xi)$ and $F_\xi = \text{Gamma}(r, \log(\xi))$, respectively, both have $\alpha = 1$ and

$$\beta(\xi) = e^\xi, \quad \Lambda_\xi(y) = y - e^\xi, \quad \mathcal{I}_\xi = e^\xi \tag{2.5}$$

respectively,

$$\beta(\xi) = r\log(\tfrac{1}{\xi}), \quad \Lambda_\xi(y) = y + \tfrac{r}{\xi}, \quad \mathcal{I}_\xi = \tfrac{r}{\xi^2}. \tag{2.6}$$

The probit-model $F_\xi = \text{Binomial}(1,p)$ with success-probability $p = e^\xi/(1+e^\xi)$, so that $\xi = \operatorname{logit} p$, would have $\beta(\xi) = \log(1+e^\xi)$ but, by definition, employs the nonnatural link function $\xi = \operatorname{logit}\Phi(x'\theta)$, which is not covered here.

L_2-differentiability

Because the exponential family $\{F_\xi\}$ is L_2-differentiable, and the function β is analytic, the L_2-differentiability of model (2.1) amounts to an interchange of differentiation (of square-root densities) and integration (with respect to the regressor marginal K). SCHLATHER (1994) has obtained the following result.

Theorem 2.1 *Fix $\theta \in \mathbb{R}^k$ and put*

$$\delta(s) = \frac{\alpha}{2}\bigl\{2\,\beta\bigl(x'(\theta + \tfrac{s}{2})\bigr) - \beta(x'\theta) - \beta\bigl(x'(\theta + s)\bigr)\bigr\}. \tag{2.7}$$

Assume that, for some $\varepsilon \in (0,1)$, the following two families of functions

$$\bigl\{\,1 - e^{\delta(s)} \bigm| |s| \le \varepsilon\,\bigr\} \tag{2.8}$$

$$\bigl\{\,x\ddot\beta\bigl(x'(\theta + \tau s)\bigr)x'e^{\delta(s)} \bigm| |s| \le \varepsilon,\ \tfrac{1}{2} \le \tau \le 1\,\bigr\} \tag{2.9}$$

are uniformly integrable $K(dx)$, and suppose that the matrix $\mathcal{I}_\theta$ given by (2.11) below is positive definite.

Then the generalized linear model (2.1) – (2.3) is L_2-differentiable at θ, with L_2-derivative and Fisher information given by

$$\Lambda_\theta(x,y) = x\,\Lambda_{x'\theta}(y) = \alpha x\bigl(y - \dot\beta(x'\theta)\bigr) \tag{2.10}$$

$$\mathcal{I}_\theta = \int x\,\mathcal{I}_{x'\theta}\,x'\,K(dx) = \alpha\int x\ddot\beta(x'\theta)x'\,K(dx). \tag{2.11}$$

The assumptions are fulfilled, if $\int xx'\,K(dx)$ is positive definite, and if the support of K or the range of the y-variable are bounded.

Remark 2.2 The conditions are to some extent comparable with those used by FAHRMEIR/KAUFMANN (1985) to prove the asymptotic normality of the maximum likelihood estimate. The two results are related like the L_2-differentiablity of the linear regression model and the asymptotic normality of the least squares estimate there [iff the hat matrix tends to 0; confer RIEDER (1994, § 2.3)]. ////

Asymptotically Linear Estimators

Generalizing M–estimates, as in the general theory, we may now consider the class of asymptotically linear estimators $S = (S_n)$, which are charaterized by an expansion (with remainder tending to 0 in probability) of the following type at $\theta \in \mathbb{R}^k$,

$$\sqrt{n}\,(S_n - \theta) = \frac{1}{\sqrt{n}} \sum\nolimits_i \psi(x_i, y_i) + o_{P_\theta^n}(n^0). \tag{2.12}$$

The summand $\psi_\theta: \mathbb{R}^{k+1} \to \mathbb{R}^k$, the *influence curve* of S at P_θ, has the following properties, with Λ_θ given by (2.10) and $\mathbb{I}_k$ denoting the $k \times k$ unit matrix,

square integrable:

$$\psi_\theta \in L_2^k(P_\theta) \tag{2.13}$$

Fisher consistent:

$$\int \psi_\theta \Lambda_\theta' \, dP_\theta = \mathbb{I}_k \tag{2.14}$$

centered:

$$\int \psi_\theta \, dP_\theta = 0 \tag{2.15}$$

or even,
conditionally centered:

$$\int \psi_\theta(x, y)\, F_{x'\theta}(dy) = 0 \qquad \text{a.e. } K(dx). \tag{2.16}$$

Under the assumptions of Theorem 2.1, the maximum likelihood estimate is asymptotically linear with conditionally centered influence curve $\psi_{h,\theta} = \mathcal{I}_\theta^{-1}\Lambda_\theta$ (the classical scores). By the Lindeberg–Lèvy theorem, such estimators are under the sequence of product measures P_θ^n asymptotically normal,

$$\mathcal{L}_\theta\big(\sqrt{n}\,(S_n - \theta)\big) \xrightarrow{\;w\;} \mathcal{N}\big(0, \textstyle\int \psi_\theta \psi_\theta' \, dP_\theta\big). \tag{2.17}$$

Using a strategically chosen submodel of shrinking neighbourhoods $U_{*,\varepsilon_n}(P_\theta)$ with radius (curve) $\varepsilon_n = \varepsilon/\sqrt{n}$, and invoking asymptotic techniques (contiguity, third LeCam Lemma), such estimators are still asymptotically normal with the *same covariance*. However, a certain *bias* occurs, which only depends on the influence curve of S at P_θ.

Let $b_{*,\varepsilon}(\psi_\theta)$ denote the maximum bias. Then the corresponding *asymptotic mean square error problem at θ* reads

$$\int |\psi|^2 \, dP + \left|b_{*,\varepsilon}(\psi)\right|^2 = \min! \tag{2.18}$$

the minimization referring to all influence curves ψ at $P = P_\theta$.

Errors–in–Variables Robust

In the case of errors–in–variables, the maximum bias is the $L_\infty(P)$–norm,

$$b_{0,\varepsilon}(\psi) = \sup_P |\psi|. \tag{2.19}$$

By RIEDER (1994; Theorem 5.5.7), the unique solution $\psi^\star$ to (2.18) attains the form

$$\psi^\star = (Axy - a(x)) \min\Big\{1, \frac{b}{|Axy - a(x)|}\Big\} \tag{2.20}$$

where

$$a(x) = Ax\dot{\beta}(x'\theta) + a \tag{2.21}$$

and

$$b = \int \big(|Axy - a(x)| - b\big)^+ P(dx, dy) \tag{2.22}$$

for some $k \times k$ matrix A, some $a \in \mathbb{R}^k$, and $b \in (0, \infty)$.

Error–Free–Variables Robust

In the case of error–free–variables, (an approximate version of) the maximum bias is

$$b_{1,\varepsilon}(\psi) = \int \varepsilon(x) \sup_{F_{x'\theta}(dy)} |\psi(x,y)| \, K(dx) \tag{2.23}$$

By RIEDER (1994; Theorem 7.4.3), the unique solution $\psi^\star$ to (2.18) is conditionally centered and attains the form

$$\psi^\star = (Axy - a(x)) \min\Big\{1, \frac{c(x)}{|Axy - a(x)|}\Big\} \tag{2.24}$$

where

$$\int \big(|Axy - a(x)| - c(x)\big)^+ F_{x'\theta}(dy) = b\,\varepsilon(x) \tag{2.25}$$

and

$$b = \int \varepsilon(x)\, c(x) \, K(dx) \tag{2.26}$$

for some $k \times k$ matrix A, some $a \in L_2^k(K)$, and $c\colon \mathbb{R}^k \to [0, \infty]$.

Constructions

Robust solutions pertaining to other types of neighbourhoods (total variation, Hellinger) may be treated as well. The stable constructions of RIEDER (1994, § 6) based on M–equations or minimum distance estimates as initial estimators for just one Newton–Raphson step using the optimum $\psi^\star = \psi^\star_\theta$ apparently lead to new estimators – robust variants of the maximum likelihood estimate – which are practically and theoretically attractive alternatives in regard to robustness and efficiency.

3. Time Series

Suppose the ideal model is an ARMA(p,q)–process $\ldots, X_{-1}, X_0, X_1, \ldots$ which, by definition, solves a stochastic difference equation

$$\sum_{i=1}^{p} \phi_i X_{j-i} = \sum_{i=1}^{q} \xi_i V_{j-i}\,, \qquad j \in \mathbb{Z}. \tag{3.1}$$

ARMA-Model

The *innovations* $\ldots, V_{-1}, V_0, V_1, \ldots$ are assumed i.i.d. $\sim F$ of mean 0 and variance $\sigma^2 \in (0,\infty)$. To define the parameter space, introduce the polynomials in $z \in \mathbb{C}$ associated with equation (3.1),

$$p(z) = \sum_{i=1}^{p} \phi_i z^{p-i}\,, \qquad q(z) = \sum_{i=1}^{q} \xi_i z^{q-i}. \tag{3.2}$$

Denote their vectors of zeros by $\tau = \tau(\phi) \in \mathbb{C}^p$ and $\eta = \eta(\xi) \in \mathbb{C}^q$, respectively, and $|\,.\,|_\infty$ the sup–norm on $\mathbb{C}^p$ and $\mathbb{C}^q$. Then the *parameter space* is defined as the following (open) subset of $\mathbb{R}^k$, $k = p + q$,

$$\Theta = \{\theta = (\phi, \xi) \in \mathbb{R}^k \,|\, \phi_p \neq 0,\ \xi_q \neq 0,\ |\tau(\phi)|_\infty < 1,\ |\eta(\xi)|_\infty < 1\}. \tag{3.3}$$

Given any $\theta \in \Theta$, two more sequences of coefficients $\delta_j = \delta_j(\phi)$ and $\gamma_j = \gamma_j(\xi)$ are determined by the following identity,

$$\sum_{j=0}^{\infty} \delta_j z^j \sum_{i=0}^{p} \phi_i z^i = 1 = \sum_{j=0}^{\infty} \gamma_j z^j \sum_{i=0}^{q} \xi_i z^i\,, \qquad |z| \le 1 \tag{3.4}$$

and $\delta_j = \gamma_j = 0$ for $j < 0$. The assumptions on $p(z)$ via $\tau(\phi)$ ensure stationarity, and those on $q(z)$ via $\eta(\xi)$ invertibility, of the X–process in the sense of BOX/JENKINS (1976): For each $\theta \in \Theta$ there exists a unique stationary and ergodic process $\ldots, X_{-1}(\theta), X_0(\theta), X_1(\theta), \ldots$ solving (3.1), and the following representations hold in L_2 and almost surely, for all $j \in \mathbb{Z}$,

$$X_j(\theta) = \sum_{i=0}^{\infty} \delta_i \sum_{r=0}^{q} \xi_r V_{j-i-r}\,, \qquad V_j = \sum_{i=0}^{\infty} \gamma_i \sum_{r=0}^{p} \phi_r X_{j-i-r}(\theta). \tag{3.5}$$

We assume the statistician observes the sequence

$$Y_0 = \bar{V}_0 = (\ldots, V_{-1}, V_0) \quad \text{and} \quad Y_j = X_j(\theta), \;\; j \geq 1. \tag{3.6}$$

Thus the ideal model distributions at time $n \geq 1$ are

$$P_\theta^{(n)} = \mathcal{L}_\theta(Y_0, \ldots, Y_n), \qquad \theta \in \Theta \tag{3.7}$$

with corresponding expectation E_θ. The inclusion of the infinite past is a technical convenience for the log-likelihood expansion. The dependence on Y_0 will eventually fade away by a suitable estimator construction.

Local Asymptotic Normality

The log-likelihood expansion and L_2-differentiability of ARMA-processes has been investigated by JEGANATHAN (1982), STAAB (1984), SWENSEN (1985), and KREISS (1987). As in the location and regression cases, the innovation distribution is required to be absolutely continuous and have an absolutely continuous Lebesgue density of finite Fisher information of location; that is,

$$F(du) = f(u)\, du\,, \qquad \mathcal{I}_f = \int \Lambda_f^2 \, dF < \infty\,, \quad \Lambda_f = -\frac{\dot{f}}{f}\,. \tag{3.8}$$

Moreover, for $\theta \in \Theta$ and $j \in \mathbb{N}$ define

$$H_{\theta,j} = \sum_{i=0}^{\infty} \gamma_i \bigl(X_{j-i-1}(\theta), \ldots, X_{j-i-p}(\theta); V_{j-i-1}, \ldots, V_{j-i-q}\bigr)' \tag{3.9}$$

and for $h \in \mathbb{R}^k$ and $n \geq 1$ set $\theta_n(h) = \theta + h/\sqrt{n}$.

Theorem 3.1 *Assume* (3.8). *Then, for every* $\theta \in \Theta$ *and* $h \in \mathbb{R}^k$, *as* $n \to \infty$,

$$\log \frac{dP_{\theta_n(h)}^{(n)}}{dP_\theta^{(n)}} = \frac{1}{\sqrt{n}} h' \sum_{j=1}^{n} H_{\theta,j} \Lambda_f(V_j) - \tfrac{1}{2} h' \mathcal{I}_\theta h + \mathrm{o}_{P_\theta^{(n)}}(n^0) \tag{3.10}$$

where

$$\mathcal{I}_\theta = \mathcal{I}_f \mathrm{E}_\theta H_{\theta,1} H_{\theta,1}' \tag{3.11}$$

The $H_{\theta,j}\Lambda_f(V_j)$ are a stationary, ergodic sequence of square integrable martingale differences.

Asymptotically Linear Estimators

By analogy, following STAAB (1984), an estimator $S = (S_n)$ is called asymptotically linear at P_θ with *influence curve* ψ_θ if it has an expansion

$$\sqrt{n}\,(S_n - \theta) = \frac{1}{\sqrt{n}} \sum_{j=1}^{n} \psi_{\theta,j} + \mathrm{o}_{P_\theta^{(n)}}(n^0) \tag{3.12}$$

where

$$\psi_{\theta,j} = \psi_\theta \circ \bar{V}_j\,, \qquad \bar{V}_j = (\ldots, V_{j-1}, V_j) \tag{3.13}$$

and

$$\psi_\theta \circ \bar{V}_1 \in L_2^k(P_\theta^{(1)}) \tag{3.14}$$

$$\mathrm{E}_\theta\big(\psi_\theta \circ \bar{V}_1 \big| \bar{V}_0\big) = 0 \tag{3.15}$$

$$\mathrm{E}_\theta\big(\psi_\theta \circ \bar{V}_1\, H_{\theta,1}' \Lambda_f(V_1)\big) = \mathbb{I}_k. \tag{3.16}$$

Writing $\psi_\theta \circ \bar{V}_j$ implies that $\bar{V}_j$ is expressed via (3.6) and the RHS of (3.5) in terms of the observations $Y_0, \ldots, Y_j$, this transformation depending on θ. The classically optimal scores are $\psi_{h,\theta,j} = \mathcal{I}_\theta^{-1}\, H_{\theta,j}\Lambda_f(V_j)$.

Then, under $P_\theta = P_\theta^{(\infty)} = \mathcal{L}_\theta(Y_0, Y_1, \ldots)$, the $\psi_{\theta,j}$ are again a stationary, ergodic sequence of martingale differences, to which the central limit theorem of BILLINGSLEY (1968, Theorems 7.7 and 23.1) applies,

$$\mathcal{L}_\theta\big(\sqrt{n}\,(S_n - \theta)\big) \xrightarrow{\;w\;} \mathcal{N}\big(0, \mathrm{E}_\theta \psi_{\theta,1}\psi_{\theta,1}{}'\big). \tag{3.17}$$

Transition Neighbourhoods

Any joint law $Q^{(n)} = \mathcal{L}(Y_0, \ldots, Y_n)$ of the observations at time $n \geq 1$ may be decomposed into the initial distribution $Q^{(n,0)} = \mathcal{L}(Y_0)$ and the conditional distributions $Q^{(n,j)} = \mathcal{L}(Y_j | Y_0, \ldots, Y_{j-1})$ such that, for $j = 1, \ldots, n$,

$$Q^{(n)}(dy_0, \ldots, dy_n) = \bigotimes_{j=0}^{n} Q^{(n,j)}(dy_j | y_0, \ldots, y_{j-1}). \tag{3.18}$$

At time $n \geq 1$, we consider contaminations $Q^{(n)}$ of $P_\theta^{(n)}$ with the transitions

$$\begin{aligned} Q^{(n,j)}(dy_j | y_0, \ldots, y_{j-1}) = (1 - \varepsilon_j)\, & P_\theta^{(n,j)}(dy_j | y_0, \ldots, y_{j-1}) \\ & + \varepsilon_j\, M^{(n,j)}(dy_j | y_0, \ldots, y_{j-1}) \end{aligned} \tag{3.19}$$

for $j = 1, \ldots, n$, where $M^{(n)} = \bigotimes_{j=0}^{n} M^{(n,j)}$ may be any probability on the sample space $\big(\prod_{j=-\infty}^{n} \mathbb{R}\,, \bigotimes_{j=-\infty}^{n} \mathbb{B}\big)$. The radii ε_j are supposed to be functions of the past,

$$\varepsilon_j = \varepsilon \circ \bar{V}_{j-1} \tag{3.20}$$

for some Borel measurable function $\varepsilon\colon \prod_{j=-\infty}^{n} \mathbb{R} \to \mathbb{R}$ and $j = 1, \ldots, n$. With ε_0 chosen constant, (3.19) applies to the initial distributions as well. These contaminations obviously generalize error–free–variables in regression, where the past of the process at time j is just x_j (the j–th regressor).

Infinitesimal Bias

Asymptotically linear estimators may be evaluated explicitly under infinitesimal contaminations $Q^{(n)}(f, \varepsilon)$ of the following type,

$$dQ^{(n,j)}(f, \varepsilon) = \Big(1 + \frac{\varepsilon_j f_j}{\sqrt{n}}\Big)\, dP_\theta^{(n,j)}, \qquad f_j = f \circ \bar{V}_j \tag{3.21}$$

where

$$\mathrm{E}_\theta\big(f\circ \bar V_1 \big| \bar V_0\big) = 0\,, \qquad -1 \le f \ \textit{bounded.} \tag{3.22}$$

Then the central limit theorem for stationary, ergodic martingale differences applies to $\log dQ^{(n)}(f,\varepsilon)/dP_\theta^{(n)}$. Thus, under $Q^{(n)}(f,\varepsilon)$, an asymptotically linear estimator $S=(S_n)$ with influence curve ψ_θ at P_θ is still asymptotically normal with the same covariance $\mathrm{E}_\theta\psi_{\theta,1}\psi_{\theta,1}{}'$, but the bias $\mathrm{E}_\theta\varepsilon_1 f_1\psi_{\theta,1}$ occurs.

Optimal Robustness

At this stage, the optimality results of robust regression with error–free–variables can be invoked from RIEDER (1994, § 7), by means of the formal substitution

$$j\text{-th regressor } x_j \rightsquigarrow H_{\theta,j} \text{ defined by (3.9)} \tag{3.23}$$

For example, in the Markov AR(1)–model, with parameter $|\phi_1|<1$,

$$X_j + \phi_1 X_{j-1} = V_j\,, \qquad j\in\mathbb{Z} \tag{3.24}$$

an optimally robust influence curve is given by

$$\psi^\star_{\theta,j} = \max\big\{c'(X_{j-1}), \min\{\Delta_j, c''(X_{j-1})\}\big\} \tag{3.25}$$

where

$$\Delta(X_j,X_{j-1}) = \Delta_j = \alpha_1 X_{j-1}\,\Lambda_f(X_j+\phi_1X_{j-1}) + \alpha_0(X_{j-1}) \tag{3.26}$$

for some $\alpha_1\in(0,\infty)$ and measurable (conditional centering and clipping) functions α_0 and $c'\le 0\le c''$, respectively, such that either $c'(x)=c''(x)=0$ or

$$\int \big(\alpha_1 x\,\Lambda_f(v) + \alpha_0(x) - c''(x)\big)^+\,F(dv) = \beta''\varepsilon(x) \tag{3.27}$$

and

$$\int \big(c'(x) - \alpha_1 x\,\Lambda_f(v) - \alpha_0(x)\big)^+\,F(dv) = \beta'\varepsilon(x) \tag{3.28}$$

where β' and β'' are nonnegative numbers, not both zero, such that

$$\beta''\mathrm{E}_{\phi_1}\varepsilon c'' - \beta'\mathrm{E}_{\phi_1}\varepsilon c' = (\beta''+\beta')\max\{\mathrm{E}_{\phi_1}\varepsilon c''\,, -\mathrm{E}_{\phi_1}\varepsilon c'\,\} \tag{3.29}$$

that is, $\mathrm{E}_{\phi_1}\varepsilon c'' = -\mathrm{E}_{\phi_1}\varepsilon c'$ if truncation (towards both sides) is effective; for details see RIEDER (1994; Theorem 7.4.12). More general optimally robust influence curves for ARMA–models can thus be derived explicitly.

Constructions

The construction problem is more difficult than in the independent case and has not yet been solved satisfactorily, mainly, because the variance is not continuous on shrinking balls; see STAAB (1984) and KÜNSCH (1984). But even so, although full neighbourhoods are not yet covered, the variety of solutions offers attractive alternatives to the classical maximum likelihood procedure in the ideal model.

References

BILLINGSLEY, P. (1968): Convergence of Probability Measures; Wiley, New York.

BOX, G. E. P. / JENKINS, G. M. (1976): Time Series, Forecasting, and Control; Holden-Day, San Francisco.

FAHRMEIR, L. / KAUFMANN, H. (1985): Consistency and asymptotic normality of the maximum likelihood estimator in generalized linear models; *Ann. Statist.* **13** 342-368.

HUBER, P. J. (1968): Robust confidence limits; *Z. Wahrsch. verw. Gebiete* **10** 269-278.

HUBER, P. J. (1981): Robust Statistics; Wiley, New York.

HUBER, P. J. (1983): Minimax aspects of bounded influence regression; *J. Amer. Statist. Assoc.* **78** 66-80.

HUBER, P. J. / STRASSEN, V. (1973): Minimax tests and the Neyman–Pearson lemma for capacities; *Ann. Statist.* **1** 251-263.

JEGANATHAN, P. (1982a): On the asymptotic theory of estimation when the limit of the loglikelihood ratios is mixed normal; *Sankhyā* **A 44** 173-212.

JEGANATHAN, P. (1982b): A solution of the martingale central limit problem, part I; *Sankhyā* **A 44** 299-18.

KÜNSCH, H. (1984): Infinitesimal robustness for autoregressive processes; *Ann. Statist.* **12** 843-863.

KREISS, J.-P. (1987): On adaptive estimation in stationary ARMA–processes; *Ann. Statist.* **15** 112-133.

RIEDER, H. (1989): A finite–sample minimax regression estimator; *Statistics* **20** 211-221.

RIEDER, H. (1994): Robust Asymptotic Statistics; Springer, New York.

SCHLATHER, M. (1994): Glattheit von Generalisierten Linearen Modellen und statistische Folgerungen; Diplomarbeit, Universität Bayreuth.

STAAB, M. (1984): Robust parameter estimation for ARMA models; Dissertation, Universität Bayreuth.

SWENSEN, A. R. (1985): The asymptotic distribution of the likelihood ratio for autoregressive time series with a regression trend; *J. Multivariate Analysis* **16** 54-70.

WEICHSELBERGER, K. (1994): Elementare Grundbegriffe einer allgemeinen Wahrscheinlichkeitsrechnung; Book in preparation.

WEICHSELBERGER, K. (1995): Axiomatic foundations of the theory of interval–probability; To appear in: *Proceedings of the Second Gauss–Symposium*, Section B (MAMMITZSCH, V. / SCHNEEWEISS, H., eds.), de Gruyter, Berlin.

Factors and Principal Components: Their Approach to Each Other when the Factor Loadings are Orthogonal

Von HANS SCHNEEWEISS*, München

Summary: Principal components and factors of a factor model approach each other under general conditions when the number of items increases or when the variances of the unique factors tend to zero. For this to happen the factors must be rotated such that the loading vectors are orthogonal to each other. In this case the loadings also approach the corresponding weights of the principal components. The paper provides a theoretical foundation for this empirical fact.

1. Introduction

When one looks up the term "factor analysis" in a handbook of a typical statistics software package like SPSS one finds the method of extracting principal components as one of several methods of factor analysis. Only when reading very carefully one does find out that principal component analysis is different from factor analysis. I should say, it is fundamentally different.

To be sure, both methods analyse the covariance structure of a given vector $y = (y_1, \ldots, y_p)'$ of observable random variables. But whereas principal component analysis is a method and therefore is purely descriptive, factor analysis starts with a model and investigates the covariance structure within the framework of this model. Principal component analysis is a method that aims at extracting $q < p$ linear combinations

$$\tilde{\eta}_j = \tilde{b}_{1j}\, y_1 + \cdots + \tilde{b}_{pj}\, y_p\,, \quad j = 1, \ldots, q\,,$$

of the $y_1, \ldots, y_p$ such that the first one, $\tilde{\eta}_1$, has maximum variance, the second one, $\tilde{\eta}_2$, has maximum variance subject to being uncorrelated with $\tilde{\eta}_1$, etc. Factor analysis starts with a model, which states that the y_i are linearly related to some uncorrelated latent factors η_j, $j = 1, \ldots, q$, plus latent residual terms w_i, which usually are taken to be uncorrelated, i.e.:

$$y_i = b_{i1}\, \eta_1 + \cdots + b_{iq}\, \eta_q + w_i\,.$$

So principal component analysis is a method to break down the overall variability of the y_i into uncorrelated components of decreasing variance. On the other hand, factor analysis tries to explain the correlation structure of the y_i by reducing it to a possibly small number of independent factors η_j which have an effect on the y_i via their loadings b_{ij}, cf. also LAWLEY/MAXWELL (1971), Chapter 1.

* Prof. Dr. Hans Schneeweiß, Ludwig-Maximilians-Universität München, Seminar für Ökonometrie und Statistik, Ludwigstraße 33, D-80539 München.

There is, nevertheless, a similarity between these two approaches in so far as one can use the weights $\tilde{b}_{ij}$ of the principal components as loadings in a similar way as in factor analysis, i.e. one has

$$y_i = \tilde{b}_{i1}\,\tilde{\eta}_1 + \cdots + \tilde{b}_{iq}\,\tilde{\eta}_q + \tilde{w}_i,$$

where $\tilde{w}_i$ is uncorrelated with $\tilde{\eta}_1, \ldots, \tilde{\eta}_q$. However, whereas the principal components $\tilde{\eta}_j$ are linear combinations of $y_1, \ldots, y_p$ and can be computed from the y_i, the factors η_j are latent variables and cannot be expressed as linear combinations of the y_i. It is also possible to construct examples which show that the factor loadings b_{ij} and the principal component loadings $\tilde{b}_{ij}$ can, in principle, be quite far apart numerically, cf. SCHNEEWEISS (1990). On the other hand, it has often been observed in practice that both types of loadings will typically be rather close to each other: $b_{ij} \approx \tilde{b}_{ij}$. An example is given in the appendix, cf. also VELICER/JACKSON (1990).

The purpose of this paper is to give a theoretical foundation for this closeness of results of factor analysis and principal component analysis so often observed in practice. This numerical closeness of results does not only apply to the loadings b_{ij} and $\tilde{b}_{ij}$, but also to factors and principal components: $\eta_j \approx \tilde{\eta}_j$, though this last property is more of a theoretical nature as factors cannot be observed directly.

Of course, in order to study the relations between factor analysis and principal component analysis one has to assume that the correlation structure of $y_1, \ldots, y_p$ can indeed be described by a factor model, and this is what we will assume throughout the paper.

Closeness of results of factor and principal component analysis can typically be expected when the variances of the w_i are small or when the sum of the squared loadings for each factor are large. The latter often occurs when there are many observable variables to be explained by the factors, i.e. when p ist large.

This convergence behavior of factors and loadings has been studied by SCHNEEWEISS (1990) and BENTLER/KANO (1990) for the case of just one factor ($q = 1$). For $q > 1$, SCHNEEWEISS/MATHES (1995) give a condition – here condition (A) – which implies the convergence of the spaces spanned by the loading vectors $b_j = (b_{ij})_{i=1,\ldots,p}$ on the one hand and $\tilde{b}_j = (\tilde{b}_{ij})_{i=1,\ldots,p}$ on the other hand and similarly of the spaces spanned by the η_j and the $\tilde{\eta}_j$, respectively. In the present paper it is shown that under an additional condition – condition(B) – and under the assumption that the factors have been rotated such that the loading vectors are orthogonal to each other the convergence of loadings in the factor model to those in the principal components framework is element by element and not just in terms of the spaces spanned by these vectors. A similar statement can be made for the convergence of factors to principal components. This result corresponds to what can be empirically observed.

In section 2 the model of factor analysis and the method of principal components are introduced. Section 3 contains the main result of the paper: a statement of the convergence of the corresponding entities of factor analysis and principal component analysis under certain, practically relevant, conditions. Section 4 gives the proof of this result and section 5 contains some concluding remarks.

2. Factors and principal components

1. *The model of factor analysis*

We assume that a $(p \times 1)$ vector y of observable variables (items) can be represented as a q–factor model:

$$y = B\,\eta + w, \tag{1}$$

where η is a $(q \times 1)$ vector of uncorrelated latent (common) factors with $q < p$, w a $(p \times 1)$ vector of latent disturbances (or unique factors), and B a $(p \times q)$ matrix of loadings.

The vectors η and w are random vectors with $E(\eta) = 0$, $E(w) = 0$, $E(\eta\, w') = 0$, $E(w\, w') = \Sigma$, and $E(\eta\, \eta') = I$. B is a matrix of fixed parameters with $\text{rank}(B) = q$. The assumption $E(\eta) = 0$ is made for simplicity. As a consequence $E(y) = 0$. The assumption $E(\eta\, \eta') = I$ is just a normalization rule. The matrix Σ is often taken to be diagonal, though this assumption will not be adopted in what follows. The covariance matrix of y is denoted by $E(y\, y') = \Omega$.

A consequence of this model is the following well–known "fundamental equation" (cf. LAWLEY/MAXWELL (1973), Chapt. 2)

$$\Omega = B\, B' + \Sigma, \tag{2}$$

which relates the covariance matrix of the observable variables to the parameters $(B,\, \Sigma)$ of the model. It is well–known that even when Σ is known the loading matrix B is not uniquely determined. In fact, given any orthogonal matrix T, equations (1) and (2) are still satisfied if B and η are replaced by $B^* = B\, T'$ and $\eta^* = T\, \eta$, respectively. Using this fact, one can always find an orthogonal transformation such that $B^{*'}\, B^*$ is diagonal and the diagonal elements, which are the eigenvalues of $B'\, B$, are ordered by decreasing size. Let us assume that such a transformation has already been applied so that

$$B'\, B = D = \text{diag}(d_1, \ldots, d_q) \tag{3}$$

with $d_1 \geq \ldots \geq d_q > 0$. Note that $d_q > 0$ because $\text{rank}(B) = q$ by assumption. Let us further assume that all the d_i are distinct, i.e.: $d_1 > \ldots > d_q > 0$. Under this assumption the matrix B is, apart from the signs of its columns, uniquely determined by (2) given Σ.

2. *Principal components*

The vector of the first q principal components of y is given by

$$\tilde{\eta} = \tilde{B}'\, y, \tag{4}$$

where $\tilde{B}$ is a $(p \times q)$ matrix the columns of which are the eigenvectors corresponding to the first q eigenvalues of Ω. Let these be denoted by $\lambda_1 \geq \ldots \geq \lambda_q$ and let $\Lambda = \text{diag}(\lambda_1, \ldots, \lambda_q)$, then

$$\Omega \tilde{B} = \tilde{B} \Lambda . \tag{5}$$

The eigenvectors are normalized such that

$$\tilde{B}' \tilde{B} = I . \tag{6}$$

This implies that

$$E(\tilde{\eta} \tilde{\eta}') = \Lambda . \tag{7}$$

It is interesting to note that $\tilde{B}$ not only serves as a matrix of weights for constructing the vector of principal components as in (4) but also as a matrix of 'loadings' in the sense that one has the linear (multivariate) regression

$$y = \tilde{B} \tilde{\eta} + \tilde{w} \tag{8}$$

with $E(\tilde{\eta} \tilde{w}') = 0$. This regression is similar to (1) and suggests an investigation of the relations that may exist between (1) and (8).

The following lemma relates the eigenvalues λ_j of Ω to the eigenvalues d_j of $\Omega - \Sigma = B B'$.

Lemma 1: Let σ^2 be the largest eigenvalue of Σ, then

$$d_j \leq \lambda_j \leq d_j + \sigma^2, \quad j = 1, \ldots, q .$$

Proof: Obviously

$$B B' \leq \Omega \leq B B' + \sigma^2 I .$$

(Here for any two symmetric matrices A and B, the inequality $A \leq B$ means that $B - A$ is positive semidefinit). From these two inequalities the assertion of the lemma follows by the monotonicity property of eigenvalues (cf. MAGNUS/NEUDECKER (1988), p. 208, Theorem 9) because d_j, λ_j, and $d_j + \sigma^2$ are the first q eigenvalues of $B B'$, Ω, and $B B' + \sigma^2 I$, respectively, ordered by decreasing magnitude. Q.e.d.

3. Asymptotics

Under certain limiting conditions the latent vectors η and $\tilde{\eta}$, the latter standardised, approach each other indefinitely, and a similar statement can be made for B and $\tilde{B}$.

In order to give precise meaning to this limiting process let us consider a sequence of factor models indexed by t, say. All limits in the sequel are understood as $t \longrightarrow \infty$. We shall, however, omit the index t in all the following formulas in order not to clutter the notation too much. In this sequence of factor models almost everything can change with changing t, even the dimension p of the observable vector y. In fact, we may have $p \longrightarrow \infty$. However q, the number of factors, will be kept fixed, though the factors themselves may change. Indeed one should read all the following formulas with an index t attached to all symbols, whatever they denote, with only two exceptions: q and c, the latter to be introduced below.

The following two asymptotic assumptions are crucial:

(A) $\lim(\sigma^2 d_q^{-1}) = 0$.

(B) There is a constant $c > 0$ (independent of t) such that $d_j > (1+c)\, d_{j+1}, \quad j = 1, \ldots, q-1$.

Assumption (A) ensures that the variances of the disturbances become negligible in the limit as compared to the smallest eigenvalue of $B'B$. In SCHNEEWEISS/MATHES (1995) conditions are given that imply (A), where $B'B$ does not necessarily satisfy the diagonality condition (3).

Assumtion (B) ensures that the non–zero eigenvalues of $B B'$, which have been assumed to be distinct for any factor model of the sequence, will stay distinct even in the limit. Note that the d_j can (and typically will) tend to infinity with $t \longrightarrow \infty$.

We have the following

Lemma 2: Under assumption (A)

$$\lim(D\Lambda^{-1}) = I.$$

Proof: By Lemma 1

$$1 \leq \lambda_j\, d_j^{-1} \leq 1 + \sigma^2 d_j^{-1} \leq 1 + \sigma^2 d_q^{-1},$$

where the last expression tends to 1 by (A). Consequently $\lambda_j\, d_j^{-1} \longrightarrow 1$, $j = 1, \ldots, q$, and of course also $d_j\, \lambda_j^{-1} \longrightarrow 1$. Note that $\lambda_j > 0$ by Lemma 1. Q.e.d.

Thus, in the limit, the first q eigenvalues of Ω and those of $\Omega - \Sigma = B B'$ tend to become equal in the sense that their ratios approach 1. Note again that the λ_j, as well as the d_j, may tend to infinity.

As $t \longrightarrow \infty$, factors and principal components and similarly the two loading matrices approach each other. However for this to hold, the principal components must be standardized so that they can be compared to the factors of the factor model, and a similar normalization must be applied to the loading matrix of the factor model. Thus let $\breve{\eta} = \Lambda^{-\frac{1}{2}}\, \tilde{\eta}$ be the vector of standardized principal components such that, owing to (7), $E(\breve{\eta}\, \breve{\eta}') = I$, and let $\bar{B} = B\, D^{-\frac{1}{2}}$ be a normalized loading matrix such that, owing to (3), $\bar{B}'\, \bar{B} = I$. The following theorem contains the main result of this paper.

Theorem: Let there be a sequence of factor models as described above (indexed by t) and let $\breve{\eta} = \Lambda^{-\frac{1}{2}}\tilde{\eta}$ and $\bar{B} = B D^{-\frac{1}{2}}$. Then under assumptions (A) and (B):

$$(i) \qquad \lim E(\|\breve{\eta} - S\,\eta\|) = 0$$
$$(ii) \qquad \lim \|\tilde{B} - \bar{B}\,S\| = 0,$$

where S is a suitably chosen sign matrix, i.e. a diagonal $(q \times q)$ matrix (depending on t) with diagonal elements $s_j = \pm 1$, $j = 1, \ldots, q$.
Here the norm $\|\cdot\|$ is defined by $\|A\|^2 = \mathrm{tr}(A\,A')$.

It should be noted that for a sequence of random vectors $x = (x_1, \ldots, x_q)'$, say, $\lim E(\|x\|) = 0$ is equivalent to $\lim E(x\,x') = 0$ and therefore also to $\lim E(x_i^2) = 0$, $i = 1, \ldots, q$, so long as q is fixed. Thus (i) says that the vectors $\breve{\eta}$ and $S\eta$ approach each other in quadratic mean element by element.

Similarly for any sequence of $(p \times q)$ matrices A, with q fixed, $\lim \|A\| = 0$ is equivalent to $\lim(A'\,A) = 0$ and also to $\lim a_j'\,a_j = 0$ where a_j is the j-th column of A, $j = 1, \ldots, q$. Thus (ii) says that the columns $\tilde{b}_j$ of $\tilde{B}$ and $s_j\,\bar{b}_j$ of $\bar{B}\,S$ approach each other in the sense that $\lim \|\tilde{b}_j - s_j\,\bar{b}_j\| = 0$, $j = 1 \ldots, q$. This implies that the matrices $\tilde{B}$ and $\bar{B}S$ approach each other element by element.

There are several ways how the theorem may be interpreted. We can expect the columns of $\tilde{B}$ and $\bar{B}$, the latter possibly after a suitable change of signs, to come very close to each other when the variances of the disturbances of the factor model are very small or else when the loadings are rather large. Still another possibility is that the number of observable variables p is large because in this case the smallest eigenvalue of $B'\,B$ can easily be quite large. All this explains why in practice one often encounters the situation where the loading matrix of a factor model comes close to the weight matrix of principal components.

Under the same conditions one may expect the principal components to be close to the factors of the factor model (possibly after a change of sign in each factor). However since the latter are latent variables this fact cannot be observed directly. An indirect indication of closeness of principal components and factors can be seen in the closeness of principal components and certain estimates of the factors. An estimate of η is given by

$$\hat{\eta} = (F + F^2)^{-\frac{1}{2}} B'\,\Sigma^{-1}\,y$$

with $F = B'\,\Sigma^{-1}\,B$, and it can be shown that under condition (A) $\lim E(\|\eta - \breve{\eta}\|) = 0$, cf. SCHNEEWEISS/MATHES (1995).

As to the choice of the sign matrix S it is suggested to choose the sign s_j such that most of the signs of the elements of $s_j\,\bar{b}_j$ agree with those of $\tilde{b}_j$.

4. Proof of the theorem

We first state and prove

Lemma 3: Let $Q = \tilde{B}'\tilde{B} = D^{-\frac{1}{2}}B'\tilde{B}$, then under the conditions (A) and (B) and with a suitable sign matrix S

$$\lim(S\,Q) = I.$$

Proof: From (2) and (5) we have

$$(B\,B' + \Sigma)\,\tilde{B} = \tilde{B}\,\Lambda\,. \tag{9}$$

Multiplying this equation from the left by $D^{-\frac{1}{2}}B'$ and from the right by Λ^{-1} and using (3) we get

$$D\,Q\,\Lambda^{-1} + E = Q \tag{10}$$

with $E = D^{-\frac{1}{2}}B'\,\Sigma\,\tilde{B}\,\Lambda^{-1}$. We want to show that $\lim E = 0$. Let $G = D^{-\frac{1}{2}}B'\,\Sigma\,\tilde{B}\,D^{-1}$, then

$$\begin{aligned}
\|G\|^2 &\le \|\Sigma\,B\,D^{-\frac{1}{2}}\|^2\,\|\tilde{B}\,D^{-1}\|^2 \\
&= \mathrm{tr}\big(D^{-\frac{1}{2}}B'\,\Sigma^2\,B\,D^{-\frac{1}{2}}\big)\,\mathrm{tr}\big(D^{-1}\tilde{B}'\,\tilde{B}\,D^{-1}\big) \\
&\le \sigma^4\,\mathrm{tr}(I)\,\mathrm{tr}(D^{-2}) \qquad \text{(by (3) and (6))} \\
&\le \sigma^4\,d_q^{-2}\,q^2,
\end{aligned}$$

where we used the following easy to prove matrix version of the Cauchy–Schwarz inequality:

$$\|A'B\|^2 \le \|A\|^2\,\|B\|^2.$$

By (A) $\lim \sigma^4\,d_q^{-2}\,q^2 = 0$ and therefore $\lim G = 0$. Since $E = G\,D\,\Lambda^{-1}$, we also have, by Lemma 2,

$$\lim E = 0. \tag{11}$$

So by (10)

$$\lim(Q - D\,Q\,\Lambda^{-1}) = 0.$$

Let q_{ij} be the elements of Q, $i, j = 1, \ldots, q$. Then

$$\lim q_{ij}\,(1 - d_i\,\lambda_j^{-1}) = 0.$$

But since $d_j\,\lambda_j^{-1}$ tends to 1 by Lemma 2 and $d_i\,d_j^{-1}$ is bounded away from 1, for $i \neq j$, by assumption (B), the term in brackets is bounded away from 0 for $i \neq j$, and hence

$$\lim q_{ij} = 0, \quad i \neq j\,. \tag{12}$$

Now consider $Q'Q$. We first find from (10)

$$Q'\,Q = Q'\,E + Q'\,D\,Q\,\Lambda^{-1}. \tag{13}$$

By (9) and (6) and the definition of Q

$$Q'\,D\,Q = \tilde{B}'\,B\,B'\,\tilde{B} = \Lambda - \tilde{B}'\,\Sigma\,\tilde{B}\,.$$

Inserting this into (13) we finally have

$$Q' Q = Q' E - \tilde{B}' \Sigma \tilde{B} \Lambda^{-1} + I . \tag{14}$$

The first two terms on the right hand side of (14) tend to zero. First note that

$$Q' Q = \tilde{B}' B D^{-1} B' \tilde{B} \leq \tilde{B}' \tilde{B} = I$$

because $B D^{-1} B'$ is idempotent. Therefore

$$\|Q' E\|^2 \leq \|Q\|^2 \|E\|^2 \leq q\|E\|^2 \to 0$$

because $E \to 0$. Thus

$$\lim (Q' E) = 0 . \tag{15}$$

Similarly

$$\tilde{B}' \Sigma \tilde{B} \tilde{B}' \Sigma \tilde{B} \leq \tilde{B}' \Sigma^2 \tilde{B} \leq \sigma^4 I$$

because $\tilde{B} \tilde{B}'$ is idempotent. Therefore

$$\|\tilde{B}' \Sigma \tilde{B} \Lambda^{-1}\|^2 \leq \|\tilde{B}' \Sigma \tilde{B}\|^2 \|\Lambda^{-1}\|^2 \leq \sigma^4 \lambda_q^{-2} q^2 = \sigma^4 d_q^{-2} d_q^2 \lambda_q^{-2} q^2 \to 0$$

by assumption (A) and Lemma 2. Thus

$$\lim (\tilde{B}' \Sigma \tilde{B} \Lambda^{-1}) = 0 . \tag{16}$$

Now (14), (15) and (16) imply

$$\lim (Q' Q) = I .$$

In particular

$$\sum_{j=1}^{q} q_{ij}^2 = q_{ii}^2 + \sum_{j \neq i} q_{ij}^2 \to 1.$$

By (12) the second sum converges to 0, hence

$$\lim q_{ii}^2 = 1 \tag{17}$$

and so $q_{ii} \to \pm 1$. (12) and (17) imply

$$\lim (S Q) = I$$

with a suitably chosen sign matrix S. Q.e.d.

Proof of the theorem:

(*i*) Let S be as in Lemma 3. Then

$$\begin{aligned} E(\|\breve{\eta} - S \eta\|^2) &= \operatorname{tr} E\left[(\breve{\eta} - S \eta)(\breve{\eta} - S \eta)'\right] \\ &= \operatorname{tr}\left[E(\breve{\eta} \breve{\eta}') + S E(\eta \eta') S - S E(\eta \breve{\eta}') - E(\breve{\eta} \eta') S\right] \\ &= 2q - \operatorname{tr}(S R + R' S) \end{aligned}$$

with $R = E(\eta\,\tilde{\eta}')$. We have to show that $\lim \operatorname{tr}(S\,R) = q$. By (4) and (1) and the definition of $\tilde{\eta}$:

$$R = E(\eta\,\tilde{\eta}')\,\Lambda^{-\frac{1}{2}} = E(\eta\,y')\,\tilde{B}\,\Lambda^{-\frac{1}{2}} = E(\eta\,\eta')\,B'\,\tilde{B}\,\Lambda^{-\frac{1}{2}} = B'\,\tilde{B}\,\Lambda^{-\frac{1}{2}}\,,$$

hence

$$R = D^{\frac{1}{2}}\,Q\,\Lambda^{-\frac{1}{2}}\,.$$

Invoking Lemmas 2 and 3, it follows immediately that

$$\lim \operatorname{tr}(SR) = \lim \operatorname{tr}\left(S\,Q\,\Lambda^{-\frac{1}{2}}\,D^{\frac{1}{2}}\right) = q,$$

which proves (i).

(ii) With the same sign matrix S

$$(\tilde{B}-\bar{B}\,S)'\,(\tilde{B}-\bar{B}\,S) = \tilde{B}'\,\tilde{B}+S\,\bar{B}'\,\bar{B}\,S-S\,\bar{B}'\,\tilde{B}-\tilde{B}'\,\bar{B}\,S = 2\,I-S\,Q-Q'\,S\,.$$

By virtue of Lemma 3 this last expression tends to 0. Q.e.d.

5. Conclusion

Factors and principal components, although conceptually different, may come very close to each other numerically. For this to hold the residual variances of the factor model must be small as compared to the loadings. More precisely, the ratio of the largest eigenvalue of the residual covariance matrix to the smallest singular value of the loading matrix must be small, and this can easily happen, even for large residual variances, if the number p of observed variables (items) is large as compared to the number q of factors. However, since the vector of factors can be arbitrarily rotated the approach of factors to principal components is only guaranteed after a suitable rotation of the factors (and also after an appropriate standardization of the principal components). That there always is such a rotation (and standardization) so that factors and principal components come close to each other has been demonstrated by SCHNEEWEISS/MATHES (1995). The present paper shows that with the additional condition that the singular values of the loading matrix are all distinct and stay so in the limit a rotation of factors is not necessary if one assumes that the loading matrix has been evaluated such that their columns are orthogonal to each other. That the loading matrix can, in fact, always be chosen with this orthogonality property is a well–known fact in factor analysis. Indeed, either this property or a similar one, viz. that the matrix F briefly mentioned at the end of section 3 should be diagonal, is typically used to construct unique ML etimates of the loadings when a sample of data is given, cf. MAXWELL/LAWLEY (1973), Chapt. 4.

We can state a similar property for the loading matrix of the factor model. It also approaches the corresponding loading matrix of principal components under the same conditions. Note that the loading vectors can aquire an arbitrarily large dimension ($p \to \infty$) in the limiting process. The approach of the loading vectors still holds and, in fact, is of a uniform nature.

The paper provides the theoretical basis for the numerical similarity of results in factor analysis and principal components analysis so often found in practice.

Appendix

An example of closeness of $\bar{B}$ and $\tilde{B}$

In an investigation of how people in the United States perceive their own wellbeing LEVY (1976) (see also BORG/LINGOES 1987, p. 82) measured several items on a rating scale in a sample survey of people in the U.S. and analysed their correlation structure. The items were related to the following life areas:

1. 'City as a place to live'
2. 'Neighborhood'
3. 'Housing'
4. 'Life in the U.S.'
5. 'Amount of education'
6. 'Useful education'
7. 'Job'
8. 'Spending of spare–time'
9. 'Health'
10. 'Standard of living'
11. 'Savings and investments'
12. 'Friendships'
13. 'Marriage'
14. 'Family life'
15. 'Life in general'

Their correlation matrix (decimal points omitted) is given by

$$\left(\begin{array}{lllllllllllllll}
- \\
54 & - \\
44 & 49 & - \\
33 & 28 & 29 & - \\
19 & 18 & 23 & 12 & - \\
14 & 14 & 19 & 15 & 54 & - \\
22 & 21 & 26 & 23 & 25 & 24 & - \\
22 & 19 & 27 & 23 & 26 & 23 & 33 & - \\
5 & 0 & 6 & 6 & 18 & 17 & 13 & 21 & - \\
33 & 32 & 45 & 24 & 32 & 24 & 35 & 37 & 17 & - \\
25 & 23 & 29 & 19 & 28 & 20 & 27 & 32 & 17 & 59 & - \\
24 & 19 & 23 & 21 & 16 & 17 & 25 & 40 & 9 & 25 & 24 & - \\
14 & 13 & 21 & 13 & 9 & 12 & 25 & 30 & 12 & 25 & 23 & 21 & - \\
24 & 19 & 23 & 21 & 18 & 18 & 27 & 40 & 14 & 32 & 25 & 31 & 48 & - \\
28 & 23 & 30 & 24 & 28 & 24 & 43 & 50 & 26 & 45 & 36 & 32 & 38 & 50 & -
\end{array}\right)$$

Using SPSS/PC^{+} a 2–factor model was fitted[1] to the correlation matrix. The loadings were estimated by Maximum Likelihood where the restriction that $B'\,\Sigma^{-1}\,B$ should be diagonal, was used. The loading matrix B was then rotated so that $B'\,B$ was diagonal. It was further normalized and thus transformed into the matrix $\bar{B}$ with $\bar{B}'\,\bar{B} = I$. In addition the first two principal components were extracted and the corresponding weight vectors

[1] The computations were carried out by Harald Mathes. His help is greatfully acknowledged.

assembled in the matrix $\tilde{B}$. In SPSS the weight vectors are computed without having unit length. They were therefore normalized so that $\tilde{B}'\tilde{B} = I$ in accordance with the definition given in the text (cf. (6)).

The two matrices $\bar{B}$ and $\tilde{B}$ are presented below. It is quite obvious that they are numericaly very close to each other. The measure of closeness $||\bar{B} - \tilde{B}|| = 0.21$ is very small.

$$\bar{\mathrm{B}} = \begin{pmatrix} 0.27 & -0.45 \\ 0.26 & -0.56 \\ 0.29 & -0.35 \\ 0.20 & -0.16 \\ 0.21 & 0.06 \\ 0.19 & 0.09 \\ 0.26 & 0.11 \\ 0.30 & 0.24 \\ 0.12 & 0.23 \\ 0.33 & -0.01 \\ 0.27 & 0.05 \\ 0.23 & 0.08 \\ 0.22 & 0.23 \\ 0.28 & 0.24 \\ 0.35 & 0.28 \end{pmatrix} \qquad \tilde{\mathrm{B}} = \begin{pmatrix} 0.26 & -0.45 \\ 0.24 & -0.50 \\ 0.28 & -0.36 \\ 0.21 & -0.25 \\ 0.23 & 0.13 \\ 0.21 & 0.17 \\ 0.26 & 0.10 \\ 0.30 & 0.21 \\ 0.13 & 0.33 \\ 0.33 & -0.04 \\ 0.28 & 0.03 \\ 0.24 & 0.06 \\ 0.22 & 0.23 \\ 0.28 & 0.21 \\ 0.33 & 0.22 \end{pmatrix}$$

It is interesting to note that with $d_q = d_2 = 0.94$ and $\sigma^2 = 0.89$ (which here is simply the largest disturbance variance) the ratio $\sigma^2 d_q^{-1} = 0.95$ is rather small coming close to the requirement of assumption (A).

References

BENTLER, P. M. / KANO, Y. (1990): On the equivalence of factors and components; Multivariate Behavioral Research 25, 67-74.

BORG, I. / LINGOES, J. (1987): Multidimensional Similarity Structure Analysis; Springer, New York.

LAWLEY, D. N. / MAXWELL, A. E. (1971): Factor Analysis as a Statistical Method; Butterworth & Co., London.

LEVY, S. (1976): Use of the mapping sentence of coordinating theory and research: A cross-cultural example; Quality and Quantity 10, 117-125.

MAGNUS, J. R. / NEUDECKER, H. (1988): Matrix Differential Calculus with Applications in Statistics and Econometrics; John Wiley & Sons, Chichester, New York, Brisbane.

SCHNEEWEISS, H. (1990): Modelle mit latenten Variablen – LISREL versus PLS; In: Neuere Entwicklungen in der angewandten Ökonometrie, NAKHAEIZADEH, G. / VOLLMER, K.-H. (Eds), pp. 100–125; Physica, Heidelberg.

SCHNEEWEISS, H. / MATHES, H. (1995): Factor analysis and principal components; To be published in: Journal of Multivariate Analysis.

VELICER, W. / JACKSON, D. (1990): Component analysis versus common factor analysis: Some issues in selecting an appropriate procedure; Multivariate Behavioral Research 25, 1–28.

Alternative Parametrisierungen im 2×2 Cross–Over Design

Von HELGE TOUTENBURG* und OLIVER LOCH*, München

Zusammenfassung: Im Cross–Over Design können eine Vielzahl verschiedener Effekte und Wechselwirkungseffekte auftreten, die aufgrund des speziellen Designs nicht alle in das lineare Modell aufgenommen werden können. Die Wahl der einbezogenen Parameter ist von Voraussetzungen abhängig, die nicht anhand der Stichprobe überprüfbar sind. Wird speziell der Carry–Over Effekt parametrisiert, so ist das Design nicht orthogonal. Zur Lösung dieses Problems wurden mehrstufige Verfahren entwickelt, die sich in jüngster Zeit als nicht optimal herausgestellt haben. Wir geben einen Überblick über mögliche Parametrisierungen im 2 × 2 Cross–Over Modell und bringen eine kritische Diskussion über die Wahl der Parameter mit besonderer Berücksichtigung des Carry–Over Effekts.

1. Einleitung

Cross–Over Designs werden häufig eingesetzt, um in klinischen Versuchen die Wirksamkeit zweier oder mehrerer Medikamente zu vergleichen. Anders als in einem Design mit parallelen Behandlungsgruppen wird im Cross–Over Design jedoch jedes Medikament an jeder Versuchsperson appliziert. Dadurch wird es möglich, Behandlungsunterschiede an jedem einzelnen Individuum zu messen und man hofft, daß dadurch genauere Ergebnisse erzielt werden, da häufig davon ausgegangen werden kann, daß die Variabilität des Response innerhalb eines Individuums geringer ist als zwischen den Individuen.

Durch die Konstruktion des Cross–Over Designs ergeben sich einige Besonderheiten, die bei der Parametrisierung als lineares Modell und bei der Interpretation der Effekte beachtet werden müssen. Diese Besonderheiten sind außerdem dafür verantwortlich, daß das Cross–Over Design in der Literatur sehr kontrovers diskutiert wird.

2. Das lineare Modell des Cross–Over Designs

Im einfachsten Fall des Cross–Over Designs vergleicht man zwei Behandlungen A und B. Dazu werden die Versuchspersonen in zwei Gruppen aufgeteilt. Gruppe 1 erhält zunächst für eine bestimmte Behandlungsperiode das Medikament A, an deren Ende der Behandlungserfolg gemessen wird. Anschließend wird A abgesetzt und eine neue Behandlungsperiode mit Medikament B begonnen, an deren Ende wiederum der Behandlungseffekt festgestellt wird. Die Gruppe 2 hingegen erhält zuerst Behandlung B und anschließend Behandlung A. Das Behandlungsschema ist zusammenfassend in Abbildung 1 dargestellt.

---

* Prof. Dr. Helge Toutenburg, Dipl. Stat. Oliver Loch, Ludwig–Maximilians–Universität München, Institut für Statistik, Akademiestraße 1, D–80799 München

Abbildung 1: Behandlungsschema im 2 × 2 Cross–Over Design

	Periode 1	Periode 2
Gruppe 1	A	B
Gruppe 2	B	A

Das lineare Modell des Cross-Over Designs lautet dann

$$y_{ijk} = \mu_{ij} + s_{ik} + \varepsilon_{ijk}\,, \tag{1}$$

wobei μ_{ij} den mittleren Response der Versuchseinheiten in Gruppe i in der Periode j, s_{ik} den zufälligen Effekt der k-ten Versuchseinheit in Gruppe i und ε_{ijk} den zufälligen Fehler bezeichnen. Über die Verteilung der zufälligen Effekte werden folgende Annahmen getroffen:

$$\begin{array}{rcl} s_{ik} & \overset{i.i.d.}{\sim} & N(0,\sigma_s^2)\,, \\ \varepsilon_{ijk} & \overset{i.i.d.}{\sim} & N(0,\sigma^2)\,, \\ E(\varepsilon_{ijk}\, s_{ik}) & = & 0 \text{ für alle } i,j,k. \end{array} \tag{2}$$

Der Effekt μ_{ij} setzt sich zusammen aus dem *overall mean* μ und den jeweils interessierenden anderen Haupt– und Wechselwirkungseffekten. Zu den Haupteffekten zählen einmal der eigentliche Behandlungseffekt τ, der Periodeneffekt π sowie der Gruppierungseffekt γ. Damit ergeben sich die möglichen Wechselwirkungseffekte Behandlung×Periode ($\tau\pi$), Gruppierung×Behandlung ($\gamma\tau$), Gruppierung×Periode ($\gamma\pi$) und Behandlung×Gruppierung×Periode ($\tau\gamma\pi$).

Da im Cross–Over Design zwei Behandlungen nacheinander an derselben Versuchsperson getestet werden, möchte man berücksichtigen, daß die zuerst verabreichte Behandlung in der zweiten Periode noch nachwirken könnte und bezeichnet diesen Effekt als *Carry–Over Effekt* λ.

In Abbildung 1 erkennt man, daß im 2 × 2 Cross–Over Experiment insgesamt vier Stichprobenmittelwerte $y_{11.}$, $y_{12.}$, $y_{21.}$ und $y_{22.}$ zur Verfügung stehen. Damit wird klar, daß nur maximal vier Effekte (einschließlich overall mean) sinnvoll in das Modell einbezogen werden können.

Es ergeben sich nun verschiedene Möglichkeiten, je drei der oben genannten Parameter in das Modell aufzunehmen. Dabei ist zu beachten, daß zu einem Wechselwirkungseffekt auch die dazugehörigen Haupteffekte aufgenommen werden müssen, so daß die dreifache Wechselwirkung ($\tau\gamma\pi$) überhaupt nicht berücksichtigt werden kann. Wir werden im folgenden einige Parametrisierungen vorstellen.

3. Parametrisierung No. 1

Die Parametrisierung No. 1 ist die, welche die meisten Probleme bereitet und trotzdem in der Vergangenheit sehr häufig eingesetzt wurde. In das Modell gehen der Behandlungseffekt τ, der Periodeneffekt π sowie der Carry–Over Effekt λ ein und man erhält in Effektkodierung

$$\begin{pmatrix} y_{11\cdot} \\ y_{12\cdot} \\ y_{21\cdot} \\ y_{22\cdot} \end{pmatrix} = \boldsymbol{X}_1 \boldsymbol{\beta}_1 = \begin{pmatrix} 1 & 1 & 1 & 0 \\ 1 & -1 & -1 & 1 \\ 1 & 1 & -1 & 0 \\ 1 & -1 & 1 & -1 \end{pmatrix} \begin{pmatrix} \mu \\ \pi \\ \tau \\ \lambda \end{pmatrix}. \tag{3}$$

Damit wird

$$\boldsymbol{X}_1' \boldsymbol{X}_1 = \begin{pmatrix} \boldsymbol{E} & \boldsymbol{O} \\ \boldsymbol{O} & \boldsymbol{H} \end{pmatrix} \quad \text{mit} \quad \boldsymbol{E} = 4\,\boldsymbol{I}_2$$

und

$$\begin{aligned} \boldsymbol{H} &= \begin{pmatrix} 4 & -2 \\ -2 & 2 \end{pmatrix}, \\ (\boldsymbol{X}_1' \boldsymbol{X}_1)^{-1} &= \begin{pmatrix} \boldsymbol{E}^{-1} & \boldsymbol{O} \\ \boldsymbol{O} & \boldsymbol{H}^{-1} \end{pmatrix} \end{aligned}$$

mit $\boldsymbol{E}^{-1} = \frac{1}{4}\boldsymbol{I}_2$ und $\boldsymbol{H}^{-1} = \begin{pmatrix} 1/2 & 1/2 \\ 1/2 & 1 \end{pmatrix}$. Als KQ-Schätzung von $\boldsymbol{\beta}_1$ erhalten wir

$$\widehat{\boldsymbol{\beta}}_1 = \begin{pmatrix} \widehat{\mu} \\ \widehat{\pi} \\ \widehat{\tau} \\ \widehat{\lambda} \end{pmatrix} = (\boldsymbol{X}_1' \boldsymbol{X}_1)^{-1} \boldsymbol{X}_1' \begin{pmatrix} y_{11\cdot} \\ y_{12\cdot} \\ y_{21\cdot} \\ y_{22\cdot} \end{pmatrix}. \tag{4}$$

Wir berechnen

$$\begin{aligned} (\boldsymbol{X}_1' \boldsymbol{X}_1)^{-1} \boldsymbol{X}_1' \begin{pmatrix} y_{11\cdot} \\ y_{12\cdot} \\ y_{21\cdot} \\ y_{22\cdot} \end{pmatrix} &= \begin{pmatrix} 1 & 1 & 1 & 0 \\ 1 & -1 & -1 & 1 \\ 1 & 1 & -1 & 0 \\ 1 & -1 & 1 & -1 \end{pmatrix} \begin{pmatrix} y_{11\cdot} \\ y_{12\cdot} \\ y_{21\cdot} \\ y_{22\cdot} \end{pmatrix} \\ &= \begin{pmatrix} y_{11\cdot} + y_{12\cdot} + y_{21\cdot} + y_{22\cdot} \\ y_{11\cdot} - y_{12\cdot} + y_{21\cdot} - y_{22\cdot} \\ y_{11\cdot} - y_{12\cdot} - y_{21\cdot} + y_{22\cdot} \\ y_{12\cdot} - y_{22\cdot} \end{pmatrix}. \end{aligned} \tag{5}$$

Damit wird die KQ–Schätzung (4)

$$\widehat{\boldsymbol{\beta}}_1 = \begin{pmatrix} (y_{11\cdot} + y_{12\cdot} + y_{21\cdot} + y_{22\cdot})/4 \\ (y_{11\cdot} - y_{12\cdot} + y_{21\cdot} - y_{22\cdot})/4 \\ (y_{11\cdot} - y_{21\cdot})/2 \\ (y_{11\cdot} + y_{12\cdot} - y_{21\cdot} - y_{22\cdot})/2 \end{pmatrix}. \tag{6}$$

Somit lauten die Parameterschätzungen der Komponenten

$$\widehat{\mu} = y_{\cdots} \tag{7}$$

$$\widehat{\pi} = (y_{\cdot 1\cdot} - y_{\cdot 2\cdot})/2 \tag{8}$$

$$\widehat{\tau} = (y_{11\cdot} - y_{21\cdot})/2 \tag{9}$$

$$\widehat{\lambda} = y_{1\cdot\cdot} - y_{2\cdot\cdot} \tag{10}$$

Die Parameterschätzungen $\widehat{\tau}$ und $\widehat{\lambda}$ sind korreliert:

$$V(\widehat{\tau},\widehat{\lambda}) = \sigma^2 H^{-1} = \sigma^2 \begin{pmatrix} 1/2 & 1/2 \\ 1/2 & 1 \end{pmatrix}, \tag{11}$$

d.h. $\rho(\widehat{\tau},\widehat{\lambda}) = \frac{1}{2}\sqrt{\frac{1}{2}\cdot 1} = 0,707$. Die Genauigkeit der Schätzung $\widehat{\tau}$ ist stets doppelt so hoch wie die von $\widehat{\lambda}$. Dabei basiert $\widehat{\tau}$ nur auf Daten der ersten Periode und ist mit den Differenzen der beiden Gruppen indirekt verknüpft (*confounded*).

Die Parametrisierung No. 1 entspricht de facto einem dreifaktoriellen Plan mit den Haupteffekten π, τ und λ, wobei τ und λ korreliert sind. Der große Nachteil dieser Parametrisierung ist, daß der Behandlungseffekt nur auf den Daten der ersten Periode basiert und der Vergleich der Behandlungen zwischen den Gruppen stattfindet. Das steht im Gegensatz zu der ursprünglichen Idee, die Variabilität dadurch zu vermindern, daß der Behandlungsunterschied innerhalb der Individuen gemessen wird.

Die klassische Lösung, die auf GRIZZLE (1965) zurückgeht, besteht darin, die Hypothese $H_0 : \lambda = 0$ zu testen. Wird diese abgelehnt, wobei meist ein konservatives Niveau $\alpha = 0,1$ verwendet wird, so liegt ein signifikanter Carry–Over Effekt vor und der Behandlungseffekt muß mit den Daten der ersten Periode gewonnen werden. Ist der Carry–Over Effekt jedoch nicht signifikant, dann wird er aus dem Modell herausgenommen und das verbleibende Submodell

$$\widetilde{X}_1 \widetilde{\beta}_1 = \begin{pmatrix} 1 & 1 & 1 \\ 1 & -1 & -1 \\ 1 & 1 & -1 \\ 1 & -1 & 1 \end{pmatrix} \begin{pmatrix} \mu \\ \pi \\ \tau \end{pmatrix}, \tag{12}$$

angewendet. Die Schätzungen für μ und π bleiben unverändert. Für den Behandlungseffekt erhält man jedoch

$$\widehat{\tau} = (y_{11.} - y_{12.} - y_{21.} + y_{22.})/4 \tag{13}$$

und damit das gewünschte Ergebnis. Die besondere Problematik dieses zweistufigen Verfahrens werden wir später ausführlich diskutieren.

4. Parametrisierung No. 2

Die Wechselwirkung Behandlung×Periode konnte in der ersten Parametrisierung nicht dargestellt werden. In Parametrisierung No. 2 werden wir dies nachholen und dafür auf den Carry–Over Effekt verzichten und erhalten damit folgendes Modell für die Erwartungswerte

$$E(y_{ijk}) = \mu_{ij} = \mu + \pi_j + \tau_t + (\pi\tau)_{tj}\,. \tag{14}$$

Die Designelemente der Wechselwirkungseffekte entstehen in Effektkodierung durch Multiplikation der beteiligten Haupteffekte, d.h. es gilt

$$\begin{pmatrix} \mu_{11} \\ \mu_{12} \\ \mu_{21} \\ \mu_{22} \end{pmatrix} = \boldsymbol{X}_2 \boldsymbol{\beta}_2 = \begin{pmatrix} 1 & 1 & 1 & 1 \\ 1 & -1 & -1 & 1 \\ 1 & 1 & -1 & -1 \\ 1 & -1 & 1 & -1 \end{pmatrix} \begin{pmatrix} \mu \\ \pi \\ \tau \\ (\pi\tau) \end{pmatrix} . \tag{15}$$

Wegen der Orthogonalität der Spaltenvektoren erhalten wir sofort $(\boldsymbol{X}_2' \boldsymbol{X}_2) = 4\,\boldsymbol{I}_4$ und damit Unabhängigkeit der Parameterschätzungen. Die Schätzungen lauten

$$\widehat{\boldsymbol{\beta}}_2 = \begin{pmatrix} \widehat{\mu} \\ \widehat{\pi} \\ \widehat{\tau} \\ \widehat{(\pi\tau)} \end{pmatrix} = \begin{pmatrix} (y_{11.} + y_{12.} + y_{21.} + y_{22.})/4 \\ (y_{11.} - y_{12.} + y_{21.} - y_{22.})/4 \\ (y_{11.} - y_{12.} - y_{21.} + y_{22.})/4 \\ (y_{11.} + y_{12.} - y_{21.} - y_{22.})/4 \end{pmatrix} . \tag{16}$$

$\widehat{\mu}$ und $\widehat{\pi}$ bleiben also wie in der ersten Parametrisierung. Die Schätzung $\widehat{\tau}$ stimmt mit der Schätzung $\widehat{\tau}$ (13) im reduzierten Modell (12) überein. Die Schätzung $\widehat{(\pi\tau)}$ läßt sich schreiben als (vgl. (10))

$$\widehat{(\pi\tau)} = (y_{1..} - y_{2..})/2 = \widehat{\lambda}/2, \tag{17}$$

sie stimmt also — bis auf den Faktor 1/2 — mit der Schätzung des Carry-Over Effekts (10) im Modell (3) überein. Damit ergibt sich ein weiteres Problem bei der Interpretation eines Cross–Over Designs. Da nicht alle Effekte in das Modell aufgenommen werden können, bleibt es nicht aus, daß z.B. zwischen λ und $(\pi\tau)$ dieser Zusammenhang besteht, der als *Alias–Parametrisierung* bezeichnet wird. Auch bei den folgenden Parametrisierungen tritt dieser Alias–Effekt auf.

5. Parametrisierung No. 3

Falls man einen Carry-Over Effekt λ und einen Wechselwirkungseffekt $(\pi\tau)$ ausschließen kann, wird man ein Modell mit Haupteffekten anpassen. Das Submodell (12) haben wir bereits diskutiert. Wir wollen nun den Gruppierungseffekt γ als zusätzlichen Haupteffekt aufnehmen und erhalten

$$\begin{pmatrix} \mu_{11} \\ \mu_{12} \\ \mu_{21} \\ \mu_{22} \end{pmatrix} = \boldsymbol{X}_3 \boldsymbol{\beta}_3 = \begin{pmatrix} 1 & 1 & 1 & 1 \\ 1 & 1 & -1 & -1 \\ 1 & -1 & 1 & -1 \\ 1 & -1 & -1 & 1 \end{pmatrix} \begin{pmatrix} \mu \\ \gamma \\ \pi \\ \tau \end{pmatrix} , \tag{18}$$

$$(\boldsymbol{X}_3' \boldsymbol{X}_3) = 4\,\boldsymbol{I}_4 \tag{19}$$

$$\begin{aligned} \widehat{\boldsymbol{\beta}}_3 &= \begin{pmatrix} \widehat{\mu} \\ \widehat{\gamma} \\ \widehat{\pi} \\ \widehat{\tau} \end{pmatrix} = \frac{1}{4} \boldsymbol{X}_3' \begin{pmatrix} y_{11.} \\ y_{12.} \\ y_{21.} \\ y_{22.} \end{pmatrix} \\ &= \begin{pmatrix} (y_{11.} + y_{12.} + y_{21.} + y_{22.})/4 \\ (y_{11.} + y_{12.} - y_{21.} - y_{22.})/4 \\ (y_{11.} - y_{12.} + y_{21.} - y_{22.})/4 \\ (y_{11.} - y_{12.} - y_{21.} + y_{22.})/4 \end{pmatrix} . \end{aligned} \tag{20}$$

Der Gruppierungseffekt γ wird also durch den Kontrast im totalen Response der beiden Gruppen (AB) und (BA) geschätzt. Es gilt $\widehat{\gamma} = \widehat{(\pi\tau)} = \widehat{\lambda}/2$. Der Periodeneffekt π wird durch den Kontrast im totalen Response der beiden Perioden geschätzt und stimmt mit $\widehat{\pi}$ in den Parametrisierungen No. 1 (vgl. (8)) und No. 2 (vgl. (16)) überein. Die Schätzung $\widehat{\tau}$ stimmt mit $\widehat{\tau}$ (13) im reduzierten Modell (12) und mit $\widehat{\tau}$ (vgl. (16)) in der Parametrisierung No. 2 überein. Die Parameterschätzungen $\widehat{\boldsymbol{\beta}}_3$ sind voneinander unabhängig, so daß z.B. der Test auf $H_0 : \tau = 0$ unabhängig von den anderen Effekten (insbesondere $\gamma = 0$) durchgeführt werden kann (im Gegensatz zu Parametrisierung No. 1).

6. Parametrisierung No. 4

Hier werden die Haupteffekte Behandlung und Gruppierung sowie ihr Wechselwirkungseffekt als zweifaktorielles Modell dargestellt (vgl. MILLIKEN/ JOHNSON, 1984)

$$E(y_{ijk}) = \mu_{ij} = \mu + \gamma_i + \tau_t + (\gamma\tau)_{it}, \tag{21}$$

d.h.

$$\begin{pmatrix} \mu_{11} \\ \mu_{12} \\ \mu_{21} \\ \mu_{22} \end{pmatrix} = \boldsymbol{X}_4 \boldsymbol{\beta}_4 = \begin{pmatrix} 1 & 1 & 1 & 1 \\ 1 & 1 & -1 & -1 \\ 1 & -1 & -1 & 1 \\ 1 & -1 & 1 & -1 \end{pmatrix} \begin{pmatrix} \mu \\ \gamma \\ \tau \\ (\gamma\tau) \end{pmatrix}. \tag{22}$$

Wegen $\boldsymbol{X}_4'\boldsymbol{X}_4 = 4\boldsymbol{I}_4$ sind die Schätzungen der Komponenten von $\boldsymbol{\beta}_4$ unabhängig und wir erhalten

$$\widehat{\boldsymbol{\beta}}_4 = \begin{pmatrix} \widehat{\mu} \\ \widehat{\gamma} \\ \widehat{\tau} \\ \widehat{(\gamma\tau)} \end{pmatrix} = \begin{pmatrix} y_{...} \\ (y_{1..} - y_{2..})/2 \\ \widehat{\tau}_d/2 \\ (y_{.1.} - y_{.2.})/2 \end{pmatrix}. \tag{23}$$

Die Werte von $\widehat{\gamma}$ aus den Parametrisierungen No. 3 und No. 4 sind identisch. Analog stimmen $\widehat{\tau}$ aus den Parametrisierungen No. 2, 3 und 4 überein. Der Wechselwirkungsparameter Sequence×Behandlung $\widehat{(\gamma\tau)}$ stimmt mit dem Periodeneffekt π in den Parametrisierungen No. 1, 2 und 3 überein.

7. Vergleich der verschiedenen Parametrisierungen

Die alternativen Parametrisierungen zeigen folgende Resultate (vgl. Tabelle 1):

1. Parametrisierung No. 1 liefert korrelierte Schätzungen für τ und λ. Das klassische Auswertungsverfahren besteht darin, erst den Carry-Over Effekt zu testen, um ihn bei Nichtsignifikanz aus dem Modell zu entfernen. Im verbleibenden Submodell ist τ unabhängig von den anderen Parametern schätzbar. Eine Schwierigkeit in dieser Argumentation

liegt darin begründet, daß τ und λ zwar korreliert sind, aber nicht in der hierarchischen zweifaktoriellen Struktur „Haupteffekt A, Haupteffekt B, Wechselwirkung A×B" parametrisiert werden.

2. Die Parametrisierung No. 2 erfaßt den Carry–Over Effekt als Alias–Effekt der Wechselwirkung ($\pi\tau$) und bietet den Vorteil des orthogonalen Designs und der üblichen hierarchischen Teststrategie im zweifaktoriellen Modell mit Wechselwirkung. Die Schätzungen der Haupteffekte ändern sich nicht, wenn die Wechselwirkung nichtsignifikant wird (im Gegensatz zur Parametrisierung No. 1).

3. In Tabelle 1 wird deutlich, daß in jeder Parametrisierung die – eigentlich gar nicht im Modell vorhandenen Parameter – über die Alias–Parametrisierung indirekt wieder ins Modell gelangen und damit erhebliche Schwierigkeiten bei der Interpretation der Ergebnisse verursachen. In Parametrisierung No. 4 (ohne Periodeneffekt) wird die Wechselwirkung Gruppierung×Behandlung durch den gleichen Kontrast geschätzt wie der Periodeneffekt in den anderen Parametrisierungen.

Tabelle 1: Parameterschätzungen in den verschiedenen Parametrisierungen mit $\hat{\mu} = y_{...}$, $\hat{\pi} = (y_{.1.} - y_{.2.})/2$, $\hat{\tau}_\lambda = (y_{11.} - y_{21.})/2$ *und* $\hat{\tau} = (y_{11.} + y_{12.} - y_{21.} + y_{22.})/4$

	Parametrisierung				
	No. 1	No. 1 Sub.	No. 2	No. 3	No. 4
μ	$\hat{\mu}$	$\hat{\mu}$	$\hat{\mu}$	$\hat{\mu}$	$\hat{\mu}$
γ	—	—	—	$\hat{\lambda}/2$	$\hat{\lambda}/2$
π	$\hat{\pi}$	$\hat{\pi}$	$\hat{\pi}$	$\hat{\pi}$	—
τ	$\hat{\tau}_\lambda$	$\hat{\tau}$	$\hat{\tau}$	$\hat{\tau}$	$\hat{\tau}$
λ	$\hat{\lambda}$	—	—	—	—
$(\tau\pi)$	—	—	$\hat{\lambda}/2$	—	—
$(\gamma\tau)$	—	—	—	—	$\hat{\pi}$

8. Wahl der Parametrisierung

Das besondere Problem des Cross–Over Designs besteht darin, daß zur Schätzung der Vielzahl möglicher Effekte eine zu geringe Anzahl von Mittelwerten zur orthogonalen Kontrastbildung zur Verfügung steht. Deshalb müssen stets einige Effekte (meist Wechselwirkungen) aus dem Modell entfernt werden.

Die Entscheidung, welche Effekte nicht ins Modell genommen werden sollen, muß sehr sorgfältig getroffen werden. Zur eindeutigen Interpretation der Ergebnisse ist dann erforderlich, daß die weggelassenen Effekte auch von sachlogischer Seite her keine Rolle spielen können.

Hat man sich beipielsweise für Parametrisierung No. 3 (Behandlung, Periode, Behandlung×Periode) entschlossen, so muß man gewährleisten, daß u.a. ein Gruppierungseffekt nicht auftreten kann, da dieser mit dem gleichen

Kontrast wie der Behandlung×Periode Effekt zu testen wäre. Um den Gruppierungseffekt ausschließen zu können, muß man die Versuchspersonen den beiden Behandlungsgruppen in zufälliger Weise – randomisiert – zuordnen. Dann kann man davon ausgehen, daß ein signifikanter Behandlung×Periode Effekt auch tatsächlich von dieser Wechselwirkung verursacht wurde und nicht durch die Anordnung in zwei Behandlungsgruppen bedingt ist.

Außerdem muß noch dafür Sorge getragen werden, daß auch ein Carry-Over Effekt nicht auftreten kann, da dessen Kontrast bis auf den Faktor 2 mit dem des Behandlung×Periode Effekts übereinstimmt. Es muß also zusätzlich ausgeschlossen werden, daß die Behandlung, die in Periode 1 appliziert wurde, noch in Periode 2 nachwirken kann. Zumindest muß ausgeschlossen sein, daß zum Zeitpunkt der zweiten Messung die Behandlung der ersten Periode noch Einfluß auf die Meßgröße hat. Das kann man dadurch versuchen zu erreichen, daß zwischen den Behandlungsperioden eine behandlungsfreie Zeit (sog. *wash-out period*) vorgesehen wird, in der die Wirkung der vorausgegangenen Behandlung abklingen kann. Eine andere Möglichkeit wäre, die Behandlungsdauern so zu verlängern, daß ein Nachwirken der ersten Behandlung zum Zeitpunkt der Messung in der zweiten Periode unwahrscheinlich ist.

Ist ein Carry-Over Effekt nicht auszuschließen, dann wird man sich (möglicherweise) für Parametrisierung No. 1 entschließen. Damit muß allerdings gewährleistet werden, daß kein Gruppierungseffekt auftreten kann (z.B. durch Randomisierung) und auch ein Behandlung×Periode-Effekt nicht zu erwarten ist. Ist dies gewährleistet so kann man nach der oben skizzierten zweistufigen Testprozedur verfahren, indem man erst den Carry-Over Effekt testet und ihn bei Nichtsignifikanz aus dem Modell entfernt. Im verbleibenden orthogonalen Submodell ist die Schätzung des Behandlungseffekts auf der Basis der Daten beider Perioden möglich. Falls der Carry-Over Effekt signifikant ist, darf er nicht entfernt werden und der Behandlungseffekt wird aufgrund der Daten der ersten Periode ermittelt.

Der Sinn und die Zulässigkeit dieses zweistufigen Vorgehens sind umstritten:

1. Der Vortest auf Carry-Over Effekte kann niemals signifikant belegen, daß der Carry-Over Effekt Null ist, da ein statistischer Test die Nullhypothese stets nur signfikant ablehnen und nicht annehmen kann. Folglich dürfte der Carry-Over Effekt nicht aus dem Modell genommen werden und der Behandlungseffekt müßte anhand der ersten Periode geschätzt werden.

2. Ergänzend zu Punkt 1 konnte BROWN (1980) zeigen, daß der Stichprobenumfang, der nötig ist, um Carry-Over Effekte ab der Größe von $\frac{1}{4}$ des Behandlungseffekts zu erkennen (mit $\alpha' = 0,1$ und einer Güte von $0,95$ an der Stelle $\frac{1}{4}\,\delta$), um ein Vielfaches größer ist als der Stichprobenumfang, der in einem parallelen Gruppenvergleich nötig ist, um einen Behandlungseffekt der Größe δ in einem Alternativtest $H_0 : \tau = 0$ gegen $H_1 : \tau = \delta \neq 0$ (bei üblicher Wahl der Fehlerwahrscheinlichkeiten erster und zweiter Art) zu erkennen. Der Vortest benötigt – damit

er überhaupt einen sogar relativ großen Carry-Over Effekt erkennen kann – also einen so großen Stichprobenumfang, daß das Cross-Over Design keinen Vorteil mehr gegenüber zwei parallelen Behandlungsgruppen mehr bietet.

3. Zumindest in klinischen Versuchen zum Vergleich zweier Medikamente ist es fraglich, ob es adäquat ist, die abklingende Wirkung eines Medikaments, nachdem es abgesetzt wurde, als additiven Carry-Over Effekt zu parametrisieren (SENN, 1993). Bei Cross-Over Designs mit mehr als zwei Perioden können Carry-Over Effekte auftreten, die über die nächste Behandlung hinaus wirken. Auch in diesen komplizierteren Designs ist es nicht möglich, alle Effekte zu berücksichtigen, weshalb meist die Carry-Over Effekte höherer Ordnung weggelassen werden. Senn zeigte mittels elementarer pharmakokinetischer Berechnungen, daß die Annahme, der Carry-Over Effekt eines Medikaments wirke nur auf den Response der direkt nachfolgenden Periode, nur dann erfüllt ist, wenn er „hinreichend" klein ist. Das ist aber gleichzeitig die Voraussetzung, um den Carry-Over Effekt gänzlich aus dem Modell zu entfernen.

Aus diesen Überlegungen folgt, daß eine Parametrisierung, die sowohl den Behandlungseffekt als auch den Carry-Over Effekt mit einbezieht, kaum interpretierbare Ergebnisse liefern kann. Es sollte vielmehr versucht werden, einen Carry-Over Effekt auszuschließen, indem genügend lange washout Perioden und Behandlungszeiträume gewählt werden. In diesem Fall ist es dann möglich, einen der anderen Wechselwirkungseffekte in das Modell einzubeziehen, mit dem Vorteil, daß die Designmatrix orthogonal ist und die Effekte voneinander unabhängig schätzbar sind.

Ist es jedoch aufgrund mangelnder Vorkenntnisse nicht möglich, den Carry-Over Effekt auszuschließen, so sollte ein entsprechend größerer Stichprobenumfang gewählt werden, als für die eigentliche Schätzung des Behandlungseffekts in einer Parametrisierung ohne Carry-Over Effekt nötig wäre. Dabei sind allerdings alle anderen Wechselwirkungseffekte auszuschließen. Stellt sich daraufhin der Carry-Over Effekt als signifikant heraus, so mag dies auch als Indiz dafür gelten, daß die beiden Behandlungen unterschiedlich sind – sie unterscheiden sich in der Qualität ihres Nachwirkens – und somit eine Art „Behandlungseffekt" vorliegt.

Literatur

BROWN, B. W. JR. (1980): The crossover experiment for clinical trials.; Biometrics, 36, 69-79.

GRIZZLE, J. E. (1965): The two-period change-over design and its use in clinical trials; Biometrics, 21, 467-80.

MILLIKEN, G. A. / JOHNSON, D. E. (1984): Designed experiments; Van Nostrand Reinhold, New York.

SENN, S. (1993): Cross-over trials in clinical research; John Wiley & Sons, Chichester.

Über Unschärfe in statistischen Analysen

Von REINHARD VIERTL*, Wien

Zusammenfassung: Bei der Analyse von Daten treten verschiedene Arten von Unsicherheiten auf. Die wichtigsten sind Modellunsicherheiten, Datenunsicherheiten und Unsicherheiten bezüglich der verwendeten A-priori-Information. Die Unschärfe von Daten – nicht zu verwechseln mit fehlerhaften Daten – und die Unschärfe von A-priori-Verteilungen in der Bayes'schen statistischen Analyse sind wesentlich, werden jedoch meist vernachlässigt. Diese beiden Arten der Unsicherheit werden in dieser Arbeit behandelt.

1. Unschärfe von Daten

Viele statistische Daten, die als Resultat von Messungen entstehen, sind mit verschiedenen Unsicherheiten behaftet. In der Literatur wird sogenannten Meßfehlern relativ breiter Raum gewidmet. Dabei geht man davon aus, daß der gemessene Wert y die Summe $x + \epsilon$ des „wahren" Wertes x und eines Fehlers ϵ ist. Die Größen x, y und ϵ werden dabei als reelle Zahlen angesehen.

Realistisch betrachtet sind zumindest die gemessenen Werte y aus verschiedenen Gründen keine exakten Zahlen, sondern mehr oder weniger ungenau. Bei guten Meßgeräten werden Genauigkeitsangaben gemacht, welche die *y-Werte* als Intervalle erscheinen lassen. Diese Meßinformation in Intervallform ist aber für manche Anwendungen nicht passend, z.B. bei Daten in Form von Grautonbildern. Daher ist eine adäquate Beschreibung unscharfer Daten notwendig. Diese Notwendigkeit ergibt sich auch aus der relativ großen Ungenauigkeit von Meßdaten im Umweltbereich, um unrealistische Analyseergebnisse zu vermeiden.

2. Mathematische Beschreibung unscharfer Messungen eindimensionaler Größen

Sowohl exakte reelle Zahlen als auch Intervalle sind Teilmengen von $\mathbb{R}$. Da bei Intervalldaten die exakten Intervallgrenzen oft fragwürdig sind, liegt es nahe, unscharfe Daten mit speziellen, sogenannten *unscharfen Mengen* zu beschreiben. Unscharfe Mengen A^* werden durch sogenannte *charakterisierende Funktionen* $\xi_{A^*}(\cdot)$ beschrieben. Dies sind reelle Funktionen $\xi(\cdot)$ – im Falle eindimensionaler Größen von einer reellen Variablen x – für die gilt:

$$0 \leq \xi(x) \leq 1 \quad \forall \quad x \in \mathbb{R}, \tag{1}$$

$$\exists \quad x_0 \in \mathbb{R} \ : \ \xi(x_0) = 1. \tag{2}$$

* Prof. Dr. Reinhard Viertl, Institut für Statistik und Wahrscheinlichkeitstheorie, Technische Universität Wien, Wiener Hauptstr. 8 – 10 / 107, A-1040 Wien

Zur Beschreibung unscharfer Messungen x^* sind spezielle charakterisierende Funktionen $\xi_{x^*}(\cdot)$ geeignet, die zusätzlich folgende Bedingung erfüllen:

$$\forall\ \alpha \in (0,1] \text{ ist } \{x \in \mathbb{R}: \ \xi_{x^*}(x) \geq \alpha\} = [a_\alpha, b_\alpha] \quad (3)$$
$$\text{ein abgeschlossenes Intervall.}$$

Diese Bedingung ist notwendig, um statistische Analysen für unscharfe Daten durchführen zu können. Charakterisierende Funktionen, welche die Bedingungen (1) bis (3) erfüllen, nennt man auch *unscharfe Zahlen*.

Bemerkung: Charakterisierende Funktionen sind Verallgemeinerungen von Indikatorfunktionen. Da klassische Teilmengen A von $\mathbb{R}$ mit deren Indikatorfunktionen $I_A(\cdot)$ identifiziert werden können, ist diese Modellbildung sinnvoll, da sie sowohl den Fall exakter Daten $x \in \mathbb{R}$ als auch den von Intervalldaten umfaßt.

Die Angabe der charakterisierenden Funktion einer unscharfen Messung erfolgt in den konkreten Anwendungen unterschiedlich. Man kann jedoch gewisse Methoden angeben. Dazu ist die Begriffsbildung der *konvexen Hülle* einer charakterisierenden Funktion hilfreich. Um diese mathematisch zu definieren, benötigt man den Begriff der *α–Schnitte* $B_\alpha(x^*)$ einer unscharfen Zahl x^*.

Definition 1: Ist x^* eine unscharfe Zahl mit charakterisierender Funktion $\xi(\cdot)$, so sind für $\alpha \in (0,1]$ die *α–Schnitte* $B_\alpha(x^*)$ definiert durch

$$B_\alpha(x^*) := \{x \in \mathbb{R}: \ \xi(x) \geq \alpha\}.$$

Mit Hilfe der *α–Schnitte* kann nun die konvexe Hülle einer charakterisierenden Funktion definiert werden.

Definition 2: Ist $\varphi(\cdot)$ eine charakterisierende Funktion, welche die Bedingungen (1) und (2) erfüllt, und deren α–Schnitte

$$B_\alpha(\varphi(\cdot)) = \bigcup_{i=1}^{k_\alpha} [a_{\alpha i}, b_{\alpha i}]$$

sind, so ist die *konvexe Hülle* $\xi(\cdot)$ von $\varphi(\cdot)$ mit Hilfe der α–Schnitte folgendermaßen definiert: Mit

$$\overline{B}_\alpha(\varphi(\cdot)) := \left[\min_{i=1(1)k_\alpha} a_{\alpha i}, \max_{i=1(1)k_\alpha} b_{\alpha i}\right]$$

gilt

$$\xi(x) := \max_{\alpha \in (0,1]} \alpha . I_{\overline{B}_\alpha(\varphi(\cdot))}(x) \quad \forall \quad x \in \mathbb{R}$$

Diese Begriffsbildung ist am Beispiel in Abbildung 1 graphisch veranschaulicht.

Abb. 1: Charakterisierende Funktion $\varphi(\cdot)$ und konvexe Hülle $\xi(\cdot)$

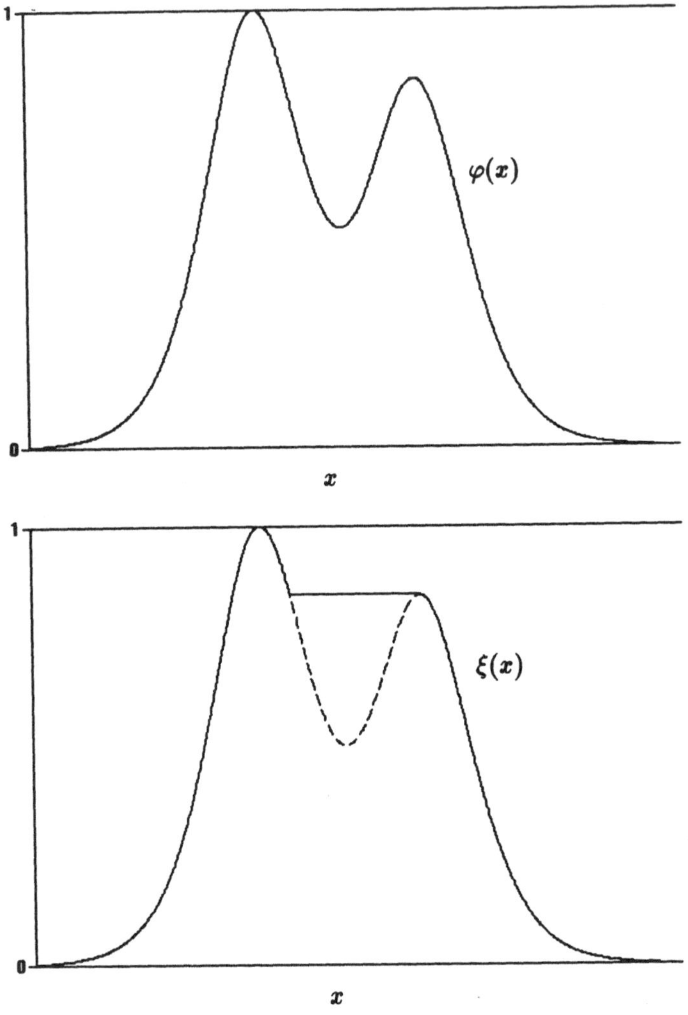

Während die obige Bedingung (3) für $\varphi(\cdot)$ nicht erfüllt ist, gilt diese für die konvexe Hülle $\xi(\cdot)$ von $\varphi(\cdot)$.

Beispiel 1: Messung des Wasserstandes in einem Fließgewässer. Die Ablesung erfolgt meist auf einer Meßlatte, und die Messung ist mehr oder weniger unscharf. Dabei handelt es sich nicht um Meßfehler, sondern um Unschärfe. Die charakterisierende Funktion dieser unscharfen Messung kann man mit Hilfe der Feuchtigkeitsintensität ermitteln. Dazu trägt man die Feuchtigkeitsintensität $f(h)$ als Funktion der Höhe h auf (vgl. Abbildung 2) und bildet die Ableitung $df(h)/dh$ der Funktion $f(\cdot)$. Diese Ableitung wird mit (-1) multipliziert und durch das Maximum der so entstandenen Funktion dividiert.

Das Resultat ist die charakterisierende Funktion $\xi(\cdot)$ einer unscharfen Menge (vgl. Abbildung 2). Falls diese charakterisierende Funktion $\xi(\cdot)$ nicht konvex ist, bildet man ihre konvexe Hülle und erhält damit die charakterisierende Funktion einer unscharfen Zahl, welche die unscharfe Größe Wasserstand – bezeichnet mit h^* – charakterisiert.

Beispiel 2: Falls ein Meßresultat in Form eines Grautonbildes vorliegt, z.B. Härtebestimmungen mittels Mikroskop oder Durchmesserbestimmung eines Körpers mittels Röntgenbild, zieht man die Grauintensität entlang eines Schnittes durch solche Bilder zur Konstruktion der charakterisierenden Funktion des unscharfen Wertes heran. Bezeichnet x die reelle Variable, mit der die Meßgröße beschrieben werden soll, so erhält man die Grautonintensität in Abhängigkeit von x als Funktion $g(x)$ in der Form, die in Abbildung 3 dargestellt ist. Differentiation der Funktion $g(\cdot)$ und Division durch deren Maximum ergibt eine charakterisierende Funktion, die erforderlichenfalls mittels der konvexen Hülle zur charakterisierenden Funktion $\xi(\cdot)$ einer unscharfen Zahl x^* wird, welche den unscharfen Meßwert beschreibt.

3. Unscharfe Stichproben und deren Kombination

Unscharfe Stichproben bestehen aus einer endlichen Folge $x_1^*, \cdots, x_n^*$ von unscharfen Zahlen mit entsprechenden charakterisierenden Funktionen $\xi_1(\cdot), \cdots, \xi_n(\cdot)$.

Im Falle stochastischer Größen X, für die Parameter oder Verteilungskennwerte – z.B. Erwartungswert und Varianz – geschätzt werden sollen, sind zugehörige Schätzfunktionen für exakte Daten $x_1, \cdots, x_n$ Funktionen $\vartheta(x_1, \cdots, x_n)$ des Vektors $(x_1, \cdots, x_n)$. Wenn M den *Merkmalsraum* von X bezeichnet, so ist dieser Vektor $(x_1, \cdots, x_n)$ ein Element des zugehörigen *Stichprobenraumes* M^n.

Eine praktisch durchführbare Verallgemeinerung von Schätzern ist folgendermaßen möglich: An die Stelle des Elementes $(x_1, \cdots, x_n) \in M^n$ des Stichprobenraumes im Fall exakter Beobachtungen $x_1, \cdots, x_n$ tritt für unscharfe Beobachtungen $x_1^*, \cdots, x_n^*$ mit charakterisierenden Funktionen $\xi_1(\cdot), \cdots, \xi_n(\cdot)$ ein *unscharfes Element* $\underline{x}^*$ des Stichprobenraumes, genannt *unscharfes kombiniertes Stichprobenelement.* Dieses unscharfe Element ist ein *unscharfer Vektor* $\underline{x}^*$, dessen charakterisierende Funktion $\xi_{\underline{x}^*}(\cdot, \cdots, \cdot)$ als Kombination

$$K_n\Big(\xi_1(\cdot), \cdots, \xi_n(\cdot)\Big)$$

der charakterisierenden Funktionen $\xi_1(\cdot), \cdots, \xi_n(\cdot)$ der unscharfen Beobachtungen erhalten wird. Die möglichen Kombinationsregeln $K_n(\cdot, \cdots, \cdot)$ sind sogenannte *t-Normen* aus der Theorie unscharfer Mengen. Die einfachste und wichtigste ist die *Minimum-Kombinationsregel*

$$\xi_{\underline{x}^*}(x_1, \cdots, x_n) = \min_{i=1(1)n} \xi_i(x_i) \quad \forall \quad (x_1, \cdots, x_n) \in M^n.$$

Hinweise auf andere Kombinationsregeln findet man in KERESZTFALVI (1992).

Abb. 2: Feuchtigkeitsintensität und charakterisierende Funktion der unscharfen Größe „Wasserstand“

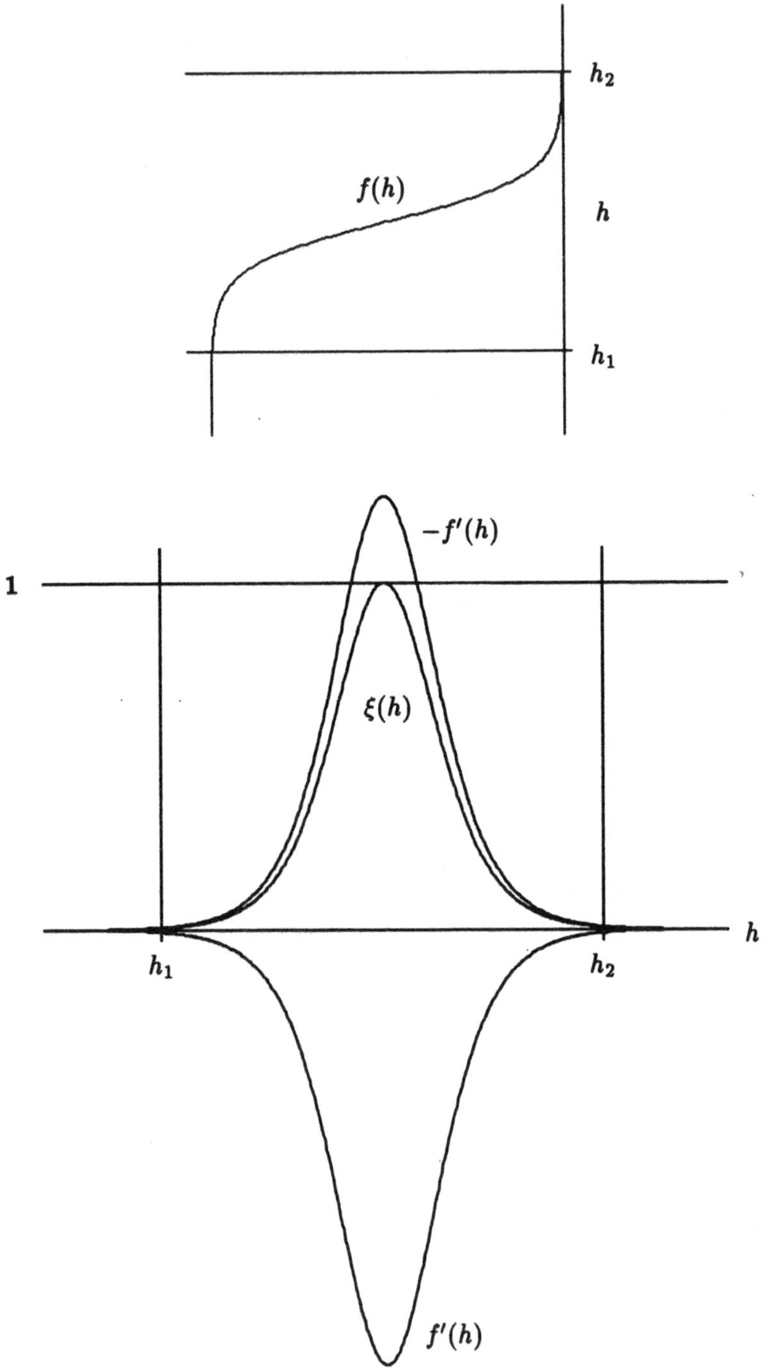

Abb. 3: Grauintensität und zugehörige charakterisierende Funktion

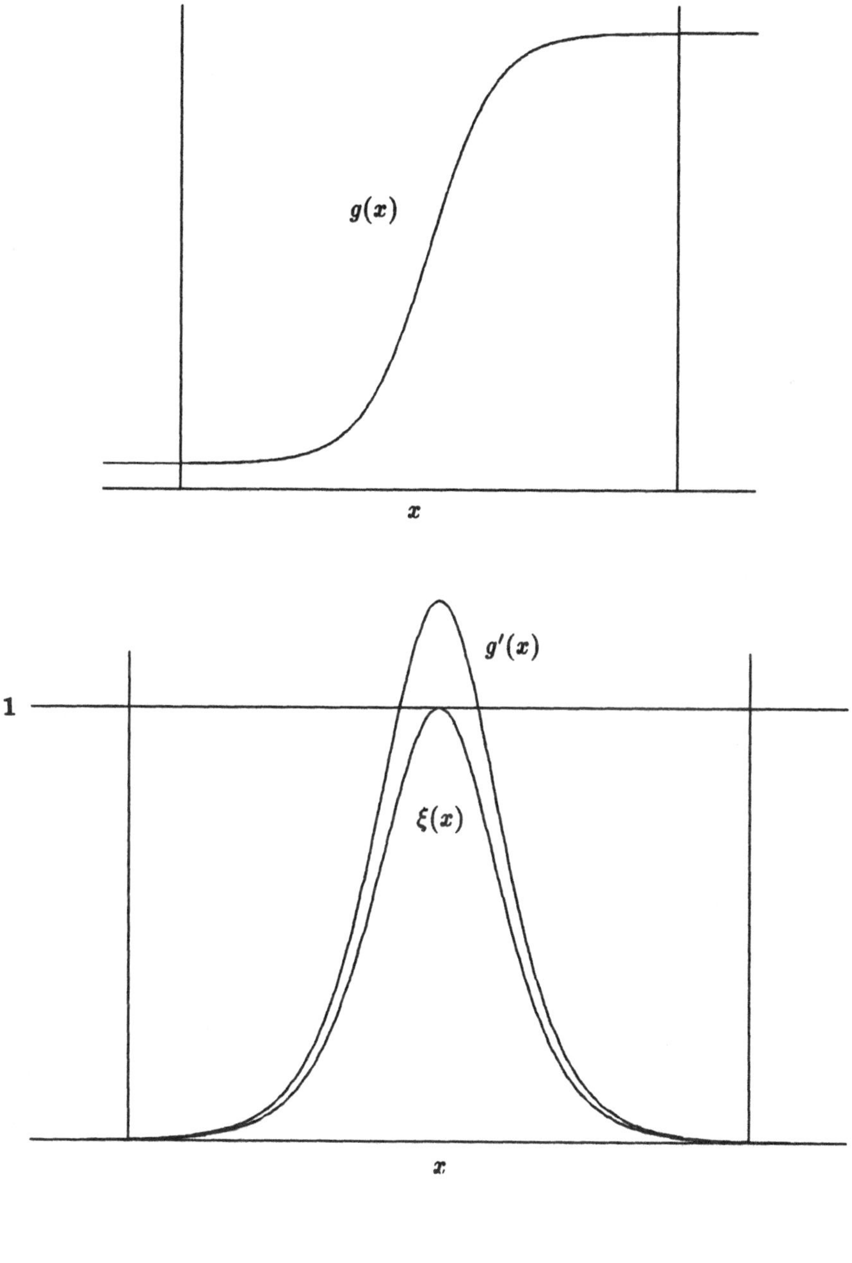

4. Unscharfe Punkt- und Bereichsschätzungen

Ist eine **Schätzfunktion** $\vartheta(X_1, \cdots, X_n)$ für einen statistischen Parameter $\theta \in \Theta$ gegeben, so kann diese für unscharfe Daten mit Hilfe der charakterisierenden Funktion $\xi(\cdot, \cdots, \cdot)$ des unscharfen kombinierten Stichprobenelementes folgendermaßen zur Konstruktion eines *unscharfen Schätzwertes* θ^* herangezogen werden. Die charakterisierende Funktion $\psi(\cdot)$ des unscharfen Schätzwertes θ^* ist definiert durch

$$\psi(\theta) = \sup\{\xi(x_1, \cdots, x_n) : \ \vartheta(x_1, \cdots, x_n) = \theta\} \quad \forall \quad \theta \in \Theta.$$

Im Fall exakter Beobachtungen $x_1, \cdots, x_n$, wobei für die charakterisierenden Funktionen $\xi_i(\cdot)$ gilt $\xi_i(\cdot) = I_{\{x_i\}}(\cdot)$, erhält man als Resultat $\psi(\cdot)$ die Indikatorfunktion $I_{\{\hat{\theta}\}}(\cdot)$ des Schätzwertes $\hat{\theta} = \vartheta(x_1, \cdots, x_n)$. Daher ist die voranstehende Konzeption eine sinnvolle Verallgemeinerung, die auch praktisch durchführbar ist.

Bemerkung: Die konkrete Berechnung der charakterisierenden Funktion $\psi(\cdot)$ erfolgt mit Hilfe der α*–Schnitte* $B_\alpha(\underline{x}^*)$ des unscharfen kombinierten Stichprobenelementes $\underline{x}^*$ mit charakterisierender Funktion $\xi(\cdot)$:

$$B_\alpha(\underline{x}^*) = \{\underline{x} \in M^n : \ \xi(\underline{x}) \geq \alpha\}.$$

Die α–Schnitte $B_\alpha(\theta^*)$ des unscharfen Schätzwertes θ^*,

$$B_\alpha(\theta^*) = \{\theta : \ \psi(\theta) \geq \alpha\},$$

erhält man für stetige Funktionen $\vartheta(\cdot, \cdots, \cdot)$ und reelle Parameter θ durch

$$B_\alpha(\theta^*) = \left[\min_{\underline{x} \in B_\alpha(\underline{x}^*)} \vartheta(\underline{x}), \ \max_{\underline{x} \in B_\alpha(\underline{x}^*)} \vartheta(\underline{x})\right].$$

Konfidenzfunktionen $\kappa(X_1, \cdots, X_n)$ können in ähnlicher Weise wie Schätzfunktionen für unscharfe Daten adaptiert werden. Dazu betrachtet man die eineindeutige Zuordnung zwischen klassischen Mengen A und deren Indikatorfunktionen $I_A(\cdot)$. Hier ist es naheliegend, daß man im Fall konkreter unscharfer Daten eine *unscharfe Menge* als *verallgemeinerte Konfidenzmenge* erhält.

Die charakterisierende Funktion $\chi(\cdot)$ dieser verallgemeinerten Konfidenzmenge K^* erhält man mit Hilfe der charakterisierenden Funktion $\xi(\cdot, \cdots, \cdot)$ des unscharfen kombinierten Stichprobenelementes $\underline{x}^*$ mittels

$$\chi(\theta) = \sup\{\xi(\underline{x}) : \ \theta \in \kappa(\underline{x})\} \quad \forall \quad \theta \in \Theta,$$

wobei $\kappa(\underline{x})$ der konkrete Konfidenzbereich für exakte Daten $\underline{x} = (x_1, \cdots, x_n)$ ist, den man mittels der Konfidenzfunktion $\kappa(X_1, \cdots, X_n)$ erhält. Auch hier ergibt sich im Fall exakter Daten $\underline{x}$ als Resultat die Indikatorfunktion $I_{\kappa(\underline{x})}(\cdot)$ der klassischen Konfidenzmenge $\kappa(\underline{x})$.

5. Weitere statistische Verfahren für unscharfe Daten

Aus Platzgründen werden hier statistische Tests, Korrelations- und Regressionsanalysen, sowie Bayes'sche Analysen nicht behandelt. Es gibt dazu Publikationen (vgl. FRÜHWIRTH-SCHNATTER (1993), VIERTL (1990), (1991), (1992)), und eine Monographie ist im Entstehen (vgl. VIERTL R. (im Druck)). Das Problem statistischer Tests auf der Grundlage unscharfer Daten ist noch nicht befriedigend gelöst, aber es gibt Ansätze dazu.

6. Unscharfe A-priori-Information in Bayes'schen Analysen

Eine Adaption des Bayes'schen Theorems

$$\pi(\theta \mid D) \propto \pi(\theta) \cdot \ell(\theta; D)$$

für exakte Daten D und A-priori-Verteilung $\pi(\cdot)$ auf die Situation unscharfer Daten $D^* = (x_1^*, \cdots, x_n^*)$ ist möglich und in VIERTL/HULE (1991) beschrieben. Dabei erhält man eine *unscharfe A-posteriori-Verteilung*

$$\pi^*(\theta \mid D^*) = \left(\psi_\theta(\cdot); \theta \in \Theta\right)$$

in Form unscharfer Funktionswerte der A-posteriori-Dichte. Mit Hilfe dieser unscharfen A-posteriori-Dichte können *unscharfe Bayes'sche Vertrauensbereiche* und *unscharfe Prädiktivverteilungen* ermittelt werden.

Ein wesentliches Problem ist jedoch die A-priori-Verteilung, da diese in praktischen Anwendungen nur schwer als genau eine Wahrscheinlichkeitsverteilung vorhanden ist. Daher und aufgrund des verallgemeinerten Bayes'schen Theorems ist die Betrachtung *unscharfer A-priori-Verteilungen* notwendig. Dazu gibt es verschiedene Ansätze.

Für parametrische A-priori-Dichten $\pi(\theta \mid \lambda)$ mit Hyperparameter λ ist die naheliegendste Methode, den Hyperparameter durch eine unscharfe Größe λ^* des Hyperparameterraumes Λ zu beschreiben. Eine *unscharfe A-priori-Dichte* $\pi^*(\cdot) = \pi(\cdot \mid \lambda^*)$ zu einem Parameter θ eines stochastischen Modells $X \sim f(\cdot \mid \theta)$, $\theta \in \Theta$ ist in diesem Fall durch die charakterisierende Funktion $\phi_{\lambda^*}(\cdot)$ von λ^* beschrieben.

Liegen unscharfe Daten in Form eines unscharfen kombinierten Stichprobenelementes $\underline{x}^*$ mit charakterisierender Funktion $\xi_{\underline{x}^*}(\cdot, \cdots, \cdot)$ vor, so ist die Analyse bei Verwendung der Minimum-Kombinationsregel relativ einfach möglich. Dazu betrachtet man die *nicht-normierte A-posteriori-Dichte* $g_n(\theta \mid \lambda, \underline{x})$, die man mit Hilfe der *Plausibilitätsfunktion*

$$\ell(\theta; \underline{x}) = \ell(\theta; x_1, \cdots, x_n) = \prod_{i=1}^{n} f(x_i \mid \theta)$$

durch

$$g_n(\theta \mid \lambda, \underline{x}) = \pi(\theta \mid \lambda) \cdot \ell(\theta; \underline{x})$$

erhält.

Die *unscharfe A-posteriori-Dichte* $\pi^*(\cdot \mid \underline{x}^*)$ wird mittels sogenannter unterer und oberer *α–Niveaukurven*

$$\underline{\pi}^*_\alpha(\cdot \mid \underline{x}^*) \text{ und } \overline{\pi}^*_\alpha(\cdot \mid \underline{x}^*)$$

dargestellt. Dies sind die Verbindungskurven der Enden der α–Schnitte der charakterisierenden Funktionen $\psi_\theta(\cdot)$ des unscharfen Wertes der A–posteriori–Dichte für variierendes θ. Es läßt sich zeigen, daß unter obigen Bedingungen gilt:

$$\underline{\pi}^*_\alpha(\theta \mid \underline{x}^*) = \min_{(\lambda,\underline{x})\in B_\alpha(\lambda^*)\times B_\alpha(\underline{x}^*)} \frac{g_n(\theta \mid \lambda, \underline{x})}{\int_\Theta g_n(\theta \mid \lambda, \underline{x})d\theta},$$

$$\overline{\pi}^*_\alpha(\theta \mid \underline{x}^*) = \max_{(\lambda,\underline{x})\in B_\alpha(\lambda^*)\times B_\alpha(\underline{x}^*)} \frac{g_n(\theta \mid \lambda, \underline{x})}{\int_\Theta g_n(\theta \mid \lambda, \underline{x})d\theta}.$$

Bemerkung: Einfacher wird die Analyse für *konjugierte Verteilungsfamilien*. Für Details wird auf die Monographie VIERTL, R. (im Druck) oder die Arbeit FRÜHWIRTH–SCHNATTER (1993) verwiesen.

7. Ausblick

Die Analyse unscharfer Daten mit den vorgestellten Ansätzen ist durchaus praktisch durchführbar. Dabei stellt speziell die Beschreibung *unscharfer A-priori-Information* einen wichtigen Aspekt für die Bayes'sche Analyse dar, weil dadurch die Kritik an den exakten A–priori–Verteilungen hinfällig ist. Unscharfe A–priori–Verteilungen können von Anwendern auch konkret erstellt werden. Die erhaltenen unscharfen A–posteriori–Verteilungen können dann verwendet werden, wie dies in Publikationen beschrieben wurde. Hinweise dazu findet man in Abschnitt 5 dieser Arbeit.

Literatur

BANDEMER, H. / NÄTHER, W. (1992): Fuzzy Data Analysis; Kluwer Academic Publishers, Dordrecht.

FRÜHWIRTH-SCHNATTER, S. (1992): On Statistical Inference for Fuzzy Data with Applications to Descriptive Statistics; Fuzzy Sets and Systems 50.

FRÜHWIRTH-SCHNATTER, S. (1993): On Fuzzy Bayesian Inference; Fuzzy Sets and Systems 60.

KERESZTFALVI, T. (1992): Operations on Fuzzy Numbers Extended by Yager's Family of t–Norms; In: BANDEMER, H. (ed.): Modelling Uncertain Data, Akademie Verlag, Berlin.

VIERTL, R. (1990): Einführung in die Stochastik mit Elementen der Bayes–Statistik und Ansätzen für die Analyse unscharfer Daten; Springer–Verlag, Wien.

VIERTL, R. / HULE, H. (1991): On Bayes' Theorem for Fuzzy Data; Statistische Hefte 32.

VIERTL, R. (1992): Zur statistischen Analyse unscharfer Daten; In: Beiträge zur Umweltstatistik, Schriftenreihe der Technischen Universität Wien, Band 29, Wien.

VIERTL, R.: Statistische Analyse unscharfer Daten; Monographie, erscheint demnächst.

Teil C:

Anwendungen der Statistik

Wahrheitsinduzierende Mechanismen, Fehlallokationen und kollusives Verhalten bei der Investitionsbudgetierung

Von GÜNTER BAMBERG* und RALF TROST*, Augsburg

Zusammenfassung: Zur Bestimmung optimaler Investitionsbudgets in einer divisionalisierten Unternehmung ist die Zentrale auf die wahrheitsgemäße Meldung der Gewinnpotentiale durch die einzelnen Divisionen angewiesen. Einen Lösungsvorschlag für dieses Problem stellt der sogenannte Groves–Mechanimus dar, unter dem die wahrheitsgemäßen Meldungen immer dominante Strategien im Spiel der Divisionsmanager sind. Es wird gezeigt, daß die Anreizkompatibilität dieses Verfahrens nicht nur bei der Annahme expliziten kooperativen Verhaltens der Divisionsmanager verlorengeht, sondern daß sogar stets Gleichgewichtspunkte, bestehend aus wahrheitswidrigen Meldungen, existieren, welche alle Manager besser stellen als wahrheitsgetreues Verhalten aller Beteiligten. Abschließend wird an einem Beispiel diskutiert, inwieweit außer überhöhten Entlohnungen auch falsche Budgetierungsergebnisse resultieren können.

1. Einleitung

In dieser Arbeit werden monetäre Anreizsysteme betrachtet, welche zur Lösung des Problems der Investitionsbudgetierung in einer divisionalisierten Unternehmung beitragen sollen. Eine als *Zentrale* bezeichnete Koordinierungsinstanz weist verschiedenen dezentralen, im folgenden *Divisionen* genannten Subeinheiten - dies können Unternehmensbereiche, Abteilungen, Niederlassungen etc. sein - Kapital zu, mit dem diese dann einen (positiven oder negativen) Gewinn erwirtschaften. Die Höhe des von der Zentrale beschafften Eigen- oder Fremdkapitals und die Verteilung auf die Divisionen ist abhängig von *Meldungen*, welche die Divisionen bzw. ihre Leiter vorher an die Zentrale abgegeben haben; diese Meldungen besagen, welcher Gewinn jeweils mit alternativen Budgets zu erzielen ist.

Offensichtlich entstehen bei dieser Vorgehensweise Anreizprobleme, da die Divisionsleiter vielfältige Gründe haben mögen, falsche Meldungen abzugeben, um individuelle Vorteile zu erzielen, die andererseits durch die resultierende suboptimale Kapitalallokation den Gesamtnutzen der Unternehmung schmälern können. Daher liegt es nahe, durch (unter anderem) erfolgsabhängige Entlohnungen Anreize für die Divisionsleiter zu schaffen, wahrheitsgemäße Meldungen abzugeben. Allein basierend auf solchen Meldungen kann die Zentrale die richtigen Entscheidungen treffen.

Über diese Problematik und das sogenannte *Groves–Schema* als prominenten Lösungsversuch hatte einer der Autoren (G.B.) des vorliegenden Beitrags 1993 in München referiert. K. Weichselberger, der in München zusammen

* Prof. Dr. Günter Bamberg, Dr. Ralf Trost, Institut für Statistik und Mathematische Wirtschaftstheorie, Universität Augsburg, Memminger Straße 14/III, D–86159 Augsburg

mit H. Schneeweiß die Entscheidungstheorie in Forschung und Lehre mit vertritt, hakte in der Diskussion am vielleicht entscheidenden Schwachpunkt des Lösungsversuchs ein. Es wird nämlich ausschließlich die individuelle Rationalität der Divisionsmanager berücksichtigt; abgestimmtes Vorgehen einzelner oder gar aller Divisionsmanager bringt jedoch (zu Lasten der Unternehmung) Vorteile. Dieser von K. Weichselberger aufgeworfene Diskussionspunkt wird im folgenden näher beleuchtet.

Das auf WEITZMAN (1976) zurückgehende *Weitzman-Schema* macht die Entlohnung der Divisionsleiter neben einem Fixum abhängig von dem nach der Meldung unter dem zugeteilten Kapital zu erwartenden Gewinn und der Differenz zwischen diesem und dem tatsächlichen Gewinn. Durch eine geeignete Wahl konstanter Koeffizienten kann dabei erreicht werden, daß für einen isoliert betrachteten Divisionsleiter die wahrheitsgemäße Meldung optimal ist. Das Weitzman-Schema verliert seine wahrheitsinduzierende Wirkung jedoch, wenn mehrere Divisionsleiter gleichzeitig betrachtet werden. Genau dies ist jedoch der interessierende Fall.

Ein weiterer Ansatz ist das *Profit-Sharing*; hier erhalten die Divisionsleiter neben dem Fixum einen prozentualen Anteil am von allen Divisionen gemeinsam erwirtschafteten Gewinn. Unter diesem Entlohnungsschema bilden die – wir gehen jetzt zu spieltheoretischer Terminologie über – wahrheitsgemäßen Meldungen einen Gleichgewichtspunkt im Spiel der Divisionsmanager. Allerdings ist die wahrheitsgemäße Meldung nicht notwendig die beste Reaktion eines Divisionsleiters, wenn andere nicht wahrheitsgemäß melden. Es existieren sogar im allgemeinen weitere Gleichgewichtspunkte; diese führen allerdings für jeden Divisionsmanager zu einer nicht höheren Auszahlung als im Gleichgewichtspunkt der wahrheitsgemäßen Meldungen.

Beim auf GROVES (1976) zurückgehenden *Groves-Schema* wird eine der aufgeführten Schwachstellen des Profit-Sharing behoben: Hier ist die wahrheitsgemäße Meldung stets eine (unter Umständen schwach) dominierende Gegenstrategie gegen beliebige Strategien der anderen Divisionsleiter. Auf den ersten Blick scheinen damit alle Probleme gelöst zu sein.

In der vorliegenden Arbeit soll gezeigt werden, daß dem nicht so ist. Der Ausgangspunkt ist, daß das Groves-Schema im Gleichgewichtspunkt der dominierenden Strategien im allgemeinen *kein pareto-effizientes Ergebnis* im Spiel der Divisionsmanager liefert, das heißt, daß sich die Divisionsleiter durch die Abgabe bestimmter Kombinationen von nicht wahrheitsgemäßen Meldungen simultan besser stellen können.

Dabei gehen wir zunächst davon aus, daß die Divisionsmanager in Verfolgung ihrer Ziele explizit zusammenarbeiten, also von der kooperativen Spieltheorie. Da die Forderung der *Anreizkompatibilität* – die im speziellen vorliegenden Fall der Forderung nach der Erzwingung wahrheitsgemäßer Meldungen entspricht – stets mittels der nichtkooperativen spieltheoretischen Konzepte von dominanten Strategien oder (schwächer) Gleichgewichtspunkten modelliert wird, ist der Verlust der wahrheitsinduzierenden Wirkung beim Übergang zu einer anderen Modellierung (*Verletzung der Koalitionssicher-*

heit) wenig überraschend. Dabei ist es prinzipiell unerheblich, ob wir Kooperation mit Seitenzahlungen – die in diesem Zusammenhang als „Bestechung" zu interpretieren wären – oder ohne betrachten. Allenfalls bleibt insbesondere im letzteren Fall das übliche übergeordnete Aushandlungsproblem, welcher der pareto-effizienten Punkte realisiert werden soll.

Noch gravierender allerdings ist die sich anschließende Feststellung, daß auch unter Wahrung des nichtkooperativen Kontextes Gleichgewichtspunkte außerhalb des Gleichgewichtspunktes der dominierenden Strategien existieren, unter denen sich – anders als beim Profit-Sharing – die Divisionsleiter simultan besser stellen.

Hierbei ist keine ausdrückliche, sondern allenfalls eine nur stillschweigende Übereinkunft zwischen den Divisionsmanagern anzunehmen. Eine solche Annahme könnte dadurch begründet werden, daß die Gleichgewichtseigenschaft nur schwach erfüllt sein kann, weil die wahrheitsgemäßen Strategien dominierend sind. Jeder Divisionsmanager muß also in einem solchen konkurrierenden Gleichgewichtspunkt einseitig zur wahrheitsgemäßen Meldung abweichen können, ohne seine eigene Auszahlung zu verschlechtern.

Dennoch muß ein solcher alternativer Gleichgewichtspunkt natürlich einen gewissen Charme für die beteiligten Divisionsmanager entwickeln. In diese Richtung deuten möglicherweise auch die empirischen Ergebnisse von WALLER/BISHOP (1990), aus deren Versuchsdaten die Zahlen für ein in Abs. 4 verwendetes Beispiel adaptiert wurden.[1]

Dieses Beispiel betrachtet den Fall zweier Divisionen. Zunächst zeigt sich, daß auch hier für beide Divisionsmanager besser stellende alternative Gleichgewichtspunkte existieren, wobei eine von den Gedanken des Abschnittes 3 abweichende Konstruktion zugrundeliegt. Bei den bis zu dieser Stelle angestellten Überlegungen resultieren aus dem nicht-wahrheitsgemäßen Verhalten der Manager überhöhte Entlohnungen der Divisionsmanager, wobei nach wie vor die optimale Budgetierung durch die Zentrale gewählt wird. Abschließend gehen wir daher der Frage nach, ob darüber hinaus auch falsche Budgetierungsergebnisse entstehen können. Im betrachteten Beispiel – dessen Konstruktion zwar speziell, aber keineswegs so pathologisch ist, daß sie ohne wesentlichen Verlust an Allgemeinheit ausgeschlossen werden kann – gibt es zu diesem Effekt führende Strategienkombinationen für die Divisionsmanager, die überdies unseres Erachtens einer gewissen Plausibilität nicht entbehren. Dabei gehen wir von einer Kooperation (ohne Seitenzahlungen) aus.

Wir betrachten in dieser Arbeit lediglich den einfachen Fall, daß keine Unsicherheit existiert und daß die Divisionsmanager keinem sogenannten „Arbeitsleid" unterliegen, also keine Aversion gegen eine Erhöhung ihres Arbeitseinsatzes haben. Die Berücksichtigung solcher Aspekte ist natürlich zur

---

[1] Waller/Bishop interpretieren die Versuchsergebnisse sehr vorsichtig, da nur wenig Indizien für eine tatsächliche stillschweigende Kooperation gefunden wurden, sondern meist lediglich Abweichungen, die als derartige Versuche interpretiert werden könnten. Der Effekt wird überlagert von den Schwierigkeiten, welche die Versuchspersonen mit dem Verständnis der Wirkungsweise des Groves-Schemas hatten.

Wahrung einer möglichst großen Realitätsnähe wünschenswert. Andererseits haben die Ausführungen und insbesondere das Beispiel den Charakter eines Gegenbeispiels, so daß auf diese Modellelemente verzichtet werden kann.

2. Das Groves–Schema

Sei nun n die Anzahl der Divisionen, $g_i(\cdot)$ die Gewinnfunktion der i–ten Division und b_i das der Division i von der Zentrale für die betrachtete Periode zugeteilte Budget (Kapital). In Abhängigkeit von b_i ist damit der von Division i erzielte Gewinn gleich $g_i(b_i)$. Die von Division i an die Zentrale ex ante gemeldete, nicht notwendig wahrheitsgemäße Gewinnfunktion sei $\widehat{g}_i(\cdot)$. Bezeichnen wir mit $\widehat{\mathbf{g}} := (\widehat{g}_1(\cdot), \ldots, \widehat{g}_n(\cdot))$ den Vektor aller gemeldeten Gewinnfunktionen, so ist das der Division i in Abhängigkeit der Meldungen zugeteilte Kapital gleich $b_i(\widehat{\mathbf{g}})$. Die Kapitalkostenfunktion wird durch $k(\cdot)$ beschrieben. Ist b gleich der Summe aller b_i, so verursacht die Kapitalallokation $\vec{\mathrm{b}} := (b_1, \ldots, b_n)$ die Kapitalkosten $k(b)$.

Das Ziel ist zunächst, eine *Bemessungsgrundlage* für die Entlohnung der Divisionsleiter derart festzulegen, daß die wahrheitsgemäße Meldung für jeden von ihnen die „beste" Strategie in dem Sinne darstellt, daß die Wahrheit eine dominante Strategie ist, also eine beste Antwort auf jede beliebige Strategie der anderen Divisionsmanager. Das primäre Ziel der Zentrale ist natürlich nicht diese Wahrheitsliebe, sondern die Maximierung der Gesamtwohlfahrt der Unternehmung. Beim Groves–Schema wird, wie man sehen wird, dieses Ziel automatisch erreicht, wenn wahrheitsgemäße Meldungen induziert werden.

Die aus einem Fixum plus einem prozentualen Anteil an der Bemessungsgrundlage resultierende tatsächliche Entlohnung der Divisionsleiter ist in ihrer genauen Höhe für die zu treffenden Entscheidungen ohne Interesse. Daher werden stets nur die im folgenden mit BG_i bezeichneten Bemessungsgrundlagen explizit betrachtet.

Der *Ablauf des Groves–Schemas* ist nun wie folgt:

1. Die Divisionsleiter melden $\widehat{g}_i(\cdot)$ an die Zentrale.
2. Die Zentrale bestimmt das Budgetierungsergebnis $\vec{\mathrm{b}}^*(\widehat{\mathbf{g}})$, das unter den abgegebenen Meldungen optimal ist. $\vec{\mathrm{b}}^*(\widehat{\mathbf{g}})$ maximiere also
$$\sum_{i=1}^{n} \widehat{g}_i(b_i) - k(b). \tag{1}$$
Fragen der Eindeutigkeit dieser optimalen Kapitalallokation wollen wir hier ausklammern.
3. Die Bemessungsgrundlage für Divisionsmanager i ist
$$\mathrm{BG}_i = g_i(b_i^*(\widehat{\mathbf{g}})) + \sum_{j \neq i} \widehat{g}_j(b_j^*(\widehat{\mathbf{g}})) - k(b^*) \qquad i = 1, \ldots, n. \tag{2}$$

Für dieses Budgetierungsschema gilt (vgl. z.B. GROVES (1976)):

Satz 1: Die wahrheitsgemäße Meldung der Gewinnfunktion an die Zentrale stellt unter dem oben beschriebenen Groves-Schema, also den Berechnungsvorschriften (1) und (2), im Spiel der Divisionsmanager (mit den Auszahlungsfunktionen BG_i*) für alle Manager stets eine dominante Strategie dar.*

Für den Fall $n = 2$ ist der Beweis des Satzes recht überschaubar; hierzu vergleiche man BAMBERG/LOCAREK (1992).

Entscheiden sich die Divisionsmanager nach dem unterstellten Kriterium, wählen sie also die dominierende Strategie, so ist aufgrund der wahrheitsgemäßen Meldungen auch zugleich das Ziel der Zentrale, die Maximierung des Gesamtgewinns der Unternehmung, erreicht. Ist das Ziel dabei die Maximierung des Residualgewinns (d.h. des Gewinns nach Abzug der Managerentlohnungen), so sind dabei die resultierenden tatsächlichen Entlohnungen so niedrig wie möglich anzusetzen. Hierzu ist wie in der Principal–Agent–Theorie ein Reservationsniveau für die Manager als exogene Größe in das Modell einzuführen; ein solches ist beispielsweise die Entlohnung, welche die betreffenden Manager anderweitig erzielen könnten. Unterschreitet die Entlohnung eines Managers sein Reservationsniveau, so ist er nicht willens, für die Unternehmung zu arbeiten.

3. Betrugsmöglichkeiten bei unverändertem Budgetierungsergebnis

Dominante Strategien sind ein Konzept der nichtkooperativen Spieltheorie. Es wird also unterstellt, daß die Divisionsleiter ihr Verhalten nicht miteinander abstimmen. Ein solcher Glaube an „das Gute im Menschen" erscheint nicht unbedingt plausibel; meist wird dies allenfalls durch Kontrollen erreichbar sein. Zudem liegt eine gewisse Inkonsistenz darin, daß bezüglich der (individuell betrachteten) Meldungen ein solcher Glaube an die Wahrheitsliebe der Manager die Einführung des Groves–Schemas überflüssig machen würde. Umgekehrt dokumentiert die Einführung des Schemas ein solides Mißtrauen der Zentrale, welches die Manager erst auf die Idee bringen könnte, dieses zu unterlaufen. Insofern ist es naheliegend, auch kooperative spieltheoretische Überlegungen einzubringen.

Im bekannten Spiel des Gefangenendilemmas existiert eine Strategienkombination, bei der sich beide Parteien besser als im Gleichgewichtspunkt stellen, wobei der Gleichgewichtspunkt wie im hier vorliegenden Fall die Kombination dominierender Strategien ist. Da dieser Gleichgewichtspunkt dort der einzige ist, kann der pareto–verbessernde Punkt nur durch kooperatives Verhalten erreicht werden, denn in diesem alternativen Punkt kann sich natürlich jeder Spieler seinerseits strikt verbessern, wenn er bei gleicher (kooperativer) Strategie des Mitspielers seine eigene Strategie wieder hin zur dominierenden ändert. Die beiden Aussagen sollen nun für das durch das Groves–Schema definierte Spiel der Divisionsmanager bei der Budgetierung untersucht werden.

Zunächst zeigt sich sofort, daß die Manager pareto–verbessernde kooperative Strategien besitzen: Ein Divisionsleiter profitiert von überhöhten Meldungen seiner Kollegen auf jeden Fall dann, wenn diese nicht zu einer Veränderung im Budgetierungsergebnis führen. Unter der gleichen Voraussetzung sinkt seine eigene Bemessungsgrundlage nicht, wenn er selbst eine überhöhte Meldung abgibt. Es ist also nach überhöhten Meldungen zu suchen, welche die Kapitalallokation unverändert lassen. Dies ist offensichtlich gegeben, wenn die gemeldeten Gewinnfunktionen gleich den wahren plus einer vom zugewiesenen Kapital unabhängigen Konstanten sind.

Satz 2: Meldet jeder Divisionsmanager die Gewinnfunktion

$$\widehat{g}_i(\cdot) = g_i(\cdot) + c_i \qquad i = 1, \ldots, n,$$

so bleibt das Budgetierungsergebnis, also der Maximierer $\vec{b}$ *von (1) unverändert, und die gemäß (2) bestimmte Bemessungsgrundlage* BG_i *für Divisionsleiter i erhöht sich um* $\sum_{j \neq i} c_j$.

Jeder Vektor $\vec{c}$, bei dem $c_i > 0$ für alle $i = 1, \ldots, n$ gilt, führt also zu einer Pareto-Verbesserung für die Divisionsmanager. Für die Überlegungen ist unerheblich, ob Kooperation mit oder ohne Seitenzahlungen betrachtet wird. Der schlimmste Fall der „Bestechung“ muß also noch nicht einmal angenommen werden; eher liegt ein Fall von „eine Hand wäscht die andere“ vor.

Nun soll die zweite Frage untersucht werden: Ist explizites kooperatives Verhalten eine zwingende Voraussetzung? Es zeigt sich, daß dies nicht der Fall ist. Zunächst führen wir eine inhaltlich plausible weitere Voraussetzung in das Modell ein. In der bisher verwendeten Formulierung könnten die Manager nämlich gegenseitig ihre Bemessungsgrundlagen bis ins Unendliche steigern. Daher scheint es sinnvoll und wenig einschränkend, wenn die Existenz eines Wertes c_i^{max} angenommen wird, der die möglichen Werte von c_i nach oben beschränkt. Der Vektor dieser Werte wird mit $\vec{c}^{\,max}$ bezeichnet. Interpretiert werden können die c_i^{max} als Schwellenwerte, bis zu denen die Zentrale die Meldungen $\widehat{g}_i(\cdot) = g_i(\cdot) + c_i$ als glaubhaft erachtet, oder auch als Grenzwerte, bis zu denen sie eine Abweichung des später realisierten tatsächlichen Gewinns vom gemeldeten ohne zusätzliche – außerhalb des Groves–Schemas stehende – Sanktionen hinnimmt.

Satz 3: Die Strategien $\widehat{g}_i(\cdot) = g_i(\cdot) + c_i$ *bilden im nichtkooperativen Spiel der Divisionsmanager für jedes* $\vec{c}$ *(mit* $c_i \leq c_i^{max}$*) einen Gleichgewichtspunkt. Gilt zudem* $c_i \geq 0$ *für alle i und* $c_i > 0$ *für mindestens ein i, so dominiert dieser Gleichgewichtspunkt denjenigen der dominierenden wahrheitsgemäßen Meldungen strikt im Pareto–Sinne. Insbesondere dominiert* $\widehat{g}_i(\cdot) = g_i(\cdot) + c_i^{max}$ *strikt im Pareto–Sinne alle anderen solchen Strategien.*

Dieser Satz zeigt, daß der beschriebene Prozeß des „eine Hand wäscht die andere“ keine explizite Kooperation benötigt, sondern lediglich eine stillschweigende. Aus der (unendlichen) Menge der Gleichgewichtspunkte des

Spieles ist der plausibelste auszuwählen. Es gibt a priori keinen Grund, den Gleichgewichtspunkt der dominierenden (wahrheitsgemäßen) Strategien gegenüber den anderen hervorzuheben, insbesondere nicht gegenüber dem aus $\vec{c}^{\,max}$ resultierenden.

Die fehlende Stabilität des Gleichgewichtes der wahrheitsgemäßen Strategien ist auch in die andere Richtung zu beobachten: Die Gleichgewichtseigenschaft gilt für im Vorzeichen unbeschränkte c_i. So kann ein Divisionsmanager offensichtlich auch durch Angabe einer zu geringen Meldung andere schädigen, ohne selbst Gehaltseinbußen hinnehmen zu müssen. Nehmen wir die Existenz der oben angesprochenen Reservationsniveaus an, so kann ein Divisionsmanager bei überhand nehmenden Animositäten sogar dafür sorgen, daß die mißliebigen Kollegen die Unternehmung verlassen. Unter diesem Gesichtspunkt entpuppt sich das Groves-Schema als ein sehr zweischneidiges Schwert.

4. Die Möglichkeit von Fehlallokationen

Die Konsequenzen von expliziten oder auch stillschweigenden Koalitionen für die Zentrale fallen in zwei qualitativ unterschiedliche Kategorien. Eine Folge ist überhöhte Entlohnung für die Divisionsleiter, welche den Residualgewinn schmälert. Von noch größerem Interesse ist die Frage, ob es durch derartige Manöver der Manager auch zu falschen Budgetierungen kommen kann, welche also die „wahre", der Zentrale unbekannte Zielfunktion nicht maximieren. Wir sprechen in diesem Fall von einer *Fehlallokation* (des Kapitals).

Im Sinne eines Existenzbeweises wollen wir anhand eines Beispiels belegen, daß dieser Fall in der Tat eintreten kann. Das Grundmuster wurde aus dem Versuchsaufbau von WALLER/BISHOP (1990) entnommen, welche die Wirkungsweise des Groves-Schemas im Vergleich zu anderen Entlohnungsschemata für die Investitionsbudgetierung untersuchen. Dabei wurde der Strategienraum der Übersichtlichkeit wegen verkleinert und andererseits die Ausgangssituation etwas detaillierter modelliert, um die Plausibilität der Annahmen zu erhöhen. Zunächst gehen wir weiterhin von der nichtkooperativen Situation aus.

Beispiel: Es wird der Fall von $n = 2$ Divisionen betrachtet. Die Gewinnfunktion der Division i sei jeweils eine stückweise lineare Funktion

$$g_i(b_i) = \begin{cases} \gamma_i \cdot b_i & \text{für } 0 \le b_i \le 80 \\ \gamma_i \cdot 80 & \text{für } b_i > 80. \end{cases}$$

Die Fallunterscheidung beschreibt, daß keine der beiden Divisionen einen Kapitalbedarf von mehr als 80 Geldeinheiten (GE) hat. Der Einfachheit halber seien auch die Kapitalkosten linear und zwar gleich $0,1 \cdot b$ für $0 \le b = b_1 + b_2 \le 100$. Für einen 100 GE übersteigenden Gesamtkapitaleinsatz seien die Kosten prohibitiv hoch.

Für die Zentrale unbekannt sind die im folgenden als Produktivitätsfaktoren bezeichneten Konstanten γ_1 und γ_2. Es sei bekannt, daß gilt:

$$\gamma_i \in \Gamma := \{0;\ 0,1;\ 0,2;\ 0,3;\ 0,4;\ 0,5\}, \qquad i = 1,\ 2.$$

Die Annahme von diskreten Strategienräumen ist nicht essentiell, sondern dient der Vereinfachung der Darstellung. Die Meldungen der Divisionen bestehen nun aus der Angabe eines jeweiligen (wahren oder falschen) Produktivitätsfaktors

$$\widehat{\gamma}_i \in \Gamma.$$

Gemäß dem Groves–Schema bestimmt die Zentrale die Kapitalallokation $\vec{b} = (b_1, b_2)$ so, daß der unter den Meldungen enstehende Gesamtgewinn

$$(\widehat{\gamma}_1 - 0,1) \cdot b_1 + (\widehat{\gamma}_2 - 0,1) \cdot b_2 = \widehat{\gamma}_1 \cdot b_1 + \widehat{\gamma}_2 \cdot b_2 - 0,1 \cdot b$$

unter der Nebenbedingung $0 \leq b \leq 100$ maximiert wird. Berücksichtigen wir, daß eine Division nur dann einen positiven Betrag zugeteilt bekommt, wenn nach ihrer Meldung ein strikt positiver Gewinn unter Berücksichtigung der Kapitalkosten erwirtschaftet wird, und nehmen wir an, daß für den Fall, in dem beide Divisionen den gleichen Produktivitätsfaktor (größer als 0,1) melden, das Kapital gleichmäßig aufgeteilt wird, so ergibt sich folgende Regel zur Bestimmung der Allokation:

$$\begin{array}{rcll}
\widehat{\gamma}_1 \leq 0,1 & \Longrightarrow & b_1 = 0 & \\
\widehat{\gamma}_2 \leq 0,1 & \Longrightarrow & b_2 = 0 & \\
\widehat{\gamma}_i \leq 0,1 < \widehat{\gamma}_j & \Longrightarrow & b_i = \ 0,\ b_j = 80 & (i \neq j) \\
0,1 < \widehat{\gamma}_2 < \widehat{\gamma}_1 & \Longrightarrow & b_1 = 80,\ b_2 = 20 & \\
0,1 < \widehat{\gamma}_1 < \widehat{\gamma}_2 & \Longrightarrow & b_1 = 20,\ b_2 = 80 & \\
0,1 < \widehat{\gamma}_1 = \widehat{\gamma}_2 & \Longrightarrow & b_1 = 50,\ b_2 = 50 &
\end{array}$$

Die wahren Produktivitätsfaktoren seien

$$\gamma_1 := 0,3 \qquad \text{und} \qquad \gamma_2 := 0,2.$$

Den erzielten Gesamtgewinn in Abhängigkeit der Kapitalzuweisung gibt die folgende Tabelle wieder:

$(b_1; b_2)$	(0;0)	(0;80)	(80;0)	(50;50)	(80;20)	(20;80)
Gewinn	0	8	16	15	18	12

Infolgedessen ist (80; 20) die optimale Kapitalallokation; alle anderen Allokationen sind Fehlallokationen.

Bezeichnet man mit $b_i(\widehat{\gamma}_1, \widehat{\gamma}_2)$ die nach obigen Regeln bestimmte Kapitalzuweisung an Division i in Abhängigkeit von den Meldungen und mit $b(\widehat{\gamma}_1, \widehat{\gamma}_2)$ das insgesamt beschaffte Kapital, so erhält man

$$\begin{aligned}
\mathrm{BG}_1(\widehat{\gamma}_1, \widehat{\gamma}_2) &= 0,3 \cdot b_1(\widehat{\gamma}_1, \widehat{\gamma}_2) + \widehat{\gamma}_2 \cdot b_2(\widehat{\gamma}_1, \widehat{\gamma}_2) - 0,1 \cdot b(\widehat{\gamma}_1, \widehat{\gamma}_2) \\
\mathrm{BG}_2(\widehat{\gamma}_1, \widehat{\gamma}_2) &= 0,2 \cdot b_2(\widehat{\gamma}_1, \widehat{\gamma}_2) + \widehat{\gamma}_1 \cdot b_1(\widehat{\gamma}_1, \widehat{\gamma}_2) - 0,1 \cdot b(\widehat{\gamma}_1, \widehat{\gamma}_2).
\end{aligned}$$

Die resultierenden Werte für die Bemessungsgrundlagen sind in folgenden beiden Matrizen zusammengestellt.

BG_1	$\hat{\gamma}_2$					
$\hat{\gamma}_1$	0	0,1	0,2	0,3	0,4	0,5
0	0	0	8	16	24	32
0,1	0	0	8	16	24	32
0,2	16	16	15	20	28	36
0,3	16	16	18	20	28	36
0,4	16	16	18	20	25	36
0,5	16	16	18	20	22	30

BG_2	$\hat{\gamma}_2$					
$\hat{\gamma}_1$	0	0,1	0,2	0,3	0,4	0,5
0	0	0	8	8	8	8
0,1	0	0	8	8	8	8
0,2	8	8	10	10	10	10
0,3	16	16	18	15	12	12
0,4	24	24	26	26	20	14
0,5	32	32	34	34	34	25

Die beiden Matrizen beschreiben ein übliches Bimatrix-Spiel. Wie nach dem Satz von Groves bekannt, sind die wahrheitsgemäßen Strategien

$$\hat{\gamma}_1 = \gamma_1 = 0,3 \qquad \text{und} \qquad \hat{\gamma}_2 = \gamma_2 = 0,2$$

dominante Strategien mit den Bemessungsgrundlagen

$$BG_1(0,3;0,2) = BG_2(0,3;0,2) = 18.$$

Die Punkte

$$(\hat{\gamma}_1, \hat{\gamma}_2) = (0,4;0,3) \qquad \text{und} \qquad (\hat{\gamma}_1, \hat{\gamma}_2) = (0,5;0,3)$$

mit den Bemessungsgrundlagen

$$(20;26) \qquad \text{bzw.} \qquad (20;34)$$

sind ebenfalls Gleichgewichtspunkte und liefern beiden Divisionsleitern höhere Entlohnungen, da beide Bemessungsgrundlagen höher sind. (Allerdings profitiert der Leiter der Division mit schwächerer tatsächlicher Produktivität in deutlich stärkerem Ausmaß als derjenige der anderen Division.) Die Zentrale wird geschädigt, obwohl die optimale Kapitalallokation gewählt wird, da die Entlohnungen zu hoch sind. Dieser Effekt entspricht dem im vorigen Abschnitt untersuchten, wobei er hier allerdings nicht durch vom zugewiesenen Kapital unabhängige Fehlmeldungen verursacht wird.

Wie bereits in der Einleitung erwähnt, findet sich bei WALLER/BISHOP (1990) Material zu einer empirischen Untersuchung dieses Beispiels, wobei allerdings wohl keine eindeutigen Schlüsse gezogen werden können.

Weitere Gleichgewichtspunkte, die jedoch nicht beiden Managern strikt bessere Auszahlungen bescheren, sind

$$(0,4;0,2),\ (0,5;0,2),\ (0,2;0,3),\ (0,2;0,4),\ (0,2;0,5).$$

Bei den drei letztgenannten Gleichgewichtspunkten resultiert eine Fehlallokation, nämlich (20; 80). Dabei stellt sich Manager 2 strikt schlechter als im Gleichgewicht der dominanten Strategien. Zwar hat er aus eigener Kraft keine direkte Chance, etwas daran zu ändern, eine Realisierung dieser Punkte erscheint jedoch unwahrscheinlich, da er genauso gut beispielsweise zur wahren Meldung wechseln kann, was wiederum Manager 1 zu einer Veränderung seiner Strategie bewegen würde.

Wir gehen nun zur kooperativen Betrachtungsweise über. Nicht weiter verfolgen wollen wir dabei den Fall mit Seitenzahlungen; zu seiner Berücksichtigung ist die Betrachtung der Bemessungsgrundlagen im allgemeinen nicht ausreichend, da die Summe der tatsächlichen Entlohnungen, welche dann aufgeteilt werden kann, hier die relevante Größe wäre. Es sei nur angemerkt, daß die Summe der Bemessungsgrundlagen dann zu maximieren ist, wenn Fixum und prozentualer Anteil an der Bemessungsgrundlage, welche die jeweiligen Entlohnungen definieren, gleich sind. Die Summe der Bemessungsgrundlagen ist maximal (gleich 56 GE) für die Strategienkombination (0, 5; 0, 4). Hierbei resultiert keine Fehlallokation.

Bei Kooperation ohne Seitenzahlungen erscheint die Strategienkombination (0, 5; 0, 5) von besonderem Interesse. Die Summe der Bemessungsgrundlagen ist mit 55 sehr nahe am maximalen Wert, beide Manager verbessern sich simultan, wobei derjenige mit dem höheren Produktivitätsfaktor eine um 5 GE höhere Bemessungsgrundlage aufweist. Es resultiert die Fehlallokation (50; 50). Die Argumentation ist jedoch lediglich geeignet, auf die *Möglichkeit* von Fehlallokationen aufmerksam zu machen. Der Auszahlungsvektor (30; 25) genügt *nicht* den Standardkonzepten für die Lösung kooperativer Spiele. Es handelt sich (wie man durch Bestimmung des Auszahlungsdiagramms und Nachrechnen leicht verifizieren kann) nicht um die kooperative Nash-Lösung ohne Seitenzahlungen (mit dem natürlichen Drohpunkt (18; 18)), welche randomisierte Strategien voraussetzt. Begriffe wie Kern oder Von–Neumann–Morgenstern–Lösung basieren auf Kooperation mit Seitenzahlungen.

Die konzertierte Angabe gleicher Produktivitätsfaktoren ist dennoch unseres Erachtens nicht als unplausibel zu verwerfen. Dies sei noch durch folgende Überlegung untermauert. Nehmen wir an, daß nicht, wie bisher vorausgesetzt, die Menge Γ durch 0, 5 nach oben beschränkt ist (sondern durch irgendeinen größeren Wert). Dann sieht man, daß die Divisionsleiter durch die Angabe von

$$\widehat{\gamma} := \widehat{\gamma}_1 = \widehat{\gamma}_2$$

ihre jeweiligen Bemssungsgrundlagen wenig konfliktträchtig und „im Gleichschritt" steigern können. Es gilt nämlich

$$BG_1 = 50 \cdot \hat{\gamma} + 5 \qquad \text{und} \qquad BG_2 = 50 \cdot \hat{\gamma}.$$

5. Schlußbemerkungen

Es zeigt sich, daß das Groves–Schema viel von seinen überzeugenden Eigenschaften verliert, wenn man Kooperation der Divisionsmanager ins Kalkül zieht, aber auch wenn man im nichtkooperativen Umfeld lediglich die alternativen Gleichgewichtspunkte berücksichtigt. Im Beispiel des Abschnitts 4 tritt das Problem der alternativen Gleichgewichtspunkte deshalb auf, weil die Konstellation für die Kapitalzuweisung dermaßen beschaffen ist, daß die Auszahlungsmatrizen der Bemessungsgrundlagen spalten- bzw. zeilenweise viele gleiche Zahlen enthalten. In Situationen, in welchen *strikte* Dominanz der wahrheitsgemäßen Strategien gilt, kann diese Schwierigkeit naturgemäß nicht auftreten. Der in Abschnitt 3 gezeigte Schwachpunkt ist stets vorhanden. Auf der anderen Seite wird in diesem Fall immer die optimale Budgetierung erreicht, während dies wiederum im Beispiel des Abschnittes 4 bei Kooperation der Divisionsleiter zumindest nicht zwangsläufig der Fall ist.

Unter den hier untersuchten Aspekten ist das Schema des Profit–Sharing dem Groves–Schema vorzuziehen, da dort zwar weitere Gleichgewichtspunkte existieren können, diese aber zu nicht besseren Auszahlungen für die Divisionsleiter führen. Die Interessen der Divisionsmanager sind beim Profit–Sharing mit demjenigen der Zentrale absolut identisch, so daß auch das Kooperationsproblem nicht auftaucht.

Der große Nachteil des Profit–Sharing ist der Widerspruch zum *Prinzip der Controllability*, nach dem die Entlohnung von Managern nur von Größen abhängen soll, die sie selbst, aber nicht andere durch ihre Aktivitäten beeinflussen (vgl. z.B. EWERT/WAGENHOFER (1993), S. 333). Bei einer vom Gesamtergebnis abhängigen Entlohnung ist dies nicht erfüllt. Zwar ist dieses Problem irrelevant, wenn alle Manager tatsächlich ihre finanzielle Entlohnung maximieren wollen. Berücksichtigt man aber zusätzlich die Möglichkeit, daß eine Aversion gegen zu hohe Anstrengungen bestehen könnte, so erwächst eine Free–Rider–Problematik, also die Versuchung, sich von der Anstrengung der anderen mit durchziehen zu lassen, wobei diese wiederum dadurch in ihrer Entlohnung geschädigt werden.

Beim Groves–Schema besteht ebenfalls eine Abhängigkeit von den anderen Divisionsmanagern dergestalt, daß deren Meldungen die Kapitalzuweisungen und auch die Bemessungsgrundlage beeinflussen. Ersteres kann nicht als ein Widerspruch zur Controllability angesehen werden, da es sich um einen unvermeidbaren Bestandteil jeglicher *Bottom–Up–Budgetierung* handelt, in der das bessere Wissen untergeordneter Stellen zur Planung verwendet werden soll. Problematischer ist der zweite Punkt. Wir haben am Ende von Abs. 3 darauf hingewiesen, daß jeder Divisionsleiter sogar ohne Konsequenzen für die eigene Entlohnung die Bemessungsgrundlagen der anderen drücken kann.

Abschließend ist anzumerken, daß Koalitionssicherheit in Situationen wie den hier behandelten ein schwer zu erreichendes Ziel ist, wenn man auf das Profit–Sharing–Schema verzichtet. Es sei nur auf – vom Kartellamt mit viel Mühe aber weniger Erfolg verfolgte – illegale Absprachen bei der Ausschreibung von Aufträgen verwiesen. Insofern trifft der Vorwurf der fehlenden Koalitionssicherheit das Groves–Schema weniger als die Problematik alternativer und pareto–verbessernder Gleichgewichtspunkte.

Literatur

BAMBERG, G. / LOCAREK, H. (1992): Groves–Schemata zur Lösung von Anreizproblemen bei der Budgetierung; in: SPREMANN, K. / ZUR, E. (Hrsg.), Controlling: Grundlagen – Informationssysteme – Anwendungen, Gabler, Wiesbaden, 657-670.

EWERT, R. / WAGENHOFER, A. (1993): Interne Unternehmensrechnung; Springer, Berlin et al.

GROVES, T. (1976): Incentive Compatible Control of Decentralized Organizations; in: HO, Y. C. / MITTERS, S. K. (eds.), Directions in Large–Scale Systems: Many–Person Optimization and Decentralized Control, Plenum Press, New York-London, 149-185.

WALLER, W. S. / BISHOP, R. A. (1990): An Experimental Study of Incentive Pay Schemes, Communication, and Intrafirm Resource Allocation; Accounting Review 65, 812-836.

WEITZMAN, M. L. (1976): The New Soviet Incentive Model; Bell Journal of Economics 7, 251-257.

Konzeption und Schätzung eines ökonometrischen Modells zur Erfassung von Wanderungsbewegungen auf der Grundlage gruppierter Daten

Von JOACHIM FROHN*, Bielefeld

Zusammenfassung: Auf der Basis eines multinomialen Logit-Modells wird ein Erklärungsversuch für die Binnenwanderungen – demonstriert am Bundesland Nordrhein-Westfalen für den Zeitraum 1960 bis 1988 – unternommen. Als wanderungsrelevante Kovariablen werden sieben sozioökonomische Merkmale berücksichtigt. Besondere Aufmerksamkeit kommt der Auswahl einer adäquaten ökonometrischen Schätzmethode zu. Die mit dem geschätzten Modell durchgeführten Ex-Post-Prognosen zeigen eine in der Tendenz gute Reproduzierbarkeit der beobachteten Wanderungsquoten, lassen aber noch Wünsche zur Modellverbesserung offen.

1. Einleitung

Um die individuellen Bestimmungsgründe für Migration modellmäßig erfassen zu können, bietet sich die Klasse der Wahl-Modelle (multinomial choice models) (vgl. z.B. AMEMIYA (1986), RONNING (1991)) an, deren Detailspezifikation und Parameterschätzung unter Verwendung von Paneldaten vorzunehmen ist. Allerdings entsprechen die vorhandenen Daten sehr häufig diesen Anforderungen nicht. In vielen Fällen liegen keine Panelerhebungen mit für eine solche Fragestellung relevanten Daten vor. Gibt es sie, so ist die Anzahl der Migrationsfälle – weil die Erhebung mit Blick auf eine ganz andere Fragestellung durchgeführt wurde – zu gering; außerdem ist sehr oft auch die Anzahl der Panelwellen nicht ausreichend, um z.B. langfristig wirksame Migrationsbestimmungsgründe von nur vorübergehend auftretenden unterscheiden zu können.

So ist man in vielen Fällen bei empirischen Migrationsstudien auf die Verwendung von Wanderungstabellen angewiesen, die zwar häufig über einen längeren Zeitraum erhoben worden sind, aber eben nur die Zu- und Abwanderungen zwischen den Ländern bzw. Regionen erkennen lassen, sowie ergänzendes aggregiertes Datenmaterial.

Aber auch bei dieser Datenlage kann man die Grundidee – und damit auch die Interpretationsmöglichkeiten – des die individuelle Entscheidungssituation abbildenden Wahlmodells nutzen, indem man von einem „repräsentativen Agenten" (z.B. einem „repräsentativen Wanderer-Haushalt") ausgeht.

Im folgenden wird ein solches Modell sowie die Vorgehensweise bei der Parameterschätzung dargestellt, und es wird die prinzipielle Anwendbarkeit dieses Ansatzes anhand eines Demonstrationsbeispiels (unter Verwendung von Daten für die Binnenwanderungen zwischen den Bundesländern der BRD, 1960 – 1988) gezeigt.

* Prof. Dr. Joachim Frohn, Lehrstuhl für Statistik und Ökonometrie, Universität Bielefeld, Universitätsstraße, D-33501 Bielefeld

2. Die Konzeption des Modells

Das Wanderungsverhalten von zu einem bestimmten Kollektiv gehörenden Individuen soll in Annäherung dadurch beschrieben werden, daß die Entscheidungssituation auf einen „Durchschnitts–Vertreter" dieses Kollektivs bezogen wird, der alle für die Migrationsentscheidung relevanten Merkmalsausprägungen in einer das Gesamtkollektiv repräsentierenden Weise auf sich vereinigt. Betrachten wir z.B. das Kollektiv der Auswanderer aus einem bestimmten Land, so sind sozioökonomische Merkmale wie Charakterisierung der Altersverteilung der Wanderer (z.B. Durchschnittsalter, Varianz, relative Häufigkeiten bestimmter Altersgruppen usw.), der Einkommensverteilung (z.B. Durchschnitt, Median, Varianz, Ungleichheitsmaße) und – ganz entsprechend zur individuellen Entscheidungssituation des einzelnen Individuums – Alternativen–spezifische Merkmale, u.a. zur Charakterisierung der wirtschaftlichen Gegebenheiten und der Ausbildungssituation in den potentiellen Einwanderungsländern (z.B. Arbeitslosenrate, Pro–Kopf–Einkommen, Ausbildungsplätze pro Kopf usw.), zu berücksichtigen.

Auf diesen „Durchschnittsagenten" soll nun das übliche Entscheidungsmodell übertragen werden. Dazu nehmen wir an, daß „er" sich als rational Handelnder für eine der in Frage kommenden Migrationsalternativen j (= 1, 2, ...) mit Wahrscheinlichkeit $P(y = j)$ (mit y als Zufallsvariable „Auswanderungsland") entscheidet, wenn der erwartete Nutzen für diese Alternative (U_j) höher ist als für die übrigen. U_j soll eine lineare Funktion von W sozioökonomischen Variablen ($w_1, \ldots, w_W$), Z Chrakteristika der jeweiligen Migrationsalternative j ($z_{j1}, \ldots, z_{jZ}$) und einer Abweichungsvariablen ϵ sein:

$$U_{jt} = \alpha_j + z'_{jt}\beta + w'_t\gamma_j + \epsilon_{jt} = \mu_{jt} + \epsilon_{jt}\,. \qquad (1)$$

Dabei ist in (1) davon ausgegangen worden, daß die sozioökonomischen Variablen in jeder Migrationsalternative unterschiedliches Gewicht besitzen können (γ_j), die Länder–spezifischen Variablen dagegen durch gleiche Koeffizienten (β) gekennzeichnet sind.

Bei Zugrundelegung rationalen Verhaltens wird sich der Durchschnittsagent also z.B. in der Periode t mit folgender Wahrscheinlichkeit für Land 1 entscheiden:

$$\begin{aligned} &P(U_{1t} > U_{2t}, \ldots, U_{1t} > U_{Kt}) \qquad (2)\\ &= P(\mu_{1t} + \epsilon_{1t} - \mu_{2t} > \epsilon_{2t}, \ldots, \mu_{1t} + \epsilon_{1t} - \mu_{Kt} > \epsilon_{Kt}). \end{aligned}$$

Im weiteren Verlauf soll vom multinomialen Logit–Modell ausgegangen werden; d.h. wir setzen voraus, daß die ϵ_j unabhängig voneinander (s. aber Abs. 4) und log–Weibull–verteilt sind; dann gilt

$$P_t(y = j) = \frac{\exp(\mu_{jt})}{\exp(\mu_{1t}) + \exp(\mu_{2t}) + \ldots + \exp(\mu_{Kt})} = \frac{\exp(\mu_{jt})}{\Sigma_{k=1}^{K}\exp(\mu_{kt})}\,; \qquad (3)$$

d.h.:

$$P_t(y=j) = \frac{\exp(\alpha_j + z'_{jt}\beta + w'_t\gamma_j)}{\Sigma_{k=1}^{K}\exp(\alpha_k + z'_{kt}\beta + w'_t\gamma_k)}. \tag{4}$$

In diesem Ansatz repräsentiert $P_t(y=j)$ die „Auswanderungswahrscheinlichkeit des repräsentativen Individuums“ d.h. die „durchschnittliche Auswanderungsneigung“ zum Zeitpunkt t, die sich über die in den Wanderungstabellen ablesbaren entsprechenden relativen Häufigkeiten approximieren läßt.

Die Parameterschätzung eines solchen auf gruppierten Daten aufbauenden Modells läßt sich durch eine Transformation von (4) mit Hilfe des geometrischen Mittels vereinfachen (vgl. FROHN (1994)). Dazu schreiben wir (4) wie folgt um:

$$\begin{aligned}\sqrt[K]{\Pi_{k=1}^{K}\left[\frac{P_t(y=j)}{P_t(y=k)}\right]} &= \frac{P_t(y=j)}{\sqrt[K]{\Pi_{k=1}^{K}P_t(y=k)}}\\ = \frac{P_t(y=j)}{GM_k[P_t(y=k)]} &= \frac{\exp(\alpha_j + z'_{jt}\beta + w'_t\gamma_j)}{\sqrt[K]{\exp[\Sigma_{k=1}^{K}(\alpha_k + z'_{kt}\beta + w'_t\gamma_k)]}}\end{aligned} \tag{5}$$

mit GM_k als geometrischem Mittel der K Wahrscheinlichkeiten.

Nach Logarithmieren von (5) ergibt sich:

$$\begin{aligned} & \ln P_t(y=j) - \ln GM_k[P_t(y=k)]\\ = \;& P_t^*(y=j) = \alpha_j + z'_{jt}\beta + w'_t\gamma_{tj} - \frac{1}{K}\Sigma_{k=1}^{K}(\alpha_k + z'_{kt}\beta + w'_t\gamma_k)\\ = \;& \left[\alpha_j - \frac{1}{K}\Sigma_{k=1}^{K}\alpha_k\right] + \left[z_{jt} - \frac{1}{K}\Sigma_{k=1}^{K}z_{kt}\right]'\beta + w'\left[\gamma_j - \frac{1}{K}\Sigma_{k=1}^{K}\gamma_k\right]\\ = \;& \alpha_j^* + z_{jt}^{*\prime}\beta + w'_t\,\gamma_j^*\,. \end{aligned} \tag{6}$$

Die Variablen und Parameter von (6) lassen sich gut interpretieren (vgl. wiederum FROHN (1994)): Die K Ausprägungen der abhängigen Variablen $P_t^*(Y=j)$ geben offensichtlich einen Hinweis auf eine für alle Länder ähnlich große bzw. unterschiedliche Einwanderungsneigung. Das Vorzeichen des Absolutglied α_j^* kennzeichnet eine Merkmals–unabhängige Zu- bzw. Abneigung für jede Wanderungsalternative, $z_{jt}^*\beta$ repräsentiert die gewichtete Differenz der Alternativen–abhängigen Variablen für Land j im Vergleich zum Durchschnitt und γ_j^* steht für die relative Bedeutung der jeweiligen sozioökonomischen Variablen für Land j.

Berücksichtigen wir K Einwanderungsalternativen, so besteht das gesamte System also aus den folgenden K Gleichungen:

$$\begin{aligned} P_t^*(y=1) &= \alpha_1^* + z_{1t}^{*\prime}\beta + w'_t\gamma_1^*\\ \vdots\quad &\quad \vdots\\ P_t^*(y=K) &= \alpha_K^* + z_{Kt}^{*\prime}\beta + w'_t\gamma_K^* \end{aligned} \tag{7}$$

Werden für die Wahrscheinlichkeiten die entsprechenden relativen Häufigkeiten aus den Wanderungstabellen eingesetzt, so können die Parameter dieser Gleichungen über das folgende System geschätzt werden:

$$f^*_{jt} = \alpha^*_j + z^{*\prime}_{jt}\,\beta + w'_t\,\gamma^*_j + u_{jt} \qquad j = 1, \ldots, K \tag{8}$$

mit

$$f^*_{jt} = \ln\left(\frac{n_{jt}}{n_t}\right) - \ln GM_k\left(\frac{n_{kt}}{n_t}\right), \qquad n_t = \Sigma_{k=1}^{K} n_{kt}. \tag{9}$$

Offensichtlich sind die Residuen u_{jt} dieser Gleichungen heteroskedastisch und miteinander über die Gleichungen korreliert; außerdem ist die Varianz–Kovarianz–Matrix der Störgrößen singulär, da $\Sigma\, n_{kt} \,/\, n_t = 1$ und deshalb $\Sigma f^*_{kt} = 0$. Schließlich ist zu beachten, daß Parameterrestriktionen über die Gleichungen vorliegen (β ist identisch für alle K Spezifikationen) und einige identische erklärende Variablen in allen Gleichungen auftreten (w_t).

3. Die Schätzung des Systems

In diesem Abschnitt soll gezeigt werden, daß zur Schätzung der Parameter von (8) – bei Auferlegung der genannten Parameterrestriktionen – die iterative 3SLS–Methode auf das um eine Gleichung verkürzte System angewandt werden kann. Dazu betrachten wir ganz allgemein das folgende aus G Gleichungen bestehende System (in offensichtlicher Notation):

$$\begin{gathered} y = X\,\beta + e \quad \text{mit} \quad E(e\,e') = \Sigma^* \\ \text{singuläre } (G \times G)\text{–Matrix mit Rang } g < G\,. \end{gathered} \tag{10}$$

Für ein solches System mit singulärer Varianz–Kovarianz–Matrix der Störgrößen eignet sich die im Zusammenhang mit dem sogenannten „restricted generalized inverse estimator“ angewandte Vorgehensweise, bei der von einer Diagonalisierung der Varianz–Kovarianz–Matrix ausgegangen wird (vgl. z.B. JUDGE et. al (1985)):

$$U'\,\Sigma^*\,U \quad \text{mit} \quad U = (F\ H)\,,$$

wobei $F = (G \times g)$–Matrix mit den Eigenvektoren als Spalten, die zu den von Null verschiedenen Eigenwerten gehören, und H als $(G \times (G-g))$–Matrix mit jenen Eigenvektoren als Spalten, die zu den Eigenwerten gleich Null gehören. Es gilt also:

$$\begin{pmatrix} F' \\ H' \end{pmatrix} \Sigma^*\,(F\ H) = \begin{pmatrix} \Lambda & 0 \\ 0 & 0 \end{pmatrix} \tag{11}$$

mit Λ als $(g \times g)$–Matrix der von Null verschiedenen Eigenwerte. Über

$$U'\,y = U'\,X\,\beta + U'\,e \tag{12}$$

erhält man

$$\begin{pmatrix} F'y \\ H'y \end{pmatrix} = \begin{pmatrix} F'X \\ H'X \end{pmatrix} \beta + \begin{pmatrix} F'e \\ H'e \end{pmatrix}. \tag{13}$$

Da für für die Varianz–Kovarianz–Matrix von $H'e$ gilt:

$$E(H'e\,e'H) = H'\,\Sigma^*\,H = 0, \tag{14}$$

sind alle Elemente von $H'e = 0$.

Parameterschätzung von β bedeutet also Schätzung des Systems

$$F'y = F'X\,\beta + F'e \tag{15}$$

unter der Nebenbedingung

$$H'y = H'X\,\beta. \tag{16}$$

In unserem Fall sind die Gleichungen linear abhängig (eine Gleichung, z.B. die letzte ist die Summe aller übrigen Gleichungen, multipliziert mit -1), so daß die Nebenbedingung (16) redundant ist und entfallen kann:

Da für e wie angegeben gilt:[1]

$$e = \begin{pmatrix} e_{G-1} \\ -i'_{G-1}\,e_{G-1} \end{pmatrix}. \tag{17}$$

mit e_{G-1} als Störgrößen der ersten $G-1$ Gleichungen
und i_{G-1} als $(G-1)$–dimensionaler Vektor mit 1–Elementen,

läßt sich zeigen, daß die Teilmatrizen F und H der Diagonalisierungsmatrix U hier folgende Gestalt haben:[2]

$$U = \begin{pmatrix} F_{G-1} & i_{G-1} \\ 0 & 1 \end{pmatrix},$$

d.h. die Schätzung von β kann über folgendes System erfolgen:

$$(F'_{G-1}\,0)\,y = (F'_{G-1}\,0)\,X\,\beta + (F'_{G-1}\,0)\,e, \tag{18}$$

die letzte Gleichung kann also entfallen.

[1] Die Varianz–Kovarianz–Matrix $\Sigma^* = E(e\,e')$ hat also den Rang $G-1$.

[2] Denn mit

$$\begin{pmatrix} F'_{G-1} & 0 \\ i'_{G-1} & 1 \end{pmatrix} e = \begin{pmatrix} F'_{G-1} & 0 \\ i'_{G-1} & 1 \end{pmatrix} \begin{pmatrix} e_{G-1} \\ -i'_{G-1}\,e_{G-1} \end{pmatrix} = \begin{pmatrix} F'_{G-1}\,e_{G-1} \\ 0 \end{pmatrix}$$

gilt:

$$\begin{pmatrix} F'_{G-1} & 0 \\ i'_{G-1} & 1 \end{pmatrix} E(e\,e') \begin{pmatrix} F_{G-1} & i_{G-1} \\ 0 & 1 \end{pmatrix}$$

$$= E\left\{ \begin{pmatrix} F'_{G-1}\,e_{G-1} \\ 0 \end{pmatrix} (e'_{G-1}\,F_{G-1}0) \right\} = \begin{pmatrix} \Lambda_{G-1} & 0 \\ 0 & 0 \end{pmatrix}.$$

Um zu zeigen, daß die mit Hilfe der iterativen 3SLS-Methode ermittelten Schätzergebnisse unverändert bleiben, unabhängig davon, ob die letzte oder eine andere Gleichung eliminiert wird, nützen wir aus, daß eine reguläre Transformation eines Gleichungssystems die FIML-Schätzungen der Parameter unverändert läßt.[3] Da die Auswahl der zu eliminierenden Gleichung über die jeweilige Positionierung der Zeile $(-1 \ldots -1)$ in der folgenden regulären Matrix

$$\begin{pmatrix} -1 & -1 & \ldots & -1 \\ 0 & 1 & \ldots & 0 \\ \vdots & \vdots & & \\ 0 & 0 & \ldots & 1 \end{pmatrix}$$

beliebig gesteuert werden kann, und die iterativen 3SLS-Schätzungen mit den FIML-Ergebnissen numerisch identisch sind (vgl. HAUSMANN (1975)), ist der gewünschte Nachweis erbracht.

4. Ein Demonstrationsbeispiel

Um die Tragfähigkeit des vorgeschlagenen Ansatzes zu testen, wurde auf der Grundlage der dargestellten Modellkonzeption unter Verwendung von Wanderungstabellen für die Bundesländer der Bundesrepublik Deutschland (1960 bis 1988) (vgl. BIRG (1983)) eine – zur bloßen Veranschaulichung gedachte – empirische Analyse über das Wanderungsverhalten der Einwohner Nordrhein-Westfalens durchgeführt.

Da abgegrenzte Informationen für das Kollektiv „Auswanderer aus Nordrhein-Westfalen“ nicht vorliegen, ist als zusätzliche Kategorie (neben der Aus-

---

[3] Wird das System

$$(*) \quad Y_t = X_t \beta + U_t,$$

wobei $Y_t' = (y_{1t} \ldots y_{Gt})$; $X_t' = (x_{1t} \ldots x_{Gt})$; $U_t' = (u_{1t} \ldots u_{Gt})$, $E(U_t) = 0$; $E(U_t U_t') = \Sigma_{(1)}$, mit der $(G \times G)$-Transformationsmatrix Γ $\left(rg(\Gamma) = G\right)$ von links multipliziert, so erhält man das transformierte System

$$(**) \quad \Gamma Y_t = \Gamma X_t \beta + \Gamma U_t, \quad E\left(\Gamma U_t U_t' \Gamma'\right) = \Gamma \Sigma_{(1)} \Gamma'.$$

Schreiben wir in offensichtlicher Notation $(*)$ und $(**)$ wie folgt:

$$(*) \quad Y_{(1)} = X_{(1)} \beta_{(1)} + U_{(1)}, \quad E\left(U_{(1)} U_{(1)}'\right) = \Sigma_{(1)} \otimes I_T$$

$$(**) \quad Y_{(2)} = X_{(2)} \beta_{(2)} + U_{(2)}, \quad E\left(U_{(2)} U_{(2)}'\right) = \Gamma \Sigma_{(1)} \Gamma' \otimes I_T = \Sigma_{(2)} \otimes I_T,$$

so zeigt ein Vergleich der über die konzentrierte Likelihoodfunktion hergeleiteten FIML-Schätzfunktionen (vgl. Hausmann(1975)):

$$\tilde{\beta}_{(1)} = \left(X_{(1)}' \left(\Sigma_{(1)}^{-1} \otimes I_T\right) X_{(1)}\right)^{-1} \left(X_{(1)}' \left(\Sigma_{(1)}^{-1} \otimes I_T\right) Y_{(1)}'\right)$$

$$\tilde{\beta}_{(2)} = \left(X_{(2)}' \left(\Sigma_{(2)}^{-1} \otimes I_T\right) X_{(2)}\right)^{-1} \left(X_{(2)}' \left(\Sigma_{(2)}^{-1} \otimes I_T\right) Y_{(2)}'\right)$$

unter Berücksichtigung von $X_{(2)} = \left(\Gamma \otimes I_T\right) X_{(1)}$, $Y_{(2)} = \left(\Gamma \otimes I_T\right) Y_{(1)}$ sofort die Behauptung.

wanderungsmöglichkeit in eines der übrigen Bundesländer) noch das „Verbleiben in Nordrhein–Westfalen" hinzuzufügen.[4] Dabei sei angemerkt, daß im Zusammenhang mit diesem reinen Demonstrationsbeispiel auf eine Erörterung, ob der Entscheidungsprozeß gestuft ist (auf der ersten Stufe wird entschieden, ob überhaupt ausgewandert wird, auf der zweiten Stufe erfolgt dann die Entscheidung über das Bestimmungsland), verzichtet worden ist. Es wird also davon ausgegangen, daß simultan entschieden wird und damit die Anwendung eines genesteten Logit–Modells nicht erforderlich ist.

Als wanderungsrelevante Variablen wurden berücksichtigt:[5]

1. Sozioökonomische Variaben (W):
   Alter, Familien-/Haushaltsstruktur, Einkommenssituation,
2. Einwanderungsland–spezifische Charakteristika (Z):
   Wirtschaftskraft, Arbeitslosigkeit, Wohnraumangebot, Ausbildungsangebot.

Dabei wurden für obige Variablen in diesem reinen Demonstrationsbeispiel folgende Indikatoren verwendet:

- Alter: Anteil der 18/55–jährigen in Nordrhein–Westfalen;
- Familien-/Haushaltssituation: Anteil der Single–Haushalte in Nordrhein–Westfalen;
- Einkommenssituation: Gini–Koeffizient der Einkommensverteilung in Nordrhein–Westfalen als Ausdruck von Einkommensungleichheit;
- Wirtschaftskraft: Pro–Kopf–Bruttoinlandsprodukt des jeweiligen Einwanderungslandes;
- Arbeitslosigkeit: Arbeitslosenquote des Einwanderungslandes;
- Wohnraumangebot: Wohnungsbestand pro Kopf des jeweiligen Einwanderungslandes;
- Ausbildungsangebot: Anzahl der jährlich angebotenen Lehrstellen und Studienplätze pro Kopf des jeweiligen Einwanderungslandes.

Das so spezifizierte Gleichungssystem wurde mit Hilfe der iterativen 3SLS–Methode geschätzt. Die Schätzergebnisse sind in Tabelle 1 zusammengestellt.

Da die Ergebnisse eines solchen nur der Veranschaulichung dienenden Beispieles nicht überbewertet werden dürfen, soll hier nur kurz auf die Bedeutung der Auswanderungslandspezifischen Variablen eingegangen werden

[4] Offensichtlich enthält diese „Restkategorie" auch noch internationale Wanderungen, die hier aber vernachlässigt werden sollen.

[5] Es ist darauf hinzuweisen, daß im Vergleich zu Studien über internationale Wanderungsbewegungen empirische Analysen von Binnenwanderungen auf ein besonderes Abgrenzungsproblem stoßen: Gerade bei in rechtlicher, institutioneller, aber auch wirtschaftlicher und kultureller Hinsicht nicht stark unterschiedlichen Regionen, zwischen denen die Wanderungen betrachtet werden, ist eine Differenzierung der Bestimmungsgründe für die die regionalen Grenzen überschreitende Wanderung von einer innerhalb der Region stattfindenden Wanderung, die in diesem Fall in der Restkategorie enthalten ist, nur sehr schwer möglich.

Tab. 1: Schätzergebnisse

Variablen Alternativen	BIP	Arbl.	Wohn	Ausb.	Konstante	Sgl.-HH	Alter	Eink.
Niedersachsen	+0.023320 (±0.04)[1]	−0.201660 (±0.04)	+0.000013 (±0.000004)	+0.0424 (±0.01)	+0.0496 (±0.29)	−0.0155 (±0.007)	+0.0027 (±0.005)	+2.0533 (±1.50)
Bremen					−1.6796 (±0.54)	−0.0197 (±0.013)	−0.0029 (±0.009)	+1.2582 (±2.77)
Hamburg					−1.9946 (±0.43)	−0.0364 (±0.009)	−0.0050 (±0.006)	+5.1462 (±1.92)
Schleswig–Holstein					+3.3674 (±0.84)	+0.1397 (±0.021)	−0.0032 (±0.013)	−21.57 (±4.34)
Bad.–Württemb.					+0.6991 (±0.43)	−0.0051 (±0.011)	+0.0002 (±0.0069)	−1.7158 (±2.21)
Bayern					−0.4364 (±0.28)	−0.0083 (±0.0072)	+0.0042 (±0.0044)	+1.0580 (±1.41)
Hessen					+0.7590 (±0.32)	−0.0078 (±0.0081)	−0.0105 (±0.0052)	−0.2804 (±1.64)
Rheinland–Pfalz					−0.0894 (±0.44)	−0.0066 (±0.0113)	−0.0032 (±0.0071)	+1.3447 (±2.26)
Saarland					−3.2322 (±0.48)	−0.0314 (±0.0125)	+0.0086 (±0.0077)	+4.5776 (±2.47)
Berlin					−0.6740 (±0.34)	−0.0078 (±0.0081)	+0.0036 (±0.0055)	+0.2540 (±1.66)
Nordrhein–Westf.					+3.2311 (±0.4697)	−0.0010 (±0.0095)	+0.0055 (±0.0057)	+7.8698 (±1.95)

[1] In Klammern Werte der geschätzten Standardabweichungen.

Abb. 1: Wanderungsneigungen für Nordrhein–Westfalen (Teil 1)
— beobachtet, - - - prognostiziert

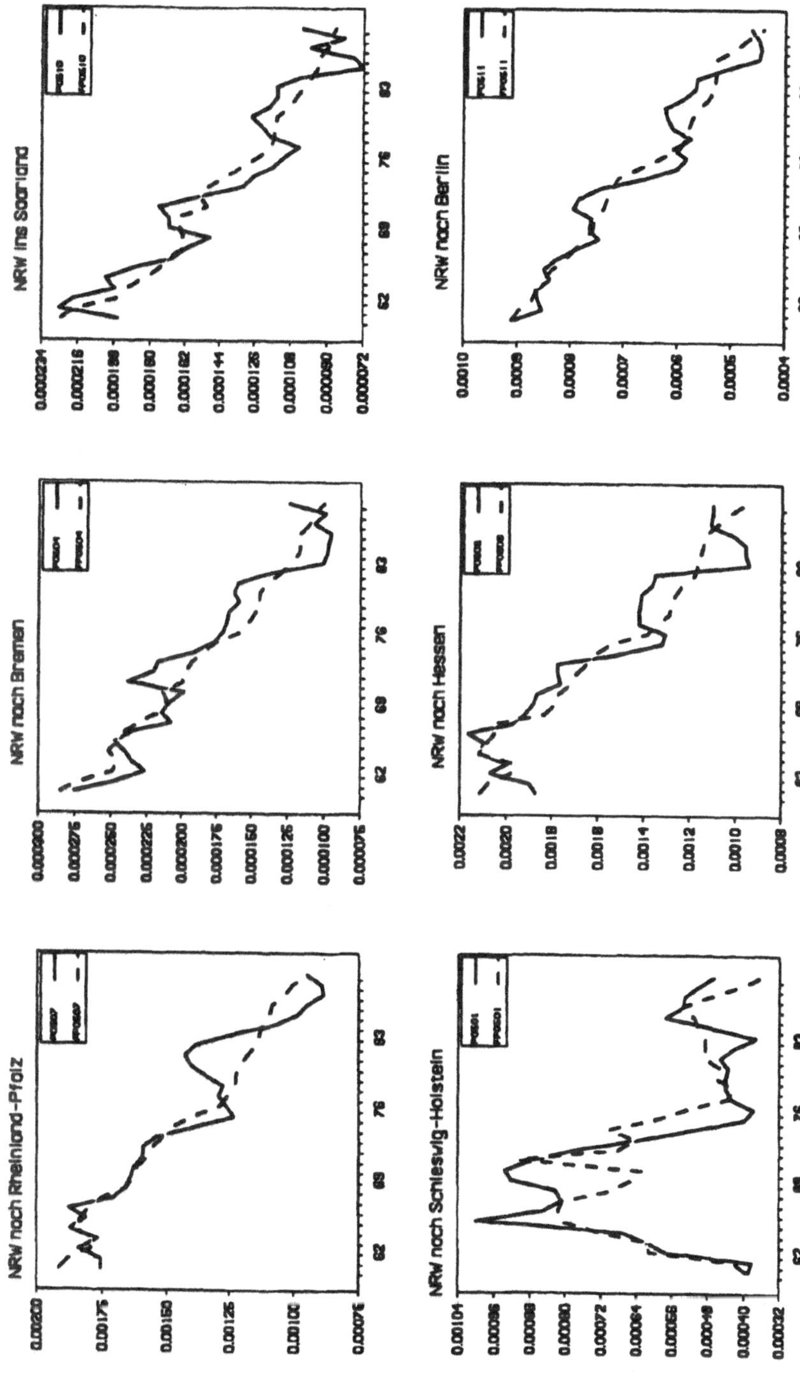

Abb. 1: Wanderungsneigungen für Nordrhein-Westfalen (Teil 2)
— beobachtet, - - - prognostiziert

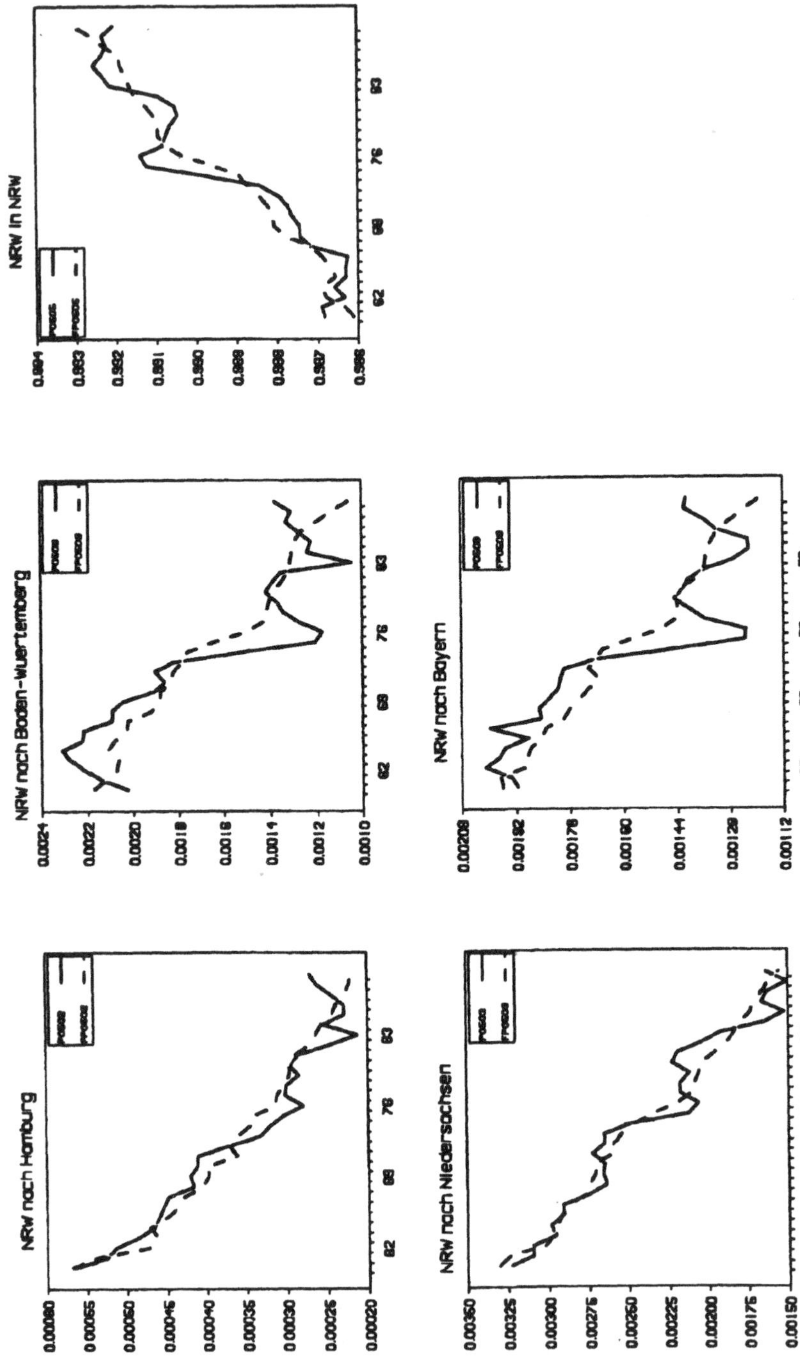

(die Schätzergebnisse für die Koeffizienten der sozioökonomischen Variablen sind weitgehend durch hohe Standardabweichungen gekennzeichnet): Eine Veränderung der relativen Einkommensposition des Einwanderungslandes scheint keinen Einfluß auf die relative Neigung, in dieses Land auszuwandern, zu besitzen. Dies ist anders im Zusammenhang mit den übrigen Variablen: Eine überdurchschnittliche Erhöhung der Arbeitslosenquote in einem bestimmten potentiellen Auswanderungsland führt zu einer Abnahme, eine Verbesserung der relativen Position in bezug auf Wohnraum und Ausbildungsplatzangebot zu einer Erhöhung der relativen Neigung, aus Nordrhein-Westfalen in dieses Land einzuwandern.

Die in der Tabelle angegebenen Schätzergebnisse, die sich ja auf die zu erklärende Variable $P_t^*(y = j)$ (also auf die Abweichung der Auswanderungswahrscheinlichkeit vom geometrischen Mittel) beziehen, lassen sich ersichtlich leicht in Schätzungen $\widehat{P}_t(y = j)$ für die eigentlich interessieren „Auswanderungsneigungen“ umrechnen.

In Abb. 1 sind diese geschätzten Auswanderungsneigungen den entsprechenden beobachteten relativen Häufigkeiten gegenübergestellt worden. Es zeigt sich, daß in allen Fällen die allgemeine Tendenz (für alle Bundesländer eine Abnahme der Auswanderungsneigung aus Nordrhein-Westfalen!) durch das Modell gut erfaßt wird, während spezifische Bewegungen nur zum Teil angemessen wiedergegeben werden können.

5. Schluß

Der vorgestellte Ansatz soll in Zukunft in einer echten empirischen Studie weiter erprobt werden. Dabei ist zu prüfen, ob speziell gewählte regionale Zusammenfassungen als Bezugsgrößen besser geeignet sind als Bundesländer. Außerdem müssen weitere erklärende Variablen einbezogen werden. Schließlich ist die Notwendigkeit des Einsatzes eines genesteten Logit-Modells zu untersuchen.

Literatur

AMEMIYA, T. (1986): Advanced Econometrics; Basic Blackwell, Oxford.

BIRG, H. / FILIP, D. / HILGE, K. (1983): Verflechtungsanalyse der Bevölkerungsmobilität zwischen den Bundesländern 1950 bis 1980; in: IBS-Materialien, Universität Bielefeld.

FROHN, J. (1994): A Useful Transformation of the Multinomial Logit Model (A Short Note); in: Statistical Papers, 35, 361-363.

HAUSMAN, J. A. (1975): An Instrumental Variable Approach to Full Information Estimators for Linear and Certain Nonlinear Econometric Models; in: Econometrica, 43, 727-738.

JUDGE, G. G. / GRIFFITH, W. E. / CARTER-HILL, R. / LÜTKEPOHL, H. / LEE, T. C. (1985): The Theory and Practice of Econometrics; sec. ed., New York.

RONNING, G. (1991): Mikroökonometrie; Springer, Berlin.

THEIL, H. (1971): Principles of Econometrics; New York.

Das Verhältnis von Wissenschaft und Politik im Prozeß der Rentenreformen seit 1957

Von HEINZ GROHMANN*, Kronberg

Zusammenfassung: Wissenschaft ist nicht nur Streben nach Erkenntnisfortschritt auf allen denkbaren Fachgebieten, sie schließt auch das Nachdenken über sich selbst, über das eigene Tun und Lassen ein. Das gilt nicht nur im Hinblick auf die Möglichkeiten und Grenzen wissenschaftlicher Erkenntnis – dies ist Aufgabe der Erkenntnistheorie –, es gilt auch im Hinblick auf die gesellschaftliche Funktion von Wissenschaft. Wissenschaft schwebt nicht im luftleeren Raum neben oder über der Gesellschaft, sondern ist ein Teil von ihr. Der folgende Beitrag ist dieser Fragestellung unter einem spezifischen Blickwinkel gewidmet. Betrachtet wird das Verhältnis von Wissenschaft und Rentenreformpolitik in der Bundesrepublik Deutschland. Da ich selbst mehrfach in diesem Bereich tätig war, trägt der Beitrag freilich auch eine erkennbar persönliche Note.

Im ersten Teil werden einige allgemeine Betrachtungen zum Verhältnis von Wissenschaft und Gesellschaft in idealtypischer Sichtweise angestellt. Zur näheren Untersuchung dieses Verhältnisses in einem konkreten Erfahrungsbereich bietet sich die Rentenreformpolitik besonders an. Auf diesem Gebiet gab es stets ein beachtliches wissenschaftliches Engagement, und angesichts der Kompliziertheit der Materie und der enormen wirtschaftlichen und sozialen Tragweite der politischen Entscheidungen erscheint das auch gerechtfertigt. Im Hauptteil des Beitrags werden deshalb die wichtigsten Etappen des Rentenreformprozesses seit den 50er Jahren nachgezeichnet und jeweils mit Hinweisen auf die Rolle und Bedeutung der Wissenschaft in diesem Prozeß verbunden. Im dritten Teil werden daraus einige Schlußfolgerungen gezogen, die dem eingangs angesprochenen Verhältnis von Wissenschaft und Gesellschaft – wenn auch eingeschränkt auf das Verhältnis von Wissenschaft und Politik – wesentlich realistischere Züge verleihen.

1. Einige allgemeine Betrachtungen zum Verhältnis von Wissenschaft und Gesellschaft

Jede menschliche Gesellschaft strebt nach Erkenntnissen. Sie möchte wissen, was war, was ist und was sein wird; sie fragt nach Erklärungen dafür, sie forscht nach den Entwicklungsgesetzen des Weltgeschehens, und sie möchte wissen, wie sich in dieses steuernd eingreifen läßt. Ein solches Streben nach Erkenntnis erfordert eine ganz bestimmte Denk- und Arbeitsweise, die Einhaltung bestimmter Regeln (z.B. die der Logik), die Verfolgung bestimmter Maximen (z.B. alles Wissen als vorläufig zu betrachten und permanenter Kritik auszusetzen) und die Beachtung bestimmter Grundsätze (z.B. der Objektivität, der Neutralität und der Wertfreiheit).

Aus alledem resultiert die Aufgabe der Wissenschaft. In einem modernen Staatswesen wird diese deshalb von den allgemeinen Tagesgeschäften befreit und institutionell verselbständigt. Wissenschaft wird so zur eigenständigen Einrichtung. Man könnte geradezu sagen: Die Gesellschaft leistet sich die

* Prof. Dr. Heinz Grohmann, Hauburgsteinweg 27, D-61476 Kronberg

Wissenschaft, aber nicht als Luxus, sondern als eine sehr spezifische, ja lebenswichtige Dienstleistung. Sie gibt ihr alle Freiheit des Denkens und Forschens sowie die nötigen Mittel. Dafür darf sie dann aber auch erwarten, daß die Wissenschaft die ihr übertragene Aufgabe verantwortungsvoll wahrnimmt. Das beinhaltet sowohl eine Hol- als auch eine Bringschuld der Wissenschaft gegenüber der Gesellschaft.

Die Holschuld besteht darin, daß die Wissenschaft – als Ganzes gesehen – stets bemüht bleiben muß, reale Probleme, zu deren Lösung sie glaubt, einen Beitrag leisten zu können, von sich aus aufzugreifen und zu einem Forschungsgegenstand zu machen. Dazu gehört auch, gegebenenfalls solche Probleme aufzudecken und als solche bewußt zu machen.

Selbstverständlich gilt diese Holschuld nicht für alle Wissenschaftszweige. Grundlagen- und Methodenforschung sind geradezu die Voraussetzung für jede Art angewandter Forschung, und vielfach stützt eine Fachwissenschaft die andere, ohne daß alle Ergebnisse sogleich gesellschaftlich relevant sein müßten. Wissenschaft als Ganzes sollte aber ihre gesellschaftliche Aufgabe nicht aus dem Auge verlieren.

Außer der Holschuld gibt es aber auch eine Bringschuld. Diese sehe ich darin, daß Wissenschaft ihre Ergebnisse der Gesellschaft darbieten muß, und zwar auf eine solche Weise, daß potentielle Nutzer sinnvoll damit umgehen können. Das ist nicht selten ein Problem der Ausdrucksmittel, ja ein Sprachproblem. Die Wissenschaftssprache hat ihre eigenen Gesetze und innerhalb einer Wissenschaft genügt auch deren ausschließliche Verwendung. Wenn die Forschungsergebnisse aber auch in der Realität nutzbar sein sollen, müssen sie dort verstanden werden. Anwendungsbezogene Forschung etwa auf dem Felde der Wirtschafts- und Sozialwissenschaften hat nur einen Sinn, wenn die Ergebnisse für die Wirtschafts- und Sozialpolitik einsichtig gemacht sind und dort auch richtig interpretiert und verwendet werden können.

Das hier gezeichnete Bild von einer verselbständigten Wissenschaft, die nach ihren eigenen Gesetzen forscht und ihre von der Gesellschaft gestellte Aufgabe verantwortungsvoll dadurch wahrnimmt, daß sie von sich aus gesellschafts- und speziell politikrelevante Fragestellungen aufgreift, bearbeitet und die Ergebnisse sinnvoll und richtig verwendbar präsentiert, ist freilich stark idealisiert. Es kann bestenfalls als Leitbild, aber kaum als Spiegelbild der Realität dienen. Ich werde deshalb im folgenden einmal zumindest skizzenhaft zeigen, wie sich das Verhältnis zwischen Wissenschaft und Politik im Prozeß der deutschen Rentengesetzgebung aus meiner Sicht darbietet.

2. Wissenschaft und Politik im Prozeß der Rentenreformen

1. Die Rentenreform 1957

Die deutsche Invaliden- und Angestelltenversicherung geriet nach dem 2. Weltkrieg in anhaltende Schwierigkeiten. Das angesammelte Kapital war verloren, und die wegen der langfristigen Geldentwertung extrem niedrigen Renten mußten immer wieder diskretionär angehoben werden, um überhaupt noch eine Existenzgrundlage zu bieten. Um die Mitte der 50er Jahre wurde deshalb in Wissenschaft und Politik um ein Konzept gerungen, das die gesamte Sozialpolitik auf eine neue, zukunftsweisende Grundlage stellen sollte.[1]

Die Regierungsparteien zielten auf eine „umfassende Sozialreform" im Rahmen der Marktwirtschaft, die SPD–Opposition auf einen „sozialen Gesamtplan" mit Elementen eines Wohlfahrtsstaates. Auch die Wissenschaft stand nicht fern. Jenseits aller Politik haben namhafte Wissenschaftler eigene Ideen und Analysen zur Sozialreform vorgelegt. Zu nennen sind etwa die Vorstellungen Achingers von einer Sozialpolitik als Gesellschaftspolitik[2] und diejenigen Nell–Breunings auf der Grundlage der katholischen Soziallehre.[3] Erinnert sei auch an die Forderung Mackenroths, daß das Objekt der Sozialpolitik nicht die soziale Klasse, sondern die Familie zu sein habe, und an seine später oft zitierte These, nach der „aller Sozialaufwand immer aus dem Volkseinkommen der laufenden Periode gedeckt werden müsse".[4]

Die Beziehungen zwischen Wissenschaft und Politik sollten aber noch enger werden. Im Auftrag des Deutschen Bundestages richtete der Bundesarbeitsminister einen „Beirat für die Neuordnung der sozialen Leistungen" ein, dem neben Sozialpolitikern auch Wissenschaftler angehörten. Außerdem ließ der damalige Bundeskanzler Adenauer von vier Professoren ein Gutachten erstellen, das als Rothenfelser Denkschrift bekannt geworden ist.[5] Vieles davon ging allerdings weit über die damaligen Realisierungsmöglichkeiten hinaus.

Inzwischen hatte das Bundesarbeitsministerium (BMA) ein Generalsekretariat für die Sozialreform eingerichtet, das damals bis hin zur endgültigen Reform eine ganz wichtige Rolle gespielt hat.

Unter den Politikern, selbst innerhalb der Regierung, konnte jedoch Einigkeit so schnell nicht erzielt werden. Da beendete der Bundeskanzler selbst den Streit, indem er anstelle einer umfassenden Gesamtreform auf einer bis zur Bundestagswahl 1957 realisierbaren Teilreform, nämlich einer Rentenreform bestand. Ermutigt hatte ihn dazu ein Beitrag aus der Wissenschaft, der sog. Schreiber–Plan;[6] denn dieser bot die Chance, ein neues langfristig ange-

[1] Zum Ablauf des Reformprozesses siehe HOCKERTS, HANS GÜNTER: Entwicklungslinien der 100jährigen Geschichte der gesetzlichen Rentenversicherung – Die Rentenreform 1957, in: Handbuch der gesetzlichen Rentenversicherung, Festschrift aus Anlaß des 100jährigen Bestehens der gesetzlichen Rentenversicherung, hrsg. v. FRANZ RULAND, Neuwied 1990, S. 93 ff.

[2] Siehe z.B. ACHINGER, HANS: Maximen der Rentenpolitik, in: Sozialer Fortschritt, 2. Jg. (1953), S. 242ff.; ders.: Soziale Sicherheit, Leistungen und Mängel der Rentensysteme, in: Die Sozialversicherung, Jg. 8 (1953), S. 197ff.; ders.: Sozialpolitik als Gesellschaftspolitik, Hamburg 1958.

[3] Siehe z.B. NELL–BREUNING, OSWALD von: Subsidiaritätsprinzip und Sozialreform, in: Ordo socialis, Bd. 4 (1956), S. 2ff.; ders.: Die Produktivitätsrente, in: Zeitschrift für Sozialreform, Jg. 2 (1956), S. 97ff.

[4] MACKENROTH, GERHARD: Die Reform der Sozialpolitik durch einen deutschen Sozialplan, Berlin 1952, S. 41 ff.

[5] ACHINGER, HANS; JOSEPH HÖFFNER; HANS MUTHESIUS und LUDWIG NEUNDÖRFER: Neuordnung der sozialen Leistungen, Köln 1955.

[6] SCHREIBER, WILFRIED: Existenzsicherheit in der industriellen Gesellschaft. Vorschläge zur Sozialreform, Köln 1955.

legtes Rentensystem zu verwirklichen, bei dem die Renten sofort wesentlich erhöht werden und von da an am Produktivitätsfortschritt teilhaben konnten, ohne daß dafür auf angespartes Kapital hätte zurückgegriffen werden müssen. Nach einer weiteren intensiven politischen und wissenschaftlichen Auseinandersetzung kam es 1957 zur Einführung der dynamischen Rente und damit zu einer Rentenreform, die wohl als die größte sozialpolitische Tat in diesem Jahrhundert angesehen werden kann.[7] Den Gesetzen stimmten sämtliche Abgeordnete der CDU/CSU und der SPD zu. Dieser Konsens im Grundsätzlichen hat übrigens bis heute Bestand.

Das endgültige Konzept war außer von der Idee Schreibers stark durch ein Gutachten von Walter Bogs[8] und die Arbeiten im erwähnten Generalsekretariat geprägt worden. Vereinfachend läßt sich die Kernidee etwa so ausdrücken: Ein Versicherter sollte nach 40 Versicherungsjahren bei Erwerbsunfähigkeit und im Alter stets 60% des Lohnes eines vergleichbaren Aktiven als Rente erhalten (Lohnersatzfunktion der Rente); eine Witwenrente sollte davon wiederum 60% ausmachen. Tatsächlich stellte die Rentenberechnung jedoch nicht auf den aktuellen Lohndurchschnitt ab, sondern verwendete – nicht zuletzt aus statistischen Gründen – als Allgemeine Bemessungsgrundlage das durchschnittliche Bruttoarbeitsentgelt aller Versicherten in dem im Mittel um drei Jahre zurückliegenden Dreijahreszeitraum (time lag), so daß das tatsächliche Rentenniveau unter 60% lag. Durch Verzicht auf die erste Rentenanpassung verlängerte sich der time lag für den jeweiligen Rentenbestand sogar auf vier Jahre. Der Beitragssatz wurde auf 14% festgesetzt.

Was hat die Wissenschaft zu diesem Reformwerk beigetragen? Ich denke: Eine ganze Menge. Ihr Einfluß auf den Reformprozeß vollzog sich jedoch nur zum Teil nach dem oben gezeichneten Idealbild. Nicht weniger bedeutsam als freie wissenschaftliche Arbeiten war die Erstellung von Gutachten für einen Auftraggeber sowie die Mitwirkung in Beiräten und Ausschüssen, in denen Wissenschaftler zusammen mit Vertretern der Legislative, der Exekutive und der gesellschaftlichen Gruppen tätig waren. Es gab sogar noch einen dritten Weg, auf dem wissenschaftliche Ideen, Methoden und Ergebnisse Eingang in die Politik fanden. Das war der Wechsel von Personen aus der wissenschaftlichen in die politische Sphäre. Zwei Beispiele: Achingers Assistent Reinhart Bartolomäi war wenig später persönlicher Referent des Vorsitzenden des Sozialpolitischen Bundestagsausschusses (Schellenberg). Hartmut Hensen wechselte vom Lehrstuhl Mackenroths in das Generalsekretariat für die Sozialreform im BMA.

Einen besonders brisanten Aspekt der Diskussion um die Rentenreform von 1957 habe ich bisher allerdings noch nicht genannt. Das ist die Frage der langfristigen Finanzierbarkeit. Zwei extrem unterschiedliche Berechnungen lagen dazu bei der Beschlußfassung vor. Der eine findet sich in der Begründung zum

---

[7] Arbeiterrentenversicherungs-Neuregelungsgesetz (ArVNG) und Angestelltenversicherungs-Neuregelungsgesetz (AnVNG) v. 23.02.1957, BGBl. I, S. 45ff. und S. 88ff.

[8] BOGS, WALTER: Grundfragen des Rechts der sozialen Sicherheit und seiner Reform, Berlin 1955.

Regierungsentwurf, der andere in einem Gutachten des Versicherungsmathematikers Georg Heubeck, das der Bundesfinanzminister veranlaßt hatte.[9] Im Regierungsentwurf kam man zu dem Ergebnis, daß sich Einnahmen und Ausgaben bei einer jährlichen Lohnsteigerung von 2% innerhalb von dreißig Jahren etwa verdoppeln würden, die Finanzierung also insoweit gesichert schien. Das Gutachten von Heubeck ergab ebenfalls eine Verdoppelung der Einnahmen, jedoch nahezu eine Verdreifachung der Ausgaben. Die damit offenkundig werdenden Risiken veranlaßten den Gesetzgeber, eine Reihe von Sicherungen in das Gesetz einzubauen. Dazu gehörte die Bestimmung, daß die Renten nicht automatisch, sondern jährlich durch ein besonderes Gesetz an die Lohnentwicklung anzupassen waren und daß ein Sozialbeirat, bestehend aus je vier Vertretern der Versicherten und der Arbeitgeber, einem Vertreter der Deutschen Bundesbank und drei Vertretern der Sozial- und Wirtschaftswissenschaften, zuvor ein Gutachten zur Finanzlage der Rentenversicherung und den Anpassungsvorschlägen der Bundesregierung abzugeben hatte.

Ich selbst habe daraufhin damals – zwei Jahre nach der Rentenreform – meine Dissertation[10] begonnen mit dem Ziel, einen Beitrag zur Klärung der langfristigen Finanzierbarkeit der dynamischen Rente zu leisten. Das Grundmodell dafür war eine stationäre Bevölkerung, die in ihrem gesamten Lebens-, Ausbildungs-, Erwerbs- und Rentenverlauf denjenigen Bedingungen unterlag und diejenigen Verhaltensweisen aufwies, wie sie um das Jahr 1957 in der Bundesrepublik als normal angesehen werden konnten einschließlich einer dauerhaften Geltung der neuen Rentengesetze. An dieser stationären Bevölkerung mußte sich erweisen, welcher Beitragssatz unter dauerhaft konstanten „normalen" Bedingungen zur Finanzierung der Renten notwendig war. Es ergab sich ein Beitragssatz von 21%. Für ein Bevölkerungswachstum von 0,5% pro Jahr (stabile Bevölkerung), wie es damals noch realistisch erschien, ermäßigte sich der erforderliche Beitragssatz auf 19%.

Die Arbeit ist damals rasch in die sozialpolitische Diskussion eingeführt worden. Sie wurde im Sozialpolitischen Bundestagsausschuß diskutiert und von Experten des BMA und der Wissenschaft eingehend besprochen.[11] Ich will nicht sagen, daß daraufhin die Weichen anders gestellt worden wären. Es begann sich aber unter den Sozialpolitikern der Eindruck zu verbreiten, daß die dynamische Rente zwar langfristig finanzierbar sein werde, aber nicht mit dem ursprünglich veranschlagten Beitragssatz.

---

[9] Entwurf eines Rentenversicherungsgesetzes (RtVG), Bundestagsdrucksache Nr. 2437, 2. Wahlperiode, S. 91ff.; HEUBECK, GEORG: Gutachten über die finanziellen Auswirkungen der vorliegenden zwei Gesetzentwürfe zur Rentenversicherung, Bonn 1956.

[10] GROHMANN, HEINZ: Die Entwicklung eines Bevölkerungsmodells zur Beurteilung der Finanzierung der dynamischen Rente, Berlin 1965. Abgeschlossen und eingereicht wurde die Arbeit bereits 1963.

[11] Siehe insbesondere TIETZ, GEORG: Die Grohmannschen Bevölkerungsmodelle zur Beurteiluung der Finanzierung der dynamischen Rente, Sozialer Fortschritt, 1966, S. 35ff. sowie die Rezensionen von HEUBECK (Blätter der Deutschen Gesellschaft für Versicherungsmathematik, 1964, S. 540f.) und PAUL BRAESS (Zeitschrift für die gesamte Versicherungswissenschaft, 1966, S. 74ff.).

2. *Veränderungen der Finanzlage und politische Reaktionen darauf bis Ende der 70er Jahre*

Die Folgezeit war in der Tat gekennzeichnet durch beachtliche Bemühungen um eine langfristige Stabilisierung der Rentenfinanzen.[12] Da man für die zweite Hälfte der 70er Jahre einen demographisch bedingten „Rentenberg" erwartete, wurde der Beitragssatz zwischen 1967 und 1973 schrittweise auf 18% erhöht. Außerdem wurde 1969 das Finanzierungsverfahren so geändert, daß von da an als Rücklage nur noch eine begrenzte Schwankungsreserve notwendig war.

Infolge dieser Maßnahmen und der Anfang der 70er Jahre unerwartet hohen Lohnsteigerungsraten – sie gingen mehrfach über 10% hinaus – gestaltete sich die Finanzierung der Rentenversicherung aber doch wieder überraschend günstig. Da die 15-jährigen Vorausrechnungen des BMA unter der Annahme einer dauerhaften jährlichen Lohnsteigerungsrate von 8% pro Jahr (mittlere Variante) eine künftige Reserve von zuletzt über 200 Mrd. DM auswiesen, gab es bei den Sozialpolitikern kein Halten. Sie überboten sich mit Leistungsverbesserungsideen. Die Rentenreform von 1972[13] brachte die Öffnung der Rentenversicherung für alle Bevölkerungsgruppen mit einer außerordentlich günstigen Möglichkeit der Nachversicherung, die Einführung der flexiblen Altersgrenze, die Rente nach Mindesteinkommen und die Vorverlegung des Rentenanpassungstermins um ein halbes Jahr. Bei genauerem Zusehen hätte man jedoch erkennen müssen, daß die rein rechnerischen Überschüsse zu einem erheblichen Teil auf der Wirkung des time lag zwischen Lohn- und Rentenentwicklung beruhten, der bei hohen Lohnsteigerungsraten das aktuelle Rentenniveau und damit auch die Ausgaben erheblich absinken ließ.

Schon wenige Jahre später kehrte sich die Finanzsituation um. Infolge des ersten Ölpreisschocks ging die Konjunktur unerwartet stark zurück, die Beschäftigtenzahlen sanken und die Lohnsteigerungsraten ebenfalls. Die Einnahmen der Rentenversicherung blieben deutlich hinter den Erwartungen zurück, und die Renten stiegen als Folge der vorhergegangenen starken Lohnerhöhungen vier Jahre lang um rund 11% an. Die Bundesregierung reagierte mit einschneidenden Maßnahmen: Rückverlegung des Anpassungstermins wieder auf den 1. Januar, vorübergehende Abkoppelung der Renten- von der Lohnentwicklung, Fortschreibung der allgemeinen Bemessungsgrundlage von dem geminderten Niveau an und anderes mehr.[14]

Was tat in dieser Zeit die Wissenschaft? Es gab eine Sozialenquête, die u.a. eine allgemeine Versicherungspflicht vorschlug. Es gab Lehrbücher unter Berücksichtigung des neuen Rentenrechts und Stellungnahmen zu diesem. Und es gab vor allem den Sozialbeirat, der regelmäßig tagte, sich

---

[12] Siehe zu dieser Entwicklungsphase HERMANN, CHRISTOPHER: Entwicklungslinien der 100jährigen Geschichte der gesetzlichen Rentenversicherung – Die Zeit von 1957–1991, in: Handbuch der gesetzlichen Rentenversicherung, a.a.O., S. 105ff.

[13] Rentenreformgesetz (RRG) v. 16.10.1972, BGBl. I, S. 1965ff.

[14] Einundzwanzigstes Rentenanpassungsgesetz (21. RAG) vom 25.07.1978, BGBl. I, S. 1089ff.

ständig über die aktuelle Finanzlage unterrichten ließ, volkswirtschaftliche Aspekte in die Diskussion einbrachte und jährlich ein Gutachten erstellte. Darin nahm er zur Lage der Rentenversicherung sowie zu deren aktuellen und zu erwartenden Problemen Stellung und analysierte und kommentierte die Rentenanpassungs- und sonstigen Vorschläge der Regierung.

Der unmittelbare Einfluß des Sozialbeirats auf die Entscheidungsfindung war sicher nicht allzu hoch zu veranschlagen; doch hat er – und vor allem sein langjähriger Vorsitzender Helmut Meinhold – wesentlich zu einer rationalen Diskussion sowie zur Festigung und gesellschaftlichen Akzeptanz des neuen Rentenrechts beigetragen. Nicht zuletzt hatte Helmut Meinhold einen wesentlichen Anteil daran, daß das wechselseitige Verständnis der im Sozialbeirat vertretenen Gruppen und der Regierungsvertreter wuchs und auch in schwierigen Situationen erhalten blieb. Dort einige Jahre lang mitwirken zu können bedeutete für mich eine wichtige Erfahrung.

3. Drei Strukturprobleme der Rentenversicherung, die neue demographische Herausforderung und die politischen Reaktionen darauf

Noch vor Überwindung der überraschend eingetretenen Finanzprobleme begann der Sozialbeirat sich mit einigen allgemeinen Strukturproblemen der Rentenversicherung zu befassen.[15] Das waren zunächst die Aktualisierung der Allgemeinen Bemessungsgrundlage und die Nettoanpassung, wobei in die Diskussion um die letztere auch die Fragen einer Rentenbesteuerung und eines Krankenversicherungsbeitrags der Rentner einbezogen waren. Bevor es jedoch zu politischen Entscheidungen kam, rückten zwei weitere und viel gravierendere Probleme ins Blickfeld: die vom Bundesverfassungsgericht bis 1984 geforderte Reform der Hinterbliebenenrentenversicherung[16] und die sich nach dem starken Geburtenrückgang von Mitte der 60er bis Mitte der 70er Jahre abzeichnenden demographisch bedingten langfristigen Finanzierungsprobleme.

Die Diskussion darüber blieb nun bei weitem nicht mehr auf BMA und Sozialbeirat beschränkt. Zur Erarbeitung von Vorschlägen zur sozialen Sicherung der Frau und der Hinterbliebenen setzte die Bundesregierung eine Sachverständigenkommission ein, in der vier einschlägig ausgewiesene Wissenschaftler vertreten waren.[17] Der Sozialbeirat selbst beauftragte außerdem eine Wissenschaftlergruppe unter Leitung von Meinhold, der u.a. Krupp, Schmähl und ich angehörten, mit einer Analyse der längerfristigen Entwicklungsperspektiven der gesetzlichen Rentenversicherung.[18] Des weiteren schal-

---

[15] Siehe dazu das Gutachten des Sozialbeirats vom 14.11.1977, Anlage II, BTDr. 8/132 v. 25.02.1977, S. 19ff.

[16] BVerfGE 39, S. 169ff.

[17] Siehe dazu das Gutachten der Sachverständigenkommission für die soziale Sicherung der Frau und der Hinterbliebenen vom 21.05.1979, veröffentlicht durch die Bundesregierung.

[18] Siehe dazu das Gutachten der Wissenschaftlergruppe des Sozialbeirats über längerfristige Entwicklungsperspektiven der Rentenversicherung, in: Sozialbeirat: Langfristige Probleme der Alterssicherung in der Bundesrepublik Deutschland, Bd. 1, veröffentlicht

teten sich die Selbstverwaltungsorgane der Rentenversicherungsträger (VDR und BfA) mehr und mehr in die Diskussion ein; sie bildeten eine eigene Strukturkommission zur Weiterentwicklung der gesetzlichen Rentenversicherung.[19] In zunehmendem Maße untersuchten nun auch Wissenschaftler aus Demographie, Nationalökonomie, Sozialpolitik und Finanzwissenschaft im Rahmen eigener Forschungsprojekte Probleme der Alterssicherung im allgemeinen und der Rentenversicherung im besonderen.

Ich möchte im Rahmen dieses Beitrags vor allem den Aspekt der demographischen Herausforderung in den Vordergrund stellen. Eine der ersten Arbeiten, die die langfristigen Perspektiven der Rentenversicherung als Folge des dramatischen Geburtenrückgangs in einer Modellrechnung untersuchten, war die Dissertation meines damaligen Assistenten Peter Glaab.[20] Das Ergebnis war – bei Konstanthalten aller rentenversicherungsrechtlich relevanten Rand- und Verhaltensbedingungen – die Notwendigkeit einer stetigen Anhebung des Beitragssatzes vor allem in der Zeit nach 2020 bis auf maximal 32% im Jahre 2035, dem bis 2050 nur eine schwache Abnahme auf 30% folgte.[21] Das war damals ein Schock, den man vielerorts – auch im BMA – zunächst nicht in seiner vollen Tragweite zur Kenntnis zu nehmen bereit war. Erst allmählich verbreitete sich die Einsicht in die damit aufgezeigten Konsequenzen des gegenwärtigen Altersaufbaus und einer dauerhaft niedrigen Geburtenhäufigkeit.

Im Rahmen der Wissenschaftlergruppe beim Sozialbeirat habe ich, wesentlich unterstützt von Winfried Hain, der die entsprechenden Berechnungen jetzt beim VDR durchführt, eine neue langfristige Modellrechnung erstellt. Dabei ging es aber nicht nur um eine Status-Quo-Prognose, sondern auch um eine Quantifizierung der Entlastungswirkungen aller damals denkbaren Anpassungs- und Entlastungsstrategien.[22] Fiel die zu erwartende Maximalbelastung um das Jahr 2030 bei dieser Modellrechnung sogar noch etwas höher aus als bei Glaab, so erschien gleichwohl eine Absenkung auf etwa 25% durch eine halbwegs realistische Maßnahmenkombination, wenn auch unter vielerlei Opfern, erreichbar.

Seither ist eine Vielzahl weiterer Modellrechnungen von Wissenschaft und Verwaltung vorgenommen worden. Besonders der VDR hat sich damit permanent Verdienste erworben.[23] Denn dort müssen für alle politischen Pläne

---

durch den Bundesminister für Arbeit und Sozialordnung, vorgelegt 1981, S. 17ff.

[19] Siehe dazu das Gutachten der Kommission des Verbandes Deutscher Rentenversicherungsträger (VDR): Zur langfristigen Entwicklung der gesetzlichen Rentenversicherung, Frankfurt 1987, sowie die darauf bezogenen Beiträge in Heft 7a/1987, Deutsche Rentenversicherung.

[20] GLAAB, PETER: Eine Modellrechnung zur langfristigen Entwicklung der finanziellen Situation in der gesetzlichen Rentenversicherung, Frankfurt am Main/Bern/Las Vegas 1977. Die Berechnungen waren bereits im Herbst 1975 abgeschlossen.

[21] Etwa zur gleichen Zeit kamen Horst Löwe vom BMA und der Versicherungsmathematiker Laskowsky zu ähnlichen Ergebnissen.

[22] GROHMANN, HEINZ: Die gesetzliche Rentenversicherung im demographischen Wandel, in: Sozialbeirat: Langfristige Probleme a.a.O., Bd. 2, S. 1ff.

[23] Siehe dazu MÜLLER, HORST-WOLF: Mathematische Aspekte der Rentenversicherung, in: Handbuch der gesetzlichen Rentenversicherung ..., a.a.O., S. 1987ff.; ferner z.B. BARTH,

Finanzberechnungen vorgenommen werden. Bemerkenswert ist, daß der vorausgerechnete Verlauf des erforderlichen Beitragssatzes – als Indikator für die zu erwartenden finanziellen Belastungen – sich trotz veränderter Wanderungs- und Sterblichkeitsannahmen über die Zeit hinweg zwischen den verschiedenen Modellrechnungen auf den ersten Blick gar nicht so sehr unterscheidet. Allenfalls fielen die Belastungsmaxima (ohne Entlastungsmaßnahmen) höher aus als früher. Alle diese Modellrechnungen stellten von da an ein Hintergrundwissen dar, das bei den weiteren Entscheidungen über Rentenreformen mitzubedenken war, und das ist auch geschehen.

Nun ein kurzes Wort über die Aktualisierung der allgemeinen Bemessungsgrundlage,[24] für die ich mich im Sozialbeirat immer eingesetzt habe. Mit ihr läßt sich zwar im Prinzip die Finanzentwicklung nur stabilisieren; erfolgt aber die Realisierung in einem Zeitpunkt, in dem das Rentenniveau time-lag-bedingt relativ niedrig ist, so bedeutet das doch auf Dauer eine finanzielle Entlastung. Das war Anfang der 80er Jahre der Fall. Tatsächlich erfolgt die Rentenanpassung seit 1984 jeweils zum 1. 7. eines Jahres entsprechend der Lohnsteigerungsrate des Vorjahres gegenüber einem Jahr vorher. Damit war der time lag auf eineinhalb Jahre verkürzt. Die Lösung entsprach nicht dem theoretischen Optimum, sie war aber die einfachste praktische Lösung und erfolgte zum rechten Zeitpunkt.

Die Lösung des Nettoanpassungsproblems[25] ließ wesentlich länger auf sich warten. Zwei Grenzpositionen standen einander gegenüber: die modifizierte Bruttoanpassung und die reine Nettoanpassung. Die erstere zielte darauf ab, dem Bruttolohn eine Bruttorente gegenüberzustellen und beide möglichst dauerhaft in einem festen, sozialpolitisch vorzugebenden Verhältnis (Bruttorentenniveau) zu halten. Von der Bruttorente sollten dann Abzüge analog denen zum Bruttolohn vorgenommen werden: der halbe Rentenversicherungsbeitrag, der dann automatisch für eine gleichbleibende Lastenverteilung zwischen Aktiven und Rentnern bei steigenden Beitragssätzen sorgen würde, ein individueller Krankenversicherungsbeitrag der Rentner, der dann ja auch gekommen ist, und eine individuelle Besteuerung der Rente. Die Wissenschaftlergruppe hat diesem Prinzip in Verbindung mit einer modifizierten Ertragswertbesteuerung den Vorzug gegeben. Tatsächlich realisiert wurde aber, allerdings erst im Zusammenhang mit der Rentenreform 1992,[26] die reine Nettoanpassung, bei der die Erhöhung der Bestandsrenten entsprechend der Steigerung der Nettolöhne des Vorjahres gegenüber dem Jahr vorher er-

SIEGRUN und WINFRIED HAIN: Szenarien zur demographischen Entwicklung in einem vereinigten Deutschland – Perspektiven für die gesetzliche Rentenversicherung, in: Deutsche Rentenversicherung 1990, S. 731ff.

[24] Siehe dazu z.B. das Gutachten des Sozialbeirats vom 14.01.1977, Anlage II, a.a.O., S. 23ff.; ferner LÖWE, HORST: Zur Stabilisierung der finanziellen Entwicklung in der gesetzlichen Rentenversicherung, in: Deutsche Rentenversicherung 1975, S. 181ff. sowie das Gutachten der Wissenschaftlergrupe des Sozialbeirats, a.a.O., S. 45ff.

[25] Aus der großen Zahl der Beiträge zu diesem Thema seien hier nur genannt: SCHREIBER, WILFRIED: Zur Reform der Rentenreform, in: Zeitschrift für Sozialreform 1966, S. 1ff. sowie das Gutachten der Wissenschaftlergruppe, a.a.O., S. 49ff.

[26] Rentenreformgesetz 1992 (RRG 1992), v. 18.12.1989, BGBl. I, S. 2261ff.

folgt. Realisiert wurde also wiederum eine sehr pragmatische Lösung, auch wenn sie theoretischen Ansprüchen nicht voll genügt.

Es bleibt nun noch die Frage der Hinterbliebenenversorgung anzusprechen, die zwar wegen des Postulats der Gleichstellung von Mann und Frau durch das Bundesverfassungsgericht ausgelöst, von Anfang an jedoch auch mit der Idee einer eigenständigen sozialen Sicherung der Frau verbunden worden ist. Die Bundesregierung hatte deswegen schon 1977 die bereits erwähnte Sachverständigenkommission eingesetzt (Siehe Fußnote 17). Dabei war von vornherein die Bedingung gestellt, daß die Reform finanzierbar sein müsse.

Die Kommission hat von vier möglichen Grundformen das Modell der Teilhaberente als Lösung empfohlen. Danach sollte der Hinterbliebene bei Invalidität und im Alter eine Rente in Höhe von 75% der von beiden Ehegatten in der Ehe und 100% der eigenen außerhalb der Ehe erzielten Anwartschaften oder – so ein Alternativvorschlag – 70% der von beiden Ehegatten insgesamt erworbenen Anwartschaften erhalten. Das Wesentliche der Kommissionsarbeit darf aber nicht allein in den Empfehlungen gesehen werden, sondern in einer ausführlichen Darlegung der Gründe für die Annahme oder Ablehnung der verschiedenen insgesamt ins Auge gefaßten Lösungen. Die Kommission hat außerdem noch die Anrechnung von Kindererziehungszeiten empfohlen, die Frage einer ausreichenden eigenständigen sozialen Sicherung der Frau aber nicht behandelt.

Dieses Problems hat sich der Sonderforschungsbereich 3 der Universitäten Frankfurt und Mannheim angenommen.[27] Ich habe daran mitgewirkt, jedoch nur bei den Finanzierungsfragen. Initiator, Koordinator und wichtigster Träger des Projekts war Hans-Jürgen Krupp. Das Ziel des Forschungsprojekts war es, die finanziellen und die verteilungspolitischen Konsequenzen der verschiedenen konkurrierenden Hinterbliebenensicherungsmodelle mittels fundierter Mikro- und Gruppensimulationsrechnungen zu untersuchen. Vergleichend einander gegenübergestellt wurden das geltende Recht, die verschiedenen Reformvorschläge der '84er Kommission und das voll eigenständige System, das erst im Rahmen des Sfb-Projekts seine umfassende Gestalt annahm. Es war darauf ausgerichtet, durch eine Verpflichtung zu laufender – notfalls staatlich unterstützter – Beitragszahlung während des gesamten erwerbsfähigen Alters eine eigenständige soziale Sicherung der Frau innerhalb des bestehenden Systems der gesetzlichen Rentenversicherung zu erreichen, und zwar unter Beachtung des Finanzierungsvorbehalts und der Vorgaben des Bundesverfassungsgerichts.

Die Politik ging dann aber andere Wege. Eine Realisierung des voll eigenständigen Systems wurde damals so gut wie nicht in die politische Planung einbezogen. Lange Zeit schien alles auf ein Teilhabemodell hinauszulaufen. Dann jedoch wurden neue Zeichen gesetzt. Bei den gewünschten Teilhabesätzen (75% bzw. 70%) schien die Finanzierung doch nicht gesichert,

---

27 Siehe dazu Alternativen der Rentenreform '84, hrsg. v. KRUPP, HANS-JÜRGEN; HEINZ P. GALLER; HEINZ GROHMANN; RICHARD HAUSER und GERT WAGNER, Frankfurt/New York 1985.

bei niedrigeren wäre es für viele Hinterbliebene zu Schlechterstellungen gegenüber dem bisherigen Recht gekommen. Im übrigen hat um diese Zeit ein Regierungswechsel stattgefunden. Heraus kam – wie ein deus ex machina – ein Anrechungsmodell.[28] Danach wird nun zunächst für jeden (männlichen oder weiblichen) Hinterbliebenen eine Rente nach geltendem Recht berechnet. Darauf werden dann jedoch Teile des eigenen Einkommens, also auch der eigenen Versichertenrente, angerechnet. Das läuft praktisch darauf hinaus, daß sich bei Alleinverdiener–Ehepaaren gegenüber dem bisherigen Recht nicht viel ändert, daß aber bei Ehepaaren mit langjährig beiderseitig guten Verdiensten eine Hinterbliebenenrente praktisch nicht oder nur teilweise gezahlt wird. Damit war das Gleichstellungsproblem rechtlich gelöst, ohne daß ein höherer Finanzaufwand gegenüber dem geltenden Recht zu befürchten war. Von der Idee einer eigenständigen sozialen Sicherung der Frau ist aber nichts übrig geblieben.

Über die letzte große Rentenreform von 1992, für die vor allem die Kommission des VDR entscheidende Vorarbeit geleistet hat, brauche ich nun nicht mehr viel zu sagen. Sie hat eine große Zahl von Änderungen in der gesetzlichen Rentenversicherung gebracht,[29] so insbesondere die Nettoanpassung, eine Verlängerung der Kindererziehungszeiten, eine schrittweise Anhebung der Altersgrenzen – allerdings erst für die Zeit nach 2000, Änderungen bei den beitragsfreien Zeiten, eine Erhöhung des Bundeszuschusses bei Beitragssatzerhöhungen und eine formale Neufassung der Rentenformel. Am Kern des Systems der dynamischen Rente hat man nichts geändert. Das Ziel war mehr, die Rechtsvorschriften zu konsolidieren und dabei für die demographische Herausforderung Vorsorge zu treffen, soweit das derzeit politisch durchsetzbar schien.

Mit dem Beitritt der DDR zur Bundesrepublik erwuchs der Rentenversicherung ein neues großes Problem. Doch kann ich darauf hier nicht mehr eingehen. Es war ohnehin eine Aktion, zu der die Wissenschaft unter dem dramatischen Zeitdruck kaum etwas hätte beitragen können.

3. Einige Folgerungen über Bedeutung und Einfluß der Wissenschaft auf die Politik am Beispiel des Rentenreformprozesses

Nach diesem historischen Rückblick ist es an der Zeit, ein Resumé über Bedeutung und Einfluß der Wissenschaft auf die Rentenpolitik in Deutschland nach dem 2. Weltkrieg zu ziehen. Ich will dazu fünf Fragen aufwerfen und sie aufgrund der geschilderten Entwicklungen und Erfahrungen zu beantworten suchen. Obwohl die Antworten damit zunächst einmal nur auf einen ausgewählten Politikbereich bezogen und überdies subjektiv geprägt sind, dürften sie – zumindest teilweise – auch über das hier behandelte Untersuchungsfeld und die persönlichen Erfahrungen hinaus von allgemeinerer Bedeutung sein.

---

[28] Hinterbliebenenrenten- und Erziehungszeitengesetz (HEZG) v. 11.07.1985, BGBl. I, S. 1450.

[29] Rentenreformgesetz 1992, a.a.O.

Erste Frage: Worin liegt der besondere Stellenwert wissenschaftlicher Aussagen für die Politik?

1. Wissenschaft verfügt über ein breites und tiefes, auch über den jeweiligen Politikbereich hinausgreifendes Wissen.
2. Die Denk- und Arbeitsweisen der Wissenschaft unterliegen bestimmten Normen, Regeln und Kriterien (z.B. Widerspruchsfreiheit, Objektivität, Neutralität), die den Ergebnissen eine spezifische Qualität verleihen.
3. Wissenschaftliche Theorien, Analysen und Erkenntnisse stehen ständig auf dem Prüfstand und müssen sich gegenüber konkurrierenden behaupten.

Zweite Frage: Welcher Art sind die Leistungen der Wissenschaft für die Politik?

1. Sie bietet umfassende Lebens- und Gesellschaftsentwürfe, an denen sich Politik orientieren, aber auch reiben kann. Beispiele sind Achingers Konzept einer umfassenden Gesellschaftspolitik, aber auch das voll eigenständige System der sozialen Sicherung der Frau.
2. Sie liefert schöpferische Ideen. Ein Beispiel dafür ist der Schreiber–Plan. Schöpferische Ideen sind allerdings kein Monopol der Wissenschaft.
3. Sie bietet umfassende Analysen über Bevölkerung, Wirtschaft und Gesellschaft, die dann als allgemeines Hintergrundwissen in die politische Urteils- und Entscheidungsfindung eingehen. Beispiele sind demographische, Bildungs- und Arbeitsmarktanalysen sowie Bevölkerungs- und Rentenmodelle.
4. Sie erstellt spezifische Problemanalysen einschließlich der Auffindung und kritischen Beurteilung von Lösungsmöglichkeiten, ggf. verbunden mit Lösungsempfehlungen. Hier liegt offenkundig die Hauptbedeutung der Wissenschaft für die Rentenpolitik. Klassische Beispiele sind die Gutachten des Sozialbeirats und der Sachverständigenkommission zur sozialen Sicherung der Frau und der Hinterbliebenen.
5. Sie klärt Zusammenhänge und Abhängigkeiten auf, die in den unterschiedlichsten Kontexten als Untersuchungs- oder Argumentationsbausteine nutzbringend verwendet werden können.
6. Sie stellt ein reiches Instrumentarium für nahezu unbegrenzte Verwendungszwecke zur Verfügung.

Dritte Frage: Auf welchen Wegen gelangen wissenschaftliche Erkenntnisse und Aussagen in den Bereich der Politik?

1. Durch die Publikation freier wissenschaftlicher Arbeiten. Die Beispiele reichen von den Monographien und Aufsätzen Achingers, Mackenroths und Nell–Breunings über die der zahlreichen späteren Vertreter der theoretischen und der empirischen Sozialpolitik, wie Liefmann–Keil, Külp, Lampert, Krupp usw., bis zu den außerhalb ihrer Sozialbeiratstätigkeit veröffentlichten Arbeiten von Meinhold und vor allem von

Schmähl, dem derzeitigen Vorsitzenden des Sozialbeirats, der nahezu zu jedem Aspekt der Rentenpolitik publizistisch Stellung genommen hat.

2. Durch Auftragsforschung. Beispiele sind die Rothenfelser Denkschrift und das Gutachten der Wissenschaftlergruppe des Sozialbeirats.
3. Durch die Arbeit in Kommissionen und Beiräten, in denen Wissenschaftler mit Experten aus Politik und Verwaltung zusammenwirken. Das Hauptbeispiel bietet wieder der Sozialbeirat. Hier ist wohl der Ort, an dem am kontinuierlichsten wissenschaftliche Ideen und Erkenntnisse in den Bereich der Politik gelangen.
4. Durch Expertenbefragungen, z.B. Sachverständigenanhörungen im Sozialpolitischen Ausschuß des Bundestages.
5. Durch den Wechsel von Mitarbeitern aus der wissenschaftlichen in die politische Sphäre. Außer den schon genannten Beispielen gibt es bis in die jüngste Zeit hinein zahlreiche weitere.

Vierte Frage: Wie vereinbaren sich Wertfreiheit der Wissenschaft und Stellungnahmen zu politischen Fragen?

- Wissenschaftliche Aussagen können als solche nur gelten, wenn sie nicht Ausfluß von Ideologien oder persönlichen Wertungen sind.

Dazu drei Klarstellungen vorweg. Erstens schließt dieses Postulat nicht Werturteile bei der Wahl der Forschungsgegenstände aus. (Fast) jeder Wissenschaftler, der sich mit Fragen der Sozialpolitik beschäftigt, ist persönlich sozialpolitisch interessiert, wenn nicht gar engagiert. Das muß der Analyse nicht schaden, es motiviert aber erheblich. Zweitens können Werturteile natürlich Gegenstand der Forschung sein. So ist es oftmals notwendig, Reformvorschläge oder -alternativen daraufhin zu untersuchen, inwieweit sie bestimmten Wertvorstellungen, z.B. den Prinzipien der Solidarität oder der Subsidiarität, entsprechen. Drittens hat jeder Wissenschaftler natürlich auch eine eigene politische Position. Er darf sie auch äußern. Nur muß sie als solche klar erkennbar sein.

Entscheidend ist somit allein, daß die Gewinnung wissenschaftlicher Ergebnisse, also der Weg von der Fragestellung zur Erkenntnis, nicht von Werturteilen geleitet und die Ergebnisse nicht Ausfluß von Ideologien oder persönlichen Wertungen sind.

Das ist allerdings leichter gesagt als getan. Das Spannungsverhältnis zwischen wissenschaftlichen und politischen Aussagen ist am geringsten bei freien wissenschaftlichen Arbeiten, zumal dann, wenn sie nur einen begrenzten Realitätsbezug haben. Je abstrakter die Forschung, desto geringer die Gefahr einer Verletzung des Wertfreiheitspostulats. Insofern ist statistische Methodenforschung viel eher dagegen gefeit als angewandte und empirische Forschung. Das ist schon ganz anders bei der Auftragsforschung und erst recht bei der Arbeit in gemischten Kommissionen. Die Diskussion mit Persönlichkeiten, die kraft ihrer Position bestimmte Wertvorstellungen zu vertreten haben und überdies auf ihrem Sachgebiet beträchtliche Kompetenz besitzen, macht es dem Wissenschaftler oft schwer, nur wissenschaftliche Argumente und nicht auch persönliche Meinungen einzubringen. Ich glaube aber sagen zu können, daß die im Bereich der Rentenpolitik engagierten Wissenschaftler schon um ihrer eigenen Reputation willen ihre Argumentationen tunlichst auf nachprüfbare und nachvollziehbare Erkenntnisse, Daten und Modelle zu gründen sich bemühen.

Fünfte Frage: Wie erfolgreich ist die Wissenschaft auf dem Gebiete der Politikberatung?

- Das Urteil darüber muß differenziert ausfallen. Den direkten Einfluß der Wissenschaft auf die aktuelle Politik halte ich für ziemlich gering. Wissenschaftliche Konzepte werden nur äußerst selten direkt in praktische Politik umgesetzt. Selbst wenn eine wissenschaftliche Empfehlung letztlich den Weg in den politischen Entscheidungsprozeß findet, erfährt sie bis dahin meist mancherlei Veränderungen. Vor Überraschungen seitens der Politik ist man allerdings nie sicher – weder in der einen noch in der anderen Richtung.
  Weit höher zu veranschlagen ist der indirekte Einfluß. Allein die ständige Beobachtung und Begleitung politischer Entscheidungsprozesse durch die Wissenschaft schärft das Problembewußtsein bei den politischen Akteuren und mehr sogar noch bei den Institutionen der Exekutive. In BMA und VDR z.B. haben sich Stäbe etabliert, die ein höchst wirksames Bindeglied zwischen Wissenschaft und Politik darstellen. Die Wirkung wissenschaftlicher Ideen und Analysen ist selten eine spontane. Aber die Argumentationen werden in den politischen Meinungsbildungsprozeß aufgenommen, manchmal auch als eigene absorbiert, und sie helfen eben dann doch nicht selten, Irrwege zu vermeiden und einen rationalen, von Prinzipien geleiteten Kurs zu halten.

Für die Wissenschaft möchte ich aus alledem das folgende Resumé ziehen. Anwendungsorientierte Forschung auf einem politisch relevanten Sachgebiet ist notwendig, politisch und gesellschaftlich nützlich und damit letztlich auch für die Wissenschaft befriedigend. Soweit diese unter Wahrung ihrer Grundsätze, zugleich aber mit Augenmaß für die Realität ihre Hol- und ihre Bringschuld erfüllt, dient sie der Gesellschaft, die ihr erst ihre Arbeitsmöglichkeiten verschafft.

Angewandte und insbesondere empirische Forschung in diesem Sinne ist allerdings ein mühsames Geschäft. Sie ist enorm aufwendig, weil der Wissenschaftler nicht umhin kommt, sich mit den Zielen und den vielfältigen institutionellen und rechtlichen Problemen seines Sachgebiets zu befassen, und weil außerdem die sachgerechte Nutzung statistischer Daten und Methoden die Ansprüche noch vervielfacht. Wenn dann manchmal politische Entscheidungen abrupt jedem wissenschaftlichen Rat zuwiderlaufen, kann es frustrierend werden. Und doch empfinde ich es als einen Gewinn, an einer Entwicklung teilgehabt zu haben, der eine so große sozialpolitische Bedeutung zukommt wie der Rentenreformpolitik in der Bundesrepublik Deutschland.

Zur Testbarkeit des „Capital–Asset–Pricing–Models"

Von ALFRED HAMERLE*, Regensburg

Zusammenfassung: Die zahlreichen Studien zur empirischen Validierung des Capital–Asset–Pricing–Models (CAPM) führten zu widersprüchlichen Resultaten bezüglich der Gültigkeit dieses wichtigsten Kapitalmarktmodells. Einer der Hauptgründe dafür dürfte in den gravierenden Problemen bei der Anwendung der vorgeschlagenen statistischen Testverfahren liegen. Diese Probleme werden im vorliegenden Beitrag diskutiert. Dabei werden sowohl die traditionelle zweistufige Testmethodik als auch neuere „multivariate" Tests betrachtet. Ein Hauptakzent liegt in der Umsetzung des in den nicht beobachtbaren Verteilungsparametern formulierten CAPM in ein statistisch–ökonometrisches Modell mit empirisch beobachtbaren Größen. Es zeigt sich, daß das sich ergebende Regressionsmodell nicht die gewünschten Eigenschaften aufweist, insbesondere wenn ein Aktienindex als Surrogat für das empirisch nicht beobachtbare Marktportefeuille verwendet werden muß. Die auftretenden Probleme werden in einem künstlich generierten Kapitalmarkt, in dem das CAPM Gültigkeit besitzt, anhand umfangreicher Simulationsstudien illustriert. Die Resultate lassen an der Eignung der Tests zur empirischen Gültigkeitsprüfung des CAPM starke Zweifel aufkommen.

1. Einleitung

Das wohl bekannteste Gleichgewichtsmodell, das *„Capital–Asset–Pricing–Model"* (CAPM) wurde von SHARPE (1964), LINTNER (1965) und MOSSIN (1966) entwickelt. Das CAPM stellt eine lineare Beziehung zwischen erwarteter Rendite und Risiko dar und besagt, daß je höher das Risiko einer vom Investor eingenommenen Position ist, desto höher auch der zur Kompensation erwartete Ertrag dieser Position sein muß. Im Kapitalmarktgleichgewicht erhält man die erwartete Rendite aus der risikofreien Verzinsung plus einer Risikoprämie. Die Risikoprämie ergibt sich aus dem Produkt des Marktpreises für die Risikoübernahme auf dem Kapitalmarkt und der marktbezogenen Risikohöhe des entsprechenden Wertpapiers. Das CAPM ist in der modernen Finanzierungstheorie von zentraler Bedeutung und wird in allen Standard-Lehrbüchern beschrieben (z.B. ALEXANDER/FRANCIS, 1986; BREALEY/MYERS, 1988; COPELAND/WESTON, 1988; ELTON/GRUBER, 1991; HUANG/LITZENBERGER, 1988; LEVY/SARNAT, 1984; SHARPE, 1970). Im deutschsprachigen Raum vergleiche man dazu beispielsweise DRUKARCZYK (1993), FRANKE/HAX (1990), HIELSCHER (1990), LOISTL (1991), SCHMIDT (1986), SCHNEIDER (1990), SPREMANN (1991) und UHLIR/STEINER (1991).

Seit mehr als zwanzig Jahren befaßt sich die Kapitalmarktforschung intensiv mit der Frage, inwieweit die theoretischen Kapitalmarktmodelle mit Hilfe geeigneter statistischer Testverfahren empirisch validiert werden können. Die meisten empirischen Untersuchungen zur Validität des CAPM basieren auf

* Prof. Dr. Alfred Hamerle, Universität Regensburg, Wirtschaftswissenschaftliche Fakultät, Lehrstuhl für Statistik, D–93040 Regensburg

dem sog. *„traditionellen zweistufigen Verfahren"* (vgl. JENSEN, 1972, S. 363), welches von LINTNER (1965), DOUGLAS (1969), MILLER/SCHOLES (1972) und insbesondere FAMA/MACBETH (1973) eingeführt wurde. Dabei wird in einem ersten Schritt für jedes Unternehmen der unbekannte Beta-Faktor anhand einer Zeitreihe geschätzt. Diese Schätzungen werden in einem zweiten Schritt als Regressor verwendet und ein linearer Ansatz zwischen Rendite und Risiko in einer Querschnittsregression überprüft.

Nach verschiedenen kritischen Diskussionen der zweistufigen Vorgehensweise und insbesondere der Kritik von ROLL (1977) wurden sog. *„multivariate Tests"* [1] entwickelt. Dabei werden Quer- und Längsschnittaspekt simultan betrachtet und auf eine zweistufige Vorgehensweise verzichtet. Es wird ein multivariates Regressionsmodell formuliert, in dem gleichzeitig die Beta-Faktoren geschätzt und aus dem CAPM abgeleitete Hypothesen getestet werden. Eine der ersten Untersuchungen mit dieser Methode stammt von GIBBONS (1982). Weiterentwicklungen und neuere Tests findet man unter anderem in GIBBONS/ROSS/SHANKEN (1989), MACKINLAY (1987), AMSLER/SCHMIDT (1985), SHANKEN (1985) und JOBSON/KORKIE (1982). Man vergleiche auch den Überblick in SHANKEN (1992).

Besonders für den US-amerikanischen Kapitalmarkt gibt es eine Fülle an Studien hinsichtlich der Gültigkeit des CAPM. Für einen Überblick vergleiche man beispielsweise ULSCHMID (1994, S. 104 ff) oder WARFSMANN (1993, S. 68 ff). In Deutschland sind vor allem die Untersuchungen von POGUE/SOLNIK (1974), GUY (1977), REISS/MÜHLBRADT (1979), BARLAGE (1980), WINKELMANN (1984), MÖLLER (1986a, 1986b, 1988), PETERS (1987), RUDOLPH (1979), WARFSMANN (1993) und ULSCHMID (1994) zu nennen.

Es zeigt sich, daß bisher durch die empirische Kapitalmarktforschung die theoretisch fundierten Aussagen des Capital-Asset-Pricing-Models weder überzeugend bestätigt noch einheitlich abgelehnt werden können, wodurch sich ein sehr zwiespältiges Resultat abzeichnet. Potentielle Ursachen für die auftretenden Divergenzen zwischen der Theorie und der empirischen Validierung werden im vorliegenden Beitrag diskutiert. Das nächste Kapitel hat die Umsetzung des in den nicht beobachtbaren Verteilungsparametern formulierten CAPM in ein statistisches Modell mit empirisch beobachtbaren Größen zum Gegenstand. Die notwendigen Zusatzannahmen und die Eigenschaften des sich ergebenden Regressionsmodells werden erörtert. Dabei wird unterschieden zwischen der zweistufigen Testmethodik einerseits und der Vorgehensweise bei den „multivariaten" Tests andererseits. Im dritten Abschnitt werden die auftretenden, zum Teil gravierenden Probleme bei der Anwendung der Tests dargestellt und diskutiert. Sie werden im letzten Abschnitt in einem künstlich generierten Kapitalmarkt, in dem das CAPM Gültigkeit besitzt, anhand umfangreicher Simulationsstudien illustriert.

[1] Der Begriff „multivariater Test" ist nicht ganz klar. Er wurde in der Finanzwirtschaft eingeführt und ist in der statistischen Literatur in dieser Form nicht gebräuchlich. Im Zusammenhang mit der empirischen Validierung von Kapitalmarktmodellen wird der Begriff stets für Tests gebraucht, bei denen eine simultane Betrachtung der Renditen von N Unternehmen über T Zeitperioden zugrundeliegt.

2. Traditionelle zweistufige Testmethodik

1. Statistische Modellierung: Umsetzung des theoretischen CAPM in ein empirisch testbares Regressionsmodell

Die Bewertungsgleichung des CAPM lautet

$$\mu_i = r_f + (\mu_M - r_f)\, \beta_{i,M}, \quad i = 1, \ldots, N. \tag{1}$$

Dabei sind:

$$\begin{aligned}
\mu_i &= E(R_i) \text{ die erwartete Rendite des Unternehmens } i,\\
\mu_M &= E(R_M) \text{ die erwartete Marktrendite},\\
r_f & \quad \text{der risikolose Zinssatz},\\
\beta_{i,M} &= \frac{\mathrm{Cov}(R_i, R_M)}{\mathrm{Var}(R_M)} = \frac{\sigma_{iM}}{\sigma_M^2} \text{ die Risikomaße, } i = 1, \ldots, N.
\end{aligned}$$

Die Bewertungsgleichung (1) läßt sich auch kompakter in Matrixnotation schreiben. Dazu werden zunächst $\boldsymbol{\mu}$ und $\boldsymbol{\Omega}$ als Erwartungswertvektor bzw. Kovarianzmatrix der N Zufallsrenditen definiert. $\boldsymbol{\Omega}$ wird als positiv definit vorausgesetzt. Ferner sind $\mu_M^* = \mu_M - r_f$ und $\boldsymbol{\mu}^* = \boldsymbol{\mu} - r_f \mathbf{1}$ die Überschußrenditen des Marktes bzw. der Einzelunternehmen. Dabei ist $\mathbf{1}$ ein N-dimensionaler Einsenvektor. Bezeichnet $\boldsymbol{\beta}_M$ den Vektor der Beta-Faktoren bezüglich des Marktportefeuilles, erhält man

$$\boldsymbol{\mu}^* = \mu_M^* \boldsymbol{\beta}_M, \tag{2}$$

das CAPM in den (erwarteten) Überschußrenditen formuliert.

Die Grundgleichung (1) bzw. (2) des CAPM ist in den Verteilungsparametern formuliert und stellt ein Ein–Perioden–Modell dar. Die Verteilungsparameter sind nicht beobachtbar. Dies bedeutet, daß das CAPM ohne Zusatzannahmen nicht testbar ist. Zur empirischen Validierung ist es notwendig, die nicht meßbaren Größen durch am Kapitalmarkt beobachtbare Variablen zu ersetzen. Eine naheliegende Möglichkeit besteht in der Verwendung von Zeitreihendaten über T Perioden. Dies führt zur Einführung von

R_{it} : Rendite des Unternehmens i in der Periode t,

R_{Mt} : Marktrendite in der Periode t, $i = 1, \ldots, N$; $t = 1, \ldots, T$.

Zur empirischen Validierung werden folgende Annahmen gemacht:

(a) Die lineare Beziehung (1) ist zeitinvariant.

(b) Die Renditen verschiedener Zeitpunkte sind unkorreliert.

Gelegentlich wird zusätzlich angenommen, daß die Renditen normalverteilt sind. Auch die risikolose Rendite r_f wird als zeitinvariant und bekannt vorausgesetzt. Zu einem festen Zeitpunkt t sind die Renditen korreliert. Die Kovarianzmatrix ist $\boldsymbol{\Omega}$.

Bei der zweistufigen Vorgehensweise werden neben den erwarteten Renditen μ_i die Risikomaße $\beta_{i,M}$ durch beobachtbare Zufallsgrößen ersetzt. Dazu werden im ersten Schritt für alle N Unternehmen die Beta–Faktoren mit Hilfe einer Zeitreihenregression geschätzt. Dann wird im zweiten Schritt eine Querschnittsregression mit den Schätzungen $\hat{\beta}_{i,M}$ als erklärender Variablen durchgeführt. Die erwarteten Renditen werden mit Hilfe der Durchschnitte $\bar{R}_i$ aus Zeitreihenwerten geschätzt. Üblicherweise werden auf der zweiten Stufe KQ–Schätzer der Regressionsparameter γ_0 und γ_1 ermittelt und Hypothesen der Form H_0: $\gamma_0 = r_f$ oder H_0: $\gamma_1 = 0$ bzw. H_0: $\gamma_1 > 0$ anhand der üblichen t-Statistiken überprüft. Dabei werden sowohl bei der Längsschnitt- als auch bei der darauffolgenden Querschnittsregression einfache statistische Regressionsmodelle angenommen, wobei die herkömmlichen Annahmen wie Varianzhomogenität, Unkorreliertheit der Fehlervariablen etc., ohne Rechtfertigung unterstellt werden. Diese Vorgehensweise ist jedoch problematisch. Einige Autoren, insbesondere HÖRNSTEIN (1990), weisen mit Recht darauf hin, daß auf diese Weise Widersprüche und Fehlschlüsse auftreten können. Aus diesem Grund wird im folgenden eine exakte statistische Umsetzung der zweistufigen Testmethodik vorgenommen und darauf geachtet, welche Modellparameter durch welche Zufallsgrößen zu ersetzen sind und welche Eigenschaften das letztendlich resultierende Querschnittsregressionsmodell aufweist.

Zunächst werden die nicht beobachtbaren Renditenerwartungswerte ersetzt durch

$$\bar{R}_i = \mu_i + u_i$$

mit $E(u_i) = 0$, $\mathrm{Var}(u_i) = \sigma_i^2 / T$, $\sigma_i^2 = \mathrm{Var}(R_{it})$, und die Grundbeziehung (1) des CAPM geht über in

$$\bar{R}_i = r_f + (\mu_M - r_f)\, \beta_{i,M} + u_i. \tag{3}$$

Für die Schätzungen $\hat{\beta}_{i,M}$ gilt der Ansatz

$$\hat{\beta}_{i,M} = \beta_{i,M} + v_i$$

und man erhält die Querschnittsregression

$$\bar{R}_i = r_f + (\mu_M - r_f)\, \hat{\beta}_{i,M} + \varepsilon_i \tag{4}$$

mit den Fehlervariablen $\varepsilon_i = u_i - (\mu_M - r_f)\, v_i$, $(i = 1, \ldots, N)$.

Da die Zusammensetzung des Marktportefeuilles nicht bekannt ist, wird meist ein Aktienindex als Surrogat verwendet. Hier wird stellvertretend der DAX herangezogen; die Aussagen gelten jedoch für andere Aktienindizes in analoger Weise. Wird das Marktportefeuille durch einen Aktienindex ersetzt, stimmen die Beta–Faktoren $\beta_{i,D}$ in bezug auf den Aktienindex in aller Regel nicht mehr mit den Beta–Faktoren in bezug auf das Marktportefeuille überein, d.h.

$$\beta_{i,M} \neq \beta_{i,D} \quad i = 1, \ldots, N.$$

Dies bedeutet, daß statt den $\beta_{i,M}$ die $\beta_{i,D}$ in der Zeitreihenregression konsistent geschätzt werden. Wird $\beta_{i,M}$ in der Grundgleichung des CAPM durch die Schätzung $\hat{\beta}_{i,D}$ ersetzt, die mit Hilfe des DAX gewonnen wurde, gilt:

$$\hat{\beta}_{i,D} = \beta_{i,M} - (\beta_{i,M} - \beta_{i,D}) + v_i'.$$

Schließlich ist die Marktrendite μ_M durch die DAX–Rendite μ_D zu ersetzen. Setzt man

$$\mu_M = (\mu_M - \mu_D) + \mu_D,$$

erhält man statt (3) für die zweite Stufe

$$\begin{aligned} \bar{R}_i &= r_f + (\mu_M - r_f)\,\beta_{i,M} - (\mu_D - r_f)\,\beta_{i,D} \\ &\quad + (\mu_D - r_f)\,\hat{\beta}_{i,D} + u_i - (\mu_D - r_f)\,v_i'. \end{aligned} \tag{5}$$

(6) entspricht einer Querschnittsregression der Form:

$$\bar{R}_i = \gamma_{0i} + \gamma_1\,\hat{\beta}_{i,D} + \varepsilon_i \tag{6}$$

mit

$$\begin{aligned} \gamma_{0i} &= r_f + (\mu_M - r_f)\,\beta_{i,M} - (\mu_D - r_f)\,\beta_{i,D} \\ &= \mu_i - (\mu_D - r_f)\,\beta_{i,D} \\ \gamma_1 &= \mu_D - r_f \\ \varepsilon_i &= u_i - \gamma_1\,v_i'. \end{aligned}$$

2. *Probleme bei der Anwendung der zweistufigen CAPM–Tests*

In diesem Abschnitt werden grundlegende Probleme bei der Gültigkeitsprüfung mit Hilfe des zweistufigen Vorgehens behandelt. Die Probleme betreffen die Querschnittsregression (6) der zweiten Stufe.

1. *Schätzbarkeit des Modells und testbare Hypothesen*

Das Hauptproblem ist das Surrogat- oder Indexproblem. Als Folge davon ist das Regressionsmodell (6) in seiner allgemeinen Form nicht mehr schätzbar, da es mehr Parameter als Beobachtungen enthält. Insbesondere sind die Regressionskonstanten unternehmensspezifisch, und nur unter zusätzlichen Annahmen, etwa daß $\mu_D = \mu_M$ und $\beta_{i,D} = \beta_{i,M}$ für $i = 1, \ldots, N$ gilt, wird das Modell schätzbar. Doch derartige Zusatzannahmen sind in der Regel unzutreffend. Wie in Abschnitt 4 gezeigt wird, folgt aus dieser Annahme, daß der Index dieselbe „Struktur“ wie das Marktportefeuille besitzt, d.h. proportional zu diesem ist. In den allermeisten empirischen Studien wird die Schätzbarkeit des allgemeinen Modells (6) erzwungen, indem die Regressionskonstanten in unzulässiger Weise gleichgesetzt werden. Man erhält dann zwar ein Regressionsmodell in der gewohnten Form mit zwei Regressionsparametern, die unzulässige Restriktion führt jedoch zwangsläufig zu verzerrten Schätzungen und jeder auf diesen Schätzungen basierende Test führt zu Fehlschlüssen. Dies betrifft insbesondere die in vielen empirischen Studien überprüfte Nullhypothese H_0: $\gamma_0 = r_f$. Die Überprüfung dieser Hypothese ist nur durchführbar, wenn auf der zweiten Stufe der Querschnittsregression Modell (4) gilt und nicht Modell (6), wenn also das Surrogat-Problem keine Rolle spielt. Weitere häufig bei empirischen Studien überprüfte Hypothesen betreffen den Steigungsparameter γ_1. Betrachtet man Modell (4), so folgt aus dem CAPM $\gamma_1 = \mu_M - r_f$. Da μ_M nicht bekannt ist, ist keine Nullhypothese der Form H_0: $\gamma_1 = \mu_M - r_f$ formulierbar. Als Alternativen werden vorgeschlagen:

(a) H_0: $\gamma_1 > 0$ (Nichtablehnung von H_0 wird als Bestätigung des CAPM interpretiert).

(b) H_0: $\gamma_1 \leq 0$ (Nullhypothese sollte abgelehnt werden, wenn das CAPM gilt).

Ist das Surrogatproblem nicht vernachlässigbar, ist gemäß Modell (6) der tatsächlich geschätzte Steigungsparameter $\mu_D - r_f$ und nicht $\mu_M - r_f$. Ein Test, der auf einer – eventuell noch verzerrten – Schätzung von $\mu_D - r_f$ beruht, gestattet keine Aussage über die Gültigkeit des auf $\mu_M - r_f$ basierenden CAPM. Schließlich sei noch der Fall betrachtet, daß das CAPM nicht gilt und keine lineare Beziehung zwischen erwarteter Rendite und Beta-Faktor existiert. Wird mit Hilfe der zweistufigen Testmethodik dennoch eine Gerade „angepaßt“, wird sich in den allermeisten Fällen ein signifikant positiver Steigungsparameter ergeben. Dies wird in HAMERLE/ULSCHMID (1994a) anhand eines künstlich generierten Kapitalmarkts ausführlich illustriert. Insgesamt wird deutlich, daß Hypothesen bezüglich des Steigungsparameters wenig Sinn machen und Hypothesen bezüglich der Regresssionskonstanten nur sinnvoll sind, wenn das Marktportefeuille bekannt ist bzw. das Indexproblem keine Rolle spielt.

2. Varianzheterogenität und Korrelation der Fehlervariablen

Im Modell (6) gilt für die Varianz der Fehlervariablen:

$$\begin{aligned}\mathrm{Var}(\varepsilon_i) &= \mathrm{Var}(u_i - \gamma_1 v_i') \\ &= \frac{\sigma_i^2}{T_1} + \gamma_1^2 \,\mathrm{Var}(\hat{\beta}_{i,D}), \; i = 1, \ldots, N, \end{aligned} \tag{7}$$

falls zur Ermittlung von $\bar{R}_i$ ein anderer Zeitraum (mit T_1 Beobachtungen) verwendet wird als in der Zeitreihenregression der ersten Stufe. Aus (7) ist unmittelbar ersichtlich, daß die Varianzen der Fehlervariablen im allgemeinen unternehmensspezifisch sind. Unter den gleichen Voraussetzungen resultiert:

$$\mathrm{Cov}(\varepsilon_i, \varepsilon_j) = E(u_i u_j) + \gamma_1^2 \,\mathrm{Cov}(\hat{\beta}_{i,D}, \hat{\beta}_{j,D}). \tag{8}$$

Obwohl $\hat{\beta}_{i,D}$ und $\hat{\beta}_{j,D}$ aus getrennten Zeitreihen der Unternehmen i und j geschätzt werden, sind die Schätzungen im allgemeinen korreliert, da beide

Zeitreihen die gleichen DAX-Renditen als Regressor enthalten. $E(u_i u_j)$ ist ebenfalls von null verschieden, da die Renditen über die Unternehmen hinweg korreliert sind. Somit sind die der gewöhnlichen KQ-Methode (die in den meisten Studien verwendet wird) zugrundliegenden Annahmen verletzt. Die OLS-Schätzer sind bekanntermaßen dennoch konsistent, allerdings sind die von den Computerprogrammen ausgegebenen Varianzschätzungen und damit auch die t-Statistiken falsch und darauf aufbauende Tests irreführend. Das Problem kann durch die Verwendung geeigneter GLS-Schätzer behoben werden (z.B. LITZENBERGER/RAMASWAMY, 1969; FAMA/MACBETH, 1973; BLACK/JENSEN/SCHOLES, 1972 oder KRAUS/LITZENBERGER, 1976).

Gravierender ist ein anderes Problem. Bei den Modellen (4) und (6) handelt es sich um Regressionsansätze mit stochastischen Regressoren. Zur Parameterschätzung und insbesondere zum Nachweis der Eigenschaften der Schätzer wird stets die Annahme getroffen, die Zufallsvektoren $(y_i, \boldsymbol{x}_i')$, $i = 1, \ldots, N$ seien unabhängig und identisch verteilt. Diese Annahme ist jedoch hier verletzt. Somit sind die Eigenschaften der letztendlich resultierenden Schätzungen weitgehend ungeklärt.

3. *Fehler-in-den-Variablen-Problem*

Der Einfachheit halber wird zunächst das Surrogatproblem ausgeklammert und Modell (4) betrachtet. Es läßt sich zeigen, daß

$$\operatorname{Cov}(\hat{\beta}_{i,M}, \varepsilon_i) = -\gamma_1 \operatorname{Var}(\hat{\beta}_{i,M}) \tag{9}$$

gilt. Dabei wird wieder unterstellt, daß der Schätzung der Beta-Faktoren ein anderer Zeitraum als der Querschnittsregression zugrundeliegt.

Wegen der nicht verschwindenden Kovarianz (9) ist eine der Grundannahmen der Regression mit stochastischen Regressoren verletzt. Eine Konsequenz davon ist eine Verzerrung der KQ-Schätzungen der Regressionsparameter γ_0 und γ_1. Der Theorie entsprechend (vgl. z.B. SCHNEEWEISS/MITTAG, 1986, Kap. 3) ist der Steigungsparameter in Richtung 0 verzerrt, während der Achsenabschnitt von 0 weg verzerrt ist. Dies bedeutet, es werden bei empirischen Anwendungen gar nicht die „wahren“ Parameter γ_0 und γ_1 geschätzt. Folglich haben auch Tests von Hypothesen, die die wahren Parameter betreffen, keinen Sinn, wenn sie auf der Grundlage dieser verzerrten Schätzungen durchgeführt werden. Solange das Indexproblem ohne Relevanz ist und Regressionsbeziehung (4) zugrundeliegt, bieten sich verschiedene Lösungsmöglichkeiten für das Fehler-in-den-Variablen-Problem an, etwa die Anwendung von Verzerrungskorrekturen (LITZENBERGER/RAMASWAMY, 1979) oder die Bildung von Portefeuilles (BLACK/JENSEN/SCHOLES, 1972; FAMA/MAC BETH, 197; BLUME/FRIEND, 1973). Letztere Methode kann allerdings das Problem lediglich abschwächen, aber nicht beseitigen.

3. „Multivariate“ CAPM-Tests

1. *Statistische Modellierung*

Bei der Anwendung der „multivariaten“ Tests geht man in der Regel vom in Überschußrenditen formulierten CAPM (2) aus. Als erklärende Variablen dienen die empirischen Risikopreise (HÖRNSTEIN, 1990), d.h. neben den erwarteten Renditen μ_i wird die erwartete Marktrendite μ_M durch am Kapitalmarkt beobachtbare Variablen ersetzt. Die risikolose Rendite r_f und die Risikomaße $\beta_{i,M}$ sind die zu schätzenden Parameter. Setzt man

$$Z_{it} = \mu_i^* + u_{it} \quad \text{und} \quad Z_{Mt} = \mu_M^* + u_{Mt}$$

mit den „Fehlervariablen“ u_{it} bzw. u_{Mt}, $i = 1, \ldots, N$, $t = 1, \ldots, T$, ergibt sich aus (2)

$$Z_{it} = (Z_{Mt} - u_{Mt})\,\beta_{i,M} + u_{it}. \tag{10}$$

Dies entspricht einer Regressionsbeziehung

$$Z_{it} = \alpha_i + Z_{Mt}\,\beta_{i,M} + \varepsilon_{it} \tag{11}$$

mit

$$\begin{aligned} \alpha_i &= 0 \\ \varepsilon_{it} &= u_{it} - u_{Mt}\,\beta_{i,M}. \end{aligned}$$

Außerdem gilt, daß die Renditen $Z_{1t}, \ldots, Z_{Nt}$ für einen festen Zeitpunkt t die Kovarianzmatrix $\boldsymbol{\Omega}$ besitzen, an verschiedenen Zeitpunkten sind die Renditen annahmegemäß unkorreliert.

Ist darüber hinaus das Surrogatproblem von Bedeutung und wird ein Aktienindex (z.B. DAX) verwendet, so gilt für seine Überschußrendite

$$Z_{Dt} = \mu_D^* + u_{Dt}$$

mit $E(u_{Dt}) = 0$. Dabei bezeichnet μ_D^* die erwartete DAX-Überschußrendite. Man erhält

$$\begin{aligned} \mu_M^* &= Z_{Dt} + (\mu_M^* - \mu_D^*) - u_{Dt} \\ \beta_{i,M} &= \beta_{i,D} + (\beta_{i,M} - \beta_{i,D}) \end{aligned}$$

und (2) geht über in

$$\begin{aligned} Z_{it} &= \mu_M^*\,\beta_{i,M} - \mu_D^*\,\beta_{i,D} + Z_{Dt}\,\beta_{i,D} + u_{it} - u_{Dt}\,\beta_{i,D}, \\ &\qquad i = 1, \ldots, N,\ t = 1, \ldots, T. \end{aligned} \tag{12}$$

Dies entspricht einer Regressionsbeziehung

$$Z_{it} = \alpha_i + Z_{Dt}\,\beta_{i,D} + \varepsilon_{it} \tag{13}$$

mit

$$\begin{aligned} \alpha_i &= \mu_M^* \beta_{i,M} - \mu_D^* \beta_{i,D} \\ \varepsilon_{it} &= u_{it} - u_{Dt} \beta_{i,D}. \end{aligned}$$

Faßt man $\varepsilon_{1t}, \ldots, \varepsilon_{Nt}$ zum Vektor $\boldsymbol{\varepsilon}_t$ zusammen, so gilt

$$\operatorname{Cov}(\boldsymbol{\varepsilon}_t, \boldsymbol{\varepsilon}_s) = \begin{cases} \boldsymbol{\Sigma} & \text{für } t = s, \\ \mathbf{0} & \text{für } t \neq s. \end{cases}$$

Damit entspricht (13) (und auch (11)) einem „Seemingly–Unrelated–Regressions"–Modell (vgl. z.B. FOMBY et al., 1984, S. 155 ff). Darüber hinaus werden in allen Regressionsansätzen dieselben Regressorvariablen, nämlich $(1, Z_{Dt})$, eingesetzt. Als Konsequenz (z.B. FOMBY et al., 1984, S. 159 ff) sind die GLS–Schätzer gleich den OLS–Schätzern. Dies bedeutet, man kann für jedes Unternehmen getrennt aus der entsprechenden Zeitreihe die OLS–Schätzer $\hat{\alpha}_i$ und $\hat{\beta}_{i,D}$ ermitteln. Allerdings sind die Varianzen der OLS–Schätzer nicht aus der üblichen Formel zu berechnen. Für Details vergleiche man wieder FOMBY et al. (1984, S. 159 ff) oder GREENE (1993, Kap. 17).

2. Der Cross–Sectional–Regression(CSR)–Test

Aus Regressionsmodell (11) ergibt sich die testbare Hypothese $H_0: \alpha_i = 0,\ i = 1, \ldots, N$. Zur Überprüfung dieser Hypothese wurden in der Literatur eine Reihe von Tests vorgeschlagen, etwa der Likelihood–Quotienten–Test (z.B. GIBBONS, 1982), der Lagrange–Multiplier–Test (z.B. STAMBAUGH, 1982) und der Cross–Sectional–Regression(CSR)–Test (vgl. SHANKEN, 1985; GIBBONS/ROSS/SHANKEN, 1989). Hier wird stellvertretend nur der CSR–Test betrachtet.

Der CSR–Test setzt wie die anderen Testverfahren multivariat normalverteilte Renditen voraus. Die Teststatistik ist gegeben durch

$$\mathrm{CSR} = \frac{(T-N-1)\,T}{(T-2)\,N} \left(1 + \frac{\hat{\mu}_M^2}{\hat{\sigma}_M^2}\right)^{-1} \hat{\boldsymbol{\alpha}}' \, \hat{\boldsymbol{\Sigma}}^{-1} \, \hat{\boldsymbol{\alpha}}. \tag{14}$$

Dabei sind $\hat{\boldsymbol{\alpha}}$ der N–dimensionale Vektor der geschätzten Regressionskonstanten und $\hat{\boldsymbol{\Sigma}}$ eine erwartungstreue Schätzung der Kovarianzmatrix der Fehlervariablen. Weiterhin sind

$$\hat{\mu}_M = \frac{1}{T} \sum_t Z_{Mt} \quad \text{und} \quad \hat{\sigma}_M^2 = \frac{1}{T} \sum_t (Z_{Mt} - \hat{\mu}_M)^2.$$

Die (bedingte) Verteilung der CSR–Prüfgröße bei Gültigkeit von H_0 und bei gegebener Marktüberschußrendite Z_{Mt} $(t = 1, \ldots, T)$ ist eine F–Verteilung mit N bzw. $T - N - 1$ Freiheitsgraden (vgl. z.B. GIBBONS/ROSS/SHANKEN, 1989). Dies bedeutet insbesondere, daß die Zahl T der Zeitpunkte größer sein muß als die Zahl der Unternehmen. Anderenfalls besitzt auch die aus den Residuen ermittelte Schätzung $\hat{\boldsymbol{\Sigma}}$ nicht vollen Rang.

3. *Probleme bei der Anwendung „multivariater" CAPM-Tests*

Die meisten der im letzten Abschnitt erörterten Probleme der zweistufigen Testmethodik gelten für die Regressionsansätze (11) bzw. (13), die den „multivariaten" Tests nicht mehr. Insbesondere läßt sich zeigen, daß im Regressionsansatz (13)

$$\mathrm{Cov}(Z_{Dt}, \varepsilon_{it}) = 0$$

gilt, d.h. das Problem einer Korrelation zwischen Fehlervariablen und stochastischem Regressor tritt hier nicht auf. Dasselbe gilt für den Regressionsansatz (11).

Gravierend ist jedoch auch hier das Surrogat- bzw. Indexproblem. Wird beispielsweise der DAX verwendet, geht aus Modell (13) hervor, daß die Regressionskonstanten α_i nicht null, sondern unternehmensspezifisch sind. Es gilt

$$\begin{aligned} \alpha_i &= \mu_M^* \, \beta_{i,M} - \mu_D^* \, \beta_{i,D} \\ &= \mu_i - \mu_D^* \, \beta_{i,D}; \; i = 1, \ldots, N. \end{aligned} \tag{15}$$

Die zweite Gleichung folgt unmittelbar aus der Gültigkeit des CAPM für das Marktportefeuille. In (15) kommt die Abweichung von der linearen Beziehung zwischen erwarteter Rendite und DAX-Betas zum Ausdruck. Da die tatsächlichen Parameterwerte in (15) nicht bekannt sind, kann eine Hypothese dieser Form nicht überprüft werden. Testet man – wie in der Literatur vorgeschlagen – die Hypothese H_0: $\alpha_i = 0$ für alle i, dann wird der Test bei Gültigkeit des CAPM sehr häufig irrtümlich zur Ablehnung führen. Dies wird durch die in Abschnitt 4.2 beschriebenen Simulationsstudien in einem künstlichen Kapitalmarkt eindrucksvoll bestätigt.

4. Simulation eines künstlichen Kapitalmarkts

Zur Illustration der bei der empirischen Validierung des CAPM auftretenden Probleme wird ein künstlicher Kapitalmarkt simuliert. Dazu sind der Vektor $\boldsymbol{\mu}$ der erwarteten Renditen, die Kovarianzmatrix $\boldsymbol{\Omega}$ der Renditen und der risikolose Zinssatz r_f vorzugeben. Um den künstlichen Markt möglichst realitätsnah zu gestalten, wird bei der Erstellung der Grundgesamtheitsparameter auf Daten von der Deutschen Finanzdatenbank, Karlsruhe, zurückgegriffen. Es werden für $N = 141$ Unternehmen die durchschnittlichen Wochenrenditen und die empirischen Kovarianzmatrizen im Zeitraum von Januar 1988 bis Dezember 1991 ermittelt. Die resultierenden Werte werden für die Simulationsstudie als „wahre" Verteilungsparameter unterstellt.

Ein risikoeffizientes (μ-σ-effizientes) Portefeuille $\boldsymbol{x}_p$ ist die Lösung des folgenden quadratischen Optimierungsproblems (vgl. z.B. FRANKE, 1985, Kap. 4.4, dort jedoch in „Preisen" statt in Renditen formuliert):

$$\sigma^2(\boldsymbol{x}) = \boldsymbol{x}' \, \boldsymbol{\Omega} \, \boldsymbol{x} \rightarrow \text{Min!} \tag{16}$$

unter den Nebenbedingungen

$$\begin{aligned} r_f\, x_0 &+ \boldsymbol{x}'\boldsymbol{\mu} = \mu \quad \text{(Ertragsrestriktion)} \\ x_0 &+ \boldsymbol{x}'\mathbf{1} = 1 \quad \text{(Budgetrestriktion)}. \end{aligned} \tag{17}$$

Dabei ist $\mathbf{1}$ ein N–dimensionaler Einsenvektor und x_0 ist der Anteil des Budgets eines Investors, der in der sicheren Anlage angelegt wird ($x_0 > 0$) bzw. mit dem zum Zinssatz r_f Geld aufgenommen wird ($x_0 < 0$). Eliminiert man x_0, können beide Nebenbedingungen zu einer zusammengefaßt werden. Man erhält mit $\mu_p = \hat{\mu} - r_f$ und $\boldsymbol{\mu}^* = (\mu_1 - r_f, \ldots, \mu_N - r_f)'$:

$$\boldsymbol{x}'\boldsymbol{\mu}^* = \mu_p.$$

$\boldsymbol{\mu}^*$ bzw. μ_p enthalten die Überschußrenditen. Die explizite Lösung des Optimierungsproblems ist

$$\boldsymbol{x}_p = \frac{\mu_p}{\boldsymbol{\mu}^{*\prime}\,\boldsymbol{\Omega}^{-1}\,\boldsymbol{\mu}^*}\,\boldsymbol{\Omega}^{-1}\,\boldsymbol{\mu}^*. \tag{18}$$

Der risikolose Zinssatz wird mit $r_f = 0,000577$ pro Woche ($\hat{=}$ 3% p.a.) festgelegt. Die risikoeffizienten Portefeuilles (18) können Leerverkäufe enthalten. Werden Leerverkäufe ausgeschlossen, sind den Nebenbedingungen (17) noch die Kuhn–Tucker–Bedingungen hinzuzufügen, und die Lösung des quadratischen Optimierungsproblems wird komplizierter. Eine Konsequenz davon ist, daß nur für die Unternehmen mit positiven Gewichtungsanteilen eine lineare Beziehung zwischen den erwarteten Renditen und den Beta–Faktoren gilt (vgl. LEVI, 1983).

Im nächsten Schritt wird für den künstlichen Kapitalmarkt ein Marktportefeuille $\boldsymbol{x}_M$ vorgegeben. Es wird ein gleichgewichteter Index gewählt, also $\boldsymbol{x}_M = 1/141\,\mathbf{1}$. Dann werden neue „Gleichgewichtsrenditen“ ermittelt, so daß das festgelegte Marktportefeuille risikoeffizient wird, denn im Kapitalmarktgleichgewicht muß das Marktportefeuille risikoeffizient sein. Die neuen Überschußrenditen werden wieder mit μ_i^* bezeichnet, $i = 1, \ldots, N$. Bildet man für das Optimierungsproblem (16) bzw. (17) die Lagrangefunktion, leitet diese nach $\boldsymbol{x}$ ab und setzt $\boldsymbol{x}_M$ ein, erhält man durch Nullsetzen dieser Ableitung folgende Bestimmungsgleichung für $\boldsymbol{\mu}^*$:

$$2\,\boldsymbol{\Omega}\,\boldsymbol{x}_M = \lambda_M\,\boldsymbol{\mu}^*. \tag{19}$$

Durch (19) ist die Struktur der Gleichgewichtsüberschußrenditen determiniert, die Renditen selbst sind nur bis auf einen multiplikativen Faktor eindeutig festgelegt, d.h.

$$\boldsymbol{\mu}^* = \gamma\,\boldsymbol{\Omega}\,\boldsymbol{x}_M.$$

Im hier vorliegenden künstlichen Kapitalmarkt wird der Faktor γ so festgelegt, daß die Marktrendite $\mu_M = \mu_M^* + r_f = 0,003745$ ($\hat{=}$ 19,47% p.a.) beträgt. Die maximale erwartete Einzelrendite eines Unternehmens beträgt ca. 30% p.a.

Multipliziert man (19) von links mit $\boldsymbol{x}'_M$, erhält man

$$2\,\boldsymbol{x}'_M\,\boldsymbol{\Omega}\,\boldsymbol{x}_M = \lambda_M\,\boldsymbol{x}'_M\,\boldsymbol{\mu}^*$$

bzw.

$$2\,\sigma_M^2 = \lambda_M\,\mu_M^*,$$

wobei σ_M^2 die Varianz und μ_M^* die Überschußrendite des Marktportefeuilles bezeichnen. Setzt man die erhaltene Beziehung in (19) ein und eliminiert λ_M, ergibt sich unmittelbar die CAPM-Gleichung

$$\frac{\boldsymbol{\Omega}\,\boldsymbol{x}_M}{\sigma_M^2}\,\mu_M^* = \boldsymbol{\mu}^*.$$

Damit sind für den künstlichen Kapitalmarkt, in dem per Konstruktion des CAPM gilt, sämtliche Verteilungsparameter (die in der Realität natürlich unbekannt sind!) festgelegt. In den folgenden Simulationsstudien werden für alle Unternehmen normalverteilte Renditen erzeugt. Dabei besitzt der Renditevektor $\mathbf{R}$ den Erwartungswertvektor $\boldsymbol{\mu} = \boldsymbol{\mu}^* + r_f\,\mathbf{1}$ der Gleichgewichtsrenditen und die Kovarianzmatrix $\boldsymbol{\Omega}$. Es werden stets $T = 208$ unabhängige Renditevektoren $\mathbf{R}_t$ erzeugt. Dies entspricht einem Vier-Jahres-Zeitraum.

Im folgenden werden mehrere Situationen betrachtet, welche die in den vorangegangenen beiden Abschnitten erörterten Probleme bei den CAPM-Tests illustrieren. Dabei werden für jede Situation 1.000 Simulationsläufe durchgeführt, d.h. es werden jeweils 1.000 verschiedene Datensätze erzeugt und die CAPM-Tests angewendet.

1. *Zweistufige Tests*

Die erste (unrealistische) Situation unterstellt eine bekannte Zusammensetzung des Marktportefeuilles, die zugehörigen Risikomaße $\beta_{i,M}$ sind unbekannt und werden anhand von Zeitreihendaten für die einzelnen Unternehmen geschätzt. Der Querschnittsregression liegt Modell (4) zugrunde, d.h.

$$\bar{R}_i = \gamma_0 + \gamma_1\,\hat{\beta}_{i,M} + \varepsilon_i$$

mit $\gamma_0 = r_f$, $\gamma_1 = \mu_M - r_f$ und $\varepsilon_i = u_i - \gamma_1\,v_i$, $i = 1, \ldots, N$.

Die folgende Tabelle enthält eine Gegenüberstellung der tatsächlichen Werte von γ_0 und γ_1 mit den Durchschnittswerten der Parameterschätzungen aus den Simulationsläufen.

Tab. 1: Vergleich der „wahren" Parameter der Querschnittsregression mit den Durchschnittswerten der Simulation bei Kenntnis des Marktportefeuilles und Schätzung der Beta-Faktoren

	γ_0	γ_1
Tatsächliche Werte	0,0005770	0,0031680
Durchschnittswerte aus den Simulationsläufen	0,0007215	0,0029832

Es zeigt sich eine nicht zu vernachlässigende Diskrepanz zwischen den wahren Parameterwerten und den Mittelwerten der Schätzungen aus den Simulationsläufen. Dies weist auf einen Bias der KQ–Schätzungen der Querschnittsregression hin, der auf die Korrelation von Regressor- und Fehlervariablen zurückgeht. Wie aus der Theorie erwartet, ist der Steigungsparameter in Richtung 0 verzerrt, während der Achsenabschnitt von 0 weg verzerrt ist. Dementsprechend führen auch 185 der in den 1.000 Simulationsläufen durchgeführten Tests zum Signifikanzniveau $\alpha = 0,05$ zur Ablehnung der Nullhypothese H_0: $\gamma_0 = r_f$. Dabei trifft die Nullhypothese zu, denn das CAPM gilt im vorliegenden Kapitalmarkt, und es dürften lediglich ca. 50 (irrtümliche) Ablehnungen auftreten!

Die nächste Situation beschreibt die für empirische Studien zur Validierung des CAPM realistische Situation, in der die tatsächliche Zusammensetzung des Marktportefeuilles unbekannt ist. Als Surrogat wird ein Aktienindex (hier: DAX) verwendet und die Beta–Faktoren in bezug auf diesen Index werden anhand von Zeitreihendaten der einzelnen Unternehmen geschätzt. Zu den bisherigen Problemen kommt noch das Surrogat–Problem hinzu. Die Probleme treten gleichzeitig auf und überlagern sich. Damit ist jeder Versuch einer empirischen Gültigkeitsprüfung des CAPM mit der traditionellen zweistufigen Testmethodik zum Scheitern verurteilt. Die der Querschnittsregression zugrunde liegende Beziehung (6) mit unternehmensspezifischen Achsenabschnitten ist im allgemeinen gar nicht schätzbar. Eine unzulässige Restriktion der Form $\gamma_{0i} = \gamma_0$ führt (zusätzlich zum Fehler–in–den–Variablen–Problem) zu weiteren Verzerrungen der Parameterschätzungen und alle auf diesen Schätzungen basierende Tests führen zu Fehlschlüssen. Der Vollständigkeit halber sind auch hier die tatsächlichen Werte von γ_0 und γ_1 und die Durchschnittswerte der Parameterschätzungen aus 1.000 Simulationsläufen in der folgenden Tabelle gegenübergestellt.

Tab. 2: Vergleich der „wahren“ Parameter der Querschnittsregression mit den Durchschnittswerten der Simulation bei Verwendung des DAX und Schätzung der Beta–Faktoren

	γ_0	γ_1
Tatsächliche Werte	0,0005770	0,0031680
Durchschnittswerte aus den Simulationsläufen	0,0011650	0,0042649

Von den 1.000 durchgeführten Tests führten 435 zur Ablehnung und 565 zur Nichtablehnung der (in Wahrheit zutreffenden!) Nullhypothese H_0: $\gamma_0 = r_f$.

Schließlich soll noch die immer wieder vorgeschlagene Überprüfung von Hypothesen der Form H_0: $\gamma_1 > 0$ bzgl. des Steigungsparameters kurz erörtert werden. HAMERLE/ULSCHMID (1994a) haben dazu einen Kapitalmarkt betrachtet, in dem das CAPM nicht gilt und die „wahre“ Beziehung zwischen μ_i und $\beta_{i,M}$ weit von einer linearen Beziehung entfernt ist. Dennoch wird in 792 von 1.000 Simulationsläufen die Nullhypothese H_0: $\gamma_1 > 0$ in der Querschnittsregression nicht abgelehnt, d.h. in etwa 80 Prozent der Fälle wird der Sachverhalt als Bestätigung des CAPM interpretiert!

Insgesamt zeigt sich, daß bei gleichzeitigem Auftreten des Surrogat- und des Fehler-in-den-Variablen-Problems eine empirische Validierung des CAPM mit der zweistufigen Testmethodik unmöglich wird.

2. „Multivariate“ Tests

Bei der Anwendung der „multivariaten“ Tests zur empirischen Gültigkeitsprüfung des CAPM stellt nur die unbekannte Zusammensetzung des Marktportefeuilles ein – allerdings gravierendes – Problem dar.

Zunächst wird untersucht, wenn dieses Problem keine Rolle spielt. Wird statt dem Marktportefeuille $\boldsymbol{x}_M$ ein Index $\boldsymbol{x}_D$ verwendet, so ist das Indexproblem dann ohne Bedeutung, wenn im Modell (13) die Regressionskonstante gleich 0 ist, d.h. wenn

$$\mu_M^* \, \beta_{i,M} - \mu_D^* \, \beta_{i,D} = 0 \tag{20}$$

für alle $i = 1, \ldots, N$ gilt. In diesem Fall ist die Nullhypothese $H_0\colon \alpha_i = 0$ $(i = 1, \ldots, N)$ mit den dargestellten Tests überprüfbar. Setzt man in (18) die Definition von $\beta_{i,M}$ und $\beta_{i,D}$ ein, ergibt sich

$$\frac{\mu_M^* \, \boldsymbol{\Omega} \, \boldsymbol{x}_M}{\sigma_M^2} = \frac{\mu_D^* \, \boldsymbol{\Omega} \, \boldsymbol{x}_D}{\sigma_D^2}$$

und daraus

$$\boldsymbol{x}_D = \lambda \, \boldsymbol{x}_M \tag{21}$$

mit $\lambda = (\mu_M^* \, \sigma_D^2) \, / \, (\mu_D^* \, \sigma_M^2)$ und wegen $\boldsymbol{\Omega} > 0$.

Dies bedeutet, der Index muß dieselbe Struktur aufweisen wie das Marktportefeuille (ist ein Vielfaches des Marktportefeuilles). In der Praxis dürfte dies kaum erfüllt sein, denn in einem solchen Fall kann man von einer bekannten Zusammensetzung des Marktportefeuilles ausgehen und die Verwendung eines Indexes erübrigt sich.

Im allgemeinen werden sich demnach in Modell (13) unternehmensspezifische Regressionskonstanten ergeben. Die Konstanten enthalten unbekannte Größen und es läßt sich keine Nullhypothese daraus ableiten. Wird dennoch die Nullhypothese $H_0\colon \alpha_i = 0$ für alle i getestet, ergeben sich irreführende Resultate. In der Simulationsstudie mit $N = 141$ Unternehmen und $T = 208$ Renditevektoren wurden 1.000 Simulationsläufe durchgeführt und jeweils obige Nullhypothese mit dem CSR-Test überprüft. Es ergaben sich nicht weniger als 988 Ablehnungen, d.h. in nahezu allen Fällen wurde die Gültigkeit des CAPM verworfen, obwohl es nachweislich in dem künstlich generierten Kapitalmarkt zutrifft. Für weitere Simulationsstudien vergleiche man die Ausführungen in HAMERLE/ULSCHMID (1994b).

5. Zusammenfassung

Die zahlreichen empirischen Studien zur Überprüfung der Gültigkeit des CAPM weisen recht uneinheitliche, zum Teil sogar widersprüchliche Ergebnisse auf. Zum überwiegenden Teil dürften diese Resultate eine Folge der grundlegenden statistisch-ökonometrischen Probleme bei der Anwendung der vorgeschlagenen Tests sein.

Bei der am häufigsten eingesetzten traditionellen zweistufigen Testmethodik stellt das gleichzeitige Auftreten des Fehler-in-den-Variablen- und des Surrogat- bzw. Indexproblems eine Hauptschwierigkeit dar. Das der Querschnittsregression zugrundeliegende Modell ist nicht mehr schätzbar und es werden (meist implizit) „gewaltsame" und ungerechtfertigte Parameterrestriktionen getroffen. Die Folge sind inkonsistente Schätzungen der Regressionsparameter. Die Durchführung von Tests auf der Basis dieser Schätzungen führt zu Fehlschlüssen und unzutreffenden Interpretationen in bezug auf die Gültigkeit oder Nichtgültigkeit des CAPM. Insgesamt muß festgestellt werden, daß die so häufig in empirischen Studien eingesetzte traditionelle zweistufige Testmethodik kein adäquates Mittel zur Überprüfung der Validität des CAPM ist.

Die vorgeschlagenen „multivariaten" Tests bieten nur partiell einen Ausweg. Insbesondere bleibt das Surrogat- bzw. Indexproblem bestehen und die Tests bieten letzten Endes lediglich die Möglichkeit zu überprüfen, ob der verwendete Index risikoeffizient ist. Wie ausführlich dargestellt und an einem künstlich generierten Kapitalmarkt illustriert wurde, kann für das tatsächliche Marktportefeuille das CAPM gelten, während der verwendete Index nicht risikoeffizient ist. Wie gezeigt führen dann die Tests fälschlicherweise zur Ablehnung. Damit sind die vorgeschlagenen Verfahren keine CAPM-Tests! Somit unterstützen und ergänzen die hier vorgebrachten Einwände die Kritik von ROLL (1977) von einem anderen Standpunkt aus. Während der ROLL-Kritik das Konzept der „Ex-post-μ-σ-Effizienz" zugrundeliegt, werden hier die Umsetzung des nicht beobachtbaren und in Verteilungsparametern formulierten CAPM in ein statistisches Modell mit empirisch beobachtbaren Größen und die daraus resultierenden Probleme in den Vordergrund gestellt.

Literatur

AFFLECK-GRAVES, J. / MCDONALD, B. (1990): Multivariate Tests of Asset Pricing: The Comparative Power of Alternative Statistics; Journal of Financial and Quantitative Analysis 25, 163-185.

ALEXANDER, G. J. / FRANCIS, J. C. (1986): Portfolio Analysis, 3rd edition; Englewood Cliffs, N.J.; Prentice Hall.

AMSLER, C. E. / SCHMIDT, P. (1985): A Monte Carlo Investigation of the Accuracy of Multivariate CAPM Tests; Journal of Financial Economics 14, 359-375.

BARLAGE, T. (1980): Die Risikoprämie am deutschen Aktienmarkt - Eine empirische Untersuchung; Berlin.

BLACK, F. / JENSEN, M. C. / SCHOLES, M. (1972): The Capital Asset Pricing Model – Some Empirical Tests; in: JENSEN, M. C.: Studies in the Theory of Capital Markets, 79-121; New York u.a.; Praeger Publishers.

BLUME, M. E. / FRIEND, I. (1973): A New Look at the Capital Asset Pricing Model; Journal of Finance 28, 19-33.

BREALY, M. E. / MYERS, S. (1988): Principles of Corporate Finance, 3rd edition; New York u.a.; McGraw–Hill.

COPELAND, T. E. / WESTON, J. F. (1988): Financial Theory and Corporate Policy, 3rd edition; Massachusetts; Addison–Wesley.

DOUGLAS, G. W. (1969): Risk in the Equity Markets: An Empirical Appraisal of Market Efficiency; Yale Economic Essays 9, 3-45.

DRUKARCZYK, J. (1993): Theorie und Politik der Finanzierung, 2. Auflage; München; Vahlen.

ELTON, E. J. / GRUBER, M. J. (1991): Modern Portfolio Theory and Investment Analysis, 4th edition; New York u.a; Wiley.

FAMA, E. F. MACBETH, J. D. (1973): Risk, Return and Equilibrium: Empirical Tests; Journal of Political Economy 81, 607-636.

FOMBY, T. B. / HILL, R. C. / JOHNSON, S. R. (1984): Advanced Econometric Methods; New York u.a.; Springer.

FRANKE, G. (1985): Finanzwirtschaft VI: Investitions- und Finanzplanung bei Unsicherheit; Kurseinheit 3: Kapitalmarkttheorie und Empirie; Fernuniversität Hagen.

FRANKE, G. / HAX, H. (1990): Finanzwirtschaft des Unternehmens und Kapitalmarkt, 2. Auflage; Berlin u.a.; Springer.

GIBBONS, M. R. (1982): Multivariate Tests of Financial Models – A New Approach; Journal of Financial Economics 10, 3-27.

GIBBONS, M. R. / ROSS, S. A. / SHANKEN, J. (1989): A Test of the Efficiency of a Given Portfolio; Econometrica 57, 1121-1152.

GREENE, W. H. (1993): Econometric Analysis; New York u.a.; Macmillan.

GUY, J. R. F. (1977): The Behaviour of Equity Securities on the German Stock Exchange; Journal of Banking and Finance 1, 71-93.

HAMERLE, A. / ULSCHMID, C. (1994a): Zur Güte traditioneller CAPM–Tests; Regensburger Beiträge zur Statistik und Ökonometrie 35, Universität Regensburg.

HAMERLE, A. / ULSCHMID, C. (1994b): Empirische Validierung des CAPM mit „multivariaten" Tests; Regensburger Beiträge zur Statistik und Ökonometrie 36, Universität Regensburg.

HIELSCHER, U. (1990): Investmentanalyse; München u.a.; Oldenbourg.

HÖRNSTEIN, E. (1990): Arbitrage- und Gleichgewichtsmodelle in der Kapitalmarkttheorie – Eine vergleichende Analyse der CAPM- und APT–Ansätze unter Berücksichtigung ihrer empirischen Überprüfbarkeit; Frankfurt a.M. u.a.; Lang.

HUANG, C., / LITZENBERGER, R. H. (1988): Foundations for Financical Economics; Englewood Cliffs, N.J.; Prentice Hall.

JENSEN, M. C. (1972): Capital markets: Theory and Evidence; Bell Journal of Economics and Management Science 3, 357-398.

JOBSON, J. / KORKIE, B. (1982): Potential Performance and Tests of Portfolio Efficiency; Journal of Financial Economics 10, 433-466.

KRAUS, A. / LITZENBERGER, R. H. (1976): Skewness Preference and the Valuation of Risk Assets; Journal of Finance 31, 1085-1100.

LEVY, H. (1983): The Capital Asset Pricing Model: Theory and Empiricism; The Economic Journal 93, 145-165.

LEVY, H. / SARNAT, M. (1984): Portfolio and Investment Selection – Theory and Practice; Englewood Cliffs, N.J.; Prentice Hall.

LINTNER, J. (1965): The Valuation of Risk Assets and the Selection of Risky Investments in Stock Portfolios and Capital Budgets; The Review of Economics and Statistics 47, 13-37.

LITZENBERGER, R. H. / RAMASWAMY, K. (1979): The Effect of Personal Taxes and Dividends on Capital Asset Prices – Theory and Empirical Evidence; Journal of Financial Economics 7, 163-195.

LOISTL, O. (1991): Kapitalmarkttheorie; München u.a.; Oldenbourg.

MACKINLAY, A. C. (1987): On Multivariate Tests of the CAPM; Journal of Financial Economics 18, 341-371.

MILLER, M. H. / SCHOLES, M. (1972): Rates of Return in Relation to Risk – A Reexamination of Some Recent Findings; in: JENSEN, M. C.: Studies in the Theory of Capital Markets, 47-78; New York u.a.; Praeger Publishers.

MÖLLER, H. P. (1986a): Das Capital–Asset–Pricing–Modell; Die Betriebswirtschaft 46, 707-719.

MÖLLER, H. P. (1986b): Bilanzkennzahlen und Ertragsrisiken des Kapitalmarktes: Eine empirische Untersuchung des Ertragsrisiko–Informationsgehaltes von Bilanzkennzahlen deutscher Aktiengesellschaften; Stuttgart; Poeschel.

MÖLLER, H. P. (1988): Die Bewertung risikobehafteter Anlagen an deutschen Wertpapierbörsen; Zeitschrift für Betriebswirtschaftliche Forschung 40, 779-797.

MOSSIN, J. (1966): Equilibrium in a Capital Asset Market; Econometrica 34, 768-783.

PETERS, H.-W. (1987): Kapitalmarkttheorie und Aktienmarktanalyse; Frankfurt a.M. u.a.; Lang.

POGUE, G. A. / SOLNIK, B. H. (1974): The Market Model Applied to European Common Stocks – Some empirical Results; Journal of Financial and Quantitative Analysis 9, 917-944.

REISS, W. / MÜHLBRADT, F. W. (1979): Eine empirische Überprüfung der Validität des 'market'– und des 'capital asset pricing'–Modells für den deutschen Aktienmarkt; Zeitschrift für die gesamte Staatswissenschaft 135, 41-68.

ROLL, R. (1977): A Critique of the Asset Pricing Theory's Tests Part I: On Past and Potential Testability of the Theory; Journal of Financial Economics 4, 129-176.

ROSENBERG, B. / MARATHE, V. (1979): Tests of Capital Asset Pricing Hypothesis; Research in Finance 1, 115-223.

RUDOLPH, B. (1979): Zur Theorie des Kapitalmarktes – Grundlagen, Erweiterungen und Anwendungsbereiche des 'Capital Asset Pricing Model (CAPM)'; Zeitschrift für Betriebswirtschaft 49, 1034-1067.

SCHMIDT, R. H. (1986): Grundzüge der Investitions- und Finanzierungstheorie, 2. Auflage; Wiesbaden; Gabler.

SCHNEEWEISS, H. / MITTAG, H.-J. (1986): Lineare Modelle mit fehlerbehafteten Daten; Heidelberg u.a.; Physica.

SCHNEIDER, D. (1990): Investition, Finanzierung und Besteuerung, 6. Auflage; Wiesbaden; Gabler.

SHANKEN, J. (1985): Multivariate Tests of the Zero-Beta CAPM; Journal of Financial Economics 14, 327-348.

SHANKEN, J. (1992): On the Estimation of Beta-Pricing Models; The Review of Financial Studies 5, 1-33.

SHARPE, W. F. (1964): Capital Asset Prices - A Theory of Market Equilibrium under Conditions of Risk; Journal of Finance 19, 425-442.

SHARPE, W. F. (1970): Portfolio Theory and Capital Markets; New York; McGraw-Hill.

SPREMANN, K. (1991): Investition und Finanzierung, 4. Auflage; München u.a.; Oldenbourg.

STAMBAUGH, R. (1982): On the Exclusion of Assets from Tests of the Two-Parameter Model - A Sensitivity Analysis; Journal of Financial Economics 10, 237-268.

UHLIR, H. / STEINER, P. (1991): Wertpapieranalyse, 2. Auflage; Heidelberg u.a.; Physica.

ULSCHMID, C. (1994): Empirische Validierung von Kapitalmarktmodellen - Untersuchungen zum CAPM und zur APT für den deutschen Aktienmarkt; Frankfurt a.M. u.a.; Lang.

WARFSMANN, J. (1993): Das Capital Asset Pricing Model in Deutschland; Wiesbaden; Deutscher Universitätsverlag.

WINKELMANN, M. (1984): Aktienbewertung in Deutschland; in: GÖPPL, H. / OPITZ, O. (Hrsg.): Quantitative Methoden der Unternehmungsplanung; Königstein/Ts.; Hain.

Nachträglich geschichtete Stichproben und partielle Information

Von STEFAN HUSCHENS*, Dresden

Zusammenfassung: Die Kenntnis der Verteilung eines Merkmales X in der Grundgesamtheit kann auf zwei Arten bei der Schätzung des Mittelwertes oder eines anderen Verteilungsparameters eines interessierenden zweiten Merkmales Y verwendet werden: um bereits in der Phase der Stichprobenerhebung eine Schichtung durchzuführen oder um erst in der Phase der Schätzung durch Schichtung einen verbesserten Schätzer zu erhalten. Im zweiten Fall spricht man von Posteriori–Schichtung (post stratification) oder nachträglicher Schichtung. Diese ermöglicht die Verwendung modifizierter Schätzer mit Effizienzgewinnen durch den Schichtungseffekt.

Ein Schichtungsmerkmal X mit den Ausprägungen $k = 1, \ldots, K$ zerlegt eine Stichprobe vom Umfang n nachträglich in K Teilstichproben mit den zufälligen Stichprobenumfängen n_k $(k = 1, \ldots, K)$ mit $n = \sum_{k=1}^{K} n_k$. Der übliche Schätzer für den Mittelwert der Grundgesamtheit eines Merkmales Y ist bei nachträglicher Schichtung der gewogene Mittelwert $\bar{Y}_\pi = \sum_{k=1}^{K} \pi_k \bar{Y}_k$. Dabei bezeichnen $\bar{Y}_k$ den Mittelwert in der k–ten Teilstichprobe und π_k den bekannten Grundgesamtheitsanteil der Ausprägung k. $\bar{Y}_\pi$ ist formal analog zur Mittelwertschätzung bei der proportionalen Schichtung gebildet, aber im Unterschied zu dieser sind die Stichprobenumfänge n_k zufällig. Asymptotisch verhält sich $\bar{Y}_\pi$ wie der analoge Schätzer bei proportionaler Schichtung mit festen Stichprobenumfängen $n\pi_k$, so daß $\bar{Y}_\pi$ wegen des Schichtungseffektes zumindest für hinreichend große Stichprobenumfänge dem ungewogenen Stichprobenmittelwert $\bar{Y}$ überlegen ist.

Während die Verwendung von $\bar{Y}_\pi$ voraussetzt, daß die Verteilung des Schichtungsmerkmales vollständig bekannt ist, wird in diesem Beitrag diskutiert, wie durch nachträgliche Schichtung die Effizienz einer Schätzung auch dann erhöht werden kann, wenn die Verteilung des Schichtungsmerkmales nur partiell bekannt ist. Dazu muß die Stichprobe geeignet mit der Vorinformation, die durch die partielle Kenntnis der Verteilung des Schichtungsmerkmales gegeben ist, kombiniert werden.

1. Nachträgliche Schichtung

1. Mittelwert- und Verteilungsschätzung

Die Kenntnis der Verteilung eines Merkmales X in der Grundgesamtheit kann in der Phase der Schätzung eingesetzt werden, um durch die Berücksichtigung der Vorinformation eine effizientere Schätzung zu erhalten.

Ein beobachtbares, diskretes Schichtungsmerkmal X mit den Ausprägungen $k = 1, \ldots, K$ zerlegt eine Stichprobe vom Umfang n nachträglich in K Teilstichproben mit den zufälligen Stichprobenumfängen

$$n_k := \#(X_i = k) := \sum_{i=1}^{n} I_{\{k\}}(X_i), \quad k = 1, \ldots, K, \tag{1}$$

wobei I_A die Indikatorfunktion einer Menge A bezeichnet. Der übliche Schätzer für den Grundgesamtheitsmittelwert μ eines Merkmales Y ist bei nachträglicher Schichtung der gewogene Mittelwert

* Prof. Dr. Stefan Huschens, Lehrstuhl Statistik, Fakultät Wirtschaftswissenschaften, TU Dresden, George–Bähr–Str. 7, D–01062 Dresden

$$\bar{Y}_\pi := \sum_{k=1}^{K} \pi_k \bar{Y}_k\,, \tag{2}$$

wobei

$$\bar{Y}_k := \frac{1}{n_k} \sum_{i=1}^{n} I_{\{k\}}(X_i)\, Y_i \tag{3}$$

den Mittelwert in der k-ten Teilstichprobe und π_k den Grundgesamtheitsanteil der Ausprägung k des Merkmales X bezeichnen. Bei Stichproben aus einer endlichen Grundgesamtheit vom Umfang N, die aus Teilgesamtheiten der Umfänge N_k $(k = 1, \ldots, K)$ besteht, gilt $\pi_k = N_k/N$ $(k = 1, \ldots, K)$. Der Mittelwert $\bar{Y}_\pi$ ist formal analog zur Mittelwertschätzung bei der proportionalen Schichtung gebildet, aber im Unterschied zu dieser sind die Stichprobenumfänge n_k zufällig. Für hinreichend große Stichprobenumfänge ist $\bar{Y}_\pi$ dem ungewogenen Stichprobenmittelwert $\bar{Y}$ überlegen, da sich näherungsweise der von der proportionalen Schichtung her bekannte Schichtungsgewinn einstellt HOLT/SMITH (1979), JAGERS (1986), JAGERS/ODÉN/TRULSSON (1985), VALLIANT (1993).

Eine Verallgemeinerung erhält man durch folgende Überlegungen. Die empirische Verteilungsfunktion F_n der Stichprobe $Y_1, \ldots, Y_n$ läßt sich als nichtparametrische Maximum-Likelihood-Schätzung (MLS) der Verteilungsfunktion F des Merkmales Y auffassen BERGER/WOLPERT (1988), KIEFER/WOLFOWITZ (1956). Indem man Mittelwerte als Funktionswerte eines Funktionales sieht, das Verteilungsfunktionen in reelle Zahlen abbildet, erhält man

$$\bar{Y} = m(F_n) = \int_{-\infty}^{+\infty} x\, dF_n(x) \tag{4}$$

als Schätzung von

$$\mu = m(F) = \int_{-\infty}^{+\infty} x\, dF(x), \tag{5}$$

wobei m das Mittelwertfunktional ist MANSKI (1988). Analog erhält man

$$\bar{Y}_\pi = m(F_\pi), \tag{6}$$

wobei die Verteilungsfunktion F_π analog zur Definition von $\bar{Y}_\pi$ ein gewogener Mittelwert von Verteilungsfunktionen

$$F_n^k(y) = \frac{1}{n_k}\, \#(X_i = k, Y_i \leq y) \tag{7}$$

ist;

$$F_\pi := \sum_{k=1}^{K} \pi_k\, F_n^k\,. \tag{8}$$

F_n^k ist die Verteilungsfunktion der Beobachtungen in der durch $X = k$ definierten Teilstichprobe und damit die empirische Verteilungsfunktion der durch

$$F^k(y) := P(Y \leq y \mid X = k) \tag{9}$$

definierten bedingten Verteilungsfunktion.

Weiter unten wird gezeigt, daß F_π die restringierte nichtparametrische MLS der Verteilungsfunktion F ist, wenn man als Restriktionsmenge nur Verteilungsfunktionen mit der Mischungsdarstellung

$$P(Y \leq y) = \sum_{k=1}^{K} \pi_k P(Y \leq y \mid X = k) \tag{10}$$

aus den festen Gewichten $\pi_1, \ldots, \pi_K$ und beliebigen bedingten Verteilungsfunktionen $P(Y \leq y \mid X = k)$ zuläßt.

Aus der allgemeinen Sichtweise, F_π als nachträgliche Schichtungsschätzung von F aufzufassen, ergeben sich zwei Vorteile:
(a) In Analogie dazu, $m(F_\pi)$ als Schätzung von $m(F)$ zu sehen, ist es möglich, auch andere Kennzahlen der Verteilung von Y mit nachträglicher Schichtung zu schätzen. Wenn eine Kennzahl θ der Verteilung von Y durch ein Funktional $t(F)$ beschreibbar ist, d.h. $\theta = t(F)$, dann kann man θ durch $t(F_\pi)$ schätzen, wobei in der Regel mit einem Schichtungseffekt gegenüber der Schätzung $t(F_n)$ zu rechnen ist.
(b) Ein zweiter Vorteil ergibt sich aus der Interpretation als restringierter MLS. Diese ermöglicht es, Schätzungen auch bei partieller Information über die Verteilung des Schichtungsmerkmales zu konstruieren. Mit $\hat{\pi}_k$ $(k = 1, \ldots, K)$ seien Schätzungen für π_k unter Berücksichtigung der partiellen Information bezeichnet. Dann läßt sich analog zu F_π der Schätzer

$$F_{\hat{\pi}} := \sum_{k=1}^{K} \hat{\pi}_k F_n^k \tag{11}$$

bilden.

Weiter unten wird gezeigt, daß $F_{\hat{\pi}}$ als restringierte nichtparametrische MLS interpretierbar ist, falls $(\hat{\pi}_1, \ldots, \hat{\pi}_K)$ die restringierte MLS von $(\pi_1, \ldots, \pi_K)$ ist. Im Spezialfall $\hat{\pi}_k = n_k/n$ $(k = 1, \ldots, K)$ der sich ergibt, wenn keinerlei Vorinformation über das Schichtungsmerkmal vorliegt, geht $F_{\hat{\pi}}$ in die empirische Verteilungsfunktion F_n über. Im Spezialfall $\hat{\pi}_k = \pi_k$ $(k = 1, \ldots, K)$ gilt $F_{\hat{\pi}} = F_\pi$. Dieser Spezialfall liegt vor, wenn die Verteilung des Schichtungsmerkmales vollständig bekannt ist.

Analog bildet man

$$\bar{Y}_{\hat{\pi}} := \sum_{k=1}^{K} \hat{\pi}_k \bar{Y}_k, \tag{12}$$

wobei sich $\bar{Y}_{\hat{\pi}}$ auch durch $\bar{Y}_{\hat{\pi}} = m(F_{\hat{\pi}})$ darstellen läßt. Die modifizierte Mittelwertschätzung $\bar{Y}_{\hat{\pi}}$ berücksichtigt also durch den Vektor $(\hat{\pi}_1, \ldots, \hat{\pi}_K)$ partielle Information.

2. Schichtungsgewinn

Der durch Gleichung (2) angegebene Schätzer hat große formale Ähnlichkeit zur Mittelwertschätzung bei proportionaler Schichtung. Im Fall der proportionalen Schichtung einer Stichprobe vom Umfang n bei gegebenen Grundgesamtheitsanteilen $\pi_1, \ldots, \pi_K$ ist der übliche Mittelwertschätzer

$$\bar{Y}_{prop} = \sum_{k=1}^{K} \pi_k \, \bar{Y}_{(k)}, \tag{13}$$

wobei $\bar{Y}_{(k)}$ den Mittelwert der k-ten Schicht in der Stichprobe bezeichnet, der aus einer Teilstichprobe mit dem nichtstochastischen, geplanten Stichprobenumfang $n_{(k)} = \pi_k \, n$ berechnet ist.

Dagegen sind bei der nachträglichen Schichtung die n_k binomialverteilte Zufallsvariablen,

$$n_k = \#(X_i = k) \sim Bin(n, \pi_k). \tag{14}$$

$\mathbf{n} = (n_1, \ldots, n_K)$ ist ein multinomialverteilter Zufallsvektor mit dem Parametervektor $\boldsymbol{\pi} = (\pi_1, \ldots, \pi_K)$:

$$\mathbf{n} \sim MULT_K(n, \boldsymbol{\pi}). \tag{15}$$

Die Mittelwertschätzung bei proportionaler Schichtung $\bar{Y}_{prop}$ weist in der Regel als Folge des sogenannten Schichtungseffektes im Vergleich zum ungewogenen Mittelwert $\bar{Y}$ eine kleinere Varianz auf (Schichtungsgewinn).

Mit wachsendem n konvergieren die stochastischen n_k gegen die festen Stichprobenumfänge $n_{(k)} = \pi_k \, n = E(n_k)$, so daß sich für $\bar{Y}_\pi$ ähnliche Schichtungsgewinne wie für $\bar{Y}_{prop}$ ergeben. Es ist bekannt, daß $\bar{Y}_{prop}$ und $\bar{Y}_\pi$ die gleiche asymptotische Verteilung besitzen (z.B. JAGERS/ODÉN/TRULSSON (1985)). Für kleine Stichprobenumfänge werden Schichtungsgewinne bei nachträglicher Schichtung nur im Durchschnitt realisiert, da $\bar{Y}_\pi$ zufällig um $\bar{Y}_{prop}$ schwankt.

Der Schichtungsgewinn kann aus dem allgemeinen Varianzzerlegungssatz

$$Var(Y) = E[Var(Y|X)] + Var[E(Y|X)] \tag{16}$$

gewonnen werden, der mit $\sigma^2 := Var(Y)$ und $\mu = E(Y)$ zu

$$\sigma^2 = \sum_{k=1}^{K} \pi_k \, \sigma_k^2 + \sum_{k=1}^{K} \pi_k \, (\mu_k - \mu)^2 \tag{17}$$

führt. $\sigma_k^2 = Var(Y|X = k)$ und $\mu_k = E(Y|X = k)$ sind Parameter der durch (9) definierten bedingten Verteilungsfunktion F^k. Für μ gilt

$$\mu = \sum_{k=1}^{K} \pi_k \, \mu_k. \tag{18}$$

Zu dieser Formel führt der Satz von der totalen Wahrscheinlichkeit in der Form

$$P(Y \in A) = \sum_{k=1}^{K} P(X = k)\, P(Y \in A | X = k)$$

über die Spezialisierung

$$P(Y \leq y) = \sum_{k=1}^{K} \pi_k\, P(Y \leq y | X = k)$$

bzw.

$$F(y) = \sum_{k=1}^{K} \pi_k\, F^k(y) \tag{19}$$

und Mittelwertbildung.

Im Unterschied zu $Var(\bar{Y}) = \sigma^2 / n$ ist die Varianz des Schätzers $\bar{Y}_{prop}$ durch

$$Var(\bar{Y}_{prop}) = \frac{1}{n} \sum_{k=1}^{K} \pi_k\, \sigma_k^2 \tag{20}$$

bestimmt. Der zweite Summand in (17) charakterisiert also die Höhe des Schichtungsgewinnes bei proportionaler Schichtung, der um so größer ist, je größer die Mittelwertheterogenität ist. Wegen des Zusammenhanges zwischen der proportionalen und der nachträglichen Schichtung ist auch bei nachträglicher Schichtung ein Schichtungsgewinn zu erwarten.

Ein Spezialfall, in dem eine große Heterogenität der Mittelwerte automatisch gegeben ist, liegt vor, wenn das Schichtungsmerkmal eine Größenklassierung des Zielmerkmales definiert. Falls Klassengrenzen für das Merkmal Y durch $a_0 < a_1 < \ldots < a_k$ definiert sind und X die Klassenzugehörigkeit charakterisiert,

$$x = k, \qquad \text{falls} \qquad a_{k-1} < y \leq a_k,$$

dann gilt für die Klassenmittelwerte

$$\mu_1 < \mu_2 < \ldots < \mu_K.$$

In diesem Fall ist also mit hohen Schichtungsgewinnen zu rechnen, falls die Anteile $\pi_1, \pi_2, \ldots, \pi_K$ bekannt sind. Aber auch im Fall partieller Information über π ist mit Schichtungsgewinnen zu rechnen.

2. Restringierte nichtparametrische MLS

1. Faktorisierung der Likelihoodfunktion

In diesem Abschnitt sollen die weiter oben heuristisch motivierten Schätzer für die Verteilungsfunktion F als nichtparametrische ML–Schätzer charakterisiert werden.

Ausgangspunkt sind die Beobachtungspaare (x_i, y_i) $(i = 1, \ldots, n)$ mit $x_i \in \{1, \ldots, K\}$, die Realisationen von unabhängigen und identisch verteilten Zufallsvektoren (X_i, Y_i) mit der gemeinsamen Verteilungsfunktion

$$F^{(2)}(x, y) = P(X \leq x, Y \leq y) \tag{21}$$

sind. Eine der Randverteilungen ist die diskrete Verteilung des Schichtungsmerkmales X, die durch den Vektor $\boldsymbol{\pi}$ charakterisiert ist. Die zweite Randverteilung ist die Verteilung des Merkmales Y mit der Verteilungsfunktion F.

Die Likelihoodfunktion der Beobachtungen

$$L(F^{(2)}) = \prod_{i=1}^{n} P(X_i = x_i, Y_i = y_i) \tag{22}$$

wird als Funktion der gemeinsamen Verteilung, repräsentiert durch die gemeinsame Verteilungsfunktion $F^{(2)}$, aufgefaßt. Der Schlüssel für eine Faktorisierung der Likelihoodfunktion $L(F^{(2)})$ liegt in der Faktorisierung

$$P(X_i = x_i, Y_i = y_i) = P(Y_i = y_i \mid X_i = x_i)\, P(X_i = x_i), \tag{23}$$

die sich unmittelbar aus der Definition bedingter Wahrscheinlichkeiten ergibt. Für die Likelihoodfunktion der Beobachtungen resultiert eine Faktorisierung in $1 + K$ Faktoren

$$L(F^{(2)}) = L_X(\boldsymbol{\pi}) \prod_{k=1}^{K} L_{Y|k}(F^k) \tag{24}$$

mit

$$L_X(\boldsymbol{\pi}) := \prod_{k=1}^{K} P(X = k)^{n_k} = \prod_{k=1}^{K} \pi_k^{n_k} \tag{25}$$

und

$$L_{Y|k}(F^k) := \prod_{i=1}^{n} P(Y = y_i | X = k)^{I_{\{k\}}(x_i)}. \tag{26}$$

Bei gegebenen Beobachtungen ist L_X eine Funktion der Verteilung von X, die durch den Vektor $\boldsymbol{\pi}$ charakterisiert ist, und $L_{Y|k}$ ist eine Funktion der bedingten Verteilung F^k.

2. *MLS bei unterschiedlicher Vorinformation*

Im folgenden werden drei Fälle von Vorinformation über die Verteilung des Schichtungsmerkmales unterschieden.

(a) $\boldsymbol{\pi}$ bekannt

Sind die Wahrscheinlichkeiten π_k $(k = 1, \ldots, K)$ bekannt, so liegt die Randverteilung von X fest. Zur Bestimmung der restringierten MLS ist die Likelihoodfunktion L zu maximieren, wobei die bekannten Randwahrscheinlichkeiten als lineare Restriktionen formuliert werden können.

Einfacher ist es, von der Faktorisierung (24) auszugehen. Da der Faktor $L_X(\boldsymbol{\pi})$ bei bekannten π_k und für feste Beobachtungen n_k konstant ist, wird die Likelihoodfunktion L maximal, wenn die Faktoren $L_{Y|k}(F^k)$ maximiert werden. In gleicher Art, wie die empirische Verteilungsfunktion F_n die nichtparametrische MLS der unbekannten Verteilungsfunktion F ist, werden die Faktoren $L_{Y|k}(F^k)$ durch die bedingten empirischen Verteilungen F_n^k

maximiert. Somit läßt sich die maximierende Verteilung $\hat{P}_{\boldsymbol{\pi}}$, also diejenige Wahrscheinlichkeitsverteilung, für die (24) maximal wird, in der Form

$$\hat{P}_{\boldsymbol{\pi}}(X = k, Y \leq y) = \pi_k F_n^k(y) \tag{27}$$

darstellen ($k = 1, \ldots, K$; $-\infty < y < +\infty$).

Die restringierte MLS von F, der Randverteilung von Y, ist dann die Randverteilung von $\hat{P}_{\boldsymbol{\pi}}$, nämlich $F_{\boldsymbol{\pi}}$, vgl. (8). Analog ergibt sich (2) als restringierte MLS von μ.

(b) $\boldsymbol{\pi}$ unbekannt

Ist die Randverteilung von X unbekannt, so wird L durch die zweidimensionale empirische Verteilungsfunktion

$$F_n^{(2)}(x, y) = \frac{1}{n} \#(X_i \leq x, Y_i \leq y) \tag{28}$$

maximiert. Die Randverteilung von Y wird durch die entsprechende Randverteilung von $F_n^{(2)}$, d.h. durch die empirische Verteilungsfunktion F_n geschätzt. Deren Mittelwert wird durch das arithmetische Mittel $\bar{Y}$ geschätzt. Analog wird die Randverteilung von X, d.h. der Vektor $\boldsymbol{\pi}$, durch den Vektor der relativen Häufigkeiten

$$\mathbf{p} = (p_1, \ldots, p_K)$$

mit

$$p_k = n_k \,/\, n$$

geschätzt.

(c) Partielle Information

Zwischen den in (a) und (b) betrachteten Fällen liegen Fälle der partiell bekannten Verteilung von X. Im einfachsten Fall partieller Information könnten einige der π_k bekannt sein, andere nicht. Weitere Möglichkeiten sind bekannte Ordnungsrelationen ($\pi_j \geq \pi_k$) oder Intervallrestriktionen ($a_k \leq \pi_k \leq b_k$). Allgemein kann der Fall (c) so charakterisiert werden, daß $\boldsymbol{\pi} = (\pi_1, \ldots, \pi_K)$ als Parametervektor aufgefaßt wird, mit $\boldsymbol{\pi} \in \Pi$ für eine bekannte Menge Π.

Auch für diesen Fall ist die Zerlegung (24) sehr fruchtbar. Die Randverteilung von X hat nämlich lediglich Einfluß auf den Faktor L_X, so daß die Maximierung der Likelihoodfunktion L zweistufig erfolgen kann: L_X ist zu maximieren bezüglich der Restriktion $\boldsymbol{\pi} \in \Pi$, während die Faktoren $L_{Y|k}$ durch die bedingten empirischen Verteilungen maximiert werden, wie auch immer die durch Π charakterisierte partielle Information über die Verteilung von X aussieht.

Die Maximierung von L_X ist äquivalent zur Bestimmung eines ML–Schätzers in einem Multinomialmodell, da L_X bis auf einen konstanten Faktor, den Multinomialkoeffizienten, mit der Likelihoodfunktion im Multinomialmodell

$$(n_1, n_2, \ldots, n_K) \sim MULT_K(n, \boldsymbol{\pi}) \tag{29}$$

übereinstimmt. Ein Vektor $\hat{\boldsymbol{\pi}} = (\hat{\pi}_1, \ldots, \hat{\pi}_K)$, der L_X bezüglich der Restriktion $\boldsymbol{\pi} \in \Pi$ maximiert, ist also ein restringierter ML–Schätzer für $\boldsymbol{\pi} \in \Pi$ im

Multinomialmodell RAO (1968). Mit dem so bestimmten Vektor $\hat{\boldsymbol{\pi}}$ ist die maximierende Verteilung $\hat{P}_\Pi$ von der Form

$$\hat{P}_\Pi(X = k, Y \leq y) = \hat{\pi}_k \, F_n^k(y). \tag{30}$$

Die restringierte MLS von F, der Randverteilung von Y, ist durch (11) und die Schätzung des Mittelwertes von F ist durch (12) gegeben.

Das ML–Prinzip rechtfertigt also grundsätzlich ein zweistufiges Vorgehen bei der Schätzung der Verteilung eines Merkmales Y, wenn partielle Information über ein Schichtungsmerkmal X vorliegt.

In einer ersten Stufe kann die partielle Information über die Verteilung des Schichtungsmerkmales X mit den Beobachtungen des Schichtungsmerkmales zu einer Schätzung $\hat{\boldsymbol{\pi}}$ für den Vektor $\boldsymbol{\pi}$ zusammengefaßt werden. In der zweiten Stufe ersetzt dann der geschätzte Vektor $\hat{\boldsymbol{\pi}}$ den unbekannten Vektor $\boldsymbol{\pi}$, und das weitere Vorgehen entspricht dem Fall der bekannten Verteilung des Schichtungsmerkmales.

3. Effizienz und asymptotische Verteilung

Es ist schwierig, allgemeine Aussagen über die Größe des Effizienzgewinnes zu machen, wenn der Schätzer $\bar{Y}_{\hat{\pi}}$ anstelle von $\bar{Y}$ verwendet wird. Die Problematik soll am einfachsten Spezialfall $K = 2$ erläutert werden. In diesem Fall ist X ein dichotomes Merkmal mit den Ausprägungen $k = 1, 2$ (z.B. das Merkmal Geschlecht, wobei die Ausprägungen männlich und weiblich durch 1 und 2 gemessen sind) mit den Grundgesamtheitsanteilen π_1 und π_2.

Ist neben dem Merkmal Y mit der Verteilungsfunktion F das Hilfsmerkmal X mit der bekannten Verteilung (π_1, π_2) beobachtbar, so ist

$$F_\pi(y) = \pi_1 \, F_n^1(y) + \pi_2 \, F_n^2(y)$$

die nachträgliche Schichtungsschätzung von F und

$$\bar{Y}_\pi = \pi_1 \, \bar{Y}_1 + \pi_2 \, \bar{Y}_2$$

die entsprechende Mittelwertschätzung.

Partielle Information über (π_1, π_2), z.B. der Form

$$\pi_1 \in [a, b],$$

kann verwendet werden, um zunächst eine restringierte ML-Schätzung $(\hat{\pi}_1, \hat{\pi}_2)$ für (π_1, π_2) zu bestimmen. Diese Schätzung hängt außer von den Beobachtungen $X_1, X_2, \ldots, X_n$ auch von der Vorinformation $[a, b]$ ab und ist von der Form

$$\hat{\pi}_1 = \begin{cases} a & \\ p_1 & \text{falls} \\ b & \end{cases} \begin{matrix} p_1 < a \\ p_1 \in [a, b] \\ p_1 > b \end{matrix} \tag{31}$$

mit

$$p_1 := n_1 \, / \, n$$

und

$$\hat{\pi}_2 = 1 - \hat{\pi}_1.$$

Es ist wohlbekannt, daß die asymptotische Verteilung von $n^{1/2}(p_1 - \pi_1)$ die Normalverteilung $N(0, \pi_1(1-\pi_1))$ ist. Im Fall der stochastischen Konvergenz

$$n^{1/2}(\hat{\pi}_1 - p_1) \xrightarrow{P} 0 \tag{32}$$

konvergieren $n^{1/2}(\hat{\pi}_1 - \pi_1)$ und $n^{1/2}(p_1 - \pi_1)$ gegen dieselbe Grenzverteilung (Theorem von Slutzky).

Es müssen die beiden Fälle $\pi_1 \in (a, b)$ und $\pi_1 \in \{a, b\}$ unterschieden werden. $\hat{\pi}_1$ und p_1 unterscheiden sich nur für Realisationen von p_1 außerhalb von $[a, b]$ und zwar mit der Wahrscheinlichkeit

$$\alpha_n := P(p_1 \notin [a, b]) = P(\hat{\pi}_1 \neq p_1). \tag{33}$$

Es gilt

$$\lim_{n\to\infty} \alpha_n = 0, \qquad \text{falls} \qquad \pi_1 \in (a, b) \tag{34}$$

und

$$\lim_{n\to\infty} \alpha_n = \frac{1}{2}, \qquad \text{falls} \qquad \pi_1 \in \{a, b\}. \tag{35}$$

Der erste Fall impliziert zunächst nur die stochastische Konvergenz

$$\hat{\pi}_1 - p_1 \xrightarrow{P} 0,$$

aber nicht die stärkere Bedingung (32). Da $n\,p_1$ binomialverteilt ist, geht α_n mit wachsendem Stichprobenumfang so schnell gegen Null, daß auch

$$\lim_{n\to\infty} n^{1/2}\alpha_n = 0$$

und somit (32) erfüllt ist.

Im zweiten Fall kann (32) offensichtlich nicht erfüllt sein. Z.B. ist im Fall $\pi_1 = b$ die asymptotische Verteilung von

$$Z_n := \frac{\hat{\pi}_1 - \pi_1}{\sqrt{\pi_1(1-\pi_1)}}\, n^{1/2}$$

eine Verteilung mit einem diskreten und einem stetigen Teil, wobei die Verteilungsfunktion durch

$$\lim_{n\to\infty} P(Z_n \leq z) = I_{(-\infty,0)}(z)\,\Phi(z) + I_{[0,+\infty)}(z)$$

gegeben ist.

In der Literatur ist es üblich, Komplikationen, wie sie im zweiten Fall auftreten, nicht zu behandeln und restringierte ML–Schätzungen für die Parameter von Binomial- oder Multinomialverteilungen nur dann zu betrachten, wenn Regularitätsbedingungen vorliegen, welche die Konsistenz und asymptotische Normalität der Schätzer garantieren (z.B. RAO (1968)). Hier würde dies durch die Annahme „π_1 liegt im Inneren von $[a, b]$“ oder alternativ dadurch erzwungen, daß nur ein offener Parameterraum zugelassen wird. Der zweite Fall des Beispiels verdeutlicht aber, daß auch der Fall einer asymptotisch nicht normalverteilten Schätzfunktion interessant sein kann, wenn er, wie in diesem Beispiel, mit erheblichen Effizienzgewinnen (im Sinne eines kleineren MSE) verbunden ist.

Der erste Fall des Beispiels verdeutlicht auch, daß in Fällen, in denen die asymptotischen Verteilungen von $\hat{\pi}_1$ und p_1 übereinstimmen, trotzdem für endlichen Stichprobenumfang mit Effizienzgewinnen zu rechnen ist, da der Schätzer $\hat{\pi}_1$ auf den Rand von $[a, b]$ gezogen wird, falls p_1 außerhalb von $[a, b]$ liegt, und daher näher als p_1 bei π_1 liegt.

Nach diesen Vorüberlegungen kann die Frage, welche asymptotische Verteilung $\bar{Y}_{\hat{\pi}}$ im allgemeinen Fall besitzt, teilweise beantwortet werden.

Aus

$$n^{1/2}(\bar{Y}_{\hat{\pi}} - \bar{Y}) = \sum_{k=1}^{K} n^{1/2}(\hat{\pi}_k - p_k)\bar{Y}_k$$

ergibt sich, daß $n^{\frac{1}{2}}(\bar{Y}_{\hat{\pi}} - \bar{Y})$ stochastisch gegen 0 konvergiert, falls die Zufallsvariablen $n^{\frac{1}{2}}(\hat{\pi}_k - p_k)$ stochastisch gegen 0 konvergieren. Diese Bedingung ist hinreichend, da jeweils $\bar{Y}_k$ stochastisch gegen μ_k, den Mittelwert der bedingten Verteilung F^k konvergiert (Gesetz der großen Zahlen; $\sigma^2 < \infty$ vorausgesetzt). Somit besitzen unter der angegebenen Bedingung, die z.B. erfüllt ist, wenn π im Inneren von Π liegt, die Zufallsvariablen

$$n^{1/2}(\bar{Y} - \mu)$$

und

$$n^{1/2}(\bar{Y}_{\hat{\pi}} - \mu)$$

dieselbe Grenzverteilung $N(0, \sigma^2)$ und der Schätzer $\bar{Y}_{\hat{\pi}}$ hat asymptotisch dieselbe Verteilung wie $\bar{Y}$, nämlich die Normalverteilung $N(\mu, \sigma^2/n)$. Mit asymptotischen Effizienzgewinnen ist daher nur für Randlagen von π in Π zu rechnen. Außerdem sind Effizienzgewinne gerade im Fall kleiner Stichprobenumfänge dadurch möglich, daß der Vektor $\hat{\pi}$ stets in Π und dadurch tendenziell näher bei $\pi \in \Pi$ liegt als der Vektor der relativen Häufigkeiten.

4. Schlußbemerkungen

Aus der im zweiten Teil angegebenen Faktorisierung der Likelihoodfunktion ergibt sich zusammen mit der Anwendung des Maximum–Likelihood–Prinzips eine grundsätzliche Möglichkeit zur Behandlung von Fällen, bei denen über die Verteilung des Schichtungsmerkmales nur partielle Information vorliegt. Allerdings ergibt sich weiterer Forschungsbedarf in den folgenden Bereichen:

(a) Bei der restringierten ML–Schätzung der Parameter im Multinomialmodell können möglicherweise allgemeine Ergebnisse für spezielle Klassen partieller Information erzielt werden. Anwendungsrelevant sind z.B. die folgenden Fälle partieller Information über die Komponenten π_k des Vektors π:

— die π_k sind zum Teil bekannt und zum Teil unbekannt,

— für die π_k liegen Intervallrestriktionen ($a_k \leq \pi_k \leq b_k$) vor,

— für die π_k liegen Ordnungsrestriktionen ($\pi_j \geq \pi_k$) vor.

(b) Um genauere Kenntnisse über Effizienzgewinne durch den Schichtungseffekt zu erhalten, ist es denkbar, analog zu der im zweiten Teil an einem Beispiel angedeuteten Vorgehensweise die asymptotische Verteilung der Schätzer analytisch oder durch Simulation auch für solche Fälle zu untersuchen, bei denen die asymptotischen Verteilungen nicht normal sind.

(c) Für die Ermittlung des Effizienzgewinns bei kleinen Stichprobenumfängen sind Simulationsuntersuchungen erforderlich, da analytische Berechnungen kaum handhabbar sind. Beispielsweise spielt eine entscheidende Rolle die Verteilung des Zufallsvektors

$$(n_1^{-1}, \ldots, n_K^{-1})$$

unter der Bedingung $n_1 > 0, \ldots, n_K > 0$, wobei der Vektor $\mathbf{n}$ multinomialverteilt ist.

Bei den unter (b) und (c) beschriebenen Untersuchungen wird man sich zunächst auf Spezialfälle, wie sie unter Abschnitt (a) angedeutet sind, beschränken müssen.

Literatur

BERGER, J. O. / WOLPERT, R. L. (1988): The Likelihood Principle (Second Edition); Institute of Mathematical Statistics: Hayward, California.

HOLT, D. / SMITH, T. M. F. (1979): Post stratification; Journal of the Royal Statistical Society, Series A: General 142, 33-46.

HUSCHENS, S. / STAHL, G. (1993): Nichtparametrische Maximum-Likelihood-Inferenz mit A-priori-Restriktionen; Operations Research Proceedings 1992, Hrsg.: K.-W. Hausmann et al., 374-381.

HUSCHENS, S. / STAHL, G. (1994): Estimation in semiparametric models using an auxiliary model; Dresdner Beiträge zu Quantitativen Verfahren 3/94. TU Dresden, Fakultät Wirtschaftswissenschaften.

JAGERS, P. (1986): Post-stratification against bias in sampling; International Statistical Review 54, 159-167.

JAGERS, P. / ODÉN, A. / TRULSSON, L. (1985): Post-stratification and ratio estimation: Usages of auxiliary information in survey sampling and opinion polls; International Statistical Review 53, 221-238.

KIEFER, J. / WOLFOWITZ, J. (1956): Consistency of the maximum likelihood estimator in the presence of infinitely many incidential parameters; The Annals of Mathematical Statistics 27, 887-906.

MANSKI, C. (1988): Analog Estimation Methods in Econometrics; Chapman and Hall: London.

POKROPP, F. (1980): Stichproben – Theorie und Verfahren; Athenäum: Frankfurt a. M.

RAO, C. R. (1968): Linear Statistical Inference and Its Applications; Wiley: New York.

VALLIANT, R. (1993): Poststratification and conditional variance estimation; Journal of the American Statistical Association 88, 89-96.

Der EKS–Index zur Berechnung der Kaufkraftparitäten der EU–Länder

Von WALTER KRUG*, Trier

Zusammenfassung: Der EKS–Index, angewandt von EUROSTAT und OECD zur multilateralen Berechnung von Kaufkraftparitäten der entsprechenden Mitgliedsländer, besteht aus Paritäten, die eine Funktion der ursprünglich nichttransitiven Fisher–Paritäten sind. Die dadurch abgeleiteten multilateralen Ergebnisse sind transitiv und weichen von den ursprünglichen binären „idealen" Fisher–Indizes nur minimal ab. Voraussetzung ist, daß die Preise im EKS–Index von Gütern stammen, die äquicharakteristisch sind. Zur Abschätzung der Wirkung des systematischen Fehlers bei der Güterauswahl auf die Paritäten wird ein Faktor (Gewicht) entwickelt, der in die EKS–Matrix in Form der Relation „Fehlerniveau des z.B. Landes A zu Fehlerniveau des z.B. Landes B" eingeht. Ähnlich gewichtete KKP werden auch indirekten Preisparitäten zugrundegelegt, die aus EKS–Mengenparitäten von nicht marktbewerteten Gütern (z.B. Ausbildung) und den entsprechenden Ausgaben gebildet werden. Das Gewicht soll dann eine unterschiedliche Effizienz (z.B. im Bildungswesen) in den Ländern zum Ausdruck bringen.

1. Einführung

Ein räumlicher Preisindex gibt an, wie viele Geldeinheiten einer Währung eines Landes zu einem bestimmten Zeitpunkt notwendig sind, um den gleichen Anteil an einer gegebenen Gütergruppe zu kaufen, wie das mit einer Einheit einer Währung eines anderen Landes möglich ist oder kürzer ausgedrückt: Eine Kaufkraftparität (KKP) zwischen zwei Ländern A und B ist die Anzahl der Währungseinheiten des Landes A, die bezüglich der Kaufkraft einer Einheit der Währung des Landes B äquivalent ist. Die Kaufkraftparitäten dienen als Umrechnungssatz, um die hinter den in nationalen Währungen ausgedrückten Wertangaben stehenden Gütermengen verschiedener Länder miteinander vergleichen zu können. Die mit Wechselkursen umgerechneten Wertangaben bleiben Norminalwerte, während jene, die mittels KKP umgerechnet werden, Realwerte darstellen. Dabei macht die räumliche Deflationierung der Aggregate der Volkswirtschaftlichen Gesamtrechnungen (VGR) einen wichtigen Verwendungszweck der KKP aus, so daß ein internationaler Vergleich dieser Größen möglich ist. Würden die amtlichen Wechselkurse den Preisverhältnissen entsprechen, würden sie die relative Kaufkraft einer Währung widerspiegeln; aber zu sehr zeigen sich Devisenkurse von Faktoren wie internationale Kapitalbewegungen, Außenhandelsstrukturen, politische Einflußnahmen und anderen Einflüssen bestimmt, die jenseits von Kaufkraftunterschieden liegen.

Der EKS-Index, benannt nach den Ungarn Ö. ELTETÖ und P. KÖVES sowie dem Polen B. SZULC, ist die Methode, die EUROSTAT (vgl. EUROSTAT 1983, KRIJNSE–LOCKER 1984, EUROSTAT 1988, EUROSTAT 1994) und

* Prof. Dr. Walter Krug, FB IV, Statistik, Universität Trier, D–54286 Trier

OECD (vgl. OECD 1992, OECD 1993) anwenden, um Kaufkraftparitäten für die Länder der EU zu berechnen. Empirisch zeigen sich folgende Diskrepanzen zwischen der nach dieser Methode berechneten KKP und dem Wechselkurs, wenn für das Jahr 1991 beide Größen für beispielhaft ausgewählte Länder verglichen werden (vgl. EUROSTAT 1994, S. 19f). Ein ECU beträgt für Deutschland, Dänemark und Griechenland 2,051, 7,909 bzw. 225,2 Einheiten nationaler Währung. Eine KKP beläuft sich für die entsprechenden Länder auf 2,224, 9,752 bzw. 171,3 Einheiten nationaler Währung. Besonders bemerkenswerte Ergebnisse finden sich, wenn das nominale Bruttoinlandsprodukt (BIP) pro Kopf für jedes Land der Gemeinschaft mit den KKP umgerechnet und auf den Gemeinschaftsdurchschnitt des BIP pro Kopf bezogen wird (EUR 12 = 100). Dann ergeben sich 1991 für die beispielhaft ausgewählten Länder folgende Prozentzahlen (vgl. EUROSTAT 1994, S. 19): Dänemark 111, Deutschland 105, Griechenland 50. Wird der Indikator mit Hilfe des Wechselkurses (in ECU) gebildet, so lauten die Werte für diese Länder: 137, 114 und 38. Damit ist die Rolle der KKP für internationale Vergleiche ökonomischer Aktivitäten gegenüber dem Wechselkurs empirisch evident.

Bevor auf die Methode des EKS–Index eingegangen wird, sind zwei wichtige Voraussetzungen für die Auswahl der Güter zu nennen, deren Preise in die KKP–Berechnungen eingehen. Bei der Erhebung der Preise von Gütern und Diensten sind solche Produkte auf der Ebene der Einzelpositionen auszuwählen, die repräsentativ und äquicharakteristisch sind.

Die Einzelposition ist zwar die kleinste Disaggregationsebene des BIP und kann als relativ homogene Produktgruppe bezeichnet werden, doch beinhaltet auch diese Kategorie u.U. eine Vielzahl von Einzelprodukten, die sich in zahlreichen Merkmalen unterscheiden. Innerhalb einer Einzelposition sind in der Regel für jedes Länderpaar mehrere Produkte und somit mehrere Preisverhältnisse verfügbar. Die Auswahl der Güter für jede Einzelposition (basic heading) muß repräsentativ für die Gütergruppe sein.

Wird der Vergleich zwischen dem Land A und dem Bezugsland B auf der Grundlage eines Produktes durchgeführt, das unter sämtlichen, den beiden Ländern gemeinsamen Produkten der Einzelposition am besten das Konsumentenverhalten des Landes B widerspiegelt, so ist der Vergleich für das Land B charakteristisch. Ein Vergleich zwischen zwei Ländern A und B kann daher entweder für das Land A oder für Land B charakteristisch sein oder ausgewogen zwischen beiden Ländern durchgeführt werden. Vergleiche, die für ein bestimmtes Land charakteristisch sind, führen zur Überschätzung der Mengenniveaukomponenten und zu einer Unterschätzung des Preisniveaus im Verhältnis zum Basisland. Dieser Effekt resultiert aus der in der Regel negativen Korrelation zwischen relativen Preisen und relativen Mengen und ist in der Literatur unter der Bezeichnung „Engel–Gerschenkon–Effekt" bekannt. Die Verzerrungen können vermieden werden, indem der Vergleich mit ausgewogener Charakteristizität durchgeführt wird (vgl. GERADI 1982, S. 392f.). Damit wird ein für alle Länder gleich hoher Grad an Charakteristizität unterstellt. Dieses Kriterium der sogenannten „Äquicharakteristizität" findet daher auch im Rahmen internationaler Realwertvergleiche des BIP und seiner Verwendungen Anwendung. „Each country must ... propose at least one product characteristic of its own consumption for each elementary heading at the end of the survey ... it also provides indications of characteristicity for the various products. This information is used in the calculation of the parities for the basic headings so as to guarantee equicharacteristicity" (EUROSTAT 1994, S. 6).

2. Binärer Ansatz

Die Berechnungsmethode für die Paritäten der Einzelpositionen ist im Grunde eine logische Erweiterung des binären Ansatzes, der bei der Produktauswahl verwendet wird. Zunächst werden in Abhängigkeit von der Verfügbarkeit der Preise der jeweiligen Erzeugnisse zwei getrennte binäre KKP für jeden individuellen Ländervergleich berechnet. Die Preise der äquicharakteristischen Güter i ($i = 1, \ldots, n$) werden zum geometrischen Mittel von Preismeßziffern verarbeitet, die alle gleichgewichtet sind (mit dem Gewicht Eins). In Verbindung mit der Preiserhebung äquicharakteristischer Güter ist die Menge mit Eins normiert. Sind für die zu vergleichenden Länder A und B Preise für die von den Ländern jeweils vorgeschlagenen Produkte vorhanden und ist B Basisland, so werden erst die Preisverhältnisse für die in B repräsentativen und in Land A ebenfalls vorhandenen Erzeugnisse nach dem Laspeyres-Typ ermittelt. Bei der geometrischen Mittelung dieser Werte gehen die Produkte des Basislandes als Gewichte ein, wobei das Gewicht für die Güter, die nicht typisch in diesem Land sind, Null ist. Es gilt:

$$L_{AB} = \left[\prod_{i=1}^{n_B} P_{A_i} \Big/ P_{B_i}\right]^{1/n_B} ,$$

wobei die Anzahl der in B repräsentativen Produkte darstellt. Die Laspeyres-Preisparität beantwortet die Frage, wie viele ausländische Geldeinheiten in Land A aufzubringen sind, um die für das Basisland B repräsentativen Güter zu erwerben, die in B eine Geldeinheit kosten. Ein Index des Laspeyres-Typs ist folglich nur dann definiert, wenn beide Länder zu mindestens einem für das Land B repräsentativen Gut der Einzelposition Preisangaben liefern können.

Im zweiten Berechnungsschritt werden die gleichen Relationen, allerdings auf Grundlage der in A repräsentativen und in B ebenfalls vorhandenen Produkte, ermittelt:

$$P_{AB} = \left[\prod_{i=1}^{n_A} P_{A_i} \Big/ P_{B_i}\right]^{1/n_A} .$$

Die zweite Berechnung der Parität zwischen den Ländern A und B entspricht dem Paasche-Typ, da die Erzeugnisse des Berichtslandes als Gewichte bei der geometrischen Mittelung verwendet werden. Da jeder der beiden Indizes durch explizite Berücksichtigung der in den jeweiligen Basisländern charakteristischen Produkte zu extremen Verzerrungen führt und keine der geforderten Bedingungen von diesen Indizes erfüllt wird, erfordert die für das Länderpaar A, B letztendlich zu berechnende Parität eine andere Darstellung.

Der von I. FISHER (1922) entwickelte Fisher–Index bietet sich zur Lösung dieses Problems an, da er als das geometrische Mittel aus Laspeyres– und Paasche–Index definiert ist:

$$F_{AB} = (L_{AB} \cdot P_{AB})^{1/2}.$$

Für den Vergleich zweier Länder sind die so berechneten Paritäten besonders gut geeignet, da sie nur die Verbrauchsgewohnheiten und die Preise der beiden Vergleichsländer berücksichtigen.

Die geometrische Mittelung gewährleistet, daß der Fisher–Index hinsichtlich der Anforderung der Unverzerrtheit als „ideal" zu bezeichnen ist. Da in diesem Verfahren die repräsentativen Güter beider Vergleichsländer berücksichtigt werden, ist die Bedingung der Äquicharakteristizität erfüllt. Würde diese Gleichheitsbedingung nicht eingehalten, könnte der Fisher–Index aufgrund fehlender Laspeyres– oder Paasche–Indizes nicht berechnet werden. Dieses Vorgehen impliziert aber auch, daß in der erstellten Fisher–Matrix für einige Länderpaare aufgrund der Variabilität der Erzeugnisse im Gemeinschaftsrahmen Lücken entstehen. Dies ist immer dann der Fall, wenn für ein Länderpaar keine gemeinsamen Produkte vorhanden sind, auf deren Basis der Fisher–Index ermittelt werden kann, d.h. wenn vergleichbare Spezifikationen fehlen.

Soll sich der Vergleich auf eine größere Anzahl von Ländern beziehen, die im Sinne des Kaufkraftvergleichs als gleichwertig betrachtet werden (multilateraler Vergleich), so ist dieses Verfahren wegen der Vielzahl notwendiger Vergleiche zu aufwendig. Für den Fall von n Ländern sind $n \cdot (n-1)$ Paritäten zu berechnen, d.h. für die Zwölfer–EU wären 132 bilaterale Paritäten zu berechnen. Zudem wären die errechneten Werte nur schwer untereinander vergleichbar, da die bilateralen Vergleiche auf jeweils länderspezifische Gewichte zurückgreifen. Die im Rahmen multilateraler Volumenvergleiche des BIP und seiner Verwendung wichtige Bedingung der Transitivität – die im Rahmen bilateraler Vergleiche keine Bedeutung hat – wird somit nicht erfüllt. Die Transitivitätsbedingung gilt dann als erfüllt, wenn aus den Paritäten zwischen einem Land und den anderen am Vergleich teilnehmenden Ländern alle weiteren Paritäten abgeleitet werden können. Schließt der Vergleich der Länder A, B und C ein, so lautet die Transitivitätsbedingung für die Paritäten (KKP):

$$KKP_{AB} = KKP_{CB}/KKB_{CA} = KKP_{CB} \cdot KKP_{AC}.$$

Ist diese Bedingung erfüllt, so ist die daraus abgeleitete Matrix konsistent und vollständig und enthält für M Länder genau $M-1$ unabhängige Preisparitäten (vgl. DIEHL 1978, S. 147f.). Transitive Vergleichsergebnisse sind unveränderlich im Verhältnis zum Bezugsland. Das Bezugsland ist jenes Land, dessen Währung als Bewertungsmaßstab („numéraire") gewählt wird. Es kann durch jedes andere Land ersetzt werden, ohne daß hierdurch die Ergebnisse beeinflußt werden. Zudem ist zu beachten, daß durch den Wechsel vom binären zum multilateralen Vergleich ein großer Anteil zusätzlicher Information verfügbar wird, der die Qualität der Ergebnisse des Kaufkraftvergleichs wesentlich verbessern kann (Transitivitätsbeziehungen). Informationen über relative Preise in einem anderen Land können sehr hilfreich sein, wenn Länder betrachtet werden, deren eigene Preisangaben einen direkten Vergleich nicht ermöglichen (vgl. RUGGLES 1967, S. 171ff.; HILL 1982, S. 40f).

3. Multilateraler Ansatz

Das Ergebnis des bilateralen Ansatzes ist eine unvollständige Matrix binärer Indizes des Fisher-Typs, die die Transitivitätseigenschaft nicht besitzen. EUROSTAT wendet daher seit 1975 eine Methode an, die transitive Matrizen liefert und gleichzeitig die fehlenden Paritäten ersetzt. Die besondere Eigenschaft dieses als EKS-Methode bezeichneten Verfahrens liegt darin, daß die abgeleiteten transitiven Ergebnisse minimal von den ursprünglichen binären „idealen" Fisher-Indizes abweichen. Bezeichnet EKS_{AB} (bzw. F_{AB} die KKP vom Typ EKS (bzw. Fisher) zwischen dem Land A und dem Bezugsland B, so leitet sich der EKS-Index unter Minimierung des folgenden Abstandskriteriums ab:

$$\sum_A \sum_B (\log EKS_{AB} - \log F_{AB})^2 = \min!$$

Die Minimierung dieses Ausdrucks liefert EKS-Paritäten, die eine Funktion der ursprünglich nichttransitiven Fisher-Paritäten sind:

$$EKS_{AB} = \left(\prod_{C=1}^{n} F_{AC} \cdot F_{CB} \right)^{1/n} = \left(F_{AB}^2 \cdot \prod_{\substack{C=1 \\ C \neq A,B}}^{n} (F_{AC} \cdot F_{CB}) \right)^{1/n}.$$

Transitive Ergebnisse resultieren aus der Annahme, daß die Parität eines jeden Länderpaares partiell durch Preise und Preisverhältnisse anderer Vergleichsländer beeinflußt wird. Bei Anwendung der EKS-Methode wird jedes direkte Preisverhältnis (direkte Fisher-Parität) durch das geometrische Mittel aus sich selbst und allen entsprechend möglichen indirekten Verhältnissen, die aus der Verwendung der anderen Länder als „Brückenländer" möglich sind, gebildet (vgl. WARD 1986, S. 44ff). Für die Berechnung der EKS-Paritäten zweier Länder A und B aus einer Gruppe von Ländern wird daher ein gewichteter geometrischer Mittelwert zwischen je zwei Paritäten gebildet:

- den direkten bilateralen Fisher-Paritäten (F_{AB}) und
- den sich aufgrund der Transitivitätseigenschaft über ein drittes Land ergebenden indirekten Paritäten (F_{AC}, F_{CB}).

Dabei wird der direkte Vergleich doppelt und der indirekte Vergleich einfach gewichtet. Ist für ein Länderpaar A, B ein direkter Fisher-Index nicht definiert, so berechnet die EKS-Methode den fehlenden Wert aus dem geometrischen Mittel aller möglichen indirekten Fisher–Paritäten.

Bezeichnet k die Zahl aller beteiligten Länder ($r = 1, \ldots, h, \ldots, j \ldots, k$), so wird die EKS–Parität zwischen den Ländern h und j berechnet:

$$EKS_{hj} = \left(\prod_{r=1}^{k} \frac{F_{hr}}{F_{jr}} \right)^{1/k} .$$

Durch die Anwendung dieser Formel werden die Lücken in der ursprünglichen Fisher–Matrix aufgefüllt, jedoch ist die so modifizierte Matrix noch nicht transitiv. Transitive EKS–Paritäten ergeben sich erst dann, wenn die EKS–Formel auf die vollständige Matrix angewendet wird. Die Matrix sieht dann wie folgt aus:

Land	1	…	j	…	k
1	EKS_{11}		EKS_{1j}	…	EKS_{1k}
⋮	⋮	⋱	⋮		⋮
h	EKS_{h1}	…	EKS_{hj}	…	EKS_{hk}
⋮	⋮		⋮	⋱	⋮
k	EKS_{k1}	…	EKS_{kj}	…	EKS_{kk}

Ein wichtiger Nachteil der EKS–Methode liegt im Fehlen der Additivität. Diese Eigenschaft betrifft Aussagen zur Stellung vergleichbarer Werte untergeordneter Aggregationsstufen zum Gesamtaggregat, also aller Aggregatsstufen der verwendeten Klassifikation bis zum BIP. Die Additivitätsbedingung ist dann erfüllt, wenn der Realwert oder das Volumen des Gesamtaggregates gleich der Summe der Realwerte bzw. der Volumen der Teilaggregate ist (vgl. PARETTI/KRIJNSE–LOCKER/GOYET 1974, S. 45ff). Im Hinblick auf jene Methoden, die einen derartigen Ansatz berücksichtigen, ist die Definition des „gemeinsamen" Preises das Unterscheidungskriterium. Die Geary–Khamis–Methode ist charakterisiert durch ein System linearer Verhältnisse zwischen den KKP und den Preis–Mengenangaben der Vergleichsländer (vgl. GEARY 1958, KHAMIS 1970). Der gemeinsame Preis nach der Gerardi–Methode (GERARDI 1982) ist im Vergleich zu den Preisstrukturen der einzelnen Länder neutral. Anstelle der Mengengewichtung erfolgt für alle Güter eine einfache Gewichtung, so daß alle Güter die gleiche Bedeutung haben. Während die verschiedenen internationalen Organisationen bisher die Geary–Khamis–Methode angewandt haben (so auch EUROSTAT, 1985; vgl. EUROSTAT 1988), wird neuerdings das EKS–Verfahren auch bei der Aggregation verwendet, nachdem „a Fisher–type price (parity) and volume index has to be calculated for each pair of countries and each aggregate" (EUROSTAT 1994, S. 14).

4. Zur Genauigkeit des EKS–Index

Es soll hierbei der systematische Fehler in den Preiserhebungen bei der Erfassung der äquicharakteristischen Güter Berücksichtigung finden. Ein systematischer Fehler soll durch den (das) Faktor (Gewicht) w als Fehlerniveau eingeführt werden:

$w_1^j = 1 \Rightarrow$ Der Preis des Gutes i im Land j weist keinen systematischen Fehler auf.

$w_i^j > 1 \Rightarrow$ der Preis des Gutes i im Land j weist einen positiven Fehler auf (Untererfassung).

$w_i^j < 1 \Rightarrow$ Der Preis des Gutes i im Land j weist einen negativen Fehler auf (Übererfassung).

Für die gewichteten Indizes gilt dann:

$$\widehat{L}_{hj} = \left(\prod_{i=1}^{n_h} \frac{p_i^j \cdot w_i^j}{p_i^h \cdot w_i^h}\right)^{1/n_h} = \left(\prod_{i=1}^{n_h} \frac{w_i^j}{w_i^h}\right)^{1/n_h} \cdot L_{hj},$$

$$\widehat{P}_{hj} = \left(\prod_{i=1}^{n_j} \frac{p_i^j \cdot w_i^j}{p_i^h \cdot w_i^h}\right)^{1/n_j} = \left(\prod_{i=1}^{n_j} \frac{w_i^j}{w_i^h}\right)^{1/n_j} \cdot P_{hj},$$

$$\widehat{F}_{hj} = (\widehat{L}_{hj} \cdot \widehat{P}_{hj}) = \left\{\left(\prod_{i=1}^{n_h} \frac{w_i^j}{w_i^h}\right)^{1/n_h} \cdot \left(\prod_{i=1}^{n_j} \frac{w_i^j}{w_i^h}\right)^{1/n_j}\right\}^{1/2} \cdot F_{hj}.$$

Für den gewichteten EKS–Index ergibt sich dann:

$$\widehat{EKS}_{hj} = (\widehat{L}_{hj} \cdot \widehat{P}_{hj}) =$$

$$= \left(\prod_{r=1}^{k} \left\{\left(\prod_{i=1}^{n_h} \frac{w_i^r}{w_i^h}\right)^{1/n_h} \cdot \left(\prod_{i=1}^{n_j} \frac{w_i^j}{w_i^r}\right)^{1/n_j} \cdot \left(\prod_{i=1}^{n_r} \frac{w_i^j}{w_i^h}\right)^{1/n_r}\right\}^{1/2}\right)^{1/k} \cdot EKS_{hj}.$$

Wie sich leicht zeigen läßt, bleibt die grundlegende Eigenschaft des EKS–Index, die Transitivität, erhalten. Damit ist es also möglich, systematische Fehler bei der Berechnung von Kaufkraftparitäten mittels EKS zu berücksichtigen. Die bisherige EKS–Matrix muß mit den entsprechenden Gewichten multipliziert werden. Dieser Term läßt sich jedoch vereinfachen, wenn unterstellt wird, daß $n_h = n_j = n_r = n$, d.h. in jedem Land wird eine gleiche Anzahl von äquicharakteristischen Gütern in der Parität erfaßt. Dann gilt:

$$\widehat{EKS}_{hj} = \frac{\left(\prod_{i=1}^{n} w_i^j\right)^{1/n}}{\left(\prod_{i=1}^{n} w_i^h\right)^{1/n}} \cdot EKS_{hj}$$

$$\widehat{EKS}_{hj} = \frac{\overline{w}_j}{\overline{w}_h} \cdot EKS_{hj}\,.$$

Hierbei bezeichnet $\overline{w}_j$ bzw. $\overline{w}_h$ das geometrische Mittel der Fehlerniveaus der Preise berücksichtigter Güter des Landes j bzw. h.

Daraus ergeben sich einige Folgerungen:

1. Ist das durchschnittliche Fehlerniveau in beiden Ländern h und j gleich ($\widehat{w}_j = \widehat{h}$), so entspricht die berechnete KKP der „wahren" KKP $EKS_{hj} = \widehat{EKS}_{hj}$ für diese Länder.
2. Ist das durchschnittliche Fehlerniveau im Land j größer als im Basisland h ($\overline{w}_j > \overline{w}_h$), so ist die berechnete KKP für Land j größer als die „wahre" KKP. Die Kaufkraft des Landes j wird gegenüber dem Basisland überschätzt.
3. Ist das durchschnittliche Fehlerniveau im Land j kleiner als im Basisland h ($\overline{w}_j < \overline{w}_h$), so wird die berechnete KKP im Land j gegenüber Basisland h unterschätzt.
4. Sind die Fehler in beiden Ländern entgegengesetzt gerichtet, so wird der Effekt der Überschätzung der KKP besonders groß. Ist $\overline{w}_h > 1 \wedge \overline{w}_j < 1$, ist die Überschätzung der KKP für das Land j groß; bei $\overline{w}_j > 1 \wedge \overline{w}_h < 1$, wird die KKP für Land j stark unterschätzt.

5. Indirekte Preisparitäten

Während für die meisten Kategorien der VGR (z.B. letzter Verbrauch) Marktpreise zur Berechnung der KKP vorliegen, besteht jedoch der überwiegende Teil der Staatstätigkeit aus „nichtmarktbestimmten" Dienstleistungen. Dieser Sachverhalt gilt im allgemeinen, wenn auch mit unterschiedlichem Anteil, für das Ausbildungs- und Gesundheitswesen in den EU–Mitgliedsländern. Es ist bisher von EUROSTAT versucht worden, diese Schwierigkeiten dadurch zu behandeln, daß entweder fiktive Marktpreise für diese Dienstleistungen angenommen oder Input–Preise verwendet wurden, wobei unterstellt wurde, daß die nicht–marktbewerteten Dienste den Produktionskosten. (z.B. Bruttolöhne und Gehälter, Sozialabgaben) entsprechen. „It is implicitly assumed that the productivity is identical in all countries, an assumption that shows the limitations of this approach .... For comparing these services, EUROSTAT has considered using an approach based on indicators of physical output. A preliminary study has shown the advantages of such an approach, but has not given rise to an operational definition of a methodology that can replace the one currently used." (EUROSTAT 1994, S. 8). Teilergebnisse dieser Studie (vgl. KRUG/REHM 1992) sollen dargestellt werden.

Unter Verwendung von Mengenindikatoren (Outputindikatoren) werden die KKP auf indirekte Weise ermittelt. Dabei wird in drei Schritten vorgegangen:

1. Es werden EKS–Mengenparitäten berechnet, indem anstelle der Preismeßziffern Mengenmeßziffern im EKS–Index verwendet werden. Als Mengenindikator und Outputgröße im Bildungswesen wird die Zahl der

Absolventen auf den Ausbildungsstufen verwendet, die den Einzelpositionen bei marktbestimmten Gütern entsprechen.

2. Um den Outputindikator länderspezifisch mit einem Gewicht zu versehen, das als objektiver Indikator für Qualitätsunterschiede in den einzelnen Vergleichsländern dienen soll, werden die Ausgaben pro Ausgebildetem verwendet. Ein hoher Wert dieser Größe bedeutet dann eine hohe Qualität der Ausbildung auf der betreffenden Stufe. Die Einführung von länderspezifischen Gewichten hat Auswirkungen auf die Berechnung der EKS-Matrix und den daraus resultierenden Preisparitäten. Insbesondere soll die Transitivität der Matrix erhalten bleiben. Dabei erweist es sich als sinnvoll, länderspezifische Gewichte bei der Berechnung der Laspeyres–Matrix einzubeziehen, da auch die Elemente der Paasche–Matrix als reziproke Werte der Laspeyres–Matrix berechnet werden. Wie in Abs. 4. gezeigt, können länderspezifische Gewichte in die Elemente der EKS–Matrix in der Form des Faktors „Gewicht des Landes j / Gewicht des Landes h" einbezogen werden.

3. Aus den EKS–Mengenindizes werden auf indirektem Weg Preisrelationen gebildet, indem die betreffenden Ausgaben durch die Mengenrelationen dividiert werden. Diese indirekten Preisparitäten werden über die Währungsrelationen in KKP umgerechnet (standardisiert), wobei als Referenzland die Bundesrepublik Deutschland dient.

Auf die BRD (=1,00) bezogene KKP, d.h. standardisierte KKP, sind für die dritte Stufe des Bildungswesens (Hochschulen) in Tabelle 1 für ausgewählte Länder ausgewiesen. Sie sind zunächst in ungewichteter Form angegeben. Dabei ist die Hochschulausbildung 1987 in Frankreich weniger als halb so „teuer" und in Österreich doppelt so „teuer" wie in Deutschland. Italien und die Niederlande weisen ein höheres Preisniveau und damit niedrigere Kaufkraft der Ausbildung auf der dritten Stufe als Deutschland auf. Dagegen sind Belgien, Irland und Portugal billiger. Werden die Ausgaben/Student als Gewicht einbezogen, so ändern sich die standardisierten KKP entsprechend

Tab. 1: Standardisierte Kaufkraftparitäten nach Ländern 1987 (Dritte Stufe)

Land	Standardisierte KKP		Gewicht
	ungewichtet	gewichtet	(DM/Student)
Deutschland	1,00	1,00	12298
Frankreich	0,44	0,62	8852
Italien	1,17	1,90	7563
Niederlande	1,69	1,51	13736
Belgien	0,71	0,73	12146
Irland	0,53	0,70	9231
Portugal	0,85	1,06	9854
Österreich	2,02	1,97	12583

dem Verhältnis des Gewichts des betreffenden Landes zum Gewicht des Bezugslandes BRD. Dadurch senken sich etwas die KKP für die Niederlande und Österreich, während die der anderen Länder steigen. So wird die entsprechende Ausbildung in Italien aufgrund der relativ geringen Ausgaben/Student um mehr als 60% teuerer.

Literatur

DIEHL, H. (1978): Examination of purchasing power parity methods with a view to choosing the most appropriate method for the European Community purchasing power parity model; in EICHHORN, W. / HENN, R. / OPITZ, O. / SHEPARD, R.W.: Theory and Application of Economic Indices, Würzburg.

EUROSTAT (1983): Vergleich der Aggregate des ESVG in realen Werten 1980; Luxemburg.

EUROSTAT (1988): Kaufkraftparitäten und Bruttoinlandsprodukt in realen Werten, Ergebnisse 1985; Brüssel, Luxemburg.

EUROSTAT (1994): Comparison in Real Terms of the Aggregate of ESA. Results for 1990 and 1991; Brüssel, Luxemburg.

GEARY, R. C. (1958): A Note on the Comparison of Exchange Rates and Purchasing Power Parities Between Countries; Journal of the Royal Statistical Society, Series A 121, 97-99.

GERARDI, D. (1982): Selected Problems of Inter-Country Comparisons on the Basis of the Experience of the EEC; Review of Income and Wealth, 28, 381-405.

HILL, T. P. (1982): Multilateral Measurements of Purchasing Power Parities and Real GDP; Eurostat, Luxemburg.

KHAMIS, S. (1970): Properties and Conditions for the Existence of a New Type of Index Numbers; Sankhya, Vol. 32, Series B.

KRIJNSE-LOCKER, H. (1984): On the Estimation of Purchasing Power Parities on the Basic Heading Level; Review of Income and Wealth, 30, 135-152.

KRUG, W. / REHM, N. (1992): Study on Calculation of Purchasing Power Parities and Volume Ratios Between the Member Countries in the Area of Education and Health Services; Endbericht Trier (unveröffentlicht).

OECD (1992): Purchasing Power Parities and Real Expenditure - 1990 EKS Results; Paris.

OECD (1993): Final Consumption Expenditure of Generalgoverment; Paris.

PARETTI, V. / KRIJNSE-LOCKER, H. / GOYBET, P. (1974): Die Höhe des Preises und des BIP in den EG Ländern; Köln.

RUGGLES, R. (1967): Price Indices and International Price Comparisons; in: FELLNER, W. et al. (Hrsg.): Ten Economic Studies in the Tradition of Irving Fisher, New York/London/Sydney.

WARD, M. (1985): Purchasing Power Parities and Real Expenditures in the OECD; Paris.

Aus der Anfangszeit der Weltmodelle
Erinnerungen eines Außenseiters

Von PAUL NEURATH*, New York und Wien

Der Untertitel meines Beitrags, „Erinnerungen eines Außenseiters", weist darauf hin, daß ich jene Anfangszeit der Weltmodelle nicht als Fachmann für Computermodelle und deren Konstruktion erlebte, sondern nur als eine Art von – allerdings sehr interessiertem – Zaungast. Durch irgendwelche Zufälligkeiten in den Strudel der damaligen weltweiten Diskussion um „Limits to Growth" und dann noch der – allerdings schon wesentlich weniger lebhaften – Diskussion um die ersten Nachfolgemodelle geraten, nahm ich an mehreren einschlägigen Tagungen teil, vor allem an jenen des Club of Rome in Philadelphia 1976 und in Berlin 1979, an der Tagung von IIASA (International Institute of Applied Systems Analysis) in Wien–Laxenburg 1978 und an einem mehrwöchigen Seminar von Sozialwissenschaftlern und Industriemanagern am Franklin Institute in Philadelphia 1976.

Wenn ich zurückdenke an die große Aufregung, die es in aller Welt gab, als 1972 „Limits to Growth" erschien, und sehe, wie heute, nur 22 Jahre danach, meine Studenten, sei es in New York, sei es in Wien – von denen allerdings die meisten damals noch nicht auf der Welt oder noch nicht aus dem Kindergarten heraus waren – kaum mehr wissen, daß es so etwas wie den „Club of Rome" und „Weltmodelle" gab oder gibt – ja, ja, das hat irgend etwas mit Computern zu tun und mit Bevölkerungsexplosion –, dann kann ich nur den Kopf schütteln. Ebenso wie die Studenten ihrerseits, wenn ich versuche, ihnen klar zu machen, daß, als „Limits to Growth" erschien, es eine der größten Buchsensationen unserer Zeit war, innerhalb kurzer Zeit in etwa 25 Sprachen übersetzt, mit insgesamt guten 3 Millionen verkauften Exemplaren – was kann so aufregend gewesen sein an irgendwelchen Computerberechnungen über Bevölkerungs- und Produktionsziffern und dergleichen?

Es ist in der Tat nicht leicht, heutigen Lesern ein Bild von der ungeheuren Intensität zu vermitteln, mit der damals die Diskussion pro und contra geführt wurde; wie Fachleute und Laien monatelang für und wider die Plausibilität der zahlenmäßigen Annahmen und der angewandten Berechnungsmethoden und noch viel mehr für und wider die Plausibilität der Konsequenzen argumentierten, die für die Autoren aus diesen Berechnungen folgten: daß, sollte die Menschheit sich weiterhin im gleichen Tempo vermehren wie in den letzten Jahrzehnten, mit 2% Zuwachs pro Jahr, und der Pro–Kopf–Verbrauch an nicht–ersetzbaren Ressourcen ebenfalls im gleichen Tempo ansteigen, wie in den letzten Jahrzehnten, nämlich im weltweiten Durchschnitt um 1,5%

* Prof. emeritus Dr. Paul Neurath, Queens College, City University of New York; Honorarprofessor der Universität Wien.

pro Jahr – also Anstieg des Gesamtverbrauchs um 3,5% pro Jahr oder Verdoppelung innerhalb von 20 Jahren - dieses innerhalb von etwa 100 bis 120 Jahren zu einer Generalkatastrophe führen müßte; daß aber eine solche vermieden werden könnte, falls innerhalb der nächsten 30 bis 60 Jahre beides, Bevölkerungswachstum und Anstieg im Ressourcenverbrauch, zum Stillstand gebracht werden könnte.

Abgesehen von gewissen technischen Problemen in den entsprechenden Fachzeitschriften, betreffend die rein technische Konstruktion des Computermodells, die mathematischen Methoden, die angewandt wurden bei der zahlenmäßigen Erfassung von Querverbindungen und Rückkoppelungseffekten zwischen den verschiedenen Variablen, allenfalls noch über die richtige oder nicht richtige Wahl der bei der Konstruktion des Modells verwendeten Computersprache, des Integrationsalgorhythmus usw., ging es, was das rein Zahlenmäßige anbelangte, vor allem um zweierlei:

Erstens um die eben angeführte zunächst ja rein rechnerische Frage: Was wäre zu erwarten, wenn die Weltbevölkerung und der Pro-Kopf-Verbrauch an Ressourcen im gleichen rasanten Tempo anwachsen würden wie in den letzten Jahrzehnten? Das wurde den Autoren ausgelegt als eine Art von Prophezeiung, daß das weiterhin der Fall sein würde – und einfache Exponentialrechnung wurde herangezogen, um zu zeigen, zu welch absurden Zahlen das innerhalb von wenigen Jahrhunderten führen müßte, mit nicht genug Stehplätzen auf der mit Menschheit vollgepfropften Erde – und wo würde die nötige Nahrung wachsen usw.? Als ob der Hinweis auf diese innerhalb weniger Jahrhunderte ins Absurde anwachsenden Zahlen schon ein Beweis dafür wäre, daß Warnungen vor mit weiterem rapidem Wachstum verbundenen Gefahren völlig sinnlos wären.

Zweitens aber hatten die Autoren, weil ja niemand wissen kann, was an bisher unentdeckten Ressourcen die Erde noch enthalten mag, rein zahlenmäßig durchgerechnet, wie lange unter den oben angeführten Wachstumsraten (2% Bevölkerungswachstum, 1,5% Anstieg im Pro-Kopf-Verbrauch, somit Anstieg um 3,5% im jährlichen Gesamtverbrauch) die Vorräte anhalten könnten, falls der Menschheit im ersten Rechendurchgang das Fünffache, im zweiten Rechendurchgang das Zehnfache aller um 1970 schon bekannten oder als einigermaßen sicher angenommenen Lager an nicht-ersetzbaren Ressourcen zur Verfügung stünde. Das wurde den Autoren ausgelegt als eine Behauptung, daß es in der Erde nicht mehr als das Fünffache der um 1970 schon bekannten Lager an Ressourcen gäbe. (Die zweite Rechenvariante mit dem Zehnfachen fiel unter den Tisch.) Was gewiß barer Unsinn gewesen wäre – nur hatten die Autoren das eben gar nicht behauptet. (Eine besondere Version dieser Kritik von Professor WILFRED BECKERMANN in London folgt weiter unten.)

In der Hitze des Gefechts und im Bestreben, die Autoren von „Limits to Growth“ als computerverrückte pessimistische Panikmacher anzunageln, wurde völlig übersehen, daß bei allem Pessimismus mit dem das Buch durchsetzt ist, gerade hier eine merkwürdig optimistische Berechnung vorlag: Sollte der Menschheit das Fünf- bzw. das Zehnfache der 1970 schon bekannten oder als einigermaßen sicher angenommenen nicht-ersetzbaren Ressourcen zur Verfügung stehen, und das im ersteren Fall innerhalb von 100 und im letzteren Fall innerhalb von 120 Jahren zu einer Generalkatastrophe wegen Versiegens der Ressourcen führen, dann müßte im ersteren Falle im Durchschnitt alle 20 Jahre, im letzteren Falle im Durchschnitt alle 12 Jahre so viel aus der Erde herausgeholt und verbraucht werden, wie alle um 1970 schon bekannten oder als einigermaßen sicher angenommenen Lager. Was, gemessen an dem Tempo, in dem in den letzten Jahrzehnten neue Lager entdeckt wurden, gewiß nur als eine sehr optimistische Rechenannahme gelten kann, selbst wenn man das Erdöl in der Nordsee und in der Prudhoe Bay in Alaska mit einrechnet.

Die eigentliche Kritik aber – vor allem von Seiten der politischen Linken und aus den Entwicklungsländern – richtete sich gegen die Feststellung, daß die drohende Katastrophe vermieden werden könnte, falls beides, weltweites Bevölkerungswachstum und der weltweite Anstieg im Pro–Kopf–Verbrauch von nicht–ersetzbaren Ressourcen innerhalb von 30 bis 60 Jahren zum Stillstand gebracht werden könnte.

In Vorwegnahme des Vorwurfs, daß das gleichbedeutend sei mit völliger Blockierung der eben erst in Gang kommenden Industrialisierung und damit der Hebung des entsetzlich niedrigen Lebensstandards in den Entwicklungsländern, rechneten die Autoren auch noch durch: Selbst innerhalb dieser Frist von 30 bis 60 Jahren könnten die Entwicklungsländer noch den halben Lebensstandard der fortgeschrittensten Industrieländer erreichen. Obwohl das Letztere, „Erreichung des halben Lebensstandards der fortgeschrittensten Industrieländer“ für die meisten von ihnen bestenfalls nur wie eine ferne Utopie klingen konnte, war es doch gerade diese Durchrechnung, die mit zu den erregtesten Zornausbrüchen führte: „Sie gönnen uns nicht mehr als die Hälfte von dem, was sie selbst schon haben! Nieder mit den Plutokraten und Imperialisten!“

In die gleiche politische Richtung ging eine weitere Interpretation des Rechenergebnisses, daß die Katastrophe vermieden werden könnte, falls das weltweite Bevölkerungswachstum innerhalb von 30 bis 60 Jahren zum Stillstand gebracht werden könnte.

Da sich das rapide Bevölkerungswachstum, gern genannt die „Bevölkerungsexplosion“, vor allem in den Entwicklungsländern abspielte, mit jährlichen Zuwachsraten vielfach zwischen 2,5% und 3,5% und in manchen Fällen noch darüber (Kenia hatte damals eine Zuwachsrate von 4,1%.), während die Industrieländer zumeist schon weniger oder zumindest kaum mehr als 1% pro Jahr Zuwachs hatten, bekam dieses Rechenergebnis sofort eine politische Interpretation: daß nämlich die westlichen Industrieländer befürchteten, daß mit dem rapiden Bevölkerungswachstum in den Entwicklungsländern, besonders in Verbindung mit der dort in Gang kommenden Industrialisierung, und mit dem wachsenden politischen Gewicht einer Reihe von Entwicklungsländern die politische und wirtschaftliche Vormachtstellung der Industrieländer gefährdet sei und daß diese Forderung nach Stillstand von Bevölkerungswachstum und Anwachsen im Pro–Kopf–Verbrauch an Ressourcen nichts anderes sei als ein umfangreiches Strategem der Industrieländer, um durch zynischen Genozid an noch ungeborenen zukünftigen Geschlechtern in den Entwicklungsländern ihre ins Wanken geratende Weltherrschaft auch weiterhin aufrecht erhalten zu können.

Wohl am deutlichsten brachte das einer der Hauptdelegierten der Volksrepublik China bei der Weltbevölkerungskonferenz der Vereinten Nationen in Bukarest 1974 vor, der stellvertretende Gesundheitsminister seines Landes, HUANG SHU-TSE: „... die großen Bevölkerungen der Dritten Welt eine wesentliche Bedingung für den Kampf gegen den Imperialismus darstellen" (Time Magazine, 9. Sept. 1974, p. 9), ohne allerdings davon zu reden, daß China, mit selbst nicht viel weniger als einem Drittel der Bevölkerung der Dritten Welt damals schon seit 1971 mit dem öffentlich verkündeten Schlagwort „Ein Kind wäre ideal; zwei sind genug; drei sind zuviel!" versuchte, sein Bevölkerungswachstum einzudämmen, weil die Regierung bereits Versorgungsschwierigkeiten für die nahe Zukunft befürchtete. Mittlerweile wurde ja, weil offenbar bloße Propaganda nicht genügte, 1979 das bekannte Gesetz für „nur ein Kind pro Familie" erlassen, das gewiß weit über alles hinausgeht, was MEADOWS et al. sich jemals hätten vorstellen können.

Ins gleiche Horn stieß damals in Bukarest der stellvertretende russische Gesundheitsminister LEV VOLODARSKI, der betonte, daß rasches Bevölkerungswachstum „nichts zu tun hat mit den wirklichen Gründen für Rückständigkeit und daß der Hinweis auf dieses Wachstum nur dazu dient, die Aufmerksamkeit von notwendigen Änderungen der Gesellschaft abzulenken" (Time Magazine, 9. Sept. 1974, S. 9).

Etwas theoretischer formuliert findet sich der Gedanke bei HARRY MAIER: Gibt es Grenzen des ökonomischen Wachstums? (Akademie-Verlag, Berlin (DDR), 1977: „Was die Ideologen des Imperialismus auf den Plan bringt, ist nicht das Vorhandensein einer relativen Überbevölkerung, sondern die Gefahr, daß ihnen die Prozesse, die sie selbst in Gang gesetzt haben, aus der Kontrolle geraten. Der Imperialismus hat in den Entwicklungsländern die traditionelle Produktionsbasis nach und nach zerstört, gleichzeitig aber alles getan, um die Entwicklung einer neuen, eigenen Produktionsbasis in diesen Ländern zu verhindern ...! ... Es geht den bürgerlichen Demographen daher auch nicht um die Beseitigung der relativen Überbevölkerung – sie ist eine notwendige Begleiterscheinung des Kapitalismus –, sondern um die Reduzierung der Bevölkerung auf jenes Maß, das für das Funktionieren des kapitalistischen Produktionsprozesses notwendig ist." (a.a.O., S. 58 u. 59)

Oder bei HANS MAGNUS ENZENSBERGER: Zur Kritik der politischen Ökologie, Kursbuch 33 (Oktober 1973, Kursbuch/Rotbuch-Verlag, Berlin): „Es gehört in der Tat wenig Scharfsinn dazu, hinter der Wohltäterpose der Amerikaner einerseits die handfeste politische Motivation, andererseits die irrationale Angst ausfindig zu machen, die für den massiven Versuch offizieller und privater Gruppen in den USA verantwortlich ist, die Geburtenkontrolle in die Länder der Dritten Welt zu exportieren. Die imperialistischen Nationen sehen den Zeitpunkt kommen, wo sie im Weltmaßstab nur noch eine kleine Minderheit ausmachen und ihre Regierungen befürchten, daß der Bevölkerungsdruck zu einer politischen und letzten Endes militärischen Treibkraft wird. ... Man denke nur an die hysterischen Slogans der hochimperialistischen Epoche („Gelbe Gefahr") und der Zeit des deutschen Faschismus („Rote Horden") ..." (a.a.O., S. 17)

Im Zuge einer größeren Diskussion, an der DENNIS MEADOWS teilnahm, meldete sich ein Teilnehmer aus dem Zuschauerraum zum Wort mit: „... oder diese Studien sind bei den langfristig angelegten Forschungsprojekten am MIT, die in der Regel alle vom Pentagon finanziert wurden, ein Ausdruck der Notwendigkeit, die eintreten wird, wenn die USA nicht mehr in der Lage sein werden, die Länder der Dritten Welt auszubeuten; ... das heißt, diese Studien könnten ein Ausdruck der Erkenntnis sein, daß der Imperialismus wirklich zu Ende geht und das ist gut so." Worauf MEADOWS zurückschoß: „... wenn meine Gruppe daran arbeitet, die Forderungen der Reichen nach den Rohstoffen der Armen herunterzuschrauben, dann ist das ein Ausdruck des letzten ersterbenden Atems des Kapitalismus ... Wenn hingegen Sie dieselben Wünsche ausdrücken, dann ist das ein Kampf gegen den Imperialismus und ein Beleg Ihrer humanitären Motive." (DENNIS MEADOWS u.a. in: HORST E. RICHTER, (Hrsg.): Wachstum bis zur Katastrophe, Deutscher Taschenbuch Verlag, Stuttgart, 1976, S. 148.)

Unter diesen politischen Gesichtspunkten wurden die Autoren von „Limits to Growth" und der ganze Club of Rome hochgespielt zu Agenten oder bezahlten Vertretern der Vormachtbestrebungen des Westlichen Imperialismus und, wie noch zu berichten, zu einer Art von „prä- oder postfaschistischer" Geheimverschwörung.

In dem gleichen, soeben zitierten von HORST E. RICHTER herausgegebenen Band „Wachstum bis zur Katastrophe?" heißt es etwa im Beitrag „Die Zukunft des Untergangs oder der Untergang der Zukunft" von H. V. NUSSBAUM: „Die Frage nach der Identität und Motivation der 75 bis 86 Mitglieder des Club of Rome kann hier ausgespart werden. Die Herren werden ihren Grund haben, im Verborgenen zu bleiben. Was sich wesentliches dazu ermitteln läßt, habe ich andernorts vorgetragen." (a.a.O., S. 112). Dazu zitiere ich vielleicht am besten aus einem Vortrag, den ich selbst im Mai 1976 vor der sozialwissenschaftlichen Fakultät des Queens College in New York hielt, nachdem ich kurz zuvor, 12. – 14. April, an der Tagung des Club of Rome in Philadelphia teilgenommen hatte: „... so könnte ich, wenn wir die nötige Zeit hätten, Ihnen Namen, Titel und Organisationen von etwa 1/3 der Mitglieder hier herunterlesen. Nämlich all jener, die an der Tagung des Clubs in Philadelphia teilgenommen haben. Wie ich das alles herausgefunden habe? Ja – zusammen mit etwa drei oder vier Dutzend anderen Konferenzteilnehmern wanderte ich nach einer der Sitzungen in das Pressezimmer der Konferenz und nahm mir eine der dort stoßweise ausliegenden mimeographierten Listen der Mitglieder und besonders geladenen Gäste und suchte mir jene heraus, die neben ihrem Namen das etwas mysteriöse Symbol „CM" hatten. Aus einer Fußnote, nicht sehr geschickt am unteren Ende der ersten Seite verborgen, hatte ich in Erfahrung gebracht, daß „CM" Club Member bedeutete. Es waren ihrer 27 verzeichnet, aus 20 verschiedenen Ländern, einschließlich – ich wiederhole: als Mitglieder, nicht einfach als „besonders geladene Gäste" –

Leute aus Äthiopien, Ägypten, Indonesien, Senegal, Mexico und sogar einer aus Jugoslawien und zwei aus Polen.

In der Tat gab es einen der etwas humorvolleren Momente der Tagung, als ADAM SCHAFF, Direktor des von der UNO ins Leben gerufenen „Europäischen Koordinationszentrums für Sozialwissenschaftliche Forschung und Dokumentation“ in Wien, am Beginn seiner Rede einfließen ließ, wie sehr ihn oft die Frage verwundert und belustigt habe, wo denn er selbst hingehöre bei all den Angriffen auf den Club of Rome als eine Geheimorganisation zur Erhaltung der Hegemonie der Kapitalisten über die Weltwirtschaft – er als Vertreter eines sozialistischen Landes (Polen) und gleichzeitig eines der ältesten Mitglieder des Club of Rome. Worauf er AURELIO PECCEI und ALEXANDER KING seine Anerkennung dafür aussprach, daß sie diese Tagung in einer Weise organisiert hatten, die gewiß dazu beitragen würde, diesen merkwürdigen Mythos um den Club aus der Welt zu schaffen.“ (PAUL NEURATH: Zur Debatte über „Die Grenzen des Wachstums“, IBE Bulletin (Institut für Bildungs- und Entwicklungsforschung, Wien, 23. – 24. Dec. 1976, S. 32 - 53).

In mehr direkt politischer Richtung schreibt V. NUSSBAUM: „Man möge mir die Ketzerei verzeihen, sie dient wahrlich nicht als letzte Waffe zur Diffamierung einer Sache, gegen die sonst nichts aufzubieten wäre. Die Bewußtseinsstrukturen, auf welche die Publicity des Club of Rome sich einstellte und die seinem Bericht zu einer für solche Untersuchungen bisher nicht gekannten Wirkung verhalfen, sind prä- oder postfaschistisch“ (a.a.O., S. 113).

Was diese letztere Bezeichnung als „prä- oder postfaschistisch“ anbelangt, sei eingefügt, daß, was V. NUSSBAUM wohl damals noch nicht wissen konnte (Ich wußte es damals auch noch nicht.), AURELIO PECCEI, der Gründer und langjährige Präsident des Club of Rome, ein echter Antifaschist war. Im autobiographischen Teil seines 1976 auf italienisch (und 1977 auf englisch und deutsch) erschienenen Buches „The Quality of Man“ (Die Qualität des Menschen, Deutsche Verlagsanstalt, Stuttgart) erzählt er, wie er gegen Kriegsende als Mitglied der antifaschistischen Untergrundorganisation „Giustizia e Liberta“ verhaftet wurde und daß er sein Leben nur dem Umstand verdankte, daß, als in den letzten Kriegstagen einige seiner faschistischen Bewacher ihn einfach umlegen wollten, andere sie davon abhielten, weil er gegebenenfalls noch als Austauschobjekt für ihren eigenen freien Abzug dienen könnte. Dort berichtet er auch, daß, als nach der Befreiung die Amerikaner ihm jede beliebige Stelle anboten, die er haben mochte – gemeint war die Führungsposition bei FIAT – er entgegnete, daß er derartiges nur aus den Händen von „Giustizia e Liberta“ entgegennehmen könne. Er wurde dann in der Tat noch Generaldirektor von OLIVETTI und Direktor von FIAT.

An dieser Stelle sei kurz die Entstehungsgeschichte des Club of Rome und von „Limits to Growth“ in Erinnerung gebracht. AURELIO PECCEI hatte schon 1958 ein Buch „At the Edge of the Abyss“ (Am Rande des Abgrunds) geschrieben, in dem er darauf hinwies, daß zwar Fachleute schon seit längerem auf die Gefahren von Bevölkerungsexplosion, von übermäßigem Ressourcenverbrauch, von zu rapider Industrialisierung und der damit verbundenen

Umweltverschmutzung verwiesen hätten, aber jeweils immer sozusagen nur als Einzelprobleme. Daß es an der Zeit sei, das alles als ein Gesamtproblem der Menschheit aufzufassen, dessen viele Variablen alle miteinander verbunden sind, einander wechselseitig beeinflussen und, wo es sich um Gefahren und Schäden handelt, einander wechselseitig verstärken in teils einfacheren, teils komplizierteren Rückkoppelungseffekten.

1968 berief er eine Konferenz von 30 Fachleuten aus verschiedenen Wissensgebieten, Sozial- und Naturwissenschaftler, Nationalökonomen, dazu Industrielle und höhere Regierungsbeamte, die diesen ganzen Fragenkomplex beraten sollten, nach Rom ein. Am Ende wurde beschlossen, eine permanente Vereinigung zu gründen, die dafür Sorge tragen würde, daß dieser ganze Fragenkomplex von entsprechenden Fachleuten systematisch untersucht würde. Nach ihrem ersten Tagungsort in der Academie dei Lincei in Rom nannten sie sich „Club of Rome".

AURELIO PECCEI wurde Präsident der Vereinigung. Ihm standen fünf weitere Direktoren zur Seite: ALEXANDER KING, wissenschaftlicher Direktor von OECD, vormals Berater der englischen Regierung in Wissenschaftsfragen, SABURO OKITA, Leiter des Japanischen Wirtschaftsforschungszentrums in Tokyo, EDUARD PESTEL, Professor an der Technischen Universität Hannover, HUGO THIEMANN, Leiter des Batelle Instituts in Genf, und CARROLL WILSON, Professor für Management am Massachusetts Institute of Technology in Cambridge, Mass. (Um die Organisation nicht ins Unpersönliche anwachsen zu lassen, wurde die Mitgliedschaft von vornherein auf maximal 100 begrenzt, die aber aus möglichst vielen teils Industrie-, teils Entwicklungsländern stammen sollten, mit womöglich auch Mitgliedern aus Ländern mit verschiedenen politischen Ideologien).

Zur Frage nach der geeigneten Methode zur Untersuchung dieses Fragenkomplexes schlug CARROLL WILSON die von seinem Collegen am MIT, JAY FORRESTER, entwickelte Systems Dynamic vor, eine Weiterentwicklung der seinerzeit in den 40er Jahren von NORBERT WIENER ebenfalls am MIT entwickelten Kybernetik, die FORRESTER bereits mit Erfolg auf sehr komplexe Industrie- und Stadtplanungsprobleme angewendet hatte. Es handelte sich um Computermodelle, in die die entsprechenden Variablen in ihrer bisherigen Entwicklung und mit ihren Querverbindungen eingegeben wurden, unter bestimmten, teils aus der Problemstellung unmittelbar hervorgehenden, teils vom Forscher hypothetisch angenommenen Querverbindungen, wechselseitigen Beeinflussungen, Rückkoppelungseffekten usw.

FORRESTER wurde zu einem Vortrag eingeladen, und, da die Methode in der Tat vielversprechend aussah, reiste eine Delegation des Club of Rome für einige Zeit nach Cambridge ans MIT, um sich dort an Ort und Stelle zu informieren, wie ein derartiges Computermodell konstruiert wird und wie weit es geeignet schien, die vorliegende Problematik effizient und plausibel darzustellen.

Schließlich wurde DENNIS MEADOWS, ein ehemaliger Schüler von JAY FORRESTER, damit betraut, ein internationales Team von Experten zusammenzustellen, das dann am MIT das entsprechende Computermodell konstruieren würde. Die Volkswagenstiftung in Hannover, deren Vorstand Professor PESTEL angehörte, steuerte die Finanzierung bei.

Als kleines historisches Detail sei angemerkt, daß JAY FORRESTER unmittelbar nach jenem Vortrag vor dem Club of Rome schon ein erstes „Weltmodell" entwarf, das er bald in einem Buch „World Dynamics" (Wright Allen Press, Cambridge/Mass., 1971) vorlegte, das zwar in Fachkreisen einiges Aufsehen erregte, aber in der Öffentlichkeit weiter nicht bekannt wurde. Als aber dann DENNIS MEADOWS und sein Team ihr erstes provisorisches und dann ihr endgültiges Computermodell konstruierten, nannten sie, in Anerkennung von FORRESTERs Pionierrolle, ihr provisorisches Modell „World 2" und ihr endgültiges Modell – das dann die Basis für „The Limits to Growth" (Universe Books, New York, 1972) wurde – „World 3".

Nun nochmals ein Rückgriff auf V. NUSSBAUMs Attacke auf die angebliche Geheimhaltung des Club of Rome und schließlich die angebliche Unwilligkeit von MEADOWS et al., die Daten und die Annahmen bekanntzugeben, auf denen ihr Modell beruhte: „Daß bei dieser Irrationalität nicht Zufall waltet, sondern Kalkül, darauf deutet, daß auch nach einer 18–monatigen ziemlich unqualifizierten Diskussion in der Presse und auf Kongressen der technische Datenband mit dem Computerprogramm weder in den USA noch anderswo veröffentlicht worden ist. Die römischen Humanologen ... legen offensichtlich keinen Wert darauf, daß man ihnen allzusehr auf die Finger sieht."(a.a.O., S. 113 - 114). Was insofern grotesk erscheint, als zur Zeit, da V. NUSSBAUM dies schrieb, MEADOWS und seine Mitarbeiter bereits über den Korrekturfahnen von „Dynamics of Growth in a Finite World" gesessen sein müssen, das wenige Monate später bei Wright Allen in Boston erschien, mit allen Computer- und sonstigen Details, ein dicker Wälzer von 637 Seiten.

Außerdem sei, noch einmal zum Thema „angebliche Geheimhaltung", daran erinnert, daß, als ein Team von Fachleuten aus allen Wissensgebieten an der University of Sussex 1973 (also nur ein Jahr nach „Limits to Growth") die wohl umfassendste und gründlichste aller Kritiken herausbrachte unter dem Titel „Thinking about the Future" (edited by H.S.D. COLE, CHRISTOPHER FREEMAN, MARIE JAHODA, F.L.R. PAVITT) die Autoren sich im Acknowledgement bei DENNIS und DONELLA MEADOWS dafür bedankten, daß diese ihnen bei einem Besuch in Sussex im Juli 1972 (also zwei Jahre vor dem Erscheinen von V. NUSSBAUMs Vorwurf der Geheimhaltung von Daten und Computerprogrammen) eine frühe Version des technischen Berichts von „Limits to Growth" zur Verfügung stellten und für die Freundlichkeit und Gründlichkeit, mit der sie bei diesem Besuch alle Fragen und Kritik des Sussex–Teams beantworteten. Als dann, noch 1973, die amerikanische Ausgabe von „Thinking about the Future" unter dem Titel „Models of Doom – A Critique of The Limits to Growth" (Universe Books, New York) erschien, schlossen die Herausgeber an ihren 215 Seiten langen Text eine 24 Seiten lange Antwort des MEADOWS Teams an: „A Response to Sussex".

Es würde gewiß zu weit führen, wollte ich versuchen, auch nur auszugsweise auf die gesamte, fachliche wie politische Diskussion einzugehen, die sich damals in aller Welt um „Limits to Growth" abspielte, teils in ernst zu nehmender Weise technische Grundannahmen oder Details kritisierend, teils in jubelnder Begeisterung oder in moralischer Entrüstung über die Autoren herfallend.

Um aber doch auch die Kritik mit einem ernst zu nehmenden (wenn auch gelegentlich etwas satirisch formulierenden) Vertreter zu Wort kommen zu lassen, sei ein bißchen in extenso angeführt, was WILFRED BECKERMANN, Professor für Politische Ökonomie am University College in London, in seiner Inauguraladresse am 24. Mai 1972, abgedruckt unter dem Titel „Economists, Scientists and Environmental Catastrophe" in „Oxford Economic Papers", November 1972, pp. 327 - 344, gegen die ganze „Limits to Growth"-These vorbrachte. „Mir schien dieses Meadows/Club-of-Rome-Dokument als ein derartig freches, unverschämtes Stück Unsinn (brazen, impudent piece of nonsense), daß niemand es wirklich ernst nehmen konnte und es eine Vergeudung von Zeit wäre, darüber zu reden. Ich habe aber gefunden, daß das Prestige von Computerberechnungen derart groß ist, daß diese Theorien vom Jüngsten Tag (Doomsday theories) auch an hohen Stellen sehr ernst genommen werden ..."(S. 227). „Es ist sicher richtig, daß, wenn exponentielles Wachstum im Verbrauch (demand) einer bestimmten Ressource vorliegt, wie z.B. Land, die nur in endlichem Ausmaß verfügbar ist, diese Ressource eines Tages zu Ende gehen wird. Aber so war das seit Anbeginn der Zeiten, es war gerade so richtig im Griechenland der Antike wie heute. Das hat aber nicht verhindert, daß die Wirtschaft sich weiterentwickelt hat seit der Zeit des Perikles ..."(S. 332 - 333). „Ein Club of Rome (Athen ?) im Fünften Jahrhundert v. Chr. hätte sicher das unmittelbar bevorstehende Ende der Welt vorausgesagt, durch einfaches Extrapolieren des bereits ständig zunehmenden Mangels an Holz und, auf die Übervölkerung von Athen verweisend ... vermutlich den Schluß gezogen, daß die Menschheit alle Hoffnung aufgeben müßte, jedermann in einem Holzhaus wohnen zu haben, mit einer Bronzestatue des Poseidon im Garten und einem Lethykos auf weißem Grund auf dem Kaminsims." (S. 332 - 333) „Warum sollte es etwas ausmachen, ob uns irgendein bestimmtes Material ausgeht? ... schließlich ging das wirtschaftliche Wachstum weiter bis auf den heutigen Tag ohne Vorräte an Beckermonium, ein Produkt benannt nach meinem Großvater, der verfehlte, es im 19. Jahrhundert zu entdecken ... Mit anderen Worten: wäre es tatsächlich wahrscheinlich, daß, wenn z.B. Nickel nie entdeckt worden wäre, die moderne Zivlisation, wie wir sie kennen, sich nie entwickelt hätte?" (S. 337)

Wonach BECKERMANN fortfährt mit einer Attacke auf die Warnung, daß manche Mineralien der Welt ausgehen könnten: „... die natürliche Konzentration von wichtigen Metallen in der obersten Meile (1,6 km) der Erdkruste, wie aus vielen Stichproben bekannt, ... wird auf etwa eine Million mal so viel geschätzt, wie alle zur Zeit bekannten Reserven. ... Da die letzteren für etwa hundert Jahre reichen dürften, bedeutet das, daß wir für ungefähr weitere hundert Millionen Jahre genug haben. ... Sollte jemand die Idee für unglaublich halten, daß die tatsächlichen Reserven eine Million mal so groß sind wie die zur Zeit bereits nachgewiesenen Reserven, dann sei daran erinnert, daß die gegenwärtig nachgewiesenen Reserven wahrscheinlich etwa eine Million mal so groß sind, wie jene zur Zeit des Perikles." (S. 338) Wobei allerdings, das sei hier als Kritik an der Kritik eingeschoben, BECKERMANN nicht weiter darauf eingeht, daß beim gegenwärtigen rapiden Anstieg von Bevölkerungswachstum und Ressourcenverbrauch wir möglicherweise nicht mehr Zeit genug haben, um diese „eine Million mal so großen Lager" noch rechtzeitig entdecken und ausbeuten zu können.

Es ist, wie gesagt, unmöglich, auf die ganze Diskussion für und wider „Limits to Growth" einzugehen. Es sei lediglich noch ein Argument von COLIN CLARK angeführt, betreffend die Anzahl von Menschen, die die Erde ernähren könnte, weil er der Meinung ist, damit die Berechnungen von „Limits to Growth" über den Haufen rennen zu können, während bei näherem Hinsehen letzteres implizit zur gleichen Zahl kommt. COLIN CLARK kommt in „Der Mythos von der Überbevölkerung" (Adamas Verlag, Köln, 1975, engl. Original 1973) zu dem Schluß, daß die Erde etwa 35 bis 36 Milliarden Menschen ernähren könne, daß somit, zumindest was Nahrung anbelangt, zunächst kein Grund zur Sorge besteht, und zeigt im Detail, daß „Limits to Growth" von zu pessimistischen Annahmen sowohl betreffend möglicher Hektarerträge, wie betreffend den zu genügender Ernährung notwendigen Bedarf an Nahrungsmitteln ausgeht.

MEADOWS et al. in „Limits to Growth" rechnen durch, daß bei der jährlichen Zuwachsrate der Weltbevölkerung von 2% um 1970 und in den vorangegangenen Jahrzehnten, falls diese Zuwachsrate konstant bliebe, eine Generalkatastrophe in etwa 100 bis 120 Jahren zu befürchten sei. Ausgehend von damals 3,6 Milliarden Menschen und, bei 2% Zuwachsrate, einer Verdoppelungszeit von 35 Jahren, gäbe das innerhalb von 120 Jahren etwa 39 Milliarden, also sogar um etwa 3 bis 4 Milliarden mehr als was CLARK als vorläufiges Maximum berechnet hatte.

Als 1974 der „Zweite-Club-of-Rome-Bericht" erschien, „Mankind at the Turning Point" von MESAROVIC/PESTEL (Dutton-Verlag, New York), reagierten Presse und andere Medien mit wesentlich weniger Aufregung, vor allem aus einem einfachen Grund: MESAROVIC/PESTEL stellten ihre Berechnungen nur über einen Zeitraum von 50 Jahren an – womit die Warnung vor einer Generalkatastrophe wegfiel, weil bestimmt niemand annehmen konnte, daß innerhalb von 50 Jahren alle Vorräte an nicht-ersetzbaren Ressourcen erschöpft sein könnten, so daß das einzige Sensationelle, das sich aus diesem zweiten Bericht herausdestillieren ließ, eine Interpretation war, daß der Club of Rome von der Weltuntergangsprophetie des ersten Berichtes abgegangen sei. Damit standen im Lichte der Presse plötzlich MESAROVIC/PESTEL als gute Optimisten da gegenüber den bösen Weltuntergangspessimisten MEADOWS et al.

Es gab auch weniger unmittelbare Kritik aus Fachkreisen, vor allem vermutlich weil das MESAROVIC/PESTEL-Modell um so viel komplexer war, so viel mehr Variablen enthielt, so viel mehr Variation in den Annahmen ermöglichte, daß es ganz einfach für die meisten potentiellen Kritiker zu kompliziert war, etwa dieses Modell mit alternativen Annahmen über Wachstumszahlen oder mit alternativen Annahmen über Querverbindungen und Wechselbeziehungen zwischen einzelnen oder ganzen Bündeln von Variablen noch einmal durchzurechnen. Obzwar aufmerksamere Lektüre zeigte, daß, hätten sie nicht 50, sondern etwa 100 bis 120 Jahre als Zeithorizont gewählt, das Ergebnis kaum weniger gefahrdrohend ausgesehen hätte als das von „Limits to Growths". Erwähnt sei als Beispiel nur eine sehr detaillierte Durchrechnung, derzufolge, sollte die Bevölkerung von Südasien sich weiter vermehren wie in den letzten Jahrzehnten oder sogar etwas weniger rasch, das auch innerhalb von nur 50 Jahren schon zu einem so großen Getreidedefizit führen würde, daß selbst, wenn diese Mengen etwa in Nordamerika noch verfügbar wären, sie nicht nach Südasien gebracht werden könnten, weil sie schon das inneramerikanische Transportsystem bei weitem überlasten würden. Noch nicht zu reden davon, daß es nicht genug Schiffsraum gäbe, um diese riesigen Mengen nach Südasien zu bringen, und erst recht dort nicht genug Möglichkeiten, sie abzuladen und ins Innere der betreffenden Länder zu bringen.

Aber, wie gesagt, die große Sensation der Weltmodelle für die Medien hatte sich totgelaufen mit dem großen Zirkus um „Limits to Growth". Für die Fachwelt war natürlich von größtem Interesse, daß das MESAROVIC/PESTEL-Modell zum Unterschied von „Limits to Growth" dem Beobachter die Möglichkeit bot, innerhalb eines weiten Rahmens Konstanten und Variablen zu verändern und so verschiedene Alternativen durchspielen zu können. Ich erinnere mich noch lebhaft daran, wie sehr bei der Tagung des Club of Rome in Berlin 1979 die Zuhörerschaft (ich auch) beeindruckt war, als MESAROVIC im Verlauf seines Vortrags die Zuhörer aufforderte, ihm verschiedene zahlenmäßige Annahmen zuzurufen, die sein neben ihm sitzender Mitarbeiter sogleich nach Cleveland, Ohio durchgab, worauf binnen Minuten die grünen Spaghettikurven mit den veränderten Zahlenwerten über den vergrößerten Bildschirm wanderten.

Nach den beiden Club-of-Rome-Modellen gab es zwar noch eine Reihe anderer, wie etwa das südamerikanische Bariloche-Modell (HERRERA, A. O. et al.: Catastrophe or New Society - A Latin-American World Model, International Development Research Center, Ottawa, 1976) oder das MOIRA-Modell von HANS LINNEMAN et al. (MOIRA - Model of International Relations in Agriculture, North-Holland, Amsterdam, 1979). Sie wurden aber kaum mehr in der breiteren Öffentlichkeit besprochen. Eine gewisse Ausnahme bildete das 1977 erschienene „The Future of World Economy" (Oxford University Press, New York) von WASSILY LEONTIEF, das noch in den größeren Tageszeitungen besprochen wurde, vor allem weil es im Auftrag der Vereinten Nationen ausgearbeitet worden war. Allerdings eignete es sich mit seinem sehr kurzen Zeithorizont von nur 25 Jahren nicht für Sensationsmeldungen wie seinerzeit „Limits to Growth". Daß die Welt während der nächsten 25 Jahre voraussichtlich einigermaßen weiter gehen würde, wie bisher, war kaum als große Neuigkeit auszuschlachten. 1978 veranstaltete IIASA (International Institute of Applied Systems Analysis) eine Tagung, bei der Vertreter aller bis dahin schon publizierten oder schon weit gediehenen Weltmodelle über Methoden und Probleme berichteten. Vieles davon scheint auf in „Groping in the Dark - The First Decade of Global Modelling" von

DONELLA MEADOWS/JOHN RICHARDSON/GERHART BRUCKMANN (Wiley, New York, 1982), das mit seiner sehr detallierten Besprechung von sieben bis 1977 erschienenen Weltmodellen wohl als die beste Gesamtdarstellung der Anfangszeit der Weltmodelle gelten kann.

Inzwischen ist es, was die breitere Öffentlichkeit anbelangt, um die Weltmodelle still geworden. Sie wurden wieder, was sie ganz am Anfang gewesen waren, ein Gegenstand der Diskussion für Fachleute. Nichtsdestoweniger kann wohl rückblickend festgestellt werden, daß die damalige große Diskussion, auch wenn sie zum großen Teil unsachlich geführt wurde und oft an dem, was die Modelle sagen wollten, völlig vorbeiging, insofern von historischer Bedeutung war, als sie mehr als alles andere dazu beitrug, daß, auch nachdem die große Sensation wieder abgeflaut war, ernste Fachleute in verantwortungsvollen Positionen, wie etwa Leiter von Regierungsabteilungen oder Berater von Regierungen, wesentlich mehr über die großen Probleme von Bevölkerungsvermehrung, Ressourcenverknappung und anderem erfuhren, als ihnen zuvor bekannt war, und daß ihnen jetzt an den verschiedenen Universitäten und Forschungsinstituten ein wesentlich größerer Fundus an Information zu diesen Problemen zur Verfügung steht als je zuvor. Ob oder wie weit sie sich davon beeindrucken lassen, wird die Zukunft lehren. Fest steht jedenfalls, daß in dem Jahrzehnt zwischen der Bevölkerungskonferenz von Bukarest 1974 und jener in Mexico City von 1984 ein beträchtlicher Wandel in der Haltung von Vertretern der Entwicklungsländer zu beobachten war. Die meisten von ihnen scheinen in der Zwischenzeit umgeschwenkt zu sein auf die Notwendigkeit, das rapide Bevölkerungswachstum in ihren Ländern, als eine ernste Gefahr zu betrachten und es, wenn irgend möglich, einzudämmen.

Taguchi–Beiträge zur Off–Line–Qualitätskontrolle

Von SIGRID PÖHLMANN*, München

Zusammenfassung: Während man unter On–Line–Qualitätskontrolle alle Kontrollmaßnahmen zusammenfaßt, die während eines laufenden Produktionsprozesses stattfinden, setzt die Off–Line–Qualitätskontrolle bei den beiden Design–Stadien, dem Produkt–Design und dem Prozeß–Design ein. Der Begriff Off–Line–Qualitätskontrolle ist wesentlich von dem Japaner Taguchi geprägt, der beachtliche Erfolge bei der Reorganisation von Prozeßabläufen erzielt hat.

Wie bei der On–Line–Qualitätskontrolle spielen auch bei der Off–Line–Qualitätskontrolle statistische Methoden eine wichtige Rolle. Diese Verfahren werden in der vorliegenden Arbeit vorgestellt, wobei kritisch angemerkt werden muß, daß Taguchi die statistische Methodik ohne Angabe eines adäquaten statistischen Modells beziehungsweise der für die korrekte Anwendung dieser Verfahren notwendigen Voraussetzungen vorgeschlagen hat. So sind die von ihm eingeführten Maße zur Beurteilung der Variabilität auch eher intuitiv als unter statistischem Gesichtspunkt motiviert.

Eine zentrale Rolle nimmt die sogenannte Verlustfunktion ein, die aber zugunsten eines Variabilitätsmaßes in den Hintergrund gedrängt wird. Nichtsdestoweniger lassen die vorgenommenen Untersuchungen es als sinnvoll erscheinen, will man Taguchis eingeschlagenen Weg beibehalten, auch die Verlustfunktion direkt in die Untersuchungen einzubeziehen.

1. Einleitung

Betrachtet man die historische Entwicklung der Qualitätskontrolle, an deren Beginn in den zwanziger Jahren die Abnahmekontrolle steht, welche eigentlich „nur“ zur Bestätigung guter Qualität dient, so setzte in den dreißiger Jahren die Fertigungskontrolle ein (z.B. Shewart–Kontrollkarten), in der Messungen und Inspektionen während eines laufenden Produktionsprozesses durchgeführt werden. Auch Begriffe wie SPC (statistische Prozeßkontrolle) lassen sich hier einordnen. Erst ab 1980 führte man in den westlichen Industrieländern die sogenannte „Quality by design“ ein, mit dem Ziel die Qualität bereits in das Produkt einzubauen. In Japan erfolgte diese Entwicklung schon 10 bis 20 Jahre früher. Die Idee, die dieser Art von Qualitätskontrolle zugrundeliegt, besteht darin, Produkte herzustellen, die unempfindlich gegenüber Umweltstörungen, Schwankungen in den verwendeten Materialien und Produktionsunzulänglichkeiten sind.

Betrachtet man die möglichen Stadien eines Produktionsprozesses, so erkennt man, daß an erster Stelle zwangsläufig die beiden Design–Stadien stehen: das Produkt–Design, dem sich das Prozeß–Design unmittelbar anschließt. Erst danach kann die Produktion selbst und anschließend die Auslieferung an den Konsumenten erfolgen.

Auf die Frage, welche Idee der Taguchi–Methode nun eigentlich zugrundeliegt, gibt es zwei unterschiedliche Arten von Antworten:

* Dr. Sigrid Pöhlmann, Seminar für Spezialgebiete der Statistik, Ludwig–Maximilians–Universität München, Ludwigstraße 33/I, D–80539 München

Erstens: Qualität und Kostenkontrolle müssen beim Design ansetzen, denn eine größtmögliche Verbesserung ist beim Produkt–Design möglich.
Eine zweite, eher praktische Art der Antwort wäre: Die Variabilität eines Produktionsprozesses soll minimiert werden.

Um diese zweite Antwort besser zu verstehen, ist eine Betrachtung des Taguchi–Designs nötig. Dieses gliedert sich auf in drei Stufen:

1. Im *System–Design* ist Ingenieurwissen gefragt, um zu sogenannten Prototypen zu gelangen, die die anfängliche Wahl der Einstellung der Faktoren (Einflußgrößen) bewirken.
2. Danach erfolgt das *Parameter–Design*, in dem ein Produkt robust gegenüber Umweltstörungen etc. gemacht wird, indem die optimalen Einstellungen der Faktoren ermittelt werden.
3. In der dritten und letzten Stufe, dem *Toleranz–Design*, wird untersucht, inwieweit diese optimalen Einstellungen innerhalb gewisser Toleranzgrenzen variieren können.

Da der Schwerpunkt der Taguchi–Methode auf der zweiten Stufe, dem Parameterdesign, liegt, und sich auch dort der Hauptteil der verwendeten statistischen Methodik befindet, wird sich die vorliegende Arbeit auf die Betrachtung dieses Design beschränken.

2. Parameterdesign

Um den Begriff „Qualität" zu beschreiben, gibt Taguchi eine Art volkswirtschaftliche Definizion an: Qualität entspricht dem Verlust, den ein Produkt für die Gemeinschaft nach seiner Bereitstellung verursacht, im Gegensatz zu jenen Verlusten, die durch die eigentlichen Funktionen hervorgerufen werden (vgl. etwa SCHWEITZER/BAUMGARTNER (1989)).

Da im allgemeinen Qualität als ein positiv besetzter Begriff angesehen wird, erscheint diese Definition, im ersten Augenblick, als widersprüchlich. Hier liegt ein Produkt in seiner besten Qualität genau dann vor, wenn es einen Verlust gleich Null besitzt.

Außerdem werden die Verluste, die durch seine eigentliche Funktionen hervorgerufen werden, ausgenommen. Dies läßt sich durch folgendes Beispiel erläutern: Wir nehmen an, es soll ein alkoholisches Produkt hergestellt werden. Durch die alkoholische Wirkung kann Verlust, wie etwa gesundheitliche Beeinträchtigung, hervorgerufen werden. Jedoch erscheint es nicht als sinnvoll, die Qualität des alkoholischen Produktes dann als besser einzuordnen, wenn man diesem Produkt den Alkohol gänzlich entzieht. Diese, durch die eigentlichen Funktionen hervorgerufenen Verluste können nicht als qualitätsmindernd angesehen werden und müssen somit unberücksichtigt bleiben.

Noch an anderer Stelle setzt sich Taguchi von der herkömmlichen Betrachtungsweise ab, die ein interessierendes Merkmal Y dann als gut ansieht, wenn es innerhalb vorgegebener Toleranzgrenzen liegt. Das bedeutet, gleichgültig welchen Wert Y *innerhalb dieser Grenzen* annimmt, ist das Produkt von guter Qualität. Sobald aber eine dieser Toleranzgrenzen auch nur minimal überschritten wird, ist diese Qualität nicht mehr gegeben. Diese Vorstellung empfindet Taguchi als unbefriedigend und geht dazu über, ein Produkt als desto besser anzusehen, je näher es bei einem bestimmten Sollwert beziehungsweise Zielwert τ liegt. Je mehr es von diesem Zielwert abweicht, desto mehr Verlust wird verursacht. Diesen Verlust modelliert Taguchi im einfachsten Fall durch die folgende quadratische Verlustfunktion:

$$L(y) = C\,(y - \tau)^2 . \tag{1}$$

Dieser quadratische Ansatz wird gerechtfertigt durch die Taylorreihenapproximation der ursprünglichen Verlustfunktion (um den Entwicklungspunkt τ), die nach dem zweiten Glied abgebrochen wird.

In analoger Weise können Unsymmetrie, das heißt, daß eine Abweichung vom Sollwert nach oben anders gewichtet wird als eine nach unten, und die beiden „einseitigen“ Fragestellungen: „Je größer/kleiner, desto besser“, behandelt werden. Da diese Fälle keine zusätzlichen Probleme aufwerfen, sei an dieser Stelle auf eine detaillierte Betrachtung verzichtet und für die Darstellung zum Beispiel auf RYAN (1989) verwiesen.

Die explizite Bestimmung der Konstanten C kann mit Hilfe der Konsumenten–Toleranzgrenzen erfolgen, bei denen der Verlust als bekannt vorausgesetzt wird, vgl. auch SCHWEITZER/BAUMGARTNER (1989) und RYAN (1989).

Vergleicht man Taguchis quadratische Verlustfunktion, die ja eine Taylorreihenapproximation darstellt, und deshalb eigentlich nur in der Nähe des Approximationspunktes τ Gültigkeit besitzt, mit der herkömmlichen Betrachtungsweise (Toleranzgrenzen), so muß man berücksichtigen, daß heutzutage fast immer ein enorm kleiner Anteil an Ausschuß produziert werden muß. Da es dann bei Taguchi gilt, die Variabilität zu minimieren, so kann man davon ausgehen, daß sich der Prozeß nur innerhalb der Toleranzgrenzen bewegt, und deshalb der Unterschied der beiden Betrachtungsweisen nicht als dramatisch angesehen werden muß.

Nach Taguchi gilt es, den erwarteten Verlust, das heißt das sogenannte Risiko $E(L)$, zu minimieren. Bei Vorliegen des quadratischen Modells ergibt sich für das Risiko (wobei μ_Y den Erwartungwert und σ_Y^2 die Varianz von Y darstellt):

$$E(L) = C\left(\sigma_y^2 + (\tau - \mu_y)^2\right) \propto \sigma_y^2 + (\tau - \mu_y)^2 \longrightarrow \text{Min.} \tag{2}$$

Taguchi formuliert dieses Problem folgendermaßen um:

1. Es gilt einerseits die Variabilität zu minimieren.
2. Es gilt andererseits das Produkt auf den Zielwert einzustellen, das heißt die Differenz $\tau - \mu_Y$ möglichst klein zu halten.

An dieser Stelle wird bewußt von dem sehr allgemein gehaltenen Begriff Variabilität gesprochen, da von Taguchi nicht explizit die Varianz verwendet wird, sondern eine unten näher erläuterte Maßzahl, die die Streuung von Y beschreibt.

Bevor man diese beiden Aufgabenstellungen genauer diskutieren kann, erscheint es sinnvoll, zuerst die Einflußfaktoren zu betrachten, von denen Y abhängt. Diese (Einfluß-) Faktoren unterteilt Taguchi in zwei Gruppen:

1. die sogenannten kontrollierbaren Faktoren θ_i (auch Designfaktoren oder Designparameter) und
2. die nicht–kontrollierbaren Faktoren w_i (auch Noise–Parameter genannt).

Die erste Gruppe faßt Taguchi in einer sogenannten Designmatrix beziehungsweise dem „inner array" zusammen, die zweite Gruppe in einer sogenannten Noise–Matrix beziehungsweise dem „outer array".

Ziel ist ein ***robustes Design***, das heißt, die Identifizierung der optimalen Einstellungen der Faktoren θ_i, um Unempfindlichkeit gegenüber den Noise–Quellen zu erreichen. Es werden also diejenigen Ausprägungen der Design–Faktoren ermittelt, die gewährleisten, daß das Produkt möglichst wenig von Umweltstörungen, Produktionsunzulänglichkeiten etc. beeinflußt wird.

Implizit ist darin enthalten, die wesentlichen Faktoren zu ermitteln, das heißt, diejenigen, die die Variabilität beeinflussen, da es keinen Sinn macht, alle kontrollierbaren Faktoren auf ihre optimalen Einstellungen zu fixieren. Eine derartige Kontrolle wäre mit enormen Aufwand verbunden und deshalb vom unternehmerischen Standpunkt her nicht zu rechtfertigen.

Die kontrollierbaren Faktoren θ_i lassen sich wiederum in zwei Gruppen unterteilen (diese Unterscheidung ist wesentlich für die weitere Betrachtungsweise, im Gegensatz zur Unterteilung der Noise–Faktoren – in inner und outer noise – , die deshalb an dieser Stelle nicht weiter verfolgt werden soll):

1. die sogenannten Kontrollfaktoren d_i, das sind diejenigen Faktoren, die die Variabilität eines Prozesses beeinflussen, und
2. die sogenannten Zielkontrollfaktoren a_i (Adjustment–Faktoren), die nur den Mittelwert und nicht die Variabilität des Produktes beeinflussen.

Da der Ingenieur meist Wissen über diese zweite Gruppe von Faktoren besitzt, kann sich Taguchi auf die erste Art von Faktoren konzentrieren. Damit besteht das eigentliche Problem – nach der obigen Separation der Faktoren – in der Minimierung der Variabilität eines Produkts beziehungsweise eines Prozesses. Zur Lösung dieses Problems werden Methoden der Versuchsplanung eingesetzt. Die Ermittlung derjenigen Faktoren, die die Variabilität beeinflussen, wird mit Hilfe der Varianzanalyse vorgenommen. Somit sieht die *allgemeine Vorgehensweise* folgendermaßen aus:

Es liegen n Designfaktoren θ_i mit jeweils (o.E.d.A.) m Einstellungen und k Noisefaktoren w_i mit jeweils (o.E.d.A.) ℓ Einstellungen vor. Das vollständige Experiment, das auch alle Wechselwirkungen berücksichtigt, bestünde aus $m^n\,\ell^k$ Versuchen. Um die Anzahl der Versuche zu beschränken, schlägt Taguchi vor, daß die Anzahl der Einstellungen höchstens drei sein sollte und der Versuchsaufbau, sowohl der Design- als auch der Noisefaktoren, ein orthogonales Array darstellen sollte.

Beschränkt man sich auf jeweils zwei Einstellungen ($+1$ und -1) für beide Arten von Faktoren und nimmt man an, daß es sich um vier Design- und drei

Noise-Faktoren handelt, so erhält man die unten aufgeführte Darstellung (siehe auch LOGOTHETIS/WYNN (1989) und KACKAR (1985)), falls man von einem fraktionellen Faktorversuch ausgeht und anstelle von 16 (bzw. 8) nur 8 (bzw. 4) Versuche zuläßt.

Design-Matrix	Noise-Matrix	Performance-Statistik
Design-Faktoren	Noise-Faktoren	

Lauf	θ_1	θ_2	θ_3	θ_4
1	1	1	1	1
2	−1	1	1	−1
3	1	−1	1	−1
4	−1	−1	1	1
5	1	1	−1	−1
6	−1	1	−1	1
7	1	−1	−1	1
8	−1	−1	−1	−1

Lauf 1 $\longrightarrow$

w_1	w_2	w_3	
1	1	1	$\longrightarrow Y_{11}$
−1	1	−1	$\longrightarrow Y_{12}$
1	−1	−1	$\longrightarrow Y_{13}$
−1	−1	1	$\longrightarrow Y_{14}$

$\Big\} \xrightarrow{\bar{y}_1,\, s_1^2} \left[Z(\vec{\theta})\right]_1$

⋮

Lauf 8 $\longrightarrow$

w_1	w_2	w_3	
1	1	1	$\longrightarrow Y_{81}$
−1	1	−1	$\longrightarrow Y_{82}$
1	−1	−1	$\longrightarrow Y_{83}$
−1	−1	1	$\longrightarrow Y_{84}$

$\Big\} \xrightarrow{\bar{y}_8,\, s_8^2} \left[Z(\vec{\theta})\right]_8$

In dem obigen Schaubild werden die vier y-Werte, die zu einer Noise-Kombination gehören, zu deren Mittelwert und deren empirischer Varianz zusammengefaßt:

$$\bar{y}_\iota = \frac{1}{4}\sum_{j=1}^{4} y_{\iota j}\,, \quad s_\iota^2 = \frac{1}{3}\sum_{j=1}^{4}\left(y_{\iota j} - \bar{y}_\iota\right)^2, \quad \iota = 1, \ldots, 8\,. \tag{3}$$

Aus diesen beiden wird wiederum ein einziges Maß Z gebildet. Es soll als Maß der Variabilität dienen und wird an anderer Stelle noch näher erläutert werden.

Statistisch gesehen liegt diesem Versuchsaufbau folgendes lineare Modell zugrunde:

$$Z = \mu + a\,X_1 + b\,X_2 + c\,X_3 + d\,X_4 + \varepsilon\,, \quad \varepsilon \sim N\left(0, \sigma^2\right) \tag{4}$$

mit

$$X_i = \begin{cases} +1, \text{ falls } \theta_i \text{ auf Stufe 1} \\ -1, \text{ falls } \theta_i \text{ auf Stufe 2.} \end{cases}$$

und den vier Haupteffekten:

a – Effekt des Faktors θ_1 auf Stufe 1,
b – Effekt des Faktors θ_2 auf Stufe 1,
c – Effekt des Faktors θ_3 auf Stufe 1,
d – Effekt des Faktors θ_4 auf Stufe 1.

Damit wird das Variabilitätsmaß Z in Abhängigkeit von den Design–Faktoren $\theta_1, \ldots, \theta_4$ betrachtet.

Als eine der wesentlichsten Voraussetzungen dieses Modells ist die stabile Varianz anzusehen. Box hat in einer Reihe von Untersuchungen (vgl. etwa Box (1988)) eine Transformation zur Varianzstabilisierung vorgeschlagen, die im wesentlichen folgende Gestalt aufweist:

$$y \longrightarrow y^\lambda \text{ für } y > 0 \tag{5.a}$$

bzw.

$$y \longrightarrow (y + \lambda_2)^\lambda \text{ für } y > -\lambda_2 . \tag{5.b}$$

Für $\lambda = 0$ ist als Transformation $\log(y)$ bzw. $\log(y + \lambda_2)$ anzusetzen.

Durch geeignete Wahl von λ (die Ermittlung erfolgt mit Hilfe der sogenannten „λ–Plots") kann eine stabile Varianz erzielt werden. Da es im Normalfall nicht möglich ist, mit einer einzigen Transformation alle drei Bedingungen zu erfüllen – (approximative) Normalverteilung der Fehler, (approximative) Fehlervarianz und additive Überlagerung – schlagen NELDER/LEE (1991) die Verwendung von verallgemeinerten linearen Modellen vor, auf die aber an dieser Stelle nicht näher eingegangen werden soll.

Aufgrund des orthogonalen Versuchsaufbaus läßt sich der „kleinste Quadrate Schätzer" für die Effekte, der im allgemeinen die Inversion einer Matrix benötigt, einfacher herleiten. Auch Wechselwirkungen können hiermit einbezogen werden; zum Beispiel erkennt man am obigen Schaubild deutlich, daß der Haupteffekt von θ_4 mit der drei–stufigen Wechselwirkung von θ_1, θ_2 und θ_3 vermengt ist. Taguchi selbst läßt für Beispiele dieser Art (8 Läufe bei 4 Haupteffekten) bis zu drei weitere Wechselwirkungen zu (auch wenn damit kein Freiheitsgrad für die Varianzschätzung übrig bleibt). Auf eine ausführliche Darstellung der orthogonalen Arrays sei an dieser Stelle verzichtet, da sie in einschlägigen Lehrbüchern (etwa DEY (1985)) nachzulesen ist.

Die von Taguchi geforderte Minimierung der Variabilität eines Prozesses setzt zunächst die Festlegung einer geeigneten Zielgröße zur Beschreibung der Variabilität voraus. Taguchi schlägt bei der vorliegenden Problemstellung ein Performancemaß (*PERM*) vor, das zu maximieren ist:

$$PERM = SN_T = 10 \log_{10} \left(\frac{\mu_Y^2}{\sigma_Y^2} \right) \longrightarrow \text{Max.} \tag{6}$$

Dieses Maß SN_T nennt Taguchi das „Signal to noise ratio". Es ist offensichtlich eine monotone Funktion des Kehrwerts des Variationskoeffizienten und kann wie folgt geschätzt werden:

$$SN_T = 10 \log_{10} \left(\frac{\bar{y}_i^2}{s_i^2} \right) \tag{7}$$

mit $\bar{y}_i$ und s_i^2 aus (3).

Inwiefern SN_T überhaupt ein geeignetes Maß für die Variabilität ist, also ein geeignetes Optimalitätskriterium darstellt, wird von Taguchi selbst nicht untersucht. In der Literatur finden sich hierzu einige Untersuchungen. So behandeln LEON/SHOEMAKER/KACKAR (1987) folgende Fälle.

α) *Falls folgendes multiplikative Modell vorliegt* (Y läßt sich als multiplikative Überlagerung einer streng monotonen Funktion μ darstellen, die nur von den Kontrollfaktoren $\vec{d} = (d_1, \ldots, d_n)$ und den Adjustmentfaktoren $\vec{a}$ und nicht von den Noisefaktoren $\vec{w}$ abhängt, und einer Störfunktion ε, die von den Noisefaktoren $\vec{w}$ und den Kontrollfaktoren $\vec{d}$ abhängt.):

$$Y = \mu(\vec{d}, \vec{a}) \cdot \varepsilon(\vec{w}, \vec{d}) \tag{8}$$

mit

$$E(Y) = \mu(\vec{d}, \vec{a}) \implies E(\varepsilon(\vec{w}, \vec{d})) = 1$$

(wobei $E(Y)$ und $V(Y)$ den Erwartungswert bzw. die Varianz darstellt) dann gilt:

$$\frac{E^2(Y)}{V(Y)} = \frac{\mu^2(\vec{d}, \vec{a})}{\mu^2(\vec{d}, \vec{a}) \cdot V(\varepsilon(\vec{w}, \vec{d}))} = \frac{1}{V(\varepsilon(\vec{w}, \vec{d}))}$$

und somit kann SN_T als geeignetes Maß verwendet werden.

β) *Falls folgendes additive Modell vorliegt:*

$$Y = \mu(\vec{d}, \vec{a}) + \varepsilon(\vec{w}, \vec{d}) \tag{9}$$

mit $E(\varepsilon(\vec{w}, \vec{d})) = 0$,
dann wäre die Varianz selbst ein Maß für die Variabilität:
$PERMIA = V(Y)^{-1}$;
und somit liegt mit SN_t kein geeignetes Maß vor.

Der Ausdruck $PERMIA$ wurde von diesen drei Autoren eingeführt und bedeutet ein Performancemaß „independent of adjustment" (in dem Sinne, der für Taguchis Vorgehensweise relevant ist).

Im nächsten Schritt muß Taguchi die Frage klären, welche der Faktoren die Zielgröße SN_T beeinflußen. Hierzu schlägt er die Durchführung einer Varianzanalyse vor, bei der nicht die eigentlich zu beobachtende Variable Y als Erklärungsvariable („response") eingeht, sondern die Größe SN_T.

Nach Taguchi werden diejenigen Faktoren, die als „signifikant" ermittelt werden, als Kontrollvariablen ausgewiesen, das heißt als Variablen, die die Variabilität beeinflussen. (Die sogenannten Adjustment-Faktoren setzt Taguchi meist von Ingenieuren priori als bekannt voraus.) Der Ausdruck signifikant wird deshalb unter Anführungszeichen gesetzt, da Taguchi selbst sich nicht um eine Vorgabe für den Fehler erster Art bemüht, sondern diejenigen Faktoren mit hohen (F-)Werten auswählt.

Die optimalen Einstellungen für diese Parameter werden mit Hilfe von linearen Graphen und Marginalsummen bestimmt. Zur Erläuterung dient folgendes *Beispiel*, das RYAN (1989) entnommen wurde:

Gegeben sind zwei Faktoren A und B mit jeweils drei Ausprägungen: 1, 2 und 3. Ferner soll ein vollständiges Experiment durchgeführt werden und nicht nur ein Teil in Form eines orthogonalen Arrays. Die zu den neun Versuchen gehörigen Z–Werte befinden sich im Inneren der unten aufgeführten Darstellung (so lautet zum Beispiel der zu den Einstellungen $A = 1$ und $B = 1$ gehörige Z–Wert gleich 8, etc.). In den Randspalten (Randzeilen) befindet sich die Summe der jeweiligen Werte.

		A: 1	2	3	
	1	8	8	10	26
B	2	6	8	11	25
	3	5	9	10	24
		19	25	31	

(10)

Mit Hilfe dieser Marginal(Rand-)summen wird die optimale Kombination ermittelt: Es wird sowohl für A als auch für B *getrennt*, diejenige Einstellung ausgewählt, die den maximalen Marginalsummenwert liefert. In unserem Beispiel ist dies:

für A die Einstellung 3 (der entsprechende Wert lautet 31)
für B die Einstellung 1 (der entsprechende Wert lautet 26)

Betrachtet man das Tableau (10) genauer, so erkennt man, daß sich für A bei Einstellung 3 und B bei Einstellung 2 der maximale Z–Wert 11 ergibt.

Selbst im vorliegenden Fall eines vollständigen Versuchsaufbaues, erzielt man mit Hilfe der Marginalsummen nicht immer das Optimum, sondern nur eine Art Suboptimum. Beim nicht vollständigen Versuchsaufbau kann die auf diese Art und Weise gefundene Lösung noch weiter vom Optimum entfernt sein. (Eine detailliertere Erläuterung der Zusammenhänge findet man in RYAN (1989)).

Die Vermutung liegt auf der Hand, daß Taguchi auf diese Art und Weise auch zu optimalen Kombinationen der Faktoreinstellungen gelangen kann, die in dem orthogonalen Versuchsaufbau nicht berücksichtigt und somit getestet wurden.

3. Resümee

Aufgrund der bisherigen Betrachtungen kann man unschwer erkennen, daß die zugrunde gelegte und sehr stark propagierte *Verlustfunktion* von Taguchi eigentlich nur eine Ideologie darstellt, die sich im Hintergrund befindet. Im Vordergrund steht, daß ein Produkt eine gute Qualität besitzen soll, verbunden mit minimalem Verlust, und daß dies über eine Minimierung der Variabilität erreicht werden soll, wobei zusätzlich das Produkt möglichst genau auf den Sollwert eingestellt werden muß (Separation der Faktoren).

Die Motivation für das Maß, das zur Beschreibung der Variabilität dient, wird dem Ingenieurbereich entnommen: Taguchi setzt eine monotone Funktion des Kehrwerts des Variationskoeffizienten an. Betrachtet man diesen Kehrwert

$$\bar{y}_i^2 \,/\, s_i^2$$

genauer, so erkennt man, daß Abweichungen vom Sollwert nach oben größere Werte für diesen Quotienten liefern, als Abweichungen nach unten (bei konstantem s^2). Somit wäre der Zielwert Z (aus (7)) umso größer (besser), je größer die Abweichung vom Sollwert nach oben ausfallen würde. Dies wirkt sich nur dann nicht aus, wenn die oben beschriebene Modellvorstellung (8) gegeben ist.

Würde man, um bei Taguchis Separation der Variablen zu bleiben, diese Problemstellung sauber statistisch auswerten, so müßte man getrennt auf der einen Seite s^2 und auf der anderen $(\tau - \bar{y})^2$ auswerten. Das heißt, für beide Maße *getrennt* die jeweiligen signifikanten Faktoren und die optimalen Einstellungen ermitteln.

Vorgenommene Untersuchungen – die diese getrennte Auswertung betreffen – zeigen aber, daß es möglich sein kann, daß diese Trennung der Variablen nicht gelingt. Außerdem läßt sich ein Einfluß nicht immer nachweisen, und es kann die Möglichkeit bestehen, daß sich Faktoren (optimale Einstellungen) gegenläufig verhalten.

Sollte dieses Konzept der Separation also nicht greifen, so wäre eine Möglichkeit, falls man die Verlustfunktion ernst nimmt, den erwarteten Verlust $E(L)$ (siehe Formel (2)) als Ganzes in die Betrachtung einzubeziehen (zu schätzen) und die optimalen Faktoreinstellungen derjenigen Faktoren, die $E(L)$ beeinflussen, zu ermitteln. Bei beiden Möglichkeiten ist aber sicherzustellen, daß die zugrunde liegenden Modellannahmen Gültigkeit besitzen.

Zusammenfassend läßt sich sagen, daß die verwendeten Begriffe, die oftmals in bezug auf statistische Fragestellungen dem Ingenieurbereich entstammen, nicht gerade zweckmäßig erscheinen und deshalb auch unter den Statistikern Verwirrung erzeugt haben. Dies hat sicher auch dort zu der nicht sehr raschen Verbreitung von Taguchis Ideen beigetragen. Außerdem wird hier die statistische Methodik verwendet, ohne die Angemessenheit ihrer jeweiligen Anwendung zu hinterfragen. Oftmals findet man auch einen sehr „großzügigen" Umgang mit den verwendeten statistischen Begriffen.

Nichtsdestoweniger hat Taguchi einen bedeutenden Beitrag geleistet, um statistische Verfahren ins Design einzubringen und sich große Verdienste bei der Umorganisation von Produktionsabläufen erworben. Durch den Kostengesichtspunkt hat er für Qualitätssicherungsmaßnahmen mehr Aufmerksamkeit auf der Managementebene erreicht. Von statistischer Seite her könnten zusätzliche Untersuchungen sicherlich zu weiteren nutzbringenden Erkenntnissen führen.

Literatur

BOX, G. E. P. (1988): Signal to noise ratios, performance criteria and transformations (with discussion); Technometrics 30 (No. 1), 1-40.

DEY, A. (1985): Orthogonal fractional factorial designs; Wiley.

KACKAR, R .N (1985): Off line quality control, parameter design and the Taguchi method (with discussion); Journal of Quality Technology 17 (No. 4), 176-209.

LEON, R. V. / SHOEMAKER, A. C. / KACKAR, R. N. (1987): Performance measure independent of adjustment: An explanation and extension of Taguchis signal to noise ratios (with discussion); Technometrics 29 (No. 3), 258-285.

LOGOTHETIS, N. / WYNN, H. P. (1989): Quality through design; Clarendon Press, Oxford.

NELDER, J. A. / LEE, Y. (1991): Generalized linear models for the analysis of Taguchi type experiments; Appl. Stoch. Models and Data Analysis, Vol. 7, 107-120.

RYAN, T. P. (1989): Statistical methods for quality improvement; Wiley.

SCHWEITZER, W. / BAUMGARTNER, C. (1989): G. Taguchi: Einführung in Quality Engineering; GfMT, München.

TAGUCHI, G. (1987): Introduction to quality engineering – Designing quality into products and processes; UNIPUB, New York.

Der multivariate, der mehrdimensionale lineare Regressionsschätzer und der multivariate Verhältnisschätzer im Simulationsvergleich

Von HANS SCHNEEBERGER*, Holzkirchen

Zusammenfassung: Es wird ein multivariater Regressionsschätzer eingeführt, der dem multivariaten Verhältnisschätzer von OLKIN (1958) analog ist. In einer Simulationsstudie werden diese beiden Schätzer miteinander und mit dem mehrdimensionalen Regressionsschätzer verglichen.

1. Einführung

Verhältnis- und Regressionsschätzer können einfache und sehr wirksame Methoden sein, um die Genauigkeit der Schätzung des Mittel- oder Totalwertes einer Gesamtheit zu steigern. I.a. werden mehrdimensionale Verallgemeinerungen eine Genauigkeitssteigerung liefern, bei weitem aber nicht in dem Ausmaß, wie das bei einer einzigen zufällig herausgegriffenen günstigen Stichprobe der Fall sein kann (vgl. OLKIN (1958) und hierzu SCHNEEBERGER/FLEISCHER (1993)). STRECKER/WIEGERT (1986) haben an laufenden Erhebungen gezeigt, daß dort der Genauigkeitsgewinn mäßig ist.

Um zuverlässige Aussagen über Genauigkeitsunterschiede machen zu können, sind Simulationsuntersuchungen nötig. Da der grundsätzliche Sachverhalt bereits für zwei Hilfsmerkmale aufgezeigt werden kann, wurden die Untersuchungen auf diesen Fall beschränkt.

2. Verallgemeinerte gebundene Hochrechnung

Der *multivariate Verhältnisschätzer*

$$\widehat{\overline{Y}}_{MR} = W_1\,(\bar{y}/\bar{x}_1)\,\mu_{x_1} + W_2\,(\bar{y}/\bar{x}_2)\,\mu_{x_2} \tag{2.1}$$

von OLKIN (1958) ist wohlbekannt und kann z.B. bei COCHRAN (1977) nachgelesen werden. Wir bezeichnen den Schätzer $\widehat{\overline{Y}}_{MR}$ mit $\widehat{\overline{Y}}^{(1)}_{MR}$, wenn die optimalen Gewichte

$$W_1 = \frac{V_{22} - V_{12}}{N}\,; \quad W_2 = \frac{V_{11} - V_{12}}{N}\,; \quad N = V_{11} + V_{22} - 2\,V_{12}$$

mit $V_{11} = V(\widehat{\overline{Y}}_{R_1}) \approx \mu_y^2/n\,(C_{yy} + C_{x_1,x_1} - 2\,C_{x_1,y})$ – entspr. V_{12}, V_{22} – aus den Parametern der Gesamtheit berechnet werden, also mit

$$C_{yy} = \sigma_y^2/\mu_y^2\,;\; C_{x_1,y} = \sigma_{x_1,y}/\mu_{x_1}\mu_y \text{ usf.}$$

* Prof. Dr. Hans Schneeberger, Schulstraße 12, D–83607 Holzkirchen
Der Autor ist Frau Petra Wieser zu Dank verpflichtet. Sie hat die umfangreiche Simulationsstudie am PC durchgeführt.

Entsprechend sei $\hat{\bar{Y}}^{(2)}_{MR}$ der Schätzer mit Gewichten w_1, w_2 aus der Stichprobe, also mit $c_{yy} = s_y^2/\bar{y}^2$ usf.

Den neu einzuführenden *multivariaten linearen Regressionsschätzer* definieren wir als

$$\hat{\bar{Y}}^{(1)}_{MvL} = W_1 \hat{\bar{Y}}^{(1)}_{L_1} + W_2 \hat{\bar{Y}}^{(1)}_{L_2} \tag{2.2}$$

mit den einfachen linearen Regressionsschätzern

$$\hat{\bar{Y}}^{(1)}_{L_i} = \bar{y} + B_i\,(\mu_{x_i} - \bar{x}_i); \quad i = 1,\ 2 \tag{2.3 a}$$

und den Steigungsmaßen

$$B_i = \rho_{x_i,y}\,\sigma_y/\sigma_{x_i}\,, \tag{2.3 b}$$

berechnet mit den Parametern der Gesamtheit. Die Gewichte W_i werden so bestimmt, daß die Varianz $V(\hat{\bar{Y}}^{(1)}_{MvL})$ als Funktion von W_1 und W_2 ein Minimum wird unter der Nebenbedingung $W_1 + W_2 = 1$. Der Lagrangesche Multiplikatorenansatz liefert

$$W_1 = (V_{01} + V_{22} - V_{02} - V_{12})/N\,; \quad W_2 = (V_{02} + V_{11} - V_{01} - V_{12})/N\,; \tag{2.4 a}$$

N wie oben. Dabei ist:

$$V_{01} = B_1\,\sigma_{x_1,y}/n\,; \quad V_{02} = B_2\,\sigma_{x_2,y}/n\,; \quad V_{11} = B_1^2\sigma_{x_1}^2/n\,; \text{ usf.} \tag{2.4 b}$$

Die Varianz von $\hat{\bar{Y}}^{(1)}_{MvL}$ ist

$$V(\hat{\bar{Y}}^{(1)}_{MvL}) = \frac{1}{n}\Big(\sigma_y^2 + W_1^2\,B_1^2\,\sigma_{x_1}^2 + W_2^2\,B_2^2\,\sigma_{x_2}^2 - 2\,W_1\,B_1\,\rho_{x_1,y}\,\sigma_{x_1}\,\sigma_y \tag{2.5}$$
$$- 2\,W_2\,B_2\,\rho_{x_2,y}\,\sigma_{x_2}\,\sigma_y + 2\,W_1\,B_1\,W_2\,B_2\,\rho_{x_1,x_2}\,\sigma_{x_1}\,\sigma_{x_2}\Big).$$

Man zeigt leicht: Der multivariate lineare Regressionsschätzer $\hat{\bar{Y}}^{(1)}_{MvL}$ ist unverzerrt.

Entsprechend definieren wir den multivariaten linearen Regressionsschätzer mit Parametern aus der Stichprobe:

$$\hat{\bar{Y}}^{(2)}_{MvL} = w_1 \hat{\bar{Y}}^{(2)}_{L_1} + w_2 \hat{\bar{Y}}^{(2)}_{L_2} \tag{2.6}$$

mit $\hat{\bar{Y}}^{(2)}_{L_i} = \bar{y} + b_i\,(\mu_{x_i} - \bar{x}_i)$ $(i = 1, 2)$

und $b_1 = s_{x_1,y}/s_{x_1}^2$, $b_2 = s_{x_2,y}/s_{x_2}^2$, $v_{01} = b_1\,s_{x_1,y}/n$, ...

Auch der multivariate Schätzer $\hat{\bar{Y}}^{(2)}_{MvL}$ ist unverzerrt, falls die Stichprobe aus einer mehrdimensionalen normalverteilten Gesamtheit gezogen wird.

Schließlich führen wir den *mehrdimensionalen linearen Regressionsschätzer* ein:

$$\widehat{\overline{Y}}^{(1)}_{MdL} = \bar{y} + \beta_1 \left(\mu_{x_1} - \bar{x}_1\right) + \beta_2 \left(\mu_{x_2} - \bar{x}_2\right) \tag{2.7}$$

Dabei sind β_0, β_1, β_2 die Parameter der Regressionshyperebene einer normalverteilten Gesamtheit mit den Parametern

$$\mu_{x_1},\ \mu_{x_2},\ \mu_y,\ \sigma_{x_1},\ \sigma_{x_2},\ \sigma_y,\ \rho_{x_1,x_2},\ \rho_{x_1,y},\ \rho_{x_2,y}$$

und

$$\begin{aligned} \mu_y^+ = E(y|x_1,x_2) &= \mu_y + \frac{\sigma_y\left(\rho_{x_1,y} - \rho_{x_1,x_2}\,\rho_{x_2,y}\right)}{\sigma_{x_1}(1-\rho^2_{x_1,x_2})}\left(x_1 - \mu_{x_1}\right) \\ &\quad + \frac{\sigma_y\left(\rho_{x_2,y} - \rho_{x_1,x_2}\,\rho_{x_1,y}\right)}{\sigma_{x_2}(1-\rho^2_{x_1,x_2})}\left(x_2 - \mu_{x_2}\right) \\ &= \beta_0 + \beta_1\, x_1 + \beta_2\, x_2\,. \end{aligned} \tag{2.8}$$

Die Dichte $f(y|x_1,x_2)$ ist dann

$$f(y|x_1,x_2) = \frac{1}{\sqrt{2\pi}\,\sigma_y^+}\exp\Big(-0,5\left(\left(y - E(y|x_1,x_2)\right)/\sigma_y^+\right)^2\Big) \tag{2.9}$$

mit

$$\sigma_y^+ = \frac{|\sum|}{\sigma_{x_1}\,\sigma_{x_2}\sqrt{1-\rho^2_{x_1,x_2}}}\,, \tag{2.10}$$

wobei

$$\sum = \begin{pmatrix} \sigma_{y,y} & \sigma_{y,x_1} & \sigma_{y,x_2} \\ \sigma_{x_1,y} & \sigma_{x_1,x_1} & \sigma_{x_1,x_2} \\ \sigma_{x_2,y} & \sigma_{x_2,x_1} & \sigma_{x_2,x_2} \end{pmatrix}$$

die Kovarianzmatrix von $(y,\ x_1,\ x_2)$ ist. Eine längere, aber einfache Rechnung liefert die Varianz von (2.7)

$$V(\widehat{\overline{Y}}^{(1)}_{MdL}) = (\sigma_y^2/n)(1 - \rho^2_{y.x_1,x_2}) \tag{2.11}$$

mit dem multiplen Bestimmtheitsmaß

$$\rho^2_{y.x_1,x_2} = \frac{\rho^2_{x_1,y} + \rho^2_{x_2,y} - 2\,\rho_{x_1,y}\,\rho_{x_2,y}\,\rho_{x_1,x_2}}{1-\rho^2_{x_1,x_2}}\,. \tag{2.12}$$

Der mehrdimensionale Regressionsschätzer (2.7) ist unverzerrt.

Sind die Parameter β_i $(i = 0,1,2)$ nicht bekannt, so müssen sie nach der Methode der kleinsten Quadrate aus der Stichprobe berechnet werden. Mit diesen Schätzungen b_1, b_2 erhalten wir den mehrdimensionalen Regressionsschätzer bei unbekannten Steigungen:

$$\widehat{\overline{Y}}^{(2)}_{MdL} = \bar{y} + b_1 \left(\mu_{x_1} - \bar{x}_1\right) + b_2 \left(\mu_{x_2} - \bar{x}_2\right). \tag{2.13}$$

SHUKLA (1965) gibt als Varianz von $\widehat{\overline{Y}}^{(2)}_{MdL}$ an:

$$V(\widehat{\overline{Y}}^{(2)}_{MdL}) = (\sigma_y^2/n)(1-\rho^2_{y.x_1,x_2})(1+2/(n-4)). \qquad (2.14)$$

$\widehat{\overline{Y}}^{(2)}_{MdL}$ ist im vorliegenden Fall, in den $(x_1,\ x_2,\ y)$ dreidimensional normalverteilt sind, unverzerrt.

3. Die Simulation

Die Simulation der dreidimensional normalverteilten Zufallsvariablen $(x_1,\ x_2,\ y)$ wurde mit dem Zufallsgenerator „Subt" durchgeführt. Dazu wurden die Parameter $\mu_{x_1},\ \mu_{x_2},\ \mu_y,\ \sigma_{x_1},\ \sigma_{x_2},\ \sigma_y,\ \rho_{x_1,x_2},\ \rho_{x_1,y},\ \rho_{x_2,y},$ der Stichprobenumfamg n und der Simulationsumfang k in den PC eingegeben. k ist die Anzahl der Stichproben vom Umfang n und betrug i.a. 300000, bei größeren Stichprobenumfängen 100000. Aus den k Stichproben wurden die Parameter Erwartungswert, Streuung, Schiefe und Verteilung von $\widehat{\overline{Y}}$ geschätzt. Durch vorherige Untersuchungen war gewährleistet, daß k groß genug war, um hinreichend genaue Ergebnisse zu erhalten, und andererseits die Rechenzeit nicht ausufern zu lassen.

Zur Erzeugung der n Stichprobenelemente, die aus den Tripeln (x_{1i}, x_{2i}, y_i), $i = 1,\dots,n$ bestehen, mußte der Zufallsgenerator „Subt", der (0,1)–gleichverteilte unabhängige Pseudozufallszahlen erzeugt, viermal aufgerufen werden. Diese vier (0,1)–gleichverteilten Zufallszahlen u_j $(j = 1,\dots,4)$ wurden nach der Polar–Methode von Marsaglia in drei (0,1)–normalverteilte unabhängige Zufallsvariable v_j $(j = 1,\dots,3)$ transformiert, die in folgenden drei Schritten abläuft:

Berechne 1. $z_1 = 2\,u_1 - 1$

$z_2 = 2\,u_2 - 1$

Falls 2. $z_1^2 + z_2^2 > 1$ wiederhole 1.

z_3 und z_4 werden analog wie z_1 und z_2 gefunden.

Berechne 3. $v_1 = z_1\,A;\quad v_2 = z_2\,A;\quad v_3 = z_3\,B$

mit $$A = \sqrt{\frac{-2\ln\left(z_1^2+z_2^2\right)}{z_1^2+z_2^2}}\,;\quad B = \sqrt{\frac{-2\ln\left(z_3^2+z_4^2\right)}{z_3^2+z_4^2}}\,.$$

Aus den unabhängigen (0,1)–normalverteilten Zufallsvariablen (v_1, v_2, v_3) wurden die Variablen (x_1, x_2, y) mit den neun eingegebenen Parametern $\mu_{x_1},\dots,\rho_{x_2;y}$ berechnet:

$$x_1 = \sigma_{x_1}\,v_1 + \mu_{x_1} \qquad (3.1\text{ a})$$

$$x_2 = \sigma^*_{x_2}\,v_2 + \mu^*_{x_2} \qquad (3.1\text{ b})$$

mit

$$\mu^*_{x_2} = \mu_{x_2} + \rho_{x_1,x_2}(\sigma_{x_2}/\sigma_{x_1})(x_1 - \mu_1);\ \sigma^*_{x_2} = \sigma_{x_2}\sqrt{1-\rho^2_{x_1,x_2}}$$

$$y = \sigma^+_y v_3 + \mu^+_y; \qquad (3.1\ c)$$

wobei σ^+_y, μ^+_y in (2.8) und (2.10) definiert sind.

Aus jeder Stichprobe (x_{1i}, x_{2i}, y_i), $i = 1, \ldots, n$ vom Umfang n ergaben sich die sechs Schätzer $\widehat{\overline{Y}}$ nach den Formeln von Abschnitt 2. Nach Simulation von k Stichproben wurden

$$\overline{\widehat{\overline{Y}}} = \frac{1}{k}\sum_{r=1}^{k}\widehat{\overline{Y}}_r \qquad (3.2\ a)$$

$$S^2(\widehat{\overline{Y}}) = \frac{1}{k-1}\sum_{r=1}^{k}\left(\widehat{\overline{Y}}_r - \overline{\widehat{\overline{Y}}}\right)^2 \qquad (3.2\ b)$$

als Näherungen für $E(\widehat{\overline{Y}})$ und $\sigma^2(\widehat{\overline{Y}})$ berechnet. Für die Verzerrung ergab sich dann

$$\text{bias}(\widehat{\overline{Y}}) = \overline{\widehat{\overline{Y}}} - \mu_y. \qquad (3.2\ c)$$

Die sehr gute Übereinstimmung der durch Simulation nach (3.2) berechneten Schätzungen mit den wahren Werten wurde durch Vergleich mit den Formeln (2.5) und (2.11) geprüft. Der Grund für diese Übereinstimmung liegt in der großen Anzahl von $k = 300000$ für $n = 5$ bzw. $k = 100000$ für $n = 50$ simulierten Stichproben zur Berechnung eines einzigen Wertes von $\widehat{\overline{Y}}^{(1)}_{MR}$, $\widehat{\overline{Y}}^{(2)}_{MR}$, $\widehat{\overline{Y}}^{(1)}_{MvL}$, $\widehat{\overline{Y}}^{(2)}_{MvL}$, $\widehat{\overline{Y}}^{(1)}_{MdL}$, $\widehat{\overline{Y}}^{(2)}_{MdL}$, $S\left(\widehat{\overline{Y}}^{(1)}_{MR}\right), \ldots,$ bias$\left(\widehat{\overline{Y}}^{(1)}_{MR}\right), \ldots$ Die simulierten k Stichprobenschätzungen $\widehat{\overline{Y}}$ (also z.B. die k Werte von $\widehat{\overline{Y}}^{(1)}_{MvL}$) wurden noch zur Erstellung der Dichte dieser Variablen $\widehat{\overline{Y}}$ verwendet. Dazu wurden diese k gespeicherten $\widehat{\overline{Y}}$–Werte nach Beendigung des Simulationslaufs wieder in den PC eingelesen und innerhalb der $(\overline{\widehat{\overline{Y}}} \pm 4\ S(\widehat{\overline{Y}}))$–Grenzen in 100 äquidistanten Klassen entsprechend ihrem Wert abgelegt. So ergab sich eine Histogrammdarstellung, die anschließend zu einem Polygon geglättet wurde.

4. Ergebnisse der Simulation

Es kann hier nur beispielhaft ein Teil der Ergebnisse in Graphiken vorgeführt werden. Ein Simulationsergebnis – z.B. von $S^2(\widehat{\overline{Y}}^{(1)})$ – für eine Parameterkonstellation $\mu_{x_1}, \ldots, \rho_{x_2,y}$ und ein n ist in den folgenden Abbildungen durch einen Punkt gekennzeichnet. Benachbarte Punkte sind geradlinig verbunden.

In Abbildung 1 wird bei festgehaltenen Parametern der Gesamtheit der Stichprobenumfang variiert. Man erkennt, daß bei mehrdimensionaler Regressionsschätzung (1) mit Parametern aus der Gesamtheit für kleinere n die Varianz $S^2(\widehat{\overline{Y}})$ etwas kleiner als bei multivariater Regressionsschätzung ist. Mit Parametern aus der Stichprobe (Schätzung (2)) ist für kleine n die multivariate Regressionsschätzung etwas besser. $n = 50$ ergibt für alle vier Schätzer praktisch die gleiche Varianz.

Abb. 1: Vergleich der Varianzen der Regressionsschätzer bei Variation von n ($\mu_y = \mu_{x_1} = \mu_{x_2} = 5$; $\sigma_y = \sigma_{x_1} = \sigma_{x_2} = 2,5$; $\rho_{x_1,x_2} = 0,44$; $\rho_{x_1,y} = 0,6$; $\rho_{x_2,y} = 0,8$)

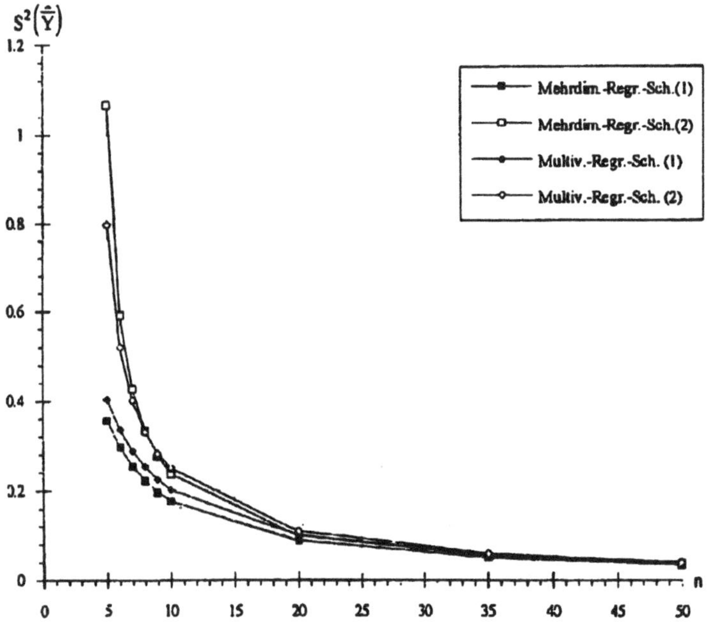

Die wesentlichen Einflußfaktoren für die Genauigkeit der Schätzung von $\hat{\overline{Y}}$ sind für die beiden Regressionsschätzer die Korrelationen, wie man z.B. an Formel (2.11) erkennt. Zuerst soll die Abhängigkeit der Varianzen der Regressionsschätzer von ρ_{x_1,x_2} gezeigt werden.

Vergleicht man die Varianz des multivariaten Regressionsschätzers

$$V(\hat{\overline{Y}}^{(1)}_{MvL}) = \frac{1}{n}\Big(\sigma_y^2 + W_1^2 B_1^2 \sigma_{x_1}^2 + W_2^2 B_2^2 \sigma_{x_2}^2 - 2 W_1 B_1 \rho_{x_1,y} \sigma_{x_1} \sigma_y - - 2 W_2 B_2 \rho_{x_2,y} \sigma_{x_2} \sigma_y + 2 W_1 B_1 W_2 B_2 \rho_{x_1,x_2} \sigma_{x_1} \sigma_{x_2}\Big) \quad (4.1)$$

mit der Varianz des mehrdimensionalen Regressionsschätzers

$$V(\hat{\overline{Y}}^{(1)}_{MdL}) = \frac{1}{n}\Big(\sigma_y^2 + \beta_1^2 \sigma_{x_1}^2 + \beta_2^2 \sigma_{x_2}^2 - 2 \beta_1 \rho_{x_1,y} \sigma_{x_1} \sigma_y - 2 \beta_2 \rho_{x_2,y} \sigma_{x_2} \sigma_y + 2 \beta_1 \beta_2 \rho_{x_1,x_2} \sigma_{x_1} \sigma_{x_2}\Big) \quad (4.2)$$

so erkennt man, daß

$$V(\hat{\overline{Y}}^{(1)}_{MvL}) = V(\hat{\overline{Y}}^{(1)}_{MdL}) \quad (4.3)$$

ist, falls

$$W_1 \, B_1 = \beta_1 \tag{4.4 a}$$

und

$$W_2 \, B_2 = \beta_2 . \tag{4.4 b}$$

Mit den W_i, B_i, β_i aus Abschnitt 2 wird

$$\begin{aligned} W_1 &= \rho_{x_1,y} \frac{\rho_{x_1,y} - \rho_{x_1,x_2} \rho_{x_2,y}}{1 - \rho^2_{x_1,x_2}} \frac{1}{\rho^2_{y \cdot x_1,x_2}} \\ &= \rho_{x_1,y} \, \rho_{x_1,y \cdot x_2} \frac{\sqrt{1 - \rho^2_{x_2,y}}}{\sqrt{1 - \rho^2_{x_1,x_2}}} \frac{1}{\rho^2_{y \cdot x_1,x_2}} \end{aligned} \tag{4.5}$$

$$\begin{aligned} W_2 &= \rho_{x_2,y} \frac{\rho_{x_2,y} - \rho_{x_1,x_2} \rho_{x_1,y}}{1 - \rho^2_{x_1,x_2}} \frac{1}{\rho^2_{y \cdot x_1,x_2}} \\ &= \rho_{x_2,y} \, \rho_{x_2,y \cdot x_1} \frac{\sqrt{1 - \rho^2_{x_1,y}}}{\sqrt{1 - \rho^2_{x_1,x_2}}} \frac{1}{\rho^2_{y \cdot x_1,x_2}} \end{aligned} \tag{4.6}$$

mit den partiellen Korrelationskoeffizienten

$$\rho_{x_i,y \cdot x_j} = \frac{\rho_{x_i,y} - \rho_{x_i,x_j} \rho_{x_j,y}}{\sqrt{1 - \rho^2_{x_i,x_j}} \sqrt{1 - \rho^2_{x_j,y}}} \quad (i, j = 1, 2; \; i \neq j) . \tag{4.7}$$

(4.5), (4.6) und (2.3b) in (4.4) eingesetzt ergibt (4.8a) für ($i = 1$; $j = 2$) und (4.8b) für ($i = 2$; $j = 1$):

$$\begin{aligned} &\rho_{x_i,y} \frac{\rho_{x_i,y} - \rho_{x_1,x_2} \rho_{x_j,y}}{1 - \rho^2_{x_1,x_2}} \frac{1}{\rho^2_{y \cdot x_1,x_2}} \frac{\rho_{x_i,y} \, \sigma_y}{\sigma_{x_i}} \\ &= \frac{\sigma_y \left(\rho_{x_i,y} - \rho_{x_1,x_2} \rho_{x_j,y} \right)}{\sigma_{x_i} \left(1 - \rho^2_{x_1,x_2} \right)} . \end{aligned} \tag{4.8}$$

(4.3) gilt also, falls (4.8a) und (4.8b) erfüllt sind. Das ist der Fall für

$$\rho_{x_1,x_2} = \operatorname{sign}(\rho_{x_1,y}) \operatorname{sign}(\rho_{x_2,y}) \frac{\min\left(|\rho_{x_1,y}| , |\rho_{x_2,y}| \right)}{\max\left(|\rho_{x_1,y}| , |\rho_{x_2,y}| \right)} . \tag{4.9}$$

Mit diesem ρ_{x_1,x_2} wird

$$\rho^2_{y \cdot x_1,x_2} = \max\left(\rho^2_{x_1,y} , \rho^2_{x_2,y} \right) . \tag{4.10}$$

In Abbildung 2 wurden bis auf $\rho_{x_1,y}$ die gleichen Parameter der Gesamtheit gewählt wie in Abbildung 1. n ist jetzt konstant: $n = 5$; ρ_{x_1,x_2} wird variiert. Zusätzlich zu ρ_{x_1,x_2} wurde $\rho^2_{y \cdot x_1,x_2}$ auf der Abszisse abgetragen. Nach (4.9) ist

$V\left(\widehat{\widehat{Y}}^{(1)}_{MvL}\right) = V\left(\widehat{\widehat{Y}}^{(1)}_{MdL}\right)$ für $\rho_{x_1,x_2} = 0,5$, was die Simulationsergebnisse der Abbildung 2 bestätigen. Nach (4.10) ist dann $\rho^2_{y.x_1,x_2} = \max(0,4^2; 0,8^2) = 0,64$.

Da vor allem positive Korrelationen ρ_{x_1,x_2} von Interesse sind, kann man feststellen: Mit Parametern aus der Gesamtheit ist der mehrdimensionale Regressionsschätzer etwas besser als der multivariate, mit Parametern aus der Stichprobe ist der multivariate beträchtlich besser; letzteres gilt, wie hier, vor allem bei kleinen Stichprobenumfängen.

Abb. 2: Vergleich der Varianzen der Regressionsschätzer bei Variation von ρ_{x_1,x_2} ($\mu_y = \mu_{x_1} = \mu_{x_2} = 5$; $\sigma_y = \sigma_{x_1} = \sigma_{x_2} = 2,5$; $\rho_{x_1,y} = 0,4$; $\rho_{x_2,y} = 0,8$; $n = 5$)

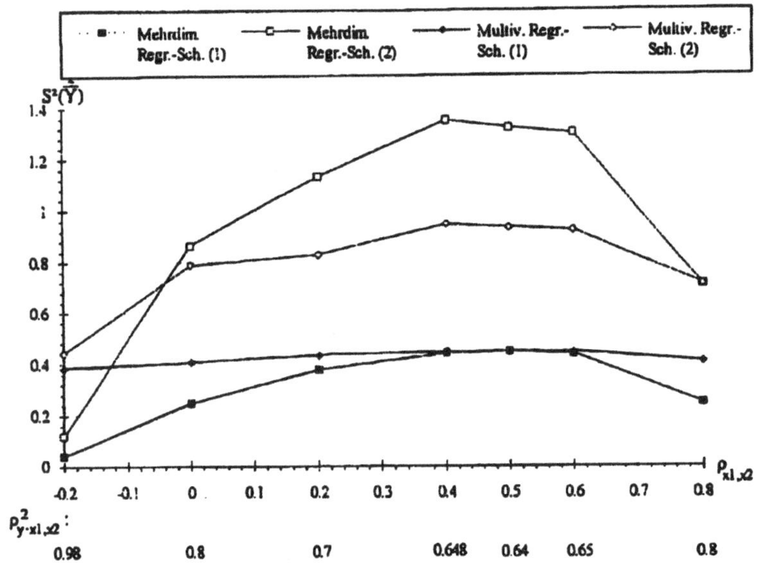

In Abbildung 3 sind die Varianzen der beiden Verhältnisschätzer mit Parametern aus der Gesamtheit bzw. der Stichprobe mit den gleichen Parametern der Gesamtheit wie in Abbildung 2 dargestellt. Man erkennt, daß die Varianz der Schätzung mit Parametern aus der Stichprobe weniger stark von der des Schätzers mit Parametern aus der Gesamtheit abweicht wie bei den Regressionsschätzern. Die Ursache dürfte im kleinen Stichprobenumfang und der einfacheren Schätzformel liegen.

Vergleicht man die Varianzen der Regressionsschätzer $\widehat{\widehat{Y}}$ bei Variation der Korrelation zwischen der Hilfsvariablen x_2 (oder x_1) und der Variablen y, so ergibt sich (mit den sonstigen Parametern der Gesamtheit wie in Abbildung 1) die Abbildung 4. Aus Formel (4.9) folgt die Gleichheit der Varianzen (mit Parametern aus der Gesamtheit) für $\rho_{x_2,y} = 0,264$. Das multiple Bestimmtheitsmaß ist dann nach (4.10): $\rho^2_{y.x_1,x_2} = 0,36$.

Abb. 3: Varianzen der multivariaten Verhältnisschätzung bei Variation von ρ_{x_1,x_2}
$(\mu_y = \mu_{x_1} = \mu_{x_2} = 5;\ \sigma_y = \sigma_{x_1} = \sigma_{x_2} = 2,5;\ \rho_{x_1,y} = 0,4;$
$\rho_{x_2,y} = 0,8;\ n = 5)$

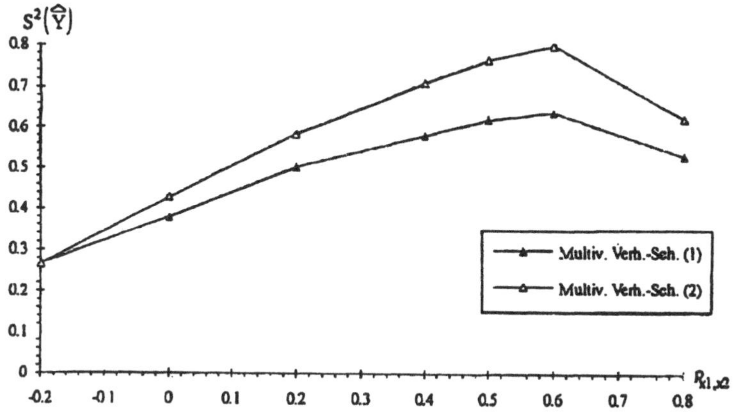

Abb. 4: Vergleich der Varianzen der Regressionsschätzer bei Variation von $\rho_{x_2,y}$
$(\mu_y = \mu_{x_1} = \mu_{x_2} = 5;\ \sigma_y = \sigma_{x_1} = \sigma_{x_2} = 2,5;\ \rho_{x_1,x_2} = 0,44;$
$\rho_{x_1,y} = 0,6;\ n = 5)$

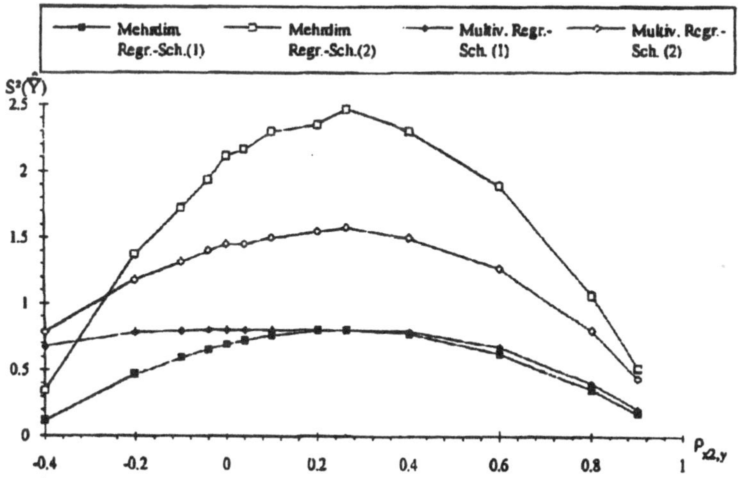

$\lvert\rho_{x2,y\cdot x1}\rvert$:	0.924	0.646	0.367	0	0.189	0.468	0.746	0.885
$\rho^2_{y\cdot x1,x2}$:	0.907	0.627	0.446	0.36	0.383	0.5	0.716	0.862

Abbildung 5 zeigt, daß sich mit zunehmendem Stichprobenumfang n die Kurven $S^2(\hat{\bar{Y}})$ mit Parametern aus der Stichprobe denen mit Parametern aus der Gesamtheit annähern.

Abb. 5: Vergleich der Varianzen der Regressionsschätzer bei Variation von $\rho_{x_2,y}$
$(\mu_y = \mu_{x_1} = \mu_{x_2} = 5;\ \sigma_y = \sigma_{x_1} = \sigma_{x_2} = 2,5;\ \rho_{x_1,x_2} = 0,44;$
$\rho_{x_1,y} = 0,6;\ n = 50)$

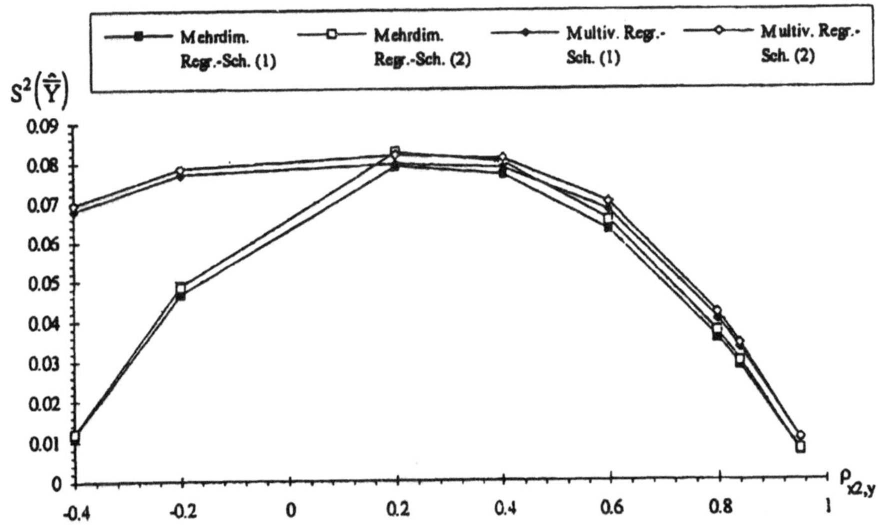

Abb. 6: Varianzen der multivariaten Verhältnisschätzer bei Variation von σ_{x_1}
$(\mu_y = \mu_{x_1} = \mu_{x_2} = 5;\ \sigma_y = \sigma_{x_2} = 2;\ \rho_{x_1,x_2} = 0,4;\ \rho_{x_1,y} = 0,6;$
$\rho_{x_2,y} = 0,7;\ n = 50)$

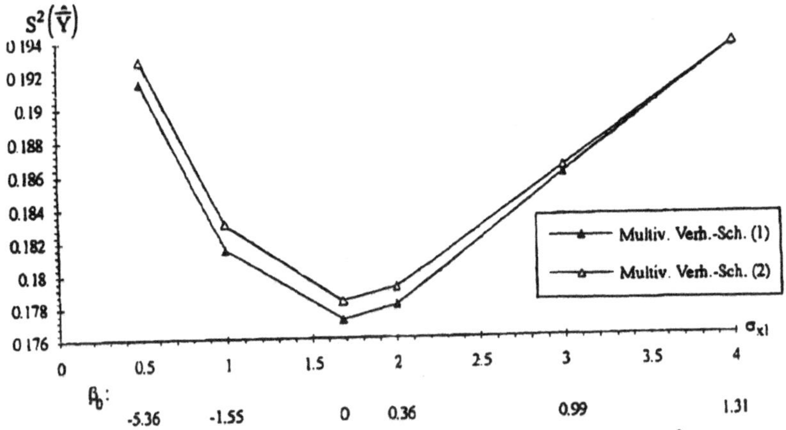

Schließlich soll die Abhängigkeit der Varianz der Schätzer $\hat{\bar{Y}}$ von den Standardabweichungen σ_{x_1} (oder σ_{x_2}) und σ_y untersucht werden. Nach Formel (2.11) ist die Varianz des mehrdimensionalen Regressionsschätzers unabhängig von σ_{x_1} und σ_{x_2}. Das gleiche gilt für die Varianz des multivariaten Regressionsschätzers, wenn man in (2.5) in die B_i und W_i die Parameter der Gesamtheit nach (2.3b), (2.4a) und (2.4b) einsetzt. Das Simulationsbild (nicht angeführt) bestätigt diese Aussage bis auf ganz geringe Simulationsschwankungen. Anders liegt der Sachverhalt beim multivariaten Verhältnisschätzer, für den in Abbildung 6 der Verlauf der Varianzkurven gezeigt wird.

Nach Formel (2.11) und (2.5) (in B_i und W_i wieder die Parameter der Gesamtheit eingesetzt) gilt für beide Regressionsschätzer $V(\hat{\bar{Y}}^{(1)}) = \sigma_y^2/n(...)$. Den parabelförmigen Verlauf der Varianzen $S^2(\hat{\bar{Y}})$ in Abhängigkeit von σ_y erkennt man in Abbildung 7.

Abb. 7: Vergleich der Varianzen der Regressionsschätzer bei Variation von σ_y
($\mu_y = \mu_{x_1} = \mu_{x_2} = 5$; $\sigma_{x_1} = \sigma_{x_2} = 2$; $\rho_{x_1,x_2} = 0,4$; $\rho_{x_1,y} = 0,6$; $\rho_{x_2,y} = 0,7$; $n = 5$)

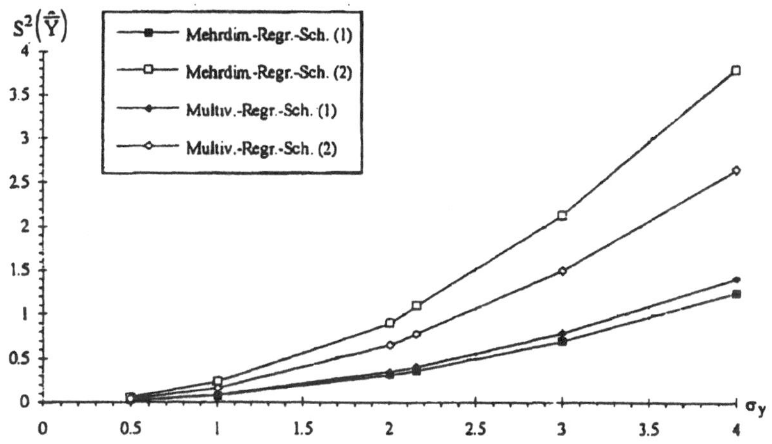

Am Ende von Abschnitt 3 wurde beschrieben, wie mit Hilfe der simulierten $\hat{\bar{Y}}$ die Verteilungen der sechs Schätzer $\hat{\bar{Y}}$ zu gewinnen sind. Einige dieser Ergebnisse werden angeführt. Es werden jeweils die Verteilungen der Schätzer mit Gewichten aus der Gesamtheit denen mit Gewichten aus der Stichprobe gegenübergestellt. Zu jeder Verteilung wird (gestrichelt) zusätzlich die Normalverteilung mit Erwartungswert $\bar{\hat{\bar{Y}}}$ und Standardabweichung $S(\hat{\bar{Y}})$ geplottet.

In Abbildung 8 wird die Verteilung des multivariaten Verhältnisschätzers für die angegebenen Parameter gezeigt ($n = 10$). Die Verteilung ist linksschief, falls der Abstand β_0 des Ursprungs von der Regressionsebene (2.8) positiv ist, und ist umso schiefer, je größer β_0; ist. Für $\beta_0 < 0$ ist die Verteilung rechtsschief. Mit zunehmendem n verringert sich die Schiefe, wie Abbildung 9 für $n = 100$ zeigt.

Abb. 8: Dichtefunktion des multivariaten Verhältnisschätzers für $n = 10$
$(\mu_y = \mu_{x_1} = \mu_{x_2} = 5;\ \sigma_y = \sigma_{x_1} = \sigma_{x_2} = 2,5;\ \rho_{x_1,x_2} = 0,44;$
$\rho_{x_1,y} = 0,6;\ \rho_{x_2,y} = -0,4;)$
oberes Bild: Gewichte aus der Grundgesamtheit
unteres Bild: Gewichte aus der Stichprobe

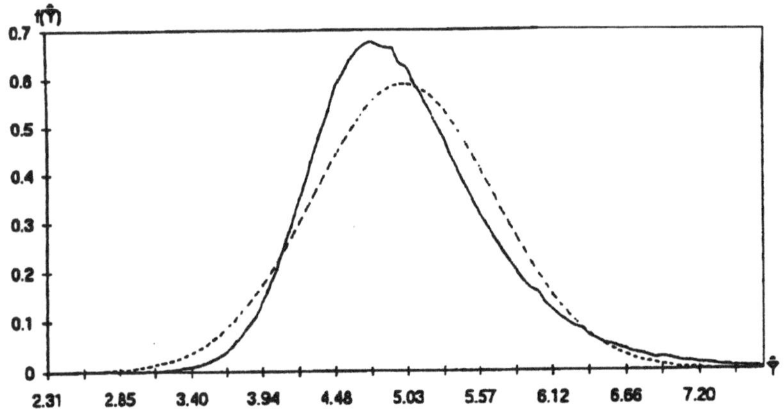

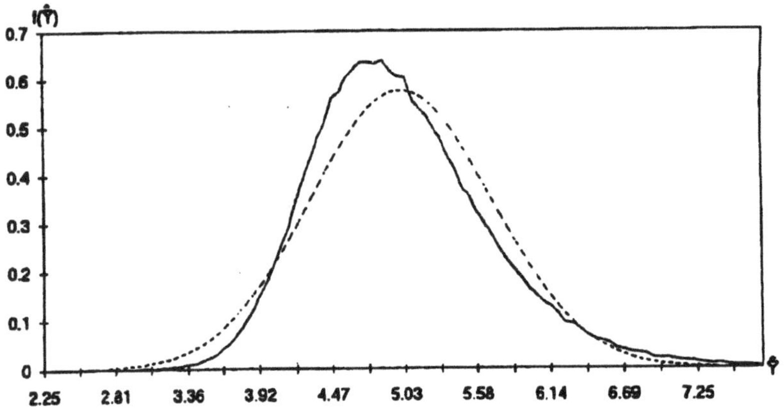

Die Verteilungen mit Gewichten aus der Gesamtheit und mit Gewichten aus der Stichprobe stimmen jetzt (in Abb. 9) weitgehend überein und nähern sich bereits stark der Normalverteilung mit den zugehörigen Parametern.

Der multivariate Regressionsschätzer $\hat{\overline{Y}}^{(1)}_{MvL}$ mit Parametern aus der Gesamtheit ist – bei Ziehung aus einer normalverteilten Gesamtheit – normalverteilt; für $\hat{\overline{Y}}^{(2)}_{MvL}$ mit Parametern aus der Stichprobe gilt das nicht, wie Abbildung 10 für $n = 5$ zeigt.

Abb. 9: Dichtefunktion des multivariaten Verhältnisschätzers für $n = 100$
($\mu_y = \mu_{x_1} = \mu_{x_2} = 5$; $\sigma_y = \sigma_{x_1} = \sigma_{x_2} = 2,5$; $\rho_{x_1,x_2} = 0,44$;
$\rho_{x_1,y} = 0,6$; $\rho_{x_2,y} = -0,4$;)
oberes Bild: Gewichte aus der Grundgesamtheit
unteres Bild: Gewichte aus der Stichprobe

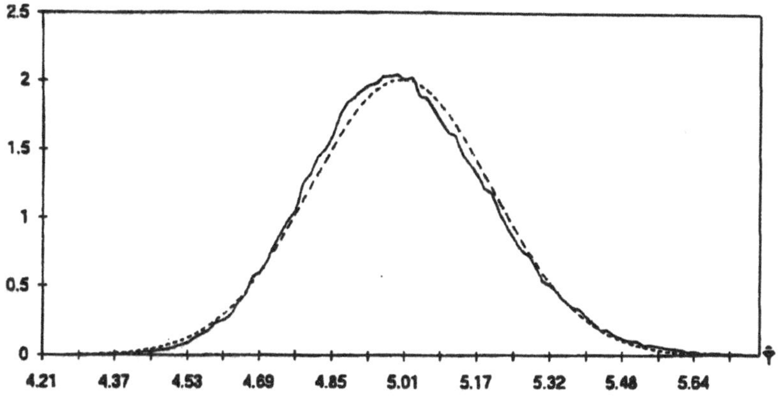

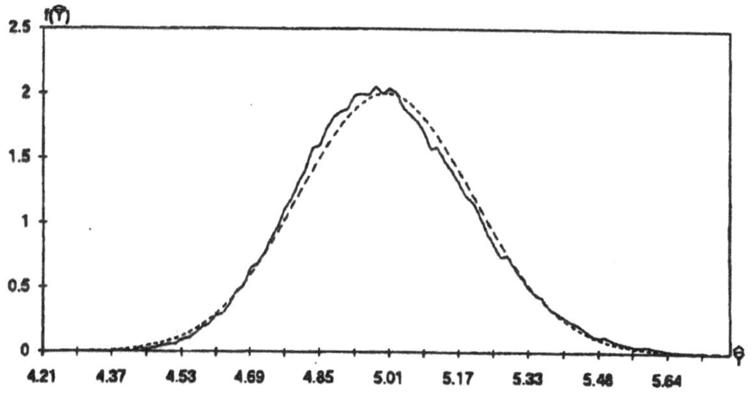

Aber bereits für $n = 10$ ist auch die Verteilung von $\widehat{\widehat{Y}}^{(2)}_{MvL}$ mit guter Annäherung normalverteilt (bei gleichen Parametern wie in Abbildung 10), aber mit etwas größerer Standardabweichung als $\widehat{\widehat{Y}}^{(1)}_{MvL}$ (ohne Abbildung). Anscheinend gilt diese schnelle Annäherung unabhängig von der Parameterkonstellation.

Abb. 10: Dichtefunktion des multivariaten Regressionsschätzers für $n = 5$
$(\mu_y = \mu_{x_1} = \mu_{x_2} = 5;\ \sigma_y = \sigma_{x_1} = \sigma_{x_2} = 2,5;\ \rho_{x_1,x_2} = 0,44;$
$\rho_{x_1,y} = 0,6;\ \rho_{x_2,y} = 0,8;)$
oberes Bild: Parameter aus der Grundgesamtheit
unteres Bild: Parameter aus der Stichprobe

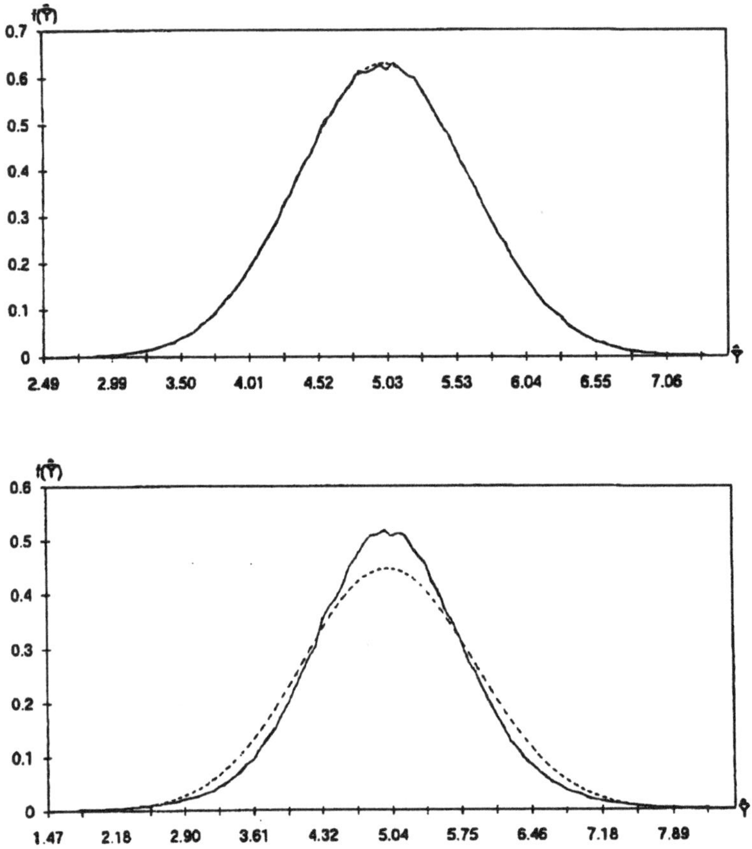

Schließlich zeigt Abbildung 11 die Verteilung des mehrdimensionalen Regressionsschätzers zum Vergleich mit Abbildung 10 mit den gleichen Parametern der Gesamtheit und gleichem n.

Der mehrdimensionale Regressionsschätzer $\hat{\hat{Y}}^{(1)}_{MdL}$ mit Parametern aus der Gesamtheit ist normalverteilt bei Ziehung aus einer normalverteilten Gesamtheit. Die Annäherung des Schätzers $\hat{\hat{Y}}^{(2)}_{MdL}$ an die Normalverteilung erfolgt in Abhängigkeit von n ähnlich rasch wie beim multivariaten Regressionschätzer.

Abb. 11: Dichtefunktion des mehrdimensionalen Regressionsschätzers für $n = 5$
$(\mu_y = \mu_{x_1} = \mu_{x_2} = 5;\ \sigma_y = \sigma_{x_1} = \sigma_{x_2} = 2,5;\ \rho_{x_1,x_2} = 0,44;$
$\rho_{x_1,y} = 0,6;\ \rho_{x_2,y} = 0,8;)$
oberes Bild: bekannte Steigung
unteres Bild: unbekannte Steigung

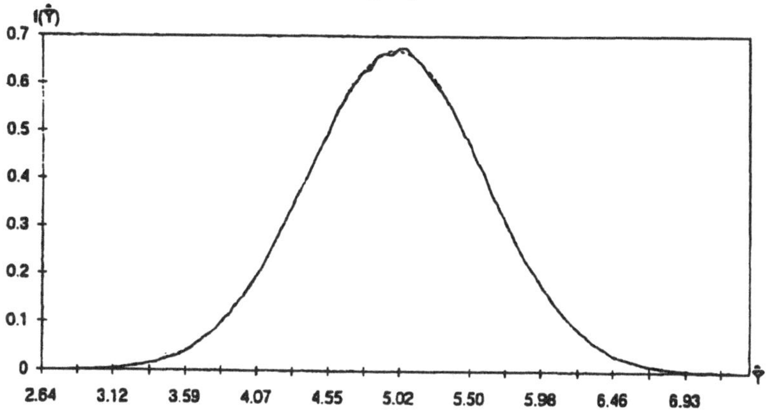

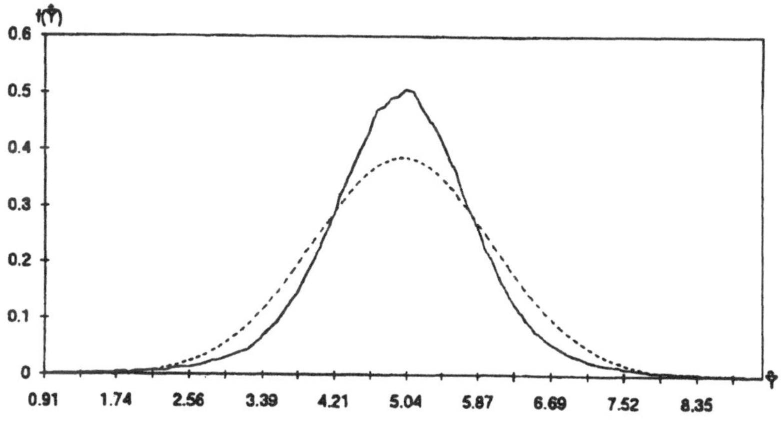

Literatur

COCHRAN, W. G. (1977): Sampling Techniques; Wiley & Sons.

OLKIN, I. (1958): Multivariate Ratio Estimation for Finite Populations; Biometrika 45, 154-165.

SCHNEEBERGER, H. / FLEISCHER, K. (1993): The Multivariate Ratio Estimation - A Simulation Study; Jahrbücher für Nationalökonomie und Statistik, 524-538.

SHUKLA, G. K. (1965): Multivariate Regression Estimate; aus einem Aufsatz, vorgetragen auf der jährlichen Konferenz der Indian Society of Agricultural Statistics in Trivandrum.

STRECKER, H. / WIEGERT, R. (1986): Mehrdimensionale Verhältnisschätzung – Verbesserung der Präzision; Sonderdruck aus Wirtschafts- und Sozialstatistik, Vandenhoeck & Ruprecht, 235-264.

Ein Beitrag zur Fehlermessung bei qualitativen Erhebungsmerkmalen
Der Inkonsistenz–Index

Von Heinrich Strecker*, München

Zusammenfassung: Behandelt wird der Inkonsistenz–Index als eine geeignete Meßzahl für die Beurteilung der Qualität der Klassifikation bei klassierten Erhebungen und der Güte der Ermittlung von qualitativen Merkmalen. Die Indexwerte bewegen sich zwischen 0 und 1 mit folgenden Aussagen über die Annahme der Grenzen: Wenn die Resultate von zwei Erhebungen – einer Haupterhebung und einer Wiederholungszählung – keine Variabilität der Antworten in der Zuordnung der Einheiten i zu einzelnen Größenklassen aufweisen (Antwortvarianz = 0), nimmt der Index den Wert 0 an, bei totaler Unzuverlässigkeit („zufällige" Verschiedenheiten) der Antworten ergibt sich ein Indexwert von 1. An einem Beispiel aus der Praxis der Agrarstatistik Belgiens wird ein kurzer Bericht über die Anwendung des zugrunde liegenden Fehlermodells gegeben.

A Contribution to the Measurement of Errors in Surveys of Attributes

Summary: The following comments are designed to stimulate more consideration to be given to the nonsampling error than has been done so far. The study suggests the concept of the index of inconsistency as an appropriate index to judge the quality of classification in classified surveys and of the ascertainment of attributes (qualitative characteristics). The values of the index vary between 0 and 1; if the results of the two surveys – one main survey and one repetition – show no variability of the answers regarding the assignment of units i to specified size classes (response variance = 0), the index takes on the value of 0, if there is total unreliability of the answers the result is value 1. By an example of agricultural statistics in Belgium a short report is given on the application of the underlying error model.

1. Allgemeines

Bekanntlich unterscheidet man in der Statistik, insbesondere Bevölkerungs- und Wirtschaftsstatistik zwischen quantitativen und qualitativen Erhebungsmerkmalen. So zählt z.B. die Höhe eines Einkommens oder das Alter einer Person zu den quantitativen Merkmalen, während die Zugehörigkeit zu einer Religionsgemeinschaft (evangelisch, katholisch usw.) oder die Art des Berufes oder der Tätigkeit einer Person (vollbeschäftigt, teilzeit–beschäftigt, nicht beschäftigt) den qualitativen Merkmalen zuzuordnen ist. Demzufolge spricht man von Methoden der heterograden (für quantitative Merkmale) und der homograden (für qualitative Merkmale) Statistik; die homograde Statistik wird auch manchmal Statistik der Attribute genannt. Arithmetische Mittelwerte, Momente etc. sind Maßzahlen der heterograden Statistik, Anteilswerte dagegen gehören zur homograden Statistik. In der Survey- oder Erhebungsstatistik sind daher für die Messung der Datenqualität unterschiedliche Fehlermodelle entwickelt worden. Eine wichtige Frage in diesem Zusammenhang

* Prof. Dr. Heinrich Strecker, Institut für Statistik, Ludwig–Maximilians–Universität München, Ludwigstraße 33, D–80539 München

ist, ob für das zu untersuchende Merkmal überhaupt ein wahrer Wert existiert, und wenn ja, wie er bestimmt werden kann? Bei zahlreichen Merkmalen in der Markt- und Meinungsforschung, dort wo Wertungen vorgenommen werden, gibt es keine wahren Werte. Im strengen Sinn des Wortes kann man jedoch nur dann von einem Fehler sprechen, wenn ein wahrer Wert existiert, denn ein Fehler wird als Differenz zwischen dem Beobachtungswert und dem wahren Wert definiert.

Fehler werden eingeteilt in: systematische und/oder zufällige. Sie treten in allen Stadien statistischen Arbeitens (bei der Vorbereitung, der Feldarbeit, der Aufbereitung und bei der Analyse) auf. Für quantitative Merkmale wurden unterschiedliche lineare Fehlermodelle (mit oder ohne Zählereffekt usw.) entwickelt. Auf diese Modelle soll hier nicht weiter eingegangen werden, sondern ausschließlich auf solche für qualitative Daten, denn das Schwergewicht dieses relativ kurzen Textes liegt in der Messung von deren Nichtstichprobenfehlern.

Etwas ausführlicher wird über das Anwendungsbeispiel einer Qualitätsmessung berichtet, die sich auf die Zuordnung quantitativer Daten zu verschiedenen Größenklassen eines Erhebungsmerkmals der Einheiten i bezieht. So werden die Angaben der Einheiten daraufhin überprüft, ob sie der Größenklasse h zuzuordnen sind oder nicht. In der Ausdrucksweise der homograden Statistik oder der Statistik der Attribute heißt das soviel wie: Besitzt die Einheit i die qualitative Eigenschaft A „gehört zur Größenklasse h“, wenn nicht, dann die Eigenschaft „nicht A“ (in Zeichen $\overline{A}$)? Der Index of Inkonsistency, oder auch Inkonsistenz–Index genannt, ist eine Maßzahl für die Beantwortung der Fragen der Zuordnung.

2. Fehlermodell für qualitative Daten und die Antwortvarianz

1. Modell und Messung

Das folgende Modell (bei Selbstausfüllung der Fragebogen und ohne Zählereffekt) ist relevant, wenn es sich um eine Fehlermessung bei einer Erhebung von Attributen oder um eine Messung der richtigen oder falschen Zuordnung der Einheiten i zu einer bestimmten Größenklasse h (misclassification) handelt. Die weiteren Ausführungen beruhen auf dem grundlegenden Artikel von M. HANSEN, W. HURWITZ und L. PRITZKER vom U.S. Bureau of the Census, Washington D.C. (1964), in dem ein Index of Inconsistency entwickelt wird. In modifizierter Form gestattet dieser, die Antwortvariabilitäten zwischen den Größenklassen zu messen. Ein derartiges Beispiel ist die Zuordnung einzelner Betriebe zu verschiedenen Größenklassen der landwirtschaftlichen Nutzfläche. Statistisch drückt man eine solche Messung mit Hilfe einer 0–1 Variablen aus; d.h. wenn eine Einheit oder ein Element i die Eigenschaft A (zugehörig einer Größenklasse h) besitzt, wird ihr der Wert „1“ zugewiesen, und wenn nicht A (in Zeichen $\overline{A}$) (nicht zugehörig einer Größenklasse h), dann der Wert „0“.

Um Daten für eine Statistik zu gewinnen, muß man mindestens eine Erhebung nach einem bestimmten Arbeitssystem durchführen, hier als Arbeitssystem mit Buchstaben G bezeichnet. Werden die Vorschriften des Arbeitssystems ganz korrekt beachtet, so ergibt sich ein Wert X_G, der als der wahre Gesamtmerkmalswert einer Erhebung angesehen wird. Infolge unvermeidbarer Nachlässigkeiten in der Arbeitsausführung treten jedoch im Ablauf einer Erhebung alle Arten von Fehlern (Nichtstichprobenfehler und gegebenenfalls Stichprobenfehler) auf – siehe z.B. das Schema: „Interaktion zwischen Begriffsbildung, Adäquation, Simplifizierung und Fehlern bei primärstatistischen Erhebungen", in: STRECKER/WIEGERT (1994, p. 104/105).

Im allgemeinen kennt man deshalb in der Praxis nicht den wahren Wert eines (qualitativen) Merkmals x_i für jedes Element i ($i = 1, 2, \ldots, N$) – es sei denn, man führt eine Kontrolle durch. Bekanntlich gibt es operative und deskriptive Kontrollen. Außerdem kann man je nachdem, welche Unterlagen zur Nachprüfung herangezogen werden (WEICHSELBERGER 1979), endogene und exogene Kontrollen unterscheiden (STRECKER/WIEGERT u.a. 1983; STRECKER/WIEGERT 1994).

Derartige Kontrollen sind aber sehr kostspielig und mit großem Arbeitsaufwand verbunden. In den Industrieländern sind in der Regel die Fehler in statistischen Erhebungen klein, wobei der Angabefehler der Befragten gegenüber anderen Fehlerarten relativ groß ist. Daher sollte man in einem Stichprobenverfahren ($i = 1, 2, \ldots, n$ und $n < N$) für wenige wichtige Erhebungsmerkmale eine Überprüfung der Angaben der Befragten auf Richtigkeit vornehmen und die Kontrolle in die (Haupt-)Erhebung selbst einbeziehen. Auf diese Weise ist es möglich, wenigstens Schätzwerte für wahre Parameter einer Erhebung, wie z.B. arithmetischer Mittelwert oder Anteilswert approximativ zu berechnen. So ist etwa

$$\text{wahrer Mittelwert } \overline{X}_G = \frac{1}{N}\sum_{i=1}^{N} x_i = P_G = \frac{M}{N} \text{ wahrer Anteilswert,}$$

wenn M die Anzahl der Einheiten i mit dem wahren Merkmalswert A oder 1 und N die Zahl der Elemente in der Grundgesamtheit sind. Ein Schätzwert hierfür ist

$$\hat{\overline{X}}_G = \frac{1}{n}\sum_{i=1}^{n} x_i = \hat{P}_G = \frac{m}{n}$$

mit m der Zahl der Einheiten des wahren Wertes A oder 1 in der Stichprobe des Umfangs n.

Für eine genauere Analyse der Fehler muß noch der Begriff einer Wiederholungserhebung oder -zählung eingeführt werden. Unter dieser wird eine zeitlich unmittelbar nach der eigentlichen Erhebung – der Haupterhebung oder Originalzählung – nach genau dem gleichen Arbeitssystem G oder zumindest annähernd gleichen Arbeitssystem G' durchgeführte zweite Erhebung verstanden, in welcher Merkmalswerte zum selben Stichtag erhoben werden. Voraussetzung dafür ist natürlich, daß die Erhebung für jedes Element i wiederholbar ist und eine Zufallsvariable entstehen läßt.

Statt nur einer Wiederholungszählung könnte man unmittelbar nacheinander mehrere durchführen, in Zeichen $t = 1, 2, \ldots, k \ldots, s, \ldots$, wobei $t = 1$ die Haupterhebung, $t = 2$ die erste Wiederholungszählung usw. bedeuten. Auch bei einer Wiederholung des gleichen Arbeitssystems G treten wieder infolge menschlicher Unzulänglichkeiten und Nachlässigkeiten Fehler verschiedener Arten auf. Diese werden sich jedoch entsprechend der jeweiligen Situation vor Ort von Erhebung zu Erhebung (Haupterhebung, erste Wiederholungszählung usw.) unterscheiden, was zu voneinander abweichenden Gesamtergebnissen führt. Bei Stichprobenerhebungen treten infolge des Repräsentationsschlusses noch Stichprobenzufallsfehler, ausgedrückt durch die Stichprobenzufallsvarianz, bei der Schätzung der Parameter (z.B. Mittelwert, Anteilswert usw.) und/oder Hochrechnung auf; daneben kann es noch Fehler geben wie Auswahlrahmenfehler, Fehler infolge einer schiefen Auswahl der Einheiten usw.

Weiterhin soll zunächst, um das Modell mathematisch übersichtlich und darstellbar zu machen, angenommen werden, daß die Werte der Antwortabweichungen der Zufallsvariablen (Erhebungsvariablen) der (Wiederholungs-) Zählung k nicht mit den entsprechenden Werten einer anderen (Wiederholungs-) Zählung s korreliert sind; in Abschnitt 2.3. wird auf diese Bedingung nochmals eingegangen. Es ist in diesem Zusammenhang zu beachten, daß das U.S. Bureau of the Census öfters als Surrogat für den wahren Wert x_i den individuellen (i) „Mathematischen Erwartungswert“ E der einzelnen Beobachtungswerte, gewonnen aus den individuellen Angaben der (Wiederholungs-) Zählungen, verwendet; zumindest sind im Erwartungswert zufällige Schwankungen reduziert. Man benutzt den E-Wert, weil die wahren Werte x_i nicht immer bekannt sind oder nicht existieren.

Entsprechend den vorstehenden Ausführungen liegt es nahe, die Zufallsvariable z_{itG} näher zu betrachten und zu analysieren. Deren Werte sind

$$z_{itG} = \begin{cases} 1, & \text{wenn die gegebene Antwort der Einheit } i \text{ für ein Merkmal eine bestimmte Eigenschaft } A \text{ in der (Wiederholungs-) Zählung } t \text{ aufweist (z.B. die Person } i \text{ hat als Merkmal das Geschlecht männlich } (A) \text{ oder die Person } i \text{ hat als Merkmal das Alter von 46 Jahren und ist demnach der Altersgrößenklasse } 40- < 50 \text{ Jahre } (A) \text{ zuzuordnen)} \\ 0, & \text{wenn eine andere Merkmalsausprägung vorliegt (nicht } A\text{; in Zeichen } \overline{A} \text{ (z.B. Person } i \text{ ist weiblich oder die Person } i \text{ ist 51 Jahre alt).} \end{cases}$$

Dann ist der Durchschnitt als Mittel von z_{itG} oder der Anteil, der klassifiziert wurde, eine besondere Eigenschaft A in der (Wiederholungs-) Zählung t einer uneingeschränkten Zufallsstichprobe mit Umfang n zu haben:

$$p_{tG} = \frac{1}{n} \sum_{i=1}^{n} z_{itG}$$

Ein Maß, welches die Qualität der Angaben für eine Erhebung einschließlich ihrer Wiederholungszählungen mit ihren statistischen Fehlern und Antwortvariabilitäten in einer geschlossenen mathematischen Form zum Ausdruck bringt, ist der Mean Square Error (MSE), nämlich

$$MSE(p_{tG}) = \underset{i,t}{E}\left(p_{tG} - \overline{X}_G\right)^2,$$

wobei die mathematische Erwartung über alle Einheiten i und alle Zählungen t zu bestimmen und $\overline{X}_G$ der wahre Anteilswert aller Einheiten i mit der Eigenschaft A in der Grundgesamtheit ist.

Der Mean Square Error kann aufgrund dieser Voraussetzungen in die beiden Hauptkomponenten „Gesamtvarianz oder Total–Varianz" und „Bias Quadrat" zerlegt werden; denn es gilt:
Wenn $\underset{i,t}{E}(p_{tG}) = P_G$ (= Totaler Gesamt–Mittelwert in der Grundgesamtheit) ist, dann ist

$$\begin{aligned} MSE(p_{tG}) &= \underset{i,t}{E}\left(p_{tG} - \overline{X}_G\right)^2 = \underset{i,t}{E}\left(p_{tG} - P_G + P_G - \overline{X}_G\right)^2 \\ &= \underset{i,t}{E}\left(p_{tG} - P_G\right)^2 + \left(P_G - \overline{X}_G\right)^2 + 2\left(P_G - \overline{X}_G\right)\underbrace{\underset{i,t}{E}\left(p_{tG} - P_G\right)}_{0} \\ &= \sigma^2_{ptG} + B^2_{ptG}, \end{aligned}$$

wobei der erste Term σ^2_{ptG} die Total–Varianz von p_{tG} und der zweite Term $B^2_{ptG} = \left(P_G - \overline{X}_G\right)^2$ das Quadrat des Bias sind.

Total–Varianz und Einfache Antwortvarianz

Diese im Mean Square Error auftretende Total–Varianz kann man wiederum weiter zerlegen in die Komponenten: Varianz der Antworten (auch kurz Antwortvarianz genannt), Stichprobenzufallsvarianz und Interaktion. Um diese Zerlegung bewerkstelligen zu können, seien die folgenden Begriffe und Symbole eingeführt:

$$\underset{t}{E}(z_{itG}) = P_{iG}, \quad \widehat{P}_G = \frac{1}{n}\sum_{i=1}^{n} P_{iG} \quad (0 \leq P_{iG} \leq 1).$$

Sodann gilt für die Total-Varianz (manchmal auch Gesamtvarianz genannt)

$$\begin{aligned} \sigma^2_{ptG} &= \underset{i,t}{E}\left(p_{tG} - P_G\right)^2 = \underset{i,t}{E}\left(p_{tG} - \widehat{P}_G + \widehat{P}_G - P_G\right)^2 \\ &= \underset{i,t}{E}\left(p_{tG} - \widehat{P}_G\right)^2 + \underset{i}{E}\left(\widehat{P}_G + P_G\right)^2 + 2\,\underset{i,t}{E}\left(\widehat{P}_G - P_G\right)\left(p_{tG} - \widehat{P}_G\right). \end{aligned}$$

Der erste Term stellt die Antwortvarianz, der zweite die (reine) Stichprobenzufallsvarianz und der dritte die Interaktion dar. Auf letztere soll hier nicht, auf die Antwortvarianz später eingegangen werden.

Unter der reinen Stichprobenzufallsvarianz (zweiter Term) versteht man die Varianz der Schätzwerte $\widehat{P}_G$ unter der Annahme unabhängiger Auswahleinheiten i und j und der Stichprobenwerte über alle (Wiederholungs-) Zählungen t; demnach hat man

$$\begin{aligned}
\underset{i}{E}(\widehat{P}_G - P_G)^2 &= \underset{i}{E}\left(\frac{1}{n}\sum_{i=1}^{n} P_{iG} - \frac{n}{n} P_G\right)^2 \\
&= \underset{i}{E}\left[\frac{1}{n}\sum_{i=1}^{n}(P_{iG} - P_G)\right]^2 \\
&= \underset{i}{E}\left[\frac{1}{n}\sum_{i=1}^{n}\frac{(P_{iG} - P_G)^2}{n}\right] \\
&\quad + \underbrace{\frac{1}{n^2}\sum_{i\neq j}\underset{i\neq j}{E}(P_{iG} - P_G)(P_{jG} - P_G)}_{\text{Die Einheiten } i \text{ und } j \text{ sind voneinander unabhängig, daher Wert 0.}} \\
&= \underset{i}{E}\left[\frac{1}{n}\widehat{\sigma}_p^2\right] \\
&= \frac{\sigma_p^2}{n} = \text{(Reine Stichprobenzufallsvarianz)},
\end{aligned}$$

hierbei sind

$$\frac{1}{n}\sum_{i=1}^{n}(P_{iG} - P_G)^2 = \widehat{\sigma}_p^2$$

und

$$\underset{i}{E} = (\widehat{\sigma}_p^2) = \sigma_p^2.$$

Im weiteren soll das Hauptinteresse der Antwortvarianz gelten:

$$\text{Antwortvarianz} = \underset{i,t}{E}(p_{tG} - \widehat{P}_G)^2 = \underset{i,t}{E}\left[\frac{1}{n}\sum_{i=1}^{n} z_{itG} - \frac{1}{n}\sum_{i=1}^{n}\underset{t}{E}(z_{itG})\right]^2$$

$$\begin{aligned}
&= \underset{i,t}{E}\left[\frac{1}{n}\sum_{i=1}^{n}\underbrace{\left(z_{itG} - \underset{t}{E}(z_{itG})\right)}_{\substack{\text{Antwortabweichung}\\ \text{für die Einheit } i\\ \text{und die Zählung } t}}\right]^2 = \frac{1}{n^2}\sum_{i=1}^{n}\underset{i}{E}\underbrace{\left[\underset{t}{E}\left(z_{itG} - \underset{t}{E}(z_{itG})\right)^2\right]}_{\substack{\sigma_{R_i}^2 = \text{individuelle Antwort-}\\ \text{varianz für die Einheit } i}} + \\
&\quad + \frac{1}{n^2}\sum_{i\neq j}\underset{i\neq j,t}{E}\left(z_{itG} - \underset{t}{E}(z_{itG})\right)\left(z_{jtG} - \underset{t}{E}(z_{jtG})\right) \\
&= \frac{\sigma_R^2}{n} + \frac{n-1}{n}\underset{i\neq j,t}{E}\left(z_{itG} - \underset{t}{E}(z_{itG})\right)\left(z_{jtG} - \underset{t}{E}(z_{jtG})\right) \\
&= \frac{\sigma_R^2}{n} + [1 + (n-1)\rho],
\end{aligned}$$

wobei

$$\rho = \frac{\underset{t}{E}\,\underset{i \neq j}{E}\,\big(z_{itG} - \underset{t}{E}(z_{itG})\big)\big(z_{jtG} - \underset{t}{E}(z_{jtG})\big)}{\sigma_R^2}$$

der Intraclass–Korrelationskoeffizient der Antwortabweichungen innerhalb der (Wiederholungs-) Zählungen t und $\sigma_R^2 = \underset{i}{E}\big(\sigma_{R_i}^2\big)$ die Einfache Antwortvarianz sind.

Die Einfache Antwortvarianz

Im folgenden soll nun ein einfacher geschlossener mathematischer Ausdruck für die Einfache Antwortvarianz σ_R^2 gegeben werden. Aus der Definition der Einfachen Antwortvarianz ergibt sich weiter

$$\begin{aligned} \sigma_R^2 &= \underset{i}{E}(\sigma_{R_i}^2) = \underset{i}{E}\Big[\underset{t}{E}\big(z_{itG} - \underset{t}{E}(z_{itG})\big)^2\Big] \\ &= \underset{i}{E}\Big[\underset{t}{E}\,(z_{itG} - P_{iG})^2\Big] = \underset{i}{E}\Big[\underset{t}{E}\,(z_{itG}^2) + P_{iG}^2 - 2\,P_{iG}\,\underset{t}{E}(z_{itG})\Big]\,; \end{aligned}$$

hierbei bedeuten die Differenzen $(z_{itG} - \underset{t}{E}(z_{itG}))$ mit $t = 1, 2, 3, \ldots$ die individuellen Antwortabweichungen der Einheit i. Nun ist nach Modellvoraussetzung z_{itG} eine (0,1)–Variable und daher ist $z_{itG}^2 = z_{itG}$ sowie $\underset{t}{E}(z_{itG}^2) = \underset{t}{E}(z_{itG}) = P_{iG}$ und $\underset{i,t}{E}(z_{itG}) = \underset{i}{E}\big(\underset{t}{E}(z_{itG})\big) = \underset{i}{E}(P_{iG}) = P_G$. Daraus folgt

$$\sigma_R^2 = \ldots = \underset{i}{E}\,(P_{iG} + P_{iG}^2 - 2\,P_{iG}^2) = \underset{i}{E}\Big[P_{iG}\,(1 - P_{iG})\Big] = \frac{1}{N}\sum_{i=1}^{N} P_{iG}\,(1 - P_{iG}),$$

welcher ein geschlossener Ausdruck für die Einfache Antwortvarianz ist.

2. Der Inkonsistenz–Index oder Index of Inconsistency

Aufbau des Index

Ziel ist, eine Maßzahl – Index I genannt – zu entwickeln. Eine solche Maßzahl ist angelegt, um eine Gesamtaussage über das Zutreffen qualitativer Kategorien für die einzelnen Elemente ($i = 1, 2, 3, \ldots, N$ bzw. n) zu gestatten, d.h. ob ein Element i die qualitative Eigenschaft A besitzt oder nicht $(\overline{A})$. In einer nachfolgenden Untersuchung wird die spezielle Eigenschaft geprüft, ob eine Einheit oder ein Element i einer bestimmten Größenklasse h zuzuordnen ist oder nicht. Der Index I soll dann eine Aussage über den Gesamtstatus der einzelnen Einheiten i vermitteln. Demzufolge kann die Maßzahl nur auf der Grundlage eines einelementigen Stichprobenmodells aufgebaut sein. Der Index ist dann so gestaltet, daß die Einfache Antwortvarianz mit der Total–Varianz – beide basierend auf einer Stichprobe mit nur einem einzigen Element – in Form eines Quotienten verglichen wird.

Zur Vereinfachung wird angenommen, daß die Kovarianz der Antwortabweichungen zwischen den Einheiten innerhalb der (Wiederholungs-)Zählungen 0 (null) ist. Dann reduziert sich die Total–Varianz

$$\sigma^2_{ptG} = \underset{i,t}{E}(p_{tG} - P_G)^2$$

zu der einfachen Summe aus Einfacher Antwortvarianz und Stichprobenzufallsvarianz. Für eine Stichprobe mit einem einzigen Element ($n = 1$) erhält man dann als Total–Varianz:

$$\sigma^2_{ptG} = \underset{i,t}{E}(p_{tG} - P_G)^2 = \underset{i,t}{E}\left(\frac{1}{n}\sum_{i=1}^{n} z_{itG} - P_G\right)^2 \quad \begin{cases}\text{ergibt für eine Stich-}\\ \text{probe mit } n = 1 \text{ eine}\\ \text{Total-Varianz}\end{cases}$$

$$\begin{aligned}
\sigma^2_{R_{ptG}} &= \underset{i,t}{E}(z_{itG} - P_G)^2 = \underset{i,t}{E}(z_{itG} - P_{iG} + P_{iG} - P_G)^2 \\
&= \underset{i,t}{E}(z_{itG} - P_{iG})^2 + \underset{i}{E}(P_{iG} - P_G)^2 + \underbrace{2\,\underset{i,t}{E}(P_{iG} - P_G)(z_{itG} - P_{iG})}_{=\underset{i}{E}[(P_{iG}-P_G)\,\underset{t}{E}(z_{itG}-P_{iG})]=0} \\
&= \underset{i,t}{E}(z_{itG} - P_{iG})^2 + \underset{i}{E}(P_{iG} - P_G)^2 \\
&= \sigma^2_R + \frac{1}{N}\sum_{i=1}^{N}(P_{iG} - P_G)^2 \\
&= \frac{1}{N}\sum_{i=1}^{N} P_{iG}(1 - P_{iG}) + \frac{1}{N}\sum_{i=1}^{N}(P_{iG} - P_G)^2 \\
&= P_G - P_G^2 = P_G(1 - P_G).
\end{aligned}$$

In dieser Gleichung stellen der erste Term die Einfache Antwortvarianz in der geschlossenen Form $\sigma^2_R = \underset{i,t}{E}(z_{itG} - P_{iG})^2 = \frac{1}{N}\sum_{i=1}^{N} P_{iG}(1 - P_{iG})$ dar und der zweite Term die „reine" Stichprobenzufallsvarianz in der Form $\underset{i}{E}(P_{iG} - P_G)^2 = \frac{1}{N}\sum_{i=1}^{N}(P_{iG} - P_{iG})^2$. Die Total–Varianz enthält die einfache Binomialvarianz[1] $P_G(1 - P_G)$, üblicherweise zitiert als Stichprobenzufallsvarianz einer einelementigen Stichprobe mit Zurücklegen. Sie schließt die Antwortvarianz–Komponente ein. In Zeichen

$$\text{Total-Varianz: } \sigma^2_{R_{ptG}} = \sigma^2_R + \frac{1}{N}\sum_{i=1}^{N}(P_{iG} - P_G)^2 = P_G(1 - P_G).$$

Unter diesen Bedingungen ergibt sich dann die für unsere Fehleranalyse interessante Beziehung

$$\sigma^2_R \leq P_G(1 - P_G) = \sigma^2_{R_{ptG}}.$$

[1] Bei einer einelementigen (i) Binomialverteilung mit einer (0,1)–Zufallsvariablen X_i und einer Grundwahrscheinlichkeit P_i ergibt sich bekanntlich der Mittelwert $E(X_i) = 1 \cdot P_i + 0 \cdot (1 - P_i) = P_i$ und die Varianz (Stichprobenzufallsvarianz) $E\big(X_i - E(X_i)\big)^2 = P_i(1 - P_i)$.

Wenn nun P_G nicht verändert wird, dann beeinflußt eine Änderung in der Genauigkeit des Messungsprozesses nicht die Total–Varianz; letztere ist die reguläre Varianz einer binomialverteilten Variablen (Binomialvariablen), wenn Schätzwerte für Anteilswerte gewünscht werden. Insoweit als die Messungen weniger zuverlässig sind, aber ohne Bias[2] bleiben, nimmt die Einfache Antwortvarianz zu und die Stichprobenzufallsvarianz ab. Im extremen Fall, wenn das Verfahren auf einer Antwort basiert, die durch das Werfen einer Münze für jede Einheit i ($0 < P_i < 1$, und konstant für alle i) erhalten wird, und die Wahrscheinlichkeit P_i dieselbe für jedes i ist, ist die Einfache Antwortvarianz gleich der Gesamtvarianz (Total–Varianz). Andererseits, wenn $\sigma_R^2 = 0$ oder $P_i = 1$ für alle i ist, gibt es keine Abweichungen in den Antworten und damit keine Antwortvaribilität. In diesem Fall ist die Stichprobenzufallsvarianz gleich der Gesamtvarianz.

Diese Beziehungen legen als ein Maß für die Unzuverlässigkeit oder Inkonsistenz einer Klassifikation (misclassification) den Quotienten I_{RG} = Einfache Antwortvarianz / Totalvarianz (Binomialvarianz) nahe (HANSEN/HURWITZ/PRITZKER, 1964), oder in Zeichen (R = Response):

$$I_{RG} = \frac{\sigma_R^2}{\sigma_{R_{ptG}}^2} = \frac{\sigma_R^2}{P_G\,(1-P_G)}\,, \quad 0 \leq I_{RG} \leq 1.$$

Schätzung

In der Praxis der angewandten Statistik findet man kaum Schätzungen von Antwortvarianzen und Inkonsistenz–Indizes für Merkmalsergebnisse aus Erhebungen. Die Schätzung von Antwortvarianzen und die Berechnung von Inkonsistenz–Indizes setzt die Kenntnis von mindestens zwei individuellen Angabewerten (Antworten) für jede Einheit i – gewonnen aus einer Haupterhebung und einer (Wiederholungs-) Zählung – voraus. Der Grund ist wohl darin zu suchen, daß jede zusätzliche Erhebung in der Regel mit einem hohen Kosten- und Organisationsaufwand sowie einer stärkeren Belastung der Befragten verbunden ist. Es ist daher verständlich, daß bisher nur eine zusätzliche Erhebung zur Haupterhebung und dann meist als Stichprobe mit einem wesentlich geringeren Stichprobenumfang stattfinden konnte. Ist die Haupterhebung selbst eine Stichprobe, so wird empfohlen, die Wiederholungszählung als Unterstichprobe durchzuführen. In der Praxis verwendete Wiederholungszählungsmodelle stützen sich fast ausschließlich auf eine Haupt- und eine Wiederholungserhebung, d.h. auf insgesamt $k = 2$ Erhebungen. Die bei diesen angewandten Arbeitssysteme G und G' sollten nach Möglichkeit gleich sein oder zumindest sich nur wenig voneinander unterscheiden ($t = 1$, $t' = 2$ und $G = G'$ bzw. $G \approx G'$). Aus diesem Grund werden hier die Schätzformeln für den Spezialfall $k = 2$ mit den Antworten z_{i1}, z_{i2} separat eingeführt. Da das Ziel der Erhebungen ist, für Proportionen P (Anteile von einem qualitativen Merkmal mit der Eigenschaft A bzw.

[2] Es ist vielleicht von Interesse, wie M. KANTOROWITZ (1969, p. 102) sich hierzu kurz äußert: „It is usually difficult to assume that the deviations can compensate in such a way that no bias is created when measurements are unreliable. Generally a large response variance is accompanied by bias."

nicht A ($\overline{A}$)), Inkonsistenz–Indizes I_{RG} oder die Einfache Antwortvarianz σ_R^2 zu schätzen, sei bei einer Stichprobe mit n Elementen von folgendem Schema ausgegangen:

Tabelle 1: Vier–Felder–Schema

Wiederholungszählung oder Repetition	Haupt- oder Originalerhebung Merkmal: A $z_{i1G} = 1$	$\overline{A}$ $z_{i1G} = 0$	$\sum$
Merkmal: A $z_{i2G'} = 1$	a	b	$a + b$
$\overline{A}$ $z_{i2G'} = 0$	c	d	$c + d$
$\sum$	$a + c$	$b + d$	n

Die Werte a, b, c und d in dieser Tabelle sind die Häufigkeiten von Paaren aus beiden Erhebungen ($t = 1$, $t' = 2$, $G = G'$ bzw. $G \approx G'$) und es ist

$$n = a + b + c + d.$$

Für jedes Element i in der Stichprobe, welches aus der Grundgesamtheit zufällig ausgewählt wurde, kann man beobachtete Differenzen bilden

$$z_{itG} - z_{it'G'} =: z_{i1G} - z_{i2G'}; \quad (i = 1, 2, 3, \ldots, n); \quad (t \neq t').$$

Anhand des vorstehenden Vier–Felder–Schemas kann man ohne Schwierigkeiten zuverlässige Schätzwerte für die Einfache Antwortvarianz σ_R^2 und die Binomialvarianz $P_G\,(1-P_G)$ bestimmen. Demzufolge sei von einem Ausdruck

$$g = \frac{1}{n}\sum_{i=1}^{n}(z_{itG} - z_{it'G'})^2 =: \frac{1}{n}\sum_{i=1}^{n}(z_{i1G} - z_{i2G'})^2$$

ausgegangen. Es ist dann

$$\begin{aligned} E(g) &= \underset{i,t,t'}{E}\left[\frac{1}{n}\sum_{i=1}^{n}(z_{itG} - z_{it'G'})^2\right] = \frac{1}{n}\, n \underset{i,t,t'}{E}(z_{itG} - z_{it'G'})^2 \\ &= \underset{i,t,t'}{E}(z_{itG}^2 + z_{it'G'}^2 - 2\, z_{itG}\, z_{it'G'}) \\ &= \underset{i,t}{E}(z_{itG}^2) + \underset{i,t'}{E}(z_{it'G'}^2) - 2 \underset{i,t,t'}{E}(z_{itG}\, z_{it'G'}). \end{aligned}$$

Da z_{itG} und $z_{it'G'}$ jeweils nur einen der Werte „1“ oder „0“ annehmen können, ist auch wieder

$$z_{itG}^2 = z_{itG} \quad \text{und} \quad z_{it'G'}^2 = z_{it'G'}.$$

Daher kann man $E(g)$ auch so schreiben:

$$E(g) = \underset{i,t}{E}(z_{itG}) + \underset{i,t'}{E}(z_{it'G'}) - 2 \underset{i,t,t'}{E}(z_{itG}\, z_{it'G'}).$$

Wenn nun G und G' die gleichen oder zumindest die annähernd gleichen Erhebungsbedingungen repräsentieren und t und t' unabhängige (Wiederholungs-) Zählungen bei einem einzelnen Element sind, dann gilt ($G = G'$ bzw. $G \approx G'$; $t = 1$, $t' = 2$) weiter:

$$\begin{aligned} E(g) &= \underset{i,t}{E}(z_{itG}) + \underset{i,t'}{E}(z_{it'G'}) - 2 \underset{i}{E}\left[\underset{t}{E}(z_{itG})\ \underset{t'}{E}(z_{it'G'})\right] \\ &= P_G + P_G - 2 \underset{i}{E}(P_{iG}^2) = 2\, P_G - 2 \underset{i}{E}(P_{iG}^2) \\ &= 2\left[\frac{1}{N}\sum_{i=1}^{N} P_{iG} - \frac{1}{N}\sum_{i=1}^{N} P_{iG}^2\right] = 2\,\frac{1}{N}\sum_{i=1}^{N} P_{iG}\,(1 - P_{iG}) = 2\,\sigma_R^2 . \end{aligned}$$

Demnach ist

$$E(g) = 2\,\sigma_R^2$$

oder

$$\sigma_R^2 = E\left(\frac{g}{2}\right).$$

$g/2$ ist also ein unverzerrter Schätzer für die Einfache Antwortvarianz σ_R^2 (natürlich nur bei gleichen Arbeitssystemen G und G' sowie t und t' als unabhängigen Zählungen bei denselben Elementen). Wenn nun $p_{tG} = \frac{1}{n}\sum_{i=1}^{n} z_{itG}$ und $p_{t'G'} = \frac{1}{n}\sum_{i=1}^{n} z_{it'G'}$ sind, dann ist zweifellos das einfache arithmetische Mittel

$$\frac{p_{tG}\,(1 - p_{tG}) + p_{t'G'}\,(1 - p_{t'G'})}{2} = \frac{p_{tG}\, q_{tG} + p_{t'G'}\, q_{t'G'}}{2}$$

ein guter Schätzer für $P_G\,(1 - P_G)$.

Den Inkonsistenz–Index I_{RG} kann man demzufolge so schätzen:

$$\widehat{I}_{RG} = \frac{\frac{g}{2}}{\frac{p_{tG}\, q_{tG} + p_{t'G'}\, q_{t'G'}}{2}} .$$

Dieser Schätzer ist noch etwas schwerfällig zu handhaben; daher soll im folgenden, ausgehend von dem Vier–Felder–Schema, eine numerisch handlichere Schätzformel angegeben werden. Es gilt

$$g = \frac{1}{n}\sum_{i=1}^{n} z_{itG} + \frac{1}{n}\sum_{i=1}^{n} z_{it'G'} - \frac{2}{n}\sum_{i=1}^{n} z_{itG}\, z_{it'G'};$$

$$\sum_{i=1}^{n} z_{itG} = 1 \cdot a + 1 \cdot c + 0 \cdot b + 0 \cdot d = a + c$$

$$\sum_{i=1}^{n} z_{it'G'} = 1 \cdot a + 1 \cdot b + 0 \cdot c + 0 \cdot d = a + b$$

$$\sum_{i=1}^{n} z_{itG}\, z_{it'G'} = 1 \cdot 1 \cdot a + 0 \cdot 1 \cdot b + 1 \cdot 0 \cdot c + 0 \cdot 0 \cdot d = a$$

$$g = \frac{a+c}{n} + \frac{a+b}{n} - \frac{2a}{n} = \frac{b+c}{n};$$

$$\hat{\sigma}_R^2 = \frac{g}{2} = \frac{b+c}{2n};$$

$$p_{tG} = \frac{1}{n}\sum_{i=1}^{n} z_{itG} = \frac{a+c}{n}; \quad p_{t'G'} = \frac{1}{n}\sum_{i=1}^{n} z_{it'G'} = \frac{a+b}{n};$$

$$q_{tG} = 1 - p_{tG} = \frac{b+d}{n}; \quad q_{t'G'} = 1 - p_{t'G'} = \frac{c+d}{n}.$$

In die Inkonsistenz–Indexformel eingesetzt, ergibt sich die Schätzformel

$$\hat{I}_{RG} = \frac{\dfrac{b+c}{2n}}{\dfrac{1}{2}\left[\left(\dfrac{a+c}{n}\right)\left(\dfrac{b+d}{n}\right) + \left(\dfrac{a+b}{n}\right)\left(\dfrac{c+d}{n}\right)\right]}$$

und umgeformt der Schätzer für I_{RG}

$$\hat{I}_{RG} = \frac{(b+c)}{\dfrac{(a+c)(b+d) + (a+b)(c+d)}{n}}$$

(vgl. R. M. GROVES 1989 und M. KANTOROWITZ 1969).

Der Wertebereich des Schätzers für den Index ist

$$0 \leq \hat{I}_{RG} \leq 1$$

Wenn keine Antwortvariabilität vorliegt (d.h. $\sigma_R^2 = 0$ oder $b = 0$ und $c = 0$), zeigt der Index den Wert 0 an (siehe Beispiel I), bei totaler Unzuverlässigkeit („zufällige" Verschiedenheiten; Inkonsistenz) der Antworten ergibt sich ein Wert von 1 (Beispiel II). Erläutert seien diese beiden Extremfälle an zwei konstruierten, simulierten Beispielen. Die aufgeführten Zahlen entsprechen in ihren Größenordnungen etwa Angabewerten, wie sie in der Realität vorkommen können – so im Beispiel I aus der Agrarstatistik Belgiens 1985 mit insgesamt 510 Betrieben der Kategorie 5 (landwirtschaftliche Betriebe mit nebenberuflichen landwirtschaftlichen Betriebsinhabern) oder im Beispiel II die Zahl der Handwerksbetriebe nach Größenklassen der Beschäftigten in einer Region.

Beispiel I:

Es wird von einer Tabelle – Betriebe aufgegliedert nach vier Größenklassen (nach der landwirtschaftlichen Nutzfläche) – ausgegangen. Dabei handelt es sich um die Resultate für die Einheiten (Betriebe) i aus zwei Zählungen (Originalerhebung $t = 1$ und Wiederholungszählung oder Repetition $t' = 2$), beide nach dem gleichen Arbeitssystem gewonnen, wobei aufgrund der Antworten y_{i1} und y_{i2} (z.B. Angaben der landwirtschaftlichen Nutzfläche) die Zuordnung zu den einzelnen Größenklassen erfolgt. In diesem Beispiel sei stets $y_{i1} = y_{i2}$ oder zumindest der Betrieb i hinsichtlich der (Nutzflächen-) Angaben aus beiden Zählungen jeweils der gleichen Größenklasse zuzuordnen. Z.B. Betrieb i gibt eine Nutzfläche von $y_{i1} = 9,1$ ha und $y_{i2} = 8{,}7$ ha an, dann fällt er beide Male in die Größenklasse 1 (0,01– < 10ha). Alle 510 Zuordnungen ergaben folgende Urtabelle:

Tabelle 2: Zahl der Einheiten i nach vier Größenklassen (h) eines Erhebungsmerkmals (hier landwirtschaftliche Betriebe nach Größenklassen der landwirtschaftlichen Nutzfläche)

	Originalerhebung Größenklasse h				
Wiederholungszählung	1 (0,01– < 10 ha)	2 (10– < 30 ha)	3 (30– < 100 ha)	4 (100 ha u.m.)	$\sum$
Größenklasse h					
1 (0,01– < 10 ha)	160				160
2 (10– < 30 ha)		240			240
3 (30– < 100 ha)			100		100
4 (100 ha u.m.)				10	10
$\sum$	160	240	100	10	510

350

Aus dieser Tabelle kann man Vier–Felder–Schemata bilden; so beispielhaft mit den zwei Größenklassen $h = 1$ und „Rest der Größen-Klassen“, vgl. Tabelle 3.

Die Rechnung zu Tabelle 3 ergibt somit für die Größenklasse 1 den Indexwert

$$\hat{I}_{RG} = \frac{b+c}{\dfrac{(a+c)(b+d)+(a+b)(c+d)}{n}} = \frac{0}{\dfrac{2 \cdot 160 \cdot 350}{510}} = 0.$$

Dieses Ergebnis war zu erwarten, denn es besteht in der Zuordnung der Betriebe zur Größenklasse $h = 1$ keine Antwortvariabilität; beide Zählungen ergaben 160 Betriebe für die Größenklasse 1 und demnach ist der Wert des Index 0. Für die übrigen Größenklassen 2, 3 und 4 ist analog zu verfahren; auch hierbei ist jeweils $\widehat{I}_{RG} = 0$.

Tabelle 3: Vier–Felder–Schema

Wiederholungszählung	Originalerhebung Größenklasse h		
	$h = 1$ $(0,01- < 10$ ha) A $z_{i1G} = 1$	Rest (10 ha u.m.) $\overline{A}$ $z_{i1G} = 0$	$\sum$
Größenklasse h			
$h = 1$ $(0,01- < 10$ ha) A $z_{i2G'} = 1$	$a = 160$	$b = 0$	$a + b = 160$
Rest (10 ha u.m.) $\overline{A}$ $z_{i2G'} = 0$	$c = 0$	$d = 350$	$c + d = 350$
$\sum$	$a + c = 160$	$b + d = 350$	$n = a + b + c + d = 510$

Zuordnung der Betriebe i: „Der Größenklasse 1 $(0,01- < 10$ha) zugehörig – Eigenschaft A“ bzw. „Nicht der Größenklasse 1 zugehörig – Eigenschaft $\overline{A}$“
Größenklasse $h = 1$ und Rest der Größenklassen 2, 3 und 4 zusammen.

Beispiel II:

Die Tabelle des anderen Extremfalles ist mit Hilfe von Zufallszahlen erstellt worden. 12 Zahlen wurden folgendermaßen geordnet: Die Zahlen (1, 2, 3) gehören zur Größenklasse 1, (4, 5, 6) zur Größenklasse 2, (7, 8, 9) zur Größenklasse 3, (10, 11, 12) zur Größenklasse 4. Aus den Zahlen 1 bis 12 wurden an Hand einer Zufallstabelle jeweils unabhängig zwei Zahlen, den Betrieb i repräsentierend, ausgewählt und je nach den Resultaten den (verschiedenen) Größenklassen zugeordnet. Beispiel: Das Wertepaar der Zufallsauswahlen betrug (3,4), d.h. der Handwerksbetrieb i gab in der Originalerhebung $y_{i1} = 3$ Beschäftigte und in der Wiederholungszählung $(G \approx G')$ $y_{i2} = 4$ Beschäftigte an. Aufgrund der Originalerhebung wäre dieser Betrieb der Größenklasse 1, nach der Wiederholungszählung der Größenklasse 2 zuzuordnen, usw., usw. Die Ergebnisse von wieder 510 Zuordnungen (als Zahl der Handwerksbetriebe) ergab die folgende Urtabelle (Tabelle 4).

Tabelle 4: Zahl der Einheiten i nach vier Größenklassen (h) eines Erhebungsmerkmals (hier Handwerksbetriebe nach Größenklassen der Beschäftigten)

Wiederholungszählung	Originalerhebung Größenklasse h 1 (1 – 3) Beschäftigte	2 (4 – 6) Beschäftigte	3 (7 – 9) Beschäftigte	4 (10 – 12) Beschäftigte	$\sum$
Größenklasse h					
1 (1 – 3) Beschäftigte	29	35	33	31	128
2 (4 – 6) Beschäftigte	33	39	44	41	157
3 (7 – 9) Beschäftigte	24	16	29	31	100
4 (10 – 12) Beschäftigte	26	32	24	43	125
$\sum$	112	122	130	146	510

(Spalten 2 bis 4 der Summenzeile zusammen: 398)

Aus dieser Tabelle kann man Vier–Felder–Schemata bilden; so beispielhaft mittels der Größenklasse $h = 1$ und „Rest der Größenklassen" die Tabelle 5. Die Schätzung für den Index ergibt für diese Größenklasse 1:

$$\hat{I}_{RG} = \frac{b+c}{\frac{(a+c)(b+d)+(a+b)(c+d)}{n}} = \frac{182}{\frac{122 \cdot 398 + 128 \cdot 382}{510}}$$

$$= 0{,}993 \approx 1{,}0 \quad \text{oder} \quad 100\%$$

Der Indexwert 1,0 oder 100% weist darauf hin, daß hier „totale Unzuverlässigkeit" oder Inkonsistenz (zufällige Verschiedenheiten) der Angaben vorliegt, wie nach der Modellkonstruktion zu erwarten war. Für die übrigen Größenklassen 2, 3 und 4 ist analog zu verfahren; auch hierbei ist jeweils $\hat{I}_{RG} = 1{,}0$.

Dieser Index erläutert als Maßzahl nur den Einfluß der Antwortabweichungen zwischen zwei Zählungen auf die Größenklassengliederung, nicht jedoch, wie die mit Fehlern behaftete Größenklassengliederung sich von der wahren Größenklassengliederung unterscheidet. Will man hierüber Aussagen machen, muß man eine Kontrollerhebung als zusätzliche, exakter durchgeführte Wiederholungszählung vornehmen; der Index ist dann entsprechend zu modifizieren.

Tabelle 5: Vier–Felder–Schema

Wiederholungszählung	Originalerhebung Größenklasse h		
	$h = 1$ (1 – 3) Beschäftigte A $z_{i1G} = 1$	Rest (4 u.m.) Beschäftigte $\overline{A}$ $z_{i1G} = 0$	$\sum$
Größenklasse h			
$h = 1$ (1 – 3) Beschäftigte A $z_{i2G'} = 1$	$a = 29$	$b = 99$	$a + b = 128$
Rest (4 u.m.) Beschäftigte $\overline{A}$ $z_{i2G'} = 0$	$c = 83$	$d = 299$	$c + d = 382$
$\sum$	$a + c = 112$	$b + d = 398$	$n = a + b + c + d = 510$

Zuordnung der Betriebe i: „Der Größenklasse 1 (1 – 3 Beschäftigte) zugehörig – Eigenschaft A" bzw. „Nicht der Größenklasse 1 zugehörig – Eigenschaft $\overline{A}$"
Größenklasse $h = 1$ und Rest der Größenklassen 2, 3 und 4 zusammen

Das Fehlermodell kann auch ohne zusätzliche Schwierigkeiten in modifizierter Form bei der Feststellung anderer Fehlerarten wie Signierfehler (falsch oder richtig signiert), Nonresponse (Befragten nicht angetroffen bzw. Antwort verweigert oder Antwort gegeben.) angewendet werden. Bei diesen Operationen sollte man wieder von den Resultaten zweier völlig voneinander unabhängig durchgeführten (Wiederholungs-) Zählungen oder „Arbeitsgängen" ausgehen.

3. Der Effekt der Korrelationen zwischen den (Wiederholungs-)Zählungen

In der angewandten Bevölkerungs- und Wirtschaftsstatistik gibt es kein Modell, welches die Realität voll zuteffend abzubilden vermag; demgemäß entspricht das hier vorgelegte Modell nicht ganz der Wirklichkeit. Das hier dargelegte Modell geht von der Annahme aus, daß die (Wiederholungs-) Zählungen voneinander unabhängig und die individuellen Antwortabweichungen untereinander unkorreliert sind. Im allgemeinen ist das eine nicht gesicherte Annahme. Denn, sogar wenn alle Anstrengungen gemacht wurden, um Unabhängigkeiten zwischen beiden Zählungen (durch Einsatz verschiedener Zähler ohne Information über die Antworten in der vorausgegangenen Erhebung) zu erreichen, muß doch das Erinnerungsvermögen des Befragten berücksichtigt werden. Er erinnert sich möglicherweise seiner Antworten in der Originalerhebung und macht in der Wiederholungszählung eine von der ersten Erhebung nicht oder nicht erheblich abweichende Angabe. Dieser Gedächtniseffekt tritt sicher oft dann ein, wenn die Repetition kurz nach dem Zeitpunkt der Originalerhebung durchgeführt wird; dann bewirkt er eine Verzerrung der Resultate.

Es sei nun gezeigt, daß der Schätzwert für die Einfache Antwortvarianz $\hat{\sigma}_R^2 = g/2$ verzerrt ist, wenn es eine genügend große Korrelation zwischen den individuellen Antwortabweichungen von (Wiederholungs-) Zählung t zu (Wiederholungs-) Zählung t' gibt. Dabei soll entsprechend vorstehender Begriffe und Bezeichnungen von den folgenden Beziehungen ausgegangen werden:

$$g = \frac{1}{n}\sum_{i=1}^{n}(z_{itG} - z_{it'G'})^2$$

$$d_{itG} = z_{itg} - P_{iG} \quad \text{Antwortabweichung in Zählung } t, \quad (P_{iG} = \underset{t}{E}(z_{itG}));$$

$$d_{it'G'} = z_{it'G'} - P_{iG'} \quad \text{Antwortabweichung in Zählung } t', \quad (P_{iG'} = \underset{t'}{E}(z_{it'G'}));$$

$$\sigma_{RG}^2 = \underset{i,t}{E}(z_{itG} - P_{iG})^2, \quad \sigma_{R'G'}^2 = \underset{i,t'}{E}(z_{it'G'} - P_{iG'})^2$$

Dann ist

$$\begin{aligned} E(g) &= \underset{i,t,t'}{E}\left[\frac{1}{n}\sum_{i=1}^{n}(z_{itG} - z_{it'G'})^2\right] \\ &= \underset{i,t,t'}{E}\left[\frac{1}{n}\sum_{i=1}^{n}\left\{(z_{itG} - P_{iG}) + (P_{iG} - P_{iG'}) - (z_{it'G'} - P_{iG'})\right\}^2\right] \\ &= \underset{i,t,t'}{E}\left[\frac{1}{n}\sum_{i=1}^{n}\left\{(z_{itG} - P_{iG})^2 + (P_{iG} - P_{iG'})^2 + (z_{it'G'} - P_{iG'})^2\right.\right. \\ &\quad + 2(z_{itG} - P_{iG})(P_{iG} - P_{iG'}) - 2(P_{iG} - P_{iG'})(z_{it'G'} - P_{iG'}) \\ &\quad \left.\left. - 2(z_{itG} - P_{iG})(z_{it'G'} - P_{iG'})\right\}\right] \\ &= \ldots = \frac{1}{n}\sum_{i=1}^{n}\left[\sigma_{RG}^2 + \underset{i}{E}(P_{iG} - P_{iG'})^2 + \sigma_{R'G'}^2\right. \\ &\quad \left. - 2\underset{i,t,t'}{E}(z_{itG} - P_{iG})(z_{it'G'} - P_{iG'})\right]\frac{\sigma_{RG}\,\sigma_{R'G'}}{\sigma_{RG}\,\sigma_{R'G'}} \end{aligned}$$

$$= \sigma_{RG}^2 + \sigma_{R'G'}^2$$

$$+ \underset{i}{E}(P_{iG} - P_{iG'})^2 - 2\,\frac{\underset{i,t\neq t'}{E}(z_{itG} - P_{iG})(z_{it'G'} - P_{iG'})\,\sigma_{RG}\,\sigma_{R'G'}}{\sigma_{RG}\,\sigma_{R'G'}}$$

$$= \sigma_{RG}^2 + \sigma_{R'G'}^2 + \underset{i}{E}(P_{iG} - P_{iG'})^2 - 2\,\rho_{dG,d'G'}\,\sigma_{RG}\,\sigma_{R'G'},$$

wobei $\rho_{dG,d'G'}$ die Korrelation zwischen d_{itG} und $d_{it'G'}$ mit $t \neq t'$ ist.

Nun soll angenommen werden, daß wieder $G = G'$ bzw. $G \approx G'$ ist. Daraus folgt:

$$E(g) = 2\,\sigma_{RG}^2 - 2\,\rho_{dG,d'G}\,\sigma_{RG}^2 = 2\,\sigma_{RG}^2\,(1 - \rho_{dG,d'G})$$

oder

$$\frac{1}{2}\,E(g) = \sigma_{RG}^2\,(1 - \rho_{dG,d'G}).$$

Danach ist $g/2$ ein Schätzer für $\sigma_{RG}^2\,(1-\rho_{dG,d'G})$ und wegen einer vermutlich bestehenden Korrelation ein verzerrter Schätzer für die Einfache Antwortvarianz $\sigma_{RG}^2 = \sigma_R^2$. Wenn die Kovarianz der Antwortabweichungen zwischen den (Wiederholungs-) Zählungen positiv ist, d.h. positive Korrelation $\rho > 0$, wird man einen zu niedrigen Schätzwert (Unterschätzung) für die Einfache Antwortvarianz und bei einer negativen Korrelation $\rho > 0$ eine Überschätzung dieser Antwortvarianz erhalten.

Das Ausmaß des Bias ist schwer zu bestimmen, da im allgemeinen der genaue Wert der Korrelation nicht bekannt ist; eine numerische Schätzung ist schwer möglich. Nur unter hypothetischen Annahmen verschiedener Korrelationswerte kann man Simulationsrechnungen vornehmen und daraus Schlußfolgerungen ziehen (vgl. HANSEN/HURWITZ/PRITZKER, 1964).

Der Inkonsistenz–Index I_{RG} wurde unter der Annahme entwickelt, daß die Kovarianz der Antwortabweichungen zwischen den Elementen innerhalb der (Wiederholungs-) Zählungen Null ist. Setzt man den verzerrten Schätzwert $g/2$ für die Einfache Antwortvarianz σ_R^2 in den Index I_{RG} ein, so ist diese I_{RG}-Schätzung ebenfalls verzerrt!

4. *Praktische Anwendung*

Ausgangspunkt für das folgende Beispiel aus der Praxis ist eine Haupt- oder Originalerhebung (Vollzählung), deren Einheiten i mit ihren Angaben nach Größenklassen eines Erhebungsmerkmals klassiert sind. Die zusätzlich erfolgte Wiederholungszählung wurde als Stichprobe durchgeführt (insgesamt $k = 2$ Erhebungen). Wie oben dargelegt, soll der Inkonsistenz–Index angeben, mit welchem Ausmaß der Schwankungen man bei der Klassierung der Einheiten entsprechend der gemachten Angaben zu rechnen hat.

Die Berechnung des Inkonsistenz–Index erfordert seiner theoretischen Begründung nach eine gesondert durchgeführte uneingeschränkte Zufallsstichprobe für beide Erhebungen, weil die Wiederholungszählung wegen des erheblichen Organisations- und Arbeitsaufwandes nur als Stichprobe durchgeführt werden sollte; für jede (Stichproben-) Einheit i muß für den Inkonsistenz–Vergleich ein Paar von Beobachtungswerten y_{i1}, y_{i2} $(i = 1, 2, 3, \ldots, n)$ vorliegen. Die Stichprobeneinheiten mit ihren Daten aus der Haupterhebung sind dann a posteriori auf die vorgegebenen Größenklassen (Schichten) der Haupterhebung entsprechend der Schichtungsvariablen aufzuteilen (zur a posteriori Schichtung siehe COCHRAN 1977, sowie HUSCHENS 1995). Aufgrund dieser Resultate wird dann separat für jede Größenklasse (Schicht) ein Vier–Felder–Schema aufgestellt und mit diesen Daten werden die Inkonsistenz–Indizes für die einzelnen Größenklassen berechnet.

Es würde hier zu weit führen, ein praktisches Beispiel in aller Ausführlichkeit vorzustellen, zumal ein solches aus der Agrarstatistik Belgiens von STRECKER/WIEGERT (1994) vor kurzem veröffentlicht wurde. Hier sollen nur wesentliche Resultate mitgeteilt werden.

In Belgien fanden im Mai 1985 in kurzem Zeitabstand nach etwa annähernd gleichem Arbeitssystem zwei Erhebungen statt: die „Landwirtschaftszählung am 15. Mai" (Haupterhebung) als Vollerhebung und die „Enquête Pilote" am 4. Mai als Stichprobenerhebung (Wiederholungszählung). Die Analyse selbst beschränkte sich auf die wichtige Kategorie 1 – hauptberufliche landwirtschaftliche Betriebsinhaber – mit insgesamt $N \approx 61000$ Betrieben und einer Stichprobe von ca. $n = 2300$ Betrieben. Die Betriebsergebnisse der Haupterhebung und der Enquête Pilote wurden vier Größenklassen der landwirtschaftlichen Nutzfläche $(0,01- < 10$ ha, $10- < 30$ ha, $30- < 100$ ha und 100 ha u.m.) zugeordnet. Die Indexwerte $\widehat{I}_{RG}$ (in v. H.) für die Größenklassen 1 bis 4 betrugen: 7,2%, 10,2%, 7,4%, 8,2%. Als Gesamtindex wurde ein Wert von 8,6% errechnet. Wie die geschätzten Inkonsistenz–Indexwerte für die angeführten Größenklassen zeigen, darf der Einfluß des Angabefehlers auf die Datenqualität durchaus nicht vernachlässigt werden. Gespräche mit agrarstatistischen Experten ergaben, daß diese Resultate als plausibel anzusehen sind.

Wegen eines wahrscheinlich bestehenden Erinnerungseffektes ist vermutlich eine positive Korrelation zwischen den Antwortabweichungen innerhalb der beiden Zählungen vorhanden. Daher sind die vorstehenden Werte $\widehat{I}_{RG}$ nach unten etwas verzerrt (Unterschätzung !). Die Größe der Verzerrung ist kaum zu bestimmen, da die Korrelation schwer zu berechnen ist. Folgerung: Die angegebenen $\widehat{I}_{RG}$–Werte sind untere Schranken für das Ausmaß des Einflusses der Antwortvariabilitäten auf die Besetzungszahlen in den Größenklassen. Grundsätzlich ist anzumerken, daß die Werte des Inkonsistenz–Index um so größer sein werden, je feiner die Größenklasseneinteilung ist und umgekehrt. Je näher der Wert des Index an Null herankommt, umso besser ist die Zuordnung der Daten, d.h. um so zuverlässiger sind die Erhebungsergebnisse für die einzelnen Größenklassen.

Diese Studie zeigt, daß die Variabilität individueller Angabewerte (Antwortvarianz) und die Fehlerkomponente der Mißklassifikation der nach Merkmalswerten klassifizierten individuellen Befragungsergebnisse nicht vernachlässigt werden dürfen. Der Einfluß von Angabefehlern ist leider von nicht geringer Bedeutung. Dieser Art von Fehlern sollte deshalb in der deutschen, insbesondere in der amtlichen Statistik, dort wo es möglich ist, mehr Beachtung geschenkt werden. Zweifellos würden solche Fehleranalysen wesentlich zur Verbesserung der Datenqualität und damit zu einem höheren Qualitätsstandard der Statistik beitragen.

Literatur
- Auswahl -

BAILAR, B. A. /DALENIUS, T. (1969): Estimating the Response Variance Components of the U.S. Bureau of the Census' Survey Model; in: Sankya, Series B, Vol. 31, 341-360.

BECKMANN, M. J. / WIEGERT, R. (Hrsg.) (1987): Statistische Erhebungen: Methoden und Ergebnisse – Ausgewählte Schriften von Heinrich Strecker; in: Schriftenreihe Angewandte Statistik und Ökonometrie, Heft 30, Göttingen, 37-211.

BÖSELT, M. (1992): Statistik; München und Wien.

BRACHINGER, W. (1994): „Statistische Lügen": Ein Plädoyer für einen angemessenen Wahrheitsbegriff der Wirtschaftsstatistik; in: Schweizerische Zeitschrift für Volkswirtschaft und Statistik, Vol. 130 (3), 377-389.

COCHRAN, W. G. (1977): Sampling Techniques; New York, [third edition], 134-135 (a posteriori Schichtung).

FORSMAN, G. (1989): Early Survey Models and their Use in Survey Quality Work; Journal of Official Statistics, Vol. 5, No. 1, Statistics Sweden, 41-55.

GROVES, R. (1989): Survey Errors and Survey Costs; New York, 324-329.

HANSEN, M. / HURWITZ, W. / PRITZKER, L. (1964): The Estimation and Interpretation of Gross Differences and the Simple Response Variance; in: C. R. RAO: Constributions to Statistics, Oxford/Calcutta, 111-136.

HUSCHENS, S. (1995): Nachträglich geschichtete Stichproben und partielle Information; in: RINNE, H. / RÜGER, B. / STRECKER, H. (Hrsg.): Grundlagen der Statistik und ihre Anwendungen (Festschrift für Kurt Weichselberger), Heidelberg, 274-284.

KANTOROWITZ, M. (1969): Evaluation of the Census Data; Vol. I, Publication No. 40, State of Israel, Central Bureau of Statistics, Jerusalem, 23-114.

KRUG, W. / NOURNEY, M. / SCHMIDT, J. (1994): Wirtschafts- und Sozialstatistik, Gewinnung von Daten; München und Wien, 3. Aufl..

RINNE, H. (1970): Kontrollen der Ergebnisse von Volkszählungen und Volkswirtschaftlichen Gesamtrechnungen; in: Allgemeines Statistisches Archiv, Bd. 54 (1), 29-54.

RINNE, H. (1994): Wirtschafts- und Bevölkerungsstatistik; München und Wien.

STRECKER, H. (1978): Zur Genauigkeit statistischer Daten; in: Gegenwartsprobleme der Wirtschaft und Wirtschaftswissenschaft (Symposion aus Anlaß des 500–Jahr–Jubiläums der Universität Tübingen), Tübinger Wirtschaftswissenschaftliche Abhandlungen, Bd. 25, 85-115.

STRECKER, H. (1981): Ein Beitrag zur Genauigkeit statistischer Daten; in: MENGES, G. / ZWER, R. (Hrsg.), Probleme internationaler wirtschafts- und sozialstatistischer Vergleiche, Köln, 359-393.

STRECKER, H. / WIEGERT, R. U.A. (1983): Messung der Antwortvariabilität auf Grund von Erhebungsmodellen mit Wiederholungszählungen; in: Schriftreihe Angewandte Statistik und Ökonometrie, Heft 25, Göttingen.

STRECKER, H. / WIEGERT, R. (1994): Stichproben, Erhebungsfehler, Datenqualität; in: Schriftenreihe Angewandte Statistik und Ökonometrie, Heft 36, Göttingen (Hier findet man weitere Literaturangaben über dieses Gebiet).

WEICHSELBERGER, K. (1970): Genauigkeitsansprüche, Fehler und Kontrollen bei Volkszählungen; in: Allgemeines Statistisches Archiv, Bd. 54 (1), 1-28.

Zur Sensitivität des Verhältnisschätzers bei gebundener Hochrechnung

Von Rolf Wiegert*, Tübingen

Zusammenfassung: Es werden Ansätze aus der *regression diagnostics* übernommen, um die Sensitivität einflußreicher Beobachtungen auf den einfachen Verhältnisschätzer zu untersuchen. Herangezogen wird ferner das *jackknifing*, um den Mean Square Error des Ratio-Schätzers zu gewinnen. Im Ergebnis – hergeleitet aus einer umfangreichen Simulationsstudie mit künstlich erzeugten Daten für das Erhebungs- und das Bezugsmerkmal – ist festzustellen, daß die Entfernung besonders einflußreicher Datenpunkte die Genauigkeit des Schätzers zu verbessern in der Lage ist, allerdings um den Preis eines bei jedem Resampling-Verfahren hohen Rechenaufwands.

1. Einleitung

Wohlbekannt ist die an Zusatzinformationen gebundene, einfache Verhältnisschätzung mit Hilfe von Zufallsstichproben. Es werden in der Regel Mittelwerte, Totalwerte, Anteilssätze sowie Proportionen bestimmter Merkmale in einer Grundgesamtheit aus den erhobenen Werten einer Stichprobe geschätzt und dazu hilfsweise andere Informationen herangezogen, die mit den Merkmalswerten möglichst hoch korrelieren. Eine gebundene Hochrechnung verbessert unter bestimmten Bedingungen an die Qualität der Zusatzinformationen die Präzision der Stichprobenschätzungen. Die merkmalstragenden Einheiten bilden dabei die der Schätzung zugrunde liegende, empirische Grundgesamtheit, aus der Zufallsstichproben gezogen werden können.

Die separate Verhältnisschätzung unter Verwendung einer einfachen Zufallsstichprobe stellt in dem Ensemble gebundener Hochrechnungsverfahren eine Art von Standardmodell dar, das in alle komplexeren Hochrechnungsmethoden als Baustein eingeht. Es ist in seiner Eigenart und der Wahl seiner Schätzfunktion als ein Instrument der gebundenen Hochrechnung aus einem gewissen Pragmatismus in der angewandten Statistik entstanden; zur Zeit der Entwicklung der gebundenen Hochrechnungsverfahren mußte man in der Statistik ohne Computer auskommen. Bei dieser Arbeit mit Stichproben ohne Computerhilfe wurden – trotz des großen Aufwandes – stets Merkmalssummen als Grundelemente einer Auswertung ausgezählt. Es lag daher nahe, solcherart vorhandene Informationen im Rahmen eines einfachen Modells ergänzend zu nutzen, um verbesserte, gebundene Schätzungen gegenüber unsichereren, freien Hochrechnungen zu gewinnen, ohne zusätzliche Berechnungen aus den Stichprobendaten anstellen zu müssen. Diese Praxis hat sich bewährt, und die einschlägigen Schätzverfahren wie Differenzen-, Verhältnis- und Regressionsschätzungen, sei es geschichtet oder ungeschichtet, kombiniert oder separat, gehören zu den Standards der Stichprobentheorie und Praxis.

---

* Akad. Dir. Dr. Rolf Wiegert, Eberhard-Karls-Universität Tübingen, Wirtschaftswissenschaftliches Seminar, Abteilung Statistik und Ökonometrie I, Mohlstraße 36, D-72074 Tübingen.

In der Statistik, die sich mit der Datengewinnung befaßt, insbesondere in der amtlichen Statistik, werden in vielen Fällen Erhebungen mit annähernd gleichem Arbeitssystem periodisch repetiert. Man verfügt dadurch bei einer ganzen Reihe von Erhebungen über meist sehr brauchbare Zusatzinformationen aus naher Vergangenheit, die in gebundene Hochrechnungsverfahren für die rezenten Stichprobenschätzungen eingeführt werden können. So vermag man, das Problem der Verfügbarkeit von geeigneten Zusatzinformationen bei vielen gebundenen Hochrechnungen relativ gelassen zu betrachten, gelassener jedenfalls als den höchst undelikaten Nonresponse, der bei Erhebungen neuerlich alle Bemühungen um Repräsentativität, Präzision und Schätzqualität weitgehend zur Farce macht. Bei jedem konkreten Vorgehen ist indessen der Wahl von Zusatzinformationen genaue Aufmerksamkeit zu schenken und abzuklären, ob bestimmte Daten adäquat sind oder nicht. Wenn man hier zu lässig vorgeht und wichtige Einschränkungen übersieht, so wird man an den Resultaten keine Freude haben, siehe hierzu auch STRECKER/WIEGERT, 1986 und SCHNEEBERGER/FLEISCHER, 1994.

In den letzten Jahren hat sich, initiiert durch die häufig uneingeschränkt und in beliebiger Kapazität verfügbaren Rechnerleistungen und die damit gegebenen Analysemöglichkeiten, in Statistik und Ökonometrie eine neue Disziplin – *die regression diagnostics* – etabliert, welche die spezifischen Wirkungen untersucht, die von Datenmustern des Inputs beim allgemeinen linearen Regressionsmodell auf die Schätzresultate ausgehen bzw. wie diese davon beeinflußt werden; siehe dazu BELSLEY/KUH/WELSCH, 1980; CHATTERJEE/HADI, 1988; BARNETT/LEWIS, 1984; BRACHINGER, 1990; ZIEGLER, 1979. Ein wichtiges Instrument dieser Sensitivitätsanalysen ist das Jackknifing, mit dessen Hilfe der Einfluß einzelner, in die Schätzung eingehender Daten auf die Parameterschätzwerte analysiert und transparent gemacht wird. Man spürt auf diese rechenintensive Art sogenannte *einflußreiche Beobachtungen* auf, die entweder als Ausreißer oder als *high leverage points (Dollpunkte)*, bezeichnet werden. Die Entfernung einiger solcher Werte aus der Stichprobe kann möglicherweise zu einer nicht unwesentlichen Verbesserung der Präzision der Parameterschätzungen führen.

Im folgenden sollen einige Ansätze aus der *regression diagnostics* übernommen werden, um die Sensitivität des einfachen Verhältnisschätzers gegenüber einflußreichen Beobachtungen in der Stichprobe zu untersuchen. Man könnte die Präzision dieser gebundenen Verhältnisschätzung möglicherweise bei bestimmten Datenkonstellationen verbessern, wenn es gelänge, einzelne Datenpunkte, bestehend aus aktuellem Stichprobenwert und entsprechendem Wert aus der Zusatzinformation, als besonders einflußreiche Werte für die Schätzung des Verhältnisses (Quotient zweier Stichprobensummen) festzustellen. Die weiteren Ausführungen werden zeigen, daß dieses Vorhaben einer Sensitivitätsuntersuchung des Verhältnisschätzers, wenn auch um den Preis unerläßlicher Computerisierung und erheblichen Rechenaufwandes, erfolgversprechend sein kann.

2. Grundlagen, Formeln

Für das weitere Vorgehen seien nun folgende Definitionen und Annahmen zugrunde gelegt:
Grundgesamtheit G_1 mit $N_1 = N$ Einheiten; Merkmal y; Merkmalswerte y_j, $(j = 1, ..., N)$ seien bekannt und dienen als Bezugsinformation für die Verhältnisschätzung. Damit sind auch Y, die Merkmalssumme von y in G_1, und $\bar{Y}$, der Mittelwert, gegeben. Ein Stichprobenmittelwert von y wird mit $\bar{y}$ bezeichnet.
Grundgesamtheit G_2 mit $N_2 = N$ Einheiten (bei empirischen Grundgesamtheiten wird i.a. $N_1 \neq N_2$ gelten; damit tritt zusätzlich ein Nichtstichprobenfehler auf, von dem jedoch im weiteren abgesehen wird; siehe zu Nichtstichprobenfehler STRECKER/WIEGERT, 1994). Erhebungsmerkmal sei x; aus G_2 wird eine einfache Zufallsstichprobe vom Umfang n gezogen; zugehörige Stichprobenwerte seien x_i, $(i = 1, ..., n)$.
Zwischen den y_j, x_j, $(j = 1, ..., N)$ in den Grundgesamtheiten G_1, G_2 bestehe folgender parameter–lineare Zusammenhang:

$$x_j = \alpha\, \varphi(y_j) + u_j \quad (j = 1, ..., N)\,. \tag{1}$$

Die Korrelation zwischen x und y sei: $Kor(x, y) > 0$. $\alpha > 0$ ist ein fester Parameter, der Proportionalitätsfaktor der Verhältnisschätzung.
$\varphi(.)$ beschreibt den diskreten, funktionellen Zusammenhang (Transformation) zwischen den x_j, y_j; in vielen Fällen eine lineare Transformation, die jedoch auch nichtlinear sein kann, wie z.B. bei $y_j > 0$: $\varphi(y_j) = \sqrt{y_j}$ oder $\varphi(y_j) = y_j^r$; $r \in \mathbb{R}$.
Die u_j sind unbeobachtbare Größen. Für sie sollen die üblichen Annahmen des klassischen Regressionsmodells gelten: Unkorreliertheit, Erwartungswert Null, Verteilungsgleichheit, Homoskedastizität (Diese Annahme ist in der Stichprobenpraxis als sehr problematisch anzusehen; man trifft dort häufig auf Heteroskedastizität, siehe dazu auch WIEGERT, 1980.) sowie Unabhängigkeit der u_j, y_j.

Um eine verbesserte Präzision der Schätzungen aus der gebundenen Hochrechnung zu erzielen, ist es erforderlich, daß eine möglichst stark ausgeprägte Korrelation zwischen Erhebungs- und Bezugsmerkmal besteht; der Korrelationskoeffizient sollte möglichst nahe beim Wert 1 liegen, jedenfalls erheblich größer als 0,5 sein. Ist dies bei praktischen Untersuchungen nicht voraussetzbar, so sollte auf die gebundene Hochrechnung verzichtet werden.

Die Forderung „Erwartungswert Null“ ist bei endlichen Grundgesamtheiten mit N Einheiten äquivalent zum Postulat:

$$\sum_{j=1}^{N} u_j = 0\,. \tag{2}$$

Auf dieser Annahme beruht die Grundformel des Modells der gebundenen Hochrechnung:

$$X = \sum_{j=1}^{N} x_j = \sum_{j=1}^{N} [\alpha\, \varphi(y_j) + u_j] = \alpha \sum_{j=1}^{N} \varphi(y_j) + \sum_{j=1}^{N} u_j \tag{3}$$

und weiter mit der zusätzlichen Definition: $Y_\varphi := \sum_{j=1}^{N} \varphi(y_j)$

$$X = \alpha\, Y_\varphi \quad \Longrightarrow \quad \alpha = \frac{X}{Y_\varphi};\ \ Y_\varphi \neq 0\,. \tag{4}$$

Man schreibt dies tautologisch um und erhält:

$$X = \alpha\, Y_\varphi = \left(\frac{X}{Y}\right) Y. \tag{5}$$

Wird $\varphi(y_j) = y_j$ (Linearhypothese) eingeführt, so gilt: $Y_\varphi = Y$.

Der unbekannte Parameter α wird durch den nicht erwartungstreuen (biased) Schätzer $\widehat{\alpha}$ ersetzt, der in der klassischen Ratio–Schätzung als:

$$\widehat{\alpha} = \frac{\bar{x}}{\bar{y}} \tag{6}$$

für eine einfache Zufallsauswahl (m.Z.) zum Stichprobenumfang n angegeben und so auch für die Hochrechnung verwendet wird. Man erhält einen Schätzwert für den Totalwert der Grundgesamtheit aufgrund gebundener Hochrechnung als:

$$\widehat{X} = \widehat{\alpha}\, Y = \frac{\bar{x}}{\bar{y}} Y. \tag{7}$$

In vielen Lehrbüchern wird dieses Modell, in Umkehrung der hier gegebenen Herleitung, direkt aus dem Postulat für die Grundgesamtheiten:

$$\alpha = \frac{X}{Y} \tag{8}$$

entwickelt. Das ist äquivalent zum Vorangehenden, wenn ein linearer Zusammenhang unterstellt wird. Es folgt nämlich:

$$X = \alpha\, Y \quad \Longrightarrow \quad \sum_{j=1}^{N} (x_j - \alpha\, y_j) = \sum_{j=1}^{N} u_j = 0. \tag{9}$$

Durch Einführung der $u_j := x_j - \alpha y_j$ ergibt sich:

$$x_j = \alpha\, y_j + u_j\,;\ \ j = 1, ..., N\,. \tag{10}$$

Bei dieser Modelleinführung wird also strikte Linearität vorausgesetzt. In Approximation mag das häufig zutreffen, jedoch entsteht ein zusätzlicher Schätzfehler, wenn die Linearhypothese nicht zutrifft. Allgemein müßte man eigentlich ansetzen:

$$X = \alpha\, Y_\varphi \quad \Longrightarrow \quad x_j = \alpha\, \varphi(y_j) + u_j\,;\ \ j = 1, ..., N \tag{11}$$

und könnte so zum Ansatz (1) zurückfinden.

Für das zwischen den Grundgesamtheiten agierende α wurde der Schätzer:

$$\widehat{\alpha} = \frac{\bar{x}}{\bar{y}} = \frac{\sum_{i=1}^{n} x_i}{\sum_{i=1}^{n} y_i} \tag{12}$$

bereits eingeführt. Damit ergibt sich nach den Annahmen:

$$\widehat{\alpha} = \frac{\alpha\, \bar{y}_\varphi + \bar{u}}{\bar{y}} = \alpha\, \frac{\bar{y}_\varphi}{\bar{y}} + \frac{\bar{u}}{\bar{y}} \quad \Longrightarrow \quad \alpha - k\,\alpha = \frac{\bar{u}}{\bar{y}}. \tag{13}$$

k, der Korrekturfaktor der zugelassenen Nichtlinearität, ist wie folgt erklärt: $k := \bar{y}_\varphi \,/\, \bar{y}$. Für $n \to N$ folgt $k \to X \,/\, Y$. Im linearen Fall gilt speziell:

$$\widehat{\alpha} = \alpha + \frac{\bar{u}}{\bar{y}}. \tag{14}$$

Für $n \to N$ wird der Bias des Schätzers $\widehat{\alpha}$ beliebig klein, wenn die oben genannte Voraussetzung $\sum_{j=1}^{N} u_j = 0$ nicht verletzt ist. Da dies bei empirischen Gesamtheiten selten zutreffen wird, muß stets mit einer Verzerrung der α–Schätzung gerechnet werden, selbst dann, wenn der Stichprobenumfang n gegen N tendiert. Dies steht im Gegensatz zur Behauptungen in manchen Texten, die angeben, der Bias werde in jedem Fall mit steigendem n deutlich kleiner. Dies gilt offenbar nur dann, wenn für jede Stichprobe gewährleistet ist:

$$\sum_{i=1}^{n} u_i \;\to\; 0 \text{ mit } n \;\to\; N. \tag{15}$$

Neben diesem Schätzer $\widehat{\alpha}$ kann unter den eingeführten Annahmen auch ein restringierter Least–Square–Schätzer (Absolutglied Null) für das unbekannte α berechnet werden. Bei Nichtlinearität für $\varphi(.)$ kann eine Formeldarstellung für den Schätzer i.a. nicht angegeben werden, jedoch numerisch ist er darstellbar. Ist $\varphi(.)$ linear, so läßt sich der Least–Square–Schätzer $\widetilde{\alpha}$, wie bekannt, darstellen als:

$$\widetilde{\alpha} = \frac{\sum_{i=1}^{n} x_i\, y_i}{\sum_{i=1}^{n} y_i^2} \quad \Longrightarrow \quad \widetilde{\alpha} - \alpha = \frac{\sum_{i=1}^{n} u_i\, y_i}{\sum_{i=1}^{n} y_i^2}. \tag{16}$$

Aus der Formel (16) erkennt man, daß für Unkorreliertheit der Residuen u mit y in der Grundgesamtheit, d.h. $\sum_{j=1}^{N} u_j\, y_j = 0$ sowie $\sum_{j=1}^{N} u_j = 0$ die Parameterschätzungen $\widehat{\alpha}$ und $\widetilde{\alpha}$ für $n \to N$ zum gleichen Wert α in der Grundgesamtheit führen. Bei Verletzung dieser Voraussetzungen (in empirischen Grundgesamtheiten in der Regel eintretend) bleiben die Schätzungen auch für $n = N$ untereinander und von α verschieden.

Ohne Computerhilfe ist $\tilde{\alpha}$ für größeres n kaum zu berechnen, weshalb früher selten zum Vergleich darauf zurückgegriffen wurde. Regressive Schätzer sind empfindlich gegen Ausreißer. Solche Werte nehmen starken Einfluß auf den Schätzwert und können ihn – insbesondere bei kleinen Stichproben – sehr verzerren. Das Gewichtungsschema der x_i–Werte ist in beiden Schätzern verschieden; eine unterschiedliche Robustheit gegen Ausreißer (*einflußreiche Werte)* scheint dadurch induziert zu sein. Die in beide Schätzer eingehenden Gewichte erfüllen nicht die Normierungsbedingung auf Summe der Gewichte gleich 1, insoweit sind es nur Pseudogewichte, die dennoch strukturell verglichen werden können:

$$\hat{\alpha} = \sum_{i=1}^{n} \frac{1}{\sum_{\iota=1}^{n} y_\iota} x_i = \sum_{i=1}^{n} g_i x_i \tag{17}$$

$$g_i = \frac{1}{n\,\bar{y}} = \text{const.}\ (i = 1, ..., n) \quad \Longrightarrow \quad \text{Gleichgewichtung der } x_i \tag{18}$$

$$\sum_{i=1}^{n} g_i = \frac{1}{\bar{y}} \tag{19}$$

$$\tilde{\alpha} = \sum_{i=1}^{n} \frac{y_i}{\sum_{\iota=1}^{n} y_\iota^2} x_i = \sum_{i=1}^{n} h_i x_i \tag{20}$$

$$h_i \neq h_j \quad \text{für} \quad i \neq j \ (i, j = 1, ..., n) \quad \Longrightarrow \quad \text{keine Gleichgewichtung} \tag{21}$$

$$\sum_i h_i = \frac{\sum_i y_i}{\sum_i y_i^2}\,. \tag{22}$$

Wie auch zahlreiche Untersuchungen zur Aggregation von Prognosewerten in den letzten Jahren gezeigt haben (siehe z.B. THIELE 1993), hat die Gleichgewichtung in vielen Fällen Vorteile gegenüber einer Ungleichgewichtung. Gleichgewichtung erzeugt, von Ausnahmen abgesehen, ein robusteres Verhalten des Schätzers gegenüber Ausreißern und speziellen *einflußreichen Werten.*

Die folgenden Sensitivitätsuntersuchungen sollen deshalb theoretisch und praktisch auf den klassischen Ratio–Schätzer beschränkt bleiben, weil er unempfindlicher zu sein scheint und weil er häufig bei Stichprobenschätzungen in der Praxis verwendet wird.

3. Sensitivitätsanalyse

Angenommen wird, daß eine Zufallsstichprobe vom Unfang n vorliegt; x_i und y_i sind bei denselben Einheiten in G_1, G_2 erhoben worden. Betrachtet wird der auf dieser Stichprobe arbeitende Ratio–Schätzer $\hat{\alpha}$ und seine Reaktion auf *einflußreiche Beobachtungen* in der Stichprobe. Dazu benutzt man das Jackknifing, das im Weglassen jeweils eines Wertes der Stichprobe und Neuberechnung des Schätzers besteht. Die entstehenden Differenzen der Schätzwerte werden normiert und anschließend untereinander verglichen.

$$\widehat{\alpha}_n - \widehat{\alpha}_{n-1} = \frac{\sum_{i=1}^{n} x_i}{\sum_{i=1}^{n} y_i} - \frac{\sum_{i=1}^{n-1} x_i}{\sum_{i=1}^{n-1} y_i} \tag{23}$$

Die Formel ist so zu interpretieren, daß man das weggelassene Wertepaar (x_k, y_k); $k \in \{1, ..., n\}$ jeweils durch Umnumerierung der Stichprobe als n–ten Wert führt. Nach Umformungen ergibt sich:

$$\widehat{\alpha}_n - \widehat{\alpha}_{n-1} = \frac{x_n \sum_{i=1}^{n-1} y_i - y_n \sum_{i=1}^{n-1} x_i}{\sum_{i=1}^{n} y_i \sum_{i=1}^{n-1} y_i}. \tag{24}$$

Nach Ersetzen einiger Größen durch weiter oben definierte Ausdrücke erhält man:

$$\widehat{\alpha}_n - \widehat{\alpha}_{n-1} = \frac{u_n - y_n \left(\sum_{i=1}^{n-1} u_i\right) \Big/ \left(\sum_{i=1}^{n-1} y_i\right)}{\sum_{i=1}^{n} y_i} + \alpha \frac{\varphi(y_n) \sum_{i=1}^{n-1} y_i - y_n \sum_{i=1}^{n-1} \varphi(y_i)}{\sum_{i=1}^{n} y_i \sum_{i=1}^{n-1} y_i}. \tag{25}$$

Für $\sum_{i=1}^{n-1} u_i \approx 0$ und **Linearität**, $\varphi(y_i) = y_i$, gilt dann:

$$\widehat{\alpha}_n - \widehat{\alpha}_{n-1} \approx \frac{u_n}{\sum_i y_i} = \frac{u_n}{n} \frac{1}{\bar{y}}. \tag{26}$$

$\widehat{\alpha}_n - \widehat{\alpha}_{n-1}$ ist eine Zufallsgröße, deren Erwartung, betrachtet über alle möglichen Stichproben, ungleich Null ist, da sowohl $\widehat{\alpha}_n$ wie $\widehat{\alpha}_{n-1}$ verzerrte Schätzer sind. Deshalb kann im folgenden nicht mit Varianzen und Kovarianzen umgeformt werden, sondern es muß zu entsprechenden, auf den *MSE* abgestellten Größen gegriffen werden. Wegen der Vergleichbarkeit der Differenzen sollte auf *MSE* gleich 1 normiert werden. Es muß also ein Schätzer für den $MSE(\widehat{\alpha}_n - \widehat{\alpha}_{n-1})$ bestimmt werden. Es gilt:

$$E\left(\widehat{\alpha}_n - \widehat{\alpha}_{n-1}\right)^2 = E\left((\widehat{\alpha}_n - \alpha) - (\widehat{\alpha}_{n-1} - \alpha)\right)^2 = \tag{27}$$

$$E(\widehat{\alpha}_n - \alpha)^2 + E(\widehat{\alpha}_{n-1} - \alpha)^2 - 2\,\rho_{MSE}\sqrt{E(\widehat{\alpha}_n - \alpha)^2\, E(\widehat{\alpha}_{n-1} - \alpha)^2} \tag{28}$$

mit einer im Sinne des *MSE* zu interpretierenden Korrelation:

$$\rho_{MSE} = \frac{E(\widehat{\alpha}_n - \alpha)(\widehat{\alpha}_{n-1} - \alpha)}{\sqrt{E(\widehat{\alpha}_n - \alpha)^2\, E(\widehat{\alpha}_{n-1} - \alpha)^2}}. \tag{29}$$

Es erscheint plausibel, daß $\rho_{MSE} \approx 1$ für nicht zu kleines n ($n \geq 20$) ist; umfangreiche Simulationsrechnungen mit artifiziellen, endlichen Grundgesamtheiten haben diese Vermutungen bestätigt. Im Mittel lagen die Schätzwerte bei 0,995. Mit dieser zusätzlichen Annahme kann der *MSE* näherungsweise bestimmt werden als:

$$\begin{aligned} MSE(\widehat{\alpha}_n - \widehat{\alpha}_{n-1}) &\approx MSE(\widehat{\alpha}_n) + MSE(\widehat{\alpha}_{n-1}) \\ &\quad -2\sqrt{MSE(\widehat{\alpha}_n)\, MSE(\widehat{\alpha}_{n-1})} \\ &= \left(\sqrt{MSE(\widehat{\alpha}_n)} - \sqrt{MSE(\widehat{\alpha}_{n-1})}\right)^2 . \end{aligned} \tag{30}$$

Für den *MSE* selbst läßt sich ein Schätzwert aufgrund einer einfachen Zufallsstichprobe angeben (siehe dazu HARTUNG u.a., 1985), der folgende Gestalt hat:

$$\widehat{MSE}(\widehat{\alpha}_n) = \frac{1}{n\,(n-1)\,(\bar{y})^2} \sum_{i=1}^{n} \left(x_i - \bar{x} - \widehat{\alpha}\,(y_i - \bar{y})\right)^2. \tag{31}$$

Dieser Schätzer für den $MSE(\widehat{\alpha})$ ist verzerrt und kann somit nur in Approximation verwendet werden; er wird in die Formel (30) eingeführt, um eine Schätzung des *MSE* aus den Stichprobendaten berechenbar zu machen.

Die Differenz (24) wird nun mit Hilfe dieser *MSE*-Schätzung normiert, um so innerhalb einer Serie von Differenzen einer Stichprobe den Varianz-Einfluß zu egalisieren. Man benutzt zur Erkennung von *einflußreichen Daten* des Ratio-Schätzers damit folgende Kriteriumsgröße:

$$\Delta_k := \frac{(\widehat{\alpha}_n - \widehat{\alpha}_{n-1})}{\sqrt{\widehat{MSE}(\widehat{\alpha}_n - \widehat{\alpha}_{n-1})}} = \frac{(\widehat{\alpha}_n - \widehat{\alpha}_{n-1})}{\left|\sqrt{\widehat{MSE}(\widehat{\alpha}_n)} - \sqrt{\widehat{MSE}(\widehat{\alpha}_{n-1})}\right|} . \tag{32}$$

In der Folge dieser normierten Jackknife-Differenzen werden durch bedeutend höhere absolute Werte dieser Differenzen bestimmte Datenpunkte (x_k, y_k); $k \in \{1, ..., n\}$ erkennbar, die als stark *einflußreich* für den Wert des Schätzers $\widehat{\alpha}$ gelten können. Man stellt nach konkreten Stichprobenziehungen und anschließenden Berechnungen fest, daß sie im Datenmuster der (x_i, y_i) entweder extrem unter oder extrem über der durch die Modellannahmen festgelegten Regressionslinie durch den Nullpunkt liegen. Sie üben damit einen starken Einfluß auf die Schätzung $\widehat{\alpha}$ aus. Entfernt man die durch dieses Vorgehen als *einflußreich* bestimmten Werte aus der Stichprobe und schätzt dann erneut, so läßt sich eine deutliche Verminderung des Schätzfehlers der Punktschätzung $\widehat{\alpha}$ gegenüber α bei den konkreten simulativen Berechnungen feststellen.

Ein kritischer Punkt ist die Festlegung von Grenzen, innerhalb derer die Werte der normierten Differenzen *einflußreiche* Daten indizieren. Bei den angestellten simulativen Rechnungen zeigte sich sehr deutlich, daß innerhalb der Folge der Differenzen solche Bereiche bei positiven wie bei negativen Werten der Differenzen durch ihre drastische Überhöhung (bis zu einem Faktor 100) gegenüber den anderen Werten erkennbar sind. Dennoch sollte man hier sorgfältig einige Alternativen durchrechnen, um sich die nötige Sicherheit im Umgang mit speziellen Datenmustern und deren speziellen Stichprobenumfängen zu verschaffen. Wie die nachfolgenden Ergebnisse umfangreicher Berechnungen an simulativen endlichen Grundgesamtheiten zeigen, scheint diese Art der Sensitivitätsanalyse bei gebundener Hochrechnung durchaus eine Verbesserung der Schätzpräzision zu versprechen. Bei den heute verfügbaren Computerkapazitäten ist es leicht möglich, auch bei Stichprobenschätzungen in der Praxis ein solches Diagnoseinstrument anzuwenden, um aus möglicherweise mit hohen Kosten erhobenen Daten ein nach dem *state of the art* bestmögliches Ergebnis zu erzielen.

4. Ergebnisse simulativer Berechnungen

Um die theoretischen Überlegungen geeignet zu kontrollieren, wurden anhand simulativ erstellter, endlicher Grundgesamtheiten und daraus gezogener, uneingeschränkter Zufallsstichproben umfangreiche Berechnungen als Ersatz für eine praktische Erprobung durchgeführt. Hier sollen anhand eines Beispiels einer solchen Simulation einige Schätzresultate vorgestellt werden.

Als Bezugsgesamtheit G_1 wurde eine dem Aussehen einer Log–Normal–Verteilung nachgebildete Häufigkeitsverteilung für eine endliche Grundgesamtheit mit $N = 10000$ Einheiten generiert. Für das diskret angesetzte Merkmal y wurde das Intervall $[0; 2500]$ gewählt. Charakteristische Werte für die Grundgesamtheit ergaben sich damit als:

$$Y = 1,11254 * 10^7; \quad \bar{Y} = 1112,54; \tag{33}$$

$$Var(y) = 347053,9; \quad Stand(y) = 589,1128. \tag{34}$$

Es wurde in diesem, hier zu demonstrierenden Beispiel ein linearer Zusammenhang zwischen den Merkmalen x, y gewählt. Die Grundgesamtheit G_2 wurde mit Hilfe von $\alpha = 0,8$ und einer entsprechenden Fehlerverteilung aus der Grundgesamtheit G_1 erzeugt, d.h.

$$x_j = \alpha\, y_j + u_j; \; j = 1, ..., N. \tag{35}$$

Für G_2 ergaben sich damit folgende Größen:

$$X = 8918919; \quad \bar{X} = 891,8919; \tag{36}$$

$$Var(x) = 280857; \quad Stand(x) = 529,9594. \tag{37}$$

Um die Verteilung der Störgrößen an reale Verhältnisse anzupassen, wurde auf Normalverteiltheit der u_j verzichtet. Stattdessen wurde eine Gleichverteilung der Fehler im Intervall $]-425; 425[$ mit Homoskedastizität unterstellt. Aus dieser Verteilung wurden die einzelnen u_j ($j = 1, ..., N$) zufällig gezogen. Die Normierung auf $\sum_j u_j = 0$ wurde durchgeführt, und zusätzlich entstehende negative Werte von x wurden auf Null gesetzt.

Mit diesen Vorgaben resultierte eine Korrelation von $R_{xy} = 0,8894...$ zwischen den Merkmalswerten der Grundgesamtheiten G_1, G_2 und ein empirisches α von:

$$\alpha = \frac{X}{Y} = 0,801... \approx 0,8. \tag{38}$$

Aus dieser simulativen Grundgesamtheit wurden uneingeschränkte Zufallsstichproben verschiedenster Stichprobenlänge gezogen und die oben eingeführte Sensitivitätsanalyse hinsichtlich ihrer Wirksamkeit bei diesen Stichproben geprüft. Die umfangreichen simulativen Berechnungen zeigten im Rahmen des verwendeten Modells stets unproblematische Eigenschaften des Verfahrens und hinreichende Indikationseigenschaften für die *einflußreichen* Daten in der Stichprobe. Eine Vergrößerung der Varianz der Störvariablen u_i hat starken Einfluß auf die Varianz des Schätzers $\widehat{\alpha}$; die Korrelation zwischen Hilfsmerkmal und Erhebungsvariable wird kleiner. Das Datenmuster der Stichprobe wird diffuser und damit kann es sein, daß erheblich mehr *einflußreiche* Daten auftreten; die Analyse ihrer Wirkungen wird dann komplizierter. Prinzipiell hat dies jedoch auf die Wirksamkeit der Methode keinen Einfluß, wie die Simulationen zeigten.

Mit ansteigendem Stichprobenumfang werden die Werte der normierten Differenz kleiner, dennoch können die für die Punktschätzung und ihre Präzision wesentlichen Werte einwandfrei diagnostiziert werden. Nach Entfernen solcher Werte zeigte sich der Punktschätzwert $\widehat{\alpha}$ jeweils nicht unerheblich verbessert. Da α in der Grundgesamtheit bekannt war (bei Hochrechnungen in der Praxis nicht der Fall), konnte auch anhand des Vorzeichens der normierten Differenzen überprüft werden, daß eine Überschätzung von α durch Entfernen von Daten mit positiver, normierter Differenz vermindert werden konnte, wohingegen Daten mit negativer Differenz in der Stichprobe zu behalten waren. Bei Unterschätzung von α gilt dies in analog umgekehrter Weise. Das wird anhand der Formel (26) unmittelbar ersichtlich, da das Vorzeichen des Störgliedes u_n (zum weggelassenen Wert gehörig) das Vorzeichen der Differenz bestimmt. Diese Eigenschaft ist für die Praxis nicht unmittelbar verwendbar, dennoch kann es sein, daß man ungefähre Vorstellungen über die Größenordnung von α aus früheren Untersuchungen oder durch Nebeninformationen besitzt, die hierbei dann, bei der Entscheidung über zu entfernende Stichprobenwerte, eingebracht werden können. Natürlich ist von erheblicher Bedeutung, wie viele Werte weggelassen werden können, ohne die Wirkungen des Datenmusters auf die Schätzung insgesamt zu gefährden, respektive welche Datenpunkte man zweckmäßig herausnimmt. Man kann dies nur anhand der Folge der jeweils berechneten, normierten Differenzen Δ_k entscheiden und aufgrund einer dieser Frage – jeweils beim speziellen Datenmaterial – gewidmeten Untersuchung beantworten. Obwohl dies zusätzliche Mühe macht, ist eine solche Analyse im praktischen Fall von Nutzen und dient einer möglicherweise nicht gering zu veranschlagenden Verbesserung der Genauigkeit der gewonnenen Punktschätzungen für α. Das im Verfahren verwendete Jackknifing gibt indirekt darüber Aufschluß, wie das Streuungsverhalten der Punktschätzer und damit indirekt ihre Präzision im Hinblick auf die einzelnen Datenpunkte einzuschätzen ist. Meistens werden Ausreißer in der Stichprobe indiziert, es zeigt sich jedoch auch, daß es bei einzelnen Datenmustern keinesfalls nur derartige Werte sind, sondern eben *einflußreiche* Werte, welche die Schätzung stark beeinflussen, im Datenmuster aber nicht unbedingt auffällig sind.

Um diese Aussagen auch durch ein Beispiel zu unterstützen, sollen im folgenden anhand einer der gezogenen Stichproben mit Umfang $n = 125$ und Auswahlsatz 1,25% die Analyse und ihre Ergebnisse gezeigt werden. Hierbei wurden gewisse Ähnlichkeiten mit Grundgesamtheiten bei Viehzählungen in Belgien nachgebildet, um reale Probleme zu simulieren, siehe dazu auch STRECKER/WIEGERT u.a. 1983, STRECKER/WIEGERT 1994 und BECKMANN/WIEGERT 1987.

Abb. 1: Streuungsmuster der Stichprobendaten zum Zusammenhang von y_i (Zusatzinformation) und x_i (Erhebungsvariable); $n = 125$

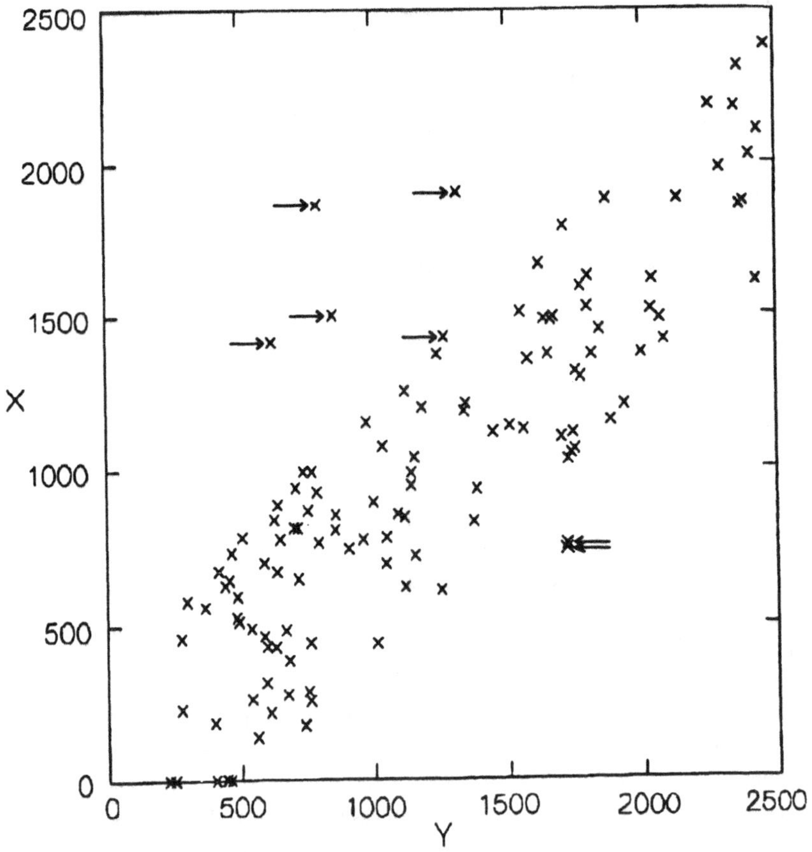

Die Abbildung 1 zeigt das Streuungsmuster der Stichprobenwerte, wobei die y-Werte (Zusatzinformation) auf der Abszisse stehen, und die aktuellen Stichprobenwerte, mit x bezeichnet und Modell (1) entsprechend, auf der Ordinate. Man erkennt sofort, daß einige Werte deutlich außerhalb des Musters liegen und damit eigentlich *einflußreich* sein sollten. Sie sind in der Abbildung mit Pfeilen gekennzeichnet. In der Tat indiziert die Sensitivitätsanalyse anhand der normierten Differenzen Δ_k genau diese und mit geringerem Einfluß noch einige weitere Werte. Aus der Originalstichprobe ergaben sich folgende Schätzungen $\widehat{\alpha}$ für α und $\widehat{X}$ für die Merkmalssumme X in der Grundgesamtheit, vgl. dazu (36):

$$\widehat{\alpha} = 0,8275; \quad \widehat{X} = \widehat{\alpha} Y \approx 9206185; \tag{39}$$

$$\frac{\widehat{X} - X}{X} 100\% \approx 3,22\% \quad (\text{Überschätzung}) \tag{40}$$

Aufgrund der normierten Δ_k–Werte > 0, die um ca. den Faktor 3 - 4 über den anderen Werten lagen, wurden fünf Werte (in Abb. 1 pfeilmarkiert) aus der Stichprobe entfernt und mit $n' = 120$ wurde nochmals geschätzt:

$$\widehat{\alpha} = 0,8181; \quad \widehat{X} = \widehat{\alpha} Y \approx 9101425; \tag{41}$$

$$\frac{\widehat{X} - X}{X} 100\% \approx 2,05\% \quad (\textit{geringere}\ \text{Überschätzung}). \tag{42}$$

Von diesem Beispiel abgesehen, ergaben sich in den anderen untersuchten Fällen vergleichbare Ergebnisse. Abschließend darf festgehalten werden, daß es auch in der praktischen Arbeit mit Stichproben sinnvoll und nützlich sein kann, derartige Sensitivitätsuntersuchungen anzustellen und ihre Ergebnisse für die Validität der Schätzergebnisse heranzuziehen. Jeder Gewinn an Genauigkeit der Schätzungen, die man aus erhobenen Daten mit methodischen Verbesserungen erzielen kann, verbessert die Qualität der Resultate insgesamt, senkt den nicht unbeträchtlichen Arbeitsaufwand und die hohen Kosten der für jede praktische Anwendung der Statistik erforderlichen Erhebungen.

Literatur

BARNETT, K. / LEWIS, T. (1984): Outliers in Statistical Data; New York.

BECKMANN, M. / WIEGERT, R. (HRSG.) (1987): Statistische Erhebungen – Methoden und Ergebnisse (Ausgewählte Schriften von Heinrich Strecker); Schriftenreihe Angewandte Statistik und Ökonometrie, Bd. 30, Göttingen.

BELSLEY, A. D. / KUH, E. / WELSCH, R. E. (1980): Regression Diagnostics; New York.

BRACHINGER, H-W. (1990): Identifikation einflußreicher Daten, Teil I und II; Allgemeines Statistisches Archiv 74, 188-212 und 269-292.

CHATTERJEE, S. / HADI, A. S. (1977): Sensitivity Analysis in Linear Regression; New York.

COCHRAN, W. G. (1977): Sampling Techniques; 3. Auflage, New York.

HARTUNG, J. / ELPELT, B. / KLÖSENER, K-H. (1985): Statistik – Lehr- und Handbuch der angewandten Statistik; 4. Auflage, München, Wien.

HEDAYAT, A. S. / SINHA, B. K. (1991): Design and Inference in Finite Population Sampling; New York.

KRUG, W. / NOURNEY, M. / SCHMIDT, J. (1994): Wirtschafts- und Sozialstatistik – Gewinnung von Daten; 3. Auflage, München, Wien.

MURTHY, M. N. (1967): Sampling Theory and Methods; Calcutta.

NEUBAUER, W. (1994): Statistische Methoden; München.

RINNE, H. (1994): Wirtschafts- und Bevölkerungsstatistik; München, Wien.

ROUSSEEUW, P. J. (1994): Detecting Outliers and Leverage Points by Robust Methods; Vortrag auf der Pfingsttagung der Deutschen Statistischen Gesellschaft in Dortmund.

SÄRNDAL, C. E. / SWESSON, B. / WRETMAN, J. (1992): Model Assisted Survey Sampling; New York, Berlin, Heidelberg.

SCHNEEBERGER, H. / FLEISCHER, K. (1994): The Multivariate Ratio Estimation – A Simulation Study; Supplements to Multivariate Ratio Estimation; in STRECKER, H. / WIEGERT, R. (Hrsg.): Stichproben, Erhebungsfehler, Datenqualität; Schriftenreihe Angewandte Statistik und Ökonometrie, Bd. 36, Göttingen.

STENGER, H. (1986): Stichproben; Heidelberg/Wien.

STRAUCH, J. (1984): Systematische Fehler in Stichprobenerhebungen und ihre Auswirkungen auf Schätzaussagen; Diss. Mainz.

STRECKER, H. / WIEGERT, R. U.A. (1983): Messung der Antwortvariabilität auf Grund von Erhebungsmodellen mit Wiederholungszählungen; in Schriftreihe Angewandte Statistik und Ökonometrie, Bd. 25, Göttingen.

STRECKER, H. / WIEGERT, R. (1986): Mehrdimensionale Verhältnisschätzung – Verbesserung der Präzision ?; Schriftenreihe Angewandte Statistik und Ökonometrie, Bd. 29 Göttingen.

STRECKER, H. / WIEGERT, R. (1994): Stichproben, Erhebungsfehler, Datenqualität; Schriftenreihe Angewandte Statistik und Ökonometrie, Bd. 36, Göttingen.

THIELE, J. (1993): Kombination von Prognosen; Heidelberg.

WEICHSELBERGER, K. (1970): Genauigkeitsansprüche, Fehler und Kontrollen bei Volkszählungen; Allgemeines Statistisches Archiv 54, 1-28.

WIEGERT, R. (1980): Schätzung bei Heteroskedastizität; Tübingen.

ZIEGLER, J. (1979): Parameterschätzungen und Sensitivitätsanalyse in linearen Regressionsmodellen; Bern, Stuttgart.

Springer-Verlag und Umwelt

Als internationaler wissenschaftlicher Verlag sind wir uns unserer besonderen Verpflichtung der Umwelt gegenüber bewußt und beziehen umweltorientierte Grundsätze in Unternehmensentscheidungen mit ein.

Von unseren Geschäftspartnern (Druckereien, Papierfabriken, Verpackungsherstellern usw.) verlangen wir, daß sie sowohl beim Herstellungsprozeß selbst als auch beim Einsatz der zur Verwendung kommenden Materialien ökologische Gesichtspunkte berücksichtigen.

Das für dieses Buch verwendete Papier ist aus chlorfrei bzw. chlorarm hergestelltem Zellstoff gefertigt und im pH-Wert neutral.

SPRINGER NATURE

GPSR Compliance

The European Union's (EU) General Product Safety Regulation (GPSR) is a set of rules that requires consumer products to be safe and our obligations to ensure this.

If you have any concerns about our products, you can contact us on ProductSafety@springernature.com

In case Publisher is established outside the EU, the EU authorized representative is:

Springer Nature Customer Service Center GmbH
Europaplatz 3
69115 Heidelberg, Germany

FSC
www.fsc.org
MIX
Papier | Fördert
gute Waldnutzung
FSC® C083411

Kolibri 360 GmbH
Ferdinand-Jühlke-Straße 7
99095 Erfurt, Deutschland
produktsicherheit@kolibri360.de